S

D1669805

Wolfgang Mitter

Schule zwischen Reform und Krise

193

Studien und Dokumentationen zur deutschen Bildungsgeschichte

Deutsches Institut für
Internationale Pädagogische Forschung

Band 36

Wolfgang Mitter

Schule zwischen Reform und Krise

Zu Theorie und Praxis der vergleichenden
Bildungsforschung,
Gesammelte Aufsätze

Herausgegeben und eingeleitet von
Christoph Führ und Bernard Trouillet

in Kommission bei

Böhlau Verlag Köln Wien 1987

CIP-Kurztitelaufnahme der
Deutschen Bibliothek

Mitter, Wolfgang:
Schule zwischen Reform und Krise : zu Theorie u. Praxis d. vergleichenden Bildungsforschung ; gesammelte Aufsätze / Wolfgang Mitter. Hrsg. u. eingeleitet von Christoph Führ u. Bernard Trouillet. – Köln; Wien: Böhlau, 1987.

(Studien und Dokumentationen zur deutschen Bildungsgeschichte; Bd. 36)
ISBN 3-412-04787-2

NE: GT

Druck und buchbinderische Verarbeitung:
Deutsches Institut für Internationale Pädagogische Forschung,
Frankfurt a.M.
Umschlag: Josefsheim Bigge, Olsberg

Printed in Germany
ISBN 3-412-04787-2

Vorwort der Herausgeber

Der 60. Geburtstag von Prof. Dr. Wolfgang Mitter ist uns Anlaß, aus der Vielzahl seiner Veröffentlichungen zwanzig Aufsätze gesammelt zu publizieren. Sie gelten grundlegenden
Fragen der Erziehungswissenschaft, der Theorie und Praxis
der Bildungsforschung, dem internationalen Vergleich von
Gesellschafts- und Bildungssystemen, der Bildungsforschung
und Bildungspolitik in der Bundesrepublik Deutschland und in
der Deutschen Demokratischen Republik sowie der multikulturellen Erziehung. Die Mehrzahl der Beiträge - abgesehen von
einigen aus den sechziger und dem Anfang der siebziger Jahre - stammt aus dem letzten Jahrzehnt. Die Zusammengehö-
rigkeit dieser Aufsätze beruht trotz der weit gespannten
Thematik vor allem auf der Richtung des Weges, der beim
Durchdenken der Probleme beschritten wurde: Bildungspolitische Entwicklungen werden dargestellt und gedeutet, immer
auch in der Absicht, dadurch beratend auf die Bildungspolitik einzuwirken. So ist das stete Bemühen Mitters um die
Praxisnähe der Bildungsforschung auffallend, z.B. im Rahmen
der Untersuchung von Funktion und Zielrichtung des Verhältnisses zwischen Bildungsforschung und Bildungspolitik. Wenn
sich Mitter mit aktuellen Themen der bildungspolitischen
Diskussion auseinandersetzt, z.B. mit der Gesamtschule, mit
der Frage der Einheitlichkeit und Differenzierung oder mit
den unterschiedlichen Wegen des Förderns und Auslesens im
Bildungssystem, nimmt er beim internationalen Vergleich die
grundlegenden Merkmale der verschiedenen Systeme vor dem
Hintergrund der jeweiligen Entstehungsprozesse ins Visier.
Aus dieser kritischen Auseinandersetzung, die auch den er-
ziehungstheoretischen Hintergrund einbezieht, entsteht ein
sachgerechtes Bild der Konflikte zwischen Schulreform und
Schulwirklichkeit, ein Bild, das klar macht, wie komplex und
differenziert die Problematik des Schulwesens im Spannungsfeld von Individuum und Gesellschaft ist. Mitter reflektiert

die forschungsimmanenten Fragen der Verwertung, der Ziel-
und Strategiedefinition, der Funktionalisierung von Wissenschaft - Probleme, die in mehreren Aufsätzen aufgegriffen
werden. Auf dieser Verbindung von Theorie und Praxis der
pädagogischen Begleitforschung fußen analytische Betrachtungen, die den internationalen Vergleich von Gesellschafts-
und Bildungssystemen zum Gegenstand haben. Besonders prä-
gnant werden z.B. die bildungspolitischen Entwicklungen in
beiden deutschen Staaten nach 1945 gegenübergestellt.

Der letzte Teil der Aufsätze gilt der Überwindung des
"Grenz-Denkens". Hier äußert sich Mitter zu den heute aktuell gewordenen Fragen der multikulturellen Erziehung. So
wird der Bogen zwischen Wissenschaft und Praxis, zwischen
Forschung und Schulalltag, zwischen Einzelkulturen und
Multikulturalität gespannt. Dabei verliert Mitter den eigentlichen Bezugspunkt jeglicher Pädagogik - nämlich das
Kind - niemals aus den Augen, wehrt sich jedoch zugleich
gegen eine einseitig übertriebene Kindorientiertheit. Zwei
Sätze sind in dieser Hinsicht aufschlußreich, die wir hier
wiedergegen: "Kinder leben nicht auf Inseln und müssen auf
die Übernahme der Aufgaben und Verantwortlichkeiten ihrer
Mütter und Väter vorbereitet werden. Diese sollten sich
freilich ihrerseits davor hüten, ihre Kinder in Prokrustesbetten zu pressen."

Die Aufnahme dieses Bandes in die "Studien und Dokumentationen zur deutschen Bildungsgeschichte" erklärt sich nicht nur
aus der Tatsache, daß Wolfgang Mitter als langjährigem Mit-
herausgeber dieser Reihe Dank für seine Förderung der bildungshistorischen Forschung gesagt werden soll. Der Leser
wird schnell erkennen, daß der Jubilar bildungshistorischen
Aspekten bei seinen komparatistischen Analysen stets besondere Beachtung schenkt. So weist Mitter mehrfach auf Comenius hin, der seine Arbeit als Schulreformer leistete "nicht
als ein Dogmatiker, der seine Konzeption der Wirklichkeit
aufzuzwingen versucht und einen Scherbenhaufen hinter sich

gelassen hätte, sondern als ein Reformer, der den universalen Glauben an die aufklärende und versittlichende Kraft der
Erziehung mit dem Augenmaß für das in der konkreten Situation Machbare zu verbinden gewußt hatte". In einer vergleichenden Betrachtung der Lehrerbildung erinnert Mitter an das
treffende Wort Adolf Diesterwegs aus dem Jahre 1865: "Die
Schule ist gerade so viel wert, als der Lehrer wert ist.
Darum ist die Erhöhung der Lehrerbildung das erste Stück
jeder Schulreform."
Mitters Interesse an Schule und Lehrerbildung im internationalen Vergleich ist gewiß mitbestimmt durch seine Herkunft
aus einer deutsch-böhmischen Lehrerfamilie. In Trautenau im
Sudetenland am 14. September 1927 geboren, stand seine
Jugend im Schatten des deutsch-tschechischen Gegensatzes der
"Sudetenkrisen" und des Zweiten Weltkrieges. Nach Kriegsge-
fangenschaft und Umsiedlung studierte Mitter von 1948 bis
1953 an der Universität Mainz Geschichte, Anglistik, Slawi-
stik und Philosophie. Im Anschluß an das Staatsexamen für
das Höhere Lehramt wechselte er an die Freie Universität
Berlin und promovierte dort 1954 über den russischen Historiker und Staatsmann Karamzin. Ein Jahrzehnt lang war Mitter
in Kassel als Lehrer am Gymnasium und als erster Fachleiter
für Russisch am Studienseminar tätig. Er gehörte damals zu
den Mitbegründern des Verbandes der Russischlehrer und war
dessen langjähriger Vorsitzender.
1964 wurde Wolfgang Mitter auf eine Professur für Allgemeine
und Vergleichende Erziehungswissenschaft an die Pädagogische
Hochschule Lüneburg berufen und übernahm zugleich einen
Lehrauftrag an der Universität Hamburg. Seit 1972 wirkt
Mitter als Nachfolger von Walter Schultze am Deutschen Institut für Internationale Pädagogische Forschung in Frankfurt am Main. Er leitet die Abteilung für Allgemeine und
Vergleichende Erziehungswissenschaft und lehrt an der Johann
Wolfgang Goethe-Universität.

Zwischen 1978 und 1981 war Mitter Direktor des Forschungs-
kollegiums des Deutschen Instituts für Internationale Päd-

agogische Forschung. In dieses Amt wurde er 1987 erneut gewählt.

Beratend wirkt er u.a. in der Deutschen Forschungsgemein-
schaft, der Stiftung Volkswagenwerk, der UNESCO, der OECD
und im Europarat mit. Von 1981 bis 1985 fungierte er als
Präsident der Comparative Education Society in Europe. Die
von ihm als Herausgeber betreuten "Studien und Dokumentationen zur vergleichenden Bildungsforschung" im Böhlau-Verlag
zählen zur Zeit 34 Bände. Seit 1981 ist er Geschäftsführen-
der Herausgeber der Zeitschrift "Bildung und Erziehung".
Einen Überblick über Mitters Forschungen bietet das den Band
abschließende Veröffentlichungsverzeichnis.

Liest man die in diesem Band vorgestellten Beiträge in der
Reihenfolge ihrer Entstehung, geben sie Schritt für Schritt
auch Aufschluß über die ausgreifenden Arbeitsfelder des
Autors und sind insofern ein Stück Autobiographie.

Zahlreiche Studienreisen führten ihn vor allem nach Osteuropa und in die Sowjetunion, nach USA, Kanada und Asien. Neben
Japan, Süd-Korea, Thailand, Indien, Singapur und Malaysia
ist hier vor allem eine mehrwöchige Studienreise in die
Volksrepublik China 1986 zu erwähnen.

Seine Verdienste um völkerverbindende Ethik wurden durch die
Verleihung des Ordens "Chevalier de l'Ordre de Leopold II"
durch den belgischen König gewürdigt.

Frankfurt am Main, im Juni 1987

                    Christoph Führ   Bernard Trouillet

Inhaltsverzeichnis

Seite

Vorwort der Herausgeber V

I. *ZU GRUNDLEGENDEN FRAGEN DER PÄDAGOGIK*
   UND BILDUNGSFORSCHUNG

Aspekte des Verhältnisses zwischen Entschulungstheorie und marxistischer Pädagogik (1975) 1

Grundfragen der Geschichte Rußlands im Unterricht
(1961) 17

Komparative Aspekte der wissenschaftlichen
Begleitung von Modellschulversuchen (1975) 39

Die Lehrerbildung im Spiegel der vergleichenden
Erziehungswissenschaft (1979) 55

Vermittlungsprobleme der Bildungsforschung (1983) 77

II. *ZUM INTERNATIONALEN VERGLEICH VON*
    GESELLSCHAFTS- UND BILDUNGSSYSTEMEN

Schulreform und Schulwirklichkeit (1977) 91

Schulen zwischen Reform und Krise (1983) 111

Schulreform in Osteuropa (1983) 125

Sekundarbereich II - Abschluß der Jugendschule
oder Beginn der Erwachsenenbildung? (1978) 143

X

Idee und Realität der Gesamtschule in Europa (1984) 153

Begabtenschulen in Einheitsschulsystemen (1971) 173

III. LÄNDERBERICHTE

Funktion und Organisation der sowjetischen Bildungsforschung in ihrem Bezug zum Verhältnis von
Theorie und Praxis - Skizze eines systemanalytischen Ansatzes - (1978) 191

Das Freizeitproblem im Spiegel sowjetischer
Publizistik (1966) 209

Erziehung in den Vereinigten Staaten und der
Sowjetunion. Eine vergleichende Gegenüberstellung
auf Grund von zwei Reisen (1967) 227

Israel - ein pädagogisches Modell (1963) 245

IV. ZUM BILDUNGSWESEN IN BEIDEN DEUTSCHEN STAATEN

Die DDR und die Tradition im Bildungswesen (1981) 257

Wandel und Kontinuität im Bildungswesen der
beiden deutschen Staaten (1983) 277

Bildungsforschung und Bildungspolitik in den beiden deutschen Staaten (1986) 295

V.   ZUR MULTIKULTURELLEN ERZIEHUNG

Multikulturalität und Zweisprachigkeit im
sowjetischen Bildungswesen (1984)   319

Multikulturelle Erziehung im Spiegel der
Vergleichenden Erziehungswissenschaft (1986)   357

Quellenverzeichnis   373

Schriftenverzeichnis   375

I. Zu grundlegenden Fragen der Pädagogik und Bildungsforschung

Aspekte des Verhältnisses zwischen Entschulungstheorie und marxistischer Pädagogik

– Rudolf Lochner zum 80. Geburtstag –

I. Einleitung

Die von *Georg Picht* im Februar 1964 erstmals in publizistisch wirksamer Weise verkündete [1] und bis in die frühen siebziger Jahre in der pädagogisch interessierten Öffentlichkeit der Bundesrepublik Deutschland ständig erhobene Forderung, die jährlichen Abiturientenquoten zu erhöhen, hat innerhalb des vergangenen Jahrzehnts eine umfassende Expansion des allgemeinbildenden Sekundarschulwesens ausgelöst [2]. Diese ist so stürmisch verlaufen, daß aus heutiger Sicht – trotz des gleichzeitig durchgeführten, bemerkenswerten Ausbaus des Hochschulwesens – der *Numerus clausus* für den Hochschulzugang das Ergebnis einer grundlegenden Fehlplanung anzeigt, die für Tausende junger Menschen von schmerzlichen Enttäuschungen als Folge mißgeleiteter Erwartungshaltungen begleitet ist.

Diese Fehlplanung hat das ohnehin vorhandene, auf komplexe ökonomische, soziale und politische Faktoren zurückzuführende Unbehagen vieler Bürger an laufenden und geplanten Bildungsreformen verstärkt und Diskussionen aktualisiert, welche über den unmittelbaren Gegenstand hinausführen, die in den vergangenen Jahrzehnten allenthalben geförderte und betriebene Verlängerung des Pflichtschulbesuchs in Frage stellen und in diesem Zusammenhang auch das Problem einer partiellen

---

[1] Vgl. *Georg Picht*: Die deutsche Bildungskatastrophe. Olten und Freiburg 1964 (Erweiterte Fassung der im Februar 1964 in ‚Christ und Welt' veröffentlichten Artikelserie).

[2] Daß in der Bildungspolitik der Bundesrepublik Deutschland dieser Weg weiter beschritten wird, zeigen nicht nur die Programme im Hochschulsektor, sondern auch die in dem am 15. Juni 1973 von der Bund-Länder-Kommission verabschiedeten ‚Bildungsgesamtplan' für den Zeitraum 1970–1985 vorgesehene Erweiterung des Besuchs von Vollzeitschulen im Bereich der Sekundarstufe II um mehr als 20 Prozent. Vgl. Informationen, Bildung, Wissenschaft. Hrsg. vom Pressereferat des Bundesministers für Bildung und Wissenschaft, 1973, 6, S. 76.

oder totalen *Entschulung* der Gesellschaft aufgreifen. So wie in der Mitte der
sechziger Jahre mit der Expansion des allgemeinbildenden Sekundarschulwesens und
der Sekundarabschlüsse mit Hochschulreife die Bundesrepublik Deutschland den
Anschluß an die in anderen Industriestaaten (USA, Schweden, Großbritannien usw.)
bereits zuvor eingeleitete Entwicklung fand, so hat sich die pädagogisch interessierte
Öffentlichkeit in diesem Lande auch diesmal in das internationale Gespräch einge-
reiht.

Die in westlichen Industriestaaten stattfindende Auseinandersetzung über die am
radikalsten von *Ivan Illich* verfochtene Theorie der totalen Entschulung ist auf
bildungsphilosophische Aspekte konzentriert und sucht diese – im Nachvollzug der
von *Illich* selbst schrittweise vorgenommenen Erweiterung des Problemhorizonts [3] –
im Zusammenhang allgemeiner gesellschafts- und kulturphilosophischer Themen zu
erfassen. Die Diskussion über die ‚Freien Schulen‘, die man als die herausragenden
Vertreter einer partiellen Entschulung bezeichnen kann, wird dagegen hauptsächlich
von Praktikern geführt, die ihre an einzelnen Lernstätten gesammelten punktuellen
Erfahrungen austauschen und reflektieren, wobei sich ihre Schlußfolgerungen besonders darin unterscheiden, ob und wie weit die jeweils eigenen Erfahrungen zu verallgemeinern und auf das öffentliche Schulwesen zu übertragen seien.

Die Bildungsforschung – als professioneller und institutionalisierter Tätigkeitsbereich – hat die Entschulung weder in ihrer radikalen noch in ihrer gemäßigten
Ausprägung zum Gegenstand systematischer Projektarbeiten gemacht. Wohl aber ist
sie durch die Diskussion auf den beiden skizzierten Ebenen insofern beeinflußt
worden, als sich vor allem internationale Forschergruppen mit der Erarbeitung von
Konzeptionen beschäftigen, in denen die bislang dominierenden Trendanalysen mit
ihrer Konzentration auf den fortschreitenden Ausbau der Pflichtschulsysteme
bestritten werden. Zu erwähnen sind hier vor allem die Bemühungen um die Konzeptualisierung einer ‚Recurrent Education‘ [4]. Empirische Analysen stehen zwar hier
noch ebenso aus wie systematisch angelegte und durchgeführte Experimente, doch
erlauben die genannten Bemühungen die Vermutung, daß sich die Bildungsforschung
der Frage einer Alternative zur allgemeinen Expansion des Sekundar- und
Hochschulwesens künftig stärker als bisher widmen wird.

Wenngleich die Konzeption der ‚Recurrent Education‘ an dem Leitbild eines
geplanten und gesamtgesellschaftlichen Prozesses orientiert ist, das den Vorstellungen
der ‚Deschoolers‘ grundsätzlich zuwiderläuft, ergeben sich zwischen beiden Strömungen in der Praxis freilich zahlreiche Berührungspunkte, weil auch die Vertreter der
‚Recurrent Education‘ offene, dem Prinzip des freiwilligen Wissens- und Fertigkeitserwerbs zugeordnete Lernformen entwickeln müssen, sofern sie die permanente

---

[3] Vgl. *Marion Gräfin Dönhoff*: Der Mahner von Guernavaca. In: Die Zeit, 1975, Nr. 16, S. 3.
[4] Vgl. *Denis Kallen*: Recurrent Education – eine Alternative? In: Bildung und Erziehung,
1974, 5, S. 371–379.

Bildung entgegen ihrem Denkansatz nicht als eine *neue* und, im Vergleich zur traditionellen Schule, gigantische Pflichtschule etablieren wollen, die den Menschen sein ganzes Leben lang erfassen würde.

Mißverständnisse in der Auseinandersetzung über Sinn und Möglichkeiten einer Entschulung der Gesellschaft entstehen häufig dadurch, daß der geistige und politische Standort der Befürworter und daher auch deren gegensätzliche Zielvorstellungen nicht genügend beachtet werden. Wenn man von den mannigfaltigen individuellen Nuancen absieht, lassen die im Westen zu vernehmenden Äußerungen radikaler Kritik an den bestehenden Pflichtschulsystemen zwei Wurzeln erkennen. Sieht nämlich die eine Gruppe – aus liberaler oder anarchistischer Perspektive – im Sinne *Ivan Illichs* in der Entschulung ein Mittel zur Emanzipation des Individuums aus den Zwängen eines technokratischen Systems, das alle Bereiche des gesellschaftlichen Lebens zu beherrschen droht, so stimmen die anderen – marxistisch engagierten – Kritiker dem Ruf nach Entschulung insofern zu, als sie darin ein Mittel sehen, das geeignet scheint, die *kapitalistische* Variante der Institution ‚Schule‘ zu verunsichern. Schulen, wie die *sozialistischen* Bildungssysteme (verschiedenen Typs) sie entwickelt haben, werden von ihnen dagegen *zumindest* für die ‚sozialistische‘ Übergangsphase der Gegenwart und absehbaren Zukunft als gesellschaftlich notwendige Institutionen uneingeschränkt bejaht.

Als Beitrag zu einer kritischen Auseinandersetzung mit der Entschulungstheorie sei der folgende Versuch unternommen, einige der von osteuropäischen Marxisten vorgetragenen Argumente zu beleuchten, in denen der Forderung einer partiellen oder totalen Entschulung der Gesellschaft – aphoristisch oder systematisch – die These von der gesellschaftlichen Notwendigkeit obligatorischer und institutionalisierter Erziehung entgegengesetzt wird, und im Anschluß daran *Illichs* ambivalentes Verhältnis zum Marxismus zu umreißen.

Dieser Beitrag gründet in der Überzeugung, daß eine Bildungsforschung, die sich im umfassenden Wortsinn als handlungsorientiert begreift, die Aufgabe hat, die von ihr entwickelten Theorien auf empirisch zu überprüfende Faktoren der Praxis zu beziehen, die verändert werden soll, sowie Wege und Methoden der Operationalisierung der diesen Theorien eigenen Ziele als wesentlichen Bestandteil ihrer gesellschaftlichen Funktion anzuerkennen. Ebenso aber bedarf die Bildungsforschung der Auseinandersetzung mit *konträren Theorien*. Indem sie einmal deren Genese und Konsistenz untersucht und zum anderen fragt, ob, inwieweit und auf welche Weise in ihnen die Frage der Operationalisierung behandelt wird, vermag sie zu den von ihr selbst entwickelten Theorien die notwendige kritische Distanz zu gewinnen und sich zu Schlußfolgerungen anregen zu lassen, die auf eine Korrektur und Modifikation der eigenen Position abzielen.

Der Auftrag, sowohl empirische Untersuchungen als auch – wie in diesem Beitrag – Theorieanalysen durchzuführen, gilt auch für den Teilbereich der Bildungsfor-

4

schung, dessen Gegenstand Bildungs- und Erziehungsfragen in zwei oder mehreren –
staatlich, kulturell oder ideologisch – unterschiedlichen Gesellschaftssystemen sind
[5].

II. Erziehung und Schule in sozialistischen Gesellschaften im Spiegel gesellschaftspolitischer und gesellschaftstheoretischer Aussagen

Sobald Pädagogen und Bildungspolitiker in den sozialistischen Staaten Osteuropas die
gegenwärtige Lage ihrer Bildungssysteme analysieren und in diesem Zusammenhang
auf die Entschulungstheorie stoßen, beziehen sie zu ihr eine entschiedene Gegenposition. Deutlich wird diese erst recht in dezidierten Stellungnahmen, die wir an den
Aussagen zweier sowjetischer Pädagogen exemplifizieren; ihre Beiträge wurden im
Februar 1973 veröffentlicht.

    A. Petrovskij, der in der UNESCO als sowjetische Mitglied tätig und an den
Beratungen zur Abfassung des Edgar-Faure-Berichts ‚Apprendre à être' [6] beteiligt
gewesen ist, stellt die Frage „Die Schule des 21. Jahrhunderts: Wird sie bestehen oder
wird sie nicht bestehen?" [7] Unter ausdrücklichem Bezug auf das Problem der
„Entschulung" (obesškolivanie) verwahrt er sich gegen den „radikalen Kritizismus"
an der Schule und interpretiert die Argumente zugunsten einer „Entschulung" als
Zeichen der Ohnmacht der Pädagogik in der kapitalistischen Gesellschaft. Auch
wendet er sich gegen jede positive Beurteilung jugendlichen Protests an sich; als
negative Beispiele nennt er die Hitlerjugend und die Jungen Garden in der chinesischen Kulturrevolution. In dem Postulat der „Entschulung", so resümiert *Petrovskij*
seine Kritik, enthülle sich anarchistisches Denken, das aus marxistischer Position
scharf zu verurteilen sei: „Auf dem Wege der Jugend zum Wissen, zur Qualifizierung
und zum Tätigsein stellen nicht die Schule und nicht die Lehrer die Hindernisse dar,
sondern die dem sozialen Fortschritt feindlichen Kräfte, für die es unvorteilhaft ist,
dem Menschen zu gestatten, sich zu bilden und sich seiner selbst, seines Schicksals und
seiner Zukunft bewußt zu werden."

    Zum gleichen Ergebnis gelangt *S.A. Tangjan* in seinem ausführlicheren Beitrag
[8]. Er versteht seine Kritik an den von *I. Illich* und *E. Reimer* vertretenen Thesen zur

[5] Vgl. *Oskar Anweiler:* Die Bildungssysteme sozialistischer Staaten in Europa als Gegenstand
vergleichender Forschung. In: Bildung und Erziehung, 1974, 6, S. 458–471.

[6] Vgl. *Edgar Faure* u. a. Wie wir leben lernen. Der UNESCO-Bericht über Ziele und Zukunft
unserer Erziehungsprogramme (Übersetzung aus dem Französischen, Original: Apprendre à
être). Hamburg 1973.

[7] *A. Petrovskij:* Škola XXI veka: byt' ili ne byt'? (Die Schule des 21. Jahrhunderts: Wird sie
bestehen oder wird sie nicht bestehen?) In Literaturnaja gazeta, 1973, 8, S. 13.

[8] *S.A. Tangjan:* Koncepcii „obščestva bez školy" ili prizyvy k obščestvu bez obrazovanija
(Konzeptionen einer „Gesellschaft ohne Schule" oder Rufe nach einer Gesellschaft ohne
Bildung). In: Sovetskaja pedagogika 1973, 2, S. 122–136.

„Entschulung" und zur Frage der „Befreiung der Bildungsmittel" als Teil seiner grundsätzlichen Ablehnung aller Konzeptionen und Experimente, die auf eine oragnisatorische „Öffnung" der Schule und eine Abkehr von einer der systematischen Vermittlung der ‚Grundlagen der Wissenschaften' [9] verpflichteten Didaktik abzielen. Sie alle negieren seiner Überzeugung nach die Abhängigkeit der Schule von den gesellschaftlichen Verhältnissen, mißachten die Gesetzmäßigkeiten der wissenschaftlich-technischen Revolution und lassen jede Berücksichtigung lernpsychologischer Faktoren vermissen. *Illichs* und *Reimers* Thesen sind für *Tangjan* Ausdruck eines „offenen Obskurantismus" und „anarchistischen Individualismus" kleinbürgerlichen Ursprungs, der sich mit den gleichgerichteten Gedanken ultra-revolutionärer und maoistischer Gruppen verbinde.

Die in diesen beiden Aussagen zum Ausdruck kommende Ablehnung der Entschulungstheorie verdichtet sich zu folgenden Argumenten:

1. Die Schule ist eine gesellschaftlich notwendige Institution. Sie vermittelt der Jugend systematisch die ‚Grundlagen der Wissenschaften', deren Aneignung in der wissenschaftlich-technischen Revolution mit der fortschreitenden Entwicklung der Wissenschaft zur immer wichtiger werdenden Produktivkraft unumgänglich ist. Die Betonung einer Didaktik, welche die *Systematik* des Kenntnis- und Fertigkeitserwerbs in den Mittelpunkt ihrer Zielsetzungen stellt, bedingt notwendigerweise die Ablehnung spontaner Lernaktivitäten, die in der Entschulungstheorie eine so bedeutsame Rolle spielen.

2. Die Institution ‚Schule' ist in ihrer Funktion als Produzentin qualifizierten Nachwuchses für alle Bereiche der Wissenschaft, Verwaltung, Kultur und Wirtschaft ein *stabiler Faktor* des gesellschaftlichen Fortschritts. Die Schaffung offener Lernsituationen und die Förderung informeller Lerngruppen, wie die Entschulungstheorie sie vorsehe, führen notwendigerweise zu anarchistischen Verhältnissen in den Lernprozessen und gefährden somit den geplanten und zu kontrollierenden Fortschritt.

Wie weit die von beiden Verfassern vorgenommene Gleichsetzung von Entschulungstheorie, Anarchismus und Maoismus stärker auf Interpretationen der chinesischen Kulturrevolution oder aber auf die in der sowjetischen Presse einhellig verurteilten Studentenunruhen im kapitalistischen Westen zurückzuführen ist, braucht im Zusammenhang dieses Beitrages nicht weiter zu interessieren [10]. Die Anmerkung mag hier genügen, daß in der Volksrepublik China eine fünfjährige Elementarschulpflicht besteht und die Frage erlaubt ist, ob die gegenwärtige Unverbindlichkeit des Sekundarschulbesuchs (dem die Verbindlichkeit der Produktionsarbeit gegenüber-

---

[9] Unter ‚Grundlagen der Wissenschaften' versteht die sowjetische Didaktik die Gesamtheit der in der Sekundarstufe zu vermittelnden natur- und gesellschaftswissenschaftlichen Inhalte im Rahmen der traditionellen Unterrichtsfächer.

[10] Vgl. *Klaus Mehnert:* Moskau und die Neue Linke. In: Osteuropa 23 (1973), 9, S. 645–756.

6

steht) zumindest hinsichtlich der zweijährigen Unterstufe (Schuljahre 6 und 7) nicht
nur als historische und mit der Zeit überwindbare Kategorie anzusehen ist [11].

Schließlich bemerken wir, daß die Verfasser beider Beiträge die „modischen
Theorien" der Entschulung mit der in den zwanziger Jahren in der Sowjetunion selbst
verkündeten Theorie vom „Absterben der Schule" in Zusammenhang bringen und
damit mit einer in der sowjetischen Revolutionspädagogik engagiert ausgetragenen
Auseinandersetzung. Es ging in ihr darum, wie die von *Marx* und *Engels* offen
gelassene Frage der Notwendigkeit einer Schule in der nachrevolutionären Gesellschaft auszulegen und in die Praxis umzusetzen sei [12]. Während *Lenin* frühzeitig die
Bedeutung der Schule für die Heranbildung qualifizierter Arbeiter (im weitesten
Wortsinn) in der sozialistischen Gesellschaftsformation erkannte und sogar die Wissensvermittlung der zaristischen Schule würdigte [13], gab es unter den Revolutions-
pädagogen eine starke Strömung, deren Vertreter, wie *P. Blonskij,* die Integration der
künftigen Schule in den Produktionsprozeß voraussagten [14] oder sogar davon
ausgingen, daß die klassenlose Gesellschaft bereits im Entstehen sei und daher die
Schule absterben müsse, so wie auch das Absterben des Staates bevorstehe. Als
radikalster Vertreter der zweiten Richtung trat V. *Šul'gin* hervor, der am Ende der
zwanziger Jahre mit seinen Anhängern für kurze Zeit sogar großen Einfluß auf die
Schulpolitik ausübte. Seinen Schriften ist zu entnehmen, daß seiner Auffassung nach
ein ‚Absterben der Schule' dadurch möglich werde, daß die Gesellschaft Erziehungs-
institutionen und berufliche Lehrer überflüssig mache, indem ihre produktiven und
kulturellen Einrichtungen selbst Zentren des Lernens und der Erziehung würden [15].

Auf *Šul'gins* kurze Wirksamkeit folgte freilich schon 1931 die Stabilisierung der
sowjetischen Schule, welche die Entwicklung bis heute bestimmt hat, auch wenn man
das 1958 von *N. S. Chruščev* vorgeschlagene Programm einer Reduzierung der

[11] Vgl. *R.F. Price:* China und die Kulturrevolution – Erziehung im Dienste proletarischer
Politik. In: Bildung und Erziehung, 27 (1973), 2, S. 165. 174. – F. Parker: Schools of the
People's Republic of China. In: World Council of Comparative Education Newsletter.
Vol. II, No 2/4, 1974, S. 96–103 – Peter J. Seybolt: Revolutionary Education in China.
Documents and Commentary. New York 1973.

[12] Vgl. vom Verf.: Erziehungsziele und Probleme ihrer Verwirklichung in sozialistischen
Gesellschaften. In: Forschungen zur osteuropäischen Geschichte. Bd. 20, Berlin 1973,
S. 93–111. – Merkmale und Probleme einer marxistischen Pädagogik (Im Druck befindli-
ches Manuskript, erscheint als Beitrag in dem von *G. Sczesny* herauszugebenden rororo-
Sachbuch 6933).

[13] Vgl. Lenin über Volksbildung. Berlin 1961, S. 324–328 (Original: Lenin o narodnom
obrazovanii. Moskau 1917).

[14] Vgl. *P.P. Blonskij:* Die Arbeitsschule (Trudnaja škola). Besorgt von *H.E. Wittig.* Paderborn
1973, S. 24 f.

[15] Vgl. *Oskar Anweiler:* Geschichte der Schule und Pädagogik in Rußland vom Ende des
Zarenreiches bis zum Beginn der Stalin-Ära. Berlin 1964, S. 414–427 (= Osteuropa-Insti-
tut an der Freien Universität Berlin, Erziehungswissenschaftliche Veröffentlichungen,
Bd. 1).

Sekundarschulbildung nach dem 8. Schuljahr zur abendlichen Begleitung der Produktionsarbeit als partielle Wiedererweckung der Theorie des ‚Absterbens der Schule' ansehen kann. Unter diesem Aspekt ist die besonders von Tangjan betonte Verbindung zwischen den Theorien des ‚Absterbens der Schule' und der ‚Entschulung' einerseits und dem Maoismus andererseits insofern plausibel, als in der Volksrepublik China, nicht nur, wie schon erwähnt, für viele Jugendliche die Produktionsarbeit den Schulbesuch nach dem fünften Schuljahr voll ablöst, sondern generell der Erziehung im Produktionsprozeß der Vorrang vor *allen* Formen schulischer Erziehung beigemessen wird.

Unter den beiden genannten Argumenten, welche die Ablehnung der Entschulungstheorie in der sozialistischen Pädagogik, wie sie gegenwärtig in Osteuropa vertreten wird, begründen, halten wir das Argument für besonders aufschlußreich, das die Systematik des Kenntniserwerbs unterstreicht und in der Theorie auf der den fachgebundenen Unterrichtsinhalten eigenen ‚inneren Logik' gründet. Wir wollen diesen Begründungszusammenhang am Beispiel des von *Ignacy Szaniawski* entwickelten Modells beispielhaft erörtern. *Szaniawskis* Studie erscheint uns deshalb besonders bemerkenswert, weil er von einem erkenntnistheoretischen Ansatz ausgeht, der auf *Marx'* Überlegungen beruht, die im dritten Teil der ‚Einleitung zur Kritik der Politischen Ökonomie' systematisch abgehandelt sind [16].

Die „Ganzheit der Erscheinungen" ist demnach in ihrer Universalität Ausgangspunkt der Anschauung und Vorstellung. „Dennoch isolieren und lokalisieren wir zu Erkenntniszwecken" unsere Untersuchungsobjekte und schaffen wir „künstliche Bedingungen", unter denen allein der Erkenntnisprozeß und das ihm dialektisch verbundene praktische Experiment störungsfrei ablaufen können [17]. Die Zergliederung des Erfahrungsfeldes erst ermöglicht die Entfaltung der Wissenschaft, insbesondere der mathematisch-naturwissenschaftlichen Disziplinen, in ihrer Funktion als unmittelbare Produktivkraft, die Erforschung der Naturgesetze und deren Vergegenständlichung in der Technik und im Gebrauchsgegenstand. Ziel des Erkenntnisprozesses ist die Integration der abstrakten Befunde, die Reproduktion des Konkreten als der „Ganzheit der Erscheinungen" und die Erlangung des Wahrheitsbeweises durch die Praxis, welche „der höchste Prüfstein unserer Thesen ist" und „in vollem Umfang die Dialektik ihrer verschiedenen Verflechtungen" zeigt [18].

[16] *Ignacy Szaniawski:* Die Humanisierung der Arbeit und die gesellschaftliche Funktion der Schule. Die Antinomien der allgemeinen, polytechnischen und beruflichen Bildung sowie Wege zu ihrer Überwindung. Weinheim 1972. – *Karl Marx:* Zur Kritik der Politischen Ökonomie. Erstes Heft 1968, S. 247–256.

[17] *Szaniawski,* ibid. S. 112 – Die Interpretation der für den Zusammenhang dieses Beitrags notwendigen Abschnitte von *Szaniawskis* Modell ist angelehnt an den Beitrag des Verf.: Die Schule als notwendige Institution im gesellschaftlichen Prozeß. Anmerkungen zum Werk des polnischen Gelehrten *Ignacy Szaniawski.* In: Die deutsche Schule, 1972, S. 492–499.

[18] *Szaniawski,* ibid. S. 112 f., 153, 179.

Die Ausformung und Differenzierung der Abstraktionsfähigkeit stellt somit die subjektive Seite des objektiven Prozesses dar, den die Gesellschaft in ihrer notwendigen Entwicklung zu immer größerer Arbeitsteiligkeit durchläuft und der die Errichtung von *institutionalisierten* gesellschaftlichen Systemen erforderlich macht, die jeweils „von den übrigen gesellschaftlichen Erscheinungen, von der belebten und unbelebten Natur, vom ursprünglichen ‚natürlichen Leben' des Menschen zu isolieren" sind [19]. Zu solchen „künstlichen" Systemen zählt *Szaniawski* die „Fabrik", die „wissenschaftliche Forschung" und den „Unterricht in der Schule" [20].

Allen Systemen ist gemeinsam, daß in ihnen die erforderlichen Denk- und Handlungsprozesse nach dem Prinzip der Planmäßigkeit und der logischen Reihenfolge" ablaufen [21]. Die gegenseitige Abgrenzung kommt dadurch zustande, daß jedes System Faktoren hervorgebracht hat, welche die „innere Logik" der in ihm geschehenden Prozesse bestimmen und ohne Schaden für die Entfaltung der Produktionskräfte und damit für die „Humanisierung des Lebens" nicht übersehen werden dürfen. Solche Faktoren sind für den schulischen Unterrichtsprozeß „das Alter des Schülers, seine psychische Entwicklung, die Schulklasse, der Grad der logischen und begrifflichen Komplikation des jeweiligen Unterrichtsfaches, die inhalts- und begriffsmäßige Klärung der einzelnen Unterrichtsgegenstände innerhalb eines bestimmten Gefüges eines Unterrichtsfaches sowie der Unterrichtsfächer untereinander" [22].

Der Herausarbeitung der Antinomien zwischen den Faktoren, welche den Produktions- und den Unterrichtsprozeß determinieren, schenkt *Szaniawski* dezidierte Aufmerksamkeit, weil es ihm darauf ankommt,

1. die Unrichtigkeit einer Identifizierung von „Fabrik" und „Leben" nachzuweisen und unter diesem Gesichtspunkt Kritik an den Schulreformen zu üben, die in den sozialistischen Ländern nach dem Vorbild der chruščevschen Schulreform am Ende der fünfziger Jahre mit dem Ziel einer, wie er es sieht, *scheinbaren* „Annäherung der Schule an das Leben" eingeleitet wurden [23],

2. die „Fetischisierung der produktiven Arbeit" als eine dem schulischen Lernprozeß abträgliche Erscheinung zu verurteilen [24],

3. die gedankliche Basis zur Bestimmung der „inneren Logik des Unterrichtsprozesses" zu gewinnen, auf der er sein didaktisches Modell aufbaut und erläutert.

Für unseren Zusammenhang ist vor allem Szaniawskis These wichtig, daß die Schule *bewußt* als eine vom „Leben" isolierte Institution aufgebaut und anerkannt werden müsse, weil dem heranwachsenden Menschen Erkenntnisse und Fertigkeiten nur in dieser räumlichen Konzentration und auf systematischem Wege zu vermitteln seien.

[19] Ibid. S. 83.
[20] ibid. S. 83, 107.
[21] Ibid. S. 113.
[22] Ibid. S. 113.
[23] Ibid. S. 83; vgl. S. 295.
[24] Ibid. S. 274, 282, 475, 487.

III. Die Klassenstruktur der Gesellschaft und ihre Überwindung in Illichs Denken

Während in den sozialistischen Staaten Osteuropas die Schule als Bildungs- und Erziehungszentrum anerkannt ist [25], „the assault on the school had to be taken up by other Illiches and Freires in other lands, against – it seems – as powerful odds as those encountered on the Russian soil half a century ago" [26].

Es ist nicht unsere Absicht, die bereits in zahlreichen Beiträgen vorliegende Auseinandersetzung mit den Grundzügen der Entschulungstheorie fortzusetzen. Wohl aber halten wir es in diesem Zusammenhang für nützlich, das ambivalente Verhältnis *Illichs* zum Marxismus aufzuzeigen. Als Quelle verwenden wir einen 1971 in der ‚Saturday Review' veröffentlichten Aufsatz, aus dem einmal *Illichs* Orientierung an *Marx'* Gedankenführung, zum anderen seine Umdeutung marxscher Begriffe deutlich wird.

Auch für *Illich* ist die gegenwärtige Gesellschaft durch eine *Klassenstruktur* gekennzeichnet [27], in der sich der Mensch in einem Zustand der ‚Entfremdung' (alienation, estrangement) und Unterdrückung befindet. Daß politische Herrschaft und ökonomische Ausbeutung (imperialist and capitalist organization of society) diesen Zustand mitverursachen, bestreitet *Illich* nicht, so wie er darauf verweist, daß wir uns „through *Karl Marx*'s writings" daran gewöhnt hätten, „to speak about the alienation of the worker from his work in a class society" [28]. Nur hält er diese Faktoren nicht für die wesentlichen.

Die Wurzeln der Klassenstruktur sieht *Illich* in der ‚Entfremdung des Lernens vom Leben' (alienation of learning from living) [29], die sich darin ausdrückt, daß das Lernen „becomes the product of a service profession and he (= der Mensch, der Verf.) becomes a consumer" [30]. Diese Bemerkung weist zugleich auf die Kontrahenten der Klassengesellschaft in *Illichs* Gesellschaftsbild hin, nämlich die „professionals" auf der einen Seite und die große Mehrzahl derjenigen auf der anderen Seie, denen das

---

[25] Mit der Sammelbezeichnung ‚sozialistische Staaten Osteuropas' werden hier die im Warschauer Pakt und COMECON zusammengeschlossenen Staaten erfaßt.

[26] *J.J. Tomiak:* Fifty-five years of Soviet education: The grandeur of the union and the might of reality – united, separated or forever divorced? In: *T.G. Cook* (Hrsg.): The History of Education in Europe. London 1974, S. 50.

[27] *Ivan Illich:* The alternative to schooling. In: Saturday Review, New York, 19.6.1971. Hier zitiert nach dem Abdruck in: Orientierungspunkte internationaler Erziehung. Zusammengestellt von *H.J. Krause, E. Neugebauer, J.H. Sislian* und *J. Wittern.* Hamburg 1973. S. 95. – Vgl. *Ian Lister:* Entschulung und Freie Schulen: Herausforderung und Grenzen radikaler Reform. In: Bildung und Erziehung, 27 (1974), 5, S. 329–337. – *Reiner Winkel:* Die Free-School-Bewegung: Entwicklungsmotive, Zielsetzungen und Konkretionen, aufgezeigt anhand eines Literaturberichtes. In: ibid. S. 360–370.

[28] *Illich,* ibid. S. 83

[29] Ibid. S. 89

[30] Ibid. S. 83, vgl. 89

technokratische System durch Professionalisierung und Spezialisierung der lebensnotwendigen Tätigkeiten die Möglichkeiten humaner Daseinsbewältigung vorenthält. Nicht die Verfügbarkeit über die Produktionsmittel ist die Ursache der entfremdeten menschlichen Beziehungen, sondern die Monopolisierung der Informationen in den Händen weniger und ihre Pervertierung zu ‚Geheimnissen'. Daher stellt für *Illich* die „socialisation of know-how" ein weit radikaleres politisches Ziel dar „than the traditional demand for public ownership or control of the tools of production" [31]; seine Verwirklichung würde die bestehenden gesellschaftlichen Strukturen *im Westen wie im Osten* verändern. Zu erreichen ist dies durch „a radical reduction of the professional structure that now impedes the mutual relationship between the scientist and the majority of people who want access to science" [32].

In diese Gedankenführung fügt sich der Begriff „knowledge capitalism" ein, den *Illich* auf *alle* Industriegesellschaften angewandt wissen will [33], so wie er die „professionals" als „knowledge capitalists" und „knowledge bankers" [34] bezeichnet. Die Instrumentarien, deren sich diese ‚Kapitalisten' bedienen, sind die Institutionen der modernen Industriegesellschaft. In dem Aufsatz, den wir interpretieren, ist bereits die Auseinandersetzung vorweggenommen, die *Illich* mit dem Medizinwesen in der Zwischenzeit geführt hat; ein anderes – hier erwähntes – Beispiel ist die Bauindustrie, die die Menschen davon abhält, sich ihre Häuser selbst zu bauen [35].

Die Macht aller dieser Institutionen beruht darauf, daß sie hochspezialisierte Werkzeuge herstellen, die „produce goods or render services that everybody wants but only a few can enjoy, and which only a limited number of people know to use" [36]. Zur Sozialisierung des know-how bedarf es daher für *Illich* der Ausrichtung von Wissenschaft, Technik und Wirtschaft auf die Entwicklung und Herstellung von Werkzeugen, die jedermann ohne vorausgehende Spezialbildung benutzen kann.

Erst von dem gesellschaftsphilosophischen Ansatz einer durch Professionalisierung bedingten Klassenstruktur her wird Illichs leidenschaftlicher Angriff auf die *Schule* als die grundlegende und in ihrem Herrschaftsmonopol weitreichendste Institution verständlich. Ebenso erklärt dieser Ansatz seine Zielvorstellung, die Veränderungen *innerhalb* des Schulsystems – seien sie reformerisch oder revolutionär (Freie Schulen, voucher plan usw.) – negiert und die Alternativfrage darauf zuspitzt, daß „we can disestablish schools or we can deschool culture" [37]. Schulimmanente Reformen hält *Illich* sogar für verderblich. Sie würden zur Errichtung eines „global schoolhouse"

[31] Ibid., S. 91

[32] Ibid., S. 93

[33] Ibid., S. 83

[34] Ibid., S. 91 f.

[35] Ibid., S. 93 f. – Vgl. Die Zeit, 1975, Nr. 17. – Vgl. *Ivan Illich:* Die Enteignung der Gesundheit – Medical Nemesis. Reinbek 1975.

[36] Ibid., S. 92

[37] Ibid., S. 82

führen, das einem „global madhouse" gleichkäme [38], und ihre Inhumanität dadurch besonders bezeugen, daß sie eine Trennung der Prozesse des Wissenserwerbs einerseits und der Wissensmessung und der Wissensbescheinigung andererseits bewirken [39].

Illichs Schlußfolgerung aus der gestellten Alternativfrage ist klar: Nur durch die ‚Entschulung der Kultur- und Sozialstruktur' (deschooling culture and social structure) [40] wird eine Humanisierung der modernen Technik und Wirtschaft möglich, deren Bedeutung von *Illich* durchaus anerkannt wird, obgleich er der Überzeugung ist, daß sie im Interesse des „constant meaningful intercourse with others in a meaningful environment" [41] auf einfachere – und vor allem *für alle* einsichtigere und zugänglichere – Strukturen reduzierbar sind.

Die Perspektive liegt für *Illich* in einer ‚klassenlosen Gesellschaft', in der „equal enjoyment does translate into equal education" [42]. Dies erinnert an Marx' Leitbild ‚Jeder nach seinen Fähigkeiten, jedem nach seinen Bedürfnissen' [43]. Von der unterschiedlichen Deutung der Begriffe ‚Entfremdung' und ‚Klassenstruktur' abgesehen, weicht *Illich* freilich in zwei gravierenden Momenten vom marxschen Denkansatz ab und unterscheidet sich dadurch auch von den Theoretikern des ‚Absterbens der Schule': Er sieht in dem auf ‚Wiedergewinnung persönlicher Verantwortlichkeit' [44] abzielenden, von der Qualität des jeweiligen Gesellschaftssystems grundsätzlich unabhängigen *individuellen* Lernprozeß den Motor gesellschaftlicher Veränderungen (weswegen er die 1971 getroffene Entscheidung der Mehrheit des amerikanischen Kongresses gegen die Einführung des Überschallflugzeuges positiv bewerten kann) und betont den *voluntativen* und daher *offenen* Charakter dieser Veränderungen. Die Alternative zur klassenlosen Gesellschaft ist für ihn die „brave new world in which Big Brother educates us all" [45].

IV. Schlußfolgerungen

Der Versuch, aus der Interpretation der in dieser Studie zitierten Texte Schlußfolgerungen zu ziehen, führt uns zunächst zur kritischen Würdigung der durch die genannten Pädagogen der Gegenwart exemplifizierten ‚sozialistischen Position' [46]. Die

[38] Ibid., S. 81
[39] Ibid., S. 87
[40] Ibid., S. 96
[41] Ibid., S. 95
[42] Ibid., S. 95
[43] MEW, 19, S. 20 f.
[44] *Illich*, a.a.O., S. 89
[45] Ibid., S. 96
[46] Dieser Begriff ist hier im reduzierten Sinn nur auf die in Anm. 25 erläuterte Sammelbezeichnung bezogen.

Einführung dieses Begriffs bedeutet nicht, daß die zahlreichen Probleme, mit denen das sozialistische System als *geschlossene* Gesellschaftsformation hinsichtlich der jeweiligen Auslegung der als ‚objektiv‘ anzuerkennenden Normen und ihrer Umsetzung in die Praxis befaßt ist, in ihrer inneren Differenziertheit übersehen werden dürfen. Diese Probleme wurzeln in den historischen und kulturellen Bedingungen, unter denen *jede* national oder ethnisch begrenzte Gesellschaft ihre Bindung an ein – pluralistisches oder geschlossenes – sozio-ökonomisches und politisch-ideologisches System verwirklicht.

Aus dieser Erkenntnis resultiert für eine vergleichende Bildungsforschung, die Fragen des ‚Ost-West-Verhältnisses‘ untersucht, die Notwendigkeit, auf *zwei* Ebenen zu arbeiten, wenn sie empirische Befunde anstrebt. Aus einer vergleichenden Theorieanalyse kann dagegen die ‚nationale‘ Besonderheit ausgeklammert werden, wenn die Herausarbeitung eines Problems beabsichtigt ist, das, wie die Deutung der ideologisch begründeten Position zur gesellschaftlichen Funktion der Schule, die ‚sozialistische Position‘ in ihrer Ganzheit betrifft.

Wer diese methodologische Ausgangslage akzeptiert, versperrt sich nicht nur nicht den Zugang zu den zu beobachtenden parallelen Prozessen und Tendenzen in der technologischen, ökonomischen und wissenschaftlichen Entwicklung [47], sondern vermag ihn für sich überhaupt erst zu öffnen, weil er sich auf der Hut vor voreiligen Analogieschlüssen und illusorischen Erwartungen realisierbarer Konvergenzen weiß. Aus dieser Sicht ist der folgende Versuch auf die Herausarbeitung von Faktoren gerichtet, welche die sozialistische Qualität der zitierten Aussagen marxistischer Pädagogen transzendieren, wobei der Blick freilich auf die sozialen und ökonomischen Bedingungen des hochindustrialisierten ‚Nordens‘ unseres Planeten konzentriert bleibt und die besondere Problemlage der ‚Dritten Welt‘ unberücksichtigt läßt.

Welche Sachverhalte führt uns unter diesem Aspekt die ‚sozialistische Position‘ vor Augen?

1. Das Zusammenleben der Menschen bedarf in der Epoche wissenschaftlich-technischer Revolution der Planung, Organisation und Institutionalisierung, weil andernfalls eine Sicherstellung allein schon elementarer menschlicher Bedürfnisse (Nahrung, Kleidung, Wohnung), insbesondere unter Berücksichtigung der sich ausbreitenden Urbanisierung, nicht denkbar ist.

2. Gerade wer für eine Humanisierung der gesellschaftlich notwendigen Arbeit in den Sektoren der Güterproduktion und Dienstleistung eintritt und eine gerechtere Verteilung der Arbeitsprozesse und Berufe anstrebt, kann nicht umhin, die Frage nach der damit verbundenen Organisation zu stellen. Auch Bemühungen um eine Humanisierung der Freizeit, welche die Ermöglichung „technologischer Reife“ (technological

---

[47] Vgl. vom Verf.: Pädagogik und Schule im Systemvergleich. Bildungsprobleme moderner Industriegesellschaften in Ost und West, hrsg. von *W. Mitter*. Freiburg 1974, Vorwort, S. 9–11 (= Herderbücherei: Pädagogik, Bd. 9013).

maturity) [48] als Verhältnisqualität einschließt, sind ohne Berücksichtigung dieser Frage als wirklichkeitsfremd zu bezeichnen.

3. Die Aneignung von Kenntnissen und Fähigkeiten, die zur Verwirklichung dieses Humanisierungsprozesses erforderlich sind, bedarf der Planung und Steuerung, welche die Kenntnis einzelner lern- und entwicklungspsychologischer Sachverhalte ebenso voraussetzt wie die empirische Prüfung der grundlegenden Faktoren ,Erziehbarkeit' und ,Lernfähigkeit' [48]. Gewiß gibt es Situationen, in denen die konkrete Herausforderung den Menschen zum systematischen Lernen spontan motiviert, etwa zur Aneignung einer fremden Sprache, technologischen Gesetzmäßigkeit oder technischen Fertigkeit. Zu bezweifeln ist jedoch, ob man Lernprozesse dem Zufall solcher Herausforderung überlassen darf, zumal wenn man bedenkt, daß Zufälle dieser Art im höchsten Maße durch den sozialen und kulturellen Standort des zu motivierenden Adressaten determiniert sind.

4. Daß in den Bildungssystemen der sozialistischen Staaten Osteuropas die am Ende der fünfziger Jahre praktizierte und von *Szaniawski* als Irrweg kritisierte Verbindung der ,,Schule" mit einem ,,Leben", das als ungegliederte, ganzheitliche Größe verstanden und überdies in verengter Sichtweise mit der materiellen Produktion in Betrieben und landwirtschaftlichen Kooperativen identifiziert wurde, seit der Mitte der sechziger Jahre nicht mehr pädagogisches Leitbild ist, ist ein Indiz dafür, daß wir uns in einer Welt einrichten müssen, in welcher die vermittelte Erfahrung wachsende Bedeutung gewinnt. Die Notwendigkeit, Erfahrungen in systematischer und vermittelter Form sammeln zu müssen, zwingt zu Auseinandersetzungen mit der Frage nach der ,,inneren Logik" der Unterrichtsprozesse, wobei die Einführung des von Szaniawski hervorgehobenen Prinzips der ,,Korrelation" von Unterrichtsfächern und Lerneinheiten besondere Beachtung verdient.

5. Mit dem Hinweis auf die skizzierten technologischen, ökonomischen, gesellschaftspolitischen und didaktischen Faktoren läßt sich die These belegen und rechtfertigen, daß Schulen als obligatorische und institutionalisierte Erziehungseinrichtungen in einem Zeitalter, in dem die Technik – in ihrer Wechselbeziehung zur Wissenschaft – eine der wesentlichsten Bedingungsfaktoren darstellt, nicht ersetzbar sind.

Diese thesenartig vorgetragenen Gedanken münden in die resümierende Feststellung ein, daß die Analyse der ,sozialistischen Position' über die reine Erkenntnisbefriedigung hinaus handlungswissenschaftliche Einsichten vermittelt, die wegen ihrer globalen Bedeutsamkeit jeden Menschen ansprechen, der sich mit dem Verhältnis von Erziehung und Schule auseinandersetzt.

Die Würdigung dieser Einsichten wird freilich durch fundamentale Zweifel relativiert, die, wie wir meinen, anthropologischer Natur sind und durch eine historische

---

[48] *Ivan Illich:* Energy and Equality (final draft). CIDOC, Document I IV, 73/29; insbes. S. 22 f. – Vgl. *W. Kenneth Richmond:* Education and Schooling. London 1975. (Methuen Education Paperback).

Analyse der existierenden sozialistischen Gesellschaften erhärtet werden können. So halten wir die Reduzierung von Problemen sozialer Interaktion und politischer Herrschaft auf soziale und ökonomische Konflikte für eine substantielle Verengung der Sichtweite. Wir mißtrauen daher der Vorstellung, daß allein die Revolutionierung von Produktionsverhältnissen im marxistischen Sinne die Grundlage für die Entstehung humaner Institutionen schaffen könne, welche die Merkmale der Entfremdung abgelegt haben, die den Institutionen der kapitalistischen Gesellschaft eigen sind.

Zum zweiten scheint auch in einem Zeitalter wissenschaftlich-technischer Revolution eine Überbetonung der Rationalität im Erziehungs- und Lernprozeß, wie sie von marxistischen Pädagogen vertreten wird, die Gefahr in sich zu bergen, daß die Bedeutung von Spontaneität, Intuition und Kreativität unterschätzt wird. Unter diesem Aspekt sind auch Bedenken gegen eine zu starke Unterordnung von Erziehungs- und Lernprozessen unter die Vorschriften anzumelden, die aus enggefaßten Bildungs- und Lehrplänen resultieren.

Schließlich hindert uns auch die Beachtung des Prinzips der ‚inneren Logik' des Unterrichtsprozesses nicht daran, bei den Vertretern der ‚sozialistischen Position' eine zu starke Abhängigkeit der Didaktik von der – in sich ja häufig nicht stimmigen – Systematik der entsprechenden Wissenschaftsdisziplinen, wie die Universitäten sie lehren, zu vermuten. Durch die Überschätzung des Objektivitätscharakters dieser Systematik erklärt es sich wohl, daß der eigenständige Anteil, der sowohl Lehrern als auch Schülern als den unmittelbaren Akteuren an den Entscheidungsprozessen des Geschehens zukommt, nicht oder zumindest zu wenig herausgearbeitet wird.

Bei der Begründung dieser grundsätzlichen Kritik erweist sich die Auseinandersetzung mit *Ivan Illichs* Gedanken als stimulierender Ansatz, auch wenn wir seine Alternative einer durch Entschulung herbeizuführenden Emanzipation des Menschen für ebenso utopisch halten wie die marxistische Perspektive einer totalen Aufhebung sozialer Entfremdung durch Vergesellschaftung der Produktionsmittel. In einer Welt, in der die Beziehungen der Menschen zunehmend durch Technik und Wissenschaft determiniert werden, sind, wie uns scheint, Schulen als konstitutives Element einer unaufhebbaren Entfremdung zu deuten und zu akzeptieren. Technokratische und meritokratische Tendenzen sind in den hochindustrialisierten Gesellschaftsformationen kapitalistischer und sozialistischer Qualität zu beobachten. Um sie abzuschwächen und unter Kontrolle zu halten, bedarf es freilich intensiver und ständiger Anstrengungen. Für den pädagogischen Bereich heißt dies, Schulen zu Zentren zu entwickeln, die sowohl gesellschaftlich notwendige Kenntnisse und Fertigkeiten vermitteln und dazu der Steuerung durch staatliche Direktiven nicht entraten können als auch die Entfaltung emanzipatorischer Einstellungen und Verhaltensweisen bei ihren Schülern ermöglichen.

Ein Mittel zur Milderung des unauflöslichen Widerspruchs, der in dieser Zielvorstellung enthalten ist, ist die Förderung ‚freier Schulen' (im weitesten Sinn dieses Begriffs). Allein schon wegen der Tatsache, daß eine ausreichende Zahl außergewöhnlich qualifizierter und engagierter Erzieher nicht verfügbar ist, um solche Schulen zu entwickeln und erhalten, können diese nur Außenseiter sein. Außenseiter aber hat die Gesellschaft, wie in anderen Lebensbereichen, auch im Erziehungsbereich als ständige Herausforderung nötig. Sie weisen auf Möglichkeiten einer Gegenkultur hin und konfrontieren daher die öffentlichen Schulen mit den Problemen ihrer eigenen Normalität.

Grundfragen der Geschichte Rußlands im Unterricht

Ein Beitrag zur politischen Bildungsarbeit in der Oberstufe des Gymnasiums

I.

Alexis de Tocquevilles geniale Prognose, daß die Vereinigten Staaten und Rußland "berufen scheinen, dereinst die Geschicke der halben Erde zu lenken"[1], beginnt in unserem dynamischen Zeitalter, kaum daß sie sich bestätigt hat, zurückzutreten vor der am überzeugendsten von Karl Jaspers formulierten These, daß "unsere geschichtlich neue, erstmals entscheidende Situation die reale Einheit der Menschheit auf der Erde ist"[2]. Die damit verbundene Erkenntnis, daß die "Weltgeschichte als eine einzige Geschichte des Ganzen begonnen hat" und "alle wesentlichen Probleme Weltprobleme geworden sind", wird in ihrer Gültigkeit auch von der Geschichtswissenschaft anerkannt; diese sieht sich vor die Aufgabe gestellt, ihren Beitrag zur "Erneuerung unseres Geschichtsdenkens im Zeichen einer 'offenen Geschichte'" zu leisten[3]. Das Gymnasium darf sich diesen Thesen der Geschichtsphilosophie und Erkenntnissen der Forschung umso weniger verschließen, als ihm heute vor allem angesichts der Schwierigkeiten, die einem studium generale an der Universität begegnen, eine umfassende Aufgabe in der politischen Bildung der heranwachsenden Generation zufällt.

Die Geschichtsdarstellungen, die den Unterricht an unseren Gymnasien heute weitgehend prägen, bieten dem Lehrer bei seinen Bemühungen um eine universalgeschichtliche Konzipierung des Unterrichts freilich wenig Hilfe. Während die Einbeziehung der farbigen Völker in den Gesichtskreis der Betrachtung noch völlig fehlt, kann auch von einer gebührenden Berücksichtigung der Vereinigten Staaten und Rußlands nicht die Rede sein. Die knappe Behandlung der amerikanischen Geschichte mag immerhin durch die Erwartung kompensiert sein, daß der Englischunterricht sich ihrer annimmt. Für die Erarbeitung der Geschichte Rußlands aber fehlt diese Ausweichmöglichkeit, weil das Russische als ordentliche Disziplin bisher kaum Eingang in das Gymnasium gefunden hat.

Eigenständigkeit der Entwicklung

Darstellungen, in denen die Ereignisse der russischen Geschichte jeweils nur als Anhängsel an zeitlich parallele Epochen der westeuropäischen Geschichte erscheinen, können deshalb nicht befriedigen, weil durch sie dem Schüler der Blick auf die Eigenständigkeit der Entwicklung Rußlands erschwert, wenn nicht sogar verbaut wird[4]. Die Reformen Peters d. Gr., um ein markantes Beispiel zu nennen, wird er in ihrer Problematik nur dann verstehen lernen, wenn er sie nicht nur als Teil der Erscheinung des (west)europäischen Absolutismus, sondern in erster Linie als Glied in der Entwicklung der russischen Autokratie erkennt. Die Auseinandersetzung mit der Geschichte Rußlands darf also nicht um der Anhäufung zusätzlichen Stoffes willen betrieben werden, sondern muß von vornherein von der Aufgabe bestimmt sein, Grundfragen zu erörtern, welche die Gemeinsamkeit und Unterschiedlichkeit der Geschichtsverläufe beider Hälften Europas offenbaren. Um dieser Aufgabe angesichts der knapp bemessenen Zeit (2 Wochenstunden) möglichst gerecht zu werden, geben wir gegenüber der horizontal-chronologischen Behandlung dem Weg der Längsschnitte den Vorzug. In der Gegenüberstellung von Erscheinungen in "Rußland" und "Europa" (= Westeuropa) wird das Kernproblem der russischen Geschichte sichtbar: der Einbruch der Diskontinuität als sogenannte "Europäisierung" - besser als Einwirken Westeuropas auf Rußland - in die durch die Übernahme des byzantinischen Christentums geprägte Kontinuität. Der Widerstreit dieser beiden Elemente äußert sich vor allem seit den Reformen Peters d. Gr. in einem Dualismus, der sich bis zur bolschewistischen Revolution steigert und durch deren Sieg in die totale "Europäisierung" einzumünden scheint. Dieser Vorgang wird einmal bewirkt durch die Konstituierung der aus Westeuropa stammenden marxistisch-bolschewistischen Ideologie zur "Staatsreligion" und zum anderen durch die stürmische Industrialisierung, in deren Verlauf die ökonomischen und sozialen Tendenzen der modernen Industriegesellschaft in viel stärkerem Maße als vor 1917 in Rußland Eingang finden.

Fundament für das Verständnis der Gegenwart

Mit dieser Überlegung ist auch das Ziel umrissen, das der Auseinandersetzung mit den Grundfragen der russischen Geschichte im Unterricht gestellt ist, nämlich die Schaffung eines Fundaments für die Erhellung der "sowjetischen" Gegenwart. Auch diese läßt sich als Spannungsverhältnis begreifen, dessen Pole die bolschewistische Ideologie in ihrem Ausschließlichkeitsanspruch und die "sowjetische" Lebenswirklichkeit sind. Die "alte" vorbolschewistische Spannung von Kontinuität und Diskontinuität, welche das russische Geschichtsdenken mehrere Jahrhunderte - vor allem das 19. Jahrhundert - unter der Fragestellung "Rußland - Europa" inspiriert und erregt hat, ist unter diese "neue" Polarität subsumiert, indem 1. in der Idelogie das von Marx und Engels hinterlassene, d.h. westeuropäische Gedankengut mit den überlieferten Vorstellungen der russischen Revolutionäre des 19. Jahrhunderts konkurriert, wovon das Werk Lenins deutlich Zeugnis ablegt, und 2. der "Sowjetmensch" der Gegenwart auf den Ausschließlichkeitsanspruch der Ideologie einmal als Russe, d.h. als Angehöriger eines Volkes mit einer tausendjährigen Tradition[5], und zum anderen als Mensch der modernen Industriegesellschaft reagiert und die Ideologen zur Modifikation ihrer Thesen zwingt.

Auf die Bedeutung der Auseinandersetzung mit den Grundfragen der russischen Geschichte - neben der Erarbeitung der Ideologie und der Anwendung allgemein-soziologischer Einsichten auf die Situation der sowjetischen Gesellschaft - innerhalb des Gesamtvorhabens, die sowjetische Gegenwart als geschichtliches Phänomen zu durchleuchten und in dieser Durchleuchtung die eigene Entscheidung vorzubereiten, sollten die Schüler bereits zu Beginn des Unterrichtsganges anhand der Skizzierung des soeben aufgezeigten Kernproblems hingelenkt werden. Damit wird bei ihnen für die historische Arbeit eine Motivation gestiftet, welche durch den Bezug auf ein konkretes Geschehnis noch unterbaut werden kann, vorausgesetzt, daß die Diskussion nicht im Vordergründigen steckenbleibt, sondern das Problembewußtsein der Schüler anspricht.

Strukturtypologische Methode

Wenn hier nun aufgrund vorliegender Unterrichtserfahrungen versucht wird, von den Fragen nach dem Selbstverständnis des Menschen, der Struktur von Gesellschaft und Staat, der Beziehung zwischen Politik und Ethik sowie der spezifisch russischen Geschichtsmetaphysik ausgehend den Gang der russischen Geschichte zu erfassen, so dient diese strukturtypologische Methode allein dem "Bemühen, die schwer zu fassende Realität gedanklich zu rationalisieren"[6] und dem Schüler eine Orientierungshilfe zum Verständnis der gegenwärtigen Weltsituation zu geben. Ein solches Verfahren ist freilich nur dann sinnvoll, wenn es sich in einen Geschichtsunterricht einordnet, der von dem Bestreben getragen ist, das Geschehen in seiner Vielschichtigkeit, die sich auch im Dualismus "Rußland - Europa" verbirgt, zu begreifen. Hinweise auf Primär- und Sekundärliteratur sowie auf andere Informationsmittel sollten den Unterrichtsgang begleiten; sie sind wichtig, weil gerade auf dem Gebiet der "Ostkunde" neben ausgezeichneten und brauchbaren Publikationen Schriften erscheinen, in denen in Schwarzweißmanier und leichtfertiger Vereinfachung die historische Wahrheit manipuliert wird[7].

Der Unterrichtsgang

Die Durchführung des im folgenden entwickelten Unterrichtsganges der Oberstufe (16 Stunden, möglichst als Blockstunden) baut auf folgenden Voraussetzungen auf:

1. In der Mittelstufe müssen folgende Epochen behandelt worden sein:
   a) Die Entstehung des Kiever Staates, die Einführung des orthodoxen Christentums (und damit die Bindung Rußlands an den byzantinischen Kulturkreis) sowie die Vernichtung des ersten russischen Staates durch die Mongolen zu Beginn des 13. Jahrhunderts;
   b) Entstehung und Aufstieg des Moskauer Staates, die Ausformung der Autokratie, die Besitznahme Sibiriens;
   c) die allgemeine historische Situation Rußlands im 19. Jahrhundert;
   d) Die Geschichte der Sowjetunion von der Oktoberrevolution (und ihren Ursachen) über die Ära Stalins zur Entwicklung seit 1953.

Diese vier Epochen sollten jeweils als geschlossene Kapitel im Rahmen des der Mittelstufe vorbehaltenen "Durchgangs" behandelt (a und b im 8., c im 9., d im 10. Schuljahr) und als zusammenfassende Wiederholung an den Beginn unseres Unterrichtsganges gestellt werden, damit für die exemplarische Erarbeitung der Längsschnitte das unumgängliche Faktenwissen vorliegt.
2. Die Beschäftigung mit den Grundfragen der politischen, sozialen und Geistesgeschichte Westeuropas muß im Oberstufenunterricht vorausgegangen sein, und zwar unter Einbeziehung des Verhältnisses von Abendland und Byzanz (im Überblick) in die Behandlung des Mittelalters. Aus diesem Grunde empfiehlt sich der vorliegende Unterrichtsgang für das 13. Schuljahr.

3. Im Sozialkundeunterricht müssen die Entwicklung der marxistisch-bolschewistischen Ideologie erarbeitet[8] und Grundprobleme der modernen
Industriegesellschaft besprochen worden sein.

Der Unterrichtsgang gliedert sich wie folgt.

1. Einführung: Erörterung der Aufgabenstellung (mit Verteilung von Kurzreferaten) und chronologischer Überblick (s.o.) - 2 Stunden;
2. Längsschnitte: a) Das bejahte Kollektivbewußtsein, b) die homogene Gesellschaft, c) der Staat als absolute Obrigkeit, d) der Verzicht auf die
Vereinbarkeit von politischem und sittlichem Handeln, e) der russische
Messianismus - 10 Stunden;
3. Abschluß: Anwendung der gewonnenen Einsichten auf die Analyse der
Gegenwartsfragen - 4 Stunden.

II.

Bei der Erarbeitung der Längsschnitte sind folgende Gesichtspunkte zu
beachten:

1. Das bejahte Kollektivbewußtsein

Nicht nur in der Begegnung mit den Grundfragen der Geschichte, sondern im gesamten Unterricht erfährt der Schüler immer wieder von der
Verwurzelung des personalen Denkens in der "westlichen Welt", die
sowohl die großartigen Leistungen des abendländischen Geistes in ihrer
Fülle und Vielfalt als auch die Tendenz zum schrankenlosen Individualismus in unserer Zeit erklärt.
Daß in Rußland eine entsprechende Verankerung des Personalismus
fehlt, zeigt zunächst die Gegenüberstellung von abendländischer und ortho-
doxer Religiosität. Augustins Ansatz vom Gewissen des einzelnen als Quell
der Frömmigkeit und erst recht Luthers Lehre von der "Freiheit eines Chri-
stenmenschen" sind von der Ostkirche stets zurückgewiesen worden. In diesem Vergleich tritt aber auch zutage, daß es abwegig wäre, sowohl den Personalismus des Westens als auch die "sobornost" Rußlands als isolierte
Prinzipien zu betrachten; dagegen spricht im Westen das Verständnis der
Kirche als des Corpus Christi mysticum, im Osten die Tatsache, daß die
Orthodoxie einen christlichen Glauben verkündet, in dem allerdings weit

stärker als im Westen "die Persönlichkeit in eine organische Beziehung zur Gemeinschaft gebracht wird"9. Die Unterwerfung unter die "gottlosen Tataren" im 13. Jahrhundert "wegen unserer Sünden und Ungerechtigkeiten"10 verstärkt die Tendenz, in der brüderlichen Glaubensgemeinschaft die Unvollkommenheit dieser Welt in der unerschütterlichen eschatologischen Erwartung zu erleiden und, anders als dies die Kirche des Abendlandes stets getan hat, auf eine tätige Bewältigung der immanenten, in jedem Fall sündigen Welt zu verzichten. Die Interpetation eines Auszuges aus den "Betrachtungen über die göttliche Liturgie" von Nikolaj Gogol11 veranschaulicht die Stärke des tradierten orthodoxen Brüderlichkeitsempfindens.

Im Fortgang der Betrachtung wird dargelegt, wie sich in Westeuropa in der Renaissance und im Humanismus antikes und christliches Persönlichkeitsbewußtsein durchdringen und in dieser Durchdringung über die Freiheitsideen der Aufklärung im Bereich des politischen Denkens und Handelns niederschlagen. Das Erbe dieser "christlich-humanistischen" Tradition in seiner Mächtigkeit äußert sich heute darin, daß wir daran gehindert werden, "die Vermassung als etwas Selbstverständliches hinzunehmen"12. In Rußland, an dem Renaissance und Humanismus vorbeigehen, wird dagegen im Zuge des Säkularisierungsprozesses des 18. und 19. Jahrhunderts vor allem das Gleichheitsdenken der Aufklärung von der "fortschrittlichen", d.h. der die Entwicklung des Westens bejahenden Opposition als "profanes Dogma" aufgenommen, dessen Verbreitung die - vom deutschen Idealismus inspirierte - slawophile Richtung13 umso weniger verhindern kann, als ihr von der erstarrten Staatskirche keine Hilfe zuteil wird. Aus dieser Betrachtung wird schließlich verständlich, daß der Marxismus von seinen russischen Anhängern nicht wie in Westeuropa als eine Deutungsweise des Selbstverständnisses und der Selbstverwirklichung des Menschen angesehen, sondern als "Profanreligion" begrüßt wird, die das Gleichheitsdenken der Aufklärung am radikalsten vertritt und es zu realisieren verspricht. So scheint das "kommunistische" Kollektivbewußtsein aufgrund einer hierfür vorhandenen, geschichtlich bedingten Affinität das Erbe des überlieferten Brüderlichkeitsgefühls der Ostkirche angetreten zu haben. Von diesem unterscheidet es sich jedoch grundlegend dadurch, daß es des transzendenten Bezugs und der allgemeinchristlichen Grundauffassung von der Gotteskindschaft des Menschen entkleidet ist und von der Partei- und Staatsführung um des in der Immanenz liegenden Zukunftsziels willen verkündet und gefördert wird, soweit es überhaupt ein echtes Selbstverständnis widerspiegelt und nicht nur zum Zweck der Produktionssteigerung "verordnet" ist. Am

Beispiel der Landwirtschaftskollektive (kolchozy) läßt sich dieser Gedankengang lebendig entwickeln.

Im abschließenden Gespräch wird die Frage aufgeworfen, ob sich dieses säkularisierte Kollektivbewußtsein mit seiner uns immer wieder bestürzenden Geringschätzung der individuellen Freiheit angesichts der endlosen Verzögerung des "Sprunges in die klassenlose Gesellschaft" auf die Dauer - gemäß den Vorstellungen der Partei- und Staatsführung - als wirkende Kraft in der sowjetischen Lebenswirklichkeit zu behaupten vermag. Zweifel werden durch Berichte geweckt, die sich als Belege für eine "Personalisierung" verstehen lassen, die durch die Änderung der Lebensbedingungen im industriellen Zeitalter ausgelöst worden ist[14]. Diese im Vergleich zu den Einsichten in die Situation der "westlichen" Gesellschaft paradox anmutende Beobachtung provoziert sofort zwei weitere Fragen, ob sich nämlich erstens in dieser "Personalisierung" nicht derselbe Drang nach einem sich selbst genügenden Individualismus[15] wie im Westen ausspreche und zweitens mit dem Abbau des "kommunistischen" Kollektivbewußtseins nicht auch das tradierte orthodoxe Brüderlichkeitsgefühl verlorenzugehen drohe[16]. Die Kunde vom Aufbruch junger Dichter in der Epoche des "Tauwetters" setzt diesen Befürchtungen die Hoffnung entgegen, daß auch in der Sowjetunion "heute ein jeder Philosophen gleich" sein soll und "im Volke nachgedacht wird"[17]. Die Beantwortung des Fragenkomplexes selbst muß offenbleiben.

2. Die homogene Gesellschaft

Die Geschichte Westeuropas - einschließlich der des absolutistischen Zeitalters - zeugt vom Ringen verschiedener sozialer Gruppen um rechtliche und politische Anerkennung und Sicherung im Ganzen der Gesellschaft. Die "ständische" Struktur dieser Gesellschaft ist eng verbunden mit der Verankerung des Personalismus, was an den Beispielen des Lehnswesens oder der spätmittelalterlichen Städteordnung eindringlich aufgewiesen werden kann. Die Auswirkungen dieser sozialen und rechtlichen Differenzierung auf die verschiedenen Lebensbereiche - als Standesbewußtsein, Standeskultur, ständische Formen in Erziehung, Gesittung und Geselligkeit - können im Deutsch- und Kunstunterricht auf mannigfache Weise veranschaulicht werden. Was vom Weiterleben der "christlich-humanistischen Tradition" oben gesagt wurde, gilt analog für das "ständische" Erbe, auch wenn die Ständeordnung selbst infolge der sozialen Verschiebungen, die durch die industrielle Revolution verursacht sind, untergegangen ist.

Die Lektüre von Quellen und deren Auswertung läßt dagegen erkennen, daß es in Rußland wohl auch verschiedene soziale Gruppen, Freie und Unfreie, Reiche und Arme, gegeben hat, der Nachweis einer "ständischen" Entwicklung jedoch aufgrund bis heute von der Forschung noch nicht völlig geklärter geschichtlicher Ursachen nicht gelungen ist.

Der kaiserliche Gesandte Sigmund von Herberstein, dessen "Rerum Moscovitarum Commentarii" ein bedeutendes Zeugnis über den Moskauer Staat des 16. Jahrhunderts darstellen, berichtet von der Macht der Zaren, die "sich gleichermaßen auf geistliche und weltliche Personen erstreckt, über deren Leben und Vermögen er nach Gutdünken verfügt. Von den Ratgebern, die er hat, besitzt keiner eine so bedeutende Stellung, daß er sich zutrauen könnte, eine von der Meinung des Zaren abweichende Ansicht zu vertreten ...."[18]. Die Beobachtungen von Adam Olearius (17. Jahrhundert)[19] liefern einen weiteren Beleg für die Machtlosigkeit des Adels. Dieser sinkt schließlich unter Peter d. Gr. zu einer vom Herrscher völlig abhängigen Beamtenkaste herab, in die jeder Staatsdiener aufgenommen werden kann. Die Privilegien, die dem Adel im 18. und 19. Jahrhundert verliehen werden, haben an dieser Situation grundsätzlich nichts geändert, nur daß er seit seiner Befreiung von der Dienstpflicht (1762) in den Augen des Volkes seine Existenzberechtigung verliert. So erklärt sich seine Identifizierung mit der verhaßten Autokratie im 19. und beginnenden 20. Jahrhundert.

Fragen nach dem Vorhandensein eines Bürgerstandes in Rußland führen zum gleichen negativen Ergebnis. Die Stadt im Moskauer Staat unterscheidet sich von den Dörfern allein durch spezifische Steuerlasten; die Kaufleute fungieren, je nach ihrem durch die Dienstverpflichtung begründeten Rang, als Handelsagenten des Zaren und als Steuereintreiber[20]. Ansätze zu einer freien Entfaltung werden mit der Unterwerfung der Stadt Novgorod am Ilmensee, welche die aus der Kiever Zeit stammende Selbstverwaltungstradition, repräsentiert durch die Volksversammlung, das "veče", bewahrt hatte, im 15. Jahrhundert zunichte gemacht. So werden die Mißerfolge der von oben angestellten Versuche (von Peter d. Gr. bis Alexander II.) verständlich, den "Bürgern" eine Selbstverwaltung zu verordnen; es fehlte hierfür die in Westeuropa auch unter dem Absolutismus nicht ausgelöschte Tradition eines standesbewußten Bürgertums.

Die Bauern erscheinen in Berichten westeuropäischer Reisender des 19. Jahrhunderts und den Äußerungen der vormarxistischen Opposition als geschlossene soziale Gruppe, deren Status durch die Gemeindeverfassung, den "mir", repräsentiert wird. Durch diese Beobachtungen werden Hoffnungen geweckt, Rußland könne aus dem Bauerntum die Kraft zur inneren

Erneuerung schöpfen. Daß diese Erwartung einem historischen Irrtum zugrunde lag, erwies sich 1861, als mit der Aufhebung der Leibeigenschaft dem "mir", der im 16. und 17. Jahrhundert nur zur praktischen Vereinfachung der Verwaltung eingerichtet worden war, die eigentliche Funktion und damit die Daseinsberechtigung genommen wurde.

Am ehesten könnte man die Geistlichkeit aufgrund ihrer rechtlichen Privilegien (z.B. der eigenen Gerichtsbarkeit) und ihrer personellen Abschließung (bis 1869 ergänzte sie sich nur aus Popensöhnen) als "Stand" bezeichnen. Daß sie - außer in Notzeiten und bei außergewöhnlichen Anlässen - ihre Sonderstellung jedoch nicht nutzte und seit Peter d. Gr. immer mehr zum verlängerten Arm der staatlichen Obrigkeit wurde, läßt sich auf ihre bereits erörterte negative Welthaltung zurückführen.

Daß es in der Sowjetunion wieder soziale Gruppen gibt, die teilweise mit Erfolg sogar nach rechtlichen Garantien und Privilegien streben und sich nach unten personell abzuschließen suchen, geht aus Augenzeugenberichten und Analysen der jüngsten Rechts- und Wirtschaftsentwicklung hervor[21]. Diese "Ansätze einer technischen Privilegiengesellschaft"[22] stehen der "stufenweisen Entwicklung der Gleichheit der gesellschaftlichen Bedingungen"[23] in der westlichen Welt gegenüber, rechtfertigen aber nicht das Attribut "ständisch", sondern zeigen eher die Merkmale der homogenen Gesellschaft des alten Rußland. Trotz der erwähnten Bestrebungen beruht nämlich auch heute die Differenzierung nur auf den von der Obrigkeit auferlegten und jederzeit auswechselbaren Pflichten, was an konkreten Beispielen zu illustrieren ist.

3. Der Staat als absolute Obrigkeit

Die Untersuchung der Struktur des vorbolschewistischen russischen Staates konzentriert sich auf die Analyse der Herrschaftsausübung durch die beiden "bekannten" Zaren Ivan IV. und Peter d. Gr. Die bereits erwähnten Reiseberichte von Herberstein und Olearius erweisen hierbei ihren zusätzlichen Wert, indem sie nachweisen, daß diese beiden Herrscher nur als "exempla", nicht aber als Ausnahmen in der Geschichte der Autokratie zu betrachten sind.

Die Herrschaftsverhältnisse in der Kiever Zeit und in der Übergangsepoche der Teilfürstentümer sind einleitend im Überblick zu erläutern, wobei die Tatsache Bedeutung verdient, daß Rußland vom Anfang seiner Geschichte bis 1598 von der einen Dynastie Rjurik regiert wurde, die, auch als die Herrschaft unter ihre Angehörigen geteilt war, für ihre Machtausübung nie der Bestätigung seitens des Volkes oder auch nur von Teilen des Volkes bedurfte.

Ivan IV. tritt uns, wenn wir von seinen grausamen Maßnahmen, die durchaus ihre Parallelen im damaligen Westeuropa haben, absehen, in seinem Wirken, so zum Beispiel in seinem Vorgehen gegen die Bojaren und die Stadt Novgorod, als typischer Vertreter der russischen Autokratie entgegen, welche ihr byzantinisches Vorbild insofern übertrifft, als in ihr an Stelle der "symphonia" der Cäsaropapismus das Verhältnis von Krone und Kirche kennzeichnet. Darüber hinaus besitzen wir von ihm Selbstzeugnisse, deren Interpretation den Schülern das Wesen dieser Autokratie unmittelbar verdeutlicht. Die uns noch im nächsten Längsschnitt beschäftigenden Aussagen Ivans IV. gipfeln in der Überzeugung, daß "wer sich gegen (meine) Staatsmacht erhebt, sich auch gegen Gott erhebt"[24]. Die Dynastie Romanov, die nach den "Wirren" den Zarenthron besteigt, hat in Peter d. Gr. ihren bedeutendsten Vertreter. In Gestalt und Werk dieses Herrschers spiegelt sich das Spannungsverhältnis von Diskontinuität und Kontinuität scharf wider: während sich in seinem durch Gesetze und Taten belegten Wirken[25] der unbändige Drang nach "Europäisierung" seines Landes ausspricht, enthüllt sich in der Art, wie die "große Revolution von oben" durchgeführt wird[26], der Nachfahre der Moskauer Autokraten. Der Wille dieser Persönlichkeit öffnet Rußland zwar dem westeuropäischen Einfluß; das Volk aber verschließt sich dieser Entwicklung, so daß der eingangs erwähnte "Dualismus" nun den Gang der russischen Geschichte bis zur Oktoberrevolution bestimmt. Der Staat des 18. und 19. Jahrhunderts scheint zwar äußerlich den absoluten Staaten Westeuropas zu gleichen, bewahrt aber in seinem Kern den autokratischen Charakter. Die Reaktion auf diese Erstarrung äußert sich besonders seit der zweiten Hälfte des 19. Jahrhunderts im Anwachsen radikaler Strömungen, die, von der Mitwirkung an der Gestaltung des Staates völlig ausgeschlossen, sich teilweise dem Anarchismus und Nihilismus verschreiben.

Lenins Wirken, das ausdrücklich damit gerechtfertigt wird, daß die Autokratie eine freizügige Parteiarbeit nach westeuropäischem Muster nicht erlaube, läßt sich nur verstehen, wenn man in die Betrachtung den historischen Hintergrund einbezieht. Die bolschewistische Revolution wird, ähnlich den Reformen Peters d. Gr., "von oben", nämlich von einer kleinen Gruppe von Berufsrevolutionären unter der Führung eines dämonischen Fanatikers, geplant und durchgeführt. Sie führt, entgegen den Prognosen von Marx und Engels, nicht zum "Absterben des Staates", sondern zur Ablösung der dynastischen Obrigkeit durch die Parteiführung als des Gremiums der "besten Kommunisten", deren Herrschaft schließlich in die persönliche Diktatur Stalins einmündet. Dessen Kommentar zur Einführung der Verfassung von 1936 regt besonders zur Erörterung der Herrschaftsverhältnisse im "sozialistischen Staat" an[27].

Ob die - durch Kurzreferate zu illustrierende - "Lockerung", wie z.B. durch die Einschaltung des Zentralkomitees gegenüber dem Präsidium und die Dezentralisierung der Wirtschaft, zu einer "Demokratisierung" des traditionellen Obrigkeitsstaates, der in seiner totalitären Form das säkularisierte Erbe der Autokratie angetreten hat, führen kann, bleibt am Ende des Gesprächs als offene Frage stehen. Die Betrachtung der gegenwärtigen Situation nötigt, wenn man die Urteile der Fachleute richtig interpretiert, eher zu einer vorsichtigen, wenn nicht sogar skeptischen, als zu einer optimistischen Prognose[28].

4. Der Verzicht auf die Vereinbarkeit von politischem und sittlichem Handeln

Die Behandlung der Frage, wie der "Westen" und der "Osten" das Verhältnis von politischer Praxis und ideeller Zielsetzung verstehen, berührt eines der diffizilsten Probleme, die sich der politischen Bildungsarbeit in der Oberstufe stellen. Sie ist mit der vordergründigen Antwort nicht aus der Welt zu schaffen, daß jede Politik nur dem Machttrieb, der Staatsräson oder, wie der Marxismus meint, dem ökonomischen Interesse diene und jede sittliche Rechtfertigung "ideologischer" Natur sei und den Tatbestand daher nur verschleiere. Das Bemühen um eine gedankliche Bewältigung der beiden Prinzipien kennzeichnet die abendländische Geistesgeschichte von dem Augenblick an, da Augustin dem politischen Handeln einen relativen Wert im innerweltlichen Tun zuerkannt hat. Damit ist er für das abendländische Christentum zum Stifter einer Norm geworden, der sich auch Luther insofern unterwirft, als er die Gleichwertigkeit jedes Berufs, also auch des politischen, vor Gott lehrt. Dieser christlichen Auffassung, die in ihrer säkularisierten Umformung in die Lehren der Aufklärung eingegangen ist, widerspricht Machiavelli, indem er den Bereich des Politischen aus den allgemeinen Moralgesetzen ausklammert und somit "neutralisiert". Diese abendländische Problematik, die bis zum heutigen Tage unser politisches Denken und Tun bewegt, muß dem Schüler - aufgrund intensiver Quellenlektüre - gegenwärtig sein, wenn er die "russische" Version verstehen will[29].

Die Selbstzeugnisse Ivan IV. bieten sich auch hier als Quelle an. Dieser Herrscher ist sich der zwiespältigen Situation bewußt, in die ihn sein grausames Regiment als "rechtgläubigen" Christen gestellt hat. Er bekennt sich zu seinen Freveltaten und weiß, daß er "über alle gewollten und ungewollten Sünden das Gericht empfangen muß wie ein Knecht, und nicht nur über die eigenen, sondern daß ich mich auch für meine Untertanen verantworten muß, wenn sie durch meine Unachtsamkeit sündigen"[30]. Den in Westeuropa möglichen Haltungen, politisches Handeln entweder unter Hinweis auf die "Gerechtigkeit" der eigenen Sache, was allerdings häufig zur Bemäntelung von Handlungen mit rein machtpolitischen und utilitären Zielsetzungen führt, oder unter Berufung auf die Staatsräson (z.B. Bismarck in seiner Außenpolitik) zu rechtfertigen, steht hier das Bewußtsein gegenüber, daß alles Handeln in dieser Welt verworfen und daher jede Rechtfertigung vergeblich ist[31].

Die Frage, warum in Rußland das Bemühen um eine Vereinbarkeit zwischen politischem und sittlichem Handeln fehlt, führt wieder auf die negative Welthaltung der Kirche zurück, die keine Veranlassung spürt, für das politische Handeln Normen zu setzen, was allerdings Kirchenfürsten, wie den Metropoliten Filipp, nicht daran hinderte, kraft ihres priesterlichen Amtes das sündhafte Tun ihres Herrschers anzuprangern und diesen Schritt mit dem Leben zu bezahlen. Die politische Praxis in Rußland aber ist gewohnheitsmäßig nach den Geboten der reinen Zweckmäßigkeit orientiert, so daß das Ringen um eine Versittlichung des politischen Lebens das typische Kennzeichen einer Opposition wird, die die bestehende autokratische Ordnung radikal bekämpft. Der Marxismus wird von vielen gerade wegen seiner anthropologischen Grundauffassung von der Selbstentfremdung des Menschen und ihrer Überwindung in der klassenlosen Gesellschaft gläubig aufgenommen.

In Lenins Lehre über Strategie und Taktik der Revolution[32] allerdings fällt der Verzicht auf sittliche Maßstäbe für das politische Handeln auf. Daran hat sich bis heute nichts geändert; die politische Praxis der sowjetischen Wirklichkeit ist - auch nach den jüngsten Reformen in der Rechtsprechung - frei von sittlichen Normen.

Im abschließenden Gespräch enthüllt sich jedoch der gewaltige Unterschied zwischen dieser und der altrussischen Lebenshaltung. Ivan IV. rechtfertigt seine Grausamkeiten letztlich mit der Sündhaftigkeit dieser Welt schlechthin, aus der der Mensch erst durch den Tod erlöst werden könne. Heute dagegen rechtfertigt man alle Eingriffe in das persönliche Leben des einzelnen mit der jeweiligen historischen Situation in ihrer Bezogenheit auf die Erreichung des in der Immanenz liegenden Endziels. Das bedeutet, daß an die Stelle der göttlichen Botschaft von der ewigen Seligkeit, um derentwillen die Verworfenheit dieser Welt erlitten werden muß, die Forderung auf Unterwerfung des einzelnen unter die Befehle der Partei- und Staatsführung getreten ist, nicht nur in seinem politischen, sondern - weil ja das ganze gesellschaftliche und private Leben "politisch" ist - in seinem gesamten Tun mit dem Hinweis auf ein Zukunftsideal, das immer mehr in den Bereich der Utopie entschwindet.

Inwieweit man die Tolerierung der Kirche, die Aktivierung der emotional fundierten Heimatliebe zu einem "Sowjetpatriotismus", den Appell an den jugendlichen Enthusiasmus zur Erschließung Sibiriens und schließlich die Befriedigung materieller Bedürfnisse als Eingeständnis der wachsenden Ohnmacht der Ideologie erklären kann, entzieht sich unserem Urteil, doch offenbaren die Äußerungen aus der "Tauwetter"-Periode, daß nicht nur "über Echtes und Falsches nachgedacht wird", sondern "auch darüber, wie Echtes Falschheit wird"[33], - daß also die Auseinandersetzung, die die Revolutionäre des 19. Jahrhunderts erregte, noch nicht abgeschlossen ist.

5. Der russische Messianismus

Die Behandlung des russischen Messianismus knüpft an die Untersuchung der Geanken von der translatio imperii an, die aus der renovatio-Idee im oströmischen Reich seit dem 6. Jahrhundert herausgebildet worden ist und sich auf das Ereignis der Gründung des "neuen Rom" durch Konstantin d. Gr. stützt. Diese byzantinische Staatsmetaphysik findet durch die ersten griechischen Metropoliten Eingang in das russische Geschichtsdenken und führt infolge des Schismas von 1054 zu einer Absonderung Rußlands von Westeuropa, mit dem es an der Wende vom 10. zum 11. Jahrhundert noch enge Verbindung gepflegt hat. Es ist nun darzulegen, daß die völlige Isolierung durch den Mongoleneinfall das "rechtgläubige" Rußland noch mehr als Byzanz selbst vom "schismatischen" Westen entfernt. Die Interpretation der Briefe des Mönchs Filofej von Pskov (gest. 1547) über das "dritte Reich", auf das ein "viertes" nicht folgen werde, verdeutlicht schließlich, wie durch die Eroberung Konstantinopels durch die Türken (1453) in Rußland die - durch die Wanderung des Kaiseradels nach Moskau symbolisierte - Idee des "dritten Rom" Fuß faßt und zur Grundlage des russischen Messianismus wird[34]. Der Vergleich des Sendungsbewußtseins westeuropäischer Völker mit diesem Messianismus zeigt dessen passiven, defensiven Charakter. Die

Expansionspolitik der Zaren wird daher vom Volke als alleinige Angelegenheit der Obrigkeit angesehen; es fehlt ihr, anders als etwa der spanischen conquista, jede ideologische Fundierung oder Stütze. Nur in Notzeiten, wenn es Fremde und "schismatische" Eindringlinge zu vertreiben gilt (1612, 1812), erwächst aus dem Gefühl der Verteidigung der Heimat und des wahren Glaubens der Antrieb zum aktiven Handeln.

Das mit dem Messianismus eng verbundene Mißtrauen gegen Westeuropa verhindert allerdings nicht die Aufnahme der Errungenschaften der westeuropäischen Technik und Zivilisation durch die Herrscher bereits vor Peter d. Gr., doch verhält sich das Volk gegenüber dieser Zweckverbindung mißtrauisch und reagiert - vor allem im 18. Jahrhundert - mehrmals mit Aufständen gegen die "falschen" Zaren.

Das 19. Jahrhundert zeitigt eine Erneuerung des Messianismus, in dem sich Westler und Slawophile die Hand reichen. Auch er bewahrt, abgesehen von dem in der westlichen Publizistik weit überschätzten Panslawismus, seinen passiven Charakter, da seine Vertreter Rußland für berufen halten, nicht durch Eroberungen, sondern durch das eigene Beispiel die Völker Westeuropas - ihnen allein ist das Gesicht der russischen Denker beider Richtungen zugewandt![35] - einer rechten Weltordnung zuzuführen.

Stalins Äußerungen in seinem Trinkspruch vom 24. Mai 1945 und in seinen Linguistikbriefen (1950)[36] über die führende Rolle des russischen Volkes lassen wieder ein Sendungsbewußtsein erkennen, das sich vor allem in der vom Diktator "inspirierten" Geschichtswissenschaft bis zum krassen Chauvinismus steigert. Die Frage nach den Ursachen der ideologischen Entwicklung von der These Lenins, daß Rußland nur den Anstoß für die Weltrevolution geben könne, bis zur Propagierung des "Sowjetpatriotismus", in dem der (groß)russische Nationalismus integriert scheint, führt zu der Überlegung, daß der Marxismus "in dem Augenblick" zur offiziellen Ideologie Rußlands wurde, als er seinen "Halt im Westen verlor und als die Werte der westlichen Aufklärung (dort) angegriffen wurden. Der Gegensatz zum Westen wurde daher nicht aufgelöst, er besteht vielmehr im umgekehrten Verhältnis weiter ..."[37]. In seiner Expansivität und Aggressivität stellt dieser "Sowjetpatriotismus" ebenso eine radikale Umkehrung des orthodoxen Messianismus dar, wie dies für die Ablösung der "sobornost" durch das "kommunistische" Kollektivbewußtsein oben nachgewiesen worden ist.

Auch dieser letzte Längsschnitt mündet in eine offene Frage, ob nämlich das russische Volk auf die Dauer das seines transzendenten Bezugs entkleidete Sendungsbewußtsein bejahen werde, auch wenn zugegeben wird, daß der "Messianismus den Russen nun einmal im Blute" stecke[38]. Auf folgende gegenläufige Tendenzen kann in der Diskussion hingewiesen werden:

1. Die Führer der Sowjetunion haben seit 1955 wiederholt auf die Möglichkeit verschiedener Wege zum Sozialismus hingewiesen (wenngleich nach der Ungarnkrise von 1956 diese These offiziell zurückgenommen worden ist). Die durch die Moskauer Erklärung von 1960 bestätigte Anerkennung der Führungsrolle der KPdSU als "Vorhut der kommunistischen Weltbewegung" hat die Spannung zwischen Moskau und Peking nicht beseitigt[39], wie andererseits auch der Titoismus von Moskau als ernstzunehmender "Konkurrent" ständig beachtet werden muß.

2. Die letztlich nur in der Zusammenarbeit mit der übrigen Welt mögliche Fortentwicklung von Wissenschaft und Technik und die daraus resultierende Annäherung der Lebensformen verstärken auch in der Sowjetunion den Wunsch nach Partnerschaft mit dem Westen.

3. Die von der sowjetischen Führung an die Welt gerichteten Friedensappelle entsprechen zweifellos dem tiefen Bedürfnis des Volkes, das zwar auf seine Vergangenheit und seine heute erreichte Weltgeltung durchaus stolz ist, aber ebensosehr wie die anderen Völker der Erde angesichts des gegenwärtigen Standes der Waffentechnik einen dauerhaften Frieden und damit eine echte Koexistenz erstrebt[40].

Schlußbetrachtung

Die Schlußbetrachtung wird durch drei Kurzreferate eingeleitet, in denen Gegenwartsprobleme der Sowjetunion dargelegt werden. Wir wählen hierzu drei repräsentative Lebensbereiche, nämlich das Gefüge von Partei und Staat zur Veranschaulichung der Herrschaftsverhältnisse, die Wirtschaft und die Literatur. Den Referenten ist dabei die Aufgabe gestellt, unter Auswertung der in den Längsschnitten gewonnenen Einsichten deutlich zu machen, wie sich das Spannungsverhältnis von Ideologie und Realität im konkreten politischen und wirtschaftlichen Geschehen sowie im geistigen Raum äußert und wie die Kenntnis der historischen Grundfragen den Weg zu einem besseren Verständnis der Gegenwart ebnet. Die Referate sollen zeitlich so disponiert sein, daß am Ende der Blockstunde sachliche Fragen der Klasse noch beantwortet werden können[41].

Mit den Referaten ist nicht nur die Überleitung von der speziellen zur allgemeinen Betrachtung vollzogen, sondern auch die unmittelbare Grundlage für die zusammenfassende Diskussion gegeben. In ihr wird versucht, aus den Erkenntnissen, die der Unterrichtsgang vermittelt hat, Folgerungen für eine möglichst objektive Beurteilung des "Ost-West-Problems" zu ziehen. Folgende Gesichtspunkte werden in dieser Diskussion entwickelt:

1. Viele Züge im politischen Verhalten der Russen lassen sich als Erbe einer jahrhundertealten Tradition verstehen, die, verglichen mit der Westeuropas, spezifische Merkmale aufweist. Die Wurzeln der auf ihnen beruhenden Eigenständigkeit sind darin zu suchen, daß Rußland die geistige Auseinandersetzung mit der Antike nicht vollzogen und daß es sich dem von der Ostkirche gestifteten Menschen- und Weltbild völlig verpflichtet hat. Der Bolschewismus, der mit seinen rein diesseitsbezogenen Zielsetzungen die radikale Säkularisierung der rein jenseitsbezogenen altrussischen Lebenshaltung darstellt, hat, nach den vorausgegangenen Jahrzehnten der Annäherung, durch seinen Sieg und seine Isolierung die Kluft zum Westen erneut aufgerissen. Aus der historischen Tatsache dieser Entwicklung erklären sich zu einem erheblichen Teil die tiefen Mißverständnisse, die sich auch heute einer Begegnung zwischen Ost und West entgegenstellen.

2. Trotz dieser Unterschiede ist Rußland ein Teil jenes Europas, das den gesamten auf antik-christlicher Grundlage gewachsenen Kulturkreis umfaßt. Die Zugehörigkeit Rußlands zu dem größeren Europa wird jedem offenkundig, der die geschichtlichen Erscheinungen Rußlands einmal mit denen in Westeuropa und zum anderen mit denen in asiatischen Ländern und Kulturkreisen vergleicht. Es ist vor allem das gemeinsame christliche Erbe, das beide Teile Europas eint. Der nachhaltige Einfluß der Begegnung mit Westeuropa auf das russische Geistesleben im 19. Jahrhundert und die Rückwirkung dieser Begegnung auf Westeuropa (und Nordamerika) wären ohne diese gemeinsame "Tiefenschicht" nicht zu erklären. (Man vergleiche die Entwicklung des Verhältnisses Japans zu Europa!)

Diese Zugehörigkeit zum größeren Europa wird auch im heutigen sowjetischen Rußland empfunden, nicht allein aufgrund der gemeinsamen Weiterentwicklung von Wissenschaft und Technik und der dadurch bedingten Angleichung der Lebensformen, sondern auch in der Auseinandersetzung mit den Schöpfungen des europäischen Geistes. "Zu sagen, daß sich heute die Situation grundlegend und endgültig geändert habe, ist gleichbedeutend mit einem Zuschlagen der Geschichtstore und einem Verneinen jeder Möglichkeit einer weiteren Entwicklung"[42].

3. Die gewaltige Veränderung, der Rußland durch die Oktoberrevolution unterworfen worden ist, kann nicht mehr rückgängig gemacht werden. Die

Tatsache, daß sich das Leben des überwiegenden Teiles des russischen Volkes in der sowjetischen Lebensordnung abgespielt hat, muß uns bei unserer Auseinandersetzung mit dem Phänomen "Rußland" stets gegenwärtig sein. Die bolschewistische Revolution "ist die erste Revolution der Weltgeschichte, die bis jetzt nicht ferro ignique, mit Feuer und Schwert, zerstört worden ist - durch eine Gegenrevolution oder durch äußeren Krieg. Sicherlich ist die Einschränkung wichtig: bis jetzt ... . Aber im Menschenleben bedeuten vierzig Jahre schon etwas ... . Für die Dauer und Festigkeit geschichtlicher Gebilde besagt es schon einiges, daß sich ein normales Menschenleben innerhalb einer Ordnung zu vollziehen vermag und daß man bald von den meisten russischen Menschen wird sagen können, daß sie im bolschewistischen Staat geboren und begraben worden sind ..."[43].

4. Ebenso wie es unrealistisch wäre, das Faktum des sowjetischen Rußlands zu negieren, gäben wir uns einem gefährlichen Irrtum hin, wenn wir in der uns heute entgegentretenden Wirklichkeit eine unverrückbare, statische Erscheinung sehen wollten. Wie der Westen, so ist auch der Osten in den dynamischen Prozeß der industriellen Entwicklung einbezogen, wenn auch die Veränderungen im Gefüge der totalitären Staats- und Gesellschaftsordnung nicht immer sogleich so offenkundig werden wie im demokratischen Bereich.

5. Jeder Prognose der Weiterentwicklung der Beziehungen zwischen Ost und West liegt die dialektische Überlegung zugrunde, daß uns einmal die Sowjetunion als Macht erscheint, deren politisches Denken und Handeln allein vom Ziel der Weltrevolution bestimmt ist, wir zum anderen aber angesichts der eingangs erwähnten Weltsituation, "die eine Situation der Menschheit geworden ist"[44], zugleich die Notwendigkeit einer "echten" Koexistenz anerkennen müssen, - auch wenn die sowjetische Führung gemäß dem "Leninschen Prinzip" mit diesem Begriff andere Ziele und Vorstellungen verbindet[45]. Überlegungen, daß die Völker Asiens und Afrikas berufen sein könnten, die "Botschaft von der Idee der einen Menschheit" zu verbreiten und dadurch die Kluft zwischen den beiden großen Machtblöcken zu schließen, werden in diesem Zusammenhang in der Zukunft gewiß an Bedeutung gewinnen[46].

Die Diskussion mündet somit in die Erkenntnis ein, daß Einsichten die eigene Stellungnahme zwar vorbereiten, nicht aber bewirken können; sowohl die pragmatische als erst recht die existentielle Entscheidung beginnt dort, wo Studium und Diskussion enden. Wenn dieser Unterrichtsgang, der einem Thema von größter aktueller Bedeutung gewidmet ist, diese

34

Entscheidung anbahnen hilft, vermag er, wie wir meinen, einen Beitrag zur politischen Bildung in der Oberstufe des Gymnasiums zu leisten.

Anmerkungen

1. *Tocqueville, A. de:* Über die Demokratie in Amerika (De la Démocratie en Amérique), dt. Fischer-Bücherei 138 (1956), S. 125.

2. *Jaspers, K.:* Vom Ursprung und Ziel der Geschichte, Fischer-Bücherei 91 (1955), S. 123f.

3. *Schieder, Th.:* Staat und Gesellschaft im Wandel unserer Zeit, München 1958, S. 195. Neben den in diesem Sammelwerk veröffentlichten Studien sei der Wert folgender Darstellungen zu diesem Thema hervorgehoben: *Dehio, L.:* Deutschland und die Weltpolitik im 20. Jahrhundert, Fischer-Bücherei 352 (1961), und Barraclough, G.: Geschichte in einer sich wandelnden Welt (History in a Changing World), dt. Göttingen 1957.

4. Die hier angestellten Überlegungen berühren vor allem den Oberstufenunterricht; auf die Voraussetzungen, die in der Mittelstufe zu legen sind, wird unten hingewiesen.

5. Dasselbe gilt analog für die Angehörigen der anderen in der Sowjetunion lebenden Völker. Ihre Bedeutung tritt insofern zurück, als den Russen allein zahlenmäßig die Führungsrolle in der Sowjetunion zufällt. Die Gewichtigkeit regionaler Probleme in den einzelnen Sowjetrepubliken soll damit nicht in Frage gestellt werden.

6. Schieder, Th.: a.a.O., S. 179.

7. Diese Schriften sind umso bedenklicher, als die in ihnen enthaltene Polemik häufig durch willkürlich ausgewählte Quellen und aus dem Zusammenhang gerissene Zitate "wissenschaftlich belegt" scheint und gerade bei noch unkritischen jungen Menschen ein verzerrtes Geschichtsbild bewirken kann. Daraus ergibt sich, daß dem kritischen Lesen im gesamten Unterricht, nicht nur im Bereich der historisch-politischen Arbeit, im Sinne einer wissenschaftlichen Propädeutik größte Aufmerksamkeit zu schenken ist.

8. Wenn der Sozialkunde- und Geschichtsunterricht in der Hand eines Lehrers liegt oder kollegiale Absprachen möglich sind, empfiehlt sich die Integration der Ideologieanalyse mit dem vorliegenden historischen Unterrichtsgang zu einer übergreifenden Unterrichtseinheit. Vgl. dazu den Beitrag des Verf.: Der Marxismus als zeitgeschichtliches Thema, in: Die Pädagogische Provinz, 1/1961, S. 21/25.

9. *Benz, E.:* Geist und Leben der Ostkirche, rde 40 (1957), S. 133.

10. Aus der Laurentiuschronik, bei: *Gitermann, V.:* Geschichte Rußlands I, Hamburg 1949, S. 373f.

11. Zit. bei Benz, E., a.a.O., S. 126.

12. *Philipp, W.:* Historische Voraussetzungen des politischen Denkens in Rußland, in: Forschungen zur osteuropäischen Geschichte I, Berlin 1954, S. 11.

13. Als Kurzreferat empfiehlt sich die Interpretation einer slawophilen Schrift, z.B. *Kirejevskij, I.:* Rußland und Europa, dt. Stuttgart o.J. (Anker-Bücherei 14), bes. S. 34f. und 42f.

14. Als anschauliche Quelle sei der Bericht über den Zerfall einer Jugendkommune in den 20er Jahren erwähnt, bei: *Mehnert, K.:* Der Sowjetmensch, Stuttgart, 5. Aufl. 1959, S. 105ff. (Kapitel: "Wohlstand").

15. Über Individualismus in der demokratischen Gesellschaft siehe Tocqueville, A. de, a.a.O., S. 146ff. Die meisten neueren Untersuchungen gehen auf ihn zurück.

16. Auf die "Modernisierung" des russischen Lebens wirft die Schilderung einer Episode, in der von fehlender Hilfsbereitschaft die Rede ist, ein bezeichnendes Schlaglicht, bei: *Mehnert, K.:* Asien, Moskau und wir, Stuttgart, 5. Aufl. 1958, S. 184f.

17. Aus *Jevtušenko, J.:* Station Zima (1956), Auszug dt. bei Mehnert, K.: Der Sowjetmensch, a.a.O., S. 434ff.

18. Bei Gitermann, V., a.a.O., S. 408.

19. Bei Gitermann, V., a.a.O., S. 491f.

20. Bei Gitermann, V., a.a.O., S. 473ff.

21. Hierzu besonders: *Dijlas, M.:* Die neue Klasse, dt. München 1958.

22. Schieder, Th., a.a.O., S. 191.

23. Tocqueville, A. de, a.a.O., S. 20.

24. Bei *Tschižewskij, D.:* Russische Geistesgeschichte I (Das heilige Rußland), rde 84 (1959), S. 148f., und *Stählin, K. und K.H. Meyer* (Hrsg.): Der Briefwechsel Iwans des Schrecklichen mit dem Fürsten Kurbskij (= Quellen und Aufsätze zur russischen Geschichte III), Leipzig 1921, S. 29.

25. Bei Gitermann, V., a.a.O., S. 425ff.

36

26. Philipp, W.: Grundfragen der Geschichte Rußlands bis 1917, in: Schriftenreihe der Bundeszentrale für Heimatdienst, Heft 44 (1960), S. 77.

27. Bei *Fetscher, I.:* Von Marx zur Sowjetideologie, Frankfurt/Berlin/Bonn, 4. Aufl. 1959, S. 168ff.

28. Vgl. Mehnert, K.: Der Sowjetmensch, a.a.O., S. 464, und *Leonhard, W.:* Kreml ohne Stalin, Köln, 2. Aufl. 1960, S. 504ff.: dazu die ausgezeichnete Rezension von *W. Löser* in: Ostprobleme, 14/1961, Bonn, S. 444ff.

29. Die Einbeziehung antiker Aussagen zu dem Problem, vor allem bei Plato und Cicero, trägt selbstverständlich zur Fundierung der Klärung wesentlich bei.

30. Bei Stählin, K., a.a.O., S. 86.

31. Fedor Stepun äußert sich darüber folgendermaßen: "Es ist wesentlich, zu sehen, und es ist Ivan dem Gestrengen zu glauben, daß er sich aufrichtig für einen gläubigen Christen hielt und es in gewissem Sinne auch war. ... Ein besonders typischer Zug der Staatsideologie und der Herrschermoral Ivans IV. ist es, daß ihn der Abstand zwischen seiner menschlichen Ohnmacht und seiner kaiserlich-christlichen Allgewalt weder schmerzte noch bekümmerte ..." - *Stepun, F.:* Der Bolschewismus und die christliche Existenz, München 1959, S. 150f.

32. Bei Fetscher, I., a.a.O., S. 99/100.

33. Aus Jevtušenko, J.: Station Zima (1956) bei Mehnert, K.: Der Sowjetmensch, a.a.O., S. 434ff. Vgl. auch die Worte des Dichters über das angebliche Ärztekomplott (1952/53) gegen Stalin: "Wo, was und wie - nicht gleich ist es verständlich. Stimmt's, daß die Ärzte doch nicht schuldig waren? Warum dann hat man also sie gekränkt? Welch ein Skandal, der ganz Europa füllt. Und alles war wohl Schuld des bösen Berija ..."

34. Zit. bei Benz, E., a.a.O., S. 150, vollständig bei *Schaeder, H.:* Moskau und das dritte Rom, Hamburg 1929, S. 55.

35. Barraclough, G., a.a.O., S. 231. Die Erweiterung der Arbeit durch Einbeziehung von Äußerungen der russischen Literatur, z.B. des Schlusses des 1. Bandes der "Toten Seelen" von N. Gogol', des "Tagebuchs eines Schriftstellers" (in Auszügen) von F. Dostojevskij und des visionären Gedichts "Die Skythen" von A. Blok, vermag den vorliegenden Gedankengang wesentlich zu unterbauen.

36. Zit. nach *Wetter, G.:* Der dialektische Materialismus, Freiburg, 2. Aufl. 1953, S. 292f., übernommen von Fetscher, I., a.a.O., S. 177. - *Stalin, J.:* Der Marxismus und die Fragen der Sprachwissenschaft, Berlin, 5. Aufl. 1954.

37. Barraclough, G., a.a.O., S. 232.

38. Mehnert, K.: Der Sowjetmensch, a.a.O., S. 455.

39. Pravda (Moskau) vom 6.12.1960, dt. in: Ostprobleme 3/1961, Bonn, S. 83.

40. Mehnerts Beobachtung der fehlenden "Atomangst" in der Sowjetunion darf demgegenüber nicht unerwähnt bleiben. - Mehnert, K.: Der Sowjetmensch, a.a.O., S. 456f.

41. Diese Anordnung (mit drei Kurzreferaten) ist nur in einer Blockstunde von 90 Minuten möglich. Anderenfalls empfiehlt sich die Hinzunahme einer weiteren Stunde. Selbstverständlich ist eine Ausdehnung der phänomenologischen Betrachtung der sowjetischen Gegenwart durch Einbeziehung weiterer Bereiche, wie z.B. der Rechtsprechung, der bildenden Kunst, des Schul- und Erziehungswesens und der außenpolitischen Grundfragen, dem Gesamtvorhaben dienlich. Sie ist dort wohl am ehesten durchführbar, wo der Geschichts- und Sozialkundeunterricht in der Hand eines Lehrers liegen. Es versteht sich, daß die vorliegenden Referate, wie auch die vorausgegangenen, durch eingehende Absprache mit dem Lehrer sorgfältig vorbereitet sind, damit sie sich in den Unterrichtsgang reibungslos einordnen.

42. Barraclough, G., a.a.O., s. 235.

43. *Freund, M.:* Welcher Lärm um einen Marshall! (Schukow und die Revolution), in: Die Gegenwart, Nr. 299, Jg. 12 (23), Nov. 1957, S. 719.

44. Jaspers, K., a.a.O., S. 124.

45. Hierzu besonders *Wetter, G.:* Die sowjetische Konzeption der Koexistenz (= Schriftenreihe der Bundeszentrale für Heimatdienst, Heft 42), Bonn 1959, bes. S. 17ff.

46. *Fleig, H.:* Sowjetrußland und die Welt von morgen, in: Offene Welt, 65/1960, S. 94f.

Literatur

Die bibliographischen Angaben sind absichtlich auf Veröffentlichungen, die in deutscher Sprache vorliegen, beschränkt, weil mit dem vorliegenden Beitrag zugleich dem Kollegen, der des Russischen nicht kundig ist, eine praktische Arbeitshilfe an die Hand gegeben werden soll. Zusammenfassend sei auf folgende Veröffentlichungen verwiesen:

38

1. Zur Einführung in die Problemstellung:

Anweiler, O.: Osteuropa in der politischen Bildung und im Geschichtsunterricht, in: Osteuropa 9/1959, Stuttgart, S. 530/534.

Barraclough, G.: Rußland und Europa, in: Geschichte in einer sich wandelnden Welt (History in a Changing World), dt. Göttingen 1957.

Neander, I.: Grundzüge der russischen Geschichte, Darmstadt, 4. Aufl. 1959.

Phillip, W.: Grundfragen der Geschichte Rußlands bis 1917, in: Schriftenreihe der Bundeszentrale für Heimatdienst, Heft 44 (1960), Bonn (= Rußland gestern und heute, 1. Folge); auch die übrigen in dieser und der 2. Folge (Heft 45) erschienenen Beiträge seien Lehrern und Schülern zur Einführung sehr empfohlen!

Philipp, W.: Historische Voraussetzungen des politischen Denkens in Rußland, in: Forschungen zur osteuropäischen Geschichte 1, Berlin 1954.

2. Grundlegende Werke zur Behandlung der Längsschnitte mit Quellen (*) und weiterführenden bibliographischen Angaben:

Benz, E.: Geist und Leben der Ostkirche, rde 40 (1957) (mit ausführlichen Zitaten).

Fetscher, I. (*): Von Marx zur Sowjetideologie, Frankfurt/Berlin/Bonn, 4. Aufl. 1959 (= Bd. IV in der Reihe "Staat und Gesellschaft").

Gitermann, V. (*): Geschichte Rußlands I-III, Hamburg 1949.

Leonhard, W.: Kreml ohne Stalin, Köln, 2. Aufl. 1960.

Mehnert, K.: Der Sowjetmensch, Stuttgart, 5. Aufl. 1959 (mit ausführlichen Zitaten), auch in Fischer-Bücherei 388 (1961).

Stählin, K. und K.H. Meyer (Hrsg.) (*): Der Briefwechsel Ivans des Schrecklichen mit dem Fürsten Kurbskij (= Quellen und Aufsätze zur russischen Geschichte III), Leipzig 1921.

Stepun, F.: Der Bolschewismus und die christliche Existenz, München 1959.

Tschiževskij, D. (*): Russische Geistesgeschichte I (Das heilige Rußland), rde 84 (1959) und II (Zwischen Ost und West), rde 122 (1961).

Winkler, M. (*): Slawische Geisteswelt I, Darmstadt/Genf 1955.

Komparative Aspekte der wissenschaftlichen Begleitung von Modellschulversuchen

Modellschulversuche werden heute in allen Industriestaaten durchgeführt und wissenschaftlich begleitet. Dem Committee for Cultural Cooperation des Europarats ist es daher zu danken, daß es dieses Symposium ermöglicht, das Erziehungswissenschaftlern und Vertretern der Schulverwaltungen aus den im Europarat zusammengeschlossenen Staaten Gelegenheit geben soll, die wissenschaftliche Begleitung von Modellschulversuchen unter allgemeinen und speziellen forschungstheoretischen Aspekten zu erörtern, ihre bildungs- und gesellschaftspolitische Funktion und die damit zusammenhängende Rolle des Erziehungswissenschaftlers im Forschungsprozeß zu diskutieren und Erfahrungen über die Planung, Konzeptualisierung und Durchführung von Modellschulversuchen im allgemeinen und ausgewählte Projekte im besonderen auszutauschen.

Das Programm weist mit den auf die Tagesordnung gesetzten Referaten Themen aus, die auf die Dezentralisierung von Schulreformen und die schulnahe Entwicklung von Begleitforschungsprojekten konzentriert sind und die Wechselbeziehung von organisationstheoretischen und methodologischen Aspekten beleuchten. Schon allein die durch hohes Abstraktionsniveau gekennzeichnete Formulierung der Referattitel läßt erkennen, daß die ausgewählten Themen unmittelbare Bezüge zu nationalstaatlichen Erfahrungsfeldern nicht berücksichtigen. Dies ist insofern das Ergebnis bewußter Entscheidung, als jede Tendenz einer Reduzierung des Programms auf eine additive Abfolge von Länderberichten ausgeschaltet werden sollte. Die Herausarbeitung nationalstaatlicher Besonderheiten hätte zwar den Teilnehmern gewiß wertvolle Einzelinformationen vermittelt, aber sowohl das Bemühen um die Präzisierung allgemeinmethodologischer Fragen als auch den Versuch erschwert, Vergleichskriterien zu finden und zu entwickeln. Länderberichte tendieren nämlich, zumal wenn sie Übersichtscharakter haben, zu einer globalen Erfassung des Gegenstandes, auch wenn dieser vergleichsweise begrenzt ist, wie in unserem Falle auf die wissenschaftliche Begleitung von Modellschulversuchen.

Gleichwohl läßt die getroffene Entscheidung des Vorbereitungskomitees, die Themen der Referate aus forschungstheoretischen Kategorien abzuleiten, den Tatbestand nicht außer acht, daß die Aussagen der aus verschiedenen Ländern kommenden Referenten Erfahrungen widerspiegeln, die in der konkreten Projektarbeit unter den durch die Normen nationalstaatlicher Bildungspolitik und Wissenschaftstradition gesetzten Bedingungen gewonnen worden sind. Die übernationale Bedeutung des gesamten Themenfeldes und nicht zuletzt der Teilnehmerkreis werden überdies dazu beitragen, daß in der Gruppenarbeit internationale Vergleiche explizit vorgenommen und, wohl mehr noch, im Sinne eines „hidden curriculum" den Gang der Gespräche implizit begleiten werden. Dies wird geschehen, auch wenn der internationale Vergleich konkreter Begleitforschungsprojekte weder dezidierter Gegenstand des ganzen Symposiums noch Thema einzelner Referate ist. Der Weg, von den in den Referaten entwickelten Problemen und der Abstrahierung von Erfahrungen, die in der Analyse nationalstaatlicher Spezifika gründen, auszugehen und die Teilnehmer zu expliziten und impliziten internationalen Vergleichen anzuregen, scheint größeren Erfolg zu versprechen. Der Verlauf des Symposiums mag diese Annahme bestätigen — oder vielleicht widerlegen und damit künftige Symposien auf Alternativen verweisen.

Lassen Sie mich nun Ihre Aufmerksamkeit auf einige komparative Aspekte lenken, die für die wissenschaftliche Begleitung von Modellschulversuchen zutreffend sind, und dieses Vorhaben als Einführung in die gemeinsame Arbeit anbieten. Im ersten Teil meiner Ausführungen möchte ich Argumente erörtern, welche zugunsten einer Legitimierung internationaler Vergleichsuntersuchungen in der gesamten Bildungsforschung vorzubringen sind. Der zweite Teil ist einer skizzierenden Analyse kontroverser Überlegungen zu widmen, die im Rahmen der in den sechziger Jahren in den Vereinigten Staaten erfolgten evaluationstheoretischen Diskussion und jüngster Stellungnahmen zur Funktion des Vergleichs innerhalb der Begleitforschung in der Bundesrepublik Deutschland geäußert worden sind.

Die sich aus beiden Ansätzen ergebenden Einsichten sollen die Grundlage für den Versuch bilden, im Schlußteil Möglichkeiten und Grenzen internationaler Vergleichsuntersuchungen zu umreißen, die sich speziell auf Modellschulversuche beziehen könnten.

1. Welche Argumente lassen sich vorbringen, um die Notwendigkeit internationaler Vergleichsuntersuchungen in der Bildungsforschung zu begründen?

1.1. Als Instrument der Wahrheitssuche und damit der Humanisierung menschlichen Zusammenlebens erfüllt Wissenschaft die Aufgabe, naive und vorwissenschaftliche Beschreibungen und Erklärungen von Zuständen und Vorgängen in der anorganischen und in der organischen Natur — und damit auch im Bereich sozialer Interaktion — kritisch zu prüfen und zu präzisieren, wo immer sie sie vorfindet. Internationale Vergleichsuntersuchungen von Situationen und Ereignissen im Bildungsbereich entsprechen dieser Aufgabenbestimmung, denn vorwissenschaftliche Praktiken internationalen Vergleichens gibt es, seit rudimentäre Formen des sozialen Aggregats „Nation" bestehen. Wie die Erziehungsregeln afrikanischer Buschschulen durch Vergleiche mit analogen Satzungen und Riten verändert wurden, die man bei Nachbarstämmen entdeckte und beobachtete, so reisten im 19. Jahrhundert bedeutende Vertreter des geistigen Lebens ihrer Länder in das Ausland, um dort Schulen zu besuchen und am Unterricht zu hospitieren. Aus ihren Beobachtungen und Vergleichen formten sie Empfehlungen mit dem Ziel, die fremde Bildungspraxis als nachahmenswertes oder abschreckendes Beispiel zu setzen. Die Vergleichende Erziehungswissenschaft schätzt die großen pädagogischen Reisenden des 19. Jahrhunderts, wie Victor Cousin, Matthew Arnold, Horace Mann und Leo Tolstoj, als Vorläufer und Wegbereiter ihrer in diesem Jahrhundert entwickelten Inhalte und Methoden.

Daß vorwissenschaftliches Vergleichen von der wissenschaftlichen Erfassung der Wirklichkeit freilich auch hinwegführen und sogar irrationale Prozesse in der Meinungsbildung auslösen kann, sei nicht verschwiegen. Die erkenntnistheoretische Funktion vergleichender Bildungsforschung wird durch das Vorhandensein solcher Prozesse unterstrichen. Was die Bundesrepublik Deutschland betrifft, denke ich in diesem Zusammenhang daran, wie stark der Begriff „schwedische Schulreform" durch naive Vergleiche von Befürwortern wie Gegnern der Gesamtschule zum Reizwort degradiert worden ist; Ähnliches widerfuhr zuvor Geschehnissen und Maßnahmen, die in bruchstückhafter und verzerrter Form aus dem amerikanischen Bildungssystem bekanntgeworden waren. Daß naives Vergleichen auch Paradoxien zu zeitigen vermag, sei schließlich am Beispiel der Aufnahme von Informationen über das Bildungssystem der DDR aufgewiesen; paradox ist es hierbei nämlich, daß Sympathien nicht nur aus einer — hier nicht zur Debatte stehenden — ideologischen Bindung sozialistischer Qualität erwachsen, sondern auch aus vordergründiger Bewunderung für „Disziplin" und „Leistung", die konservative Einstellung verrät und den gesellschaftspolitischen und ideologischen Hintergrund bildungspolitischer und pädagogischer Einzelmaßnahmen nicht berücksichtigt.

1.2. Internationale Vergleichsuntersuchungen entspringen der *forschungslogischen* Erkenntnis, daß es Erscheinungen im Bildungsbereich gibt, die entweder *nur* als Funktion nationaler Existenz zu erfassen oder unter Bezugnahme auf das soziale Aggregat „Nation" *optimal* zu erklären sind. Von hier aus ergibt sich die Wahl der Nation als Untersuchungseinheit für bestimmte Fragestellungen in der Bildungsforschung. Für den größten Teil Europas dürfte diese Definition zumindest einen Arbeitsbegriff erfassen, was durch die vom Documentation Centre for Education in Europe 1973 besorgte Übersicht über die Bildungsforschungspolitik beispielhaft zu bezeugen ist. Indem wir uns mit der Definition eines Arbeitsbegriffes begnügen, verkennen wir keineswegs, daß die grundlegende Klärung der Begriffsproblematik immer neue theoretische Anstrengungen erheischt. Diese bedürfen der empirischen Überprüfung ebenso wie des Rückgriffs auf die ideengeschichtlichen Wurzeln des „Nation"-Begriffs, deren Dichotomie durch J. G. HERDERS geschichts- und kulturphilosophische Deutung — das „Volk" als naturgebene und organische Sprachgemeinschaft — und J.-J. ROUSSEAUS Hervorhebung des politischen und voluntativen Kriteriums — die „Nation" als die durch die *volonté générale* bestimmte Willensgemeinschaft — repräsentiert wird.

Zur Beteiligung an der fortlaufenden Begriffserklärung wird die Vergleichende Bildungsforschung nicht zuletzt durch aktuelle Ereignisse gezwungen, seien diese durch die nach ethnischen Prinzipien erfolgten Föderalisierungen von Bildungssystemen, wie beispielsweise in Belgien und der CSSR, oder durch das neue Minoritätenproblem der *migrant workers* (Gastarbeiter) verursacht. Handelt es sich hierbei um — wenngleich für die betroffenen Nationen bedeutsame — Randerscheinungen im europäischen Bildungsbereich, ist die erwähnte Notwendigkeit, das soziale Aggregat „Nation" als Erklärungsrahmen für „normale" bildungspolitische und pädagogische Vorgänge zu beanspruchen, an zahlreichen Beispielen zu belegen. Wir greifen einige heraus, zunächst aus dem Bereich der Schulstruktur.

Beispiel 1: Sobald die internationale Dimension des aktuellen Themas „Hochschulzugang" berührt wird, sehen sich Bildungspolitiker und Bildungsforscher mit nationalstaatlichen und in den einzelnen Staaten jeweils auf vieldimensionale Faktorenkomplexe hinweisenden Regelungen des Verhältnisses von Sekundarschulabschluß und Hochschulimmatrikulation konfrontiert. Die Organisierung eines „big lift" für westdeutsche Studenten zum Studium an amerikanischen Hochschulen wäre daher allein schon unter diesem Aspekt nicht nur ein finanzpolitisches Problem.

42

Beispiel 2: Eine vergleichende Betrachtung der Entwicklung von „Gesamtschulen" *(comprehensive schools)* in Großbritannien und in der Bundesrepublik Deutschland muß als wesentlichen Faktor das vergleichsweise weit entfaltete und gesellschaftlich anerkannte britische Privatschulwesen berücksichtigen. Dieses bietet Eltern, die ihre Kinder nicht in *comprehensive secondary schools* schicken wollen, auch dann eine *reale* Alternative, wenn öffentliche *grammar schools* nicht zur Verfügung stehen. In den Ländern der Bundesrepublik Deutschland hätten politische Entscheidungen zur Einführung der integrierten Gesamtschule als Regelschule für die Eltern zehn- oder zwölfjähriger Kinder dagegen weit stärker den Charakter des individuellen Ernstfalls.

Beispiel 3: Seine jüngste Entscheidung gegen das in den sechziger Jahren eingeführte „bussing" und gegen die damit verbundene Einrichtung überlokaler Schulverwaltungen hat das Oberste Bundesgericht der Vereinigten Staaten ausdrücklich damit begründet, daß die lokale Kontrolle des Schulwesens als zentrales Prinzip der Bildungspolitik nicht angetastet werden dürfe. Teilnehmer eines Symposiums, das sich mit der Dezentralisierung von Schulreformen in Europa befaßt, dürfte diese Argumentation besonders nachdenklich stimmen, wobei die intranationale Bedeutung und Auswirkung des Urteils in diesem Zusammenhang unberücksichtigt bleibt.

Ich habe diese drei Beispiele gewählt, um Strukturmerkmale von Bildungssystemen als Folge nationalstaatlicher Ausprägungen zu demonstrieren. Sie vermögen aber zugleich auf curriculare Merkmale aufmerksam zu machen. So ist das Verhältnis zwischen Sekundarschulabschluß und Hochschulimmatrikulation auch dadurch charakterisiert, daß die Curricula der davon betroffenen Horizontalstufen in den einzelnen Staaten unterschiedlich entwickelt und ausgerichtet sind, und die Erwähnung des Urteils zum „bussing" bedarf der ergänzenden Aussage, daß hiermit indirekt der Abbruch von im vergangenen Jahrzehnt staatlich geförderten Experimenten im Bereich der sozialwissenschaftlichen Curricula verbunden ist.

Als repräsentatives Beispiel einer vergleichenden Untersuchung curricularer Merkmale ist die Funktion des Geschichtsunterrichts im Prozeß der politischen Sozialisation zu nennen; ihm widmet sich seit mehr als zwei Jahrzehnten das Internationale Schulbuchinstitut in Braunschweig. Auch der Mathematikunterricht sollte im Kontext einer vergleichenden Untersuchung nationaler Bildungskonzeptionen analysiert werden, bevor die Aussagekraft internationaler Leistungsmessungen, wie die der I.E.A., interpretiert wird, denn die einer Effizienzkontrolle des Mathematik-Unterrichts zugrunde liegenden Maßstäbe und Testverfahren lassen sich grundsätzlich problematisieren. Sind Mathematik-Leistungen, so wäre zu fragen, primär unter dem Aspekt ihrer Anwendbarkeit in den naturwissenschaftlichen und technologischen Disziplinen gemessen worden, oder wurde auch hinreichend beachtet, daß ein nationales Bildungssystem die wichtigste Funktion des Mathematik-Unterrichts darin sehen könnte, die Fähigkeiten junger Menschen zu logischem Denken auszubilden und damit eine Grundlage für philosophische Selbst- und Welterkenntnis zu gewinnen? Internationale Leistungsvergleiche geraten bei unzureichender Berücksichtigung der nationalstaatlich bedingten Hintergrundvariablen leicht in die Gefahr, fehlinterpretiert und zum Vehikel bildungsideologischer Argumente reduziert zu werden.

Untersuchungswerte Zustände und Ereignisse in nationalen Bildungssystemen können schließlich dadurch bedingt sein, daß als Folge politischer Veränderungen Nationen

gespalten werden oder in neu entstehenden sozialen Aggregaten aufgehen. Im Bildungsbereich überdauern traditionelle, auf die „alte" Nation zurückweisende Strukturen,
Inhalte und Einstellungen solche Veränderungen, was in internationalen Vergleichsuntersuchungen zu gleichermaßen theoretisch reizvollen wie politisch wichtigen Erkenntnissen führen kann. Beispiel hierfür ist die vergleichende Betrachtung gegenwärtiger Schulentwicklungen in den „Nachfolgestaaten" der Österreichisch-Ungarischen
Monarchie, wenngleich hierbei die Problematik einer Anwendbarkeit des „Nation"-
Begriffs auf Nationalitätenstaaten zusätzlicher Erkundungen und Überlegungen bedarf.

1.3. In einer Epoche internationaler Kommunikation kommt der Entwicklung einer
eindeutigen *Terminologie* größte Bedeutung zu, wie sie sich beispielsweise in der Erarbeitung mehrsprachiger Thesauri äußert. Zur Frage des Beitrages, den internationale
Vergleichsuntersuchungen hierzu leisten können, verdienen zwei Ebenen besondere
Beachtung.

Was die Ebene der forschungstheoretischen und instrumentellen Termini angeht, ist das
Vorhandensein einer übernationalen Sprache zu konstatieren, deren sich die empirischen
Sozialwissenschaften weitgehend bedienen. Im Hinblick auf das Thema dieses Sympo-
siums denke ich beispielsweise an Termini, die Forschungsmodelle, Forschungstypen,
Untersuchungsanordnungen und Datenerhebungsmethoden bezeichnen. Soweit das
Symbol der konventionellen Verbalsprache benutzt wird, verweist diese übernationale
Sprache freilich größtenteils auf *einen* nationalen, nämlich den englischen Ursprung.
Diese Konzentration erleichtert sowohl Angehörigen des englischen Sprachkreises als
auch „Ausländern" die Aneignung und Anwendung des sozialwissenschaftlichen Begriffs-
vokabulars, wenngleich die Übernahme englischsprachiger Termini in andere Sprachen
ohne die entsprechende Berücksichtigung semantischer Faktoren Mißverständnisse nicht
ausschließt. So war bei der Formulierung des Gesamtthemas für dieses Symposium zu
beachten, daß der deutsche Terminus „wissenschaftliche Begleitung" im Englischen und
Französischen keine wörtliche Entsprechung findet und der englische Terminus „evaluation" vom adaptierten deutschen Terminus „Evaluation" nicht abgedeckt wird. Die
Gefahr der Fehlinterpretation ist vor allem bei der Vermittlung theoretischer Inhalte
und Ergebnisse an Schuladministratoren und Lehrer gegeben, die mit ihrer Anwendbarkeit in der pädagogischen Praxis befaßt sind. Die Hineinnahme von „Praktikern"
in die Forschungsprozesse selbst, wie sie in der Konzeption der Handlungsforschung
(action research) realisiert wird, erweitert diese Gefahrenquelle, könnte aber aufgrund
der ständigen Notwendigkeit, Begriffe in der täglichen konkreten Arbeit zu klären,
auch dem Abbau „modischer" Termini und damit — für den vorliegenden Arbeits-
bereich — der Entwicklung einer sinnvollen übernationalen Wissenschaftssprache förderlich sein.

Weit schwieriger als die Festlegung forschungstheoretischer und instrumenteller Termini ist die Erzielung sprachlicher Eindeutigkeit in der übernationalen Erfassung der
nationalstaatlichen Bildungssysteme, innerhalb deren — in unserem Falle — zu analy-
sierende Modellschulversuche und Begleitforschungsprojekte ablaufen. Dies betrifft
nicht nur den strukturellen Rahmen, sondern auch die Curriculumentwicklung und die
— im weitesten Wortsinn — sozialpädagogischen Faktoren. Wesentliche Probleme
entstehen hier nicht erst bei der Dissemination von Forschungsergebnissen, sondern

schon bei der definitorischen Arbeit im Forschungsprozeß selbst. So setzen, um ein wesentliches Beispiel herauszugreifen, die Analyse allgemeiner Bildungsziele (aims) und die Definition operationaler Lernziele (objectives) *vor* der Erarbeitung der inhaltlichen Faktoren den Konsens über die zu verwendenden Termini voraus, will man Diskussionen nicht auf das Austragen von Kontroversen reduzieren oder Zuflucht zu scheinbar eindeutigen Begriffen als Lösung akzeptieren. Als Beispiel nenne ich die inhaltliche Bedeutung des französischen Terminus „démocratisation", der die Verwirklichung der Chancengleichheit im Schulbesuch und Schulerfolg meint und mit dem westdeutschen Terminus „Demokratisierung", der die Erweiterung der Mitbestimmung von Schülern, Lehrern und Eltern in bildungspolitischen und pädagogischen Entscheidungsprozessen ausdrücklich mitbetont, nicht kongruiert. Daß sich die Mißverständnisse häufen, sobald das Feld der politischen Pädagogik beschritten wird, sei nur angedeutet, weil hierbei die nationalstaatlich geprägten Terminologien von ideologisch bestimmten Begriffsbildungen globalen Ausmaßes überlagert werden; am unreflektierten Gebrauch von grundlegenden Begriffen wie „Demokratie" und „Frieden" kann sich Verwirrung in besonders drastischer Weise äußern.

Bei der Klassifikation von Schulstrukturen ergeben sich Komplikationen dadurch, daß die Terminologie häufig eher geschichtlichen Traditionen gehorcht als gegenwärtige Funktionen bezeichnet. Tradierte Termini werden beibehalten und — wie der tschechoslowakische Terminus „Gymnasium" zeigt — sogar wieder eingeführt, auch wenn die mit ihnen bezeichneten Schultypen in der Zwischenzeit sowohl ihre strukturellen als auch ihre curricularen Merkmale radikal verändert haben. Zur generellen Erläuterung dieser Problematik mag ein Beispiel genügen: Der Terminus „Oberschule" bezeichnet im gegenwärtigen Bildungssystem der DDR die Schuljahre 1 bis 12 der allgemeinbildenden Schule, die als „Allgemeinbildende polytechnische Oberschule" für die Klassen 1 bis 10 die Einheitsschule für *alle* Kinder und Jugendlichen darstellt und mit der einstigen selektiven deutschen „Oberschule" nichts gemein hat. Verständnisschwierigkeiten, die sich hier allein schon bei einem „deutsch-deutschen" Vergleich ergeben, wachsen, wenn etwa unkommentiert die amerikanische „high school" im Deutschen mit „Oberschule" wiedergegeben wird.

1.4. Während die bisher vorgetragenen Argumente die Wahl der Nation als Untersuchungseinheit auf theoretische Überlegungen zurückführen, lassen sich die beiden noch zu nennenden mit pragmatischen Gründen erklären. Dies gilt zunächst für die Tatsache, daß sich die Bildungsforschung bei ihrer *Datenerhebung* am ehesten auf Datenbasen stützen kann, die in den Dokumentationszentralen von Einzelstaaten und übernationalen Institutionen — wie z.B. dem Documentation Centre for Education in Europe — erstellt worden sind und laufend ergänzt und systematisiert werden, wobei sich die übernationalen Zentren ihrerseits bei ihren Klassifikationen an nationalstaatlichen Kategorien orientieren. Für die Bildungsforschung eröffnet sich auf diese Weise ein Zugang zu Zuständen und Vorgängen im Bildungsbereich, wie er auf andere Weise entweder überhaupt nicht oder nur auf wesentlich erschwerten und begrenzten Wegen zu erlangen wäre. Datenlieferanten sind einmal die statistischen Zentralbehörden (mit ihren Filialen), die Zahlenmaterial zur Bildungs- und Sozialstatistik erfassen, zum anderen die Dokumentationsstellen, die verbale Primärquellen — wie Gesetze, Verordnungen, Statuten usw. — systematisch sammeln.

Eine Fülle so geordneten Datenmaterials lädt zur Durchführung mannigfacher Vergleichsprojekte ein, und die zunehmende Internationalisierung der Datenerfassung schafft neue Möglichkeiten. Daß die Annahme dieses Angebots für den Erziehungswissenschaftler, den das Erkenntnisinteresse zur Aufdeckung pädagogischer und anthropologischer Sachverhalte leitet, nicht unbedenklich ist, sei an zwei Problemen verdeutlicht:

Problem 1: Die statistischen Datenbasen und die Verbal-Dokumentationen, die von staatlichen Instanzen erstellt werden, sind einmal in sich unvollständig und — im Hinblick auf internationale Verwendbarkeit — nach uneinheitlichen Maßstäben aufgebaut. Während hierin wohl schon in naher Zukunft erhebliche Verbesserungen und Verfeinerungen erfolgen werden, gilt dies für Zweifel an der Verläßlichkeit veröffentlichter Angaben um so weniger, je stärker staatliche Zentralbehörden die Datenerfassung und Datenspeicherung monopolisieren. Vergleichende Untersuchungen, die den Kontext des Nationalstaats als Ganzes durchbrechen und regionale Erscheinungen der Bildungswirklichkeit, wie beispielsweise Begleitforschungsprojekte, als Vergleichsobjekte wählen, wären allein schon unter dem Aspekt der komplementären Datenerfassung und damit auch der Verunsicherung und Korrektur der offiziellen nationalen Statistiken zu begrüßen.

Problem 2: Problematisch ist die durch den relativ leichten Zugang zu Datenmaterialien bedingte und geförderte Bindung der Erziehungswissenschaft an die „Pädagogik der Schulen" und damit die Verstärkung einer Neigung, die auf die Überschätzung des Einflusses hinausläuft, den die von staatlichen und öffentlich-rechtlichen Körperschaften eingerichteten und verwalteten Institutionen auf die Erziehung des heranwachsenden und sogar des erwachsenen Menschen ausüben. Man braucht kein „Deschooler" zu sein, um gegen solche Tendenzen Bedenken zu äußern. Die in der empirischen Sozialwissenschaft üblich gewordene Abhebung des „internationalen" vom „interkulturellen" Vergleich, der sich auf den Vergleich von Sozialisationsprozessen sozialer Gruppen konzentriert, ist kategorial gewiß richtig und notwendig. Sollte sich daraus aber die Konstituierung selbständiger Forschungstypen entwickeln, die ihre Forschungspraxis unverbunden betreiben, so hätte dies für die Theorie und Praxis der Erziehung den Nachteil, daß die Akteure des Erziehungsprozesses — Erzieher wie Erzogene — von zwei isolierten Vergleichsverfahren erfaßt würden: einerseits von einem entpolitisierten „interkulturellen" Vergleich, andererseits von einem „internationalen" Vergleich, in dem sich der Arbeitsbegriff „Nation" zu einem stabilen Begriff verdichtet hätte, dessen Verwendung zur Überbewertung nationalstaatlich bedingter Hintergrundvariablen verführen könnte.

1.5. Das letzte Argument kann lapidar gefaßt werden: Internationale Vergleichsuntersuchungen werden durch die fortschreitende *Internationalisierung der Bildungspolitik* und die Arbeit der auf universaler und regionaler Ebene tätigen internationalen und übernationalen Gremien veranlaßt und gerechtfertigt.

2. Wir wenden uns der zweiten Fragestellung zu, die uns mit dem Problem der *Anwendbarkeit und Zweckmäßigkeit des Vergleichs* in der Begleitforschung beschäftigen soll.

2.1. Zunächst orientieren wir uns an Urteilen über den Vergleich als Untersuchungsmethode, die in der forschungstheoretischen Diskussion der sechziger Jahre zur Frage der Evaluierung von Curricula in den Vereinigten Staaten abgegeben wurden. Unmittelbar veranlaßt wurde diese Auseinandersetzung durch die Frage, ob die Evaluierung neuer Curricula durch die Einbeziehung von Kontrollgruppen sinnvoll sei, die nach konventionellen Curricula unterrichtet werden. Man hatte nämlich festgestellt, daß entsprechende Effizienzkontrollen häufig keine signifikanten Unterschiede ergeben hatten.

Die Frage lautete also: Können bzw. sollen neue Curricula einer vergleichenden Evaluation mit konventionellen Curricula unterzogen werden? Die kontroversen Antworten auf diese Frage wurden in der amerikanischen Fachliteratur von LEE J. CRONBACH und MICHAEL SCRIVEN repräsentiert. Wir halten die wesentlichen Argumente dieser Auseinandersetzung fest, wobei wir den exemplarischen Charakter dieser skizzierenden Betrachtung betonen und insbesondere darauf hinweisen, daß die von den genannten Wissenschaftlern in den darauffolgenden Jahren erzielten Forschungsergebnisse in diesem Zusammenhang unberücksichtigt bleiben.

CRONBACH (1954) bestreitet den Sinn vergleichender Evaluationen. Einmal bezieht er sich auf deren fehlende Aussagekraft, die sich in den soeben erwähnten nicht-signifikanten Unterschieden der Durchschnittstestwerte äußere; sie sei auch durch Fehlerquellen bedingt, die auf das kaum kontrollierbare Engagement des Lehrers zurückführen, das seinerseits das Engagement der Schüler während des Experiments beeinflusse. Man könne nie mit Sicherheit sagen, welche Variablen den beobachteten und ermittelten Vorzug eines neuen Curriculums erklären. Selbst bei umfangreichen, gut angelegten und richtig kontrollierten Vergleichsuntersuchungen sei es daher gewagt, auf den Ergebnissen Generalisierungen aufzubauen.

Zum anderen führt CRONBACH das Problem der unterschiedlichen Lernziele (objectives) ins Feld, auf die zu vergleichende Curricula häufig ausgerichtet seien. Mit Ausnahme der seltenen Fälle, in denen sich die eindeutige Überlegenheit eines dieser Curricula ermitteln ließe, behindere die Differenz der Lernziele die vergleichende Interpretation. Schließlich wirft er die pragmatische Frage nach dem Zusammenhang zwischen finanziellem Aufwand und zu erwartendem Aussagegewinn auf; er hält sie für wichtig genug, um den Sinn einer vergleichenden Evaluation daran zu prüfen, ob beide Größen in einem vertretbaren Verhältnis zueinander stehen — was er für den Regelfall verneint.

MICHAEL SCRIVENs Gegenposition (1967) gründet in der Auffassung, daß Experimente mit neuen Curricula stets durch Konkurrenzvorstellungen angeregt und vorangetrieben werden und Curriculumevaluationen daher des Vergleichs in keinem Fall entraten sollten; ich erinnere in diesem Zusammenhang an das eingangs von mir erwähnte Verhältnis von naivem und wissenschaftlichem Vergleich. An dem von CRONBACH in die Debatte eingeführten Beispiel der Überprüfung eines neuen Automodells wird die Kontroverse veranschaulicht. Der Auffassung CRONBACHs, der Ingenieur sei allein an der Leistung und Verläßlichkeit des von ihm zu prüfenden Modells interessiert, hält SCRIVEN entgegen, daß der Maßstab der Leistung und der Verläßlichkeit eines Autos und unseres Interesses daran seinen Ursprung ausschließlich in dem Wissen darüber habe, was sich bisher innerhalb einer bestimmten Preisklasse mit bestimmtem Raum und bestimmtem Gesamtgewicht als möglich erwiesen habe.

In der Beurteilung des Signifikanzproblems stimmt SCRIVEN mit CRONBACH grundsätzlich darin überein, daß die in der vergleichenden Evaluation angewandten Instrumente noch nicht genügend geeicht seien. Die Folgerung, die er aus diesem Mangel zieht, ist allerdings die, daß sich der finanzielle Aufwand für eine Präzisierung der Tests ebenso lohne wie eine — gegenüber dem bisherigen Usus vorzunehmende — Vergrößerung der Vergleichsgruppen.

Den Bereich bildungspolitischer Anwendbarkeit vergleichender Evaluationen berührt Scriven insofern, als seiner Auffassung nach die den Inhalten und Zielen curricularer Innovationen beigemessenen Werte gebührend gewichtet werden müßten; dabei könnten sich bereits relativ unbedeutende Leistungsdifferenzen in ihrer Aussagekraft als signifikant erweisen. Dies gelte für die Beurteilung sowohl neuer als auch konventioneller Curricula. CRONBACH berücksichtige, meint er, nicht hinreichend, daß das Ausbleiben klarer Unterschiede oft gerade das Ergebnis bringe, das man benötige, um der Entwicklung bereits erprobter Curricula den Vorzug vor der Einführung vielversprechender, aber radikal neuer Modelle einzuräumen. Ebenso falsch könnte freilich die Schlußfolgerung sein, ein Experiment frühzeitig abzubrechen, wenn eine vergleichende Evaluation im ersten Durchgang signifikante Unterschiede nicht erbracht habe, zumal diese wahrscheinlich nichts über mögliche Langzeiteffekte von Curriculumveränderungen aussagten.

Über die Frage der instrumentellen Präzision und der bildungspolitischen Anwendbarkeit hinaus weist schließlich SCRIVENs forschungstheoretische Überlegung, die von ROBERT E. STAKE aufgegriffen (1968) und auch von RICHARD C. ANDERSON unterstützt (1969) wurde. Es geht hierbei um die Beantwortung der von CRONBACH gestellten Frage nach der Differenz der Lernziele in ihrer Funktion der Verhinderung vergleichender Evaluation. Nach SCRIVEN würde ein Verzicht auf den Vergleich darauf hinauslaufen, daß in der Curriculumevaluation nur noch Tests verwendet würden, deren Normierung von absoluten Ansprüchen bestimmt wäre. Dabei stelle sich aber die Frage des absoluten Maßstabs, zumal Erfahrungen zeigten, daß Skalen, die in nicht-vergleichenden Evaluationen verwendet würden, in der Regel Prozentskalen oder Skalen mit implizitem Vergleich seien. So enthielten Begriffe wie „nützlich" oder „wertvoller Beitrag" als Ausdruck wertschätzender Beurteilung von Curricula stets ein Element, das ihre Überlegenheit gegenüber anderen — implizit verglichenen — Curricula anzeige.

STAKE führt die Setzung absoluter Normen auf persönliche Urteile der Evaluatoren zurück; mir scheint, daß man hier eher den Einfluß ökonomisch, politisch und ideologisch bestimmter Gruppeninteressen als bedeutsame Quelle beachten müßte. Mit seiner Evaluationsmatrix hat STAKE ein Instrumentarium zur Orientierung von Lernzielen sowohl an absoluten als auch an relativen Normen entworfen; sie hebt den Wert von Evaluationen hervor, die in die Skalierung den Vergleich relativer Normen einschließen.

Daß die forschungstheoretische Auseinandersetzung auf die bildungspolitischen Entscheidungsprozesse zurückwirkt, deutet STAKE an, indem er das Zielgruppenproblem anspricht. Er ist der Auffassung, daß der praktische Pädagoge, der sich bei der Wahl eines Curriculums vor eine konkrete Entscheidung gestellt sieht, SCRIVENs positive Einstellung zur vergleichenden Evaluation eher plausibel finden mag als der Curriculuminnovator oder der Unterrichtstechnologe.

2.2. Die meisten der in dieser evaluationstheoretischen Diskussion vorgebrachten Argumente kehren in jüngsten kontroversen Äußerungen zum Einsatz vergleichender Untersuchungen in der Begleitforschung innerhalb der Bundesrepublik Deutschland wieder. Ich beschränke meine Interpretation auf die Stellungnahmen, die von Vertretern der Schulverwaltungen oder von Angehörigen staatlicher Institute für Bildungsforschung formuliert worden sind.

Sie beziehen sich auf die von der Bildungskommission des Deutschen Bildungsrates am 31. Januar 1969 verabschiedete Empfehlung zur „Einrichtung von Schulversuchen mit Gesamtschulen", in der auch die wissenschaftliche Kontrolle der Versuche und die Bedeutung der versuchsbegleitenden Forschung betont werden.

Die Empfehlung des Deutschen Bildungsrates unterscheidet drei Dimensionen des Versuchsvergleichs:

1. Vergleiche des Gesamtsystems mit dem traditionellen dreigliedrigen Schulsystem („Intersystemvergleiche");
2. Vergleiche der Strukturen des neuen Systems mit seinen Intentionen („systemimmanente Vergleiche");
3. Vergleiche von Varianten im Rahmen des Gesamtschulsystems („Intrasystemvergleiche").

Bevor ich auf die unterschiedlichen Reaktionen auf diese Empfehlung eingehe, sollten wir uns die Andersartigkeit der Versuchssituation vergegenwärtigen, die sich von der amerikanischen Curriculuminnovation durch größere Breite und Komplexität abhebt. In den westdeutschen Modellschulversuchen mit Gesamtschulen geht es nicht nur um die Erprobung neuer Curricula, sondern zugleich um die Bewährung eines Schultyps, der sich von den traditionellen Typen des dreigliedrigen Sekundarschulsystems im Hinblick auf die Qualität der Schülerpopulation (soziale Herkunft, Kenntnisstand, Intelligenz) sowie die gesetzten Lernziele (objectives) so stark unterscheidet, daß die von den amerikanischen Erziehungswissenschaftlern erörterte Lernzieldifferenz hier wesentlich schärfere Konturen hat. Dazu kommt die mit der Einführung des neuen Schultyps notwendigerweise verbundene Erprobung von Formen der Unterrichtsorganisation, denen Maßnahmen zur äußeren und inneren Differenzierung zugrunde liegen und die hier, anders als bei analogen Ansätzen in traditionellen Sekundarschulen, konstitutiven Charakter haben.

Zur exemplarischen Erörterung der wesentlichen Fragen orientieren wir uns an Stellungnahmen aus den Ländern Baden-Württemberg, Bayern, Hessen und Niedersachsen, wobei wir uns auf die strittigen Zentralpunkte konzentrieren und die generalisierende Bemerkung vorausschicken, daß sich alle Autoren der subtilen Schwierigkeiten bewußt sind, welche die Versuchsplanung im konkreten Fall belasten.

Unproblematisch scheint die Zustimmung zur Notwendigkeit systemimmanenter Vergleiche innerhalb des Modellschulsystems eines Bundeslandes; sie sind als Instrument sowohl zur Verbesserung der Versuchsergebnisse als auch zur Korrektur partieller Zielsetzungen einzusetzen. Dagegen trennen sich die Wege der Autoren in der Beurteilung der Möglichkeiten von Intrasystemvergleichen und erst recht von Intersystemvergleichen. Entschiedene Vorbehalte sind in einer vom *Niedersächsischen* Kultusministerium herausgegebenen Dokumentation zu finden. In ihnen wird der Sinn exakter Vergleichsuntersuchungen der Gesamtschule mit dem traditionellen Schulsystem generell mit dem Argument bezweifelt, infolge der unterschiedlichen Zielsetzungen und Randbedingungen sei keine gemeinsame Vergleichsbasis gegeben. Der Vorbehalt gegen Intrasystemvergleiche ist zwar dadurch eingeschränkt, daß thematisch begrenzte Projekte unter bestimmten Problemstellungen für möglich gehalten werden. Aber auch dieser Vergleichsdimension gegenüber überwiegt die negative Gesamteinstellung, aus der heraus Vergleiche verschiedener Gesamtschulmodelle als „methodisch fragwürdig" eingestuft werden.

In ähnliche Richtung weist die Konzeption der vom *Hessischen* Kultusministerium initiierten Begleituntersuchungen, die sich insbesondere in dem Hinweis auf die allmähliche Abkehr von der Effizienzkontrolle und vom Systemvergleich und die Hinwendung zu systemimmanenten Untersuchungen äußert. Als einziger Grund hierfür wird die Diskrepanz betont, die zwischen beiden Schulsystemen hinsichtlich der Ziele und des zu deren Verwirklichung gemäßen Weges bestehe.

Das *Bayerische* Staatsinstitut für Bildungsforschung und -planung vertritt die Gegenposition. Die wissenschaftliche Begleitung von Modellschulversuchen mit Gesamtschulen orientiert sich hier eindeutig an der Aufgabe der Effizienzkontrolle, bejaht den Intersystemvergleich und praktiziert die Einbeziehung von Kontrollschulen (des dreigliedrigen Systems) in die Untersuchungsanordnungen.

Die vom Institut für Bildungsplanung und Studieninformation in *Baden-Württemberg* konzipierte Strategie ist einerseits der bayerischen insofern ähnlich, als in ihr alle drei Vergleichsdimensionen als mögliche Zielvorstellungen erscheinen. Andererseits wird die Realisierung von Intrasystemvergleichen und, mehr noch, von Intersystemvergleichen von einer Reihe von Kriterien abhängig gemacht, die als Bedingungen vorliegen müssen: Gewährleistung der Zufallsstichprobe bei der Schulwahl, weitgehende Homogenisierung der Vergleichspopulation, multivariater Charakter des Versuchsplans, Berücksichtigung der — beispielsweise durch den Einsatz von Psychologen erreichten — „konfliktreduzierenden" Wirkung, Begrenzung der Fragestellung aus Einsicht in den vergleichshemmenden Einfluß der Lernzieldifferenzen usw.

Die Nennung dieser Bedingungen läuft im Endergebnis auf den allgemeinen Vorbehalt hinaus, der, was die Praktikabilität betrifft, den zitierten Stellungnahmen aus Hessen und Niedersachsen nahekommt — ohne freilich deren rigoristische Position zu teilen.

Die Beschränkung auf Stellungnahmen, die zwar nicht als offizielle Bekundungen bildungspolitischer Strategien anzusehen sind, wohl aber deren Richtung erkennen lassen, ist absichtlich vorgenommen worden. Aus der Gegenüberstellung geht nämlich hervor, daß die unterschiedliche Auslegung der zitierten Empfehlung des Deutschen Bildungsrates grundlegende Divergenzen in der mittelfristigen Zielsetzung der Sekundarschulentwicklung sichtbar macht, womit der Bezug zu dem von ROBERT E. STAKE erwähnten Zielgruppenproblem hergestellt ist. Die im jetzt behandelten Fall gegebene Identität zwischen dem Auftraggeber von Begleitforschungsprojekten und dem ersten Adressaten ihrer Ergebnisse erweist sich hierbei als verstärkender Faktor für die Bewertung und für die Steuerung von Vergleichsuntersuchungen.

Den Stellungnahmen aus Hessen und Niedersachsen liegen bildungspolitische Strategien zugrunde, die am Ziel der Einführung der integrierten Gesamtschule als Regelschule orientiert sind und die Diskrepanz zwischen den Lernzielen des erstrebten und traditionellen Schulsystems unterstreichen, indem sie allgemeine Postulate wie „Chancengleichheit", „soziale Integration", „Individualisierung des Lernens" und „Hinwendung zu den sozial Benachteiligten" nur dem erstrebten Schulsystem zuordnen. Die Stellungnahmen aus Bayern und Baden-Württemberg dagegen lenken die Aufmerksamkeit auf Strategien, in denen die Entscheidung für oder gegen die allgemeine Einführung der Gesamtschule offengehalten ist und die Funktion der wissenschaftlichen Begleitforschung primär nicht in der Optimierung der Modellschulversuche, sondern in der Beratung der hinsichtlich der grundsätzlichen Entscheidung nicht festgelegten bildungspolitischen Instanzen gesehen wird. Was die bayerische Position betrifft, ist vom Versuchsplan her die Offenheit der Entscheidung als Ziel freilich insofern eingeschränkt, als die Fragestellungen so konzipiert sind, daß die Gesamtschulen ihre Gütekriterien unter dem Aspekt der Überlegenheit über die der traditionellen Sekundarschulen erweisen sollen und die umgekehrte Fragerichtung zumindest nicht ausdrücklich eingeplant ist. Da die am Beispiel gegenwärtig feststellbarer Begleitforschungsstrategien in der Bundesrepublik Deutschland erörterten Vergleichsdimensionen auf der Ebene des internationalen Vergleichs wiederzufinden sind, möchte ich hier keine gesonderte Bewertung der vorgestellten Standpunkte vornehmen. Dagegen soll bereits an dieser Stelle das offensichtlich wichtige Fazit festgehalten werden, daß Entscheidungen für oder gegen den Vergleich in der Evaluationsstrategie und die hierfür gegebenen Begründungen — mehr noch als durch die Produktionsabsicht des Forschungsteams — durch die Erwartungshaltungen der in Funktionsunion agierenden Auftraggeber und Adressaten wissenschaftlicher Versuchsbegleitung beeinflußt sein dürften.

3. Unsere letzte Frage zielt auf die Verwendbarkeit von Modellschulversuchen als Objekten internationaler Vergleichsuntersuchungen. Die Antwort wird als Versuch betrachtet, allgemeine Gedanken zur Erklärung dieses Problems zu äußern und damit den Rahmen für die Erörterung konkreter Forschungsprojekte abzustecken.
3.1. Die kategoriale Zuordnung des Vergleichs von Modellschulversuchen in zwei oder mehreren Staaten zu den vorgestellten drei Kategorien ist insofern nicht eindeutig zu lösen, als die Gegenstandsbestimmung unter formalem Aspekt auf Intrasystemvergleiche verweist, wenn die Versuche in gleichen oder ähnlichen Schultypen und Schulstufen durchgeführt werden. Zu denken wäre an Vergleiche von Gesamtschulen, *comprehensive schools* und *collèges d'enseignement secondaire*. Trotzdem scheint es gerechtfertigt, auch derartige Vergleiche den *Intersystemvergleichen* zuzuordnen, weil bei Zugrundelegung des Input-Output-Modells sowohl die Input- und Operationsvariablen als auch vor allem die durch die Ziele und Intentionen der Modellschulen charakterisierten Output-Variablen sich in jedem Falle in so starker Unterschiedlichkeit präsentieren, daß die Hypothesenbildung sinnvollerweise auf der Annahme von selbständigen „Systemen" als Vergleichsobjekten aufbauen sollte. Diese Option erfährt dann eine zusätzliche Legitimierung, wenn Modellschulversuche innerhalb eines als Regelschule eingeführten Schultyps — z.B. in Oberstufenklassen der Grundschule in Schweden — mit Versuchen verglichen werden sollen, die entweder Inseln in einem Meer von Schulen eines anderen Typs darstellen — z.B. Gesamtschulen in Bayern — oder in einer hinsichtlich der vorhandenen Typen gemischten Region initiiert worden sind — z.B. *comprehensive schools* in Großbritannien oder Gesamtschulen in Hessen. Um diese Problematik nicht auf die Gesamtschulversuche einzuengen, sei als zweites Beispiel der Vorschulbereich angeführt. Modellschulversuche sind hier allein dann schon auf unterschiedliche „Systeme" zu beziehen, wenn die Anteile der durch die Vorschule erfaßten

Vier- bis Fünfjährigen an den entsprechenden Gesamtpopulationen dieser Jahrgänge erheblich differieren.

Als Vergleichsobjekte kommen in erster Linie einzelne Modellschulversuche in Frage, doch sollte man auch den — freilich komplizierten — Vergleich von Versuchsplanungen und Versuchsabläufen innerhalb vergleichbarer Regionen in Erwägung ziehen.

3.2. Intersystemvergleiche der internationalen Dimension fallen in die Kategorie des „*problem approach*", der in der Vergleichenden Erziehungswissenschaft ausgeformt worden ist und die früher vorherrschende „total analysis" aufgrund der gewachsenen Einsicht zurückgedrängt hat, daß die in dieser Untersuchungsform enthaltenen Ansprüche in der Regel zu weit gesteckt sind und durch empirische Forschung nicht befriedigt werden können. Auf unsere Fragestellung bezogen, bedeutet dies, daß die Durchführung von Modellschulversuchen als „problem" und damit als Vergleichsbasis definiert werden kann. Das Vergleichsziel könnte demgegenüber die Beantwortung der Frage sein, ob bzw. wieweit sich in den zu vergleichenden Modellschulversuchen — im Sinne funktionaler Äquivalenzen — bildungspolitische Strategien der „Heimatländer" widerspiegeln. Voraussetzung einer solchen Versuchsplanung wäre die Vorschaltung systemimmanenter Vergleiche in den zu vergleichenden Schulsystemen.

Der Sinn von Intersystemvergleichen der internationalen Dimension ist im allgemeinen mit der Rückverweisung auf die eingangs vorgetragenen Argumente zur Legitimierung internationaler Vergleichsuntersuchungen zu erklären, im besonderen mit der Präzisierung des zentralen, durch den forschungslogischen Ansatz bestimmten Arguments, daß der Existenz des sozialen Aggregats „Nation" bei der Erstellung des Variablenkatalogs — durch die Aufnahme entsprechender Hintergrundvariablen in den Output-Bereich — eine wichtige Rolle zukommt. Von hier aus ergeben sich Rückwirkungen einmal auf die Vorbehalte gegen voreilige und ungefilterte Adaptionen ausländischer Modellversuche und zum anderen auf eine Präzisierung innerstaatlicher Begleitforschungsprojekte durch stärkere Berücksichtigung nationaler Bildungstraditionen, deren Verdrängung sich post facto stets im Mißerfolg solcher Versuche kundtut.

3.3. Intersystemvergleiche der internationalen Dimension konfrontieren, allein schon angesichts der damit verbundenen Anlaufschwierigkeiten und nicht zuletzt auch der Kostenregelung, die Forschungsteams mit der Notwendigkeit besonders sorgfältiger Versuchsplanung. Das gilt zunächst für die Überprüfung der *Gütekriterien*, deren Beachtung alle empirischen Forschungen bedürfen. Internationale Untersuchungen vermögen auf diese Weise zur Schärfung der Methoden und Instrumente beizutragen, die für die Begleitforschung im allgemeinen bedeutungsvoll sind. Als Gütekriterium, das zusätzliche Aufmerksamkeit erheischt und in eine noch zu konzipierende „Methodologie des Vergleichs von Modellschulversuchen" eingehen müßte, sei die begriffliche Einheitlichkeit genannt, welche für die zu vergleichenden Länder die Fixierung einer standardisierten Sprache voraussetzt.

3.4. Die erfolgreiche Durchführung internationaler Vergleichsuntersuchungen scheint geeignet, apodiktische Urteile über die methodische Fragwürdigkeit von Intersystemvergleichen und Intrasystemvergleichen zu verringern. Diese Annahme bezieht sich auf die Frage der Lernzieldifferenz, deren Eigenschaft als Störfaktor bei der Erarbeitung der Vergleichsbasis die amerikanischen Curriculumevaluatoren ebenso wie die Projektplaner in den Ländern der Bundesrepublik Deutschland mit Recht beschäftigt hat. Auch

wenn man die aus der Gewichtung dieser Frage resultierenden Vorbehalte voll berücksichtigt, sprechen aber die folgenden *Überlegungen* besonders stark *zugunsten von
Vergleichen* bei der wissenschaftlichen Begleitung von Modellschulversuchen.

Einmal erinnere ich an die von SCRIVEN und STAKE in die Diskussion eingeführte Bedeutung des Vergleichs der *Normen* als der gesellschaftspolitischen und philosophischen
Bildungsziele (aims), welche der Definition der operationalen Lernziele (objectives) zu
vergleichender Curricula vorgegeben sind. Da in pluralistischen Gesellschaften Bildungspolitiker in allen ihren Entscheidungen mit dem Verhältnis von absoluten und relativen
Normen konfrontiert sind, ist es wichtig, daß die Bildungsforschung diesem Problem
nicht dadurch ausweicht, daß sie auf vermeintlich unlösbare methodologische Schwierigkeiten verweist und die Politikberatung dem „naiven" Vergleich räumt.

Zum anderen verdecken Argumentationen zugunsten einer Unvergleichbarkeit von
Lernzielen, die von unterschiedlich strukturierten Schulsystemen vertreten werden, das
Vorhandensein ähnlicher, wenn nicht sogar identischer *Teilziele*, die sowohl unter for-
schungstheoretischem als auch unter bildungs- und finanzpolitischem Aspekt der vergleichenden Analyse wert sind. Diese Feststellung wäre am Erwerb der Kulturtechniken
ebenso zu verifizieren wie an der Erlernung fremder Sprachen oder der Erarbeitung
naturwissenschaftlicher Themen. Auch ist zu beachten, daß Teilzielidentitäten bzw.
-differenzen mit den Differenzen im Bereich der allgemeinen Bildungsziele kollidieren
können. So verläuft die Debatte über die Modernisierung des Mathematikunterrichts,
die sich als Gegenstand internationaler Modellschulvergleiche anbietet, weitgehend
parallel zur allgemeinen Entwicklung des Primar- und Sekundarschulbereichs.

Schließlich vermögen internationale Vergleiche eine Versachlichung des Normenstreits
dadurch zu fördern, daß durch den verfremdeten Zugang zu Bildungssystemen, deren
Veränderung das Engagement des Bildungspolitikers und Bildungsforschers nicht unmittelbar berührt, unterschiedlich formulierte Normen eher als relative Ausprägungen
gemeinsamer absoluter Prinzipien erkannt und akzeptiert werden.

3.5. Der soeben erwähnte Verfremdungseffekt könnte auch dazu beitragen, daß der
politische Bezugsrahmen, in dem nicht nur forschungspraktische Entscheidungen fallen,
sondern auch Forschungsintentionen theoretisch geformt werden, deutlich gemacht wird.
Er weist in allen offenen Gesellschaften auf kontroverse bildungspolitische Strategien
hin, und auch der Erziehungswissenschaftler, der sich der Auftragsforschung — wie in
unserem Falle der wissenschaftlichen Begleitung von Modellschulversuchen — ver-
schreibt, akzeptiert bestimmte Bedingungsfaktoren. In den Ländern, in denen wir
arbeiten, handelt es sich hierbei um legitime Erscheinungen der Bildungswirklichkeit.
Es besteht daher keine Ursache, sie aus unserem Bewußtsein zu verdrängen, weil erst
ihre Identifizierung die Grundlage für die intersubjektive Überprüfbarkeit von Ver-
suchsanordnungen und Forschungsergebnissen bildet.

Benützte Literatur

Council of Europe. Educational Research Policy in European Countries. 1973 Survey. Docu-
mentation Centre for Education in Europe. Strasbourg 1974.
Deutscher Bildungsrat. Empfehlungen der Bildungskommission:
— Einrichtung von Schulversuchen mit Ganztagsschulen. 1968.
— Einrichtung von Schulversuchen mit Gesamtschulen. 1969.

— Aspekte für die Planung der Bildungsforschung. 1974.

— Zur Förderung praxisnaher Curriculumentwicklung. 1974.

BERSTECHER, D.: Zu Theorie und Technik des internationalen Vergleichs. Stuttgart: Klett 1970.

DE LANDSHEERE, G.: Einführung in die pädagogische Forschung. Deutsche Übersetzung: Weinheim: Beltz 1969.

DIECKMANN, B.: Zur Strategie des systematischen internationalen Vergleichs. Stuttgart: Klett 1970.

FROMMELT, B./RUTZ, G.: Projekte praxisbegleitender Forschung an hessischen Gesamtschulen. In: Bildungspolitische Informationen. Hrsg. vom Hessischen Kultusminister, Nr. 3/73, S. 11 ff.

KASTNER, H.: Die wissenschaftliche Begleitung der Versuche mit Gesamtschulen. In: Der Niedersächsische Kultusminister. Gesamtschule in Niedersachsen. Unterlagen zur Entwicklung von Gesamtschulen in Niedersachsen. Hrsg. vom Niedersächsischen Kultusminister, Hannover 1974 (Januar), S. 36 f.

KRYWALSKI, D.: Die wissenschaftliche Begleituntersuchung von Schulversuchen mit Gesamt- und Ganztagsschulen in Bayern. Unveröffentlichtes Arbeitspapier der Projektgruppe „Zur wissenschaftlichen Begleitung von Schulversuchen" am Staatsinstitut für Bildungsforschung und -planung. München, 16. 7. 1974.

ROBINSOHN, S. B.: Erziehungswissenschaft: Vergleichende Erziehungswissenschaft. In: Handbuch pädagogischer Grundbegriffe. Band 1. München 1970.

STRAKA, G. A.: Forschungsstrategien zur Evaluation von Schulversuchen. Probleme empirischer Begleitung und empirischer Kontrolle von Modellschulen. Weinheim: Beltz 1974.

WEISS, R. H.: Wissenschaftliche Begleitung der Modellschulen Baden-Württembergs. Konzeption des Instituts für Bildungsplanung und Studieninformation Stuttgart. Erste Erfahrungen — Materialien. Sonderdruck aus „Die Schulwarte", Monatszeitschrift für Unterricht und Erziehung, Nr. 7/1972.

WULF, Ch. (Hrsg.): Evaluation, Beschreibung und Bewertung von Unterricht, Curricula und Schulversuchen. Texte. Piper: München 1972.

Diese Textsammlung enthält die zitierten Beiträge von:

ANDERSON, R. C.: A comparative field experiment. An illustration from high school biology. In: HASTINGS, Th. (Ed.), Proceedings on the 1968 invitational conference on testing problems. Princeton, New Jersey: Educational Testing Service 1969.

CRONBACH, L. J.: Evaluation for course improvement. In: HEATHS, R. W. (Ed.), New curricula. New York: Harper & Row 1954.

SCRIVEN, M.: The methodology of evaluation. Perspectives on Curriculum Evaluation. American Educational Research Association. Monograph Series on Curriculum Evaluation No. 1. Chicago: Rand McNally 1967.

STAKE, R. E.: The countenance of educational evaluation. Teachers' College Record 1967/68.

Die Lehrerbildung im Spiegel der vergleichenden Erziehungswissenschaft[1]

1. Bemerkungen zur Thematik: Internationaler Vergleich als Bezugsrahmen

Mir ist die Aufgabe gestellt, die Lehrerbildung im Spiegel der Vergleichenden Erziehungswissenschaft zu behandeln. Der Bezugsrahmen meiner Ausführungen wird demnach der internationale Vergleich sein. Ich setze dabei voraus, daß der Begriff "Nation" im Sinne komplexer Inhalts- und Umfangsbestimmung gebraucht wird, wie ihn in jüngster Zeit beispielsweise Eugen Lemberg überzeugend herausgearbeitet hat. In ihm sind die "kulturellen" Eigenständigkeiten der Nation ebenso enthalten wie die historischen Bedingtheiten ihrer politischen Existenz. Unter einem so abgeleiteten Verständnis des Begriffs "international" kann ich ohne die Einführung des Begriffs "interkultureller Vergleich" auskommen, den ich auf die spezielle Erörterung von Gruppenbeziehungen nicht-nationaler Wertigkeit und die aus ihrem Studium zu gewinnenden besonderen Fragestellungen beschränkt sehen möchte.

Was können wir erwarten, wenn wir ein bildungspolitisch-pädagogisches Thema wie das der Lehrerbildung aus der nationalen Dimension herauslösen und damit den Bezugsrahmen räumlich erweitern? Häufig hören wir hierzu die vordergründige Frage: "Was können wir von den anderen lernen?". "Lernen" bezieht sich in dieser Frage auf das Nachahmen von Handlungen, um Tatsachen zu schaffen, die der andere - in unserem Falle das ausländische Bildungssystem - als beispielgebend vorzustellen scheint. Die Erfahrung lehrt freilich, daß eine *solche* Erwartung meistens enttäuscht, vor allem dann, wenn ein ausländisches Bildungssystem in seiner Gesamtheit als Vorbild betrachtet und dabei übersehen wird, daß Entwicklungen und Veränderungen im *Makrobereich* stets im Zusammenhang der sie verursachenden historisch-gesellschaftlichen Bedingungen untersucht werden müssen.

So kann beispielsweise die amerikanische High School schon allein deswegen kein "Beispiel" (im positiven wie im negativen Sinn) für die Gesamtschule in der Bundesrepublik Deutschland sein, weil sie das Ergebnis einer jahrzehntelangen Entwicklung ist, an der lokale Schulverwaltungsgremien verantwortlich beteiligt sind, während Bildungs- und vor allem Schulpolitik in der Bundesrepublik Deutschland im wesentlichen durch die zentralistisch strukturierten legislativen und exekutiven Körperschaften der einzelnen Länder entschieden wird. Vorgänge im *Mikrobereich* vermögen schon eher zur Nachgestaltung, wenngleich auch sie nicht zur Nachahmung, anzuregen. Ich denke für die Lehrerausbildung an die methodische Anlage von Mathematik- oder Fremdsprachenstunden, auch an ihre didaktische Konzipierung - an diese allerdings nur in gewissen Grenzen. Denn allein schon die Auswahl der Unterrichtsinhalte führt den Lehrer und den Lehrplanverfasser schnell zu Fragen nach den jeweiligen Umweltbedingungen, z.B. nach der quantitativen und qualitativen Stellung des Faches im gesamten Lehrplan. Manch ein Mißerfolg jüngster Schulreformen erklärt sich unter anderem aus der Mißachtung solcher Grundeinsichten.

Gegenüber dem eher geringen Gewinn des Erkenntniserwerbs mit dem Ziel der Nachahmung vermag der Blick nach draußen unser eigenes *Problembewußtsein* für bildungspolitisch-pädagogisch Sinnvolles und Machbares zu schärfen. Wenn in einem Land Bildungspolitiker beispielsweise vor der Frage stehen, ob die Überführung der gesamten Lehrerausbildung an Universitäten der Beibehaltung eigenständiger Pädagogischer Hochschulen vorzuziehen sei (oder umgekehrt), hilft die Kenntnis analoger Tatsachen und Vorgänge in anderen Ländern weniger weiter als der Einblick in die Probleme, mit denen sich Bildungspolitiker anderswo in analogen Situationen und vor analogen Entscheidungen auseinandersetzen müssen, wie z.B. zur "Verwissenschaftlichung" von Studiengängen, zur Regelung der Gleichwertigkeitsfrage für künftige Absolventen in bezug auf Besoldung, Stundendeputat usw. oder zur Durchführung von Praktika in großen (im Unterschied zu bislang kleinen) Einzugsbereichen.

Schließlich konfrontiert uns die Sinnhaftigkeit internationalen Vergleichens mit der Frage, inwiefern die Beschäftigung mit dem "Fremden" unsere Erkenntnis- und Handlungsprozesse, unser Verhalten also, beeinflußt. Ich meine mit dieser Frage den *Verfremdungseffekt,* der durch die Auseinandersetzung mit einem "entfernten" Gegenstand auf das Studium analoger Gegenstände unseres unmittelbar politisch-kulturellen Umfeldes ausgelöst wird. Die Behandlung eines bildungspolitisch-pädagogischen Themas im Spiegel der Vergleichenden Erziehungswissenschaft fördert somit die Distanz zu ihm und damit das wünschenswerte, wenn nicht sogar unverzichtbare Komplement des Engagements.

Die Schärfung des Problembewußtseins und die Förderung distanzierten Verhaltens legitimieren also, so scheint mir, die Einbeziehung des internationalen Vergleichs in das erziehungswissenschaftliche Denken und das bildungspolitisch-pädagogische Handeln mehr als die nur vergleichsweise seltene Gewinnung des unmittelbaren und konkreten Rates, was man tun oder lassen solle.

Auf der Grundlage dieser Vorüberlegungen möchte ich mich nun dem Thema "Lehrerbildung" zuwenden. Diesen Begriff verstehe ich in seiner umfassenden Bedeutung als die Gesamtheit von Lehrerausbildung und Lehrerfortbildung; der Schwerpunkt meiner Betrachtungen wird allerdings auf der ersten Phase liegen, nämlich der Lehrerausbildung.

2. Lehrerbildung in der Bildungsreform

"Die Schule ist gerade so viel wert, als der Lehrer wert ist. Darum ist die Erhöhung der Lehrerbildung das erste Stück jeder Schulreform." So formulierte Adolf Diesterweg im Jahre 1865, und im Rockefeller-Bericht vom Jahre 1958, einem der bildungspolitisch bedeutsamen Entwürfe zur amerikanischen Schulreform der ausgehenden fünfziger Jahre dieses Jahrhunderts, erscheint dieser Gedanke in noch zugespitzterer Form, nämlich in dem lapidaren Satz: "Kein Schulsystem kann besser sein als seine Lehrer." Dem oberflächlichen Betrachter mögen solche Formulierungen, für die sich gewiß noch zahlreiche Entsprechungen finden ließen, als Binsenwahrheit erscheinen. Er übersieht freilich, daß sie ein Problem verdeutlichen, das im internationalen pädagogischen Vergleich bis in die Gegenwart nicht die Beachtung gefunden hat, die ihm gebührt.

Man möchte annehmen, daß in Schulsystemen, welche sich Reformen verschrieben haben, die Lehrerbildung eine entscheidende Rolle spielt. Und welches Schulsystem verstünde sich heute nicht als reformerisch, zumindest was seine *allgemeinen* Zielaussagen betrifft! Der internationale Vergleich lehrt aber, daß Lehrerbildung in allen Staaten (ich denke hier ausdrücklich nur an die Industriestaaten) das schwächste Glied in der Kette bildungspolitischer Maßnahmen zu sein scheint. Der Lehrer soll Reformen in die Schulwirklichkeit umsetzen. Dabei ist wohl mitzubedenken, daß er zu ihrer Durchsetzung eines Schülers bedarf, der bereit ist, die Reformen mit zu verwirklichen, und daß es mehr oder weniger von den Eltern abhängt, Reformen mit zu tragen, zu bremsen oder zu blockieren. Nichtsdestoweniger hat der Lehrer eine Weichenstellung in Schulreformen. Hier stellt sich nun die Frage, wieweit Schulsysteme bemüht und in der Lage sind, den Lehrer zur Mitwirkung zu veranlassen und zu befähigen. Grundlage einer solchen

Befähigung aber ist eine sachgerechte Ausbildung und Fortbildung. Dazu kommt selbstverständlich die Gestaltung der Arbeitsbedingungen, auf die ich in diesem Vortrag allerdings nicht eingehen möchte.

Wenn ich von einer zu geringen Beachtung der Lehrerbildung in der bildungspolitischen und pädagogischen Praxis spreche, soll dies nicht darauf schließen lassen, daß die Erziehungswissenschaft und ihre sozialwissenschaftlichen Nachbardisziplinen das Thema zu wenig bearbeitet hätten. An theoretischen Entwürfen herrscht kein Mangel. Woran es eher mangelt, ist die Umsetzung der Entwürfe in die Ausbildungs- und Schulwirklichkeit - eine These, die auf die allgemeine Problematik des Verhältnisses von erziehungswissenschaftlicher Theorie, bildungspolitischer Entscheidung und Schulpraxis hinweist.

Meine eigenen Ausführungen stützen sich im wesentlichen auf Erkenntnisse einer internationalen Vergleichsuntersuchung, die am Deutschen Institut für Internationale Pädagogische Forschung in Frankfurt am Main durchgeführt und nach vierjähriger Laufzeit am Jahresende 1978 abgeschlossen worden ist.

3. Kriterien der Vergleichsanalyse

Im dritten Teil meiner Ausführungen möchte ich anhand eines Kriterienkatalogs die, wie mir scheint, wesentlichen Fragen der gegenwärtigen Lehrerbildung im internationalen Vergleich umreißen und erläutern, soweit dies im Rahmen dieses Vortrags möglich ist. Dabei halte ich es für wichtig, zwischen *Zielaspekten* der Lehrerbildung und den *Formen ihrer Operationalisierung* zu unterscheiden.

Verständigen wir uns nämlich nicht darüber, welche Ziele der Lehrerbildung in einer historisch bestimmten gesellschaftlich-politischen Situation gesetzt werden, so geraten wir von vornherein in die Gefahr, unsere Analysen auf falschen Voraussetzungen aufzubauen und bei irrigen Einsschätzungen zu landen - eine Gefahr, die den internationalen Vergleich häufig in Verruf bringt. Die Frage der Zielaspekte ist vordergründig durch die Vorstellungen der verantwortlichen Bildungspolitiker geprägt. Dahinter aber stehen in jeder Gesellschaft unausgesprochene und latente *Erwartungen,* die auf Eigenschaften gerichtet sind, die der Lehrer zumindest in seiner Berufsausübung haben und zeigen soll. Die Zielaspekte der Lehrerbildung sind somit auf das engste mit dem *Bild* verbunden, das sich eine Gesellschaft vom Lehrer macht.

Daß die Erfüllung solcher Erwartungen in pluralistisch verfaßten Gesellschaften zu Komplikationen grundsätzlicher Natur führen kann, zeigen beispielsweise die gegenwärtigen Auseinandersetzungen in der Bundesrepublik Deutschland zur Interpretation und Praktizierung des sogenannten "Radikalenerlasses" in dessen Bezug zur Beschäftigung und Anstellung von Lehrern. Gerade dieses Beispiel läßt auch erkennen, daß die Schwierigkeiten bei der Zielverwirklichung, ja bereits bei der Zielformulierung, in dem Maße wachsen, in dem im gesellschaftlichen Umfeld die Bereitschaft zur Konsensfindung nachläßt. "Volksdemokratisch" verfaßte Gesellschaften haben es in dieser Hinsicht leichter, weil in ihnen die an den Lehrer gerichteten Erwartungen nicht nur in offiziellen Dokumenten verkündet werden, deren Inhalt die Grundsätze der Harmonisierung und Konkurrenzlosigkeit miteinander verbindet, sondern die in diesen Dokumenten formulierten Zielaspekte der Lehrerbildung auch als verbindliche Handlungsanweisungen verstanden werden. Daß die glatte Oberfläche allerdings auch in geschlossenen Gesellschaftssystemen manche Unstimmigkeit zwischen Zielsetzung und Realisierung verdeckt, lehrt heutzutage allein schon das regelmäßige und detaillierte Studium der allgemeinen und pädagogischen Presse der sozialistischen Staaten Ost- und Mitteleuropas.

3.1 Unter den *Zielaspekten* der Lehrerbildung verdienen besondere Beachtung
    a) der den *Status* des Lehrers betreffende *formal-rechtliche* Aspekt,
    b) der seine *Tätigkeit* beschreibende *berufspädagogische* Aspekt und
    c) der seine *Stellung in der Gesellschaft* bestimmende *gesellschaftspädagogische* Aspekt.

Zum formal-rechtlichen Aspekt:

Es gibt Staaten, in denen der Lehrer in die mit besonderen staatsbürgerlichen Rechten und Pflichten ausgestattete Gruppe der *Beamten* gehört, wobei die jeweils unterschiedlichen Bestimmungen und Auslegungen des Beamtenrechts ihrerseits zu untersuchen sind, insbesondere in bezug auf die Frage, ob der Beamte "jederzeit" - das heißt auch *außerhalb* seiner beruflichen Tätigkeit - einer spezifischen Treuepflicht unterworfen ist oder ob sich diese nur auf sein Wohlverhalten in der Berufsausübung beschränkt. In dieser Hinsicht vertreten Frankreich und Italien einen eher offenen, die Bundesrepublik Deutschland einen eher strengen Standpunkt, der freilich nicht unumstritten ist. In jedem Fall bringt der Beamtenstatus dem Lehrer strengere Verpflichtungen und bei deren Verletzung schärfere Sanktionen als seinem Kollegen in gesellschaftlich-politischen Systemen, in denen der Lehrer *nur* Angestellter des Öffentlichen Dienstes oder sogar nur Angestellter auf zivilrechtlicher Vertragsbasis ist.

Daß Lehrer Beamte bleiben wollen, wo sie es sind, wissen wir allerdings sehr gut, denn die besonderen staatsbürgerlichen Pflichten werden ja durch besondere Fürsorgeansprüche (bei Pensionierung, Krankheit, Unfall usw.) kompensiert - und auch durch besondere Rechte. So löst beispielsweise in der Bundesrepublik Deutschland der Wunsch eines Ministers oder einer Behörde nach Entlassung eines Beamten einen Vorgang aus, bei dem sich die administrativen Instanzen in den dann in der Regel eingeschalteten Gerichtsverfahren nur vergleichsweise selten durchzusetzen vermögen. Auch wenn heute in Staaten, in denen der Lehrer nur den Status eines *Normalbürgers* hat, Anstellungsverträge - vor allem mit vorrückenden Dienstjahren - schwerer kündbar werden, als dies vor etwa dreißig Jahren noch der Fall war, so können, wie beispielsweise in den Vereinigten Staaten, "besondere Ereignisse", wie fehlende Verwendungsmöglichkeit (wegen Schülerrückgangs oder Mittelknappheit) oder unerwünschte politische Aktivitäten im Schulbereich, die keineswegs "radikale" Ausmaße anzunehmen brauchen, zu kurzfristiger Entlassung oder zumindest Pensionierung führen.

Zum berufspädagogischen Aspekt:

Wünscht sich die Gesellschaft, so stellt sich hier die Frage, in der Schule einen *"Lehrer"*, der in erster Linie Kenntnisse vermittelt ("den Schülern etwas beibringt") und kognitive Fähigkeiten fördert, oder einen *"Pädagogen"*, der seine Lehrtätigkeit mit der Wahrnehmung von Erziehungsaufgaben verbindet und diese in den Vordergrund seines Tuns stellt - selbst um den Preis einer Vernachlässigung der Kenntnisvermittlung, die sich ja im nachhinein, nämlich aus dem Rückblick des Erwachsenen, häufig genug als nur scheinbare Vernachlässigung entpuppt? Beispiele für die Virulenz unterschiedlicher Erwartungen bieten die Auseinandersetzungen, welche die amerikanische Schulreform der späten fünfziger und frühen sechziger Jahre bestimmten, als es darum ging, in der ganz auf "social activities" eingestellten Schule der Vermittlung exakter Kenntnisse und der Förderung kognitiver Fähigkeiten größeren Raum zu schaffen - mit ambivalenten Auswirkungen, wie die Geschichte der vergangenen fünfzehn Jahre lehrt. Ein anderes Beispiel zeigen die gegenwärtigen Kontroversen um die englische Primarschule, in denen die Anhänger einer "open education" von deren Gegnern

angegriffen werden, die ihnen die totale Vernachlässigung der Wissensvermittlung, von den Kulturtechniken angefangen, vorwerfen.

In abgeschwächter Form bewegt dieses Problem - auch in der Bundesrepublik Deutschland - Lehrer, Eltern und "pädagogische Öffentlichkeit"
überall dort, wo es um Ausmaß und Stellenwert von "Diskussion versus
Kenntnisvermittlung" im Unterricht oder um die Berechtigung von längeren
Klassenfahrten und Schullandheimaufenthalten gegenüber dem kontinuierlichen Unterricht im Schulgebäude geht.

Zum gesellschaftspädagogischen Aspekt:

Dieser Aspekt ist als der wohl grundlegende zu begreifen, denn hier handelt es sich um die Frage, ob die Bildungspolitiker und die Schulverwaltungsbeamten und die sie tragenden gesellschaftlichen Kräfte und Gruppen
in den Schulen in erster Linie *"Bewahrer"* oder *"Reformer"* wünschen. Soll
der Lehrer dazu beitragen, daß die Schule "ruhig bleibt", oder aber sich als
Erneuerer betätigen? Von einem "Reformer" wiederum kann grundsätzlich
Unterschiedliches erwartet werden: Soll er nämlich "von oben" kommende
Reformen aktiv mitvollziehen, was vorrangiges Kennzeichen zentralistisch
verwalteter Schulsysteme ist, wie in den so verschieden verfaßten Gesellschaften der sozialistischen Staaten Ost- und Mitteleuropas, Frankreichs
und des reformfreudigen Schwedens? Oder soll sich der Lehrer in "grass
root"-Reformen engagieren, das heißt mit eigenen Entwürfen und Versuchen an seiner Schule? Zahlreiche Beispiele hierfür gibt es aus Dänemark,
den Niederlanden, den Vereinigten Staaten, teilweise auch aus der Bundesrepublik Deutschland und schließlich aus Großbritannien - wenngleich dort
weniger der Lehrer als der Schulleiter als der dazu "Befugte" Reformen
entwirft und in Gang bringt.

Die radikale Spielart des "Reformers" wäre der *"Revolutionär"*, wobei
nun freilich die Interpretation dessen, was in der Pädagogik "Revolution"
von "Reform" unterscheidet, im Einzelfall schwierig ist und komplexe Fragen aufwirft. Man sollte jedenfalls vorsichtig sein, von einer "Revolution"
im Bildungswesen sofort dann zu sprechen, wenn als Folgeerscheinung einer politischen Revolution Veränderungen in Schule und Unterricht erfolgen - von der inzwischen ja beendeten "Kulturrevolution" in der jüngsten
Vergangenheit Chinas vielleicht abgesehen. Eher schon verdienen Pädagogen, die unter dem Eindruck der Entschulungsthesen von Ivan Illich in den
Vereinigten Staaten und anderswo "free schools" gründeten, die Einstufung
unter die "pädagogischen Revolutionäre", wobei freilich ihre Verankerung

im Privatschulwesen hervorgehoben werden muß. Gerade diese Erwähnung aber führt mich am Ende der Zielaspektsbestimmung zu folgenden *zusätzlichen Bemerkungen:*

1) Meine Beispiele beziehen sich fast ausschließlich auf das staatliche bzw. öffentliche Schulwesen, das ja heute in allen Industriestaaten die Schulentwicklung zumindest quantitativ prägt. Ich möchte damit keineswegs die Bedeutung von religiösen und weltanschaulichen, aber auch von "reinen" Privatschulen (beispielsweise den englischen "public schools") und ihren oft stimulierenden Beitrag zu Reformen im öffentlichen Schulwesen ihrer Länder unterschätzen.

2) Zwischen den den Zielaspekten zugeordneten Typen bestehen Affinitäten, und zwar einmal in der Linie "Beamter - Lehrer - Bewahrer", zum anderen in der Linie "Normalbürger - Pädagoge - Reformer". Aber:

3) Es handelt sich dabei nur um Affinitäten, nicht um Identitäten, was bedeutet, daß damit nur - durch empirische Befinde erhärtete - Tendenzen markiert werden. Selbstverständlich kann nach dem von mir entworfenen Schema der einzelne Lehrer Beamter, zugleich aber auch Pädagoge und Reformer sein.

4) Der durch diese tendenziellen Affinitäten ausgedrückte Prioritätencharakter im Lehrerstatus, in der Lehrertätigkeit und in der Stellung des Lehrers in der Gesellschaft betrifft auch die einzelnen Zielaspekte selbst. So findet man natürlich "Lehrer", welche ihre Erziehungsaufgaben sehr ernst nehmen; ich denke vor allem an den Klassenlehrer. Wäre es anders, dann könnte man ja die Pädagogik begraben! Und der "Reformer" bewahrt auch bewußt das Bestehende, denn dies unterscheidet ihn ja grundlegend vom "Revolutionär".

Nichtsdestoweniger hilft der Hinweis auf die in der zweiten Bemerkung bezeichneten "Affinitätslinien" zu einer Orientierung auf die im folgenden (3.2) zu erläuternden Formen der Operationalisierung der Zielaspekte.

5) Die Bestimmung der Zielaspekte ist nicht nur für die Lehrerbildung mir ihren Feinzielen, Inhalten und Methoden von wesentlicher Bedeutung, sondern auch schon für die Auswahl und Anwerbung des *Nachwuchses,* wie dies in Osteuropa zumindest offiziell angestrebt, in westlichen Bildungssystemen nur bei der Auswahl von Nicht-Abiturienten in sogenannten Eignungsprüfungen praktiziert wird. Das in diesen Hinweisen eingeschlossene Desiderat, auch den "normalen", das heißt mit Hochschulreife ausgestatteten potentiellen Lehrerstudenten nicht nur auf seine "Studierfähigkeit", sondern auch auf seine "Berufseignung" zu testen, birgt hinsichtlich seiner Operationalisierbarkeit, die nicht Gegenstand dieses Vortrags ist, allerdings

gravierende Tücken. Dies bezeugt die gegenwärtige internationale Diskussion über standardisierte und informelle Hochschuleingangstests. Die in der Bundesrepublik Deutschland zu beobachtende Erscheinung, daß alle Abiturienten mit einer Durchschnittsnote über 1,4 von ihrem Anspruch auf Zulassung zum Medizinstudium Gebrauch machen, ohne sich um ihre "Berufseignung" besonders zu sorgen, läßt freilich für die Qualität unserer künftigen Ärzteschaft nichts Gutes ahnen und ist daher auch nicht die zu empfehlende Alternative.

3.2 Meinen Ausführungen zu den *Formen der Operationalisierung* der Zielaspekte im Prozeß der Lehrerbildung möchte ich den folgenden Versuch einer Typologie zugrunde legen, die fünf Fragestellungen enthält. Von ihnen sind die ersten vier auf die Lehrerausbildung als die erste Phase der Lehrerbildung konzentriert, deren Thematik ihrerseits auf die Ausbildung von künftigen Lehrern allgemeinbildender Schulen eingeengt wird. Die einzelnen Fragestellungen möchte ich folgendermaßen definieren:
1) Vereinheitlichung versus Differenzierung; 2) Fachwissenschaftlichkeit versus metawissenschaftliche Orientierung; 3) Theorie versus Praxisbezogenheit; 4) institutionelle Lösungen; 5) das Verhältnis zwischen Lehrerausbildung und Lehrerfortbildung. Wie diesen Formulierungen zu entnehmen ist, beziehen sich die ersten drei Fragestellungen auf die Didaktik der Lehrerausbildung und sind jeweils in antithetischen Typenpaaren erfaßt.

3.2.1 Unter der Fragestellung *Vereinheitlichung versus Differenzierung* lassen sich zwei Entwicklungslinien nachzeichnen, welche den Übergang von traditionellen zu neuen Differenzierungsformen in der Lehrerausbildung bezeichnen. Dieser Übergang ist mit Versuchen verbunden, die traditionell getrennten Ausbildungsgänge zu vereinheitlichen, so daß die neuen Differenzierungsformen stärker als die alten aufeinander bezogen sind.
Die erste der Entwicklungslinien bezeichnet den Übergang von der traditionell schulformbezogenen zu einer horizontalstufenbezogenen Lehrerausbildung. Konkret heißt dies: An die Stelle der seit Geburt eigenständiger Lehrerbildung am Ende des 18. Jahrhunderts bestehenden Dualität von Gymnasial- und Volksschullehrerausbildung (mit ihren analogen Entsprechungen in nichtdeutschsprachigen Ländern) tritt die Orientierung der Ausbildungsgänge an der Horizontalstufung des Jugendschulwesens: in Primarstufe, Sekundarstufe I und Sekundarstufe II mit den entsprechenden Schulbereichen. Ergänzend sei hierzu bemerkt, daß die traditionelle Dualität besonders in Deutschland seit Beginn dieses Jahrhunderts zu einem System

der Dreigliedrigkeit erweitert worden ist, welches bis heute die Lehrerausbildung in der Bundesrepublik Deutschland charakterisiert. Abgeschlossen ist die Entwicklung zur Stufenlehrerausbildung in Ländern, welche ihre traditionell vertikal strukturierten Schulsysteme in Gesamtschulsysteme (im umfassenden Wortsinn, nämlich den Primarbereich und Sekundarbereich I einschließend) überführt haben. So sind heute die Ausbildungsgänge in Schweden, Großbritannien, Italien, den USA sowie den sozialistischen Staaten am Berufsbild des "Stufenlehrers" ausgerichtet. Frankreich, Dänemark, die Niederlande und andere Länder sind auf dem Wege dorthin. In der Bundesrepublik Deutschland beschreiten die Bundesländer unterschiedliche Wege, die mit der Kontroverse über die Gesamtschule zusammenhängen und derzeit eher Rückentwicklungstendenzen erkennen lassen; ein besonders markantes Beispiel dafür ist Bayern, das von der bereits gesetzlich beschlossenen Stufenlehrerausbildung abgerückt ist.

Die zweite Entwicklungslinie weist auf Veränderungen in der Fachausbildung hin, die durch Versuche einer Überwindung der für die traditionelle Gymnasiallehrerausbildung kennzeichnenden strengen Bindung der Studienfächerstruktur an die Struktur der Universitätsdisziplinen und durch Konzeptionen gekennzeichnet sind, die auf die Einrichtung fächerübergreifender Studienrichtungen abzielen. Beispiele hierfür sind sowohl im sozialwissenschaftlichen als auch im naturwissenschaftlichen Bereich zu finden; so gibt es beispielsweise an amerikanischen Universitäten integrierte Ausbildungsgänge unter den Bezeichnungen "science" und "social science". Ein weiterer Bereich ist der "polytechnische Unterricht" (bzw. Arbeitslehre, industrial arts, craft etc.), dessen Erteilung eine Ausbildung voraussetzt, an der *mehrere* Hochschulfächer beteiligt sind. Diese zweite Entwicklungslinie trifft sich insofern mit der ersten, als die Frage nach der Ermöglichung fachübergreifender Kompetenz und deren Begrenzung durch das Fortbestehen einzeldisziplinärer Erfordernisse unter dem Gesichtspunkt der Horizontalstufung der Curricula zu spezifizieren ist. So kann man argumentieren, daß die fachübergreifende Lehrerkompetenz im Primarbereich ein weit größeres Gewicht als im Sekundarbereich II hat. Freilich vermag die Orientierung an den konkreten Unterrichtsaufgaben nicht die ganze Problematik der hier skizzierten Entwicklung zu erklären, denn einerseits erwartet man heute auch vom Primarlehrer eine stärkere Fachkompetenz, als sie der einstige "all-round"-Lehrer aufweisen konnte, während andererseits auch der Lehrer im Sekundarbereich II sein Spezialistentum überwinden muß, wenn er zur Mitwirkung an der Überwindung der allenthalben beklagten Isolierung des Fachunterrichts befähigt werden soll.

In diesen Gedankengang ist die Feststellung eingeschlossen, daß heute auch im Primarbereich der "all-round"-Lehrer vielerorts durch einen Fachgruppen-Lehrer abgelöst wird. Dies wirft sowohl für den Schulalltag (Stundenplanregelung usw.) als auch für die Erziehungsaufgabe der Schule Probleme auf, die schwer zu lösen sind, weswegen man in manchen Ländern, beispielsweise in der DDR, den Klassenlehrer des Primarbereichs in den Kernfächern, nämlich Muttersprache (mit Heimatkunde) und Mathematik, ausbildet und nur für den musischen Bereich eine Spezialisierung vorsieht - die natürlich unter erzieherischem Aspekt auch nicht unproblematisch ist.

Die internationale Entwicklung weist also auf Stufenbezogenheit und fachübergreifende Kompetenz als Orientierungsmaßstäbe hin, woraus freilich weder auf Dauer noch auf Stärke der weiterhin in manchen Ländern, wie in der Bundesrepublik Deutschland, bestehenden traditionellen Maßstäbe zu schließen ist. Zu projizieren ist diese Entwicklung auf die schon erwähnte Vereinheitlichungstendenz als integrierendes Komplement der neuen Differenzierung. Sie tritt in zweifacher Form zutage: einmal im Einbau eines allgemeinverbindlichen Kerns in die Ausbildung der verschiedenen Stufenlehrer, der aus einem erziehungswissenschaftlichen, psychologischen und soziologischen Grundstudium besteht, zum anderen in der Aufnahme von Studienelementen des jeweils "fremden" Stufenbereichs in Gestalt von Seminaren und Praktika, die beispielsweise dem künftigen Primarlehrer einen Überblick über Theorie und Praxis des Sekundarbereichs geben - oder umgekehrt.

3.2.2 Die Erörterung der ersten Fragestellung führt unmittelbar zur zweiten, weil jede Einschränkung des traditionellen Primats der *Fachwissenschaftlichkeit* die Frage nach dem Bezugsrahmen der einzelnen Ausbildungsgänge provoziert. Unter Zugrundelegung der Wissenschaftlichkeit als allgemeines Prinzip der Lehrerausbildung stellt sich somit die Frage nach der *metawissenschaftlichen Orientierung* des Lehrerstudiums.

Dieser Orientierung dient in westlichen wie sozialistischen Ausbildungssystemen die Ausweitung des erwähnten erziehungs- und sozialwissenschaftlichen Grundstudiums der Sekundarlehrerausbildung, während in der Primarlehrerausbildung dieses Grundstudium zwar seinen einst "handwerklichen" Charakter verliert und ebenfalls verwissenschaftlicht wird, gleichzeitig aber sich mit steigenden Ansprüchen der Fachausbildung konfrontiert sieht. Verklammert werden beide Ausbildungsbereiche durch die fachdidaktische und fachmethodische Ausbildung, deren Stellenwert zur fachwissenschaftlichen Qualifizierung ein Gradmesser für die Bedeutung ist, die man dem erziehungswissenschaftlichen Anteil an der Ausbildung überhaupt zuerkennt.

Das formale Vorhandensein eines erziehungs- und sozialwissenschaftlichen Grundstudiums allein sagt freilich noch nicht genug über die metawissenschaftliche Orientierung aus, zumal diese ja nicht nur auf den gesellschaftspädagogischen, sondern auch auf Teile des berufspädagogischen Zielaspekts der Lehrerbildung verweist. In den sozialistischen Staaten Ost- und Mitteleuropas ist sie auch unter inhaltlichem Aspekt relativ gut erkennbar, weil die gesamte Lehrerbildung durch ihre Bindung an die marxistisch-leninistische Gesellschaftslehre weltanschaulich fundiert ist und diese Weltanschauung als Metawissenschaft verstanden wird. Sie erscheint dort nicht nur in einem besonderen Ausbildungsbereich, sondern durchdringt mit ihrem Monopolanspruch auch die Fachausbildungsgänge.

In den pluralistischen Ausbildungssystemen des Westens bieten sich im öffentlichen Bereich nur die konfessionellen Lehrerbildungsinstitutionen zum Vergleich an. Auch sie sind heute jedoch relativ offen für Auseinandersetzungen mit anderen metawissenschaftlichen Systemen, wofür sich sowohl im katholischen als auch im protestantischen Raum viele Beispiele finden. Als auffälliges Beispiel für Wandlungen in diesem Felde können die Niederlande angeführt werden, die zwar - entsprechend ihrem Drei-Säulen-Schulsystem - die Lehrerausbildung weltanschaulich strukturiert haben und ihre Lehrer nach wie vor nach katholischen, protestantischen oder "freien" Grundregeln ausbilden, innerhalb der weltanschaulich gebundenen Institutionen aber wachsenden Raum für offene Dialoge und Diskussionen schaffen.

Schwierig bleibt die metawissenschaftliche Orientierung in den "neutralen" Lehrerausbildungsinstitutionen, welche ja heutzutage im Westen die große Mehrzahl der Lehrerstudenten ausbilden. Hier kann sie, soll sie nicht zu ideologischer Verengung führen, nur dadurch gewährleistet werden, daß zwischen einem pluralistischen Angebot an weltanschaulichen und wissenschaftstheoretischen Lehrmeinungen einerseits und dem Gespräch zwischen Vertretern und Anhängern dieser verschiedenen Lehrmeinungen andererseits ein optimales Gleichgewicht hergestellt wird. Die häufige Nichtbefriedigung dieses Desiderats ist gewiß als eine der wesentlichen Ursachen für den weithin feststellbaren Rückzug der Lehrerausbildung von ihrem Beitrag zur Erziehung in der Schule anzusehen.

Unter die Frage "Fachwissenschaftlichkeit versus metawissenschaftliche Orientierung" sind zwei Fragen zu subsumieren, deren relative Bedeutung nicht unterschätzt werden darf. Einmal handelt es sich dabei um die Frage nach dem Niveau der wissenschaftlichen Durchdringung der Ausbildung überhaupt. Sie stellt sich insbesondere dort, wo sich in den Curricula der Lehrerausbildung ein Übergang vom Prinzip der "Volkstümlichkeit" zur Wissenschaftlichkeit vollzieht. Die zweite Frage ist für die gymnasiale Lehrerausbildung alt, für die Lehrerausbildung als ganze aber neueren Datums, wie vor allem britische Modelle und Diskussionen zeigen. Sie lautet: Soll Lehrerausbildung exklusiv *berufszielorientiert* sein oder *polyvalent* strukturiert werden, um für den Studierenden die Berufswahl so lange wie möglich offen zu halten? Die traditionelle Variante erklärt sich dadurch, daß an den Universitäten im Grunde keine Gymnasiallehrer ausgebildet wurden (was für manche Länder, wie beispielsweise Italien, auch heute noch gilt) und daher eine "naturwüchsige" Polyvalenz praktiziert wurde, weil die gesamte Ausbildung überhaupt nicht berufsorientiert war. Die neue Variante dagegen ist hauptsächlich durch ökonomische Faktoren veranlaßt und gehorcht der Zielsetzung, Hochschulabsolventen hervorzubringen, die möglichst flexibel auf Arbeitsmarktbedingungen zu reagieren vermögen. Didaktisch gesehen bringt die Anbindung der Lehrerausbildung an das Polyvalenzprinzip mitunter "frische Luft" in die oft erstarrten Ausbildungsprozesse, trägt aber gleichzeitig auch zur Verwässerung der gesamten Ausbildung bei, weil sie in Gefahr ist, den berufs- und gesellschaftspädagogischen Zielaspekt der Ausbildung zu vernachlässigen.

3.2.3 In Italien kann bis zum heutigen Tage der Inhaber einer "Laurea", das heißt eines Hochschulabschlußzeugnisses, Lyzeallehrer werden, ohne je praktisch ausgebildet worden zu sein. (Daß er überdies kein erziehungswissenschaftliches Studium zu absolvieren brauchte, verstärkt die Problematik einer solchen "pädagogischen Ausbildung".) Dieser Usus, der auch in Italien durch eine Art Referendarausbildung überwunden werden soll, gehört in anderen Ländern längst der Vergangenheit an. Dies heißt jedoch nicht, daß die Lehrerausbildung überall in ausreichendem Maße praxisbezogen wäre. Im Gegenteil sind in einer Reihe von Ländern Tendenzen bemerkbar, die sich darin äußern, daß die Primarlehrerausbildung als Folgeerscheinung ihrer Verwissenschaftlichung in Gefahr ist, gerade ihres Vorzugs beraubt zu werden, den sie schon in ihrer vorwissenschaftlichen Periode der akademischen Lehrerbildung voraushatte, nämlich des einstigen starken Praxisbezugs. Die Fragestellung *"Theorie versus Praxisbezogenheit"* bedeutet in unserer Fragestellung gewiß kein Plädoyer für eine Enttheoretisierung der Ausbildung, wohl aber geht es darum, die "Berufseignung" des künftigen Lehrers zu prüfen und zu entwickeln.

Während also Praxisbezogenheit an sich unumstritten und nur ihr Grad kontrovers ist, erhebt sich die weitere Frage nach ihrer Verankerung im Lehrerstudium. Soll sie in das Hochschulstudium *integriert* werden oder bestimmendes Kennzeichen einer *zweiten* Phase sein? Die Auseinandersetzung um die sinnvollere Regelung läuft unter den Stichworten "Zweiphasigkeit" bzw. "Einphasigkeit". In Deutschland hat das *Zwei-Phasen-Modell* eine lange Tradition, und zwar in Form der Referandarausbildung für angehende Gymnasiallehrer und einer kombinierten Ausbildungs- und Probephase für die angehenden Volksschullehrer. Dieses System ist grundlegend nicht verändert, wohl aber dahingehend modifiziert worden, daß heute in den meisten Bundesländern die Lehrer *aller* Schularten eine Referandarausbildung erhalten, in die eine geordnete erziehungswissenschaftliche und fachdidaktische Ausbildung eingeschlossen ist. Die gravierende Problematik der zweiphasigen Ausbildung liegt darin, daß die Kompetenz für die beiden Phasen völlig getrennt ist. Während für die erste Phase unmittelbar die Hochschule und nur mittelbar der Staat zuständig ist, untersteht die Referendarausbildung der regionalen Schulverwaltung. Diese Trennung ist ein Grund dafür, daß zwischen den beiden Ausbildungsträgern keine Zusammenarbeit besteht, und der "Praxisschock", vom dem der Referendar zu Beginn seiner Ausbildungszeit heimgesucht wird, ist bereits Gegenstand zahlreicher kritischer Kommentare gewesen. Ein zweites Beispiel für Zweiphasigkeit ist die Ausbildung von Lehrern in Großbritannien, die nach ihrem Universitätsstudium in einem Jahr ihre "Pädagogik"-Ausbildung nachholen - "nachholen" im Vergleich zu ihren Kollegen an den Colleges of Education, wo die praktische Ausbildung in das Studium integriert ist. Die Verantwortung für das "pädagogische Jahr" obliegt in Großbritannien nicht den Schulbehörden, sondern den "Institutes of Education"; dies sind Gremien, in denen Universitäten und Colleges of Education vertreten sind.

Die *einphasige* Lehrerausbildung ist weit stärker als die zweiphasige im internationalen Spektrum zu finden. Beispiele dafür finden sich sowohl im Westen (Vereinigte Staaten, Colleges of Education in Großbritannien usw.) als auch in den sozialistischen Staaten Ost- und Mitteleuropas. Dort liegt die Verantwortung für die gesamte Lehrerausbildung bei der ausbildenden Hochschule, und das Ausbildungscurriculum sieht in der Regel allgemeine Schulpraktika, die von Erziehungswissenschaftlern betreut werden, und spezielle fachdidaktische Praktika vor. Am Ende der Hochschulausbildung erhält im einphasigen System der Lehrer die *volle* Qualifikation. In der Bundesrepublik Deutschland gibt es einen Modellversuch zur einphasigen Lehrerausbildung an der Universität Oldenburg. Der wesentliche Vorzug der einphasigen Ausbildung ist in der einheitlichen Verantwortlichkeit zu sehen, wodurch die Hochschule die Chance erhält, systematische Curricula zu entwerfen und zu realisieren - ein Nachteil darin, daß nach der Qualifikation der Übergang in die Praxis *auch* mit Schwierigkeiten belastet ist. Diese können besonders dann auftreten, wenn die Praktika an ausgewählten Schulen (Übungsschulen) stattfinden, deren Niveau sich häufig stark von dem "normaler" Schulen unterscheidet.

Als letztem Aspekt dieser Fragestellung gilt die Aufmerksamkeit der Einschätzung der praktischen Ausbildung durch die verantwortlichen Bildungspolitiker und Wissenschaftler. Es geht darum, ob der Lehrer nur auf seine spätere Unterrichts- und Erziehungsarbeit in der Schule vorbereitet oder zugleich auch dazu befähigt werden soll, gesellschaftliche Erfahrungen zu sammeln. Hinter der zweiten Interpretation steht das Motiv, der Lehrer müsse die außerschulische Lebenswelt seiner Schüler gut kennenlernen, und dies könne er nur, wenn er sich damit während seiner Ausbildung gründlich auseinandergesetzt habe. Der Bewältigung dieser Aufgabe dienen spezielle sozialpädagogische Praktika an vielen Hochschulen; besonderes Interesse erregt in diesem Zusammenhang die Modellschule Twind in Dänemark, in der die Studierenden eine "Produktionsgemeinschaft" bilden.

3.2.4 Bevor ich die *institutionellen Lösungen* der in den drei bisherigen Fragestellungen dargelegten didaktischen Probleme umreiße, möchte ich eine allgemeine kritische Bemerkung zur Handhabung der Beziehungen zwischen Didaktik und Organisationsstruktur in der Lehrerausbildung äußern. Sie gilt der in westlichen und sozialistischen Bildungssystemen anzutreffenden Prioritätensetzung, die ich für fragwürdig halte, nämlich der Unterordnung der Didaktik unter die Organisationsstruktur und deren institutionelle Ausfüllung. Genauso wie beispielsweise in der Bundesrepublik Deutschland heute noch zwischen einer Hauptschul-, Realschul- und Gymnasialdidaktik unterschieden wird, anstatt der Frage nach den für die junge Generation *als ganze* wesentlichen Erziehungs- und Bildungszielen anzugehen, ist auch im System der Lehrerausbildung diese Prioritätensetzung zu beobachten - was dann dazu führt, daß die institutionellen Gesichtspunkte einen Vorrang gewinnen, der ihnen wohl nicht zusteht. Ich denke beispielsweise an die Primarlehrerausbildung, die bei ihrem Übergang von einer seminaristischen zu einer Hochschul- oder gar universitären Form in eine "Akademisierung" einmündet, welche, wie bereits erwähnt, den bis dahin hoch bewerteten Praxisbezug zurückdrängt.

Im internationalen Spektrum dominiert heute die Tendenz einer Überführung der gesamten Lehrerausbildung in den Hochschulbereich. In einer Reihe von Ländern ist freilich die Primarlehrerausbildung noch in Einrichtungen angesiedelt, welche dem Sekundarbereich II angehören. Beispiele hierfür sind das *Istituto magistrale* in Italien, die *Pädagogische Lehranstalt* in der Sowjetunion und das *Institut für Lehrerbildung* in der DDR. Auf der entgegengesetzten Seite stehen die Bildungssysteme, in denen die gesamte Lehrerausbildung in Universitäten oder universitätsrangigen Pädagogischen Hochschulen erfolgt; diese institutionelle Integration hat freilich nicht notwendigerweise die Gleichwertigkeit der verliehenen Abschlüsse in bezug auf die Lehrberechtigung an speziellen Schularten oder Schulstufen zur Folge. Während beispielsweise in den USA und größtenteils auch in Großbritannien derartige Rangunterschiede längst abgeschafft sind, Qualifikationsstufen (Bachelor, Master) allerdings *innerhalb* der einzelnen speziellen Qualifikationen zu finden sind, sind in der Bundesrepublik Deutschland Universitäten und Pädagogische Hochschulen als "wissenschaftliche Hochschulen" zwar heute in der Regel statusmäßig gleichrangig (denn auch die meisten Pädagogischen Hochschulen haben das Promotions- und Habilitationsrecht), doch sind die nach unterschiedlichen Studiengängen verliehenen Lehramtszeugnisse nicht gleichwertig.

Als Zwischenformen sind Institutionen der Primarlehrerausbildung anzusehen, welche die Studienzulassung von der Vorlage eines Reifezeugnisses oder eines adäquaten Zertifikats abhängig machen, in der Institutionshierarchie aber - in bezug auf kürzere Studiendauer und fehlendes Promotions- und Habilitationsrecht - niedriger eingestuft sind. Dazu zählen die *école normale* in Frankreich, die *Lehrerhochschule* in Schweden und die *Pädagogische Akademie* in Österreich.

Differenzierte Ausbildungsgänge in der Lehrerausbildung sind notwendig, doch sollte darüber die *einheitliche Substanz* des Pädagogenberufs nicht übersehen werden. Auf welche Weise die institutionelle Lösung des Gegensatzpaares "Vereinheitlichung versus Differenzierung" optimal gelöst werden soll, ist in erster Linie ein Problem, das jeder Staat aufgrund seiner historischen, geographischen und sozio-ökonomischen Bedingungen bewältigen muß. Ob es beispielsweise sinnvoll ist, in einer Stadt mehrere selbständige Institutionen zur Ausbildung der verschiedenen Lehrerkategorien zu unterhalten, ist zu bezweifeln. Demgegenüber stellt sich die Lösungsfrage auf andere Weise in großen Flächenstaaten, in denen besondere Einrichtungen nichtuniversitären Charakters geboten sein mögen. Viel wichtiger als eine ohnehin nicht zu erreichende institutionelle Patentlösung ist daher die Beantwortung der Fragen,

a) wie dem *Bedürfnis* des zu bedienenden Bildungssystems in bestmöglicher Weise entsprochen wird, und

b) auf welche Weise auch bei institutioneller Trennung die *Zusammenarbeit* zwischen den einzelnen Einrichtungen der Lehrerausbildung erreicht und gewährleistet werden kann.

3.2.5 Die letzte Fragestellung zu den Formen der Zieloperationalisierung möchte ich in diesem Zusammenhang nur streifen. Sie betrifft das *Verhältnis zwischen Lehrerausbildung und Lehrerfortbildung* (im weiten Wortsinn) und damit zwischen erster und zweiter bzw. - im zweiphasigen Ausbildungssystem - *dritter* Phase im Gesamtprozeß der Lehrerbildung. Daß der Lehrer mit einer oder auch zwei Lehramtsprüfungen nicht "ausgelernt" hat, ist angesichts der Dynamik sozio-kultureller Entwicklungen schon in unserer Zeit zur Binsenwahrheit geworden. Daher ist die Bereitschaft zur Fortbildung als konstitutiver Teil des Lehrerverhaltens zu begreifen. Sie muß bereits während der Lehrerausbildung fundiert werden und sollte überdies, wie schon erwähnt, bei der Nachwuchswerbung berücksichtigt werden. Fehlt sie, so ist sie auch durch verbindliche Anweisungen nicht zu ersetzen, wenngleich diese im Sinne eines "heilsamen Zwanges" nützlich sein können. So sind die Lehrer in den sozialistischen Staaten zum regelmäßigen Besuch von Fortbildungsveranstaltungen verpflichtet. Besonders hervorzuheben ist Polen, wo 1972 ein Programm beschlossen wurde, in dessen Rahmen *alle* Lehrer ohne Hochschulabschluß (d.h. die meisten Lehrer des Primarbereichs und Sekundarbereichs I), die 1973 das 35. (Frauen) bzw. 40. (Männer) Lebensjahr noch nicht erreicht hatten, zum Erwerb des Magisterdiploms (bis 1990) verpflichtet sind. Für die "älteren" Lehrkräfte ist 1975 ein verkürztes Weiterbildungsprogramm eingerichtet worden. Auch in den meisten Staaten der USA ist heute die Beteiligung an organisierter Lehrerfortbildung einschließlich eines Zeugniserwerbs obligatorisch. In Schweden wird die Motivierung dazu dadurch erhöht, daß Fortbildungsveranstaltungen auf Ferien und Schulzeit verteilt werden.

Die Durchsetzung einer allgemein verbindlichen Lehrerfortbildung stößt häufig auf schulorganisatorische Hemmnisse, denn es ist bekanntlich schwer, den Lehrer innerhalb des Schuljahres aus dem Unterricht "herauszunehmen". Daher verdienen die Vorschläge einer *rekurrenten* Fortbildung Beachtung, wie sie vor allem in den internationalen Organisationen (UNESCO, OECD) entwickelt worden sind. Eine Ausweitung des in den

USA und anderen Staaten üblichen *sabbatical year* vom Hochschul- auf den Schulbereich bietet sich hierfür als eine - wenn auch sehr kostspielige und daher gewiß nicht generalisierbare - Alternative an.

Meine Anmerkungen zum Verhältnis zwischen Lehrerausbildung und Lehrerfortbildung möchte ich nicht ohne den Hinweis auf die *Selbstbildung* beenden, der ja neben der organisierten Fortbildung großes Gewicht zukommt. Ihre Realisierung ist freilich eher appellativ als normativ möglich, denn ihre systematische Überwachung durch Prüfungen, wie dies in der Sowjetunion angeregt worden ist, würde dem Lehrer den Freiraum entziehen, den er auch bei aller gewiß notwendigen Kontrolle durch Eltern, Behörden und Öffentlichkeit nun einmal braucht, um seinen pädagogischen Auftrag initiativ und kreativ erfüllen zu können.

4. Schlußbemerkungen: Desiderate einer zukunftsorientierten Lehrerbildung

Bei der Einschätzung der gegenwärtigen Situation, in der sich unter international-vergleichendem Aspekt die Lehrerbildung befindet, ist eher Zurückhaltung als Optimismus geboten. Diese Einschätzung begründe ich einmal mit dem Hinweis auf ihre allgemeine, von mir eingangs erläuterte Unterschätzung, zum anderen mit der Einsicht in die "Ernüchterungsphase", welche die Bildungsentwicklung im allgemeinen kennzeichnet, wenngleich teilweise beachtliche Innovationen in Teilbereichen weitergehen. Meine Feststellung gilt dezidiert für die Bildungssysteme in westlichen Staaten, doch auch in den sozialistischen Staaten Ost- und Mitteleuropas sind Erscheinungen zu beobachten, die viel Sand in das Getriebe der offiziell durch proklamatorische Äußerungen geölten Maschinerie zu bringen scheinen. Die Ursachen sind dort vor allem in ökonomischen Schwierigkeiten (niedrige Lehrergehälter, harte Arbeitsbedingungen usw.) als auch in den Formen einer bürokratischen Gängelung zu sehen, die sich häufig auch gegenüber den neuerdings verstärkten Bemühungen um Flexibilität für den Lehrer in seiner Unterrichts- und Erziehungsarbeit als dominant erweist.

Nichtsdestoweniger bleibt die Lehrerbildung auf der Tagesordnung unserer Bildungspolitik und Pädagogik, und unter Bezug auf diese These sind die folgenden Schlußbemerkungen formuliert. Mit ihnen verlasse ich den Boden des analytischen Urteils und melde - wohl nicht unbegründet - folgende Wünsche an die weitere Entwicklung der Lehrerbildung an, wobei ich mich hier freilich auf das *westliche* Spektrum beschränke.

1) Indem ich auf die "Affinitätslinien" zurückverweise, die ich bei der Erörterung der Zielaspekte zeichnete, halte ich es für wünschenswert, daß die Lehrerbildung die Eigenschaften entwickelt und stärkt, welche den "Normalbürger", "Pädagogen" und "Reformer" kennzeichnen. Daß mit dem Plädoyer für diese Affinitätslinie Prioritäten gesetzt und keine exklusiven Forderungen erhoben werden, möchte ich an dieser Stelle unterstreichen. Dies heißt, daß auch die Eigenschaften des "Lehrers" und "Bewahrers" zu fordern sind, und in Staaten, in denen der Lehrer traditionsgemäß "Beamter" ist und wohl auch für absehbare Zeit bleiben wird, ergibt sich überdies die Notwendigkeit, seinen besonderen Status anzuerkennen, ihn jedoch zugleich an den des "Normalbürgers" anzugleichen, soweit dies die jeweiligen verfassungsrechtlichen Bedingungen erlauben.

2) Der Primat der Prioritätensetzung gegenüber einer exklusiven Regelung gilt auch für die Operationalisierung der Zielaspekte. Dazu im einzelnen:

a) Erwünscht ist ein Lehrer, der sich primär als "Pädagoge" versteht. Wir wissen aber auch, daß in unserer arbeitsteiligen Welt der Lehrerberuf nur in einer differenzierten Struktur realisiert werden kann. Dies bedingt eine differenzierte Lehrerbildung unter Berücksichtigung der jeweiligen strukturellen Gliederung des Bildungssystems in Schularten oder Schulstufen.

b) Erwünscht ist ein Lehrer, der interdisziplinär zu denken und fachübergreifende Gesichtspunkte in seinem Unterricht zu lehren und zu vertreten vermag. Daraus ergeben sich Konsequenzen für die Didaktik der Lehrerausbildung. Auch dieser Wunsch muß aber - wieder unter Hinweis auf unsere arbeitsteilige Welt - durch die Einsicht relativiert werden, daß Interdisziplinarität nur auf dem Boden eines gediegenen fachwissenschaftlichen und fachdidaktischen Studiums möglich ist, wobei die besonderen Erfordernisse der einzelnen Schulstufen zu berücksichtigen sind.

c) Erwünscht ist ein Lehrer, der den Praxisbezug bereits in seiner Ausbildung gründlich antizipiert hat. Praxisbezug sollte dabei nicht im engeren Sinne als berufspraktische, sondern auch als lebenspraktische Orientierung verstanden werden. Schulische und außerschulische Praktika sind daher als unverzichtbare Elemente jeder Ausbildung anzusehen. Die Praxisbezogenheit der Lehrerausbildung darf aber nicht dazu führen, daß die Bedeutung der Schule als Ort der Erkenntnisgewinnung und auch natürlich der Wissensaneignung verkannt wird. Vor allem die Ausbildung der akademischen Sekundarlehrer (Gymnasiallehrer) ist gewiß von manchem Ballast eines überholten "akademischen", am künftigen Beruf vorbeizielenden Studiums

zu befreien. Dies betrifft aber nicht - und dies gilt für die gesamte Lehrerausbildung - die Bewahrung und Entwicklung der *theoretischen* Substanz.

d) Was die institutionellen Lösungen betrifft, hat das Desiderat Vorrang,
daß der Lehrer eine anspruchsvolle Tätigkeit ausübt und ihm nicht der Aus-
bildungsstandard vorenthalten werden darf, der beispielsweise dem
Arzt und Juristen als eine Selbstverständlichkeit zugestanden wird. Unter
diesem Erfordernis tritt die Einzelentscheidung für Universität, Pädagogische Hochschule, Pädagogische Akademie oder Lehrerhochschule in den
Hintergrund, weil sich dafür jeweils gute Argumente unter Hinweis auf die
nationalen und regionalen Verhältnisse anführen lassen. Unter ausdrücklicher Rückverweisung auf die Differenzierungsproblematik halte ich allerdings die Zuerkennung des Hochschulstatus für die gesamte Lehrerausbildung für einen allgemein vertretbaren Wunsch, weil sie in bestmöglicher
Weise das erwähnte sachliche Anspruchsniveau gewährleistet und die soziale Gleichrangigkeit aller Lehrertätigkeiten zu fördern vermag.

e) Jede Lehrerausbildung ist nur "Ausbildung" und bedarf der Fortbildung. Daß hier allenthalben noch besonders viel zu tun ist, wäre ein Thema
für sich, auf dessen Bedeutung ich in diesem Beitrag nur skizzenhaft eingehen konnte.

Anmerkung

1 Dieser Beitrag stellt die nur geringfügig modifizierte Fassung des Vortrages dar,
den der Verfasser am 17. November 1978 auf einer Arbeitstagung der Österreichischen Pädagogischen Gesellschaft in der Pädagogischen Akademie der Diözese
Linz hielt.

Literatur

Aufgeführt sind im folgenden nur die Veröffentlichungen des am Deutschen Institut für Internationale Pädagogische Forschung in Frankfurt am
Main durchgeführten Projekts "Internationaler Vergleich von Reformkonzeptionen für die Lehrerausbildung" (1974-78).

Studien und Dokumentationen zur vergleichenden Bildungsforschung.
Hrsg. von Wolfgang Mitter. Weinheim: Beltz.

Bd. 2   *Döbrich, Peter u. Christoph Kodron u. Manfred Kolbe:* Lehrerbesoldung
           im internationalen Vergleich. 1976.

Bd. 9/1   *Lynch, James:* Reformkonzeptionen der Lehrerbildung in Großbritan-
           nien. 1978.

Bd. 9/2   *Sachsenmeier, Peter:* Reformkonzeptionen der Lehrerbildung in der So-
           wjetunion. 1978.

Bd. 9/3   *Collicelli, Carla:* Reformkonzeptionen der Lehrerbildung in Italien.
           1979.

Bd. 9/4   *Kolbe, Manfred:* Reformkonzeptionen der Lehrerbildung in Schweden.
           1979 (in Vorbereitung).

INTERAGLA-Dokumentation. Hrsg. von Peter Döbrich, Christoph Kodron, Manfred
Kolbe. Frankfurt a.M.: Deutsches Institut für Internationale Pädagogische Forschung.

1.   *Döbrich, Peter u. Christoph Kodron* (Hrsg.): Die Charta der Rechte und
     Pflichten des Lehrers und Verordnung des Ministerrates der Volksrepublik
     Polen vom 27. April 1972. Übers. Vladimir Goldzand. 1975.

2.   *Göhler, Renate u. Bernd Wagner:* Bibliographie zu Fragen der Lehrerausbil-
     dung und angrenzenden Bereichen in ausgewählten Ländern. 1976.

3.   *Döbrich, Peter u. Christoph Kodron u. Manfred Kolbe:* Teachers' salaries in
     international comparison. 1976.

4.   *Goldzand, Vladimir u. Christoph Kodron u. Leonid Novikov:* Die Ausbildung
     der Lehrer an berufsbildenden Schulen in der Volksrepublik Polen, in der
     Deutschen Demokratischen Republik, in der Sowjetunion. 1977.

5.   *Georg, Walter u. Uwe Lauterbach:* Die Ausbildung der Lehrer an berufsbil-
     denden Schulen in der Bundesrepublik Deutschland. 1977.

6.   *Bayer, Manfred u. Manfred Kolbe:* Die Ausbildung der Lehrer an berufsbil-
     denden Schulen in Großbritannien, in den USA, in Irland. 1977.

7.   *Collicelli, Carla u. Christoph Kodron:* Die Ausbildung der Lehrer an berufs-
     bildenden Schulen in Italien, in Frankreich. 1978.

8. *Döbrich, Peter u. Manfred Kolbe u. Karl Schmitt:* Die Ausbildung der Lehrer an berufsbildenden Schulen in Dänemark, in Schweden. 1978.

Dokumentationen zum in- und ausländischen Schulwesen. Hrsg. von Wolfgang Mitter. Weinheim: Beltz.

Bd. 18   *Lauterbach, Uwe:* Bibliographie zur Lehrerbildung für berufliche Schulen in Deutschland. Von den Anfängen bis heute. 1978.

Bd. 19   *Georg, Walter u. Uwe Lauterbach:* Studiengänge für das Lehramt an beruflichen Schulen in der Bundesrepublik Deutschland. 1979.

Vermittlungsprobleme der Bildungsforschung

**Bildungsforscher und Bildungsverwalter sollten den jeweils anderen
Tätigkeitsbereich kennenlernen**

Zusammenfassung:

Zentrale Frage ist die Untersuchung des Vermittlungsproblems im Prozeß der Verwertung von Bildungsforschung. Den systemtheoretischen Ansatz bilden die Definition von Bildungsforschung als Subsystem des Wissenschafts- und des Bildungssystems sowie die Bestimmung seiner Position innerhalb des Verwertungsprozesses;
auf jüngste amerikanische Untersuchungen wird unmittelbar Bezug genommen. Der
Hauptteil ist der Identifizierung von Zielen, Strategien und Kriterien gewidmet.
Nach der Skizzierung fördernder und hemmender Faktoren der Forschungsvermittlung werden einige Vorschläge vorgetragen, die auf eine differenzierte Vermitt-
lungsstruktur abzielen.

Gegenwärtige Krise der Bildungsforschung

Die an den Beginn gesetzte These, daß die Bildungsforschung derzeit
keinen hohen Kurswert hat, betrifft nicht nur die Forschungslage in der
Bundesrepublik Deutschland, sondern gilt, wenngleich mehr oder weniger
stark, für alle westlichen Länder, auf die wir uns hier beschränken wollen.
Die Ursachen dieses für den Bildungsforscher betrüblichen Bildes sind in
zwei gegenläufigen Tendenzen zu suchen, die seit einigen Jahren zu beobachten sind. Sie hängen aufs engste mit den beiden gesellschaftlichen
Funktionen zusammen, die der Bildungsforschung, wie allen praxisorien-
tierten Forschungsbereichen, zugewiesen sind. Einerseits nimmt Bildungsforschung am Erkenntnisfortschritt teil, während sie andererseits bestrebt
ist, ihren Beitrag zur Veränderung - oder "Verbesserung" - des Bildungswesens zu leisten. Wenn hier von "praxisorientierter Forschung" die Rede ist,
ist damit nicht die Wiederaufrichtung eines Gegensatzes zwischen "Grundlagenforschung" und "angewandter Forschung" beabsichtigt, der für die
Bildungsforschung längst als irrelevant nachgewiesen worden ist (vgl.
Malmquist 1975, S. 295/301). Daß von Grundlagenforschung unmittelbare
Einflüsse auf die Bildungspraxis ausgehen können (z.B. der Begabungsforschung der vergangenen Jahrzehnte bis hin zur Gegenwart), ist in dieser

Feststellung ebenso bedacht wie der Beitrag, den angewandte Untersuchungen, vor allem im methodologischen und methodischen Feld, zur Gewinnung neuer Erkenntnisse direkt beizusteuern vermögen. Dieser Hinweis ist für die Vermittlungsproblematik wichtig, auch wenn wir in unserem Beitrag deren Erörterung auf die "angewandte Forschung" wegen deren *ständiger* Praxisorientiertheit beziehen.

Die erste der für die Bildungsforschung abträglichen Tendenzen äußert sich darin, daß die durch Anwendung "harter" Methoden zu erzielende Gewinnung von exakt überprüfbaren, zuverlässigen und verallgemeinerungsfähigen Daten im Vergleich zu den naturwissenschaftlichen und technologischen Disziplinen erheblich begrenzt ist. Dieser Sachverhalt mindert den Status der Bildungsforschung bei den Vertretern exakter Forschungsdisziplinen und Forschungsbereichen, weckt aber auch Zweifel an ihrer Verwertbarkeit bei Angehörigen der "Bildungspraxis". Hierbei denken wir zunächst an die Bildungspolitiker und Vertreter von Bildungsverwaltungen, welche zuverlässige Aussagen "technologischer" Art erwarten, ob es sich um die Brauchbarkeit von Leistungsmessungen oder den Nachweis der Qualität bestimmter Schultypen handelt. In ihren Erwartungen sehen sich aber auch die "Praktiker an der Basis", nämlich Lehrer und Erzieher, enttäuscht, denn sie erhoffen sich in der Regel vom Bildungsforscher Ratschläge oder gar Handlungsanweisungen, die sich unmittelbar in die Praxis des Alltags umsetzen lassen. Reaktionen der Praxis auf nicht erfüllte Erwartungen zeigen sich u.a. darin, daß Bildungsverwaltungen wieder stärker motiviert werden, Entscheidungshilfen bei "erfahrenen Schulpraktikern" (Schulräten, Schulleitern usw.) sowie bei Wissenschaftlern zu suchen, die zwar keine Fachleute für Erziehungsfragen sind, aber wegen ihrer in "harten" Disziplinen nachgewiesenen Denk- und Lehrqualitäten geschätzt werden. Die auf diese Weise zum Ausdruck kommende Rückwendung zur "direkten Erfahrung" bezeichnet die zweite der genannten Tendenzen, die dadurch offenkundig wird, daß in solchen Konsultationen die Dienste der Bildungsforschung entweder überhaupt nicht oder geringfügig in Anspruch genommen werden.

Die in diesem Beitrag nur zu skizzierende Bestandsaufnahme läßt sich demnach als "Krise" der Bildungsforschung deuten. Ihre erkenntnisfördernde Funktion soll nicht weiter untersucht werden; dies würde u.a. eine Interpretation der neuerdings stärker angebotenen "weichen" oder "qualitativen" Forschungsmethoden erforderlich machen, wie sie sich beispielsweise in teilnehmender Beobachtung im Klassenzimmer und Protokollierung der Ergebnisse, in Fallstudien an einzelnen Schulen und in Dokumentenanalysen vorstellen. Unser primäres Interesse aber gilt der zweiten Funktion, die, wie erwähnt, durch den Beitrag der Bildungsforschung zur Veränderung des Bildungswesens definiert ist. Damit ist zugleich die Vermittlungsproblematik angesprochen, denn die Enttäuschungen der "Praktiker" (im weitesten Wortsinn) lassen sich häufig auf Mißverständnisse im Vermittlungsprozeß zurückführen, deren Ursachen sowohl in mangelnder Mitteilungsfähigkeit des Forschers als auch in fehlender Aufnahmebereitschaft des Adressaten zu suchen sind.

Vermittlung als Faktor der Forschungsverwertung

Die Verwertung von Bildungsforschung beschäftigt sowohl "Produzenten" als auch "Konsumenten", seitdem Möglichkeiten und Grenzen ihrer Einwirkung auf die Praxis des Bildungswesens diskutiert werden. Das Thema selbst hat, wie das Verhältnis von Wissenschaft und Praxis im allgemeinen, eine lange Geschichte. Insbesondere lohnt sich ein Blick zurück in das 18. Jahrhundert, als auf dem europäischen Kontinent der Staat damit begann, Schulen zu gründen und zu entwickeln. In England ging diese Initiative von Kirchen und religiösen Gesellschaften aus; dort erscheint der Staat erst hundert Jahre später als für das Bildungswesen mitverantwortliche Kraft. Für ganz Europa aber gilt, daß seit jenem Jahrhundert die für die Bildungspolitik verantwortlichen Institutionen versucht haben, Entscheidungshilfen aus der "Bildungstheorie" und "Empirie" zu gewinnen. In diesem Zusammenhang sollte man sich daran erinnern, daß Heinrich Pestalozzi seine eigenen praktischen Erfahrungen in der Schweiz analysierte, und die Ergebnisse dieser Analysen wurden beispielsweise von der preußischen Regierung übernommen, nachdem Humboldt zwölf Lehrer zur Beobachtung von Pestalozzis praktischem Wirken nach Ifferten entsandt hatte. Ein anderes Beispiel bietet Johann Friedrich Herbarts pädagogisches und psychologisches Werk, welches die Bildungspolitik und Bildungspraxis nicht nur in Deutschland, sondern auch in anderen Ländern wesentlich beeinflußte. Beispielsweise können Spuren des Herbartianismus mit ihrem Schwerpunkt auf Herbarts Konzeption des "erziehenden Unterrichts" bis heute in der Sowjetunion beobachtet werden; von dort sind diese Konzeptionen in die DDR "zurückgekehrt".

Die *moderne* Variante ist eine Teilerscheinung der jüngsten Bildungsreformen, die - mit unterschiedlichen strukturellen und inhaltlichen Akzenten - in den beiden vergangenen Jahrzehnten in allen Industriestaaten geplant und abgelaufen sind. Sie unterscheidet sich von den historischen, an Pestalozzi und Herbart exemplifizierten Formen zum einen durch den umfassenden empirischen Ansatz mit seiner primären Orientierung an "harten" Daten, zum anderen durch das artikulierte Bedürfnis von Bildungspraktikern, insbesondere Bildungsverwaltungen, an systematisierten Entscheidungshilfen. Die Erwartungen, die sich an die Bildungsforschung richteten, erfaßten somit den *direkten* Beitrag, den sie zum Gelingen von Reformen leisten sollte. In gleicher Weise gilt dies für die Enttäuschungen, die sich in der darauffolgenden Phase der "Ernüchterung" eingestellt haben.

In dem Prozeß der Wechselbeziehung zwischen Bildungsforschung und Bildungspraxis sind gesellschaftliche Annahmen kontroverser Art eingeschlossen, die in der Bundesrepublik Deutschland durch den Einfluß des "Positivismus-Streits" der späten sechziger Jahre auf das Bildungs- und Wissenschaftssystem sichtbar geworden sind. Ohne auf einzelne Faktoren dieses höchst komplexen Problemfeldes einzugehen, sei hier nur betont, daß sich mit den gestiegenen Erwartungen (und folglich auch den gewachsenen Enttäuschungen), die sowohl *objektiv* (Fortschritte in der Theorie und Methodik empirischer Sozialforschung) als auch *subjektiv* ("Wissenschaftsgläubigkeit" als gesellschaftliches Problem) bedingt sind, die gesellschaftliche Funktion der Forschungsverwertung geändert hat. "Die Annahme, daß die Verwertung als ein Nebenprodukt "normaler" Wissenschaft oder gar als eine Folge wissenschaftlicher Pilgerschaft zum rechten Tempel, zur rechten Zeit, geschehen werde, ist gleichbedeutend mit dem Glauben an eine völlig falsche Konzeption von Sozialforschung und ihres Verwaltungspotentials" (Caplan 1980, S. 9).

Dieser Beitrag soll sich auf den Teil der Vermittlungsproblematik konzentrieren, der das Verhältnis zwischen Bildungsforschung einerseits und Bildungspolitik und Bildungsverwaltung andererseits bestimmt. Es ist daher auf die *politikberatende* Funktion von Bildungsforschung im engeren Sinne bezogen. Diese Einschränkung ist in der grundsätzlichen Überlegung vorgenommen, daß analoge Vermittlungsprobleme zu den anderen Agenturen der "Bildungspraxis", die mit dem pädagogischen Geschehen in Klassenzimmern und anderen konkreten Erziehungssituationen befaßt sind, ebenso wichtig sind und daß auch die schon angesprochene Vermittlung von Bildungsforschung innerhalb des Wissenschaftssystems   vielfältige Fragen (wenn auch anderer Art, insbesondere in bezug auf die Abstimmung verschiedener Fachsprachen) aufwirft.

In den letzten Jahren hat sich, wie wir meinen, am gründlichsten die amerikanische Soziologin *Carol H. Weiss* mit der Frage auseinandergesetzt, wie die Wirkung von Sozialforschung auf politische Entscheidungsprozesse zu erklären sei. Auf der Grundlage umfangreicher empirischer Untersuchungen (Weiss/Bucuvalas 1980 A) hat sie Modelle vorgestellt, die sich als Erklärungsmuster anbieten (Weiss 1979; vgl. Husén 1981):

1. Das "Knowledge-Driven Model", das der Naturwissenschaft entnommen ist und die Verwertung des Wissens aus dessen faktischer Überzeugungskraft erklärt;

2. das "Problem-Solving Model", das in ebenso "linearer" Weise Forschungsergebnisse als unmittelbare konzeptionelle und operationelle Grundlage zur Lösung gegebener Probleme darstellt;

3. das "Interactive Model", das die politikberatende Funktion von Bildungsforschung nur als *einen* Teil in einem komplexen Beratungsprozeß begreift, an dem vor allem die nicht-wissenschaftlichen Personen und Agenturen der Bildungspraxis mitbeteiligt sind;

4. das "Political Model", das die Verwertung von Sozialforschung unter dem Primat der Legitimierung politischer Standpunkte und Zielsetzungen untersucht und die Diskussion des gesamten Verwertungsproblems auch in der Bundesrepublik Deutschland stark mitgeprägt hat (z.B. Mitter/Weishaupt 1977);

5. das "Tactical Model", das die legitimierende Funktion von Forschungsverwertung in verschärfter Weise unterstreicht;

6. das "Enlightenment Model", dem C.H. Weiss eine hervorragende Beziehung zur Verwertungsrealität zuschreibt (s.u.);

7. das Modell der "Research as Part of the Intellectual Enterprise of the Society", in dem Sozialforschung als *eine* der "intellektuellen Beschäftigungen" der Gesellschaft erscheint; es erlaubt besonders die Erklärung des Entstehens von Begriffen und Programmen, die sowohl Forschung als auch Politik stimulieren, z.B. "Bürger-Partizipation", "örtliche Kontrolle" und "schleichende Reform".

Wie soeben erwähnt, gilt das besondere Interesse der amerikanischen Soziologin dem "Enlightenment Model", nach dem nicht geschlossene

Konzepte (wie bei den beiden "linearen" Modellen), sondern "Ideen" durch vielfältige Kanäle (Gespräche, Konferenzen, individuelle Lektüre usw.) aus der Sozialforschung in die Praxis wirken. "Das Bild ist das von sozialwissenschaftlichen Verallgemeinerungen und Orientierungen, welche durch die informierte Öffentlichkeit sickern und die Art und Weise gestalten, in der Menschen über soziale Probleme nachdenken" (Weiss 1979, S. 429).

Die Identifizierung dieses Modells soll, wie C.H. Weiss betont, die Notwendigkeit gezielter Forschung zum Zweck der Politikberatung nicht negieren, wohl aber Politiker wie auch Forscher auf die Komplexität und damit auf die Langfristigkeit des Verwertungsproblems aufmerksam machen, realistische Erwartungshaltungen ermöglichen und die Bildungsforschung von dem auferlegten und akzeptierten Zwang zu kurzatmigen und standardsenkenden Arbeiten bewahren. Diese, wie uns scheint, sehr plausible und zum Nachdenken anregende Argumentation wird an dieser Stelle in relativ ausführlicher Weise referiert, weil Komplexität und Langfristigkeit die Vermittlungsproblematik unmittelbar bestimmen. Es würde sich lohnen, hervorragende Beispiele aus diesem Jahrhundert unter dem langfristigen Verwertungsaspekt zu untersuchen. Zu denken wäre an die Veränderung von Erziehungs- und Lernstilen sowohl unter dem Einfluß der Lerntheorie als auch unter dem kindheitspsychologischer Untersuchungen in dem von der schwedischen Pädagogin Ellen Key proklamierten "Jahrhundert des Kindes".

Ziele und Strategien der Forschungsvermittlung

Der Bildungsforscher, der seine Forschungen vermitteln will und hierfür die geeigneten Strategien und Kriterien sucht, sieht sich zunächst auf die Ziele verwiesen, die der Verwertung im konkreten Fall gesetzt sind. Dazu sind folgende Identifizierungsschritte notwendig:
— der *Zielgruppen,* die sich hinsichtlich der politischen oder administrativen Positionen und der Fachkenntnisse ihrer Angehörigen wesentlich voneinander unterscheiden können;
— der *Erwartungen,* welche die identifizierten Zielgruppen an die zu vermittelnden Forschungsergebnisse richten.

Zur Verständigung mit dem Erwartungsproblem bietet der von C.H. Weiss vorgestellte Modellkatalog eine brauchbare Hilfe. Ihm läßt sich zuerst die Frage danach entnehmen, ob eine *gezielte* Verwertung erwartet wird, was im strengen Sinne hauptsächlich auf die Evaluierung schulischer

Neuerungen zutrifft, die aufgrund vorausgegangener Entscheidungen durchgesetzt werden sollen. "Lineare" Vermittlungen, die dagegen der Vorbereitung politischer Entscheidungen dienen sollen, müssen demgegenüber offener gefaßt und bereits dem "Interactive Model" angenähert sein.

Vergleichsweise bescheiden sind Erwartungen, die sich *nur* auf eine *allgemeine* Weckung von Interessen an dem untersuchten oder zu untersuchenden Forschungsfeld richten und sich in entsprechenden Fragen nach inhaltlichen und methodischen Besonderheiten äußern. (Daß sich eine solche - auf das "Enlightenment Model" verweisende - Zurückhaltung durchaus mit "hohen" Erwartungen an das Interesse der Forschergemeinde verbinden kann, sei in diesem Zusammenhang nur am Rande vermerkt.)

Die Verständigung mit der Zielbestimmung ermöglicht die Identifizierung von Vermittlungs*strategien,* von denen die folgenden - beispielhaft vorgestellten - Vermittlungs*kriterien* ableitbar sind:

1. Der Bildungsforscher muß beachten, *was* der Adressat seiner Mitteilung wissen will. Die Bestimmung des *Inhalts*kriteriums wird dann zu einer besonders wichtigen und zugleich schwer erfüllbaren Aufgabe, wenn das Forschungsprojekt auf das Informationsbedürfnis zweier oder sogar mehrerer Zielgruppen (Parlamentsausschüsse; ministerielle Forschungsreferate; Schulbehörden) gerichtet (die spezifische Interessenlage der Wissenschaft selbst bleibt hier unberücksichtigt) und nunmehr zu klären ist, ob die Zusammenstellung empirischer Daten, die Verdeutlichung von Planungsmodellen oder die aus dem Projektergebnis resultierenden Prognosen für politisch-administrative Entscheidungen primäres Interesse erheischen. Je weiter und umfangreicher die Fragestellung des Projekts gefaßt war, desto stärker stellt sich die Frage einer *selektiven* Vermittlung des Inhalts. Um verwertbare Antworten zu erhalten, muß die angesprochene Zielgruppe freilich fähig und auch bereit sein, ihre Wünsche zu artikulieren und spezifizieren.

2. Auch die *Form* der Mitteilung spielt für den Erfolg der Vermittlung eine wichtige Rolle. Der Wunsch nach Aussagen von informatorischem Wert verbindet sich, insbesondere bei Politikern und Verwaltungsbeamten, deren Tätigkeit nicht auf Forschungsfragen konzentriert ist und die sich daher nur einen Überblick über eine bestimmte Thematik verschaffen wollen, häufig mit der Wertschätzung kurzer und überschaubarer, d.h. durch Tabellen und Schemata veranschaulichte Darstellungen. Der Referent einer ministeriellen Forschungsabteilung wird dagegen eher einen ausführlichen Bericht (wenngleich mit beigefügter Kurzfassung) bevorzugen.

3. Das *Anspruchsniveau* der Zielgruppen muß insbesondere unter dem Aspekt bedacht sein, ob und inwieweit das Forschungsergebnis "vereinfacht" werden muß. Das wohl häufigste Beispiel betrifft hierbei die Forderung nach "Übersetzung" von Befunden, die durch Fragestellungen und Methoden der empirischen Sozialforschung gewonnen worden sind und Lesern übermittelt werden sollen, denen ihre Ausbildung - z.B. als Geistesoder Rechtswissenschaftler - zu *dieser* Ebene wissenschaftlicher Aussage keinen Zugang vermittelt hat. Auch die Komplexheit, die Befunden und deren Interpretation eigen ist, erzeugt Abwehr und das Verlangen nach reduzierter Vermittlung. Die durch die Anspruchsfrage aufgeworfene Vermittlungsproblematik berührt wahrscheinlich das zentrale Kriterium, zumal es zugleich auf die Analogie zur interdisziplinären Verständigung innerhalb des Wissenschaftssystems (u.a. durch die bereits erwähnte Abstimmung der Fachsprachen) hinweist. Die Schwierigkeit einer Lösung ist vor allem darin zu sehen, daß "Vereinfachung" von Aussagen einer - inhaltlich und methodisch geprägten - Wissenschaftsdisziplin durchaus mit einer Erhöhung des Komplexheitsgrades im Hinblick auf das Erwartungs- und Anspruchsniveau des Adressaten verbunden sein kann. Beispielsweise erwartet der Verwaltungsjurist eine "vereinfachte" Darstellung und Interpretation bildungsstatistischer Befunde, möchte demgegenüber aber die implizierten rechtlichen Probleme klarer und präziser präsentiert wissen, als dies der "nicht-vermittelte" Projektbericht leistet. Das Kriterium des Anspruchsniveaus ist daher keineswegs an "Niveausenkung", sondern an "Niveauänderung" orientiert; dies gilt grundsätzlich auch für "Übersetzungen", die sich gezielt an den *common sense* von nicht akademisch ausgebildeten Adressaten wenden.

4. Die beiden zuletzt eingeführten Kriterien resultieren unmittelbar aus dem zentralen Kriterium des Anspruchsniveaus. Zunächst geht es um die Schaffung und Praktizierung einer *Sprache,* die sich als Vermittlungsinstrument zwischen Bildungsforschern und deren Adressaten eignet. "Unlesbarkeit" ist eine auf Konferenzen ständig vorgebrachte Klage, mit der das Desinteresse von Vertretern sowohl der Bildungspolitik als auch der unmittelbaren Bildungspraxis begründet wird. Angesprochen ist hiermit die Vermeidung von Fachjargons der sozialwissenschaftlichen Disziplinen, die sich ihrerseits in einzeldisziplinäre Aussageformen (Psychologie, Soziologie, politische Wissenschaft u.a.) differenzieren. Auf der internationalen Gesprächsebene, die sich in den vergangenen Jahren in den bildungspolitischen Arbeiten übernationaler Institutionen (Europarat, OECD, UNESCO usw.) verdichtet hat, kompliziert sich dieses Kriterium in der Vermittlung zu einem Problem der Fremdsprachenkompetenz. Auch wenn in diesem Beitrag auf diese "höherwertige" Frage nicht näher eingegangen wird, verdient sie zumindest vermerkt zu werden.

5. Wieweit die Annäherung von Sprache und Anspruchsniveau zwischen Bildungsforschern und Adressaten gelingt, hängt nicht zuletzt von der Verwirklichung persönlich-mündlicher *Kommunikation* ab, die durch Konferenzen, Seminare und Zusammenkünfte anderer Art zu erreichen ist; bei der letztgenannten Gruppe ist insbesondere an die wichtigen Gespräche im kleinen Kreis zu denken. Gemeinsame Diskussionen von Forschungsplänen, -verläufen und -ergebnissen vermögen zweifellos über die Klärung von Sprache und Anspruchsniveau hinaus auch zur Verständigung über Inhalt und Formen von Forschungsvermittlung einen optimalen Beitrag zu leisten. Dabei handelt es sich freilich, wie *Alfred Yates* treffend bemerkt, um einen "unvermeidbar langsamen Prozeß", der "eher durch Einsickern als durch das massive Überschwemmen, das wir gewiß vorziehen würden", gekennzeichnet ist (Yates 1977, S. 41). Als bemerkenswerter und gelungener Versuch einer solchen direkten Kommunikation im deutschsprachigen Raum (Bundesrepublik Deutschland, Österreich, Schweiz) sind die vom Centre for Educational Research and Innovation (CERI) bei der OECD in Dillingen (1979) und Neusiedl am See (1979) durchgeführten Evaluationsseminare zu bewerten (BLK 1977; BLK 1981). An diesen Seminaren nahmen nämlich sowohl Referenten der Bildungsforschung aus den Bildungsverwaltungen des Bundes und der Länder (der Bundesrepublik Deutschland) sowie Österreichs und der Schweiz als auch Bildungsforscher teil, die in den zurückliegenden Jahren wissenschaftliche Begleituntersuchungen von Schulversuchen geleitet oder durchgeführt hatten.

Fördernde und hemmende Faktoren der Forschungsvermittlung

Die Vermittlung von Befunden und Aussagen der Bildungsforschung an Agenturen der Bildungspolitik und Bildungsverwaltung wird in vielen Fällen dadurch *gefördert,* daß deren Vertreter sich selbst gründliche, für die Rezeption notwendige thematische und methodologische Kenntnisse angeeignet haben. Dies gilt insbesondere für Referenten der Bildungsforschung in den Ministerien und Behörden, welche sich in der Ausübung ihrer dienstlichen Tätigkeit mit schriftlichen Zeugnissen der Bildungsforschung auseinandersetzen und ihre Entscheidungen häufig Bildungsforschern - sei es in den den Kultusministerien unterstehenden "Staatsinstituten" oder in anderen Forschungsinstitutionen - gegenüber vertreten müssen. Dies gelingt ihnen dann am besten, wenn sie auf Grund ihrer - wenn auch in anderen disziplinären Bereichen erworbenen - akademischen Ausbildung über überfachliche Kompetenzen verfügen, die ihnen den relativ schnellen Zugang zur "Übersetzung" von Berichten und Aussagen aus der Bildungsforschung ermöglichen.

Diese Kompetenzen können sich allerdings auch als *Hemmnis* für die Rezeption von Bildungsforschung (und damit für diese als vermittlungshemmender Faktor) vor allem dann erweisen, wenn inhaltliches und methodisches Wissen und vor allem, was weitaus häufiger der Fall zu sein scheint, auch die Bereitschaft zur "Übersetzung" fehlen. Beispielsweise weigert sich der Jurist oder Historiker, sich mit der Terminologie oder Methodologie des "Pädagogen" zu verständigen, und vor allem rechtfertigt er seine Ablehnung mit dem Argument des unverständlichen Fachjargons auch dann, wenn dieser Vorwurf unberechtigt ist oder es sich um begriffliche Formulierungen handelt, die um der Vermeidung von Zweideutigkeiten und Unklarheiten willen erziehungswissenschaftsgebunden sein *müssen*. Ein Vermittlungshemmnis kann demgegenüber auch dadurch entstehen, daß der Bildungsforscher Ansprüche und Erwartungen des Bildungspolitikers ohne Prüfung des konkreten Sachverhalts als Ansinnen mißdeutet, seine "Wissenschaftlichkeit" aufzugeben. Daß die persönlich-mündliche Kommunikation dem Abbau dieser Hemmnisse dient, sei unter Verweis auf die beiden genannten Beispiele an dieser Stelle unterstrichen.

Schlußfolgerungen

Wir beenden diesen Beitrag mit der Skizzierung von Vorschlägen, die zur Lösung der Vermittlungsproblematik in den vergangenen Jahren vorgetragen worden sind und zugleich unsere Ausführungen resümieren:

1. Die von der National Foundation for Educational Research in England and Wales (NFER) erprobte "Übersetzung" von Forschungsberichten durch "Spezialisten" fordert zum Nachvollzug auf, auch wenn das Urteil darüber in England und Wales selbst nicht uneingeschränkt positiv gewesen ist (Yates 1977, S. 41). Untermauert sei dieser Vorschlag mit dem Hinweis, daß bei einer Übertragung in den "ausländischen" Vermittlungskontext die Andersartigkeit nicht nur der Sprachstrukturen, sondern auch der Denk- und

Argumentationsfiguren bedacht werden muß, die ihrerseits in der spezifischen Wissenschaftsvermittlung nationaler Universitätssysteme wurzeln.

2. Die erwähnten CERI-Tagungen bieten nachahmenswerte Beispiele für eine Kommunikation von Bildungspolitikern (sowie Vertretern der Bildungsverwaltung) und Bildungsforschern dar (BLK 1979; BLK 1981). Stärke und Dauer der Wirkung hängen allerdings von der Regelmäßigkeit solcher Konferenzen und der Identifizierung gemeinsamer Interessen ab, die sinnvollerweise anhand der Erörterung konkreter Fälle am ehesten erreicht werden kann.

3. Zweck aller formellen und informellen Kommunikation ist die Schaffung und Entwicklung eines *grundlegenden* Verständnisses für die Denk- und Wissensstruktur des "Partners", auf dessen Basis erst die Identifizierung von Erwartungshaltungen möglich wird.

Das Fazit, das die Bildungsforschung aus diesen Vorschlägen zu ziehen hat, läuft auf das Plädoyer für eine *differenzierende* Vermittlung hinaus. Erreicht werden sollte diese aber nicht durch eine Stabilisierung der Vermittlungsfunktion. Auch die noch vergleichsweise jungen Erfahrungen mit "Spezialisten" können, wie uns scheint, unsere Warnung vor der Etablierung von lebensberuflichen und womöglich "beamteten" Übersetzern nicht entkräften. Zur Realisierung der Vorschläge empfiehlt sich vielmehr die Ermöglichung des *Tätigkeitswechsels* für Forscher zwischen Forschungsinstitutionen, die unterschiedlichen Prioritäten (allgemein ausgedrückt "Grundlagen" - oder "angewandter Forschung") dienen und unterschiedliche Zielgruppen ansprechen, womit in einer Grobdifferenzierung einerseits die Kollegen der "Scientific Community", andererseits die Abnehmer aus der "Bildungspraxis" gemeint sind. Daß die Entscheidung für eine Berücksichtigung der von der letztgenannten Gruppe bekundeten Interessen keinesfalls eine "Niveauminderung" zu bedeuten braucht, wurde bereits erwähnt und sei an dieser Stelle unterstrichen.

Über den Tätigkeitswechsel innerhalb der Bildungs- (und Sozial-)forschung hinaus sollte die *Mobilität zwischen Forschung und Praxis* im allgemeinen verstärkt werden. Bildungsforscher und Beamte der Bildungsverwaltung sollten Gelegenheit haben, im Rahmen befristeter Abordnungen den jeweils anderen Tätigkeitsbereich mit seinen Aufgaben und Problemen kennenzulernen, um damit sowohl ihre eigene berufliche Kompetenz zu erweitern als auch ihre Kommunikationsfähigkeit zu stärken.

Das Thema dieses Beitrags legte die Konzentration auf die gezielte, *unmittelbar* politikberatende Bildungsforschung nahe. Die erörterten Ziele und Kriterien gelten demnach primär für ein Verwertungskonzept, das durch die "linearen" Modelle, insbesondere das "Problem-Solving Model" verdeutlicht ist. Ohne die Bedeutung dieser Konzentration und damit einer gezielten Forschung, insbesondere zur Evaluierung eng umgrenzter Sachverhalte, zu entwerten, sei am Ende doch unterstrichen, daß vor allem der letztgenannte Vorschlag auf das Verwertungskonzept verweist, das durch Komplexität und langfristige Orientierung ausgezeichnet ist.

Dies führt uns zum Realitätsbezug der beiden von Carol H. Weiss zuletzt vorgestellten Modelle zurück, des "Enlightenment Model", aber auch des Modells der "Research as Part of the Intellectual Enterprise of the Society". Die Analyse dieser beiden Modelle berechtigt zu dem Schluß, daß "die Forschung in relevanter Theorie und vorhandenem Wissen gründen muß, um den längerfristigen politischen Bedürfnissen von Beamten zu dienen; sie muß in übergreifender Weise Ausschau nach Problemen halten, die durch multivariate Komplexität gekennzeichnet sind" (Kallen 1982, S. 304).

Für Bildungspolitiker und Vertreter der Bildungsverwaltung resultiert aus dieser Sichtweise die Respektierung einer - *auch* den *angewandten* Bereich einschließenden - Bildungsforschung, die nicht an "kurzfristige und lukrative Ziele zum Schaden langfristiger Bedürfnisse des Bildungsprozesses" (Science 1976, S. 60) gebunden ist. Bildungsforscher sollten demgegenüber anerkennen, daß "Entscheidungsträger nicht auf Gewißheit und Beweiskraft (welche die Sozialwissenschaft eigentlich niemals erbringen kann) warten können, sondern auf der Grundlage des zur gegebenen Zeit besten Wissens handeln müssen" (Kallen 1982, S. 305). Zu einer solchen gegenseitigen Respektierung der jeweils spezifischen Aufgabe und Dignität können, wie wir meinen, das Erkennen der Vermittlungsprobleme und das Suchen nach Wegen zu ihrer Lösung wesentlich beitragen.

Literatur

Bund-Länder-Kommission für Bildungsplanung und Forschungsförderung (1979): Evaluation schulischer Neuerungen. CERI-Seminar Dillingen 1977. Klett-Cotta, Stuttgart.

Bund-Länder-Kommission für Bildungsplanung und Forschungsförderung (1981): Dimensionen und Grenzen der Evaluation schulischer Neuerungen. CERI-Seminar Neusiedl am See 1979. Klett-Cotta, Stuttgart.

Caplan, N. (1980): "What Do we Know About Knowledge Utilization?". New Directions for Program Evaluation 5, S. 1-10.

Husén, T. (1981): Two Partners with Communication Problems: Researchers and Policy-Makers in Education. Vorbereitendes Ms. für den SVO Workshop Educational Research and Public Policy-Making. Den Haag, 20.-22. Mai 1981.

Kallen, D.B.P. et al. (eds.) (1982): Social Science Research and Public Policy-Making: a Reappraisal. NFER-Nelson, Windsor.

Malmquist, E., in Cooperation with *Grundin, H.* (1975): Educational Research in Europe Today and Tomorrow. CWK Gleerup, Lund.

Mitter, W./Weishaupt, H. (Hrsg.) (1977): Ansätze zur Analyse der wissenschaftlichen Begleitung bildungspolitischer Innovationen. Mit Beiträgen von J. Diederich, H. Fend, P. Gstetter, R. Haug, P. Seidl, M. Weiß. Beltz, Weinheim.

Mitter, W. (1978): "Funktion und Organisation der sowjetischen Bildungsforschung in ihrem Bezug zum Verhältnis von Theorie und Praxis - Skizze eines systemanalytischen Ansatzes". Osteuropa-Institut an der Freien Universität Berlin. Historische Veröffentlichungen 25, S. 253-270.

Mitter, W./Weishaupt, H. (1978): "Pädagogische Begleitforschung - eine Entscheidungshilfe? Erste Ergebnisse einer empirischen Untersuchung". Unterrichtswissenschaft 4, S. 338-347.

Nisbet, J./Broadfoot, P. (1980): The Impact of Research on Policy and Practice in Education. University Press, Aberdeen.

Report of the National Science Board (1976): Science at the Bicentennial. A Report from the Research Community. Washington Government Printing Office.

Weiss, C.H. (1979): "The Many Meanings of Research Utilization". Public Administration Review, Sept.-Oct. 1979, S. 426-431.

Weiss, C.H./Bucuvalas, M.J. (1980a): "Truth Tests and Utility Tests: Decision-Makers' Frames of Reference for Social Science Research". American Sociological Review, 45 (April), S. 302-313.

Weiss, C.H. (1980): "Knowledge Creep and Decision Accretion". Knowledge: Creation, Diffusion, Utilization, Vol.1, No.3, S. 381-404.

Weiss, C.H. (1980): Three Terms in Search of Reconceptualization: Knowledge, Utilization, and Decision-Making, Vorbereitetes Ms. für die "Conference on the Political Realization of the Social Science Knowledge: Toward New Scenarios", Wien, 18.-20. Juni 1980.

Weiss, C.H. (1981): Policy Research in the Context of Diffuse Decision Making. Vorbereitetes Ms. für den SVO Workshop "Educational Research and Public Policy-Making", Den Haag, 20.-22. Mai 1981.

Yates, A. (1977): "The Impact of Educational Research on School Education - Institutional Level Problems". In: Carelli, M.D., Sachsenmeier, P. (eds.) Educational Research in Europe. Swets & Zeitlinger, Amsterdam.

II. Zum internationalen Vergleich von
Gesellschafts- und Bildungssystemen

Schulreform und Schulwirklichkeit.
Ein zentrales Thema des internationalen Vergleichs*

Schulreformen beziehen sich stets auf eine vorgegebene Schulwirklichkeit, deren Eigen-, ja Widerständigkeit in dem Augenblick sichtbar wird, in dem ihr Veränderungen zugemutet werden. Damit werden Konflikte unvermeidlich, und zwar in allen Gesellschafts- und Bildungssystemen. Aufgezeigt und verfolgt wird dieser Sachverhalt im internationalen Vergleich, der fünf Aspekte thematisiert: übernationale Trends in der Bildungspolitik; den Ablauf bildungspolitischer Entscheidungsprozesse; die Beteiligung der Wissenschaft an Schulreformen; den Stellenwert der Schulreform in bildungs- und gesellschaftspolitischen Leitbildern; die Funktion des Lehrers in der Schulreform.

Das Thema hat eine jahrhundertalte Geschichte, die ich an der Skizzierung einer Begebenheit aus dem 17. Jahrhundert exemplifizieren möchte. Das Beispiel deutet gleichermaßen auf historische Distanz und aktuelle Nähe hin. Es bezieht sich auf die vierjährige Wirksamkeit von *Johann Amos Comenius* in der im Nordosten Ungarns gelegenen Bezirksstadt Sárospatak in den Jahren 1650 bis 1654.

Comenius wurde von der Familie Rákóczi, die in Sárospatak residierte, an eine Schule berufen, die im 15. Jahrhundert bereits als katholische Stadtpfarrschule zu Ansehen gelangt, während der Reformation allerdings in Schwierigkeiten geraten war. Comenius' Ankunft bedeutete für die Schule insofern einen Aufschwung, als er sich, seiner pansophischen Konzeption folgend, um die Integration von Unterricht und Erziehung bemühte und an diesem Prinzip die Wahl der zu vermittelnden Inhalte und der anzuwendenden Methoden orientierte. In Sárospatak erhielt Comenius die in seinem Leben schönste Gelegenheit, sowohl an der Entwicklung seines theoretischen Systems zu arbeiten als auch Schulpraxis zu verändern. Freilich mußte er zur Kenntnis nehmen, daß eine volle Verwirklichung seiner Pläne die Kollision mit der konkreten Aufgabe der Schule, nämlich Kleriker und Lehrer für die lokalen Bedürfnisse der Stadt und des Bezirks auszubilden, und damit die Entfremdung zu dem sie tragenden sozialen Mikrokosmos bedeutet hätte. Comenius zog aus dieser Konfliktlage die Konsequenz, Sárospatak nach nur vierjähriger Tätigkeit zu verlassen, freilich - deswegen habe ich dieses Beispiel gewählt - *nicht als ein Dogmatiker*, der seine Konzeption der Wirklichkeit aufzuzwingen versucht und einen Scherbenhaufen hinter sich gelassen hätte, sondern *als ein Reformer*, der den universalen Glauben an die aufklärende und versittlichende Kraft der Erziehung mit dem Augenmaß für das in der konkreten Situation Machbare zu verbinden gewußt hatte. Er beschränkte nämlich seine Schulreform auf die ersten drei Klassen des von ihm konzipierten "Gymnasiums", die Einrichtung einer Vorbereitungsklasse mit starker Förderung muttersprachlicher Bildung, die Aktivierung der studentischen Mitgestaltung und schließlich die Entwicklung der Verbindung von Schule, Familie und Gemeinde. Er ist selbst, wie wir aus seinem eigenen Kommentar und den Zeugnissen von Zeitgenossen wissen, von den praktischen Ergebnissen seiner Arbeit in Sárospatak keineswegs befriedigt gewesen. Der Erfolg seiner Tätigkeit aber hat immerhin bewirkt, daß seine *Teilerfolge* ihre Spuren bis in die Gegenwart hinein nicht nur in der Schule von Sárospatak, sondern im gesamten ungarischen Bildungswesen hinterlassen haben[1].

Wenn wir heute von Schulreformen sprechen, denken wir in der Regel nicht an begrenzte, eine einzige Schule oder die Schulen einer Region umfassende Veränderungen, sondern an Bewegungen, welche das *Bildungssystem eines ganzen Staates* betreffen. Darüber hinaus stellen wir immer mehr parallele und analoge Züge solcher Bewegungen fest, die sich beim Vergleich *mehrerer* Bildungssysteme beobachten lassen. Daher möchte ich mein Thema auch so weit spannen, daß ich die Situation *in allen Industriestaaten* einbeziehe, auch wenn die zu gebenden Beispiele jeweils nur die konkrete und punktuelle Situation in einzelnen Systemen betreffen. Die Entwicklungsländer klammere ich aus meiner Betrachtung aus, weil sich dort für die hier darzustellenden und zu deutenden Erscheinungen teilweise wesentlich andere Fragestellungen ergeben.

Schulreformen treffen auf eine *Schulwirklichkeit*, die sich als *eigenständige Größe* zu erkennen gibt, sobald sie mit Veränderungen konfrontiert wird oder werden soll. Die Konflikte entstehen einmal dadurch, daß Schulreformen, die ja von bestimmten politisch und weltanschaulich geprägten Individuen und Sozialgruppen getragen werden, auf Repräsentanten einer Schulwirklichkeit stoßen, deren Anschauungen denen der Reformer widersprechen. Einen zweiten Grund erkennen wir darin, daß in den Reformplänen die zu verändernde Wirklichkeit nicht richtig gesehen wird, was einmal auf fehlende oder ungenügende wissenschaftliche Vorbereitung, zum anderen freilich auch auf eine ideologische Verengung der Reformkonzeption zurückzuführen sein kann. Schließlich muß man bei der Analyse solcher

Konflikte berücksichtigen, daß bei der Übersetzung von Schulreformen in die Schulwirklichkeit die Spannung zwischen Allgemeinem und Besonderem zu überwinden ist. Schulreformen betreffen heute (wie ich schon erwähnte) in der Regel das ganze System eines Landes oder zumindest große Teile von ihm; Schulwirklichkeit dagegen äußert sich in der Besonderheit der konkreten Schulregion mit deren Bedürfnissen.

Den hier nur umrissenen Sachverhalt beobachten wir heute als Grundproblem in *allen* Industriestaaten. Allenthalben gibt es Bildungspolitiker, die mit kürzer- oder längerfristigen Reformplänen vor die Öffentlichkeit treten und mit größerem oder geringerem Erfolg versuchen, ihre Konzeption mit Hilfe legislativer und administrativer Entscheidungen durchzusetzen. Überall aber gibt es auch lokale Schulverwaltungen und Schulen mit Schulleitern und Lehrern, die mit Alltagsproblemen belastet sind, die es ihnen nicht erlauben, die vorgelegten Pläne voll zu akzeptieren, selbst wenn sie mit ihnen grundsätzlich übereinstimmen mögen. Konflikte zwischen Schulreform und Schulwirklichkeit treten (auch dies sei betont) sowohl in zentralistischen Systemen als auch in Systemen auf, in denen die Entscheidungsprozesse dezentralisiert sind.

Die Analyse dieser Problemlage soll in den folgenden Abschnitten geschehen; sie erfassen

— übernationale Trends in der Bildungspolitik,
— den Ablauf bildungspolitischer Entscheidungsprozesse unter typologischem Aspekt,
— die Beteiligung der Wissenschaft an Schulreformen,
— den Stellenwert der Schulreform in bildungs- und gesellschaftspolitischen Leitbildern,
— die Funktion des Lehrers in der Schulreform.

1. Übernationale Trends

Zunächst sei hierbei an Veränderungen gedacht, von denen die *Strukturen* der Bildungssysteme erfaßt werden.

1. Es besteht die Tendenz, die *Dauer des Schulbesuchs* zu verlängern und die Schulpflicht auszuweiten. Dies äußert sich darin, daß die allgemeinbildenden Vollzeit-Pflichtschulen als voll entwickelte, zehn und mehr Jahre umfassende Primar- und Sekundarschulsysteme entweder verwirklicht worden sind oder geplant werden, wie dies beispielsweise im Strukturplan des Deutschen Bildungsrates zum Ausdruck kommt[2]. Die Vereinigten Staaten von Amerika, Großbritannien, Frankreich und die DDR sind auf diesem Wege vorangeschritten; in Schweden und in der Sowjetunion will man die Verlängerung des Pflichtschulbesuchs indirekt durch den Ausbau der oberen Sekundarstufe erreichen, wobei man in Schweden auf ein zwölfjähriges, in der Sowjetunion auf ein zehnjähriges System abzielt. Die Bundesrepublik Deutschland mit ihrem stabilisierten neunjährigen Pflichtschulsystem ist in dieser Entwicklung auf einen mit Dänemark, Norwegen und der ČSSR vergleichbaren Stand angelangt. Umstritten ist die Frage, ob eine weitere Schulpflichtverlängerung mit Vorrang 'nach oben' oder 'nach unten' erfolgen soll. Staaten, die schon ein hochentwickeltes Vorschulsystem haben, wie etwa Großbritannien, Frankreich und Belgien (Infant School, École maternelle, École gardienne), betrachten die Einbeziehung der Vorschuleinrichtungen in das Pflichtschulsystem als weit weniger problematisch, als die Staaten mit kaum oder schwach entwickelten Vorschuleinrichtungen dies tun können.

2. Die Ausdehnung des Pflichtschulsystems wird allgemein begleitet von strukturellen Reformen, die auf die Errichtung von *Gesamtschulen* (Comprehensive Schools, Collèges d'enseignement secondaire) abzielen. Die Vereinigten Staaten und die Sowjetunion sind die Vorreiter dieser Entwicklung; sie haben bereits vor einem halben Jahrhundert die Entwicklung von einheitlichen Schulsystemen eingeleitet. Die sozialistischen Bildungssysteme Mittel- und Osteuropas folgten zu Beginn der fünfziger Jahre. Zu gleicher Zeit setzte die Verwirklichung der schwedischen Schulreformen ein, die zur Bildung der neunjährigen Gesamtgrundschule (Schuljahre 1 bis 9) führte, während in Großbritannien der Ausbau von Comprehensive Schools allmählich vor sich gegangen ist. Dieser Gegenüberstellung bereits können wir entnehmen, daß die, allgemein gesehen, analoge Entwicklung allein hinsichtlich der Quantität der Neuerungen große Unterschiede aufweist. Das hängt vor allem damit zusammen, daß der Abbau der traditionellen selektiven Systeme bis heute mit unterschiedlicher Intensität erfolgt. Diese Frage werde ich noch einmal aufgreifen, wenn der Stellenwert der Schulreformen in bildungs- und gesellschaftspolitischen Leitbildern zu untersuchen ist. Die Grundlage für die Errichtung von Gesamtschulen ist in Konzeptionen zu suchen, die in *egalitären* und *demokratischen* Anschauungen wurzeln; dem ist allerdings hinzuzufügen, daß sich hinter der allgemeinen Bejahung solcher Anschauungen oftmals sehr manifeste ideologisch und auch in der nationalen Tradition begründete Differenzen verbergen. Wesentlich in diesem Zusammenhang ist u.a. der Stellenwert, den man dem Privatschulwesen zuzuerkennen bereit ist. Es macht einen großen Unter-

schied aus, ob ein Gesamtschulsystem in einem Land errichtet wird, wo die öffentliche Schule von der weitaus größten Zahl der Schüler besucht wird, oder dort, wo die Privatschule, wie in Großbritannien, eine, wenn auch kostspielige, Alternative für Eltern bei der Wahl der Schule für ihre Kinder darstellt.

3. Wie schon erwähnt, wirkt sich die Entwicklung der Gesamtschulsysteme auf den Ausbau der *Vorschulen* aus. Man kann zwar sagen, daß es gegenwärtig, wie z.B. in der Bundesrepublik, um die Vorschulen in der allgemeinen bildungspolitischen Diskussion etwas stiller geworden ist. Dies mag zugleich ein Indiz dafür sein, daß Schulreformen sehr stark von 'modischen' Strömungen bestimmt werden. Nichtsdestoweniger steht die Vorschule weiterhin in den Programmen der Schulreformer. Umstritten sind dabei Umfang und Dauer des Vorschulbesuchs, die institutionelle Lösung (selbständige Kindergärten oder Vorklassen der Grundschule) und schließlich die didaktische Funktion der Vorschulerziehung, die auf anthropologische und lernpsychologische Fragestellungen zurückweist.

4. In jüngster Zeit ist die Frage des *Schulbesuchs der Fünfzehn- bis Neunzehnjährigen* wieder stark in die Debatte geworfen worden. In der Bundesrepublik Deutschland denken wir in diesem Zusammenhang an die Reform der "Sekundarstufe II". Dabei zeigt sich eine gewisse Umkehr in der bildungspolitischen Perspektive: Während bis vor kurzem die *allgemeine* Verschulung dieser Altersgruppe unter Einbeziehung der Berufsbildung favorisiert wurde, ist angesichts des Fehlschlages von Experimenten und gewiß auch aufgrund finanzieller Kalkulationen die Neigung wieder stärker geworden, die schulische Ausbildung mit betrieblicher Praxis zu verbinden, was das traditionelle deutsche 'duale System' in neuem Licht erscheinen läßt, und zwar weniger unter institutionellem als unter dem didaktischen Aspekt der Zuordnung von berufstheoretischer und berufspraktischer Ausbildung. In diesen Zusammenhang gehört auch die *Differenzierung* des oberen Sekundarschulwesens. Sie ist einmal durch das Ziel der Förderung individueller Neigungen, Fähigkeiten und Interessen bestimmt, gehorcht zum anderen aber auch den Erfordernissen und Wünschen des ökonomischen Sektors. Hierbei wird insbesondere die Frage akut, wie weit studien- und berufsbezogene Elemente in einer Schulorganisation oder in mehreren parallel laufenden Schulorganisationen zu verbinden sind. Der internationale Vergleich zeigt in diesem Feld die Ausformung mannigfacher Formen der 'äußeren' Differenzierung innerhalb und außerhalb von 'Gesamtschulen' (des oberen Sekundarbereichs).

5. Der Ausbau der Sekundarstufe II wiederum ist aufs engste mit dem Problem der *Erwachsenenbildung*, oder, besser gesagt, der permanenten Erziehung (éducation permanente, lifelong learning) verknüpft. Man ist sich längst im klaren darüber, daß die Jugendschule nur die *Grundlage* für den Lern- und Bildungsprozeß legen kann, den der Erwachsene sein ganzes Leben lang zu durchlaufen hat. Von da aus stellt sich überhaupt die Frage, ob der Schulbesuch wie man dies noch vor einigen Jahren betonte, ständig verlängert werden kann und soll. Man kann im Gegenteil heute feststellen, daß, wie beispielsweise in den Berichten der Organization for Economic Cooperation and Development (OECD), Gedanken geäußert werden, die auf den Aufbau eines Systems abzielen, das im internationalen Sprachgebrauch "Recurrent Education" genannt wird[3]. Darunter versteht man ein System, das dem Menschen die Möglichkeit gibt, in periodischen Abständen seine berufliche Arbeit zu unterbrechen und sich auf seine allgemeine und berufliche Weiterbildung zu konzentrieren. Es ist nicht uninteressant zu erfahren, daß die Verfasser dieser Berichte meinen, daß man möglicherweise bereits oberhalb der Sekundarstufe I ein solches System beginnen lassen sollte. Die Verwirklichung dieser Konzeption hätte für die Entwicklung der Sekundarstufe II und der Hochschule weitreichende Konsequenzen. Es sei freilich sogleich bemerkt, daß diese Konzeption von den OECD-Planern nur als Angebot für *eine* Gruppe der Bevölkerung verstanden wird, während der sukzessive Besuch der Sekundarstufe II und der Hochschule - freilich nur für die Minderheit - erhalten bleiben soll.

6. Auf nur einige Staaten beschränkt, wenn auch von wachsender Bedeutung, ist die Frage der *Beschulung von Kindern der Gastarbeiter* (migrant workers). Hier ergeben sich sehr komplexe Probleme, zumal sich herausgestellt hat, daß die sprachliche Umschulung bei weitem nicht genügt und das Schulsystem des Gastlandes zu berücksichtigen hat, ob die zu beschulenden Ausländerkinder mit ihren Eltern im Lande bleiben sollen oder nach einigen Jahren des Aufenthalts im Gastland in ihr Heimatland zurückkehren werden. Es scheint, daß dieser Frage in allen Ländern nicht die Aufmerksamkeit geschenkt wird, die ihr gebührt, und man ihre Lösung vielfach - ich denke hier nur an die 'westlichen' Länder - privaten und kirchlichen Organisationen überläßt. Die Ansätze zur Entwicklung eigenständischer Schulen für Puertorikaner in New York City[4] und die jüngsten aus Schweden bekannt gewordenen Modellversuche bringen hier möglicherweise eine neue Erfahrungsdimension ein. In den Schatten scheint in der bildungspolitischen Diskussion in den meisten Staaten die *Grundschulreform* gedrängt. Ohne spektakuläre Planungen und Ankündigungen entfaltet

sich aber mancherorts eine reiche und vielversprechende innovatorische Praxis, insbesondere in Dänemark, in den Niederlanden und in Großbritannien; die Pädagogen stützen sich dabei einerseits sehr stark auf Vorbilder der Reformpädagogik der zwanziger Jahre und erproben andererseits verschiedenartige Modelle "offener Schulen" (Open Plan Schools u.a.).

Die strukturellen Veränderungen sind begleitet von Reformbemühungen im *didaktischen* Bereich. Diese richten sich vor allem auf die Auflockerung der Organisation des Unterrichts mit dem Ziel einer Individualisierung des Unterrichts und einer Förderung von Gruppenarbeit, auf den Einsatz technischer Mittel, der mit der Frage nach der Funktion des Lehrers aufs engste verknüpft ist, und auf die Ablösung des Primats der formalen Wissensvermittlung durch einen Unterricht, der einmal die Entwicklung kognitiver Fähigkeiten, zum anderen das Element der Diskussion stärker berücksichtigt. Auch in diesem Bereich sind die Unterschiede groß; man gewinnt den Eindruck, daß, abgesehen von den romanischen und den osteuropäischen Ländern, auch die angelsächsischen Länder - dies freilich nur auf der Sekundarstufe - die Wissensvermittlung nach wie vor positiver bewerten, als dies Reformbestrebungen bei uns erkennen lassen.

Neben den strukturellen und didaktischen Reformen kommt den Entwicklungen auf dem Gebiet der *Mitbestimmung* (von Lehrern, Schülern und Eltern) große Bedeutung zu. Gerade bei ihrem Vergleich zeigen sich besonders große Unterschiede, die auf die bereits genannte unterschiedliche Akzentuierung des Begriffs "Demokratie" zurückzuführen sind. Unter "Mitbestimmung" kann man verstehen, daß den Schülern die Sorge für die Ordnung im Hause und die Freizeitaktivitäten übertragen wird. So versteht man im allgemeinen Mitbestimmung sowohl in den sozialistischen Schulsystemen als auch bei unseren westlichen Nachbarn. Bildungspolitische und erziehungswissenschaftliche Diskussionen, die in der Bundesrepublik Deutschland geführt werden, lassen demgegenüber die Neigung erkennen, über diese Grenzen hinauszugehen und beispielsweise den Schülern eine Mitsprache bei der inhaltlichen Bestimmung und sogar der Zensurengebung einzuräumen. Es ist in diesem Zusammenhang auch wichtig zu erkennen, daß der französische Begriff "démocratisation" mit dem deutschen Begriff "Demokratisierung" nicht identisch ist, von der Kriteriumsproblematik des in Osteuropa verwendeten Begriffs "Sozialistische Demokratie" und seinen Ableitungen ganz abgesehen. Im Französischen meint man mit "démocratisation" in erster Linie die Verwirklichung der Chancengleichheit, während das, was bei uns "Demokratisierung" genannt wird, mit dem Begriff "participation" wiedergegeben wird.

2. Bildungspolitische Entscheidungsprozesse

Hier orientieren wir uns an einer *typologischen* Betrachtungsweise, indem wir von der Kompetenzproblematik ausgehen und zentralistische, dezentralisierte und föderative Systeme voneinander unterscheiden. Die Spannweite zwischen einem zentralistischen und dezentralisierten System läßt sich am besten an der folgenden Gegenüberstellung andeuten. (Sie hält gewiß der Überprüfung nicht stand, wenn man die in ihr enthaltenen Aussagen wörtlich nehmen wollte, weist aber auf den Kern der Entscheidungsproblematik hin.) Man sagt, daß in Frankreich der Unterrichtsminister weiß, was in jeder Unterrichtsstunde an jeder Schule unterrichtet wird; Analoges gilt für den Volksbildungsminister einer der Unionsrepubliken der Sowjetunion oder für den Volksbildungsminister der DDR. Daß es in diesen Ländern einheitliche und verbindliche Lehrpläne gibt und daß die Auswahl der Schulbücher streng reglementiert ist, versteht sich von selbst. Dagegen bemerken wir in England, daß es staatliche oder auch nur regionale Lehrpläne überhaupt nicht gibt und daß das Erziehungsministerium nur empfehlende Funktionen hat, auf dem Weg der Finanzierung von Schulexperimenten allerdings in zunehmendem Maße einen indirekten Einfluß auf die Schulentwicklung nehmen kann. Unberührt geblieben ist auch von dieser Einwirkungsmöglichkeit bisher die Kompetenz des Schulleiters, den man den "King of the School" nennen könnte. Man muß häufig britische Schulen besucht haben, um die Stellung eines solchen Headmaster nicht nur zur Kenntnis zu nehmen, sondern auch zu erleben.

In *zentralistischen* Schulsystemen wird das Geschehen in der Schule und demnach auch die Schulreform von der Exekutive, vertreten durch die gesamte Regierung und den Erziehungsminister, bestimmt. Sie übt ihre Funktion im Auftrag des Parlaments in eigener Verantwortung aus und bedient sich zur Durchsetzung ihrer Absichten einer hierarchisch strukturierten Verwaltung, die bis zu den Schulen mit ihren ernannten Schulleitern und Lehrern hinabreicht. Solche Systeme finden wir in Frankreich und in Italien einerseits, in den sozialistischen Bildungssystemen Mittel- und Osteuropas andererseits. Diese sind allerdings dadurch besonders gekennzeichnet, daß die legislativen Entscheidungen auf den Weisungen der Zentralkomitees der kommunistischen (oder sozialistischen) Einheitspartei beruhen und daß sich die zentrale Leitung der Mitbestimmung regionaler und lokaler Gremien bedient, bis hinunter zu den "Pädagogischen Räten" in den Schulen. Daß die Direktiven der zentralen Behörden von den lokalen Organen befolgt werden, ist gleichwohl durch das Prinzip des "demokratischen Zentralismus" gewährleistet, nach dem Wahlen und Entscheidungen stets der Bestätigung der nächsthöheren Ebene bedürfen. Aus diesem Grunde ordne ich das sowjetische Schulsystem dem zentralistischen Typus zu, obwohl es formal gesehen föderativ aufgebaut ist. Ein zentralistisches System hat schließlich auch Schweden, wo Reformen auf der Grundlage legislativer Entscheidungen von der Exekutive (Staaatliche Generaldirektion im Kultusministerium) mit ihrer nachgeordneten Verwaltung in die Praxis umgesetzt werden. Elemente einer Dezentralisierung sind allerdings in die Reformgesetze eingebaut; sie betreffen die Übertragung von Einzelbefugnissen an die örtlichen Schulbehörden, ohne daß dadurch die grundlegenden Kompetenzen der zentralen Behörden in Frage gestellt werden. Kennzeichnend ist darüberhinaus für Schweden, daß einmal durch die Heranziehung von beratenden Gremien und zum zweiten durch eine ganze Reihe informeller Verfahren eine Mitbestimmung im Schulwesen erreicht wird, die in Systemen mit gesetzlich verankerter Mitbestimmung oft nicht zustande kommt. Man denke in diesem Zusammenhang insbesondere an die Teilnahme der Eltern, die nicht formalisiert ist, sondern durch informelle Zusammenkünfte sowie durch Beteiligung an Presse-Diskussionen (Diskussionsforen, Leserbriefe usw.) realisiert wird.

Bei zentralistischen Systemen kommt es wesentlich darauf an, ob Schulreformen von der Zentrale gut vorbereitet und geplant sind und ob die nötigen personellen und materiellen Voraussetzungen geschaffen werden. Engagiert sich die zentrale Exekutive für ein Vorhaben, so kann dies zu einer gründlich geplanten Reform führen, wie dies in Schweden geschehen ist. Diese Aussage schließt den Hinweis darauf ein, daß die historischen Bedingungen für dieses Land besonders günstig waren (Mitwirkung aller politischen Parteien an der Reform bei langjähriger Regierungsverantwortung einer Partei, Nicht-Beteiligung an den beiden Weltkriegen, Situation eines, 'wenig entwickelten' Landes aus der Perspektive des Beginns der Schulexpansion).

Die Stellung des Headmaster im *dezentralisierten* britischen System wurde bereits betont. Seine Ernennung ist ein herausragendes Ereignis in der Entscheidung einer Local Educational Authority, die im Auftrag der County Council Association die Schulverwaltung in einer Region ausübt. In der Tat sind Schulen in Großbritannien - auch die öffentlichen Schulen - durch einen hohen Grad an individuellen Besonderheiten geprägt. Dies gilt vor allem für die Grundschulen, was insofern nicht verwundert, als diese vergleichsweise frei von äußeren Einwirkungen sind, nachdem größtenteils die Aufnahmeprüfungen (11 + examinations) für die Sekundarschulen weggefallen sind, wodurch insbesondere der Übergang zu den Grammar Schools (oder den ihnen entsprechenden Klassen an Comprehensive Schools) erleichtert worden ist. Die Sekundarschulen sind dadurch praktisch in ihrer Autonomie eingeschränkt, daß jede Schule danach strebt, möglichst viele Schüler mit Erfolg die überregionalen, von autonomen Prüfungsämtern (Examining Boards) vorgenommenen öffentlichen (nicht: staatlichen) Prüfungen bestehen zu lassen, deren Bestehen die Voraussetzung für den Besuch von Hoch- und Fachschulen bilden. Auf diese Weise wird von außen her eine gewisse Gleichläufigkeit in der Schulentwicklung erreicht. Diese Gleichläufigkeit begünstigt beharrende Kräfte oft weit stärker, als dies in einem konservativ orientierten zentralistischen Schulsystem der Fall zu sein braucht, in dem unter dem weiten Mantel des allmächtigen Kultusministers doch manche Bewegung in schnellerer oder langsamerer Gangart möglich ist. Ich denke hierbei vor allem an die jüngste Entwicklung in Frankreich.

Die dritte Gruppe, welche die *föderativen* Systeme umfaßt, wird durch die Bundesrepublik Deutschland und die Schweiz repräsentiert. Auch Belgien hat sich in den letzten Jahren von einem zentralistischen in ein streng föderatives System verwandelt, das die flämischen und wallonischen Landesteile voneinander abgrenzt. Die Staaten dieser Gruppe sind insofern mit denen der Gruppe der dezentralisierten Systeme zu vergleichen, als die nationale, d.h. gesamtstaatliche Legislative und Exekutive keine Möglichkeit des direkten Eingreifens in die Schulentwicklung haben. Mit der Gruppe der zentralistischen Systeme verbindet sie demgegenüber der Sachverhalt, daß die einzelnen Teile, repräsentiert durch Länder oder Kantone, Befugnisse innehaben, die denen des zentralistisch strukturierten französischen Systems ähneln. Wir kennen diese Struktur ja in der Bundesrepublik Deutschland; in der Schweiz waren bis an die Schwelle der Gegenwart die Befugnisse des Bundes noch geringer. In diesen Systemen liegt daher die Verantwortung für die Schulreform weitgehend bei den regionalen Entscheidungsträgern - bei uns also bei den Parlamenten und Regierungen der Länder -, von deren Initiative oder Zurückhaltung der Erfolg einer Reform abhängt. Tendenzen zu einer - freilich umstrittenen - Ausweitung der Bundesbefugnisse bestehen allerdings sowohl bei uns (Bund-Länder-Kommission für Bildungsplanung usw.) als auch in der Schweiz (Konkordat über die Schulkoordination 1970). Man wird abzuwarten haben,, zu welchen Ergebnissen sie führen werden.

Unter formalem Aspekt stellt auch das Bildungswesen der Vereinigten Staaten von Amerika ein föderativ strukturiertes System dar. Das US Office of Education, ähnlich dem britischen Department of Education and Science und dem Bundesministerium für Bildung und Wissenschaft, hat nicht die Befugnis, in die Arbeit der Schulen einzugreifen, deren Ordnung durch Gesetze und Statuten gewährleistet wird, die von den Körperschaften der einzelnen Staaten in Kraft gesetzt werden. Vom westdeutschen und schweizerischen System allerdings unterscheidet sich diese Struktur des amerikanischen Systems dahingehend, daß unterhalb der einzelstaatlichen Befugnisse die Schulgemeinden (School Boards) die wichtigsten Entscheidungskompetenzen innehaben, einschließlich der Ernennung und Abberufung von Schulinspektoren (Superintendent), Schulleitern (Principal) und Lehrern. Innerhalb dieses Systems kann sich unter spezifischen Bedingungen der individuelle Charakter der Schule ähnlich ausformen wie in Großbritannien, nur daß dann die herausragende Stellung des Principal auf diesen konkreten Sonderbedingungen beruht und nicht, wie in England die des Headmaster, auf der allgemeinen nationalen Tradition. So bietet dem auswärtigen Betrachter das amerikanische Schulwesen ein äußeres Bild, das dem englischen in mancher Hinsicht gleicht. Die Weiträumigkeit und die Verschiedenartigkeit des lokalen Milieus begünstigen einerseits die dezentralisierenden Tendenzen. Andererseits aber bildet die allgemein verbreitete Mobilität und die regionale Organisation der High-School-Diplome die Voraussetzung dafür, daß, wie in Großbritannien, aufgrund der äußeren Einflüsse die Gleichläufigkeit in der Praxis stärker zutagetritt, als dies von der formalen Struktur des Systems her gegeben ist.

3. Die Beteiligung der Wissenschaft an Schulreformen

In den Schlußbemerkungen meines Berichts über einen Besuch in Forschungszentren in Belgien, Frankreich und den Niederlanden (im März 1973), den mir der Council of Cultural Cooperation des Europarats ermöglichte, habe ich meine Eindrücke folgendermaßen resümiert: "Unter den mannigfachen besonderen Erwägungen bleibt eine allgemeine Frage offen, welche über die auf dieser Reise gemachten Erfahrungen weit hinausgeht. Sie betrifft die Funktion der Bildungsforschung in ihrem Bezug zur Frage der Entscheidungsprozesse in der Politik. Besteht hier eine wirkliche Chance, eine wirksame Koordination zwischen Politik, Wissenschaft und Erziehungspraxis herzustellen? Oder bewegt sich die Bildungsforschung ständig in der Dichotomie, einerseits in hohem formellen Ansehen zu stehen und gleichzeitig auf eine Spielwiese beschränkt zu werden und dort ihre

Energien zu verbrauchen?" Diese Bemerkung habe ich damals mit Absicht so zugespitzt formuliert; sie steht am Ende eines Berichts, in dem ich die mannigfaltige und zum Teil beachtliche Arbeit der von mir besuchten Bildungsforschungszentren dargestellt und dabei vor allem die Leistungen der daran beteiligten Wissenschaftler und auch der Schulpraktiker herausgearbeitet habe. Von ihrer Substanz her aber ist die Frage wesentlich und aktuell; ich möchte sie daher aufrecht erhalten.

Einerseits stehen Erziehungswissenschaft und Bildungsforschung (im weiteren Sinne) dann in hohem Ansehen, wenn sich Schulreformer einer 'objektiven' Abstützung versichern wollen - dies vor allem in Auseinandersetzungen mit politischen Gegnern. Schwierigkeiten entstehen häufig sehr schnell, wenn die Ergebnisse von empirischen Untersuchungen mit der Richtung der Schulreform kollidieren, die in dem Land verfolgt wird, in dem die wissenschaftliche Institution beheimatet ist.

Zwei zentrale Probleme seien aus diesem Fragenkomplex herausgegriffen: Einmal spielt die Frage der *gesetzlichen und administrativen Bindung der Forschungsinstitution an die Exekutive* eine wichtige Rolle. Staatsinstitute sind unter diesem Gesichtspunkt als Beauftragte der Instanz anzusehen, die Bildungs- und Schulreformen initiiert, durchführt und kontrolliert. Die Möglichkeit offener Konflikte ist bei dieser Unterordnung prinzipiell nicht gegeben. Dies betrifft in erster Linie die Forschungseinrichtungen in den zentralistischen Systemen, ob man dabei an die Akademien der pädagogischen Wissenschaften in Moskau oder in Ost-Berlin denkt oder auch, wenngleich in abgeschwächter Form, an die zentralen Institutionen für Bildungsforschung in Paris. Selbst in den genannten Systemen scheint das Bild bei näherem Zusehen aber doch nicht so grau, wie es sich dem Betrachter aus der Ferne darbietet. Gerade die Entwicklung in der Sowjetunion in den letzten fünfzehn Jahren hat gezeigt, daß die bildungspolitischen Instanzen einer wissenschaftlichen Forschung bedürfen, die berät, beobachtet und Korrekturen anregt. Dazu aber braucht die Forschung einen gewissen Spielraum, wenn man nicht, wie in der Stalin-Ära, riskieren will, daß sie zu einer rein ausführenden und bestätigenden Instanz der Bildungspolitik degradiert wird, die ihre Arbeit ohne Berücksichtigung der tatsächlichen Auswirkungen einer Schulreform auf die Schulwirklichkeit durchzuführen genötigt ist.

Generell gesehen, sind die Möglichkeiten einer - im engeren Sinne - auftragsfreien Forschung in Staaten größer, in denen die Forschungsinstitutionen eine vom Staate ganz oder wenigstens teilweise unabhängige Planung betreiben und die Wahl der Themen zumindest teilweise selbst bestimmen. Hier wäre vor allem an die Arbeit des Schools Council in England zu denken, eine Einrichtung, die von den Lehrerverbänden unter Beteiligung anderer öffentlicher Gremien geschaffen worden ist. Sie wird vom Department of Education and Science zwar subventioniert, vergibt ihre Projekte aber in eigener Verantwortung, wobei die politischen Zielsetzungen der Lehrerverbände ihrerseits Pressionen in den Entscheidungsprozessen allerdings nicht ausschließen.

Ähnliches gilt für Forschungsinstitute in den Vereinigten Staaten, die größtenteils öffentlichen oder privaten Universitäten zugeordnet sind. Zu den dem unmittelbaren Eingriff staatlicher Instanzen verschlossenen Instituten zählen in unserem Lande das Max-Planck-Institut für Bildungsforschung in West-Berlin und das Deutsche Institut für Internationale Pädagogische Forschung in Frankfurt/Main. Die Problematik der solchen 'freien' Instituten gewährten Autonomie liegt darin, daß die formalen Möglichkeiten der Umsetzung von Forschungsergebnissen geringer als bei staatlichen Instituten sind. Konflikte, wie der zwischen Pädagogischem Zentrum und Senat in West-Berlin im Jahre 1970, zeigen umgekehrt, daß auch staatliche Institute trotz ihres offiziellen Status hierbei Schwierigkeiten haben: daß man sie zwar gründet, dann aber zögert, ihre Ergebnisse zu veröffentlichen und so zu verwenden, daß sie einer laufenden oder geplanten Schulreform zugutekommen.

Das zweite Problem, das ich erwähnen möchte, ist einmal ein pragmatisches, führt aber zugleich auf fundamentale wissenschaftstheoretische Kontroversen zurück. Es geht um die *Organisation* und um die *theoretische Zielbestimmung von Forschungsprojekten:* Die Frage ist vor allem im Streit um das Problem der Evaluation entstanden; bei uns ist es üblich, von "wissenschaftlicher Begleitung" zu sprechen, weil wir den Begriff der "Evaluation" enger fassen und ihn nur auf die letzte Phase der wissenschaftlichen Begleitung, nämlich die der Auswertung beziehen. Hier stehen einander die klassische empirisch-pädagogische Forschung und die seit einigen Jahren sich auch bei uns stark ausbreitende Handlungsforschung (action research) in ihrem Selbstverständnis gegenüber. Die klassische empirisch-pädagogische Forschung sieht die Durchführung von Bestandsaufnahmen mit Hilfe von erprobten und geeichten Verfahren und Instrumenten als eigenständige Aufgabe an. Die Dauer einer Untersuchung und die Zahl der Schritte sind hierin Fragen mit hohem Stellenwert. Zweifel an der Brauchbarkeit solcher Bestandsaufnahmen für die Schulwirklichkeit haben nach dem Zweiten Weltkrieg in den Vereinigten Staaten dazu geführt, daß Vertreter der Schulpraxis - als die unmittelbaren Abnehmer der empirischen Untersuchungen - in Forschungsunternehmen einbezogen wurden. Auf diesem Ansatz beruht auch noch heute in den Vereinigten Staaten weitgehend das Selbstverständnis der Handlungsforschung: Wissenschaftler schalten sich mit ihrem Projekt zu Beginn oder im Verlauf in einen Schulversuch ein, arbeiten mit Praktikern zusammen, entscheiden aber in eigener Verantwortung über die Zielbestimmungen ihrer Untersuchung und führen ihre Einzelbefragungen nach den erprobten Regeln der klassischen empirischen Forschung durch. Handlungsforschung stellt sich in diesem Forschungssystem als Summe von häufig durchgeführten und durch Absprachen mit den Praktikern an der Basis verankerten Bestandsaufnahmen dar. Im Gegensatz dazu hat sich ein neuer Typ von Handlungsforschung entfaltet, der in der Bundesrepublik Deutschland große Resonanz gefunden hat. Sein Ansatz besteht darin, daß von vornherein Lehrer - daneben auch Schüler und Eltern - in die Planung der Untersuchung einbezogen werden, daß die Zielsetzungen bis zum Ende offen bleiben, daß ständige Korrekturen ausdrücklich vorgesehen sind; ungelöst ist neben anderen Faktoren vor allem das Problem der intersubjektiven Überprüfbarkeit durch Außenstehende und damit die Generalisierbarkeit vorgelegter Ergebnisse. Daß hiermit fundamentale wissenschaftstheoretische Fragen berührt werden und überhaupt die Begriffe "Wissenschaft", "wissenschaftliches Instrumentarium" und "Wissenschaftslogik" usw. zur Diskussion gestellt sind, dürfte auch nach dieser kurzen Skizzierung einleuchten, wenngleich ich im Rahmen dieser Thematik nicht näher darauf eingehen kann[5].

4. Die Schulreform in der Kontroverse bildungs- und gesellschaftspolitischer Leitbilder

Warum werden Schulreformen initiiert? Was bewegt Bildungspolitiker und Pädagogen, Schulreformen zu planen, zu propagieren und durchzuführen? Um eine differenzierte Antwort zu erhalten, haben wir zunächst (wie ich mit dem Comenius-Beispiel schon andeuten wollte) zwischen auch heute noch lokal und regional begrenzten und im nationalen, wenn nicht gar im übernationalen Sinne umfassenden Reformen zu unterscheiden. Häufig gehen beide Hand in Hand. In den Vereinigten Staaten werden nicht selten Reformen nur in der Absicht unternommen, eine ganz bestimmte Schule zu verändern - im Hinblick auf Neuerungen im organisatorischen, partizipatorischen oder didaktischen Bereich. Diese lokal begrenzten Reformen vollziehen sich heute aber größtenteils innerhalb allgemeiner Reformbewegungen, wobei sowohl die Zielsetzungen als auch das Tempo zum Gegenstand harter Auseinandersetzungen zwischen Basis und Zentrale werden können. Was uns im Zusammenhang unseres Themas noch mehr interessieren sollte, ist die Frage nach der *Abhängigkeit der Schulreformen von gesellschaftspolitischen Leitbildern,* in welche die speziellen bildungspolitischen Leitbilder einzuordnen sind. Beim Versuch einer Analyse solcher Abhängigkeiten stoßen wir auf zwei Typen:

(1.) Schulreformen werden initiiert, um die Leistungsfähigkeit und Stabilität eines bestehenden Gesellschaftssystems zu erhöhen und damit dessen Lebensfähigkeit zu *bestätigen.* So wurden die Schulreformen in der Vergangenheit durchgeführt, und diesem Ziel dienen sie häufig auch in unserer Zeit. Die amerikanischen Schulreformen der späten fünfziger Jahre sind in der Auseinandersetzung mit dem als überlegen gefürchteten sowjetischen System weitgehend unter dem Gesichtspunkt der Effektivierung und Leistungssteigerung eingeleitet und durchgeführt worden.

(2.) Schulreformen werden initiiert, um die wirtschaftlichen, sozialen und politischen Strukturen in einer Gesellschaft zu *verändern.* Bei diesen Reformen sind *zwei Untertypen* zu unterscheiden:

(a) Auf der einen Seite können gesellschaftsverändernde Reformen den *Vorstellungen der politischen Führung konform* sein. Ich denke dabei an politische Systeme, die durch Revolutionen an die Macht gekommen sind, aber ökonomische, soziale und geistig-kulturelle Erscheinungen vorfinden, die mit den Zielsetzungen der Revolutionäre nicht kongruieren. So entwerfen die mit der politischen Macht und dem Monopol der Meinungsbildung ausgestatteten Bildungspolitiker Reformen, versichern sich der Wissenschaft, bedienen sich der technischen Instrumentarien und suchen ihre Vorstellungen mit Hilfe einer loyalen Lehrerschaft in die Praxis umzusetzen. Beispiele aus diesem Jahrhundert hierfür sind einmal die Sowjetunion und die sozialistischen Staaten Mittel- und Osteuropas; China, zum anderen, muß in diesem Zusammenhang zumindest erwähnt werden. Die Zielsetzungen der Schulreformen sind dabei grundsätzlich vorgegeben. Das schließt nicht aus, daß die allgemeinen Zielsetzungen kontroverse Teilzielsetzungen enthalten, die miteinander so stark in Widerstreit geraten können, daß die allgemeinen Zielsetzungen mehr oder weniger aufgebrochen werden. In den sozialistischen Staaten wäre hierbei vor allem an die Kollision zwischen den technokratischen und den ideologischen Zielsetzungen zu denken. In der Theorie werden dort im Sinne der marxistisch-leninistischen Weltanschauung Widersprüche wohl dialektisch zu erklären versucht; man sieht keinen Widerspruch zwischen den Zielen der Ausbildung disponibler Spe-

zialisten und der Erziehung "neuer Menschen". Wer aber die Strukturrefor-
men der vergangenen Jahrzehnte analysiert sowie in die Lehrpläne und insbesondere in die Schulpraxis hineinsieht, kann nicht umhin, Widersprüche
festzustellen, die beispielsweise in Polen heute offen ausgesprochen und
diskutiert werden, während in der DDR die Tendenz herrscht, entsprechende Untersuchungsergebnisse nicht zu publizieren.

(b) Auf der anderen Seite stehen - in westlichen Staaten - Intentionen von
gesellschaftlichen Gruppen oder Einzelpersönlichkeiten, welche Schulreformen mit dem Ziel einer gesellschaftlichen Veränderung in Gang bringen
wollen, dies aber *im Gegensatz zu der im Besitz der politischen Führungs-
funktionen befindlichen Mehrheit.* Wie weit solche Veränderungen überhaupt einleitbar, geschweige denn durchsetzbar sind, hängt von der Liberalität des jeweiligen politischen Systems ab, auch davon, wie weit Angehörige der regierenden Gruppe selbst mit den Zielsetzungen der Revolutionäre
sympathisieren. Gesellschaftsverändernde Reformen können in kapitalistischen Ländern auf die Herbeiführung eines sozialistischen Systems gerichtet sein; man muß aber in diesem Zusammenhang auch Bewegungen beachten, wie die der "Entschulung", die auf die unmittelbare Herbeiführung eines herrschaftslosen Zustandes gerichtet sind, ohne daß der Umweg über
ein autoritäres revolutionäres System in Gestalt einer "Diktatur des Proleta-
riats" für notwendig erachtet wird.

Typologien haben die Funktion, Konturen herauszuarbeiten, Kategorien
sichtbar zu machen. In der Wirklichkeit aber kommt es zu mannigfachen
Überschneidungen. Auch innerhalb von Systemen, in denen Schulreformen
zur *Bestätigung* der bestehenden Strukturen herbeigeführt werden, gibt es
Elemente der Veränderung. Und überhaupt stellt sich hierbei die Frage, was
Veränderung ist. Wenn innerhalb eines Bildungssystems durch straffere
Organisation und durch eine Veränderung einzelner Inhalte und Methoden
Ziele verfolgt werden, die mit den Vorstellungen der Initiatoren harmonie-
ren, schließt dies nicht aus, daß sich im Ergebnis trotzdem Veränderungen
ergeben, die *auf das gesamte System zurückwirken.* Systeme, die auf Beharrung angelegt sind, können Reformen auch zur Beruhigung oppositioneller
Kräfte in Gang setzen, etwa dadurch, daß Modellschulen gebildet werden
mit dem ostensiblen Ziel, hiermit Modelle für eine spätere Gesamtreform zu
schaffen, in Wirklichkeit aber, um Reformbestrebungen zu kanalisieren.
Diese Aussage bedarf freilich des Vorbehaltes, daß der Nachweis im Einzelfall schwer zu erbringen ist, weil in bildungspolitischen Absichtsbekun-
dungen die Zielbestimmungen häufig unausgesprochen oder zumindest un-

klar bleiben, was durch taktische Überlegungen (Wahlkämpfe usw.) der Akteure zu erklären ist.

5. Der Lehrer

Im Rockefeller-Bericht (1958), einem der bildungspolitisch bedeutsamen Entwürfe zur amerikanischen Reform der ausgehenden fünfziger Jahre, findet sich der Satz: "Kein Schulsystem kann besser sein als seine Lehrer"[6]. Dem oberflächlichen Betrachter mag eine solche Formulierung als Binsenwahrheit erscheinen; er übersieht dabei freilich, daß sie ein Problem verdeutlicht, das im internationalen pädagogischen Vergleich unter dem Aspekt des Verhältnisses von Schulreformen und Schulwirklichkeit noch keinesfalls gebührend gewürdigt wird.

Man möchte annehmen, daß in Schulreformen einerseits die Ausbildung und Weiterbildung, andererseits auch die Kontrolle der Lehrer eine entscheidende Rolle spielt. Der internationale Vergleich lehrt aber, daß dies in allen Ländern das schwächste Glied in der Kette der Reformmaßnahmen zu sein scheint. Der Lehrer hat Schulreformen in Schulwirklichkeit umzusetzen. Dabei ist wohl mitzubedenken, daß er zu ihrer Durchsetzung eines Schülers bedarf, der bereit ist, die Reformen mitzuverwirklichen, und daß es mehr oder weniger von den Eltern abhängt, die Reform mitzutragen, zu bremsen oder zu blockieren. Nichtsdestoweniger hat *der Lehrer eine Weichenstellung in der Reform*. Hier stellt sich nun die Frage, wie weit Schulsysteme bemüht und in der Lage sind, den Lehrer zur Mitwirkung zu veranlassen, ihn durch eine sachgerechte Ausbildung und Weiterbildung dazu überhaupt erst zu befähigen und seine allgemeinen Arbeitsbedingungen so zu gestalten, daß ihn die Teilnahme an einer Reform nicht mit unzumutbaren Verpflichtungen belastet.

Grundsätzlich ist zu bemerken, daß jede Mitwirkung an einer Schulreform vom Lehrer *Verpflichtungen* verlangt, die über das gesetzlich und administrativ festgelegte Maß hinausgehen. Es macht gleichwohl einen Unterschied, ob der Träger des Schulsystems bereit ist, diesem Sachverhalt in der Gestaltung der Arbeitsbedingungen in glaubwürdiger Weise Rechnung zu tragen und ob er stillschweigend den Idealismus des Lehrers in sein Kalkül einbezieht. Die Arbeitszeitbemessung, die Klassenfrequenz, die Ausstattung mit technischen und anderen Unterrichtsmitteln, die Qualität des Schulgebäudes - dies sind die wesentlichen *materiellen* Faktoren, die hier zu nennen sind. Zu ihnen kommen die *personellen* Faktoren, zu denen die Freihaltung des Lehrers von administrativen Aufgaben sowie die Bestellung von Schulassistenten zur Erfüllung technischer Dienste gehören.

Schließlich stellt sich die Frage, wie weit dem Lehrer eine *Entscheidungskompetenz* im Reformprozeß eingeräumt wird. Hierbei spielt gewiß die Frage der zentralistischen, föderativen oder dezentralisierten Organisation des gesamten Bildungssystems eine wichtige Rolle. Zentralistische Systeme sind so strukturiert, daß sie den Entscheidungsraum des Lehrers prinzipiell stärker einengen als dezentralisierte. Es soll demgegenüber aber nicht vergessen werden, daß (wie ich schon andeutete) beispielsweise im englischen System angesichts der dominierenden Stellung des Headmaster die Lehrer häufig geringere Möglichkeiten einer Mitbestimmung von Inhalten und Methoden des Unterrichts besitzen als in zentralistischen Systemen, in denen durch Gesetz und Status eine gewisse Möglichkeit der Mitbestimmung vorgesehen ist. Eine Beantwortung der hier aufgeworfenen Frage ist besonders schwierig. Ihre Ambivalenz zeigt sich darin, daß einerseits der Lehrer eine entscheidende Bedeutung für die Umsetzung von Reformplänen in die Praxis hat, daß er kritisch Reformen begleiten soll und daß man auf ihn hören soll, wenn Reformpläne nicht realisierbar sind. Andererseits muß der Lehrer freilich zur Kenntnis nehmen, daß er von Berufs wegen nur spezifische Funktionen im gesellschaftlichen Prozeß wahrzunehmen hat und seinen pädagogischen Auftrag mit anderen Erziehungsträgern teilen muß. So kommt der Auseinandersetzung der Schule mit den *Eltern* als den primären Erziehungsträgern großes Gewicht zu, was beispielsweise durch jüngste Entwicklungen im sowjetischen Bildungssystem zu belegen ist. Während man dort früher dazu neigte, die führende Rolle der Schule herauszustellen und die Eltern als quantité négligeable zu behandeln, hat man inzwischen die Notwendigkeit erkannt, daß - einmal angesichts des Beharrungsvermögens der Familie als sozialer Gruppe, zum anderen aber auch wegen der Chance, durch eine Mitwirkung der Eltern laufende Reformen abzusichern und zu beschleunigen - die Elternbildung der staatlichen Förderung bedarf. Daß dies dazu führen kann, daß Eltern mit Funktionen wie etwa der Kontrolle der Hausaufgaben belastet werden, die sie nicht wahrnehmen können, ist freilich eine Erscheinung, die nicht nur in der Bundesrepublik im Zusammenhang mit der Mengenlehre, sondern beispielsweise auch in der Sowjetunion und in anderen Ländern kritisiert wird.

Auch das Verhältnis von normalen und experimentellen Schulen beeinflußt die Entwicklung im Schulwesen und den Erfolg oder Mißerfolg von Reformen. Hierbei kommt es darauf an, daß experimentelle Schulen als solche gekennzeichnet werden, daß sie in ihrer Funktion als stimulierende und probierende Instanzen entwickelt werden, daß aber nicht (gewollt oder un-gewollt) der Eindruck erweckt wird, *experimentelle Situationen seien auf die Normalität ohne weiteres übertragbar.* Wird dieser Eindruck erweckt, dann wird die Arbeit experimenteller Schulen von den normalen Schulen mit Mißtrauen betrachtet, die experimentellen Schulen rücken ins Abseits, und die mit ihrer Errichtung verbundene Absicht gerät in ihr Gegenteil - insofern nämlich, als Eltern und Lehrer normaler Schulen sie als lästige Un-ruhestifter ansehen.

Als allerletzte Frage, mit der ich meine Ausführungen abrupt beenden möchte, möchte ich die Frage der *Belastbarkeit* des Lehrers unterstreichen. In einem Aufsatz des bekannten sowjetischen Didaktikers M.N. Skatkin findet sich der Satz, Schulreformen müßten so durchgeführt werden, daß sie relative Stabilität für mindestens fünf, wenn nicht gar zehn Jahre verbürgen. Skatkin begründet dieses Argument damit, daß es keiner Reform gut be-komme, wenn die Lehrer "nervös" gemacht werden[7]. Hier wird ein wichti-ges, wenn auch vielleicht gefährliches Problem angesprochen. Seine Über-bewertung könnte dazu führen, daß man aus übergroßer Sorge vor einer Unlust und Abwehr der in der Schulwirklichkeit Tätigen notwendige Re-formen zurückhält. Andererseits steckt in einer solchen Aussage gewiß ein gesunder Kern, nämlich der, daß Reformen nur dann - und zwar ungeachtet ihrer Zielsetzungen - Erfolg versprechen und vor allem pädagogisch ver-tretbar sind, wenn sich die an ihrer Verwirklichung *unmittelbar* Beteiligten mit den Reformzielen identifizieren.

Anmerkungen

* Vorgetragen bei der Tagung "Schulreform und Schulwirklichkeit" vom 1. bis 3. März 1974 in der Evangelischen Akademie Hofgeismar. Der veröffentlichte Beitrag wurde Prof. Dr. Gottfried Preissler zur Vollendung seines 80. Le-bensjahres gewidmet.

1. *Eva Földes/István Mészáros* (Hrsg.): Comenius and Hungary. Budapest 1973, S. 110.

2. *Deutscher Bildungsrat:* Strukturplan für das Bildungswesen. Stuttgart 1970.

3. Vgl. *Denis Kallen/Jarl Bengtsson:* Recurrent Education. A Strategy for Life-long Learning. A Clarifying Report (Manuscript). OECD Center for Educati-onal Research and Innovation. Paris 1973, No. 87 903.

110

4. Ich beziehe mich mit dieser Aussage auf meinen Besuch der "Mini Bilingual School 59" in The Bronx, New York City, am 20./21. November 1973, das mitgebrachte Dokumentationsmaterial und auf Gespräche mit dem Forschungsteam für Bilingual Education, das am Teachers College der Columbia University arbeitet.

5. Vgl. *Wolfgang Klafki:* Handlungsforschung im Schulfeld, in: Zeitschrift für Pädagogik 18 (1972), S. 487-516.

6. Zit. nach der deutschen Übersetzung in *Hartmut von Hentig* (Hrsg.): Die Schule zwischen Bewahrung und Bewährung. Stuttgart 1960, S. 32.

7. M. N. Skatkin: K razrabotke perspektiv razvitija sovetskof školy [Zur Bearbeitung der Entwicklungsperspektiven der sowjetischen Schule], in *E. G. Kostjaškin* (Hrsg.): Voprosy obučenija i vospitanija (Fragen des Unterrichts und der Erziehung]. Moskau 1972, S. 40

Schulen zwischen Reform und Krise

1 Schulkrise als reale und globale Erscheinung

In Torsten Huséns Deutung, in der sich die langjährige Erfahrung eines Bildungsforschers im forschenden und handelnden Umgang mit Bildungs- und Gesellschaftspolitik widerspiegelt, erscheint der Begriff "Schulkrise" als Ausdruck radikaler Kritik. Diese Radikalität unterscheidet seine Deutung von kritischen Äußerungen, die uns die Bildungsgeschichte aus früheren Jahrhunderten und auch aus unserem Jahrhundert übermittelt. Das Studium von Lebensbeschreibungen, Chroniken und philosophischen Traktaten vermag mannigfache Einsichten in Äußerungen des Unmuts gegen engstirnige Schulordnungen,verknöcherte Lehrer und vor allem lebensferne und als überholt angesehene Lehrstoffe zu geben. Als Beispiel nenne ich John Lockes "Gedanken über Erziehung" (Some Thoughts Concerning Education), die voll von scharfzüngiger Kritik an den bestehenden Schulen ist, die den Kindern "die Köpfe mit allem möglichen Plunder vollstopfen ..., an den sie gewöhnlich großenteils nie wieder denken (und ganz gewiß nicht zu denken brauchen), solange sie leben; und was davon hängen bleibt, ist nur von Nachteil für sie"[1]. Locke empfiehlt zwar die Alternative der Hauslehrerziehung für den heranwachsenden Gentleman, geht aber nicht so weit, die Institution der bestehenden Schule in Frage zu stellen.

Härter mit dem Schulwesen ihrer Zeit gehen freilich die Reformer ins Gericht, die mit ihren Entwürfen systemverändernde Alternativen vorstellen. Ich denke hierbei beispielhaft sowohl an Marie Jean-Antoine de Condorcet und Wilhelm von Humboldt als auch an die Reform- und Revolutionspädagogik im ersten Viertel dieses Jahrhunderts, für die John Dewey und Pavel P. Blonskij als Stellvertreter genannt sein mögen. Schließlich kennen wir die 'Antischulbewegung', die von Jean-Jacques Rousseau über Leo N. Tolstoj in unser Jahrhundert reicht und sich vernehmlich in der frühsowjetischen Richtung des "Absterbens der Schule" unter der Federführung von Viktor N. Šul'gin zu Wort meldete. In unserer Epoche hat Ivan Illich die Gedanken dieser Bewegung in seiner Theorie der "Entschulung" aufgegriffen und aktualisiert; mittlerweile ist sie von ihm und anderen zur "antipädagogischen" Alternative ausgeweitet worden.

Sowohl den systemverändernden Entwürfen als erst recht der 'Antischulbewegung' der Vergangenheit ist das Attribut 'radikal' gewiß zuzuerkennen. Was Torsten Huséns Deutung von ihnen unterscheidet, ist freilich ihr

Bezug auf die Massenhaftigkeit realen Geschehens, denn was Huséns "Versuch" gleichermaßen stimulierend wie bestürzend macht, ist die Verankerung seiner Gedanken und Kommentare in nüchternen Daten und Tatbestandsnachweisen. In seiner Analyse ist 'Schulkrise' nicht nur das Ergebnis individueller Erfahrung und philosophischer Konzeption, sondern zugleich auch empirische Bestandsaufnahme, indem sie vor allem den Zusammenhang zwischen Krisenerscheinungen aufdeckt, die im Schulwesen und der es umgebenden Gesellschaft zu beobachten sind.

Das zweite Kriterium der Radikalität in Huséns Kritik liegt in der Internationalität der diagnostizierten Sachverhalte und Tendenzen. Auch hierzu seien mir einige kommentierende Bemerkungen gestattet. Gewiß äußern sich in einzelnen Staaten, Regionen und Kontinenten die Erscheinungsformen gegenwärtiger Schul- und Gesellschaftskrise auf unterschiedliche Art, und die Interpretationen weisen große Differenzen auf. Hierbei spielen die Besonderheiten von Ideologien, politischen Systemen, wirtschaftlichen Faktoren und von Formen kulturellen Selbstverständnisses eine differenzierende Rolle ebenso wie die den gegenwärtigen sozioökonomischen, politischen und geistig-kulturellen Rahmenbedingungen des Schulwesens zugrunde liegenden Traditionen. Nichtsdestoweniger sind allgemein vergleichbare Krisenerscheinungen festzustellen, deren Dimension global ist. Um diesen Gedankengang nicht übermäßig zu komplizieren, möchte ich dabei nicht auf die Dritte Welt mit *ihren* gewiß tiefgreifenden Varianten der globalen Schulkrise eingehen, sondern mich auf den industrialisierten Teil der Erde, also die Erste und Zweite Welt, beschränken und innerhalb dieser Begrenzung wiederum meine Aufmerksamkeit auf West- und Osteuropa konzentrieren.

In den sozialistischen Staaten Osteuropas wird der Begriff 'Schulkrise' in der uns zugänglichen Literatur nicht angewendet. Eine zumindest inhaltliche Ausnahme macht Polen, wo 1973 ein aus 24 angesehenen Wissenschaftlern bestehendes Expertenkomitee dem Sejm, dem polnischen Parlament, einen Bericht vorlegte, dessen radikale Kritik am bestehenden Schulwesen manche späteren Äußerungen westlicher Wissenschaftler vorweggenommen hat[2]. Für alle sozialistischen Staaten Osteuropas aber gilt, daß die dort diskutierten und kritisierten Probleme und Mängel zumindest impliziert darauf hinweisen, daß auch ihr Schulwesen von Krisenerscheinungen erfaßt ist und sich unter diesem Aspekt Ost und West weit weniger voneinander unterscheiden, als dies vordergründige, politisch und ideologisch bestimmte Polemiken vermuten lassen könnten.

An folgendem Beispiel sei diese These belegt. Lange Zeit herrschte bei uns die sowohl aus veröffentlichen Dokumenten als auch aus Berichten von Reisenden zu entnehmende Ansicht vor, daß in der Sowjetunion Lernbereitschaft und Bildungsaspirationen unter den Jugendlichen weit verbreiteter als in westlichen Ländern seien. Solche Ansichten verbanden sich mit Vorstellungen von einer spezifischen 'Volksmentalität', die sich unter anderem in der starken Nachfrage nach schöngeistiger und fachlicher Literatur an Bücherkiosken und Buchhandlungen manifestierte. Jüngste Informationen über bildungssoziologische Untersuchungen[3] bestätigen demgegenüber nicht nur die Unhaltbarkeit solcher unhistorischen Vorstellungen, sondern deuten darüber hinaus auf das Entstehen von Schulmüdigkeit und Bildungsarbeit hin - auf Erscheinungen also, die uns längst geläufig sind. Solche Tendenzen zeigen, daß, von den besonderen politischen Rahmenbedingungen abgesehen, Analogien zu erkennen sind, die durch globale soziale Erscheinungen, wie Urbanisierung und Anonymisierung der Berufstätigkeit, verursacht sind. Im Rahmen dieser allgemeinen Betrachtung soll der folgende Versuch unternommen werden, die Schulszene in West- und Osteuropa zu diagnostizieren.

2 Expansion

Wenn wir auf die Schulszene west- und osteuropäischer Länder blicken, werden wir eines vielschichtigen Bildes gewahr, das höchst paradoxe Züge aufweist. Einerseits ist es durch Ergebnisse einer stürmischen Expansion gekennzeichnet, deren Auswirkungen in quantifizierenden Daten und qualifizierenden Analysen manifest werden. Niemals in der bisherigen Bildungsgeschichte sind so viele Jugendliche und auch Erwachsene in eine Art Schulbildung einbezogen, und der Prozentsatz derer, die berufliche Qualifizierungen akademischen oder nicht-akademischen Charakters erreichen, ist im letzten Jahrzehnt ständig gewachsen, wovon Torsten Huséns Analyse sichtbares Zeugnis ablegt. Andererseits sind wir mit dem Begriff 'Schulkrise' konfrontiert, der, wie an dieser Stelle wiederholend betont sei, das Denken und auch das Handeln vieler Menschen beeinflußt. Dabei brauchen wir nicht nur an Verläufe und Ergebnisse intellektueller Diskussionen und an die extreme Reaktion der 'Aussteiger' zu denken; auch Erfahrungen an der 'Basis' liefern hierfür einprägsame Indizien; ich denke dabei an eigene jüngste Erfahrungen in Lehrerfortbildungsveranstaltungen und Elternversammlungen.

Beide Seiten der Medaille geben insofern wirkliche Sachverhalte wieder, als sie Licht und Schatten auf einen gesellschaftspolitischen Prozeß werfen, der zwar in das 19. Jahrhundert zurückverweist, aber erst während der späten 50er und der 60er Jahre unseres Jahrhunderts volle Konturen angenommen hat. Es mag hier um so mehr genügen, einige Hauptzüge dieses Prozes-

ses ins Gedächtnis zu rufen, als Torsten Husén darauf systematisch eingegangen ist. Ich möchte mit der Prüfung des Aspekts beginnen, der mit dem
Begriff 'Bildungsexpansion' umrissen ist, und drei Motive identifizieren,
die diesen Prozeß ausgelöst haben:

1. die wachsende Nachfrage nach qualifizierten Arbeitskräften als Teil
des Industrialisierungsprozesses;

2. den artikulierten Ruf nach Gleichheit der Bildungschancen als wesentlicher Bestandteil politischer Philosophien, die, ungeachtet ihrer liberalen und sozialistischen Varianten, an den Grundwerten der Demokratie und
sozialen Gerechtigkeit orientiert sind;

3. das allgemeine Verlangen nach einer Realisierung des 'klassischen' -
von Comenius bis Dewey immer wieder formulierten - pädagogischen
Glaubens an die Förderbarkeit der menschlichen Persönlichkeit durch einen
Schulbesuch, der die Primarstufe längst überschritten und sowohl die Sekundarstufe als auch in zunehmendem Maße die tertiäre Stufe erfaßt hat.

Mit diesen drei Motiven verbinden sich Erwartungshaltungen, die in Bezug auf ihr Ausmaß und ihre Intensität durch nationales Umfeld und ökonomischen Standard gewiß ungleich ausgeprägt sind. In der Expansions-
phase sind allerdings in West- und Osteuropa weit verbreitete Neigungen
sichtbar geworden, die auf die Harmonisierbarkeit dieser Motive gerichtet
waren. In der Konzipierung der 'großen' Bildungsreformen der vergangenen 20 Jahre und deren Umsetzung in die Praxis haben die drei Motive einander durchdrungen und haben sich in den folgenden Trends niedergeschlagen, die durch Strukturveränderungen aller europäischen Bildungssysteme
gekennzeichnet sind.

Der erste Trend ist durch die Expansion des Pflichtschulwesens bestimmt. Gegenwärtig haben alle europäischen Bildungssysteme den achtjährigen verbindlichen Vollzeit-Schulbesuch gesetzlich verankert, während einige darüber hinaus die Einbeziehung des 11. und 12. Schuljahres in die
Pflichtschulbildung erreicht haben oder anstreben. Bei der Nennung dieses
Trends bedarf es zunächst des Kommentars, daß heute die große Mehrheit
der Kinder und Jugendlichen in Europa tatsächlich zur Primar- und Sekundarschule geht; dies unterscheidet die gegenwärtige Situation grundlegend
von der des 18. und des 19. Jahrhunderts, als die Realität mit bestehenden
Schulpflichtgesetzen nicht übereinstimmte. Eine zweite Bemerkung scheint
in diesem Zusammenhang notwendig; sie betrifft die der Pflichtschulbildung benachbarten Horizontalstufen des Bildungssystems, nämlich die Vor-
schulbildung und den Bereich der oberen Sekundarbildung (Sekundarstufe
II). Beide Stufen sind nicht Bestandteile des Pflichtschulwesens, von Ausnahmen abgesehen, wie der Infant School in Großbritannien und den Klassen 9 und 10 in Rumänien, wie die Sekundarstufe I freilich bereits mit dem

8. Schuljahr abschließt. In diesem Zusammenhang sei auch die spezifisch deutsche - heute in beiden deutschen Staaten gesetzlich fundierte - Variante des verbindlichen Besuchs einer ausbildungsbegleitenden Berufsschule bis zur Vollendung des 18. Lebensjahres für alle Jugendlichen erwähnt, welche weder eine allgemein- noch berufsbildende Schule besuchen. Große Bedeutung ist schließlich der Tatsache zu schenken, daß eine zunehmende Zahl von drei- bis sechs- bzw. siebenjährigen Kindern einerseits und von 15- bis 18- bzw. 19jährigen Jugendlichen andererseits tatsächlich Bildungsinstitutionen besucht. Darüber hinaus hat, wie ich schon erwähnte, die Massenbildung auch die tertiäre Stufe ergriffen, und zwar sowohl in Form traditioneller Universitäten als auch neuartiger Einrichtungen (Fachhochschulen, Further Education Colleges, Volksuniversitäten in der Sowjetunion usw.). Die letzte Bemerkung sei hier nicht weiter erläutert, sondern hinzugefügt, um die Dimension dieses Trends zu verdeutlichen.

Der zweite Trend handelt von der Vereinheitlichung des Schulwesens (comprehensivation). Das traditionelle Schulwesen war in ganz Europa durch dualistische Strukturen geprägt, mit den universitätsbezogenen 'Höheren Schulen' (mit ihren speziellen Vorbereitungsschulen) auf der einen und den später hinzugekommenen und allmählich ausgebauten Volksschulen auf der anderen Seite. Die drei erwähnten Motive haben in ihrem Zusammenwirken die Entwicklung von vereinheitlichten Schulsystemen begünstigt, wie wir sie heute in allen europäischen Ländern, wenn auch auf unterschiedlichem Entwicklungsstand, antreffen können. Nehmen wir die deutsche Entwicklung als Beispiel, wobei die für unser Land spezifische Einschaltung des Realschulwesens als eines 'Zwischengliedes' unberücksichtigt bleiben kann, weil sie unter dem Aspekt der 'europäischen Repräsentanz' nicht hervorhebenswert ist.

Was die allgemeine Einführung vereinheitlichter Primarschulen angeht, gehört Deutschland mit dem Reichsgrundschulgesetz vom 28. April 1920 zu den Wegbereitern; weiterreichende Pläne bürgerlicher wie sozialistischer Schulreformer zur Vereinheitlichung auch des Sekundarschulwesens konnten sich dagegen in der Weimarer Republik nicht durchsetzen. Nach dem Zweiten Weltkrieg sind die beiden Teile Deutschlands (und seit 1949 die beiden deutschen Staaten) getrennte Wege gegangen. In der sowjetischen Besatzungszone wurde bereits durch das "Gesetz zur Demokratisierung der deutschen Schule" vom Mai 1946 (als Gesetzesvorlage für die danach verabschiedeten Gesetze der damals noch bestehenden Länder) die achtjährige Einheitsschule als verbindliche Pflichtschule eingeführt; durch das Gesetz vom 2. Dezember 1959 ist sie zur einheitlichen "Allgemeinbildenden polytechnischen Oberschule" ausgebaut worden.

In den Westzonen und danach in der Bundesrepublik blieb dagegen das dreigliedrige Sekundarschulwesen erhalten. Integrierte Gesamtschulen haben sich zwar in einigen Ländern als mit dem dreigliedrigen System konkurrierende Regelschulen durchgesetzt, sind aber gegenwärtig in den meisten Ländern entweder in ihrem Ausbau 'eingefroren' oder auf wenige Versuchsschulen beschränkt geblieben. Wie schwierig die Behauptung ihres erreichten Entwicklungsstandes ist, ist durch die am 27./28. Mai 1982 von der Ständigen Konferenz der Kultusminister der Länder in der Bundesrepublik Deutschland - nach schwierigen Auseinandersetzungen und unter der Gefahr des Scheiterns bis zur letzten Minute - verabschiedete "Rahmenvereinbarung für die gegenseitige Anerkennung von Abschlüssen an integrierten Gesamtschulen" deutlich geworden. Im westeuropäischen Spektrum zählt die Bundesrepublik Deutschland freilich mit ihrer Tendenz zum Festhalten am gegliederten Sekundarschulwesen zur Minderheit, denn seit 1962, als Schweden und Italien die integrierte Gesamtschule im Sekundarbereich gesetzlich einführten, haben insgesamt zehn westeuropäische Länder Gesamtschulen zur alleinigen oder zumindest bevorzugten Regelschule ausgebaut und entsprechende Reformgesetze erlassen[4].

Der dritte Trend bezieht sich auf Entwicklungen im Bereich der oberen Sekundarbildung (Sekundarstufe II). Hier weisen Innovationen in verschiedenen Ländern auf Bemühungen hin, die beiden Teilbereiche zu integrieren oder zumindest einander anzunähern, deren Geschichte in den meisten Ländern völlig getrennt verlaufen ist. Ich denke dabei an den universitätsbezogenen Zweig, der durch Gymnasien, Lycées und Grammar Schools beispielhaft vertreten wird, und zum anderen an das Berufs- und Fachschulwesen mit seiner höchst komplexen Struktur. Die Strategien dieser Integrationsbemühungen sind ebenso vielfältig wie die bisher zu beobachtenden Ergebnisse. Es scheint, daß unter den westeuropäischen Staaten Schweden mit der Entwicklung seiner Gymnasialschule am weitesten vorangeschritten ist. Besondere Erwähnung verdient in diesem Zusammenhang auch das aus der Schulentwicklung der Österreichisch-Ungarischen Monarchie herausgewachsene Fachmittelschulwesen, das seinen Schülern sowohl das Abitur als auch eine berufliche Qualifizierung vermittelt; aufgrund seiner Qualitäten erfreut es sich heute sowohl in Österreich als auch in Ungarn, Polen und der ČSSR eines Sozialprestiges, das dem der allgemeinbildenden Gymnasien (Lyzeen) durchaus gleichwertig ist[5]. Aber auch in den Ländern, aus denen solche Integrationsbestrebungen nicht signifikant nachweisbar sind, ist ein wachsendes Verständnis für die doppelte Bildungsfunktion der Sekundarstufe II zu vermerken, nämlich die Voraussetzungen für ein Hochschulstudium zu schaffen und die Jugendlichen unmittelbar auf die Arbeitswelt vorzubereiten, wobei die Wege und Niveaustufen freilich stark differieren.

Es würde sich nun lohnen, auf die Curriculumreformen näher einzugehen, welche die soeben skizzierte strukturelle Entwicklung begleitet haben
und ihr Komplement bilden. Da dieser Themenbereich sich in einem West-
Ost-Vergleich als noch weit komplexer darstellt und die Beziehungen zwischen den Bildungssystemen und deren soziopolitischen Rahmenbedingungen unmittelbar tangiert, will ich mich auf wenige Andeutungen begnügen,
denn selbst die Herausarbeitung allgemeiner Entwicklungstrends würde
sich im Rahmen dieser Gesamtbetrachtung kaum verwirklichen lassen[6]. Ich
möchte nur die Stichworte nennen, mit denen die Ziele von Curriculumreformen in den beiden vergangenen Jahrzehnten umrissen worden sind,
nämlich "theorie-orientierter Unterricht", "Modernisierung der Lerninhalte"
und "Förderung kognitiver Entwicklung". Curricula in Sekundarschulen,
aber auch in Primarschulen, werden von diesen Stichworten weithin be-
herrscht, und der Einzug der Computer in die Klassenzimmer signalisiert
eine neue Stufe der Intellektualisierung, deren Konsequenzen bislang noch
kaum abzuschätzen sind, zumal wenn man das stürmische Vordringen der
Mikroprozessoren mitbedenkt. Dies ist letztlich der Grund, weswegen ich
an dieser Stelle zögere, eine der vorausgegangenen vergleichbare Trendbe-
schreibung zu versuchen. Es mag die Unterstreichung genügen, daß strukturelle Expansion und curriculare Modernisierung zusammen die Entwicklung beleuchten, die ich eingangs als die helle Seite der Medaille bezeichnet
habe.

3 Ernüchterung

Ich möchte mich nun der dunklen Seite der Medaille zuwenden, auf welche diese Veröffentlichung konzentriert ist. Sie wird durch das auch von
Torsten Husén verwendete Stichwort "Schulkrise" definiert. Mit seiner
Nennung verbinden sich unmittelbar die Assoziationen "ökonomische Re-
zession" und "Stillstand in der Bildungspolitik", und der Ernüchterungspro-
zeß endet in weit verbreiteter Skepsis an der sozialen und pädagogischen
Funktion der Schule überhaupt. Man braucht kein Anhänger von Ivan Illichs Entschulungstheorie zu sein, um zuzugeben, daß die auf das Stichwort
"Schulkrise" bezogenen Assoziationen nicht als rasch vergängliche Mo-
deerscheinungen abgetan werden können, sondern ernst zu nehmen sind.
    Unter Rückgriff auf meine einleitenden Bemerkungen meine ich, daß die
Motive, welche die Expansion der Bildungssysteme auslösten, sich bis zu
einem gewissen Grade in entmotivierende Kräfte verwandelt haben. Bil-
dungsanstrengungen, die an 'Aufstieg' und 'Karriere' orientiert sind, enden
häufig in Arbeitslosigkeit. Gesamtschulen verfehlen das Ziel der Förderung

von Gleichheit der Bildungschancen und produzieren sogar neue Ungleichheiten vor allem dann, wenn sie sich mit ihren Leistungsdifferenzierungen und -bewertungen und ihrem Unterrichtsstil an das gegliederte Schulwesen anpassen müssen. Was die Umsetzung des 'klassischen' pädagogischen Glaubens an Selbstverwirklichung und Humanität in die Praxis von Schule und Unterricht betrifft, so scheint die Rechnung sogar am wenigsten zu stimmen. Drogenkonsum, Alkoholismus, Vandalismus und Gewalttätigkeit in Großstadtschulen sowie bestürzende Selbstmordraten unter Schülern markieren nur die Spitze eines Eisberges, unter dem sich ein riesiger Block verbirgt, der Unzufriedenheit, Opposition und Resignation - bezogen auf die heranwachsende Generation - enthält.

Bedeutet dies, daß die helle Seite der Medaille, welche durch das Konzept der Expansion bezeichnet ist, sich als gänzlich falsch und verwerflich erwiesen hat? Mir scheint, daß eine solche totale Verneinung gleichermaßen unvernünftig wie unrealistisch wäre. Vor allem sind Schulen als notwendige Institutionen moderner Gesellschaften entwickelt worden, und zwar unabhängig von den soziopolitischen Systemen, die sich nationale oder übernationale Gemeinschaften errichtet haben. Schulen können nicht durch Gutschein-Agenturen ersetzt werden, sowie sich auch das neuerdings in Industriegesellschaften wiedererstandene Analphabetentum als Alternative zur Ausarbeitung und Einführung wissenschaftsorientierter Curricula nicht anbietet.

Freilich gibt es keine Rückkehr zu einem ungetrübten Optimismus, zumal dieser objektiv auch in der Periode der 'großen' Bildungsreformen nicht gerechtfertigt war. Viele Erwartungen, die sowohl Politiker als auch Pädagogen geweckt haben, wären auch unter günstigeren ökonomischen Rahmenbedingungen nicht realisierbar gewesen. Im Gefolge solcher Erwartungen wurden vielfach illusionäre Hoffnungen gehegt oder zumindest geduldet. Als ein Faktor, der Bildungsinnovationen besonders gestört und schließlich gebremst hat, hat sich die Unterschätzung der Aufgabe erwiesen, die Zustimmung der Öffentlichkeit, vor allem aber der unmittelbar am Bildungsprozeß Beteiligten - der Lehrer, Eltern und auch Schüler - für Struktur- und Curriculumreformen zu gewinnen. Übersehen wurden vielfach auch die Grenzen, die den eingangs genannten drei Motiven durch substantielle Merkmale der menschlichen Natur gezogen sind. Es scheint, daß sich innovative Bildungspolitik und Pädagogik häufig zu wenig um Befunde sowohl der biologisch-medizinischen als auch der historischen Forschung gekümmert haben. Es gilt daher, die rechte 'Mitte' zwischen 'realer Utopie', die nicht mit Illusion verwechselt werden darf, und realistischer Beschränkung zu finden.

Ich möchte die These vortragen, daß die Krisenerscheinungen, wie wir sie allenthalben wahrnehmen, auf die Fragwürdigkeit einer monistischen Schulkonzeption aufmerksam machen - einer Konzeption, die sich seit Beginn der Neuzeit, vor allem aber seit Absolutismus, Aufklärung und industrieller Revolution im Westen und später auch im Osten Europas herausgebildet hat. In der Betonung und Praktizierung dieser Konzeption ist der Sachverhalt vernachlässigt worden, daß die Schule grundsätzlich eine in unausweichlichen Spannungsverhältnissen angelegte Institution ist. Dies sei an den folgenden Überlegungen verdeutlicht, die aus meiner Sicht zugleich als 'Auswege' aus der Krise diskussionswert sind.

1. Das Wirtschaftssystem in seinen verschiedenen Sektionen kann nicht ohne ein formales Bildungswesen auskommen, das auf einen Kern verbindlichen Schulbesuchs zu gründen ist und von der Bereitschaft der Menschen abhängt, ihre Grundbildung in einem Prozeß lebenslangen Lernens fortzusetzen. Zwar besteht innerhalb des Beschäftigungssystems eine wachsende Tendenz, sich nicht mehr so sehr auf Schulzeugnisse zu verlassen, sondern statt dessen innerbetriebliche Auslesemechanismen zu entwerfen und zu benutzen[7], wie dies beispielweise aus Japan seit langem bekannt ist. Es scheint jedoch unvorstellbar, daß auch eine rigide gehandhabte innerbetriebliche Selektion funktionieren könnte, ohne sich auf eine durch die Schule vermittelte Grundbildung zu stützen. Demgegenüber warnen freilich vielfältige Erfahrungen, die aus jeder Mobilität moderner Gesellschaftssystemen resultieren, vor einer Überschätzung der Orientierung der Schule am herkömmlichen Muster von Aufstieg und Karriere. Dies gilt wohl vorrangig für Gesellschaften, die den offenen Zugang zu den verschiedenen Stufen ihrer Bildungssysteme grundsätzlich für richtig halten und auch in der Zulassungspolitik praktizieren, soweit ökonomische Zwänge und politische Prioritäten nicht einen Numerus clausus verursachen. Da sich auch in den sozialistischen Gesellschaften Osteuropas die ideologisch geforderte Harmonisierbarkeit zwischen Qualifizierung und Berufseingliederung als immer schwieriger realisierbar erweist[8], gilt die Warnung auch für sie.

2. Das Programm der vereinheitlichten Schule (comprehensivation) in ihrem besonderen Bezug zur unteren Sekundarbildung (Sekundarstufe I) bleibt auf der Tagesordnung. Obwohl zuzugeben ist, daß sie nicht als Allheilmittel zu gebrauchen ist, um das abstrakte Konzept der Gleichheit von Bildungschancen zu konkretisieren, sollte man nicht übersehen, welch bedeutender Wandel in der sozialen Zusammensetzung von Schülern und Studenten durch die Errichtung von Gesamtschulen um so mehr hervorgerufen worden ist, als deren Existenz auch die Verbreiterung der Sozialstruktur

von Gymnasien und Realschulen beeinflußt hat. Die letzte Zusatzbemerkung ist nur eine Hypothese, die sich jedoch höchstwahrscheinlich verifizieren lassen dürfte. Ich denke in dieser allgemeinen Bestandsaufnahme an den verstärkten Zugang von Arbeiter- und Bauernkindern zu weiterführenden Schulen und, nicht zu vergessen, die erhebliche quantitative Ausweitung und qualitative Verbesserung der Mädchenbildung. Auch im oberen Sekundarbereich spricht viel für den Ausbau integrierter Einrichtungen, die auf dieser Stufe auf das Ziel einer möglichst sinnvollen Verbindung von allgemeiner und beruflicher Bildung gerichtet sein sollten. Dies gilt einerseits für den in der Bundesrepublik Deutschland in den vergangenen Jahrzehnten wesentlich gesteigerten Anteil allgemeiner Bildung an den Curricula von Berufs- und insbesondere von Fachschulen, andererseits aber an die in unserem Lande gröblichst vernachlässigte Aufgabe der Gymnasien, nicht nur für die potentiellen Hochschulstudenten, sondern auch für die wachsende Zahl der Schüler zu sorgen, die unmittelbar nach dem Abitur in eine berufliche Ausbildung oder Tätigkeit eintreten.

3. Der dritte 'Ausweg' trifft das Plädoyer für mehr Humanität im Klassenzimmer. Dieses Postulat scheint im Jahrzehnt der 'großen' Reformen am stärksten mißachtet worden zu sein. Indem manch ein Schulreformer seinen Blick konzentriert auf technokratische oder formal egalitäre Vorstellungen richtete, hat er die Kinder und Jugendlichen mit ihren individuellen und kollektiven Problemen, Wünschen und Leiden vergessen. Ich erinnere mich an eine gute Zahl von Konferenzen und Tagungen, die Fragen des Bildungswesens und der Bildungspolitik gewidmet waren, wo das Wort "Kind" weder in Vorträgen noch in Diskussionen erschien. In dieser Vernachlässigung ist eine der Ursachen für manche Proteste von Eltern, Lehrern und - nicht zu vergessen - Jugendlichen zu sehen. Wenn man die vielen engmaschig konstruierten Schulsysteme mit ihren raffiniert-differenzierten Strukturen betrachtet, gewinnt man häufig den Eindruck, daß in ihnen die Gelegenheit zu Ratsuche einerseits und Entdeckung andererseits eher verschüttet als vermehrt ist. Man kann bei Einsicht in diese Sachlage sogar Proteste verstehen, die auf die Wiederbelebung einer vermeintlich heilen Vergangenheit gerichtet sind, auch wenn solche Rufe nach mehr "Mut zur Erziehung"[9] zur Bewältigung der gegenwärtigen Schulkrise und einer Erziehung 'für das Jahr 2000' kaum Anregungen bieten. In überzeugender Weise haben dagegen Michael Rutter und seine Mitarbeiter mit ihrer Langzeitstudie die faktische Bedeutung bezeugt, die das Vorhandensein eines "Schulethos" ausmacht, in dem sich das Engagement von Schulleitern, Lehrern, Schülern und allen anderen am Schulgeschehen Beteiligten manifestiert[10].

Die soeben vorgetragenen Überlegungen betreffen, ebenso wie die zur Diskussion gestellten 'Auswege', das Schulwesen als Ganzes, wobei ich allerdings bemüht gewesen bin, die Bedürfnisse und Aufgaben der beteiligten Personen und Gruppen zu artikulieren. Leonhard Froese stellte in dem Gespräch, aus dem diese Veröffentlichung hervorgegangen ist, nach der Diskussion über die allgemeinen Aspekte der 'Schulkrise' Fragen nach konkreten Änderungsvorschlägen. Meine Antwort konzentrierte sich auf die "Umbesinnung" des Lehrerberufs. Auch bei der schriftlichen Aufarbeitung der Diskussion halte ich dieses Problem für so wichtig, daß ich es in meine Ausführungen aufnehmen möchte; dabei habe ich zwar auch an dieser Stelle die übernationale Dimension im Auge, möchte aber die Konkretisierung auf die Bundesrepublik Deutschland ausdrücklich begrenzen.

Ich gehe von dem Bild eines Lehrers aus, der in drei Praxisfeldern tätig sein muß, wenn er seinem Beruf gerecht werden will, nämlich "im eigentlichen Unterrichtsfeld, dem Klassenzimmer oder dem Lernort der zahlenmäßig begrenzten Schülergruppe; in der Schule insgesamt, als einem wichtigen Lebensraum von Schülern und Lehrern; im kommunalen Bereich, als dem unmittelbaren sozialen Umfeld der Schule, das - neben mittelbaren Faktoren wie z.B. den Massenmedien - die Erziehungs- und Lernprozesse laufend beeinflußt"[11].

Bestandteil einer solchen Ausbildung müssen Praktika sein, die den Lehrerstudenten freilich nicht nur in der Schule, und zwar in Schulen verschiedener Stufen und Bereiche, sondern auch in den beiden anderen Praxisfeldern seiner späteren beruflichen Arbeit Erfahrungen sammeln lassen. Neben Schulpraktika sind in die Ausbildung daher sowohl Sozialpraktika als auch industrielle oder gewerbliche Betriebspraktika einzubeziehen, wie dies der Hamburger Senat am 18. Mai 1982 in seiner Neuordnung der Lehrerausbildung beschlossen hat[12]. Mit dieser begrüßenswerten Erweiterung der Lehrerausbildung halte ich das Problem aber noch nicht für gelöst. Ich sehe nämlich einen wesentlichen Faktor der 'Schulkrise' darin, daß die meisten Lehrer in ihrem Leben aus der Schule nicht herausgekommen sind. Sie gehen von der Schule zur Universität und kehren nach ihren Examina in die Schule zurück. Wenn nicht - bei den männlichen Angehörigen der Berufsgruppe - Wehr- oder Ersatzdienst dazwischengeschaltet worden sind, ist der Kreislauf perfekt. Die von den Lehrern zu fordernde Einsicht in das soziale Umfeld der Schule in ihrer Berufsausübung kann unter solcher Unerfahrenheit bestenfalls durch Lektüre und Betriebsbesichtigungen gewonnen werden; dies ist aber zu wenig. Auch die Praktika während des Studiums werden dieses Defizit nicht grundlegend ändern, weil in ihnen die Ernstsituation beruflicher Arbeit und Abhängigkeit nicht gegeben ist.

Wäre es nicht überlegenswert, das Laufbahnsystem so zu ändern, daß einerseits der Lehrer, der dies wünscht, während seiner beruflichen Tätigkeit die Gelegenheit hätte, einen anderen Beruf auszuüben und in die Schule zurückzukehren - oder auch nicht zurückzukehren, und daß andererseits Menschen aus anderen Bereichen des Beschäftigungssystems in die Schulen hereingeholt werden? Die Verwirklichung dieser Anregung brauchte nicht zur 'Entprofessionalisierung' des Lehrerberufs zu führen, wenn jede längerfristige Tätigkeit in der Schule an eine formale pädagogische Qualifizierung gebunden würde. In diesem Zusammenhang sollten auch alle Vorschläge überprüft werden, die auf eine Anerkennung oder verstärkte Berücksichtigung beruflicher Bewährung außerhalb der Schule als eine Voraussetzung für Hochschulstudium oder Anstellung im Schuldienst zielen.

5 Postulate

In drei thesenartig formulierten Postulaten, mit denen ich diese Ausführungen beende, möchte ich auf die Überlegung zur Humanität im Klassenzimmer zurückkommen.

1. Schulen sind als Institutionen anzuerkennen, in denen Kinder und Jugendliche leben und zusammenleben. Dies bedeutet, daß sie ihre legitime Aufgabe, ihre Schüler auf das Erwachsensein vorzubereiten, weder überschätzen noch übertreiben dürfen. Die Schule von Barbiana ist gewiß kein in die Normalität des öffentlichen Schulwesens übertragbares Modell. Das in ihr praktizierte Konzept, das Kinder die Geschicke ihrer Schule in eigene Hände nehmen ließ, ist aber des Studiums und der Reflexion insofern wert, als sich aus ihm Anregungen zu einer Reduzierung einer Schultheorie und Schulpraxis gewinnen lassen, die an der Erwachsenenwelt überorientiert ist.

2. In unseren komplexen Sozialordnungen ist es unvermeidbar, daß Schulen in differenzierte Verwaltungssysteme eingegliedert sind. Ohne die in diesem Felde besonders auffällige Divergenz regionaler, nationaler und - wie gegenwärtig beispielsweise für die Berufsbildung in der Europäischen Gemeinschaft - übernationaler Regulierungen aus dem Auge zu verlieren, halte ich die These für vertretbar, daß überall Versuche, die auf eine Dezentralisierung von Schulsystemen und auf die Delegierung von Kompetenzen an die 'Basis' zielen, Aufmerksamkeit und Sympathie verdienen.

3. Daß Schulen heute und gewiß auf absehbare Zeit notwendige Institutionen sind, widerspricht nicht der Berechtigung der These, daß sie aufhören sollten, die kognitive und soziale Entwicklung der Kinder und Jugendlichen zu monopolisieren. Sie sollten statt dessen die parallelen Aktivitäten anderer Erzieher nicht nur tolerieren, sondern sogar schätzen. Ich denke dabei

sowohl an die Familien oder familienähnlichen Kleingruppen als auch an Kirchen, Vereine, Klubs, Peer Groups und schließlich auch an die Medien. Schulen sollten sich nicht hinter Ansprüchen falscher Professionalität verschanzen, sondern positiv mit ihrer Bereitschaft zu Zusammenarbeit und Wettstreit auf diese Herausforderung reagieren. In diesem Zusammenhang kommt die erwähnte "Umbesinnung" des Lehrerberufs mit ihren Konsequenzen für die Aus- und Fortbildung noch einmal ins Blickfeld.

Ich fühlte mich völlig mißverstanden, wenn meine Gedanken und Schlußfolgerungen als Argumente zugunsten einer einseitigen Kindorientiertheit aufgenommen würden. Eine solche Interpretation liegt mir fern. Kinder leben nicht auf Inseln und müssen auf die Übernahme der Aufgaben und Verantwortlichkeiten ihrer Mütter und Väter vorbereitet werden. Diese sollten sich freilich ihrerseits davor hüten, ihre Kinder in Prokrustesbetten zu pressen.

Anmerkungen

1. John Locke: Gedanken über Erziehung. Übersetzt und herausgegeben von Heinz Wohlers. Bad Heilbrunn/Obb. 1962. S. 73.

2. Vgl. Czesław Kupisiewicz: Richtlinien zur Vervollkommnung des Bildungswesens in Polen im Spiegel des Berichts des Expertenkomitees. In: Mieczysław Pęcherski; Wolfgang Mitter (Hrsg.): Didaktische Probleme und Themen in Polen. Hannover 1977. S. 39-60.

3. Vgl. Leonid Novikov: Sekundarabschlüsse mit Hochschulreife im sowjetischen Bildungswesen. In: Wolfgang Mitter; Leonid Novikov: Sekundarabschlüsse mit Hochschulreife im internationalen Vergleich. Weinheim 1976. S. 205f.

4. Vgl. Wolfgang Mitter: Gesamtschulen im internationalen Vergleich. In: Thema Gesamtschule. Gutachten zur Gesamtschulentwicklung in Dänemark, Frankreich, den Niederlanden und Norwegen. Hrsg.: Der Bundesminister für Bildung und Wissenschaft. (Bonn) 1982. S. 83-93.

5. Vgl. Wolfgang Mitter: Sekundarabschlüsse mit Hochschulreife im internationalen Vergleich. Weinheim 1976. S. 81-108.

6. Vgl. Wolfgang Mitter: Curriculum Issues in Both Germanies: a comparative appraisal. In: Compare 11 (1981) 1. S. 7-20

7. Vgl. Ulrich Teichler; Dirk Hartung; Reinhard Nuthmann: Hochschulexpansion und Bedarf der Gesellschaft. Wissenschaftliche Erklärungsansätze, bildungspolitische Konzeptionen und internationale Entwicklungstendenzen. Mit einer Einführung zum Thema von Hellmut Becker. Stuttgart 1976.

8. Vgl. László Hegedüs; Botho von Kopp; Gerlind Schmidt: Hochschulen und Berufseingliederung in sozialistischen Staaten. Köln 1982. Insbes. S. 421-434.

9. Vgl. Thesen des Kongresses gleichen Titels vom 8.-10.3.1978 in Bonn-Bad Godesberg. In: Christoph Führ: Das Bildungswesen in der Bundesrepublik Deutschland. Weinheim 1979. S. 173.

10. Vgl. Michael Rutter; Barbara Maughan; Peter Mortimore; James Ouston: Fifteen Thousand Hours. Secondary Schools and their Effects on Children. London 1979.

11. Peter Döbrich; Christoph Kodron; Wolfgang Mitter: Einphasige Lehrerausbildung in Oldenburg. Gutachten für die Universität Oldenburg. Hrsg.: Zentrum für pädagogische Berufspraxis. Oldenburg 1980. S. 6.

12. Vgl. dpa-Dienst für Kulturpolitik. 24.5.1982. S. 20.

Schulreform in Osteuropa

1   Grundfragen von Schule und Pädagogik in Osteuropa
1.1 Historische Ausgangslage
1.2 Prinzipielle Wertschätzung der Schule
1.3 Grundlegende Gemeinsamkeiten und nationale Besonderheiten
2   Der Sekundarbereich I in der Horizontalstufung des Bildungssystems
2.1 Abgrenzung zum Primarbereich
2.2 Abgrenzung zum Sekundarbereich II
2.3 Gegenwärtige Strukturen und geplante Veränderungen
3   Didaktische Reformen
3.1 Lehrplanrevisionen durch zentrale Steuerung
3.2 Wertschätzung des Kenntniserwerbs
3.3 Sozialistische Allgemeinbildung
3.4 Fachunterricht als Vermittler von Wissenschaftssystematik
3.5 Polytechnischer Unterricht
4   Einheitlichkeit und Differenzierung
4.1 Äußere Differenzierung
4.2 Innere Differenzierung
5   Schulen Osteuropas im europäischen Vergleich

Zusammenfassung: Die in Osteuropa 1917 und nach dem Zweiten Weltkrieg vollzogene radikale Umgestaltung der Gesellschaftssysteme bedingte die revolutio-
nierende Errichtung der „sozialistischen Schule", deren grundlegende Merkmale
untersucht werden. Ausgangspunkt ist dabei die These, daß von dieser Ausgangslage
die seitherige Bildungsgeschichte unter dem Aspekt der „permanenten Reform" betrachtet werden kann.
Danach wird die Stellung des Sekundarbereichs I in der Horizontalstufung des Bildungssystems umrissen, woraus die Definition des Sekundarbereichs I als Oberstufe
einer einheitlichen „Grundschule" resultiert. Das Schwergewicht liegt auf der Analyse der didaktischen Reformen, wobei die zentralen Begriffe „sozialistische Allgemeinbildung" und „Wissenschaftlichkeit" besonders herausgearbeitet werden. Es
folgen die Untersuchungen des Verhältnisses zwischen „Einheitlichkeit" und „Differenzierung" und der Versuch, die Schulreformen in Osteuropa im Lichte der internationalen Entwicklung zu deuten.

Summary: The radical reorganization of the social order in Eastern Europe after
1917 and after the Second World War resulted in the revolutionising foundation of
"socialist schooling", the basic characteristics of which are examined here. The start-
ing point of this examination is the thesis that the development of education from
that point onwards can be considered under the aspect of "permanent reform".
The position of Stage I of secondary education within the horizontal structure of the
educational system is then briefly sketched, resulting in the definition of Stage I of
secondary schooling as the upper level of a comprehensive "primary school". The
main emphasis of this contribution lies in the analysis of didactical reforms, central

concepts such as "socialist general education" and "scientific character" being dealt with in particular detail. This section is followed by investigations into the relationships between "uniformity" and "differentiation", and the attempt to interpret educational reforms in Eastern Europe in the light of international developments.

Résumé: La transformation radicale des systèmes de société en Europe de l'Est, en 1917 et après la Seconde Guerre mondiale, amena la création révolutionnaire de «l'école socialiste», dont on examine les tendances fondamentales. Le point de départ de cette analyse est la thèse selon laquelle on peut considérer, partant de cette situation de départ, l'histoire de formation depuis ce temps sous l'aspect d'une «réforme permanente». On définit ensuite la position du premier cycle dans l'échelonnement horizontal du système scolaire, d'où on tire la définition du premier cycle comme étant le niveau supérieur par rapport à une «école de base» uniformiste. On met l'accent sur l'analyse des réformes didactiques en définissant tout particulièrement les concepts centraux de «formation générale socialiste» et de «caractère scientifique». Suivent des analyses de la proportion entre uniformisation et différenciation, ainsi qu'un essai d'interprétation des réformes scolaires en Europe de l'Est à la lumière de l'évolution internationale.

1 Grundfragen von Schule und Pädagogik in Osteuropa

1.1 Historische Ausgangslage

Die Geschichte der Bildungssysteme in den osteuropäischen Staaten im 20. Jahrhundert ist durch die Zäsur geprägt, die durch die grundlegende Veränderung der Gesellschaftssysteme bedingt ist. Der Begriff „Osteuropa" wird hier in dem heute gebräuchlichen Sinn der politischen Abgrenzung verwendet und umfaßt die europäischen Mitglieder des Rats für Gegenseitige Wirtschaftshilfe (RGW), wobei die Sowjetunion in ihrer ganzen territorialen Ausdehnung, also einschließlich ihrer asiatischen Regionen, mitberücksichtigt ist. In der Sowjetunion begann der Aufbau der „sozialistischen Schule" nach der Oktoberrevolution. Die Umgestaltung war dort vergleichsweise radikal, während in den anderen Staaten nach dem Zweiten Weltkrieg eine – von den verantwortlichen politischen Instanzen freilich mehr oder weniger beschleunigte – schrittweise Anpassung der vorgefundenen „bürgerlichen Schule" an die neuen sozioökonomischen und politischen Verhältnisse erfolgte.
Zumindest hinsichtlich der strukturellen Veränderungen handelt es sich bei der erwähnten Zäsur um einen revolutionierenden Vorgang. Für den Sekundarbereich I war er insofern besonders folgenschwer, als er die Ablösung des traditionalen europäischen Dualismus von Volksschulen und Gymnasien (Lyzeen) durch „einheitliche" Schulsysteme bewirkte (verbunden mit der Beseitigung entsprechender Differenzierungen im Primarbereich). Tiefgreifend war von Anfang an auch die Anpassung der Erziehungsziele und der von ihnen bestimmten Erziehungspraxis im Schulalltag an das Leitbild des „neuen Menschen" (vgl. MITTER 1973, S. 99). Auf didaktischem Gebiet erfaßte die Zäsur dagegen zunächst in vollem Umfang nur den historisch-politischen Unterricht, der rasch auf die Prinzipien und Inhalte der marxistisch-leninistischen Gesellschaftslehre ausgerichtet wurde.

1.2 Prinzipielle Wertschätzung der Schule

Die Entwicklung der „sozialistischen Bildungssysteme" seit deren Errichtung läßt sich unter den Begriff der *permanenten Reform* subsumieren. Diese ist bislang durch den mehrmaligen Wechsel von eigentlichen, teilweise hektisch verlaufenen Reformphasen und Jahren einer relativen Stabilisierung gekennzeichnet gewesen, in denen vorausgegangene Innovationen verarbeitet und modifiziert, zugleich aber auch, wie häufig erst aus späterer Sicht festzustellen war, neue Reformprozesse eingeleitet worden sind. Substantielles Merkmal dieser Entwicklung ist in allen osteuropäischen Staaten die nachdrückliche, bis heute unangefochtene Anerkennung der Schule als des Bildungs- und Erziehungs*zentrums* für alle Kinder und Jugendlichen im Pflichtschulalter, damit auch während ihres Besuchs von Schulen des Sekundarbereichs I. Diese Rangstellung in der Erziehungsfunktion unterscheidet das Pflichtschulwesen einerseits vom Primat der gesteuerten Familienerziehung im Vorschulalter (vgl. LIEGLE 1970, S. 107), andererseits aber auch von der Erziehung der Jugendlichen nach Abschluß des Pflichtschulbesuchs, in die sich die Schulen des Sekundarbereichs II und des Tertiärbereichs mit ihnen gleich- oder sogar höherrangigen Institutionen des Beschäftigungssystems teilen müssen.
Begründet wird die gesellschaftspolitische Bedeutung der Schule im allgemeinen mit *zwei Argumentationen*, die sich in zahlreichen offiziellen Aussagen auffinden lassen. Die *erste* ist auf die aus dem Basis-Überbau-Modell des historischen Materialismus abgeleitete Notwendigkeit konzentriert, die Gesellschaftspolitik an das Prinzip des kontinuierlichen Wirtschaftswachstums zu binden und unter diesem Postulat Schule und Pädagogik am Bedarf der Wirtschaft an qualifizierten Arbeitskräften zu orientieren. In der *zweiten* Argumentation verbindet sich der pädagogische Optimismus, der in der Überzeugung von der hervorgehobenen Mitwirkung der institutionalisierten Erziehung an der Verwirklichung des „neuen Menschen" gründet, mit der ungebrochenen Wertschätzung einer wissenschaftlichen Bildung, die als Aneignung von in den Universitäten und Forschungszentren (Akademien) nach „logischen Strukturen" organisierten Wissenschaftsdisziplinen verstanden wird (vgl. FAUST/WENGE 1968, S. 240 f.) und die Rechtfertigung eines Schulsystems in sich schließt, in dem dem systematischen Kenntniserwerb wesentliche Bedeutung beigemessen wird.
Die Unstimmigkeiten und Widersprüche, welche der Vergleich der beiden Argumentationsebenen zutage fördert, sind für die Thematik dieses Beitrags insofern relevant, als sie das Vorhandensein von Spannungen und Kontroversen struktureller, didaktisch-curricularer und erziehlicher Natur im Sekundarbereich I erklären; als Beispiele hierfür seien die äußere Differenzierung des Einheitsschulsystems, das problematische Verhältnis von polytechnischer Bildung (im Sinne technischer Grundlagenbildung) und früher beruflicher Spezialisierung sowie die Konkurrenz von kollektiver Solidarität und individueller Leistung als Bewertungskriterien (etwa in Zeugnissen, Gutachten) genannt.

1.3 Grundlegende Gemeinsamkeiten und nationale Besonderheiten

Die prinzipielle Wertschätzung der Schule – einschließlich ihrer problematischen Stellung im Gesellschaftssystem des „real entwickelten Sozialismus" – weist auf grundlegende Gemeinsamkeiten hin, die sich in den Strukturen, Lehrplänen und Erziehungsprogrammen der einzelnen „sozialistischen Bildungssysteme" niederschlagen. Im Rahmen dieser Gemeinsamkeiten zeigen sich allerdings beachtliche *nationale Besonderheiten*, die sich folgendermaßen begründen lassen (vgl. MIT-TER 1976, S. 46 ff.):

Prioritätensetzungen in der nationalen Bildungspolitik sind wesentlich durch das Niveau der *Wirtschaftsentwicklung* und den *Bildungsstand* der Bevölkerung zum jeweiligen Zeitpunkt bedingt. Dieser Faktor ist insbesondere unter dem Gesichtspunkt der Startbedingungen bedeutsam, unter denen die „sozialistische" Periode der Schulgeschichte in den einzelnen osteuropäischen Staaten begann und welche die vergleichsweise hochentwickelten und ausgeformten Strukturen der Primar- und Sekundarschulen in der ČSSR und DDR von den übrigen, weniger oder kaum industrialisierten Staaten abhoben. Das hohe Ausgangsniveau erklärt beispielsweise den Vorsprung der DDR beim Aufbau des - gegenwärtig überall erreichten oder geplanten - zehnjährigen Pflichtschulwesens und bei der Konzentration der Landschulen sowie auch in bezug auf die Intensität bei der Konzipierung und Durchführung didaktischer Reformen. Demgegenüber mußte sich in den späten 40er und 50er Jahren die Bildungspolitik in Polen und den südosteuropäischen Staaten überhaupt erst auf den Aufbau eines den Sekundarbereich I mit erfassenden Pflichtschulwesens konzentrieren, ähnlich wie dies in der Sowjetunion in den ersten beiden Jahrzehnten nach der Oktoberrevolution der Fall gewesen war.

In den Strukturen, Inhalten und auch Unterrichtsmethoden äußern sich *nationale* und auch *übernationale Traditionen* (diese in den Nachfolgestaaten der einstigen österreichisch-ungarischen Monarchie) einer Schulpolitik, die über die „bürgerliche Periode" in frühere Jahrhunderte zurückreicht. In der Gegenwart werden sie sichtbar beispielsweise in der Abgrenzung des Sekundarbereichs I gegenüber seinen beiden horizontalen Nachbarbereichen, im Stellenwert bestimmter moderner Fremdsprachen im Schulangebot und Schülerwahl und in der Orientierung des Geschichtsunterrichts auf das nationale Geschichtsbild, was innerhalb der RGW-Staatengruppe zu Divergenzen führen kann (beispielsweise zwischen Ungarn und Rumänien). Auch die unterschiedliche Einstufung der religiösen Erziehung ist nicht nur als Ausdruck momentaner innenpolitischer Konstellationen zu deuten, sondern verweist auf die jeweilige, nationalgeschichtlich begründete Stellung der Kirchen; sie reicht vom Verbot religiöser Unterweisung an Minderjährige überhaupt (in der Sowjetunion) bis zur Bereitstellung von Klassenräumen für einen geregelten, von der großen Mehrheit der Kinder besuchten Religionsunterricht und zum Vorhandensein - wenn auch nur weniger - konfessioneller Schulen (in Polen).

Die Frage, wieweit sich in der Bildungspolitik der einzelnen Staaten - zusammen mit Bindungen an nationale Traditionen - auch *aktuelle Einschätzungen* und *Prioritätensetzungen der Partei- und Staatsführungen* widerspiegeln, ist schwierig zu beantworten, weil hierbei der Grad spekulativer Vermutung besonders hoch anzusetzen ist. Dies gilt beispielsweise für die unterschiedliche Übernahme des sowjetischen Vorbilds in der „polytechnischen" Reformphase der späten 50er Jahre oder für bildungspolitische Entscheidungen zugunsten relativer Stabilität (wie seit 1965 in der DDR) oder ständiger Eingriffe in Schulaufbau und Lehrplan (wie seit Ende der 60er Jahre in Rumänien).

2 Der Sekundarbereich I in der Horizontalstufung des Bildungssystems

2.1 Abgrenzung zum Primarbereich

Die Bildungssysteme aller osteuropäischen Staaten sind dadurch charakterisiert, daß Primarbereich und Sekundarbereich I gemeinsame Institutionen bilden, die am zweckmäßigsten mit dem Terminus „Grundschule" (vgl. MITTER 1976, S.52f.) zu erfassen sind. Sie werden von der großen Mehrheit der Schulpflichtigen besucht; von ihnen heben sich die Sonderschulen für körperlich und geistig behinderte Kinder und die Spezialschulen zur Förderung von Kindern mit früh erkennbaren Talenten ab. Beide reichen in den Sekundarbereich II.

Neben den nach Jahrgangsklassen durchorganisierten Schulen gibt es – außer in der ČSSR und DDR – auf dem Lande unvollständige Grundschulen, aus denen die Schüler nach dem 4. oder 6. Schuljahr in Zentral- oder Internatsschulen übertreten können, um dort ihre Pflichtschulbildung abzuschließen. In dünnbesiedelten Regionen sind diese Schulen teilweise wenig gegliedert. Selbst die auf den Primarbereich reduzierten Grundschulen werden als Bestandteile des „Grundschulsystems" (in der gegebenen Wortbedeutung) verstanden, was in der Administration (durch Unterstellung von unvollständigen Schulen unter Zentralschulen) und in der Lehrplangestaltung zum Ausdruck kommt.

Die Dauer des Grundschulbesuchs ist in den einzelnen Staaten ebenso unterschiedlich geregelt wie die Abgrenzung zwischen Primarbereich (Unterstufe) und Sekundarbereich (Oberstufe). Wie in westlichen Bildungssystemen ist diese grundsätzlich dadurch markiert, daß in der Unterstufe der Klassenlehrer den gesamten Unterricht oder zumindest den Kernunterricht (Muttersprache, Mathematik, Natur- und Heimatkunde) erteilt, während mit Beginn der Oberstufe der systematische Fachunterricht einsetzt. Die 1964 in der DDR erhobene Maximalforderung nach einem „systematisch aufgebauten Fachunterricht von Klasse 1 bis 10" (GRUNDSÄTZE ... 1964, S.59) wurde bereits im Gesetz über das einheitliche sozialistische Bildungssystem vom 25. Februar 1965 entschärft. In Polen laufen dagegen in der Unterstufe (seit 1978) Versuche mit einem von Fachlehrern gegebenen Fachunterricht, ohne daß dadurch freilich die durch den Lehrplanaufbau dokumentierte Trennung zwischen Unter- und Oberstufe in Frage gestellt werden soll. Ein weiteres Abgrenzungskriterium ist in der unterschiedlichen Qualifizierung der Lehrer zu sehen; sie wird entweder durch die traditionelle Institutionenhierarchie (Lehrerausbildung auf Sekundarniveau für Primarlehrer, auf Hochschulniveau für Lehrer des Sekundarbereichs I: Bulgarien, DDR, Rumänien, Sowjetunion) oder durch differenzierte Ausbildungsgänge innerhalb des Hochschulbereichs (ČSSR, Polen, Ungarn) realisiert. Trotz dieser Abgrenzungskriterien scheinen in der Grundschule beide Horizontalbereiche im Vergleich zu den meisten westlichen Bildungssystemen (Ausnahmen: Schweden, teilweise USA) eng verbunden, was vor allem den Übergang der Schüler erleichtert und besondere „Orientierungsstufen" offensichtlich überflüssig macht.

2.2 Abgrenzung zum Sekundarbereich II

Der Sekundarbereich I ist als die Oberstufe der allgemeinbildenden Regelschule zu definieren, auf deren Besuch und Abschluß nur in Sonderfällen verzichtet wird (Besuch von Sonder- oder Spezialschule; vorzeitige Überleitung in die Berufsausbildung). Mit dem Übertritt in den Sekundarbereich II fällt der Schüler auch dann, wenn er eine Doppelqualifizierung (Hochschulreife und Berufsdiplom) anstrebt, die Entscheidung zugunsten einer Priorität von studienbezogener („allgemeinbildender") oder berufsbezogener Schullaufbahn. Aus dieser Kriterienbestimmung ergeben sich keine weiteren Abgrenzungsprobleme, wenn die Schulen beider Sekundarbereiche in bezug auf Administration, Lehrplanaufbau und Lehrerqualifikation voneinander abgehoben sind. Dies trifft für fast alle osteuropäischen Staaten mit Ausnahme der Sowjetunion und auch für das gegenwärtig noch bestehende, auslaufende System Bulgariens zu. In diesen beiden Staaten bilden nämlich die Grundschulen zusammen mit den zwei (oder drei) Jahrgangsklassen des „allgemeinbildenden" Zweigs des Sekundarbereichs II (Klassen 9 bis 10/11) die administrative Einheit der (vollständigen) „allgemeinbildenden Mittelschule". Da in der Sowjetunion obendrein die „allgemeine mittlere Bildung", die die formale Hochschulreife einschließt, zu einem allen Jugendlichen zu vermittelnden Zertifikat geworden ist (Artikel 45 der neuen Verfassung von 1977) und auch die Lehrer beider Sekundarbereiche in denselben Ausbildungsgängen qualifiziert werden, stellt sich die prinzipielle Frage, ob man beim sowjetischen Schulsystem überhaupt von einem studienbezogenen Sekundarbereich II sprechen kann. Der hiermit erhobene Zweifel bleibt bestehen, auch wenn unter Bezugnahme auf die zuvor vorgenommene Kriterienbestimmung die Zuordnung der Klassen 9 bis 10/11 zum Sekundarbereich II zu rechtfertigen ist (vgl. MITTER 1976, S. 57).

Schulpflichtdauer und „normaler" Grundschulbesuch (ohne Sitzenbleiben, das allgemein üblich ist, aber bekämpft wird) stimmen in Bulgarien und Polen (achtjährige Schulpflicht) und der ČSSR (neunjährige Schulpflicht) überein. In Bulgarien wird dieser Zusammenhang auch nach Abschluß der laufenden Reformen, welche Grundschule und Schulpflicht auf zehn Jahre erweitern, gewahrt bleiben. Die Besonderheit der DDR besteht darin, daß die Grundschule, „allgemeinbildende polytechnische Oberschule", die Regelschule zur Absolvierung der zehnjährigen Vollzeitschulpflicht darstellt. Darüber hinaus hat sich aber – in Fortführung der deutschen Berufsschulpflichttradition – gemäß Artikel 25 der Verfassung von 1968 jeder Heranwachsende einer obligatorischen Berufsausbildung zu unterziehen, in die eine Minderheit (1977: 6,8%; vgl. ANWEILER 1979, S. 9) bereits nach der 8. Grundschulklasse überwiesen wird. Dies bedeutet die Realisierung einer zwölfjährigen Schulpflicht, die im Sekundarbereich II freilich in Form einer „dualen" Ausbildung (in Schule und Betrieb) absolviert werden kann. In Rumänien, der Sowjetunion und Ungarn klaffen demgegenüber Schulpflichtdauer und Grundschulbesuch auseinander. In Ungarn und Rumänien werden die beiden letzten Jahre der zehnjährigen Schulpflicht in einer studienbezogenen oder (in Rumänien seit 1978 nur) berufsbezogenen Schule des Sekundarbereichs II absolviert, in der Sowjetunion in den erwähnten oberen Klassen der „allgemeinbildenden Mittelschule" oder in einer berufsbezogenen Einrichtung. In der ČSSR ist geplant, einerseits die Grundschule um ein Jahr zu verkürzen, andererseits die Schulpflicht auf den gesamten Sekundarbereich II auszudehnen, was im Endergebnis auf eine zur DDR analoge Regelung (wenngleich mit unterschiedlichen Übergängen zwischen den einzelnen Horizontalbereichen) hinauslaufen dürfte. In Polen war die Verlängerung der bisher achtjährigen Schulpflicht um zwei Jahre und der Aufbau einer zehnjährigen Mittelschule vorgesehen. Durch den Abbruch der Reform (vgl. 2.3) bleibt die Grundschule zunächst erhalten. Ergänzend sei bemerkt, daß ungeachtet der kodifizierten Schulpflichtbegrenzung der Besuch weiterführender Schulen des Sekundarbereichs II in allen osteuropäischen Staaten weithin erreicht oder seine Entwicklung zielstrebig gefördert wird.

Zu berücksichtigen ist in diesem Zusammenhang schließlich das unterschiedliche Einschulungsalter; es variiert zwischen der Vollendung des 6. (ČSSR, DDR, Rumänien und Ungarn) und des 7. Lebensjahres (Bulgarien, Polen und Sowjetunion) und verdient beim Vergleich der Regelungen des Überganges zwischen Primarbereich und Sekundarbereich I besondere Beachtung.

2.3 Gegenwärtige Strukturen und geplante Veränderungen

Die gegenwärtigen Strukturen der Grundschulen mit ihren internen Abgrenzungen der beiden Horizontalbereiche sind auf der Grundlage der eingangs erwähnten revolutionierenden Veränderungen durch Gesetze geregelt, die in den beiden vergangenen Jahrzehnten erlassen worden sind: Bulgarien 1959, ČSSR 1960, Polen und Ungarn 1961, DDR 1965, Rumänien 1968/1978, Sowjetunion 1973. Diese Gesetze sind in Bulgarien (1972) und der ČSSR (1976) durch Verordnungen *modifiziert* worden, welche im Laufe der achtziger Jahre (Bulgarien: 1984, ČSSR: noch offen) Strukturveränderungen vorsehen. In Polen war 1973 vom Sejm (Parlament) eine tiefgreifende Reform beschlossen worden, mit deren Verwirklichung 1978 begonnen wurde und die bis 1987 zum Aufbau einer zehnjährigen obligatorischen Mittelschule führen sollte. Der 1980 erfolgte Abbruch der Reform hat bislang keine neuen Initiativen ausgelöst. In der DDR, Rumänien und der Sowjetunion sind gegenwärtig keine Veränderungen des bestehenden Systems vorgesehen; in Ungarn wird darüber noch diskutiert. Aus dieser Sachlage ergibt sich folgende *Gegenüberstellung* in bezug auf Zahl der Jahrgangsklassen und Abgrenzung zwischen Unter- und Oberstufe, wodurch zugleich der *Umfang des Sekundarbereichs I* sichtbar wird:

Staat	Schuljahre			Schuljahr nach Abschluß laufender Reformen		Vorgesehener Abschluß der Reformen
	Unterstufe	Oberstufe		Unterstufe	Oberstufe	
Bulgarien:	4	4	→	3	7	(1984)
ČSSR:	5	4	→	4	4	(Beginn der achtziger Jahre)
DDR:	3	7 (3+4)				
Polen:	4	4				
Rumänien:	4	4				
Sowjetunion:	3	5				
Ungarn:	4	4				

3 Didaktische Reformen

3.1 Lehrplanrevisionen durch zentrale Steuerung

In der jüngsten Geschichte der Lehrplanrevisionen spiegelt sich das ständige Bemühen um didaktische Reformen wider. In der Sowjetunion wurde zwischen 1966 und 1975 auf der Grundlage umfangreicher Vorarbeiten einer Lehrplankommission, der Mitglieder der Akademie der Wissenschaften der UdSSR und der Akademie der Pädagogischen Wissenschaften der UdSSR angehörten, die bis dahin geltenden Lehrpläne gründlich revidiert. In der DDR standen die Jahre 1963 bis 1975 im Zeichen mehrfacher „Lehrplanpräzisierungen"; entweder wurden auf der Grundlage der Lehrpläne von 1959 Umarbeitungen vorgenommen (teilweise in mehreren Etappen) oder völlig neue Pläne ausgearbeitet. In den übrigen osteuropäischen Staaten sind zu Beginn der 70er Jahre Lehrplanrevisionen eingeleitet worden. Sie sind in Bulgarien (und waren bis 1980 in Polen) Bestandteil des bereits erwähnten Aufbaus obligatorischer Zehnjahresschulen, während in Ungarn unabhängig von noch offenen Strukturveränderungen seit 1978/79 nach mehrjährigen Modellversuchen neue „Lehr- und Erziehungspläne" für die Jahrgangsklassen 1 bis 8 eingeführt werden, die in deutscher und englischer Übersetzung offiziell als „Curricula" bezeichnet werden, um sie von den bisher geltenden „Lehrplänen" (syllabi) abzuheben (vgl. MITTER 1978, S. 58).

Orientierungsgesichtspunkte der Lehrplanrevisionen sind relative Stabilität (für den Primarbereich und Sekundarbereich I auch Rumänien einschließend), somit Allgemeinverbindlichkeit für etwa ein Jahrzehnt, und Realisierbarkeit im Schulalltag. Unter diesem Gesichtspunkt sind beispielsweise die seit 1975 in der Sowjetunion weitergehenden Revisionen zu verstehen, die vor allem in Mathematik und den naturwissenschaftlichen Fächern auf eine gewisse Einschränkung der wissenschaftssystematischen Ausrichtung (siehe 3.4) zielen, um die Lehrpläne einerseits mit den schülerbezogenen „Anforderungsstrukturen" (vgl. FAUST/WENGE 1968, S. 250) zu vereinbaren, andererseits für den Durchschnittslehrer erfüllbar zu machen.

Für die Einleitung, Durchführung und Revidierung didaktischer Reformen ist die *zentrale Steuerung* typisch, für die den Bildungsministerien zentrale wissenschaftliche Institutionen zur Verfügung stehen: in der Sowjetunion die erwähnten Akademien und ministerielle Forschungsinstitute, in der DDR die Akademie der Pädagogischen Wissenschaften der DDR, in den übrigen Staaten entsprechende Institutionen in unterschiedlicher Anordnung, aber mit gleicher Aufgabenstellung (vgl. MITTER 1979, S. 229 ff.). Die Lehrpläne sind jeweils für die Schulen im ganzen Staat verbindlich. In der Sowjetunion variieren die für die einzelnen Unionsrepubliken gültigen Lehrpläne geringfügig, wenn man von den besonderen Regelungen für die Fächer Russisch und (nichtrussische) Muttersprache absieht. Ausdrücklich ausgenommen von der verbindlichen Befolgung sind Versuchsklassen und Versuchsschulen, die mit Genehmigung der zentralen Schulbehörden experimentelle Lehrpläne benutzen dürfen und in dieser Hinsicht teilweise direkt den sie betreuenden wissenschaftlichen Institutionen administrativ unterstellt sind.

Kern aller Lehrplangestaltungen ist die Bindung an didaktische Prinzipien, die zwar im Rahmen der nationalen Reformstrategien mit unterschiedlicher Intensität konzipiert und realisiert werden, aber auf die grundlegenden Gemeinsamkeiten (vgl. 1.3) zurückverweisen. Im folgenden werden sie hauptsächlich am Beispiel der DDR, deren Didaktik sich in den vergangenen 20 Jahren am systematischsten mit ihnen befaßt hat, vorgestellt.

3.2 Wertschätzung des Kenntniserwerbs

Dem Kenntniserwerb wird „im Zusammenwirken der verschiedenen psychischen Komponenten der Persönlichkeit" große Bedeutung beigemessen. „Ohne solide, wissenschaftlich einwandfreie Kenntnisse ist weder die Ausbildung ideologischer Überzeugungen und sozialistischer Verhaltensweisen noch die Entwicklung eines hohen Niveaus der Fähigkeiten denkbar, denn weder Fähigkeiten noch (erst recht!) ideologische Überzeugungen können ‚inhaltsleer', sozusagen als formale Eigenschaften entwickelt werden. Ein reiches, geordnetes Wissenssystem ist die inhaltliche Grundlage der Persönlichkeit, ein entscheidendes stabilisierendes Element der gesamten Persönlichkeitsentwicklung" (ALLGEMEINBILDUNG ... 1973, S. 63). Die Akzentuierung dieses Prinzips erklärt den im Vergleich zu vielen westlichen (vor allem angelsächsischen und skandinavischen) Schulen auffälligen Lerncharakter der „sozialistischen Schule" (im traditionellen Sinn der Aneignung abfragbaren Wissens), den hohen Stellenwert des wissenschaftssystematisch orientierten Lehrplanaufbaus (siehe 3.4) und die Absage an alle Formen eines Projektunterrichts, zu dessen Entwicklung die sowjetische Pädagogik in ihrer revolutionären Phase einen bemerkenswerten Beitrag geleistet hat (vgl. ANWEILER 1964, S. 275 ff.). Die in den letzten Jahren zu beobachtende Ausrichtung der Lehrplantheorie auf das neue Modell des „Problemunterrichts" hat bisher nur geringe Wirkungen auf die Unterrichtspraxis gezeigt (WATERKAMP 1981, S. 166).

3.3 Sozialistische Allgemeinbildung

Die „sozialistische Allgemeinbildung" hat in der Didaktik zentrale Bedeutung. Ihre Umsetzung in die Bildungspraxis ist dem gesamten Bildungssystem aufgetragen, betrifft notwendigerweise aber neben dem Primarbereich den Sekundarbereich I als Abschlußstufe des allgemeinen Pflichtschulbesuchs am stärksten. Sie gilt als „unerläßliche Grundlage für die allseitige Entwicklung sozialistischer Persönlichkeiten" (ALLGEMEINBILDUNG ... 1973, S. 27), wird wegen ihrer integrierenden Funktion in der „Annäherung der Klassen und Schichten in der sozialistischen und kommunistischen Gesellschaft" (ALLGEMEINBILDUNG ... 1973, S. 27) geschätzt und erfährt ihre aktuelle Bestätigung durch den zunehmenden Anteil der geistigen Arbeit an der gesamtgesellschaftlichen Arbeitszeit.

Umfang und Inhalt der „sozialistischen Allgemeinbildung" werden *erkenntnistheoretisch* mit der These begründet, daß die marxistisch-leninistische Gesellschaftslehre es erlaube, „Charakter und Inhalt der allseitigen Entwicklung des Menschen aus den objektiven Gesetzmäßigkeiten und Bedingungen der gesellschaftlichen Entwicklung heraus" zu bestimmen (ALLGEMEINBILDUNG ... 1973, S. 34). Von dieser These aus führt der Weg zur Begründung einer allgemeinverbindlichen didaktisch-methodischen Konzeption, welche die Aneignung der „ganzen Breite und Vielfalt der Kulturgüter" unterstreicht (ALLGEMEINBILDUNG ... 1973, S. 35), die Differenzierung (vgl. 4) dem Prinzip der „Einheitlichkeit" unterordnet und damit ein Abwählen von als allgemeinverbindlich definierten Bildungsbereichen und Fächern – auch noch im Sekundarbereich II – ausschließt.

Historisch untermauert wird diese erkenntnistheoretische Begründung mit dem Selbstverständnis des „Gesellschaftssystems des real entwickelten Sozialismus" als des Erbes der technischen und kulturellen Entwicklung aller vorausgegangenen Gesellschaftsformationen, insbesondere im Hinblick auf die als humanistisch eingestuften Kulturgüter. Dadurch erklärt sich auch die Wertschätzung des chronologisch aufgebauten Geschichts- und Literaturunterrichts, die allerdings nicht unbestritten ist (vgl. WATERKAMP 1975, S. 107).

In den *Stundentafeln* des Sekundarbereichs I schlägt sich die didaktisch-methodische Konzeption darin nieder, daß der obligatorische Unterricht bis in die oberen Klassen das Schwergewicht (im Rahmen der Wochenstundenzahlen) bildet. Am konsequentesten an diesem Grundsatz ist bisher in der „allgemeinbildenden polytechnischen Oberschule" der DDR festgehalten worden, wo, von je zwei Wochenstunden für Nadelarbeit in den Klassen 4 und 5 abgesehen, der nichtobligatorische Unterricht nur durch die zweite Fremdsprache in den Klassen 9 und 10 mit drei oder zwei Wochenstunden vertreten ist (ALLGEMEINBILDUNG ... 1973, S. 93). In den übrigen osteuropäischen Staaten ist der „fakultative Unterricht" (vgl. 4) stärker in der Grundschule ausgebaut worden, am weitesten (seit 1966) in der Sowjetunion. Da aber – bei durchschnittlich 30 Wochenstunden für den obligatorischen Unterricht – dem Wahlbereich maximal nur vier Wochenstunden eingeräumt werden, haben diese Reformen den Grundsatz nicht eingeschränkt, daß die „sozialistische Allgemeinbildung" breit angelegt sein müsse. In Polen sollten im Zuge der großen Bildungsreform vier Züge (mathematisch-physikalisch-technisch, chemisch-biologisch-landwirtschaftlich, sozialökonomisch und humanistisch-kulturell) in den „letzten Klassen" der geplanten zehnjährigen Mittelschule eingerichtet werden (KUPISIEWICZ 1977, S. 54); wieweit sich daraus eine Revidierung dieses Grundsatzes hätte ergeben können, ist seit 1980 nicht mehr aktuell. Vergleichbare Ansätze einer Gabelung gab es zu Beginn der 60er Jahre in der Sowjetunion; sie wurden jedoch nicht weiter betrieben (vgl. MITTER 1969, S. 117). Ergänzend sei hier bemerkt, daß die Lehrplanrevisionen der beiden letzten Jahrzehnte tendenziell mit einer Verringerung der obligatorischen Wochenstundenzahlen verbunden gewesen sind. Die DDR präsentiert in diesem Vergleich mit Wochenstunden zwischen 29 (Klasse 4) und 33 (Klasse 9 und 10) das System, das die Schüler des Sekundarbereichs zeitlich am stärksten beansprucht.

Die Vermittlung der „sozialistischen Allgemeinbildung" erfolgt im Rahmen des „bewährten Fächersystems" (vgl. MITTER 1969, S. 93). Ein Vergleich der Stundentafeln zeigt hierbei keine auffälligen Unterschiede. Obligatorisch sind in allen Staaten die Muttersprache, Russisch (mit Ausnahme Rumäniens, wo das Russische als Teil eines – noch nicht erwähnten – Pflichtwahlbereichs erscheint und mit dem Englischen, Deutschen und Französischen konkurrieren muß), Geschichte, Geographie, Staatsbürgerkunde (oder Gesellschaftskunde – nur in den oberen Klassen), Mathematik, Physik, Chemie, Biologie, Sport, Zeichnen und Musik; die ebenfalls obligatorische Position des Polytechnischen Unterrichts wird in anderem Zusammenhang noch erörtert (vgl. 3.5). Weitere Erwähnung verdienen die Aufnahme eines 2-Wochenstunden-Kurses über „Grundlagen des sowjetischen Rechts" in den sowjetischen Lehrplan der 8. Klasse, des Fachs Astronomie mit einer Wochenstunde in den DDR-Lehrplan sowie eines besonderen Ausbildungsbereichs „Wehrerziehung" in der ČSSR und DDR. Besondere Regelungen betreffen schließlich den Sprachunterricht der Kinder von Angehörigen nationaler Minderheiten in allen osteuropäischen Staaten außer in Polen. In der DDR gelten sie entsprechend dem Gesetz über das einheitliche sozialistische Bildungssystem für den Unterricht in den sorbischen Schulen.

Die Unterrichtsfächer sind zu „Zyklen" (so in der Sowjetunion) oder „Bildungsbereichen" (so in der DDR) zusammengefaßt. Das „Lehrplanwerk" der „allgemeinbildenden polytechnischen Oberschule" der DDR unterscheidet folgende Bildungsbereiche: Mathematik/Naturwissenschaften, Polytechnischer Unterricht und Produktive Arbeit, Gesellschaftswissenschaften, Muttersprache/Fremdsprachen, Literarisch-künstlerischer Unterricht und Sport. Überschneidungen zwischen Bildungsbereichs- und Fächerstrukturen ergeben sich beim Fach „Deutsche Sprache und Literatur". Jedem der Bildungsbereiche wird seine „spezifische Wertigkeit" und die Ausübung einer „unersetzlichen Wirkung auf die allseitige Entwicklung der Persönlichkeit" zuerkannt (ALLGEMEINBILDUNG ... 1973, S. 36). Soweit sich der Stellenwert der einzelnen Bildungsbereiche aus dem System der „sozialistischen Allgemeinbildung" ermitteln läßt, zeigt die Entwicklung der vergangenen beiden Jahrzehnte eine Zunahme des Anteils der mathematisch-naturwissenschaftlichen Disziplinen. Er macht, um drei Beispiele zu nennen, in den am Anfang der 80er Jahre gültigen Stundentafeln der Sowjetunion (Klasse 4 – 8) 35 %, der DDR (Klasse 4 – 10) 37 % und der ČSSR (Klasse 6 – 9) 38 % aus, wobei das Fach Geographie, dem die Funktion eines „echten Bindegliedes zwischen den gesellschaftswissenschaftlichen und naturwissenschaftlichen Fächern" zugewiesen ist, mit erfaßt ist (ALLGEMEINBILDUNG ...

1973, S. 247). Auch wenn diese quantitativen Proportionen nicht überbewertet werden und insbesondere zu keiner Unterschätzung der in allen Lehrplänen und sonstigen Dokumenten akzentuierten ideologisch-politischen Bildung und Erziehung veranlassen dürfen, sind sie ein wichtiges Indiz für die starke Hervorhebung dieses Bildungsbereichs in der „sozialistischen Allgemeinbildung", zumal wenn man sie zusammen mit dem – in den einzelnen Staaten freilich unterschiedlich berücksichtigten – Anteil des „polytechnischen Unterrichts" betrachtet (vgl. 3.5). Die Notwendigkeit „*fachübergreifender Koordinierung*" wird von Didaktikern anerkannt (vgl. ALLGEMEINBILDUNG ... 1973, S. 76 ff.). Bevorzugte Felder hierfür sind die politisch-ideologische Bildung und Erziehung (Geschichte, Staatsbürger- oder Gesellschaftskunde und Geographie), der naturwissenschaftliche Bildungsbereich (vgl. FEDOROVA 1974, S. 372 ff.) und der Polytechnische Unterricht. Die Bemühungen um Koordinierung zielen allerdings nicht auf den Aufbau integrierender Veranstaltungen, sondern beschränken sich bislang auf die Abstimmung der betroffenen Fachlehrpläne. Auch sind in diesem Zusammenhang die Forschungs- und Entwicklungsarbeiten zur allgemeinen Unterrichtsmethodik zu nennen.

3.4 Fachunterricht als Vermittler von Wissenschaftssystematik

Für die Oberstufe der Grundschule gilt das für die Unterstufe nicht unumstrittene Prinzip der „Wissenschaftlichkeit des Unterrichts". Die sowjetische Didaktik subsumiert dementsprechend die gesellschafts- und naturwissenschaftlichen Unterrichtsfächer unter den Begriff „Grundlagen der Wissenschaften". Übereinstimmung zwischen „sozialistischer Allgemeinbildung" und dem „modernen Entwicklungsstand der Wissenschaften" (ALLGEMEINBILDUNG ... 1973, S. 122) ist daher ein ständig postuliertes Ziel didaktischer Reformen. Exemplarisch sei dies an einem Abschnitt demonstriert, der einer repräsentativen Kollektiv-Veröffentlichung entnommen ist und das Fazit einer Diskussion sowjetischer Wissenschaftler unter Beteiligung des Ministers für Volksbildung der UdSSR, Prokof'ev, in folgende vier Fragen kleidet:
„1. Wie muß das Verhältnis zwischen den Grundthesen der klassischen Wissenschaft, unter deren Einfluß der traditionelle Inhalt der Schulbildung geformt wurde, und den modernen wissenschaftlichen Ansichten beschaffen sein?
2. Wie müssen sich im Charakter der Schulbildung das gegenwärtige Tempo des wissenschaftlich-technischen Fortschritts und das gewaltige Anwachsen des Umfangs an wissenschaftlicher Information widerspiegeln?
3. Welche Schlußfolgerungen ergeben sich aus der Tatsache, daß die Hauptströmungen in der Entwicklung der Wissenschaft durch deren Eindringen in die Erkenntnis immer tieferer Gesetzmäßigkeiten vom Bau der Natur und vom Mechanismus physikalischer, chemischer, biologischer und anderer Prozesse charakterisiert wird, deren Erlernung der anschaulichen Vorstellung und der unmittelbaren sinnlichen Erfahrung nicht zugänglich ist, sondern sich auf komplizierte Abstraktionen und theoretische Behauptungen stützt?
4. Welche Maßnahmen müssen ergriffen werden, damit wegen der immer vollständigeren Erfassung der heranwachsenden Generationen vom Unterricht der oberen Klassen der Kurs der Mittelschule allgemeinverständlich werde und gleichzeitig eine Erhöhung des Bildungs- und Erziehungsniveaus der Mittelschulabsolventen gewährleistet?" (PROKOF'EV u. a. 1967, S. 96).
Mit der Verpflichtung auf Wissenschaftlichkeit verbindet sich die Orientierung der Systematik des Fachunterrichts auf die „Systematik der Fachwissenschaft" (vgl. 1.2).
„Dabei ist allerdings zu beachten, daß die fachwissenschaftliche Forschung in der

Regel einer anderen Logik folgt als die Lehre" (ALLGEMEINBILDUNG ... 1973, S. 71).
Aus dieser These wird ein zweistufiger Systematik-Begriff abgeleitet, der den „objektiven Zusammenhängen der Fachlogik" eine „pädagogisch durchdachte Systematik" gegenüberstellt. Beide bestimmen den Aufbau der Fachlehrpläne zusammen mit den Anforderungen, die sich aus der ideologischen Bindung der Pädagogik ergeben (vgl. ALLGEMEINBILDUNG ... 1973, S. 73). In diesem Komplex der Verbindung von Wissenschaftsorientiertheit, Unterrichtssystematik und ideologischer Bindung kann man ein zusätzliches Moment des Bemühens um fächerübergreifende Koordinierung erkennen.

3.5 Polytechnischer Unterricht

In der Geschichte der Didaktik in den osteuropäischen Staaten hat das Prinzip der Verbindung von Theorie und Praxis stets eine zentrale Rolle gespielt, wenngleich das Interesse hierfür sowohl - unter historischem Aspekt - in den einzelnen Perioden als auch - unter vergleichendem Aspekt - in den einzelnen nationalen Bildungssystemen unterschiedlich formuliert und praktiziert worden ist. Dieses Prinzip hat seine ideologischen Wurzeln in der These von der „Einheit von Theorie und Praxis", schlägt sich sowohl in der allgemeinen Bildungs- und Erziehungstheorie (Verbindung von Lernen und Arbeiten) als auch in der Bildungspolitik (Zusammenwirken von politischer Entscheidung und wissenschaftlicher Beratung) nieder und äußert sich in der Didaktik zum einen in der Verbindung von schulischer und außerschulischer Erziehung (beispielsweise im Einsatz von „Schülerbrigaden" in der Ernte), zum anderen im „polytechnischen Unterricht" der Schule, in dem der Sekundarbereich I die Schlüsselfunktion hat.
Die gegenwärtigen didaktischen Reformen auf dem Gebiet des „polytechnischen Unterrichts" beginnen mit der sowjetischen Schulreform von 1958, die am konsequentesten von der DDR nicht nur mitvollzogen, sondern darüber hinaus auch in den 60er Jahren weiterentwickelt wurde, so daß heute der Sekundarbereich I der „allgemeinbildenden polytechnischen Oberschule" als das vergleichsweise am stärksten polytechnisierte System angesehen werden kann. Diese Aussage läßt sich in vierfacher Hinsicht begründen: erstens mit der Intensität der bildungstheoretischen Auseinandersetzung, die sich in der Ausweitung des sonst vorherrschenden Gebrauchs des Begriffs „polytechnischer Unterricht" durch Rückgriff auf den klassischmarxistischen Begriff „polytechnische Bildung (und Erziehung)" sichtbar dokumentiert; zweitens mit der weitgehenden Verankerung des „polytechnischen Prinzips" im Unterricht der naturwissenschaftlichen Disziplinen; drittens mit dem Bemühen um Konzipierung der polytechnischen Bildung als technische Grundlagenbildung (durch Einführung des separaten Faches „Einführung in die sozialistische Produktion"); viertens mit der Durchsetzung der „produktiven Arbeit" mit zwei (in Klasse 7 und 8) und drei (in Klasse 9 und 10) Wochenstunden.
In der Sowjetunion ist der polytechnische Unterricht durch das Fach „Arbeit" mit je zwei Wochenstunden in allen Klassen der Mittelschule (von 1 bis 10) vertreten; die Stundentafeln der übrigen Staaten weisen ähnliche Festlegungen auf. Im Unterschied zur DDR, wo die „produktive Arbeit" in betrieblichen oder zwischenbetrieblichen Lehrwerkstätten konzentriert ist, findet dort der polytechnische Unterricht hauptsächlich in schulischen Werkstätten statt. Besondere Erwähnung verdient das seit 1971 in Rumänien laufende Großprojekt „Erziehung für und durch die Arbeit", das in „Allgemeinen Schulen" des Bezirks Teleorman erprobt wird (MICLESCU 1975, S. 63 ff.).

Offene, sich miteinander verzahnende Probleme des polytechnischen Unterrichts betreffen die seine ganze Geschichte bestimmende Frage der Vereinbarkeit von technischer Grundlagenbildung und Berufsorientierung (oder sogar Berufsausbildung, die zu Beginn der 60er Jahre die Entwicklung in der Sowjetunion und der DDR prägte), die Bestimmung optimaler Inhalte und Arbeitsmethoden und schließlich die in der DDR offensichtlich am weitesten gelöste Verbindung von Produktivität im ökonomischen (Verwertbarkeit der Arbeitsprodukte) und didaktischen Sinn.

4 Einheitlichkeit und Differenzierung

Das ideologisch begründete Prinzip der Einheitsschule und das didaktische Prinzip der „sozialistischen Allgemeinbildung" verdichten sich zu dem in allen osteuropäischen Staaten unumstritten anerkannten Prinzip der „Einheitlichkeit" als „grundlegendes bildungspolitisch-pädagogisches Prinzip" (KIENITZ u.a. 1971, S.49). Sowohl die didaktische Umsetzung dieses Prinzips als auch die Organisation von Einheitsschulsystemen in bezug auf ihren Umfang und ihre innere Struktur sind freilich in der bisherigen Geschichte der „sozialistischen Pädagogik" Gegenstand unterschiedlicher und sogar kontroverser Auffassungen und Praktiken gewesen. Diese Kontroversen, in denen sich neben gesellschafts- und bildungstheoretischen Argumentationen nationale Traditionen (vgl. 1.3) widerspiegeln, haben zu verschiedenartigen Modellen und praktischen Lösungsversuchen geführt, in denen der Grad zulässiger Differenzierung innerhalb des Einheitsschulsystems unterschiedlichen Ausdruck gefunden hat. Diese Auseinandersetzungen kennzeichnen auch die gegenwärtige Lage und beeinflussen die Prognosen einer „Schule der Zukunft" (vgl. KUPISIEWICZ 1977, SKATKIN 1974).
Unter Hinweis auf den Stellenwert, den der obligatorische Unterricht in den Schulen des Sekundarbereichs I einnimmt (vgl. 3.3), ist die These zu rechtfertigen, daß im gesamten Bildungsbereich unterhalb der tertiären Horizontalstufe die bildungspolitisch artikulierte und in Gesetzen und Verordnungen kodifizierte Tendenz herrscht, das Prinzip der Einheitlichkeit soweit wie möglich zu wahren und Differenzierungen nur soweit vorzunehmen, als einerseits die Fähigkeiten und Interessen der Schüler (*Neigungsdifferenzierung*), andererseits die Anforderungen der arbeitsteiligen Wirtschaft (*Leistungsdifferenzierung*) dies als nötig erscheinen lassen. In der als dritte Form praktizierten *inhaltlichen Differenzierung* scheinen beide Ansprüche am ehesten harmonisierbar (vgl. MITTER 1976, S.64ff.).

4.1 Äußere Differenzierung

Schwerpunkt der äußeren Differenzierung ist der Sekundarbereich II, während der Sekundarbereich I hiervon vergleichsweise nur schwach erfaßt wird. Vom Sonderschulwesen und von der in Polen geplanten Zweigdifferenzierung in den oberen Klassen der neuen Mittelschule abgesehen, beschränkt sie sich auf die folgenden beiden Formen.
Im Angebot der ersten Fremdsprache (in Rumänien) und im Rahmen des Polytechnischen Unterrichts (Nadelarbeit und Hauswirtschaft für Mädchen in allen Staaten außer der DDR) äußert sich das Vorhandensein eines *Pflichtwahlbereichs* (vgl. 3.3). Größere Bedeutung kommt dem *fakultativen Unterricht* (Wahlbereich) zu, zu dessen jüngster Entwicklung die Sowjetunion den Anstoß gegeben hat (vgl. MITTER 1969, S.119). Die für die Stundentafeln in den einzelnen Unionsrepubliken orientierende „Musterstundentafel" sieht für Klasse 7 zwei und für Klasse 8 vier

Wochenstunden vor. Das von der jeweiligen personellen und materiellen Ausstattung der Schulen abhängige und daher sehr unterschiedlich realisierte Angebot an fakultativen Kursen zielt zum einen auf die Verstärkung von Inhalten des obligatorischen Unterrichts (ohne daß dies zu „Stützkursen" führen soll, was in der Praxis freilich häufig geschieht), zum anderen auf die Vermittlung zusätzlicher Themen (dies allerdings nur im Rahmen der obligatorischen Unterrichtsfächer). In dieser Hinsicht ist die in der DDR gegebene Reservierung des fakultativen Unterrichts für zusätzliche Fächer (Nadelarbeit, zweite Fremdsprache) als Besonderheit zu betrachten. Auch die *Spezialklassen* (innerhalb von „Massenschulen") und *Spezialschulen* für Schüler, deren besondere Talente und Fähigkeiten man für frühzeitig erkennbar hält und für deren Förderung der „fakultative Unterricht" als nicht ausreichend angesehen wird, sind in allen osteuropäischen Staaten (am wenigsten ausgeprägt in der DDR) in erster Linie Einrichtungen des Sekundarbereichs II. Dies gilt insbesondere für die physikalisch-mathematischen Internatsschulen der Sowjetunion (und ähnliche Institutionen in anderen Staaten), die ausgesprochene Stätten der Heranbildung von qualifiziertem Wissenschaftlernachwuchs darstellen und Universitäten angeschlossen sind. Bei den Spezialschulen im Sekundarbereich I, die teilweise schon im Primarbereich einsetzen, handelt es sich einmal um Schulen mit konzentrierter Ausbildung der Kinder in Musik, Tanz, bildender Kunst und Sport; unter ihnen ragen die teilweise schon in der Zarenzeit entstandenen Spezialschulen für Musik und Tanz in der Sowjetunion sowie die Schulen mit verstärktem Gesang- und Musikunterricht (nach dem didaktisch-methodischen System von Zoltán Kodály) in Ungarn hervor. Zum anderen gibt es in allen osteuropäischen Staaten Schulen mit erweitertem Fremdsprachenunterricht, in denen die erste Fremdsprache (in der DDR nur Russisch; in den übrigen Staaten außerdem [in der Sowjetunion nur] Englisch, Deutsch, Französisch und auch Spanisch) vom 2. oder 3. Schuljahr an gelehrt wird. Im Sekundarbereich I werden an diesen Schulen teilweise auch andere Fächer (Geographie, Geschichte, auch Naturwissenschaften) in dieser Fremdsprache unterrichtet. Es nimmt nicht wunder, daß in einer sich als sozialistisch begreifenden Gesellschaft solche Spezialschulen nicht unumstritten sind, denn sie werden zwar prinzipiell dem Einheitsschulsystem zugerechnet und bauen die zusätzlichen Unterrichtsinhalte auf dem vollen Allgemeinpensum auf, üben aber besondere Anziehungskraft auf Eltern aus, die infolge ihres Informationsvorsprungs die Bildungs- und Lebenschancen, die der Besuch dieser Schulen eröffnet, gut zu beurteilen vermögen (vgl. FERGE 1976, S. 74). Darüber hinaus berührt diese Problematik auch die Grundposition der „sozialistischen Schule", weil die Aufnahme in solche Schulen durch formale oder zumindest versteckte Auslese erfolgt.
In der DDR gab es bislang „Vorbereitungsklassen" (9 und 10) zum Besuch der erweiterten Oberschule (Klasse 11 und 12), die bis 1983 auslaufen sollen. Sie waren zwar formal der „allgemeinbildenden polytechnischen Oberschule" zugeordnet, jedoch an erweiterten Oberschulen eingerichtet und ausdrücklich als Auslesestätten definiert (vgl. BASKE 1979, S. 141 ff.). Sie stellten somit - neben den in allen osteuropäischen Staaten in jeweils geringer Zahl errichteten Spezialschulen und Spezialklassen den Sonderfall einer früh einsetzenden, gezielten *Selektion des Hochschulnachwuchses* dar, zumal eine Vorauslese bereits im 7. Schuljahr durch die Gewinnung der „voraussichtlich geeigneten Schüler" zur Beteiligung am (fakultativen) Unterricht der zweiten Fremdsprache erfolgte (vgl. BASKE 1979, S. 146). Es ist (im September 1981) zu vermuten, daß diese Vorauslesefunktion nun dem fakultativen Fremdsprachenunterricht in der gesamten Oberstufe (Klasse 7 bis 10) zugewiesen werden wird, weil der Auslesecharakter der erweiterten Oberschule unverändert bleiben soll.

4.2 Innere Differenzierung

Gegenüber der äußeren Differenzierung, der im Sekundarbereich I, im ganzen gesehen, eine Außenseiterfunktion zukommt, wird die innere (didaktische) Differenzierung überall als direkter Beitrag zur Verwirklichung der „sozialistischen Schule" betrachtet und entwickelt. KLEIN (1967, S. 735), der sich in der DDR intensiv mit dieser Differenzierungsform, die er als „Individualisierung" eines „im Prinzip einheitlich gestalteten Unterrichts" definiert, beschäftigt hat, entwickelte einen Kriterienkatalog von Grundlagen, an denen sich der Lehrer bei seiner individualisierenden Arbeit orientieren soll, nämlich Lerneinstellung, Verfügbarkeit über Vorkenntnisse, Arbeitstechniken, Fähigkeiten und Festigungsbedarf. Er hält es für möglich, durch „individuell dosierte" Maßnahmen schwächere Schüler individuell „bis an die Grenze der Leistungsfähigkeit" und somit zur Erfüllung der obligatorischen Lehrplananforderungen zu führen. Seine Erfahrungen ermutigen ihn zu der Aussage, daß sich Schwächen und Stärken in diesem Prozeß nicht nur von Fach zu Fach, sondern auch innerhalb eines Faches von Aufgabe zu Aufgabe verschieben, so daß „freie Zeiten", die ein Schüler bei der raschen Lösung einer gestellten Aufgabe gewinnt, für die Arbeit an einer anderen Aufgabe verfügbar werden, deren Lösung ihm größere Schwierigkeiten verursacht. Daher und aus sozialpsychologischen Erwägungen heraus plädiert Klein für *variable Gruppen,* wobei das heterogene Strukturprinzip gegenüber dem homogenen bevorzugt wird. „Freie Zeiten", welche leistungsstarke Schüler trotz kompensatorischer Füllung ihrer Lücken gewinnen, sind der Lösung von *zusätzlichen Aufgaben* vorbehalten. An dieser Stelle wird die innere Differenzierung zur Brücke zwischen der Erfüllung obligatorischer Lehrplananforderungen und der Entfaltung „besonderer Fähigkeiten" (etwa in der Erreichung einer überdurchschnittlichen Niveaustufe bei der Lösung einer mathematischen Aufgabe).

5 Schulen Osteuropas im europäischen Vergleich

Die Bindung der „sozialistischen Pädagogik" an die Normen der marxistisch-leninistischen Gesellschaftslehre unterscheidet die Schulen Osteuropas von den Schulen Westeuropas. Sie bestimmt nicht nur Erziehungsziele und Erziehungspraxis, sondern auch die Didaktik. Daß die einzelnen Bildungsbereiche und Fächer von der Ideologisierung des Unterrichts mit unterschiedlicher Intensität erfaßt werden, ist hierbei ebenso bemerkenswert wie Art und Grad, den die Ideologisierung des gesamten Bildungs- und Erziehungsprozesses in den einzelnen nationalen Bildungssystemen Osteuropas charakterisiert.
Daß trotz der politisch und ideologisch bedingten Distanz der Schulen in Ost- und Westeuropa der *gesellschaftssystemübergreifende Vergleich* parallele und analoge Erscheinungen und Tendenzen deutlich werden läßt, hängt damit zusammen, daß die Staaten beiderseits der „Grenze" in die ökonomischen, sozialen und kulturellen Prozesse der industriegesellschaftlichen Entwicklung einbezogen sind. In diesem Rahmen spezifizieren der jeweilige sozioökonomische Entwicklungsstand und die nationale Kultur die aus dem globalen Ost-West-Vergleich resultierenden Aussagen und lenken damit die Aufmerksamkeit auch auf den Vergleich einzelner nationaler Bildungssysteme über die „Grenze" hinweg (Beispiel: die Schulverwaltung unter Gegenüberstellung zentralistischer - Frankreich, Länder der Bundesrepublik Deutschland *und* osteuropäische Staaten - und dezentralisierter Strukturen - Großbritannien, Niederlande). In diesem Denkansatz wurzeln die folgenden exemplari-

140

schen Hinweise auf Probleme, deren Vorhandensein die Schulen des Sekundarbereichs I in Osteuropa in die *europäische Dimension der gegenwärtigen Schulreformen* stellen.

Die strukturelle *Verknüpfung von Primarbereich und Sekundarbereich I* als Regelfall der osteuropäischen „Grundschule" verweist auf das Desiderat einer erziehlichdidaktischen Kontinuität. Diese prägte die einstige „Volksschule", ist aber in der Entwicklung der Schulen in Westeuropa auch dort nicht wiederhergestellt worden (Ausnahme: Schweden), wo der traditionale europäische Dualismus von Gesamtschulen (im weiten Wortsinn) abgelöst worden ist.

Auch wenn die Inhalte der „sozialistischen Allgemeinbildung" grundsätzlich und im einzelnen mit westeuropäischen Bildungskonzeptionen nicht kongruieren, verstärken sie das Nachdenken über die Notwendigkeit einer *allgemeinverbindlichen Grundbildung* im Sekundarbereich I. Damit verbindet sich die Frage nach der Realisierbarkeit eines alle Schüler eines Jahrgangs erfassenden einheitlichen Unterrichts bei gleichzeitiger Berücksichtigung individueller Begabungen, Fähigkeiten und Interessen. Unter diesem Aspekt gebührt den Bemühungen im Felde der inneren Differenzierung besondere Aufmerksamkeit.

Mit der polytechnischen Bildung (dem polytechnischen Unterricht), einem Schwerpunkt „sozialistischer Allgemeinbildung", leisten die Schulen Osteuropas, wenngleich in sehr unterschiedlichem Maße, einen bemerkenswerten Beitrag zur Konzipierung und Praktizierung einer *technischen Grundlagenbildung*. Die Relevanz dieses Beitrags begründet sich insbesondere durch die Intensität der dortigen Reformen und der aus ihnen erwachsenden Erfahrungen - sowohl aus Modellversuchen als auch aus der „normalen" Schulpraxis. Die Problematik der Wechselbeziehung von polytechnischer Bildung und Berufsausbildung kann dabei am Beispiel der osteuropäischen Entwicklung gut studiert werden.

Die bisherige Geschichte der *Spezialschulen* exemplifiziert die Schwierigkeiten, die sich bei der Umsetzung des Einheitsschulprinzips in die Bildungs- und Erziehungspraxis einstellen, und zugleich die Herausforderung, die solche - von kleinen Minderheiten besuchte und daher den heutigen Gymnasien (Lyzeen) Westeuropas nicht gleichzusetzenden - selektiven Institutionen für die „Massenschulen" darstellen. Außerdem regt das Vorhandensein dieser Schulen zu Überlegungen darüber an, daß keine Lösung im Erziehungsfeld und in der Bildungspolitik sinnvoll sein dürfte, welche „Außenseitern" Wirkungsmöglichkeiten verweigert.

Die Betonung der „Einheit von Bildung und Erziehung" und der darin implizierte Nachdruck auf die ideologisch bestimmte *Erziehungsfunktion der Schule* bestätigen den erwähnten Abstand der „sozialistischen Schule" von den Schulen Westeuropas. Zugleich aber wird der Blick für eine Aufgabe geschärft, die auch unter den andersgearteten gesellschaftlichen Bedingungen und Werthaltungen der Schule gestellt ist.

ALLGEMEINBILDUNG - LEHRPLANWERK - UNTERRICHT. Ausgearbeitet von einem Autorenkollektiv unter der Leitung von G. Neuner, Berlin (DDR) 1973. ANWEILER, O.: Geschichte und Schule der Pädagogik in Rußland vom Ende des Zarenreiches bis zum Beginn der Stalin-Ära, Berlin 1964. ANWEILER, O.: Hoher Grad an Planung und Steuerung. Das Bildungswesen der DDR. In: D. Parl. 29 (1979), 37, S. 9. ANWEILER, O. u. a. (Hg.): Die sowjetische Bildungspolitik von 1958-1973. Dokumente und Texte, Berlin 1976. ANWEILER, O. u. a.: Bildungssysteme in Europa. Struktur- und Entwicklungsprobleme des Bildungswesens in der Bundesrepublik Deutschland und der Deutschen Demokratischen Republik, in England, Frankreich, Schweden und der Sowjetunion, Weinheim/Basel ³1980. ARATO, F. u. a.: Hungarian Education, Budapest 1976. ATHANASSOW, SH.: Bildungswesen und Wissenschaft in der Volksrepublik Bulgarien, Sofia 1974. BASKE, S. (Hg.): Bildungspolitik in der DDR 1963-1976. Dokumente, Berlin 1979. FAUST, H./WENGE, H.: Probleme der Entwicklung geistiger Fähigkeiten der Schüler im Unterricht der Klassen 5 bis 10. In: P. 23 (1968), S. 239 ff. FEDOROVA, V. N.: Prognostizierung eines neuen Systems für die naturwissenschaftlichen Disziplinen. In: MITTER, W. (Hg.): Didaktische Probleme und Themen in der UdSSR, Hannover 1974, S. 372 ff. FERGE, ZS.: Some Relations between Social Structure and the School System. In: Annales Universitatis Scientiarum Budapestinensis de Roland Eötvös Nominatae. Sectio Philosophica et Siciologica, tomus IX, Budapest 1976, S. 63 ff. GRUNDSÄTZE FÜR DIE GESTALTUNG DES EINHEITLICHEN SOZIALISTISCHEN BILDUNGSSYSTEMS. (Entwurf), Berlin (DDR) 1964. KIENITZ, W. u. a.: Einheitlichkeit und Differenzierung im Bildungswesen, Berlin (DDR) 1971. KLEIN, H.: Zur gegenwärtigen Situation in der didaktischen Theorie und zu einigen Problemen der weiteren Arbeit. In: P. 22 (1967), S. 409 ff. KUPISIEWICZ, CZ.: Richtlinien zur Vervollkommnung des Bildungssystems in Polen im Spiegel des Berichts des Expertenkomitees. In: PECHERSKI, M./MITTER, W. (Hg.): Didaktische Probleme und Thesen in Polen, Hannover 1977, S. 39 ff. LIEGLE, L.: Familienerziehung und sozialer Wandel in der Sowjetunion, Berlin 1970. MICLESCU, M.: Der polytechnische Unterricht im rumänischen Schulwesen, Weinheim/Basel 1975. MITTER, W.: Einheitlichkeit und Differenzierung als Problem der sowjetischen Schulreform. In: ANWEILER, O. (Hg.): Bildungsreformen in Osteuropa, Stuttgart 1969, S. 108 ff. MITTER, W.: Erziehungsziele und Probleme ihrer Verwirklichung in sozialistischen Gesellschaften. In: Forschung zur osteuropäischen Geschichte, Bd. 20, Wiesbaden 1973, S. 93 ff. MITTER, W.: Sekundarabschlüsse mit Hochschulreife im internationalen Vergleich. Ergebnisse einer Untersuchung über Bildungssysteme sozialistischer Staaten. In: MITTER, W./NOVIKOV, L.: Sekundarabschlüsse mit Hochschulreife im internationalen Vergleich. Ergebnisse einer Untersuchung über Bildungssysteme sozialistischer Staaten, Weinheim/Basel 1976, S. 1 ff. MITTER, W.: Bildungsforschung und Bildungspolitik in Ungarn. In: Mitt. u. Nachr. (DIPF) (1978), 92/93, S. 52 ff. MITTER, W.: Bildungsforschung und Bildungspolitik in Osteuropa. In: RÖHRS, H. (Hg.): Die Erziehungswissenschaft und die Pluralität ihrer Konzepte, Wiesbaden 1979, S. 227 ff. MITTER, W.: Gegenwartsfragen des ungarischen Bildungswesens. In: osteur. 30 (1980), S. 108 ff. PAVLOV, N.: Education and Educational Policies in the People's Republic of Bulgaria, Sofia 1980. PROKOF'EV, M. A. u. a.: Narodnoe obrazovanie v SSSR 1917-1967 (Volksbildung in der UdSSR 1917-1967), Moskau 1967. SKATKIN, M. N.: O škole buduščego. Perspektivy razvitija sovetskoj obščeobrazovatel'noj školy (Über die Schule der Zukunft. Entwicklungsperspektiven der sowjetischen allgemeinbildenden Schule), Moskau 1974. VOGT, H. u. a.: Unterricht auf der Sekundarstufe I in der DDR und Bundesrepublik Deutschland (NRW), 3 Bde., Kastellaun 1976-1979. WATERKAMP, D.: Lehrplanreform in der DDR, Hannover 1975. WATERKAMP, D.: Lehrplanreform in der DDR - eine Bilanz. In: HÖRNER, W./WATERKAMP, D. (Hg.): Curriculumentwicklung in internationalem Vergleich, Weinheim/Basel 1981, S. 280 ff.

Sekundarbereich II – Abschluß der Jugendschule oder Beginn der Erwachsenenbildung?

Skizzierung einiger Grundfragen im Spiegel internationaler Tendenzen

Summary: This article is rooted in results from an international comparative investigation which was conducted at the German Institute for International Educational Research in Frankfurt. It is an attempt to outline a few crucial issues characterising the upper secondary stage of education as reflected by international trends, wherein the author starts from the assumption that preparation for higher education and professional qualification as the two fundamental functions of upper secondary education move towards convergence. Curriculum and organisation of upper secondary education are analysed with special regard to the issue of how to „integrate" general and vocational education. The position of this stage in the education system as a whole is, however, examined and explained by the existence of innovative projects which point to different ways to realise conceptions of an upper secondary school system between child-centredness and adult education. The latter topic is taken up again at the end to emphasise the socio-psychologic framework of organisational changes which is to be found in the task to satisfy the needs of young people in a phase of determination.

1 Entwicklung zur Institution der Massenbildung

In allen Industriestaaten hat in den zurückliegenden beiden Jahrzehnten der Sekundarbereich II eine beachtliche, teilweise stürmische Expansion erfahren. Für Westeuropa, Nordamerika und Japan wird sie durch die folgenden Prozentzahlen beispielhaft belegt (Deutscher Bundestag, S. 37).

Vollzeitschüler im Alter von 15 bis unter 20 Jahren in % der gleichaltrigen Wohnbevölkerung

	1960	1970	1975	Veränderung 1975 gegenüber 1960 um . . . Prozentpunkte
Kanada	49,2	70,2	66,4	+17,2
Frankreich	32,5	45,2	51,3	+18,8
Bundesrepublik Deutschland				
(Vollzeit)	34,7	47,5	51,3	+16,6
(Teilzeit) [1]	36,8	40,4	35,4	− 1,4
Vollzeit und Teilzeit zusammen	71,5	87,9	86,7	+15,2
Italien	18,7	31,6	40,8	+22,1
Japan	39,4	63,2	76,3	+36,9
Großbritannien	16,6	33,9	43,9	+27,3
USA	64,1	71,9	72,0	+ 7,9

[1] Berufs-, Berufssonder- und Berufsfachschulen in Teilzeitform (ohne Berufsfachschulen).
Quelle: BMBW: Grund- und Strukturdaten 1977

Vergleichbare Entwicklungen sind in Osteuropa zu beobachten; beispielsweise traten 1975 in der Sowjetunion 89,9 % der 1967 Eingeschulten nach Abschluß der 8. Klasse in einen der Schultypen des Sekundarbereichs II über (MITTER/NOVIKOV, S. 85). Der Sekundarbereich II stellt somit heute allenthalben ein Gefüge von Bildungsinstitutionen dar, das von der *Mehrheit* der Absolventen des Sekundarbereichs I zumindest zwei Jahre durchlaufen und mit einer Qualifikationsprüfung abgeschlossen wird. Vorreiter dieser Expansion waren die Vereinigten Staaten, in denen sich die Prozentzahl der High-School-Absolventen bereits zwischen 1958 und 1968 von 80,6 auf 90,2 %, bezogen auf die gleichaltrige Jahrgangspopulation, erhöhte (U.S. Departement of HEW, S. 4, 64).

Die Expansion des Sekundarbereichs II ist trotz seines in der Regel *nicht-obligatorischen* Charakters erfolgt. Britische und skandinavische Bildungsforscher sprechen daher vom Bereich der „post-compulsory education", den sie gegen das Pflichtschulwesen abgrenzen, das den Primarbereich und Sekundarbereich I erfaßt. Die Einbeziehung des Sekundarbereichs II in das Pflichtschulwesen wird sowohl in west- als auch in osteuropäischen Staaten angestrebt; auf gegenläufige Tendenzen werden wir allerdings hinzuweisen haben.

Legalisiert ist diese Einbeziehung bisher aber nur in den beiden deutschen Staaten, und zwar durch die Fortentwicklung der in der Weimarer Periode eingeleiteten mit dem Reichsschulpflichtgesetz vom 6. Juli 1938 kodifizierten Berufsschulpflicht bis zum 18. Lebensjahr für die Jugendlichen, die weder eine „allgemeinbildende" Schule noch eine berufsbildende Vollzeitschule des Sekundarbereichs II besuchen. Insofern stellt die heute — unter entgegengesetzten sozio-ökonomischen und politisch-ideologischen Rahmenbedingungen — in der Bundesrepublik Deutschland und der Deutschen Demokratischen Republik vorhandene Zweigliedrigkeit zwischen „dualem System" und berufsbildendem Vollzeitbereich einen Sonderfall im internationalen Kontext dar. Die Bundesregierung konnte in ihrer Antwort auf die Große Anfrage der Fraktionen der SPD und FDP im Deutschen Bundestag am 12. April 1978 mit gutem Grund bemerken, durch die Tatsache, daß „der Anteil der Jugendlichen im Alter von 15 bis 20 Jahren, die bereits voll erwerbstätig sind (ohne Auszubildende), ... in der Bundesrepublik am niedrigsten" sei (Deutscher Bundestag, S. 36), würden im Vergleich zu anderen westeuropäischen Staaten die überall auftretenden Spannungen zwischen Bildungs- und Beschäftigungssystem entschärft.

2 Entwicklungstendenzen des Sekundarbereichs II

Mit dem Hinweis auf die Wechselbeziehung zwischen diesen beiden gesellschaftlichen Subsystemen sehen wir uns mit der Problemlage konfrontiert, welche in westlichen und — wenn auch unter anderen Fragestellungen — auch in östlichen Industriestaaten den Sekundarbereich II zum Gegenstand vielschichtiger bildungspolitischer Fragen und Kontroversen gemacht hat. Im Westen zeichnet sich folgende Tendenz ab: Solange die Expansion im wesentlichen naturwüchsig verlief, das heißt mit dem von den abnehmenden Institutionen des tertiären Bildungsbereichs und des Beschäftigungssystems global errechneten oder sogar nur durch Erfahrungswerte bestimmten Bedarf an Schulabsolventen übereinstimmte, wurde in den Diskussionen und der Bildungspraxis der Verbesserung der *vorhandenen* Bildungsinstitutionen eine mehr oder weniger starke Priorität zuerkannt. Die wirtschaftlichen Regressionen der vergangenen Jahre haben demgegenüber den Einfluß demographischer Faktoren auf das Beschäftigungssystem erhöht und das Bildungssystem vor Probleme gestellt, die in diesem Umfange vor einigen Jahren nicht erwartet worden waren; dabei ist sowohl an den Einbruch geburtenstarker Jahrgänge in den Sekundarbereich (und Hochschulbereich) als auch an den sich anschließenden Rückgang der Schülerzahlen (zunächst) im Primarbereich durch geburtenschwache Jahrgänge zu denken. Durch diese Entwicklung ist die weitverbreitete Annahme einer prästabilierten Harmonie von Bildungsansprüchen und Beschäftigungsbedarf ins Wanken geraten, was, ausgelöst von CHRISTOPHER JENCK's aufsehenerregender Studie „Inequality" (1972), dazu geführt hat, daß die bislang grundsätzlich akzeptierte und auch praktizierte Bindung des Bildungssystems an das Beschäftigungssystem in Frage gestellt worden ist. Alternativvorschläge zugunsten einer Entkoppelung beider Subsysteme haben sowohl in der Bildungsforschung als auch in der Tagespolitik wachsendes Gewicht erlangt.

Die Situation in Osteuropa unterscheidet sich von der in Westeuropa insofern diametral, als einmal das Prinzip der Verbindung von Bildungs- und Beschäftigungssystem eher verstärkt als abgeschwächt wird; die Motive hierfür sind in politisch-ideologischen Grundpositionen zugunsten einer Totalplanung des Gesellschaftssystems zu suchen. Zum anderen ist die Situation unter pragmatischem Aspekt dadurch bedingt, daß — aus hier nicht näher zu untersuchenden wirtschaftspolitischen Gründen — Osteuropa eher unter einem Mangel an qualifizierten Arbeitskräften, vor allem im mittleren Beschäftigungsbereich (Techniker), als an einem Überschuß leidet; dies bedeutet freilich nicht, daß die Koppelung in *allen* Berufszweigen funktioniert. Generell ist zu bemerken, daß die spezifisch „sozialistische" Dysfunktionalität erklärt, daß auch in Osteuropa der Sekundarbereich II zu einem besonders problematischen Bildungsbereich geworden ist, Korrekturen vorgenommen und auch, wie vor allem in Polen, sogar grundlegende Veränderungen geplant werden.

Aus diesem Grunde halten wir es für legitim, auf dem auf die Industriestaaten bezogenen bildungspolitischen Spektrum in Form einer Problemskizze Tendenzen zu umreißen, die als Beitrag zu einer grundsätzlichen Überprüfung von Ort, Inhalt und Organisationsstruktur des Sekundarbereichs II vorgetragen werden. Grundlage dieser Überprüfung ist die gewandelte Funktion des Sekundarbereichs II, die im Zeichen einer *Konvergenz* der tradierten schulischen Bildungseinrichtungen für die Altersgruppe der Fünfzehn- bis Zwanzigjährigen steht.

Einerseits haben sich die „allgemeinbildenden" Sekundarschulen (einschließlich des Sekundarbereichs II) aus selektiven Einrichtungen zu Massenschulen entwickelt. In den meisten Industriestaaten haben die vergangenen 15 Jahre ein beträchtliches Anwachsen der Absolventen dieses Schultyps gezeigt, so weit nicht, wie in der DDR als der zur Zeit auffälligsten Ausnahme von diesem Regeltrend, zwischen den Sekundarbereich I und II eine ausgeprägte Selektionsschwelle gelegt ist. Da die Hochschulen, selbst bei starker Expansion, nicht in der Lage sind, alle Bildungsansprüche von Abiturienten auf ein Hochschulstudium zu befriedigen, ist die „Ablenkung" dieser Hochschulaspiranten zu einem Problem geworden, um dessen Bewältigung sich die Bildungspolitiker im Rahmen der in ihren Staaten gegebenen ökonomischen und politischen Rahmenbedingungen bemühen. Das auffälligste Beispiel hierfür ist die Sowjetunion, wo etwa 90 % der Siebzehnjährigen das „Zeugnis der mittleren Bildung" erwerben, welches die Berechtigung zur Bewerbung um Zulassung zum Hochschulstudium in sich schließt, aber nur weniger als ein Fünftel von ihnen ein Hochschulstudium beginnen kann (MITTER/NOVIKOV, S. 231). Auch in Staaten, in denen traditionell die Funktion der „allgemeinbildenden" Sekundarschulen (insbesondere ihres Sekundarbereichs II) durch die Vorbereitung ihrer Schüler auf das Hochschulstudium definiert ist, verzichten immer mehr Abiturienten auf ein Studium und bemühen sich um eine schulische oder innerbetriebliche berufliche Ausbildung. Auf diese Weise wird de facto eine gewisse berufliche Grundbildung, in jedem Fall aber die Berufsorientierung, zur zweiten Funktion dieses Schultyps, die neben die traditionelle Funktion der Hochschulvorbereitung tritt. Andererseits läßt sich vor allem in den Ländern, in denen die Berufsbildung primär an Vollzeitschulen erfolgt, eine Tendenz zur Aufwertung berufsbildender Schulen zu Einrichtungen beobachten, die ihren Schülern den Erwerb einer beruflichen Qualifikation und der Hochschulreife anbieten. In den doppelqualifizierten Berufsschulen (oder Fachschulen) tritt demnach neben die traditionelle Funktion der Berufsqualifizierung die der Hochschulvorbereitung.

2.1 Zum Standort des Sekundarbereichs II im Bildungssystem

Untersucht man im internationalen Vergleich die Entwicklung des Sekundarbereichs II, so stößt man auf die grundsätzliche Frage, ob es überhaupt sinnvoll sei, die Erweiterung der Sekundarbildung im Rahmen einer „durchgehenden Schule" (all-through school) vorzunehmen. Als radikale Alternative bietet sich der Aufbau eines postsekundären Bildungsbereichs an, der ohne ausgeprägte und formalisierte Zäsur in den tertiären Bildungsbereich übergeht — einen Bildungsbereich, dessen Inhalt eine permanente, durch den Wechsel von produktiver Arbeit und institutionalisiertem Lernen gekennzeichnete Erwachsenenbildung sein soll. Verbunden mit derartigen Überlegungen sind Empfehlungen, entgegen den auf dem europäischen Kontinent vorherrschenden Vorstellungen das Schulpflichtalter nicht über den Sekundarbereich I hinaus zu verlängern; als amerikanisches Beispiel hierfür sei die Denkschrift der National Commission on the Reform Secondary Education vom Jahre 1973 genannt (Issues in Secondary Education, S. 219). Konkret ausgedrückt lautet die Frage: Sollen die Schüler nach Abschluß des Sekundarbereichs I im Jugendschulbereich verbleiben oder die Möglichkeit des Besuchs von Einrichtungen der Erwachsenenbildung erhalten, die in ihre Angebote die 15- (16-) bis 19- (20-)jährigen ausdrücklich einschließt? Als historisches Vorbild kann man den zwischen Sekundarbereich und graduiertem Studium angesiedelten Collegebereich im amerikanischen Bildungswesen betrachten. Er unterscheidet sich von der erwähnten Alternativkonzeption zwar dadurch, daß er an eine Schule des Sekundarbereichs II (nämlich die Senior High School) anschließt. Seine historische Vorbildfunktion ist aber darin zu sehen, daß ihm eine Verbindung allgemeiner („freier") und berufsbezogener Studienelemente eigen ist und durch ihn die für die traditionellen europäischen Schulsysteme charakteristischen Übergangsschwierigkeiten beim Übergang vom Sekundarbereich zum tertiären Bildungsbereich entschärft sind. Dies gilt insbesondere für die zweijährigen Junior und Community Colleges.

Bei der radikalen Alternative gegenüber der „durchgehenden Schule" handelt es sich um Formen eines offenen Bildungsbereichs, wie er derzeit an den Colleges of Further Education und Tertiary Colleges in Großbritannien am besten zu studieren ist. In ihnen ist die Sixth Form, das heißt die Oberstufe des Sekundarbereichs, in den tertiären Bildungsbereichs der Further Education integriert. Auch die in Kalifornien vorhandenen Bildungsinstitutionen für die Schuljahrgänge 10 bis 14 sind in diesem Zusammenhang zu nennen. Daß die Chancen einer Verwirklichung dieser Alternative von dem Vorhandensein offener, durch staatliche Bestimmungen nicht eng definierter Prüfungsbestimmungen abhängt, hat sich in jüngster Zeit freilich darin gezeigt, daß in der Bundesrepublik Deutschland HARTMUT·VON HENTIG die der von ihm gegründeten Kollegstufe Bielefeld zugrundeliegende Konzeption nicht hat verwirklichen können.

Die in Großbritannien in den beiden vergangenen Jahrzehnten gegründeten Sixth Form Colleges, die Gymnasialschule (gymnasie skola) in Schweden und die in Berlin geplanten Oberstufenzentren sind Beispiele für eine „gemäßigte" Alternative. Einerseits sind sie aus der „durchgehenden Schule" herausgelöst und weisen ihren Schülern damit einen besonderen Status zu, dem Curriculum und „Schulordnung" Rechnung tragen. Andererseits verstehen sie sich als Teil des Jugendschulwesens, was sich insbesondere in ihrem Erziehungsverständnis niederschlägt, worauf wir noch zurückkommen.

2.2 Zum Curriculum des Sekundarbereichs II

Die Doppelfunktion des Sekundarbereichs II wirft die Frage auf, wie studienbezogene und berufsbezogene Inhalte in den Curricula unterzubringen sind. Am leichtesten scheinen mit diesen Problemen Schulsysteme fertig zu werden, die an die Lösung dieser Aufgabe pragmatisch herangehen. Zu denken ist hierbei vor allem an Großbritannien mit seinem „Sixth Form"-Bereich, in dem innerhalb von Comprehensive Schools, in selbständigen Sixth Form Colleges, in Schulzentren (mit Sixth Form Colleges und Technical Colleges) und schließlich in den Tertiary Colleges curriculare Reformen vorgenommen werden. Sie alle zeichnen sich durch den Aufbau eines breiten Lern- und Lehrangebotes aus. So findet man in den „allgemeinbildenden" Institutionen dieses Bereichs neben den „academic courses" Kurse, die auf den Erwerb beruflicher Qualifikationen ausgerichtet sind. Die hierin zum Ausdruck kommende Öffnung des Lehrangebots ist grundsätzlich dadurch erleichtert worden, daß das britische Sekundarschulwesen von der Fifth Form an ein differenziertes Gefüge darstellt, das Jugendliche schon vom vierzehnten Lebensjahr an in eine Spezialisierung führt, freilich in Großbritannien selbst gegenwärtig stark kritisiert wird und den Schools Council zur Entwicklung von Alternativprogrammen veranlaßt hat.

Die Sixth Form bringt eine weitere Verengung der individuellen Lehrprogramme — häufig zu einer Wahl von nur zwei oder drei Fächern, denen freilich hohe Wochenstundenzahlen eingeräumt werden. Die curriculare Konzeption der „upper secondary education" beruht schon seit dem vorigen Jahrhundert auf dem Vorrang intensiver Fachbildung gegenüber dem in der Bundesrepublik Deutschland bis heute, wenn auch seit der Neugestaltung der gymnasialen Oberstufe in abgeschwächter Form, geschätzten enzyklopädischen Bildungsideal. Da die Sixth Form auch in ihrer klassischen Form keine Jahrgangsklassen hat, sondern eine Isolierung von zur Auswahl freigegebenen Kursen darstellt, ist die Einrichtung von studien- und berufsbezogenen Kursen unter dem Dach einer Schule grundsätzlich unproblematisch. In der Entscheidung, ob beispielsweise neben Englisch, Mathematik und den anderen „academic subjects" Fächer wie „accountancy" (Buchführung), „metal work" und „agriculture" angeboten werden sollen, drücken sich daher nur pragmatische Überlegungen aus, welche lokale Bedürfnisse und Möglichkeiten berücksichtigen.

In den Ländern des europäischen Kontinents, deren Schulsysteme von zentralen staatlichen Lehrplänen gesteuert werden, sind Reformen problematischer, weil sie sofort das Problem der Generalisierbarkeit und allgemeinen Verbindlichkeit implizieren. Curriculumreformen laufen hier unter dem Stichwort „Integration", welche die Zusammenführung studien- und berufsbezogener Inhalte ausdrücken soll. Hiermit ist ein besonders kompliziertes Problem aufgeworfen, weil die Definition dessen, was unter curricularer Integration zu verstehen ist, umstritten und letztlich nicht geklärt ist. Häufig neigt man dazu, von einer Integration bereits dann zu sprechen, wenn in den Stundentafeln und Lehrplänen einer Schule allgemeinbildende, berufstheoretische und berufspraktische Fächer nebeneinander erscheinen und fachübergreifende Veranstaltungen günstigstenfalls in Form von Arbeitsgemeinschaften und gelegentlichen Kolloquien durchgeführt werden. Modellversuche, wie die „Kollegstufe Nordrhein-Westfalen", verdienen daher besondere Beachtung, weil sie ausdrücklich mit dem aus der Doppelfunktion des Sekundarbereichs II resultierenden Ziel einer curricularen Integration studien- und berufsbezogener Bildung entworfen sind.

In den Bildungssystemen Osteuropas (mit Ausnahme der DDR) steht die Frage zur Diskussion, wie in den dort getrennt laufenden „allgemeinbildenden" und berufsbildenden Schulen studien- und berufsbezogene Elemente verbunden werden können. Dies bedeutet für die „Allgemeinbildenden Mittelschulen" die Akzentuierung berufsorientierender Veranstaltungen, während in den berufsbildenden Typen vor allem die Verbindung der allgemeinbildenden mit den berufstheoretischen Fächern die Didaktiker bewegt; die bisherigen Ergebnisse lassen freilich eher auf additive als auf integrative Lösungen schließen.

Die innerhalb des studienbezogenen Sektors des Sekundarbereichs II vor sich gehenden Auseinandersetzungen sind, in sich betrachtet, vor allem unter dem Aspekt der angebotenen Abschlüsse zu sehen. Diese Frage ist insofern wichtig, als die Entscheidung für das Angebot voller oder „nur" fachgebundener Hochschulreife die Gruppierung des Curriculums in die Lernbereiche „essential learning", „special interest" und „career level" (Issues in Secondary Education, S. 220 f.) und damit unter dem Verbindlichkeitsaspekt in Pflicht-, Pflichtwahl- und Wahlkurse determiniert. England mit seinen traditionell spezialisierten Lehrprogrammen, die rein prüfungsbezogen sind, exemplifiziert hierbei einen Sekundarbereich II, der auf die weitere Schullaufbahn oder den Berufsweg des einzelnen Schülers ausgerichtet ist. In der Bundesrepublik Deutschland hat man dagegen auch in der neu gestalteten gymnasialen Oberstufe an der Konzeption einer „Allgemeinbildung" festgehalten, in der neben der Studienbezogenheit vor allem die politische Bildung als Zielsetzung enthalten ist. Die Wichtigkeit eines allgemeinverbindlichen Kerns von gesellschafts-, human- und naturwissenschaftlichen Fächern stellt — unter sozialistischem Vorzeichen — einen für unbestreitbar gehaltenen Grundsatz in den Lehrplänen der osteuropäischen Bildungssysteme dar. Es ist bemerkenswert, daß der 36 Wochenstunden umfassende Lehrplan für die Klassen 11 und 12 der Erweiterten Oberschule der DDR 28 allgemeinverbindliche Stunden umfaßt und auf diese Weise von der Struktur her (wenn auch nicht vom Inhalt) eher dem einstigen deutschen Gymnasium ähnelt als der neugestalteten Oberstufe in der Bundesrepublik Deutschland.

2.3 Zur Organisationsstruktur des Sekundarbereichs II

Aus einem historisch fundierten Grobvergleich industriestaatlicher Bildungssysteme und vorliegender Planungen lassen sich die hier gezeichneten Modelle ableiten. Dabei beschränken wir uns auf die Herausarbeitung von Grundtypen. Das tertium comparationis ist durch das Verhältnis von studien- bzw. berufsbezogener Funktion und Organisationsstruktur (einschließlich der vermittelten Abschlüsse) bestimmt, wobei wir uns auf die Gegenüberstellung von hochschulvorbereitenden und berufsqualifizierenden Einrichtungen beschränken und die innerhalb beider Typen möglichen Differenzierungen ausklammern. Diese Ausklammerung betrifft im hochschulvorbereitenden Bereich beispielsweise die Zweigdifferenzierung, im berufsqualifizierenden Bereich vor allem die Grobgliederung in Vollzeit- und Teilzeitausbildungsgänge. Auf diese Weise erhalten wir fünf Modelle, unter denen Modell 1 insofern eine Sonderstellung einnimmt, als es auf das 19. Jahrhundert zurückverweist und in den nationalen Bildungssystemen der Gegenwart keine Entsprechung mehr hat. In ihm sind hochschulvorbereitender (studienbezogener) und berufsqualifizierender Bereich voneinander getrennt. Die Abschlüsse enthalten entweder die Hochschulreife oder eine berufliche Qualifikation (verschiedener Wertigkeit aufgrund unterschiedlicher Ausbildungsdauer und curricularer Besonderheiten). Modelle 2 bis 5 stellen demgegenüber Abstrahierungen „reformierter Sekundarbereiche II" dar.

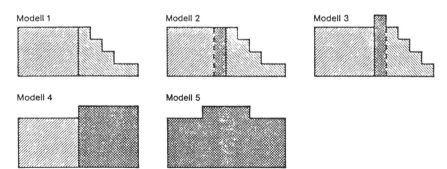

Modell 1   Modell 2   Modell 3

Modell 4   Modell 5

Erklärung: ▨▨▨ hochschulvorbereitend (studienbezogen)
▨▨▨ berufsqualifizierend (berufsbezogen)
Die unterschiedlichen Höhen deuten die durchschnittliche Zahl der Jahrgangsklassen oder vergleichbarer Kurse an.

Modell 2: Hochschulvorbereitender und berufsqualifizierender Bereich sind — wie im Modell 1 — getrennt, doch werden innerhalb hochschulvorbereitender Sekundarschulen Zweige eingerichtet, an denen die Schüler nicht nur das Reifezeugnis erwerben, sondern auch eine berufliche Qualifikation (verschiedener Wertigkeit) erhalten. Markantes Beispiel hierfür ist das französische Lyzeum, das seit der Oberstufenreform der sechziger Jahre in den seither sprunghaft angewachsenen Zügen F, G und H auf den Erwerb des „baccalauréat de technicien" vorbereitet (TROUILLET, S. 134 f.). In der DDR war bis Anfang der siebziger Jahre an allen Erweiterten Oberschulen mit dem Erwerb des Reifezeugnisses die Erlangung eines Facharbeiterbriefes sogar obligatorisch verbunden, was bei der Verfeinerung unseres Grobschemas zu einem Sondermodell 2a führen würde. Einem Sondermodell 2b wären Schulen zuzuordnen, die zwar keine berufliche Qualifikation, wohl aber Unterrichtsinhalte berufsorientierender („vorberuflicher") Natur anbieten; dazu könnte man die im britischen und amerikanischen Sekundarbereich II vorhandenen Angebote in Buchhaltung und Metallarbeit zählen.

Modell 3: Hochschulvorbereitender und berufsqualifizierender Bereich sind zwar auch als exklusive Bereiche vorhanden, doch kommt es hier dadurch zu einer Modifizierung, daß innerhalb des berufsqualifizierenden Bereichs Schulformen geschaffen werden, die der berufsqualifizierenden Funktion die hochschulvorbereitende hinzufügen und daher — in der Regel nach einer längeren Ausbildungsdauer als in den allgemeinbildenden Sekundarschulen — einen Doppelabschluß bieten, der sowohl die Hochschulreife als auch eine berufliche Qualifizierung in sich schließt. Vielfältige Entsprechungen dieses Modells finden sich heute in allen west- und osteuropäischen Staaten (z. B. Fachoberschulen in der Bundesrepublik Deutschland, Einrichtungen der „Berufsausbildung mit Abitur" in der DDR).

Modell 4: Hochschulvorbereitender und berufsqualifizierender Bereich sind voneinander getrennt, doch ist der in Modell 3 noch in exklusiver Form vorhandene berufsqualifizierende Bereich in dem „Brückentyp" aufgegangen, der auf diese Weise zum Komplement des „reinen" hochschulvorbereitenden Bereichs wird. Alle Abschlüsse enthalten die Hochschulreife; das Unterscheidungskriterium besteht nur darin, ob diese eine berufliche Qualifizierung einschließt oder nicht. Dieses Modell hat gegenwärtig seine weitgehende Entsprechung in der Sowjetunion, wobei allerdings hinzuzusetzen ist, daß dort der Abschluß der „Allgemeinbildenden Mittelschule" bereits nach dem 10. Schuljahr, der der „Mittleren beruflich-technischen Schule" (mit Hochschulreife) nach dem 11. Schuljahr möglich ist.

Modell 5: Hochschulvorbereitender und berufsqualifizierender Bereich sind in einem organisatorisch wie curricular „integrierten" Schulkomplex vereint, der in sich — auch nach Ausbildungsdauer — ein differenziertes und flexibles Gebilde von verschiedenartigen Kombinationen darstellt, die grundsätzlich alle auf die Vermittlung von Doppelabschlüssen zielen. Beispiele hierfür finden wir innerhalb des Jugendschulwesens vor allem in den selbständigen „Oberstufenschulen" (Sixth Form College in Großbritannien, Gymnasialschule in Schweden, Modellversuch Kollegstufe Nordrhein-Westfalen) und in den erwähnten postsekundären Bildungseinrichtungen. Die diesem Modell zuzuordnenden realen Entsprechungen verdienen insofern besondere Aufmerksamkeit, als sich in ihnen das Problem der Realisierbarkeit einer curricularen und organisatorischen Integration von hochschulvorbereitender und berufsqualifizierender Funktion am schärfsten stellt.

3 Kontroversen über die Erziehungsfunktion des Sekundarbereichs II

Daß in den osteuropäischen Staaten der Sekundarbereich II, wie das gesamte Schulwesen, als Erziehungsinstitution angesehen wird, bedarf keiner Betonung. Dieser Grundsatz ist in der „sozialistischen Erziehungstheorie" fest verankert und wird in die Praxis umgesetzt, wenn auch, wie es Untersuchungsbefunde und regelmäßige Artikel in der allgemeinen und pädagogischen Presse erkennen lassen, mit unterschiedlichem Erfolg. Auch im Westen werden — gegenüber den späten sechziger und frühen siebziger Jahren — kaum noch Konzeptionen vertreten, denen sowohl eine Überschätzung moderner Unterrichtstechnologien als auch überzogenes Emanzipationsdenken zugrunde lagen und in denen besonderes Gewicht der Annahme beigemessen wurde, man könne den Lehrer auf die Rolle eines „Moderators" beschränken. Auch die Anerkennung des Grundsatzes, daß der Schule eine Erziehungsfunktion zukommt, stellt freilich die Lehrer des Sekundarbereichs II vor besonders schwierige Probleme. Sollen sie „Erzieher" (im traditionellen Sinne) oder „Tutoren" sein?

Am intensivsten werden diese Probleme zur Zeit in Großbritannien im Zusammenhang mit der Standortproblematik diskutiert, wobei sich die Anhänger der „all-through school", des selbständigen Sixth Form College und des Tertiary College mit ihren Erfahrungen zu Wort melden. Im Mittelpunkt dieser Diskussion steht die Frage, ob die an den „durchgehenden Schulen" nach dem Vorbild der Public Schools und alten Universitäten entwickelte und praktizierte und als eine der Errungenschaften des britischen Schulwesens weithin anerkannte „pastoral care" (Seelsorge) die Sixth Form weiterhin einschließen solle (R. KING, S. 163). Als Alternative haben die Tertiary Colleges Tutorien eingerichtet, in denen sich „Studierende" verschiedener Studienrichtung und unterschiedlichen Alters regelmäßig treffen. Umstritten ist dabei, wie groß der Freiheitsraum sein dürfe, der den Sixth Formers zu gewähren sei, z. B. hinsichtlich der Teilnahme an einzelnen Veranstaltungen und der Anwesenheitspflicht bei den „study periods".

RONALD KING hat unter Verwendung zahlreicher empirischer Belege die Konzeption des „pastoral care" und der „tutorial policy" aus einer Gegenüberstellung der Begriffe „community" und „association" abgeleitet (s. R. KING, S. 151). Seine Interpretation bezieht er nicht nur auf FERDINAND TÖNNIES, sondern auch auf entsprechende Gedanken von EMILE DURKHEIM, MAX WEBER und BASIL BERNSTEIN. Anders als die „durchgehende Schule" (einschließlich ihrer Sixth Form) „the College as an association represents the organisational form in which the principles of voluntarism of attendance and consumerism of provision may be expressed" (R. KING, S. 155). Irrig wäre es allerdings, aus dieser Formel auf eine Befürwortung von Permissivität zu schließen. Auch im Tertiary College gibt es „standards of discipline and behaviour", doch sind diese nicht, wie in der „durchgehenden Schule", durch den Headmaster bestimmt, sondern „by the requirements of its members" (R. KING, S. 156).

Die in Großbritannien geführte Diskussion scheint deswegen für die gegenwärtige Problemlage in westlichen Bildungssystemen exemplarisch, weil die kontroversen Konzeptionen des „pastoral care" und der „tutorial policy" auf eine große Spannweite im Jugendbild der verantwortlichen Schulleiter und Lehrer (und damit auch der durch sie repräsentierten gesellschaftlichen Gruppen) hinweisen. Die *Headmasters* der Grammar Schools und Comprehensive Secondary Schools halten das Verbleiben der Sixth Form im Verband der Sekundarschulen für die beste Lösung, wobei sich ihr Jugendbild auf die Gruppe der 11- (oder wenigstens 13-) bis 18jährigen bezieht. Die *Principals* der „Colleges" rechtfertigen demgegenüber die Gründung selbständiger Sixth Form Colleges und erst recht die Integration des Sekundarbereichs II in den tertiären Bereich

mit der veränderten Rolle der adoleszenten Jugendlichen in der modernen Industriegesellschaft und der durch sie bereits bewirkten Aufwertung ihres rechtlichen und politischen Status — eine Argumentation, welche für eine Beurteilung dieser Altersgruppe
zwischen „Kind" und „Erwachsenem" wesentlich zu sein scheint. Wir haben hierbei
inbesondere an die Rolle des Jugendlichen als Verbraucher und Verkehrsteilnehmer
sowie an das Wahlrecht und die Volljährigkeit zu denken, die dem Achtzehnjährigen
zugebilligt sind, von der Wehrpflicht für den männlichen Teil dieser Altersgruppe ganz
abgesehen.

Die Auseinandersetzungen über den Standort des Sekundarbereichs II wurzeln somit
in jugendsoziologischen und sozialpsychologischen Argumentationen, die auf die Abhängigkeit der Schule von ihrer gesellschaftlichen Umwelt verweisen, zugleich aber auch
Anstöße zur pädagogischen Bewältigung gesellschaftlicher Wandlungen für einen Schulbereich geben können, den der Jugendliche in einer entscheidenden Phase seiner Berufswahl und persönlichen Entwicklung durchläuft.

Literatur

Im wesentlichen stützt sich dieser Beitrag unmittelbar auf Ergebnisse einer internationalen
Vergleichsuntersuchung, die unter Leitung des Verf. 1973—1976 im Deutschen Institut für
Internationale Pädagogische Forschung in Frankfurt am Main durchgeführt wurde. Sie liegen
in folgenden Bänden der vom Verf. herausgegebenen „Studien und Dokumentationen zur
vergleichenden Bildungsforschung" (Weinheim: Beltz) vor:
Bildungswesen. 1976. Bd. 1/2 GOLDZAND, VLADIMIR: Sekundarabschlüsse mit Hochschulreife im
polnischen Bildungswesen. 1976. Bd. 1/3 MICLESCU, MARIA: Sekundarabschlüsse mit Hochschul-
reife im rumänischen Bildungswesen. 1976. Bd. 1/4 SCHMIDT, GERLIND: Sekundarabschlüsse
mit Hochschulreife im Bildungswesen der DDR. 1976. Bd. 1/5 MITTER, WOLFGANG/NOVIKOV,
LEONID: Sekundarabschlüsse mit Hochschulreife im internationalen Vergleich. Ergebnisse einer
Untersuchung über Bildungssysteme sozialistischer Staaten. 1976. Bd. 3 TROUILLET, BERNARD:
Sekundarabschlüsse mit Hochschulreife im französischen Bildungswesen. 1977. Bd. 4 COLLI-
CELLI, CARLA: Sekundarabschlüsse mit Hochschulreife im italienischen Bildungswesen. 1977.

Weitere für diesen Beitrag unmittelbar benutzte Literatur:

Bildungspolitik. Antwort der Bundesregierung auf die Große Anfrage der Fraktionen von
SPD und FDP im Deutschen Bundestag zur Bildungspolitik. Deutscher Bundestag, 8. Wahl-
periode, Drucksache 8/1703, 13. 4. 1978 (*zit. als: Deutscher Bundestag*).
Issues in Secondary Education. The 75th Yearbook of the National Society for the Study of
Education, Part II. Ed. by William van Tyl. Chicago: NSSE 1976.
KING, EDMUND J./MOOR, CHRISTINE H./MUNDY, JENNIFER A.: Postcompulsory Education. A
New Analysis in Western Europe. London/Beverly Hills: Sage 1974. — Post-compulsory
Education II. A Way Ahead. London/Beverly Hills: Sage 1975.
KING, RONALD: School and College. Studies of Post-sixteen Education. London: Routledge
and Kegan Paul 1976.
KLINGBERG, LOTHAR u. a.: Zu Erfahrungen und Problemen des Unterrichts in der Abiturstufe.
Berlin (Ost): Volk und Wissen 1975.
SMITH, FREDERICK R./COX, BENJAMIN: Secondary Schools in a Changing Society. New York:
Holt, Rinehart and Winston 1976.

Idee und Realität der Gesamtschule in Europa

1. Einleitende Bemerkungen zur Begriffsproblematik

"Entwicklung und Bewährung integrierter Schulsysteme" lautet das von der Europäischen Akademie Otzenhausen veranstaltete Kolloquium. Die Erweiterung dieses Titels, nämlich "Gesamtschule", erscheint in Klammern. Als ich diese Formulierung las, fragte ich mich, was mit dieser Erweiterung in Klammern wohl gemeint sei. Eine Bekräftigung (in Form eines Synonyms) oder eine Einschränkung? Ich halte die zweite Interpretation für überzeugender, denn "INTEGRIERTES SYSTEM" und "GESAMTSCHU-LE" sind keine Synonyma.

Dies gilt zum einen für die horizontale Dimension. In den meisten Staaten Westeuropas wird mit dem Begriff "Gesamtschule" und den ihm adäquaten Begriffen "Comprehensive School", "Ecole Unique" und "Scuola Media" eine Sekundarschule erfaßt. Das hängt damit zusammen, daß man weitgehendst den "integrierten" Charakter des Primarschulwesens als gegeben annimmt - in Deutschland seit dem Reichsgrundschulgesetz vom Jahre 1920. Daß man diese Strukturfrage auch anders sehen kann, zeigen die skandinavischen Länder und Spanien, wo die Gesamtschulsysteme die Sekundarstufe I und die Primarstufe einschließen; so gibt es in Schweden bekanntlich die neunjährige Grundschule ("Grundskola"), die in der amtlichen englischen Übersetzung mit "comprehensive school" wiedergegeben wird.

Das Problem "integriertes System" ist auch oberhalb der Sekundarstufe I relevant. Man denke an laufende Integrationsbemühungen, beispielsweise in der "Gymnasieskola" in Schweden und den vergleichbaren Integrationsbestrebungen in Italien. Schließlich ist "Integration" auch ein Thema moderner Hochschulpolitik. So gibt es in der Bundesrepublik Deutschland "Gesamthochschulen", wenn auch nur als übriggebliebene Sondertypen einer vor zehn Jahren noch weiterzielenden Reform. Auch die - demgegenüber inzwischen im britischen Hochschulsystem verankerten - "Polytechnics" lassen sich unter dieser Fragestellung untersuchen.

Zum anderen ergeben sich auch bei der Betrachtung der vertikalen Dimension Probleme der Abgrenzung von "integriertem System" und "Gesamtschule". Die Gesamtschullandschaft in der Bundesrepublik Deutschland kennt kooperative und integrierte Gesamtschulen, wobei hier der Begriff "Integration" auf eine sehr ausgeprägte Form der Vereinheitlichung und Zusammenfassung hinweist. Demgegenüber ist aber auch ein *weiterer* Integrationsbegriff insofern denkbar, als man darunter nicht zwingend eine strukturelle Vereinheitlichung zu verstehen braucht, sondern die Priorität auch auf das Curriculum legen kann. Wenn Wilhem von Humboldt von der Einheit und Unteilbarkeit des allgemeinbildenden Unterrichts sprach und daraus die Idee seiner Einheitsschule ableitete, ging es ihm um eine didaktisch-curriculare Vereinheitlichung, doch dachte er nicht daran, daß alle Kinder gemeinsam einen Schultyp besuchen sollten. Unter strukturellem Aspekt kann es genügen, daß das Schulsystem Durchlässigkeit gewährleistet.

Die Begriffsproblematik erhält weitere Nuancierungen durch die Gegenüberstellung der in den einzelnen Sprachen verwendeten Ausdrücke, die das Wörterbuch nicht als kongruent ausweist; "comprehensive school" und "école unique" unterscheiden sich in ihrer Sinnorientierung von "Gesamtschule" und die Kennzeichnung der dänischen zehnjährigen Schule als "Volksschule" ist bildungsgeschichtlich besonders aufschlußreich, weil hier die Entwicklung von einem ständisch orientierten zu einem demokratischen Schulwesen begrifflich am sinnvollsten aufgehoben ist.

Ich möchte diese einleitenden Bemerkungen zur Begriffslage nicht als Glasperlenspiel verstanden wissen, denn auch die wenigen Beispiele dürften gezeigt haben, daß Begriffsklärung zugleich Sinnklärung ist. Wenn ich mich im folgenden dafür entscheide, mich auf die "Gesamtschule" zu konzentrieren, tue ich dies um der Präzisierung der Thematik willen. Den Zusammenhang mit dem - begrifflich und praktisch weiter gefaßten - integrierten System möchte ich freilich nicht aus dem Auge lassen, sondern am Ende meiner Ausführungen wieder aufgreifen.

2. Historische Grundlage und geographische Verbreitung der Gesamtschule

Die Gesamtschule als die "Schule der Sekundarstufe I" für alle Kinder, d.h. für die Kinder aller Stände, Klassen, Begabungen und Interessenrichtungen, hat eine lange Vergangenheit, was ihre ideengeschichtliche Dimension betrifft. Man kann auf Amos Comenius zurückgreifen, dessen Idee eines einheitlich organisierten Bildungswesens theologisch begründet ist. Ideologisch bedeutsamer wurde der Plan der "Nationalerziehung", den Antoine de Condorcet 1792, mitten in der Französischen Revolution also, der Nationalversammlung vorlegte. Seit Condorcet ist die Konzeption der Gesamtschule auf der Tagesordnung pädagogischer und bildungspolitischer Entwürfe geblieben.

Auch die Gesamtschule als verwirklichte Institution ist nicht mehr jung und hat längst das Stadium ihrer "Erprobung" durchschritten. Es ist bemerkenswert, daß sie im gleichen Zeitraum in den USA und in Rußland eingeführt wurde: in den USA im Zuge der Progressive Education, der amerikanischen Variante der reformpädagogischen Bewegung, in Rußland 1918, als eine der ersten revolutionierenden Maßnahmen nach der Oktoberrevolution. Die sowjetische "Einheitsschule" wurde in modifizierten Formen nach dem Zweiten Weltkrieg auf alle Staaten des realsozialistischen Machtbereichs in Ost- und Mitteleuropa übertragen. In Westeuropa wurde die Einführung der Gesamtschule zwischen den beiden Weltkriegen diskutiert und gefordert. Zu erwähnen sind dabei vor allem England und auch Deutschland; für Deutschland nenne ich nur die beiden Namen Johannes Tews und Paul Oestreich. Nach dem Zweiten Weltkrieg ist dann freilich Schweden als Staat zum "Durchstarter" der Gesamtschulentwicklung geworden.

Eine kurze Bemerkung sei mir in diesem Überblick zur Verwendung der beiden im deutschen Sprachgebrauch verankerten Begriffe "Einheitsschule" und "Gesamtschule" gestattet. Während in der pädagogischen Diskussion der Weimarer Epoche der Begriff "Einheitsschule" sowohl unter sozialistischen als auch bürgerlichen Vorzeichen gebraucht wird und in den Entwürfen und Diskussionen nach 1945 auch in Westdeutschland noch erscheint[1], taucht erst in den sechziger Jahren in der Bundesrepublik Deutschland der Begriff "Gesamtschule" auf, nunmehr in expliziter Abgrenzung gegen den als "sozialistisch" (im Sinne der DDR) denunzierten Begriff "Einheitsschule". Mit der Kontrastierung beider Begriffe ist für den deutsch-deutschen Vergleich seither ein definitorisches Abgrenzungskriterium gesetzt, das auf die unterschiedlichen gesellschaftsphilosophischen und gesellschaftspolitischen Rahmenbedingungen und der mit ihnen bezeichneten Schulen verweist. Relativiert man die Bedeutung dieser Rahmenbedingungen und orientiert die Untersuchung stärker auf Strukturen, Inhalte und Methoden, dann wird das Bild allerdings differenzierter, so daß im internationalen Vergleich der Begriff "Gesamtschule" als Oberbegriff - im Sinne des englischen Begriffs "comprehensive school" - zu rechtfertigen ist.

Ich möchte mich nun der gegenwärtigen Problemlage der "Gesamtschule" im internationalen Vergleich zuwenden. Zunächst sei bemerkt, daß seit 1945 alle Staaten des realsozialistischen Machtbereichs in Osteuropa und Ost-Mitteleuropa (einschließlich der DDR) Einheitsschulsysteme errichtet haben. Alle sind dabei dem sowjetischen "Vorbild" gefolgt, doch zeigen die Systeme im einzelnen sehr unterschiedliche Strukturen, was durch die Verschiedenartigkeit der sozioökonomischen Bedingungen und durch nationale Kultur- und Bildungstraditionen zu erklären ist. Auch der Blick auf die außereuropäischen Staaten der Industriegesellschaft zeigt Gesamtschulen als verbindliche Einrichtungen des öffentlichen Sekundarschulwesens - ich nenne hier insbesondere die USA, Kanada und Japan. Dasselbe gilt für die meisten Schwellen- und Entwicklungsländer. So ist beispielsweise die große Schulreform, die Brasilien 1971 durchführte, auf die Errichtung einer Gesamtschule konzentriert[2]. Probleme ergeben sich in den ehemaligen französischen und englischen Kolonialgebieten dadurch, daß deren Eliten die Loslösung vom gegliederten System oft schwerer fällt, als dies die Schulentwicklung in ihren einstigen "Herrenländern" anzeigt.

Die Gegenwartslage in Westeuropa, auf das wir uns nunmehr konzentrieren, weist auf die drei folgenden grundlegenden Sachverhalte hin:

a) Seit 1962 sind Gesamtschulen als verbindliche Institution der Sekundarstufe I in neun Staaten eingeführt worden; dazu kommt Großbritannien, wo - im gesamtstaatlichen Rahmen - die Comprehensive School noch mit den Schulen des tradierten gegliederten Systems konkurriert, heute aber bereits mehr als 85 % aller Sekundarschüler erfaßt[3]. Dies heißt, daß in der Mehrheit der westeuropäischen Staaten die Gesamtschulen zum dominierenden Typus des unteren Sekundarschulwesens geworden sind.

b) In Frankreich und Griechenland haben die Regierungswechsel der beiden vergangenen Jahre zu einer Stabilisierung der Gesamtschulen insofern geführt, als die vorliegenden Reformpläne auf strukturelle und curriculare Vereintheitlichung abzielen und insbesondere mit den Zielsetzungen einer inneren Schulreform verbunden sind[4]. Im Grundsatz Ähnliches läßt sich in der seit Ende der siebziger Jahre in Italien laufenden Curriculumreform in der Scuola Media beobachten. Die britische Entwicklung der vergangenen 20 Jahre ist aus dem Wechsel der Parlamentsmehrheiten und Regierungen abzulesen; die jetzige konservative Regierung hat die Gesamtschulexpansion gebremst und verbindet diese Politik mit einer stärkeren Förderung der Privatschulen, deren Bedeutung als alternative und selektive Einrichtungen auch im internationalen Vergleich berücksichtigt werden muß. Daß ungeachtet der mehrfachen Regierungswechsel auch hier die allgemeine Schulentwicklung zugunsten der Gesamtschulen verlaufen ist, ist dadurch bedingt, daß die grundlegende Entscheidungsbefugnis zur Errichtung neuer Schulen dezentralisiert ist, d. h. den lokalen Erziehungsbehörden obliegt.

c) In den übrigen westeuropäischen Staaten waren in den vergangenen 20 Jahren die Gesamtschulen auf den Versuchsbereich beschränkt. Unterschiedliche Parlamentsmehrheiten und Regierungen haben bewirkt, daß Modellversuche entweder als Wegbereiter umfassender Reformen gefördert oder eher als unerwünschte Konkurrenten des bestehenden gegliederten Systems toleriert worden sind. Die gegenwärtige Sachlage läßt unterschiedliche Tendenzen erkennen. Während die Entwicklung in den Niederlanden offen ist, hat Österreich sein Versuchsprogramm eingestellt; dasselbe gilt für die Mehrzahl der Länder in der Bundesrepublik Deutschland, deren Gesamtschulversuche ausgelaufen sind oder demnächst auslaufen werden.

Zusammenfassend sei an dieser Stelle gesagt, daß das westeuropäische Spektrum einerseits vielfarbig, andererseits offen ist. Dies allein ist Anlaß genug zu einer international-vergleichenden Diskussion.

Nicht die Aktualität allein aber rechtfertigt die Diskussion. Es sind vielmehr auch die vorliegenden Erfahrungen, die sich in empirischen Untersuchungen niedergeschlagen haben. Helmut Fend hat mit Recht darauf hingewiesen, daß die Evaluationen von Gesamtschulversuchen in der Bundesrepublik Deutschland - und das gleiche gilt für andere Staaten - den Erziehungswissenschaften starke Impulse in der Entwicklung von Fragestellungen und Methoden vermittelt haben. Diese Erfahrungen sind nicht nur der Gesamtschulevaluation zugute gekommen, sondern haben auch dazu verholfen, tiefe Einblicke in das Funktionieren der traditionellen Schulsysteme zu gewinnen[5]. Die Ergebnisse vorliegender Untersuchungen bilden den Hintergrund meiner folgenden Ausführungen, in denen ich mich zur gegenwärtigen Problemlage der Gesamtschule im einzelnen äußern möchte. Dabei geht es mir zunächst um gesamtschulspezifische Fragen, während ich danach zwei Kriterien herausgreifen möchte, welche das Verhältnis von Gesamtschulen und gegliederten Schulsystemen, wie ich meine, besonders scharf beleuchten. Ich wende mich zunächst dem Gesamtschulsystem als solchem zu.

3. Die Gesamtschule als vielfältiges System

Die Gesamtschule gibt es nicht; dies wird dem Erziehungswissenschaftler und gewiß auch dem Erziehungspraktiker nicht nur bei der Lektüre von Gesetzen, Reformplänen und Untersuchungsberichten deutlich, sondern insbesondere auch bei Besuchen von Schulen unter unterschiedlichen politischen, ökonomischen und sozialen Gegebenheiten[6]. Bei der Untersuchung von nationalen und regionalen Gesamtschulsystemen ist daher das Studium von Identifizierungskriterien notwendig, will man nicht den Vergleich von vornherein auf schiefer Ebene aufbauen und daraus sogar wertende Urteile beziehen. Ich möchte hier nur die wichtigsten Identifizierungskriterien hervorheben[7].

a) Was die Strukturmerkmale betrifft, so geht es zunächst um die Abgrenzung zwischen Primar- und Sekundarstufe I. Ich habe bereits darauf hingewiesen, daß einige Schulsysteme in ihrem organisatorischen Aufbau keine deutliche Zäsur zwischen diesen beiden Stufen machen; freilich sind auch dort Abgrenzungen insofern zu beobachten, als Übergänge vom ungefächerten Primar- zum gefächerten Sekundarstufenunterricht vorgesehen sind und in den beiden Stufen Lehrer unterschiedlicher Qualifikation unterrichten. Wichtig ist weiterhin die Länge der etablierten Primarstufe, nämlich zwischen drei und sechs Jahren, und das Vorhandensein von Förder- und Orientierungsstufen. Die Kennzeichnung des Übergangs zwischen den beiden Sekundarstufen wirft demgegenüber geringere grundsätzliche Probleme auf, weil bis jetzt überall das Ende der Sekundarstufe I den Abschluß der vollen Pflichtschulbildung[8] markiert und sich Unterschiede nur aus der unterschiedlichen Pflichtschuldauer ergeben.

Gravierend für einen Vergleich ist die Stellung der Gesamtschule *innerhalb* des Sekundarbereichs I, denn der internationale Vergleich zeigt Beispiele sowohl für die Verankerung der Gesamtschule als allgemeinverbindliche Pflichtschule des Sekundarbereichs I unter totaler Ablösung des gegliederten Systems, als auch für ihre Errichtung als eine mit diesem konkurrierende Institution, worauf ich schon hingewiesen habe. In diesem Zusammenhang muß auch das Privatschulwesen erneut artikuliert werden, wobei zugleich zu betonen ist, daß es zwar einerseits zur Bewahrung selektiver Funktionen dient, andererseits aber auch an vielen Orten zur Entwicklung und Propagierung von Gesamtschulen beigetragen hat[9].

Schließlich ist auf die Differenzierung als wichtiges Entscheidungskriterium hinzuweisen, worauf ich später noch eingehen möchte. An dieser Stelle sei nur auf die beiden grundlegenden Formen der Binnen- und Außendifferenzierungen hingewiesen.

b) Die Entwicklung und Durchsetzung von Gesamtschulsystemen ist im einzelnen durch die Schulverwaltungsstruktur stark geprägt gewesen, in der sich allgemein und besonders bildungspolitische Grundzüge mit ihrem Spannungsverhältnis von Kontinuität und Wandel widerspiegeln. Die "Reformlandkarte" zeigt sowohl "Reformen von oben" in zentralisierten Einheitssystemen unter unterschiedlichen parteipolitischen Rahmenbedingungen, wie beispielsweise im "konservativen" Frankreich (vor 1981) und im "sozialdemokratischen" Schweden, als auch den Aufbau von Gesamtschulen auf regionaler Ebene, wofür Großbritannien und Dänemark als Beispiele hervorzuheben sind. Besondere Erwähnung verdienen in diesem Zusammenhang das auf der konfessionell orientierten "Säulenstruktur" aufgebaute niederländische Schulwesen sowie die föderalistischen Strukturen in der Bundesrepublik Deutschland und der Schweiz.

Zentralisierte Formen "von oben" haben den Vorzug schnellerer und gezielterer Durchsetzung, neigen dagegen zur Erstarrung in den vorhandenen Verwaltungsstrukturen. Reformen in dezentralisierten Schulsystemen bieten dagegen die Chance größerer Flexibilität, ermöglichen individuelle Varianten und sind auch offener gegenüber Korrekturen bei aufgetretenen Mängeln, weil davon nicht zugleich das gesamte Schulsystem des Landes betroffen zu werden braucht.

c) Die Ausformung von Gesamtschulen, wie von Schulen überhaupt, hängt stark von der Ausbildung der Lehrer ab. Die Lehrerausbildungssysteme scheinen besonders wirksam dem Gesetz der Beharrung zu unterliegen, was in vielen Staaten dazu geführt hat, daß Lehrer in Gesamtschulen unterrichten sollen, die auf Tätigkeiten in gegliederten Systemen hin ausgebildet worden sind. Daß allein aus diesem Grunde Reformen scheitern können, wird oft zu spät bemerkt. Dieses Kriterium ist auszuweiten auf die berufliche Tätigkeit des Lehrers im Hinblick auf Statusdifferenzen, Stundendeputate usw.

d) Das wohl wichtigste Identifizierungskriterium ist durch die Konzipierung und Praktizierung des Curriculum gegeben. Hierbei geht es insbesondere um das mit der Einführung der Gesamtschule verbundene Reformziel. Was hat Vorrang? Der Nachweis der "Überlegenheit" gegenüber dem herkömmlichen System und der Orientierung an dessen curricularen und erzieherischen Normen *oder* die Absicht, einen anderen Unterricht mit anderen Zielen zu konzipieren und in die Praxis umzusetzen? Daß in den bisher realisierten Gesamtschulkonzeptionen beides eine Rolle spielt, ist in dieser idealtypologischen Gegenüberstellung wohl erkannt. Auch überzeugte Vertreter der weitergehenden Alternative der "Andersartigkeit" sehen sich mit der "Überlegenheitsargumentation" konfrontiert und müssen in der bildungspolitischen Auseinandersetzung Kompromisse in dieser Richtung eingehen - selten zum Vorteil der neuen Schule. Dies gilt insbesondere für die Übernahme tatsächlich oder vermeintlich bewährter Leistungsstandards und Prüfungsordnungen, worauf ich noch zurückkomme.

Die Beurteilung führt im einzelnen zur Frage der jeweiligen gesellschaftlichen und politischen Rahmenbedingungen zurück sowie auch zur
Stärke der spezifischen nationalen Bildungstraditionen, mit denen sich Reformer auseinandersetzen müssen. Ein markantes Beispiel für die Berücksichtigung solcher Tradition ist die griechische Schulreform des Jahres
1976, durch die ein Gymnasium mit Gesamtschulcharakter geschaffen
wurde, freilich mit einem am herkömmlichen selektiven Gymnasium orientierten Curriculum, das 4-5 Wochenstunden für die Lektüre *alt*griechischer
Klassiker (wenn auch mit dem Zugeständnis der Beschränkung auf neugrie-
chische Übersetzungen) enthält[10].

Besonders an dieser Stelle zeigt sich deutlich, daß die Absolutsetzung
von Schulbezeichnungen im internationalen Vergleich in eine Sackgasse
führt. Diese Problematik gilt es auch zu bedenken, wenn die beiden Schulstufen und schulformübergreifenden Kriterien ins Spiel kommen, von denen
die Gesamtschuldiskussion besonders stark tangiert wird. Ich spreche von
der Schulleistung als Identifizierungskriterium zum einen und von dem
Verhältnis von Fördern und Auslesen zum anderen.

4. Schulleistung als Identifizierungskriterium

Der Schulleistung als Identifizierungs- und zugleich als Bewertungskriterium ist im Vergleich von gegliederten und integrierten Systemen stets
große Bedeutung beigemessen worden. Die Ergebnisse sind keineswegs
eindeutig. Die in der ersten Hälfte der siebziger Jahre von der "International
Association for the Evaluation of Educational Achievement" (IEA) vorgenommenen Leistungsmessungen in einigen Schulfächern resultierten in dem
Befund, daß Gesamtschulen nicht schlechter als selektive Schulen ab-
schneiden[11]. Diese Aussage ist allerdings nicht unbestritten geblieben. Generell ist festzustellen, daß die Kontroversen vor allem darauf beruhen, daß
der methodologische Standard defizitär ist, so sehr auch die methodischen
Fortschritte im einzelnen zu würdigen sind. Die noch offene Forschungslage wird von in methodologischen Fragen unkundigen Kritikern dadurch
noch vergröbert, daß Kontroversen zu der unzulässigen Gegenüberstellung
"gut - schlecht" zugespitzt werden. Daß damit bei Politikern und Verwaltungsbeamten, aber auch bei Eltern, Lehrern und Schülern, unerfüllbare
Erwartungen geweckt werden, sollte nicht überraschen, wenn man die Medizin zum Vergleich heranzieht. Dort akzeptieren wir ohne weiteres, daß
beispielsweise Nierenerkrankungen sowohl durch chirurgischen Eingriff als

auch durch medikamentöse Behandlung bekämpft werden und damit die Entscheidung für das eine *oder* andere Verfahren von verschiedenen Faktoren, nicht zuletzt vom Allgemeinbefinden des konkreten Kranken, abhängt.

In der Vergleichenden Bildungsforschung ist in den letzten Jahren wiederholt betont worden, daß Schulleistungsvergleichen die Klärung folgender grundlegender Sachverhalte vorausgehen müsse[12]:

a) Zu allererst geht es um die Definition: Was ist Schulleistung? Solange Erfolge nur in der Grundqualifikation, insbesondere in den Kulturtechniken, gefragt sind, ist die Antwort relativ einfach. Schwierig wird die Definition, wenn normative und curriculare Faktoren ins Spiel kommen. In der Regel werden Leistungsmessungen an vorhandenen Lehrplänen und Prüfungssystemen gemessen. Diese enthalten aber viel Willkürliches, historisch Zufälliges, Epochales. Es gibt keine "ewigen" Normen, wodurch auch die Definition des Begriffs "Allgemeinbildung" im internationalen Vergleich sofort problematisch wird, wenn man sich von ganz allgemein gehaltenen Formeln hinweg bewegt.

b) Zu klären ist das Bewertungsproblem vor allem dann, wenn die zu vergleichenden Schulsysteme keine "objektiven" Standards in Form zentralisierter Prüfungen kennen. Dies gilt, um nur das naheliegendste Beispiel zu nennen, für die Schulen in Italien und der Bundesrepublik Deutschland, die hinsichtlich der Bestimmung von Lernzielen, Lerninhalten und Unterrichtsmethoden vergleichsweise autonome Einrichtungen sind.

Allein schon die im einzelnen sehr schwierige und mühsame Einzelstudien erfordernde Klärung dieser beiden Voraussetzungen dürfte deutlich machen, warum es bisher nicht gelungen ist, durch Schulleistungsvergleiche zu einer plausiblen Einschätzung von Schultypen zu kommen. Dieser Problemkomplex ist notwendigerweise mit einem zweiten zusammen zu betrachten. Schulleistungsvergleiche erbringen nämlich nur isolierte Ergebnisse, soweit nicht zugleich andere Evaluationsbereiche erforscht werden. Ohne Vollständigkeit zu beanspruchen, nenne ich nur die folgenden:

a) Lernziele: Auf die Korrelation zwischen ihnen und dem, was als Schulleistung überhaupt zu definieren ist, habe ich bereits hingewiesen. Ich nehme als mehrfach diskutiertes Beispiel den Fremdsprachenunterricht. Hier macht es einen gravierenden Unterschied aus, ob der traditionelle Erwerb formaler Regeln einerseits und literarischer Kenntnisse andererseits Priorität hat oder, wie es in vielen Gesamtschulen der Fall ist, die Förderung kommunikativer Kompetenz.

b) Strukturierung des Lernprozesses: Beispielsweise fördern britische, niederländische und dänische Primarschulen im Vergleich zu den bundesdeutschen, französischen und italienischen Primarschulen weit stärker Kreativität und Ausdrucksfähigkeit; der Selektionsprozeß wird dort in die Sekundarstufe verlagert. Auch innerhalb der Sekundarstufe zeigen sich Unterschiede, insbesondere darin, ob der Übergang von der Sekundarstufe I, z.B. in Italien, zur Sekundarstufe II von einer selektierenden Prüfung abhängt oder nicht.

c) Zusammensetzung der Stundentafeln: Gewiß darf nicht überbewertet werden, ob der Mathematikunterricht mit drei oder fünf Wochenstuden vertreten ist, doch spielt ein solcher Unterschied gewiß eine Rolle, die zu untersuchen ist.

d) Das Vorhandensein von Übungsstunden in Form von Förder- und Stützkursen, womit vor allem die Gegenüberstellung von Ganztags- und Halbtagsschulen ins Bild gerät.

e) Gesamtcurriculum: Besondere Aufmerksamkeit verlangt hierbei insbesondere das Vorhandensein "neuer" Fächer, wie Arbeitslehre, Polytechnik und Wirtschaft. Auch die Strukturierung des Wahlbereichs als eines Komplementär- oder *nur* Zusatzbereichs ist zu beachten.

f) Schließlich möchte ich auf das Vorhandensein bzw. den Grad der Förderung sozial-affektiver Fähigkeiten aufmerksam machen, wie dies der deutsche Terminus "soziales Lernen" ausdrückt. Sie bezieht sich nicht nur auf den Unterricht, sondern - wohl noch stärker - auch auf das Schulleben in seiner Ganzheit sowie auf das Verhältnis der Schule zu ihrem sozialen Umfeld.

Indem ich die Ausführungen zum Thema "Schulleistung" als Identifizierungs- und Bewertungskriterium zusammenfasse, möchte ich nur wiederholend unterstreichen, wie schwierig Schulleistungsvergleiche sind und wie sehr man sich dabei vor leichtfertigen Schlüssen hinsichtlich der Einschätzung von Schultypen hüten muß. Dies gilt auch für das zweite Identifizierungs- und Bewertungskriterium, das ich hier exemplarisch vortragen will, nämlich die Beziehung von "Fördern" und "Auslesen".

5. Fördern und Auslesen in der Gesamtschule

Die Erörterung dieses Abschnitts sei mit grundsetzlichen Überlegungen zur Begriffsproblematik eingeleitet. Das Verhältnis von Fördern und Auslesen ist als Spannung zu begreifen, die im Rahmen *jedes* Bildungs- und Gesellschaftssystems unaufhebbar ist, in dem - ungeachtet politischer und ideologischer Verschiedenheit - Arbeitsteilung, Entscheidungsfindung und

Aufgabenbewältigung als Grundbedingungen menschlicher und gesellschaftlicher Existenz vorliegen und konkretisiert werden müssen. Diese Spannung gründet in zwei wesentlichen Gegebenheiten, die jeweils zwei Thesen begründen.

Die erste dieser Gegebenheiten ist individuumsbezogen und besagt:

a) daß Menschen entwicklungsfähig und daher förderbar sind;

b) daß Menschen aufgrund ihrer biologisch und sozial verursachten Lebensbedingungen ungleich und daher nur innerhalb ihrer individuellen Lebenslage förderbar sind, die freilich nicht als statisch zu begreifen ist.

Die zweite Gegebenheit, an die ich denke, ist gesellschaftsbezogen und besagt:

a) Überleben und Fortentwicklung der Menschheit sind nur in arbeitsteiliger Organisation zu lösen, wie unterschiedlich auch immer in ihr die Disposition von Individuen und Gruppen für den Funktionswechsel angelegt sein mag. Auch bei einer breiten Dispositionsgrundlage ist eine auf Effektivität gesellschaftlicher (nicht nur ökonomischer!) Prozesse gerichtete Auslese notwendig.

b) Die Prinzipien der Menschenwürde und Lebensqualität verlangen, daß die Auslese möglichst stark am Gebot der Gerechtigkeit orientiert wird.

Den beiden Thesenpaaren ist zu entnehmen , daß Fördern individuumsbezogen, Auslesen dagegen gesellschaftsbezogen ist. Es handelt sich bei dieser Gegenüberstellung freilich, wie es scheint, nur um die Feststellung von Affinitäten. Die unaufhebbare Wechselbeziehung der beiden Thesenpaare ist durch die Verknüpfung sozialer und personaler Existenz gegeben. Daraus ergibt sich, daß beides nötig ist: Fördern und Auslesen.

Die erste Forderung aus diesem Satz lautet, daß sich keine Schule ihrer Funktion des Auslesens entziehen kann; es sei denn, sie wälzt diese Aufgabe auf andere gesellschaftliche Institutionen ab, wovon seit jüngster Zeit in den Theorien zur Entkoppelung von Bildungs- und Beschäftigungssystem die Rede ist. Daß gewisse Tendenzen in dieser Richtung wirksam sind, zeigt sich in allen Industrieländern dort, wo Betriebe Schulzeugnisse negieren oder gering bewerten und statt dessen eigene Auslesemechanismen einsetzen. Dagegen sind externe Prüfungssysteme, wie beispielsweise in Großbritannien, insofern kein Beispiel für die Entkopplung, als die Schulen daran zumindest indirekt mitwirken, nämlich durch die Ausrichtung des Unterrichts auf die Prüfungen und durch die Bereitstellung von Lehrern als (internen oder externen) Prüfern.

Die Anerkennung der Notwendigkeit von Auslese enthält allerdings keine Vorentscheidung zur Lösung der *Prioritäten*frage zwischen Fördern und

Auslesen als den im Bildungssystem wahrzunehmenden Funktionen. Bei der Beantwortung dieser Frage spielt gewiß die historische Situation eine große Rolle. Daß in den Schulen der Vergangenheit die Auslese eine so akzentuierte Rolle gespielt hat, erklärt sich letztlich dadurch, daß der ökonomische Mangel das Leben bestimmte, von Naturkatastrophen und Kriegen ganz zu schweigen.

Wenn gegenwärtig dagegen kompetente Kritiker, wie die Autoren des Lernberichts ("No limits to learning") des Club of Rome, für den Vorrang des Förderns plädieren, leiten sie nicht nur humanitäre Überlegungen, sondern auch die Einsicht, daß es sich die hochindustrialisierte Gesellschaft "leisten" könne, dem Fördern Priorität zuzuerkennen, ohne dabei auf Auslese verzichten zu müssen[13].

Wenn man den Aussagen dieser prominenten Kritiker folgt, hat das Fördern als Beitrag zu "antizipativem Lernen" eine Qualität erlangt, die sich wesentlich von der früherer Perioden abhebt. Der Anspruch auf Förderung ist *allen* Individuen - in unserem Fall Schülern - legitim, und zwar den Leistungsschwachen und der Leistungsmitte ebenso wie den Leistungsstarken (einschließlich der "Hochbegabten").

Die nächste Frage in unseren Überlegungen bezieht sich nun auf die Organisation des Förderns und Auslesens, womit wir unmittelbar zum Thema "Integriertes System und Gesamtschule" zurückkehren.

Zwei organisatorische Grundtypen lassen sich hierbei unterscheiden, nämlich

a) die Segregation nach dem Prinzip, das die Parallelität von selektiven und nicht-selektiven Schulen jahrhundertelang bestimmte;

b) der Gegentyp, der mit dem Begriff "Integration" am besten zu erfassen ist.

Der Begriff "Integration" betont das Prinzip der Zusammenfassung, Verbindung und Vereinheitlichung. Wesentlich ist der konstitutive Beitrag aller "integrierenden" Elemente, wodurch sich "Integration" von "Assimilation" abhebt. Aus den erwähnten Akzentuierungen des Prinzips ergibt sich eine Stufung im Aufbau "integrierter Systeme", die sich an folgenden Systemformen ablesen läßt: Durchlässigkeit im Übergang zwischen den einzelnen Typen, Angleichung der Lernziele und Lehrpläne der Jahrgangsklassen aller Typen, Zusammenfassung von einzelnen Typen zu "Schulzentren" oder - im Zuge weiterer Integrierung - Errichtung "kooperativer Gesamtschulen".

"Integrierte Gesamtschulen" stellen in dieser Stufung die weitestgehende Form der Systemintegrierung dar; sie sind insofern in sich noch einmal gestuft, als sie sich in gemilderter, d.h. äußerlich differenzierter, oder in strenger, d.h. äußerlich undifferenzierter Form präsentieren können.

Auf allen Ebenen der Integration ist in den vergangenen Jahrzehnten die Binnendifferenzierung als Mittel flexibler Unterrichtsgestaltung und Schülermobilität entwickelt und gefördert worden. Dabei zeichnet sich im internationalen Vergleich die Tendenz ab, daß der Bildung heterogener Lern- und Aufgabengruppen, dem "mixed ability grouping", der Vorrang vor der Bildung homogener Gruppierungen gegeben wird.

Wir kommen nun zu der Kernfrage: Können Schulen integrierter oder Schulen segregierender Systeme besser fördern? Ich will in meiner Antwort die besonderen Probleme der behinderten[14] und hochbegabten[15] Schüler in diesem Zusammenhang außer acht lassen und mich auf die große Mehrheit der Schülerpopulation konzentrieren.

Auch hier bietet der internationale Vergleich wegen der Komplexität der zu untersuchenden Faktoren keine Rezepte. Insbesondere gilt hierbei, daß der Konkretheit der einzelnen Schule mit ihren Qualitäten und Mängeln große Bedeutung beizumessen ist, wie dies die Rutter-Studie und andere Untersuchungen beispielhaft nachgewiesen haben[16]. Generell freilich läßt sich die Forschungslage dahin deuten, daß der Vorzug integrierter Systeme gegenüber herkömmlichen segregierenden Systemen unbestritten ist und darüber hinaus bestehende Gesamtschulen auch dort als förderungsfreundlich und entwicklungswürdig angesehen werden, wo Mängel in der konkreten Gestaltung kritisiert werden, der Bereich der für die große Mehrheit eines Schülerjahrgangs gemeinsamen Lerndisposition für zu groß angesehen wird und über Leistungsstandard, Curriculum und Unterrichtsstil Kontroversen bestehen.

An diesem Tatbestand möchte ich mich orientieren, wenn ich nun am Ende meiner Ausführungen die Vergleichsanalyse verlasse und meine Schlußbemerkungen zu den folgenden Thesen und Argumenten verdichte.

6. Schlußbemerkungen: Thesen und Argumente zur Bewertung der Gesamtschule

6.1. Auch der auf Westeuropa beschränkte Vergleich stellt die Gesamtschule als eine Institution vor, die sich im Laufe der beiden letzten Jahrzehnte in den meisten Ländern als ausschließlicher, dominierender und zumindest mit den Schulen des herkömmlichen Systems konkurrierender Schultyp des unteren Sekundarbereichs durchgesetzt hat und gewiß nicht von allen, offensichtlich aber von vielen Bürgern dieser Länder akzeptiert worden ist, wenn auch teilweise mit ursprünglich starken Vorbehalten und Widerständen, Diese historische Erfahrung belegt die Realisierbarkeit der Gesamtschule als eines Schultyps des unteren Sekundarbereichs, der die große Mehrheit der entsprechenden Schülerjahrgänge zu erfassen und auf die weitere Schulaufbauung sowie auf die Berufsausbildung erfolgreich vorzubereiten vermag.

6.2. Schulreformen sind primär politische Entscheidungen, denen gesellschaftsphilosophische Leitbilder und pragmatische Erwartungen ökonomischen und sozialen Charakters zugrunde liegen. Diese These wird in bezug auf unser Thema durch die Frage der Priorität zwischen Fördern und Auslesen im Bildungssystem beispielhaft verdeutlicht. Auch wenn die politisch Verantwortlichen beide Prinzipien schulischer Bildung grundsätzlich bejahen und deren unaufhebbare Wechselwirkung anerkennen, obliegt ihnen die Entscheidung und Verantwortung dafür, welchem der beiden Prinzipien in Gesetzen, Erlassen und praktischen Maßnahmen der Vorrang eingeräumt wird; dem Prüfungswesen fällt hierbei eine Schlüsselrolle zu. Im politischen Alltag äußert sich dieser Prioritätenkonflikt darin, daß in den Argumenten *entweder* die Auslese der Leistungsstarken *oder* die Förderung der Leistungsschwachen stärker artikuliert wird.

6.3. Wesentliche Faktoren für den Erfolg von Schulreformen sind einmal die Langfristigkeit der Perspektiven und zum anderen die Verankerung in einem breiten Bevölkerungskonsens. Beide sind dadurch bedingt, daß Reformen gewöhnlich für die betroffenen Kinder und Jugendlichen die gesamte Schullaufbahn und zumindest einen Teil ihrer Berufsausbildung festlegen und damit das Lebensschicksal und die Lebensführung ganzer Familien unmittelbar betreffen. Für Reformen mit dem Ziel der Errichtung von Gesamtschulen gilt diese aus dem internationalen Vergleich zu gewinnende Erfahrung insofern, als sie zeigt, daß Reformen dieser Art sich in den Staaten am stärksten haben durchsetzen können, in denen sie von einer großen Mehrheit der Bevölkerung, und sei es auch nur passiv, akzeptiert worden sind.

6.4. Bildungs- und Sozialforschung kann politische Entscheidungen nicht ersetzen, wohl aber vermögen, wie vor allem die schwedische Entwicklung zeigt, langfristige, sorgfältig vorbereitete und wissenschaftlich begleitete Modellversuche die Herbeiführung eines breiten Bevölkerungskonsenses zu unterstützen. Der Fall Großbritannien weist demgegenüber darauf hin, daß dies auch die Ermöglichung lokaler und regionaler Initiativen bewirken kann.

6.5. Es gibt kein Schulsystem, das Vor- und Nachteile zu harmonisieren vermag. Erwarten aber muß der Bürger im demokratischen Staat eine Bildungspolitik, die auf Konvergenz der Förderung der Leistungsstarken, der Leistungsmitte und der Leistungsschwachen ausgerichtet ist. Ob für die "Pole" der Schülerpopulation, d.h. die Hochbegabten und die Schwerbehinderten, separate Schulen notwendig sind, läßt der internationale Vergleich offen, so sehr die gerade in Schweden und Italien zu beobachtenden Integrationstendenzen auf diesem Feld der Beachtung wert sind. Wichtig ist in diesem Zusammenhang allerdings die Feststellung, das sowohl die selektiven Privatschulen, wie wir sie aus Großbritannien, Frankreich, den USA und anderen Staaten kennen, als auch die Spezialschulen für Hochbegabte in den realsozialistischen Staaten nicht (mehr) den bundesdeutschen oder östereichischen Gymnasien gleichzusetzen sind, die längst Massen-Bildungseinrichtungen geworden sind und ihre einst exklusiv studienbezogene Funktion in zunehmendem Maße mit der Funktion der Vorbereitung ihrer Schüler auf unmittelbaren Eintritt in berufliche Ausbildung und Tätigkeit teilen müssen[17].

6.6. Ernst genommen zu werden verdienen Befunde und Interpretationen, in denen entgegen den erwähnten Befunden der IEA-Studien den Gesamtschulen eine unzureichende Förderung leistungsstarker Schüler angelastet wird[18]. Argumente, daß Gesamtschulen im allgemeinen Vergleich zu selektiven Schulen leistungsmindernde Einrichtungen sind, haben sich dagegen weithin als unhaltbar erwiesen, weil dabei übersehen worden ist, daß die Vergleichsgrößen falsch gesetzt waren. Man kann nämlich nicht Leistungsbefunde von Gesamtschulen, welche jeweils fast die gesamten Jahrgangspopulationen der Sekundarstufe I erfassen, mit denen von Gymnasien und Lyzeen und deren erfaßten Teiljahrgangsgruppen vergleichen.

Zugunsten der Gesamtschulen im Vergleich zu den Schulen herkömmlich gegliederter Sekundarschulsysteme wird in der vergleichend-erziehungswissenschaftlichen Literatur folgendermaßen argumentiert:
    a) Kinder aus unteren Sozialschichten werden stärker gefördert und erreichen höhere Abschlüsse.

b) Die Schullaufbahnen und Berufsentscheidungen werden länger offengehalten, was vor allem den Jugendlichen selbst größere Chancen gibt, an den für sie lebenswichtigen Entscheidungen selbst mitzuwirken.

c) Das breitere curriculare Angebot vermag individuelle Begabungen und Interessen besser zu befriedigen. Dieser Satz hat akzentuierte Bedeutung für Regionen mit relativ geringer Schülerpopulation - ein wichtiges Problem in einer Epoche geburtenschwacher Schülerjahrgänge.

d) Die Rutter-Studie und viele andere empirische Untersuchungen weisen nach, daß an Gesamtschulen die Förderung sozial-affektiver Fähigkeiten und Bereitschaften besser zum Zuge kommt. Diesem Argument kommt unter dem Aspekt des "sozialen Lernens" in Lerngemeinschaften mit Schülern unterschiedlicher sozialer, religiöser, ethnischer und kultureller Herkunft besonders Gewicht zu.

Vieles spricht, wie mir scheint, für Gesamtschulen. Diese Einschätzung beziehe ich insbesondere auf Regionen, in denen wegen geringer Schülerpopulation die Aufrechterhaltung gegliederter Systeme die Gefahr der Qualitätsminderung für den unteren Sekundarbereich als Ganzes birgt, denn betroffen werden davon in der Regel die Schüler der nichtselektiven Schulen (in bezug auf Klassenfrequenz, materielle Ausstattung usw.). Auch enthält diese Einschätzung das Desiderat der Errichtung von Gesamtschulen in Form konkurrierender oder Versuchsschulen überall dort, wo Eltern und örtliche Entscheidungsträger dies wünschen.

Die darüber hinaus führende Frage nach dem Stellenwert von Gesamtschulen gegenüber den erwähnten "gemäßigten" Integrationsformen im Bildungssystem möchte ich als Erziehungswissenschaftler dagegen offen lassen, weil, wie mir scheint, die vorliegenden empirischen Befunde in ihrem Bezug zu sozioökonomischen Rahmenbedingungen nationalen Traditionen und individuellen Erwartungen hierzu keine einseitige Auskunft erlaubt; ich sehe in dieser Zurückhaltung keinen Widerspruch zu der These, daß ich die erwähnten Argumente zugunsten von Gesamtschulen für einleuchtend und stimulierend halte. Es ist in diesem Zusammenhang auch die historische Erfahrung zu bedenken, daß Schulreformen scheitern oder sozialen Unfrieden bewirken, wenn sie nicht von breiten Mehrheiten der betroffenen Bevölkerung getragen sind; auf die Gründe hierfür habe ich hingewiesen. Diese Erfahrung anerkennen heißt nicht, Möglichkeiten eines Wandels von Mehrheitsbekundungen geringzuschätzen, soweit er kritischer Rationalität und pädagogischem Engagement entspringt.

Ungeachtet der offenen Problemfrage aber möchte ich an den Schluß die These setzen, daß die im weiteren Wortsinn verstandene Integration von

Schultypen innerhalb einer Horizontalstufe, in unserem Fall der Sekundarstufe I, eine unverzichtbare pädagogische Aufgabe in demokratisch verfaßten Gesellschaften ist. Die "Systemvergleiche" des vergangenen Jahrzehnts haben uns über Möglichkeiten und Erfolge verschiedenartiger Integrationsbemühungen informiert und gezeigt, daß *alle* Formen "integrierter
Systeme" voneinander lernen können.

Anmerkungen

1. Fend, H.: Gesamtschule im Vergleich. Bilanz der Ergebnisse des Gesamt-
    schulversuchs. Weinheim und Basel: Beltz 1982, S. 23-45 - Keim, W. (Hrsg.):
    Sekundarstufe I. Modelle - Probleme - Perspektiven. Königstein/Ts.: Scriptor
    1978, S. 59-67 - Mitter, W.: Gesamtschulen in der Bundesrepublik Deutsch-
    land und die allgemeinbildende polytechnische Oberschule der DDR - Krite-
    rien für einen Vergleich (Skizze). In: Baumann, U., Lenhard, V. und Zimmer-
    mann, A. (Hrsg.): Vergleichende Erziehungswissenschaft. Wiesbaden: Akad.
    Verlagsgemeinschaft 1981, S. 51-63 - Mitter, W.: Wandel und Kontinuität im
    Bildungswesen der beiden deutschen Staaten. In: Festschrift für Erwin Stein
    zum 80. Geburtstag. Bad Homburg v.d.H.: Gehlen 1983, S. 153-170.

2. Lenhard, R.: Das brasilianische Bildungswesen. Grundlagen - Tendenzen -
    Probleme. Weinheim und Basel: Beltz 1978, S. 203-221, 232-246.

3. Vgl. DES Report on Education: The Growth of Comprehensive Education.
    No. 87, March 1977, London.

4. Für Frankreich vgl. Legrand, L.: Pour un collège démocratique. Rapport au
    Ministre de l'Education nationale. Paris: La documentation française 1983.

5. Vgl. Fend a.a.O., S. 483

6. Der Verfasser bezieht sich auf eigene Besuche von Gesamtschulen in den Jah-
    ren 1973 bis 1983 in Finnland, Frankreich, Großbritannien, Italien und den
    Niederlanden sowie auf Schulbesuche in den osteuropäischen Staaten.

7. Vgl. Mitter, W.: Sekundarstufe I im internationalen Vergleich. In: Wester-
    manns pädagogische Beiträge, 29 (1977) 6, S. 259-262 - Thomas, H.: Gesamt-
    schule - Schule Europas. In: Die deutsche Schule, 70 (1978) 10, S. 620-623 -
    Mitter, W.: Gesamtschulen im internationalen Vergleich. Versuch einer Be-
    stimmung von Vergleichskriterien. In: Die deutsche Schule, 72 (1980) 4, S.
    243-252.

8. Das Attribut "voll" bezieht sich auf die Vollzeitschulpflicht und trägt somit der Verankerung der - auch durch Teilzeitschulbesuch erfüllbaren - Berufsschulpflicht bis zum 18. Lebensjahr in den beiden deutschen Staaten Rechnung.

9. Zu erwähnen sind für die Bundesrepublik Deutschland besonders die Freien Waldorfschulen. Vgl. Lindenberg, Ch.: Waldorfschulen: Angstfrei lernen, selbstbewußt handeln. Praxis eines verkannten Schulmodells. Reinbek: Rowohlt 1975 (rororo-Sachbuch 6904).

10. Kelpanides, M.: Schulsystem und Volksbildung. In: Grothusen, K.D. (Hrsg.): Südosteuropa-Handbuch, Bd. 3: Griechenland. Göttingen: Vandenhoeck und Ruprecht 1980, S. 54-121.

11. Husén, T.: Implications of the IEA findings for the philosophy of comprehensive education. In: Purves, A.C. and Levine, D.U. (eds.): Educational Policy and International Assessment. Berkeley: McCutchan 1975, S. 117-143.

12. Fend, a.a.O., S. 483-507 - Haenisch, H. und Lukesch, H.: Ist die Gesamtschule besser? Gesamtschulen und Schulen des gegliederten Schulsystems im Leistungsvergleich. München/Wien/Baltimore: Urban und Schwarzenberg 1980.

13. Botkin, J.W., Elmandjra, M. and Malitza, M.: No Limits to Learning. Bridging the Human Gap. A Report from the Club of Rome. Oxford: Pergamon Press 1979.

14. Vgl. Sonderschulen oder integrierte Erziehung? Zwei Beiträge von W.I. Lubovski und N. Söder. In: UNESCO-Kurier, 22 (1981) 6, S. 16-23.

15. Vgl. Urban, K.: Hochbegabte Kinder - eine Herausforderung? In: Bildung und Erziehung, 33 (1980) 6, S. 526-535 - Bartenwerfer, H.: Hochbegabung, ein bildungspolitisches Problem? In: Festschrift für Erwin Stein zum 80. Geburtstag. Bad Homburg v.d.H.: Gehlen 1983, S. 407-419.

16. Rutter, M., Maughan, B., Mortimore, P. and Ouston, J.: Fifteen Thousand Hours. Secondary Schools and their Effects on Children. London: Open Books 1979.

17. Daß diese Doppelfunktion die Beziehung zwischen gymnasialem (oder vergleichbarem) Abschluß und Hochschulzwang in wachsendem Maße problematisiert, zeigen für die Bundesrepublik Deutschland die im Sommer 1983 von dem Niedersächsischen Kultusminister Georg-Berndt Oschatz und dem Präsidenten der Westdeutschen Rektorenkonferenz Theodor Berchem ausgelösten Diskussionen zur Entkoppelung der beiden Prozeduren.

18. Vgl. die Kontroverse: Wottawa, H.: Die Leistungsfähigkeit der nordrhein-westfälischen Gesamtschulen - eine kritische Betrachtung der empirischen Ergebnisse. In: Bildung und Erziehung 33 (1980) 3, S. 239-251 - Fend, H.: Stellungnahme zum Aufsatz von Wottawa, ibid., S. 252-262.

Begabtenschulen in Einheitsschulsystemen

I. Ihre Entstehung und Stellung im amerikanischen und sowjetischen Schulwesen

Die Vereinigten Staaten und die Sowjetunion haben Einheitsschulsysteme. Mit dieser Kennzeichnung sei generell ausgedrückt, daß in diesen Systemen die Kinder nicht nur die Primärstufe gemeinsam durchlaufen, sondern auch während des Besuchs der Sekundarstufe mehr oder weniger stark durch eine einzige Schule erfaßt werden. Dies gilt vor allem für die Sekundarstufe des allgemeinbildenden Schulwesens, in den Vereinigten Staaten überdies auch für berufsbildende Einrichtungen. Die heranwachsenden Bürger sollen, so künden Gesetze und Statuten, möglichst lange gemeinsam unter dem Dach eines Schulgebäudes oder sogar innerhalb der Wände eines Raumes lernen.

Prominente Bildungspolitiker artikulieren in ihren Äußerungen diese Konzeption. *John W. Gardner,* früherer Leiter des US-Department of Health, Education and Welfare, dem die oberste Erziehungsbehörde zugeordnet ist, nannte die Comprehensive High School seines Landes

„ein eigentümlich amerikanisches Phänomen. Sie wird umfassend (comprehensive) genannt, weil sie unter einer Verwaltung und unter einem Dach (oder einer Reihe von Dächern) eine Sekundarerziehung für fast alle Kinder im High-School-Alter einer Stadt oder einer Nachbarschaft anbietet. Sie ist verantwortlich für die Erziehung des Jungen, der Atomwissenschaftler werden will, des Mädchens, das mit 18 Jahren heiraten wird, des künftigen Schiffskapitäns und Industrieführers. Sie ist verantwortlich für die Erziehung der klugen und der nicht so klugen Kinder mit verschiedenartigen Motivationen. Sie ist letztlich verantwortlich für die Gewährleistung einer guten und angemessenen Erziehung, die sowohl auf das Studium vorbereitet als auch berufsorientiert ist, und zwar für alle jungen Menschen innerhalb einer demokratischen Umgebung, welche, wie die Amerikaner glauben, den Grundsätzen dient, welche sie schätzen."[1]

In ihrer spezifischen Ausprägung, dies sei hier sogleich interpretierend hinzugefügt, ist die amerikanische Comprehensive High School in der Tat das Phänomen einer bestimmten, historisch bedingten nationalen Gesellschaft. Was die Substanz von Gardners Äußerung betrifft, ergibt sich freilich weitgehende Analogie zu einer Äußerung des gegenwärtigen sowjetischen Ministers für Volksbildung, *M. A. Prokof'ev,* wonach

„die Einheitsschule aus dem Prinzip der gleichen Möglichkeiten für die Kinder" hervorgeht, „ihre angeborenen Anlagen zu entwickeln. Sie stellt sich die Aufgabe der harmonischen Entwicklung der geistigen und sittlichen Kräfte aller Kinder... Indem sich die Schule dieser Aufgabe aber stellt, muß sie mit der Erscheinung rechnen, daß sich bei Jugendlichen Interessen für ein tieferes Eindringen in bestimmte Wissensbereiche bilden..."[2]

---

[1] Zitiert aus: James B. Conant: The Comprehensive High School. A Second Report to Interested Citizens. New York/Toronto/London/Sydney 1967, S. 3.

[2] M. A. Prokof'ev: O sostojanii i merach dal'nejšego ulučšenija raboty srednej obščeobrazovatel'noj školy (Über den Stand und die Maßnahmen zur weiteren Verbesserung der allgemeinbildenden Mittelschule). In: Sovetskaja pedagogika, Jg. 1968, H. 8, S. 23.

Wir versagen es uns, um der Konzentration auf die spezielle Thematik willen, die Analogie näher zu interpretieren. Dies müßte neben den substantiellen Gemeinsamkeiten auch die akzidentellen Unterschiede verdeutlichen, wie etwa dies, daß der sowjetische Begriff „Einheitsschule" Primär- wie Sekundarstufe umgreift, während die Amerikaner mit ihrem Begriff „comprehensive" nur die High School bezeichnen, denn die Elementarschule wird ohnehin als einheitliche Grundstufe betrachtet. Wir verzichten hier auch darauf, die bildungsgeschichtlichen Wurzeln dieser analogen Schulkonzeption bloßzulegen. Hierzu müßten wir *Condorcets* genialen Entwurf bemühen und den Idealen der Freiheit und Gleichheit in den Bezugsquellen amerikanischer und sowjetischer Bildungspolitiker und Pädagogen nachspüren. Sowohl die *Declaration of Independence* als auch das *Kommunistische Manifest* enthalten stimulierende Hinweise auf die Notwendigkeit einer Einheitsschule, ungeachtet ihrer konträren Akzentuierung der Beziehung von Individuum und Gesellschaft in der Postulierung und Realisierung der genannten Ideale.

Bis zur Entstehung eines Einheitsschulwesens sollten in der Vereinigten Staaten freilich mehr als 100 Jahre nach der Staatsgründung vergehen, so daß das Jahr 1918 sowohl im sowjetisch gewordenen Rußland (hier ein Jahr nach der bolschewistischen Revolution) als auch in den Vereinigten Staaten die Dokumente hervorgebracht hat, welche die Strukturen der Schulsysteme bis zum heutigen Tage in ihren Wesenszügen fixiert haben. Wir denken dabei einmal an die „Grundprinzipien der Einheits-Arbeitsschule" (Osnovnye principy edinoj trudovoj školy), in denen für Sowjetrußland das „gesamte Schulsystem vom Kindergarten bis zur Universität" als „Einheitsschule" und „ununterbrochene Stufenleiter" bezeichnet wird.[3] Das amerikanische Pendant, nur auf die Sekundarstufe bezogen, sind die „Cardinal Principles of Secondary Education", die dem Bericht einer Kommission der großen Lehrerorganisation „NEA" zugrundeliegen. Dort lesen wir, daß die Kommission der Auffassung ist, die Erziehung solle derart umgestaltet werden, daß jeder normale Junge und jedes normale Mädchen „ermutigt" werde, „bis zum 18. Lebensjahr in der Schule zu bleiben", sei es auch nur in Verbindung mit der Ausübung einer beruflichen Tätigkeit. Verknüpft damit ist in diesem Dokument die Empfehlung, allgemeine und berufliche Bildung in gemeinsamen Schulorganismen zu vermitteln.[4]

In zwei Dingen sind die amerikanischen Schulpolitiker ihren sowjetischen Kollegen vorausgeschritten: erstens in der Einbeziehung der Berufsbildung in die Comprehensive High School (als Regel). Die sowjetische Einheitsschule ist dagegen auf der Sekundarstufe nur allgemeinbildende Mittelschule. Die Berufsbildung wurde zwar zeitweise in das Aufgabenfeld dieser Schule einbezogen und zu integrieren versucht – zuerst in den zwanziger Jahren und dann während der Chruščëv-Ära –, war jedoch meistens ein spezieller Schulbereich und ist dies heute in der Regel wieder, wenn auch

---

[3] Zitiert nach der deutschen Übersetzung in: Die sowjetische Bildungspolitik seit 1917, hrsg. von O. Anweiler und K. Meyer. Heidelberg 1961, S. 74 (Dokument 11).
[4] Commission on the Reorganization of Secondary Education. Cardinal Principles of Secondary Education. United States Bureau of Education Bulletin No. 35, 1918. Zitiert nach: Edward A. Krug: Salient Dates in American Education 1635–1964. New York 1966, S. 120. – NEA = National Education Association of the United States.

in der Sowjetunion über dieses Problem weiterhin diskutiert wird.[5] Zweitens reicht die Sekundarstufe in den Vereinigten Staaten bis zum 12. Schuljahr; die Differenzierung zwischen allgemeinbildenden und berufsbildenden Zügen beginnt mit dem 10. oder 9. Schuljahr. Die sowjetische Mittelschule ist demgegenüber eine Zehnjahresschule; die Differenzierung zwischen dem allgemeinbildenden Kurs innerhalb dieser Schule und den berufsbildenden Kursen außerhalb von ihr setzt mit dem 9. Schuljahr ein.

Allein schon die Gabelung in allgemeinbildende und berufsbildende Schultypen oder Schulzweige weist darauf hin, daß Einheitlichkeit in beiden Systemen nicht Gleichheit der Bildungsziele und Bildungsinhalte für alle Heranwachsenden bedeutet. Die Differenzierungserscheinungen innerhalb der *allgemeinbildenden* Schulsysteme, auf die wir uns fortan beschränken möchten, deuten obendrein an, daß Unterschiede in den zu vermittelnden Inhalten auf die Anerkennung von Disparitäten in der Bildungsfähigkeit und im Bildungswillen der Schüler zurückführen.[6] Man spricht in beiden Systemen von *Begabungen,* wobei dieser Begriff im Einklang mit dem Stand entwicklungs- und lernpsychologischer Forschungen dynamisch verstanden wird, in dieser Dynamik aber – dies ist wissenschafts- und schulgeschichtlich wichtig – in der gegenwärtigen Interpretation die Berücksichtigung angeborener Anlagen einschließt. Die „Wiederentdeckung" der „Begabung" oder des „Talents" gehört sowohl in den Vereinigten Staaten als auch in der Sowjetunion zu den Motivationen gegenwärtiger Schulreformen und erklärt, zusammen mit ökonomisch bestimmten Argumenten, das große Interesse für individualisierende und differenzierende Elemente in der Schule.[7]

Falsch wäre es freilich, die Analogie zur Identität zu verdichten. In den Vereinigten Staaten geht die Neigung zu Differenzierungen in der Schulstruktur und den Unterrichtsinhalten auf die Epoche der *Progressive Education* zurück; sie ist in der Gegenwart nur profilierter und wissenschaftsorientierter geworden. Die sowjetischen Pädagogen haben dagegen bisher *stets* der Einheitlichkeit den Prioritätsanspruch

---

[5] Z. B. M. P. Kašin: O trudovoj podgotovke i professional'noj orientacii učaščichsja sel'skich škol (Über die Arbeitserziehung und die Berufsorientierung der Schüler von Landschulen). In: Narodnoe obrazovanie, Jg. 1969, H. 6, S. 16 – P. Jarmolenko: „Ja b v rabočie pošel..." („Ich möchte Arbeiter werden...") In: Pravda, 11. September 1969, S. 3).

[6] Vgl. Wolfgang Mitter: Erziehung in den Vereinigten Staaten und der Sowjetunion. Eine vergleichende Gegenüberstellung aufgrund von zwei Reisen. In: Bildung und Erziehung, Jg. 1967, S. 212.

[7] In diesem Beitrag kann auf den Stand der Begabungsforschung und der aus ihr resultierenden Diskussion in den Vereinigten Staaten und der Sowjetunion nicht näher eingegangen werden. Es sei nur auf den generellen Unterschied hingewiesen, der in der Akzentuierung des Begabungskriteriums zutagetritt. Während man in den USA Merkmale quantitativer Begabung als Ausdruck allgemeiner, durch Intelligenztests zu messender Leistungsdisposition hervorhebt, betont man in der Sowjetunion Merkmale qualitativer Begabung, die sich in der Entfaltung „besonderer Fähigkeiten" äußern, während man quantitative Begabung nicht als Erscheinung „überdurchschnittlicher", sondern eher als Ausdruck „normaler" geistiger Potenz begreift. – Vgl. James B. Conant: The Comprehensive High School, a. a. O. (s. Anm. 1), S. 40–50. – John W. Gardner: Excellence. Can we be Equal and Excellent too? New York 1961, S. 127–134. – A. G. Chripkova: Biologičeskoe i social'noe v razvitii i formirovanii čeloveka (Biologisches und Soziales in der Entwicklung und Formung des Menschen). In: Sovetskaja pedagogika, Jg. 1969, H. 3, S. 31–38. – F. F. Korolev: Osnovnye napravlenija metodologičeskich issledovanij v oblasti pedagogiki (Hauptrichtungen methodologischer Forschungen im Bereich der Pädagogik). In: Sovetskaja pedagogika, Jg. 1969, H. 4, S. 38–56.

zuerkannt und halten es auch heute für einen Vorzug gegenüber der „bürgerlichen" Schule, das obligatorische Fundamentum in den Lehrplänen ihrer Schule möglichst stark zu wahren (Klasse 5 – 10: 30 Wochenstunden).[8]

Der auswärtige, beispielsweise der westdeutsche Betrachter, mag nun angesichts der in beiden Staaten ideologisch und historisch gestützten Schulkonzeption erstaunt sein, wenn er in dem großen Meer der Einheitsschule Inseln entdeckt, auf denen „*Spezialschulen*" angesiedelt sind: „*special (specialized) high schools*" bzw. „*special'nye školy*"[855]. In den Vereinigten Staaten sind hierbei zu allererst die separaten Berufsschulen (Vocational Schools) zu nennen, die in der Sowjetunion als „mittlere Fachschulen" (Technika) und „beruflich-technische Schulen" außerhalb der Einheits-Mittelschule zu finden sind. Daneben gibt es aber auch Spezialschulen für Musik und bildende Kunst; zu erwähnen ist in diesem Zusammenhang auch die *Latin School* in Boston, eine traditionsreiche Stätte der Pflege altsprachlichen Unterrichts[9]. In der Sowjetunion hat sich in den letzten zehn Jahren, teilweise kontinuierlich, teilweise mit Interferenzen, ein mehrgestaltiges Netz von Spezialschulen entwickelt, in denen besondere „Profile" gepflegt werden: neben den traditionellen Schulen für Musik, Tanz und bildende Kunst sind dies vor allem „Schulen mit erweitertem Fremdsprachenunterricht" sowie „Schulen mit vertieftem theoretischen und praktischen Unterricht in einer Reihe von Fächern"[10].

Uns interessiert ein besonderer Typ in diesem „Außenseiter"-Bereich. Es handelt sich, im Hinblick auf Schüler und Unterrichtsinhalte, um Schulen, die man mit Recht *Begabtenschulen* nennen darf; sie sind über ihre allgemeinbildende Fundierung hinaus um eine Verbreiterung und Vertiefung des mathematischen und naturwissenschaftlichen Unterrichts bemüht.

Die Entstehung dieser Begabtenschulen klafft, wenn man beide Länder vergleicht, um etwa zwei Jahrzehnte auseinander, ist jedoch ähnlich motiviert: In beiden Systemen hatte das Einheitsschulwesen einen Stand erreicht, in dem die Sorge für die Quantität, d. h. für die Erziehung aller, die Bemühungen um qualifizierten Nachwuchs für die Hochschulen, insbesondere die naturwissenschaftlichen und technologischen Fakultäten und Anstalten, überschattete. Die Furcht, die Einheitsschulen könnten den gewünschten Nachwuchs nicht oder mit nicht befriedigender Qualifikation zur Verfügung stellen, ist also der unmittelbare Anlaß zur Gründung dieser Spezialschulen. Das geschieht in den Vereinigten Staaten am Ende der dreißiger Jahre, als die Comprehensive High School in mißverstandener Akzentuierung *Deweyscher* Maximen das Ziel des „*learning by doing*" gegenüber der Vermittlung von Wissensinhalten überbewertete. In der Sowjetunion lag eine ähnliche Situation am Ende der fünfziger Jahre vor, als durch die *Chruščëvsche* Schulreform unter dem Motto der „Verbindung der Schule mit dem Leben" und im Zeichen

[8] Vgl. Musterstundentafel der allgemeinbildenden Mittelschule (vom 10. November 1966). In: Narodnoe obrazovanie v SSSR 1917–1967 (Volksbildung in der UdSSR 1917–1967), hrsg. von M. A. Prokof'ev u. a. Moskau 1967, S. 91.
[9] Vgl. James B. Conant: Slums and Suburbs. New York 1964 (Signet Book P 2421), S. 65–68.
[10] Vgl. Wolfgang Mitter: Einheitlichkeit und Differenzierung als Problem der sowjetischen Schulreform. In: Bildungsreformen in Osteuropa, hrsg. von O. Anweiler. Stuttgart/Berlin/Köln 1969, S. 125–130.

einer als Polytechnisierung ausgegebenen Professionalisierung die Vermittlung der „Grundlagen der Wissenschaften" in der allgemeinbildenden Mittelschule gefährdet schien.[11]

. Die mathematisch-naturwissenschaftlichen Spezialschulen in den Vereinigten Staaten sind auf den Osten und den Mittleren Westen (westlich des Mississippi) beschränkt; hervorzuheben sind die *Central High School* in Philadelphia sowie die drei renommierten Schulen in New York City: die schon ältere *Stuyvesant High School,* die *Brooklyn Technical School* und die *Bronx High School of Science*.[12] Die sowjetischen Entsprechungen sind die sieben *Physikalisch-mathematischen Internatsschulen,* die bedeutenden Universitäten angeschlossen sind: in Moskau, Leningrad, Novosibirsk, Kiev, Tbilisi, Erevan und Vil'njus (Wilna).[13] Die Zahl dieser Schulen ist demnach in beiden Ländern gering. Sie erfassen nur einen verschwindenden Bruchteil der Sekundarschüler. Unter quantifizierendem Aspekt kann man allerdings ihrer Bedeutung nicht gerecht werden. Dies liegt erstens daran, daß sie als ausgesprochene Stätten der Heranbildung des Nachwuchses für Universitäten, und dabei insbesondere für die Arbeit in der Forschung, eingerichtet sind. Dazu folgende orientierende Zahlen: 1962 gewannen von 900 Schülern des Abschlußjahrganges der Bronx High School of Science mehr als 700 angesehene und wohldotierte Stipendien; die Schule kann jährlich die höchste Zahl an Gewinnern im National Science Talent Search verzeichnen, so daß es nicht verwunderlich ist, daß fast alle ihrer Absolventen zum Studium an den bedeutenden Colleges oder Technical Schools (Technische Hochschulen) zugelassen werden.[14] Die Physikalisch-mathematische Internatsschule in Novosibirsk hat bis 1969 600 (von 900) ihrer Abiturienten der dortigen Universität übergeben, wobei hinzuzusetzen ist, daß diese Universität als reine Forschungsuniversität gegründet ist; ihre Einrichtungen und Lehrprogramme sind eindeutig auf die Grundlagenforschung konzentriert. Die übrigen Abiturienten haben durchweg Zulassungsprüfungen an anderen Universitäten oder Hochschulen der Sowjetunion bestanden.[15]

Der zweite Grund für die Bedeutung dieser Spezialschulen ist darin zu suchen, daß sie sich als Zentren pädagogischen Experimentierens verstehen und auch als solche respektiert werden. An der Physikalisch-mathematischen Internatsschule in Novosibirsk werden beispielsweise unter der Federführung angesehener Wissenschaftler der Universität und der Sibirischen Abteilung der Akademie der Wissenschaften der UdSSR Lehrpläne entworfen und ausgearbeitet, welche für die „Massen-

---

[11] Mit dem Begriff „Grundlagen der Wissenschaften" (osnovy nauk) faßt man in der sowjetischen Pädagogik den Komplex der allgemeinbildenden Fächer (vom 4. Schuljahr an) zusammen.
[12] Vgl. James B. Conant: The American High School Today. A First Report to Interested Citizens. New York 1964 (Signet Book 2454), S. 22. – Alexander Taffel: Challenging the Gifted. Bronx High School of Science. In: Atlantic Monthly, May 1965, S. 108 (Dr. A. Taffel ist der derzeitige Leiter der Bronx High School of Science).
[13] Vgl. A. N. Kolmogorov: Fiziko-matematičeskaja škola (Die Physikalisch-mathematische Schule). In: Učitel'skaja gazeta, 11. Februar 1964.
[14] Alexander Taffel, a.a.O. (s. Anm. 12), S. 99.
[15] S. I. Literat: Vyjavljat' i razvivat' sposobnosti (Wie man Fähigkeiten nachweist und entwickelt). In: Sovetskaja pedagogika, Jg. 1969, H. 4, S. 84 (Der Verf. ist Unterrichtsleiter an der Physikalisch-mathematischen Internatsschule in Novosibirsk).

schulen", d. h. für die normalen Mittelschulen, vorgesehen sind.[16] Die Bronx High School of Science legt Wert darauf, in der gegenwärtigen Innovationsbewegung führend zu sein, sei es in der Erprobung neuer Curricula oder in der Artikulation anderer Aufgaben (z. B. des *guidance counseling*).[17]

II. Beispiele: Die Bronx High School of Science in New York City und die Physikalisch-mathematische Internatsschule in Novosibirsk

An der Arbeit der Bronx High School of Science in New York City und der Physikalisch-mathematischen Internatsschule in Novosibirsk (Akademgorodok) soll die Stellung der Begabtenschulen in den Einheitsschulsystemen der Vereinigten Staaten und der Sowjetunion beleuchtet werden. Beide Schulen sind in der Fachliteratur und auch in der allgemeinen Publizistik ihrer Länder mehrfach erwähnt und problematisiert worden. Die Bronx High School of Science erscheint z. B. in den Büchern von *James B. Conant* als Prototyp einer „special high school", während die Physikalisch-mathematische Internatsschule in Novosibirsk in den vergangenen Jahren die Ministerien für Volksbildung der UdSSR und RSFSR einige Male veranlaßte, sich mit ihrer Arbeit kritisch auseinanderzusetzen.[18]

Der Vergleich zeigt Ähnlichkeiten und Unterschiede, die anhand folgender *Kriterien* zu analysieren sind: 1. der Struktur der Schulen, 2. der Qualifikation der Lehrerschaft, 3. des Auslesesystems, 4. der Besonderheiten der Curricula bzw. Lehrpläne, 5. der sozialen Herkunft der Schüler und der daraus resultierenden Probleme.

1. Struktur der beiden Schulen

Auffallend ist die Differenz in der Größe: Die Bronx High School of Science gehört zu den Großkomplexen, die in das gewöhnliche Bild des heutigen amerikanischen Schulwesens passen. Sie umfaßt etwa 2800 Schüler. Als Senior High School hat sie die „grades" (Klassen) 9–12, betreut also vier Jahrgänge, was bedeutet, daß jährlich im Durchschnitt 700 Schüler in sie aufgenommen bzw. aus ihr entlassen werden.[19] Das Jahrgangsklassenprinzip ist zugunsten eines weitmaschigen Kurssystems gelockert, doch tritt es noch schärfer als in den Comprehensive High Schools zutage, weil einerseits der obligatorische „Kern", im Gegensatz zu den üblichen

---

[16] J. Sokolovskij (Inhaber des Lehrstuhls für Pädagogik an der Universität Novosibirsk) berichtet über die aktive Mitarbeit von Wissenschaftlern in Akademgorodok an der Ausarbeitung neuer Lehrpläne in Biologie und Mathematik für die allgemeinbildenden Mittelschulen. Vgl. J. Sokolovskij: Laboratorija dal'nego poiska (Ein Laboratorium umfangreichen Suchens). In: Za nauku v Sibiri, Jg. 7, 2. April 1968, S. 4f.

[17] Alexander Taffel, a. a. O. (s. Anm. 12), S. 101.

[18] Anordnung des Ministeriums für Volksbildung der UdSSR vom 4. Juli 1966 (Nr. 144). In: Sbornik prikazov i instrukcij Ministerstva prosveščenija SSSR, 20. Juli 1966, S. 3–6. – Bericht über eine Sitzung des Kollegiums des Ministeriums für Volksbildung der RSFSR. In: Učitel'skaja gazeta, 27. Januar 1968. – Vgl. Sibirskoe otdelenie Akademii nauk SSSR. Naučnyj sovet po problemam obrazovanija. Nauka i prosveščenie. Naučno-pedagogičeskij sbornik. Vypusk 1 (Sibirische Abteilung der Akademie der Wissenschaften der UdSSR. Wissenschaftlicher Rat für Probleme der Bildung. Wissenschaft und Aufklärung. Wissenschaftlich-pädagogischer Sammelband. Folge 1). Novosibirsk 1965.

[19] Diese Zahlen beziehen sich auf 1965. Alexander Taffel, a. a. O. (s. Anm. 12), S. 99.

Curricula, stärker und andererseits die Intelligenz- und Leistungsstruktur der Schüler weit homogener als an den Comprehensive High Schools ist.

Die Physikalisch-mathematische Internatsschule in Novosibirsk ist demgegenüber mit ihren 433 Schülern (im Schuljahr 1967/68) eine kleine Schule;[20] aber auch sie entspricht den Vorstellungen, die man im Lande von der Normalgröße einer Schule hat, denn in der Sowjetunion erreichen Zehnjahresschulen (von Klasse 1 bis 10) mit 1000 Schülern bereits die Grenze dessen, was man für pädagogisch zumutbar hält. Diese Schule gliedert sich in zwei Jahrgangsklassen (9 und 10) mit jeweils mehreren Parallelzügen und seit 1966 eine zusätzliche 8. Klasse als Vorbereitungsklasse (1966: vier Parallelzüge). Aufschlußreich ist eine weitere Gegenüberstellung: das Zahlenverhältnis der beiden Geschlechter. Die Bronx High School of Science nimmt seit 1946 auch Mädchen auf und registriert mit Befriedigung, daß deren heutiger Anteil an der Gesamtschülerzahl ein Drittel ausmacht (etwa 1000). Der Vergleichsanteil an der Physikalisch-mathematischen Internatsschule in Novosibirsk liegt nur bei einem Sechstel.[21] Es wäre an dieser Stelle reizvoll, die *reale* Position (Leistungsstand, Zugang zu Spezialschulen, Berufswahl u. ä.) in der gesetzlich deklarierten und institutionell realisierten Koedukation innerhalb des sowjetischen Schulwesens zu untersuchen, worüber unserer Kenntnis nach freilich noch kaum Unterlagen zur Verfügung stehen.

2. *Qualifikation der Lehrerschaft*

Die Festschrift zum 25jährigen Bestehen der Bronx High School of Science vermerkt, daß alle ihre Lehrkräfte den Grad des Master (of Arts oder Science) besitzen und einige darüber hinaus den in den Vereinigten Staaten höher als bei uns zu bewertenden Doktorgrad (Ph.D.). Die Qualität der Lehrer zeigt sich auch darin, daß im Laufe der vergangenen drei Jahrzehnte viele einstige Lehrer der Schule Fachleiter (Heads of Department), Schulleiter oder Hochschullehrer geworden sind.[22] Wird hier die Nähe zur Hochschule indirekt sichtbar, so besteht zwischen Physikalisch-mathematischer Internatsschule und Universität in Novosibirsk, wie schon angedeutet, eine direkte Verknüpfung. Sie ist sowohl institutionell verankert (durch Unterstellung des „Rats der Schule" unter den „Gelehrtenrat" der Universität) als auch personell gestützt, und zwar dadurch, daß Wissenschaftler, die an der Universität und den Akademie-Instituten tätig sind, selbst an der Spezialschule Unterricht erteilen. Im Frühjahr 1968 waren darunter vier korrespondierende Mitglieder der Akademie der Wissenschaften der UdSSR, unter ihnen der bedeutende Biologe und derzeitige Rektor der Universität Novosibirsk, *S. T. Beljaev*[23]. In der Auswahl ihrer

[20] Aus der Rubrik „Fakten" in: Za nauku v Sibiri, Jg. 7, 2. April 1968, S. 5.
[21] Ibid.
[22] Alexander Taffel, a.a.O. (s. Anm. 12), S. 108. – Journal of the Silver Jubilee 1938–1963. Bronx High School of Science, S. 20f.
[23] Vgl. Specialist i épocha. Beseda s rektorom Novosibirskogo gosudarstvennogo universiteta, akademikom S. T. Beljaevym (Der Spezialist und die Epoche. Ein Gespräch mit dem Rektor der Staatlichen Universität Novosibirsk, Akademiemitglied S. T. Beljaev). In: Literaturnaja gazeta, Nr. 32, 5. August 1970, S. 10 – A. Ljapunov, J. Sokolovskij: Zapas učitel'skich znanij (Vorrat an Lehrerwissen). In: Pravda, 27. Oktober 1970.

hauptamtlichen Lehrkräfte scheint die Schule überdies eine Vorzugsstellung gegenüber den „Massenschulen" zu genießen.[24]

3. Auslesesystem

Hier zeigt sich die Sonderstellung am auffälligsten, denn beide Schulen machen, wie alle Spezialschulen, im Gegensatz zu den normalen Schulen, die Aufnahme von einer Prüfung abhängig.[25] An der Bronx High School of Science besteht sie in einer schriftlichen Testkombination, die vom Testing Service des *Teachers College* der *Columbia University* erarbeitet ist und sicherstellen soll, daß der durchschnittliche Intelligenzquotient der Aufgenommenen bei 135 liegt. Der Test besteht aus zwei Teilen: 1. einem Test zur Feststellung der sprachlichen Fähigkeit (verbal ability) und 2. mehreren Tests in Mathematik zur Feststellung der Fähigkeit mathematischen Denkens (mathematical ability) und der Urteilsfähigkeit. Aufgrund dieser hohen Ansprüche und einer Überzahl an Bewerbern (jährlich etwa 4000) wird erreicht, daß die aufgenommenen Schüler ihren Altersgenossen im Lesen und in der Mathematik gewöhnlich um zwei Jahre voraus sind.[26]

In Novosibirsk hat man ein dreistufiges „Olympiaden"system zur Ausschöpfung der Begabungsreserven im Einzugsgebiet der Schule (Sibirien, Ferner Osten, Kasachstan und mittelasiatische Republiken) entwickelt, das folgendermaßen aussieht:

1. Vom „Gelehrtenrat" der Universität gebilligte mathematische Aufgaben werden in überregionalen und regionalen Lehrer- und Jugendzeitungen veröffentlicht. Die Aufgaben sind so konzipiert, daß sie kein besonderes Faktenwissen voraussetzen, sondern Auffassungsgabe und logisches Denkvermögen ermitteln sollen, was den Testkriterien an der Bronx High School of Science grundsätzlich entspricht.

2. Die Sieger der ersten Runde werden zusammen mit Siegern aus regionalen, von Schulbehörden veranstalteten „Olympiaden" im Frühjahr zu Konkursprüfungen eingeladen, die an mehreren Orten unter Leitung von Angehörigen der Universität Novosibirsk stattfinden. Es handelt sich hierbei jährlich um etwa 10 000 bis 12 000 Schüler.

3. Die Sieger der zweiten Runde (600–700) werden nach Novosibirsk zu einem Sommerlager eingeladen, das dem Unterricht und der Erholung dient und mit einem Examen abschließt, das die Bedeutung einer Zulassungsprüfung hat.[27]

---

[24] Vgl. S. I. Literat, a. a. O. (s. Anm. 15), S. 80.
[25] In der Sowjetunion trifft diese Regelung nicht für die „Schulen mit erweitertem Fremdsprachenunterricht" zu, deren Bewerber nur einem physiologischen Test unterzogen werden.
[26] Alexander Taffel, a. a. O. (s. Anm. 12), S. 100.
[27] E. Bičenkov: Èto ne uvidiš' nigde... (Das sieht man nirgends...). In: Za nauku v Sibiri (s. Anm. 20), S. 4.

Die Ergebnisse der „Olympiaden" 1962–1967[28]

Jahr	1. Etappe (Beteiligung an schriftl. Aufgaben)	2. Etappe (Konkurs- prüfungen)	3. Etappe (Teilnahme am Sommerlager)	Aufgenommen in die FMŠ
1962	1500	600	250	84
1963	2500	1000	380	218
1964	5000[1]	1500	650	420
1965	7000	10000[2]	750	330
1966	6500	11000[2]	650	250[3]
1967	6000	11000	650	200

Erläuterungen: [1] Von ihnen wurden 2500 eingereichte Lösungen aus dem europäischen Teil der UdSSR an andere FMŠ (Physikalisch-mathematische Inter- natsschulen) geschickt.
[2] Zusammen mit Siegern aus regionalen Olympiaden.
[3] Ohne die Aufnahme „vom Lande" (in die achte Klasse).

Ergänzt ist an beiden Schulen dieses allgemeine Auslesesystem durch propädeu- tische Einrichtungen *kompensatorischen* Charakters, welche Schülern den Weg über die Hürden der Ausleseprüfungen ebnen sollen. Das sowjetische Modell ist hierin sowohl in seiner Motivierung als auch hinsichtlich der institutionellen Lösung durchschau- barer: Man hat in Akademgorodok Vorbereitungsklassen (siehe Tabelle, Erläute- rung 3!) geschaffen, um Kindern des 8. Schuljahres den Zugang zur Physikalisch- mathematischen Internatsschule unter Umgehung des dreistufigen Auslesesystems zu ermöglichen, die „zu Hause keine günstigen Unterrichtsbedingungen hatten" (1966: 120); man hat dabei das Milieu der „Dörfer, Arbeitersiedlungen und Kleinstädte" im Auge.[29] Anwärter auf einen Platz an der Bronx High School of Science werden da- gegen an „special progress-classes" bestimmter Junior High Schools gefördert, welche den Ruf informeller Vorbereitungsschulen genießen.[30] Der Unterschied zwischen den kompensatorischen Maßnahmen in beiden Schulbereichen besteht darin, daß in Novosibirsk der *Staat* – auf Vorschlag der Schule – das Projekt ermög- licht und unterstützt, während in New York die Vorbereitungsschulen von *Eltern* als Instrumentarien zur besonderen Förderung ihrer Kinder (durch Einflußnahme auf die Anstellung qualifizierter Lehrer, durch Spenden zur materiellen Ausstattung u. ä.) ausgebaut werden.[31]

[28] Entnommen dem Beitrag von S. I. Literat (s. Anm. 15), S. 79. – Literat erwähnt in diesem Zusam- menhang, daß aus dem ganzen Einzugsgebiet der Schule nur 0,2 Prozent aller Schüler der Klassen sechs bis zehn durch das „Olympiaden"-System erfaßt werden.
[29] S. I. Literat: Nepreryvnyj eksperiment (ein ununterbrochenes Experiment). In: Zau nauku v Sibiri, Jg. 7, 2. April 1968, S. 4.
[30] Alexander Taffel, a. a. O. (s. Anm. 12), S. 100. Taffel erwähnt hierzu, daß die in die Bronx High School of Science Neueintretenden „etwa ein Jahr jünger sind als die [Schüler] in gleichen Klassen gewöhnlicher High Schools".
[31] Zur Rolle der Eltern im amerikanischen Schulwesen vgl. James B. Conant: The Child, the Parent, and the State. New York/Toronto/London 1965, S. 16. – Jean Dresden Grambs: Schools, Scholars, and Society. Englewood Cliffs N. J. 1965, S. 41 f.

In Novosibirsk werden kompensatorische Funktionen (im Sinne der besonderen Förderung von qualifiziertem Wissenschaftlernachwuchs) überdies von der 1965 nach Moskauer Vorbild gegründeten „Physikalisch-mathematischen Fernschule" wahrgenommen, welche „viele tausend" Schüler der Klassen 8–10 betreut und zur Intensivierung des schriftlichen Kontakts Beratungsfilialen im ganzen Einzugsgebiet unterhält; zu ihrem Schülerkreis zählen vor allem Teilnehmer der „Olympiaden", die den Sprung an die Physikalisch-mathematische Internatsschule nicht geschafft haben, wegen ihrer überdurchschnittlichen Potenzen aber besondere Förderung verdienen. Schließlich gebührt in diesem Zusammenhang dem Bemühen Erwähnung, die Errichtung von „Spezialklassen" mit verstärktem mathematisch-naturwissenschaftlichem Unterricht an „Massenschulen" zu ermuntern und an der allgemeinen Begabtenförderung mitzuwirken.[32]

4. Besonderheiten der Curricula und Lehrpläne

Beide Stätten gelten, wie schon erwähnt, als Stätten pädagogischen Experimentierens. Dies wird besonders in den Beiträgen deutlich, die sie zur Entwicklung von Curricula bzw. Lehrplänen leisten.[33]

Was die an beiden Schulen selbst verwendeten Curricula (bzw. Lehrpläne) angeht, ergibt der Vergleich beachtliche Kongruenzen, die allerdings durch Bewegungen aus entgegengesetzten Richtungen verursacht sind. Sowohl in Bronx als auch in Akademgorodok ist das Fundamentum (oder der obligatorische „Kern") stark ausgeprägt. Für die Schüler der Bronx High School of Science sind 90 Prozent des Lehrplans festgelegt, für die Schüler der Physikalisch-mathematischen Internatsschule in Novosibirsk etwa 80 Prozent.

Das Curriculum der Bronx High School of Science umfaßt in seinem obligatorischen Teil als Hauptfächer (major studies) Englisch (vier Jahre), Social Studies (vier Jahre), „fundamentale Naturwissenschaften" (basic sciences) (vier Jahre), Mathematik (drei Jahre) und eine Fremdsprache (vier Jahre). Außerdem ist jeder Student verpflichtet, Kurse in Musik, „Kunstbetrachtung" (art appreciation), Gesundheitserziehung und Hygiene sowie in technischem Zeichnen zu nehmen und sich in die Techniken des naturwissenschaftlichen Laborarbeitens einführen zu lassen.[34]

---

[32] Vgl. S. I. Literat, a.a.O. (s. Anm. 15), S. 80. Literat erwähnt als Beispiel einer Zusammenarbeit die Schule der Siedlung Verchne-Viljujsk in Jakutien, aus der 1968 14 Abiturienten zum Studium an der Universität Novosibirsk zugelassen wurden. Ferner schildert er den Fall einer „Fernförderung": Ein mathematisch hochbegabter Junge, der eine Schule in Sachalin besucht, wird seit seinem 5. Schuljahr auf dem Korrespondenzwege auf den Eintritt in die Physikalisch-mathematische Internatsschule vorbereitet.

[33] J. Sokolovskij (s. Anm. 16) verwahrt sich in diesem Zusammenhang gegen die Aufrichtung eines Gegensatzes zwischen Spezialschulen und „Massenschulen". – Ohne die ganze Komplexheit der Begriffsproblematik aufzuschließen, sei an dieser Stelle betont, daß der Gebrauch der beiden Begriffe „Curriculum" und „Lehrplan" nicht nur dadurch motiviert ist, daß damit dem jeweiligen Sprachgebrauch in den Schulsystemen gefolgt wird. Das wesentliche Unterscheidungskriterium ist dadurch gegeben, daß man in der Sowjetunion nach „stabilen" Lehrplänen strebt (zumindest für eine kurze Zeit) und die Lernziele durch zentrale Institutionen fixierbar sind, während allein schon der Begriff „Curriculum" permanente Dynamik involviert.

[34] Journal of the Silver Jubilee, a.a.O. (s. Anm. 22), S. 11.

Der Lehrplan der Physikalisch-mathematischen Internatsschule in Novosibirsk ist
der Stundentafel zu entnehmen, die im Schuljahr 1968/69 gültig war:[35]

Stundentafel 1968/69 (in Wochenstunden)

Gegenstände		9. Klasse		10. Klasse	
		1. Semester	2. Semester	1. Semester	2. Semester
Mathematik	Vorlesungen	2	2	2	—
	Praktikum	6	6	5	6
Physik	Vorlesungen	2	2	2	2
	Praktikum	5	3	4	4
	Laborunterricht	—	3	3	—
Chemie	Vorlesungen	—	2	2	—
	Praktikum	—	2	2	—
Literatur		2	2	3	3
Geschichte		4	2	2	2
Gesellschaftskunde		—	—	—	3
Biologie	Vorlesungen	—	1	1	—
	Praktikum	—	2	1	—
Erdkunde		3	—	—	—
Fremdsprache		2	2	2	2
Leibeserziehung		2	2	2	2
Arbeit in Werkstätten (Foto- und radiotechnisches Praktikum)		2	—	—	—
Spezialgebiet		—	—	—	5
Summe		30	4	31	29
Spezialkurse und fakultativer Unterricht		4	31	4	2
Gesamtzahl an Wochenstunden (Unterricht)		34	35	35	31
Laufende Prüfungen, Entgegennahme von Aufgaben, Laborarbeiten:					
a) Physik		0,5	0,5	0,5	0,5
b) Biologie		—	0,5	0,5	—
c) Erdkunde		0,5	—	—	—
d) Geschichte		—	0,5	0,5	—
e) Chemie		—	0,5	0,5	—
Summe		1	2	2	0,5
Methodische Arbeiten und Konsultationen		1	1	1	1
Gesamtzahl an Arbeitszeit		36	38	38	32,5

Erläuterung: Im praktischen Unterricht in Mathematik, Physik, Chemie und Biologie
sowie im Fremdsprachenunterricht und in der Leibeserziehung wird jede
Klasse in zwei Gruppen geteilt.

[35] Entnommen dem Beitrag von S. I. Literat, a.a.O. (s. Anm. 15), S. 82.

Von einer *gegenläufigen* Bewegung kann deswegen gesprochen werden, weil das Curriculum der Bronx High School of Science für amerikanische Verhältnisse außerordentlich geschlossen ist, während sich der spezielle Lehrplan der Physikalisch-mathematischen Internatsschule in Novosibirsk vom Musterlehrplan durch größere Offenheit unterscheidet, vor allem durch das vom Schüler auszuwählende Spezialgebiet (innerhalb des obligatorischen Kerns) und die generelle Studentenreduzierung im letzten Semester. Im amerikanischen System markiert das Curriculum der Bronx High School of Science somit das Maximum, im sowjetischen System der Lehrplan der Physikalisch-mathematischen Internatsschule in Novosibirsk dagegen das Minimum des fixierbaren Fundamentum. In Bronx begründet man die eigene Regelung damit, die Schüler seien noch nicht fähig, die Kombination von Kursen zu bestimmen, die ihnen die besten Wissensgrundlagen geben könnten;[36] man rückt damit unausgesprochen weit mehr als die Comprehensive High Schools von der ungebundenen Liberalität der dreißiger Jahre ab. In Novosibirsk dagegen verspricht man sich von einer verstärkten Einplanung von Wahlveranstaltungen und individuellen Aufgaben stimulierende Wirkungen auf die Entwicklung größerer Flexibilität in der Lehrplanstruktur gegenüber der aus der Stalin-Ära datierenden Starrheit.[37]

Ein weiteres Moment verdient in diesem Zusammenhang Berücksichtigung: das Verhältnis von *spezieller* und *allgemeiner* Bildung. Beide Schulen sind als Ausbildungsstätten zur forcierten Heranbildung naturwissenschaftlichen Nachwuchses gegründet und betonen zu gleicher Zeit ihre allgemeinbildende Orientierung. So hat der Schüler der Bronx High School of Science neben dem dreijährigen Kurs in Mathematik und dem vierjährigen Kurs in „fundamentalen Naturwissenschaften" Vierjahreskurse in Englisch und Social Studies sowie einen Dreijahreskurs in einer Fremdsprache (Französisch, Spanisch, Hebräisch oder Russisch) zu absolvieren.[38] Unter den gegenwärtigen curricularen Aktivitäten außerhalb des mathematisch-naturwissenschaftlichen Lernbereichs ist insbesondere die Tätigkeit des *Black History Committee* zu erwähnen. Es konstituierte sich im Frühjahr 1968 und setzte zwei Arbeitsgruppen ein, die den Auftrag erhielten, die „Integration der ‚Black History' in das Curriculum der ‚American Studies'" vorzunehmen, wobei das Jahr 1865 die chronologische Grenze der beiden Arbeitsbereiche markieren sollte. Die ausgearbeiteten Unterrichtsvorschläge lagen zu Beginn des Schuljahres 1969/70 vor und werden seither erprobt. Ihnen ist ein Zielkatalog vorangestellt, der die Verbindung der Wissensvermittlung mit der Förderung von kognitiven Fähigkeiten und Einstellungen artikuliert und folgende Empfehlungen für den Lehrer enthält:[39]

---

[36] Vgl. Alexander Taffel, a.a.O. (s. Anm. 12), S. 100.
[37] In diesem Zusammenhang ist der Rückgang der Pflichtwochenstunden an der „Massenschule" von 330 (nach der Stundentafel von 1959) auf 276 (nach der Musterstundentafel von 1966) für die Klassen 1 bis 10 zu erwähnen, wobei der Schwerpunkt der Reduzierung freilich auf dem „Arbeitsunterricht" (trud) liegt (von 58 auf 20). Narodnoe obrazovanie v SSSR, a.a.O. (s. Anm. 8), S. 91.
[38] Alexander Taffel, a.a.O. (s. Anm. 12), S. 101.
[39] Der Verf. dieses Beitrages verdankt ein Exemplar des Arbeitspapiers von „A Report on the Committee for the Integration of Black History in the American Program" (vom Frühjahr 1969) der freundlichen Zusendung durch Dr. A. Taffel. Der im folgenden zitierte Zielkatalog findet sich auf S. 9. Das Programm ist orientiert am „Berkeley Report. The Negro in the American History. Textbooks, prepared for the California State Department of Education, 1967" und an dem Lehrerhand-

1. Größere Bewußtheit der bedeutenden Beiträge des schwarzen Amerikaners zur Entwicklung unserer Nation zu fördern.
2. Die bedeutende afrikanische Vergangenheit des schwarzen Amerikaners zu beleuchten.
3. Den bestehenden Kurs der amerikanischen Geschichte umzustrukturieren, um das gegenwärtige Ungleichgewicht, d. h. die unangemessene wissenschaftliche Aufmerksamkeit für die Beiträge des schwarzen Amerikaners, zu berichtigen.
4. Laufende Probleme Amerikas zu ihren historischen Wurzeln zurückzuverfolgen, so daß das Denken des Schülers durch ein rationales und kenntnisreiches Verfahren geleitet werde.
5. Die Verschiedenheit der Verfahren in der Durchführung dieses Programms zu erkennen.
6. Aufgeschlossenheit und Respekt für die Meinungen und Rechte anderer zu entwickeln.
7. Kritisch die bestehenden Mythen, die sich herausgebildet haben und angenommen worden sind, zu prüfen.
8. Die Bedeutung der Civil Rights Movement als eine Reformbewegung zu verstehen, welche auf die Demokratisierung des amerikanischen Lebens und die Erfüllung von Amerikas Versprechen abzielt, Freiheit für alle zu schaffen.
9. Zu zeigen, daß der Anteil des schwarzen Amerikaners an unserer Geschichte und seine gegenwärtigen Bestrebungen im Kontext des größeren Bildes von Amerikas Entwicklung und seinen Problemen gesehen werden muß.

Die ausgearbeiteten Programme bieten die Konzentration auf chronologische Entwicklung (chronological approach), systematische Analyse nach ökonomischen, soziologischen, psychologischen und philosophischen Kriterien (institutional approach) oder Problemstellungen an, welche von kontroversen Ausgangsfragen her entwickelt werden sollen, z. B. durch Kontrastierung von Aussagen zweier prominenter amerikanischer Historiker (problems approach). Kataloge mit Themen für selbständige Schülerarbeiten, statistische Materialien sowie reichhaltige Bibliographien (mit Hinweisen) runden den Inhalt des vorliegenden Arbeitspapiers ab. Die erarbeiteten Vorschläge sollen über das unmittelbare Ziel der erwähnten „Integration" hinaus Anregungen zur Einrichtung eines Wahlkurses in „Black History" geben.

Der Schüler der Physikalisch-mathematischen Internatsschule in Novosibirsk muß die „humanitären", d. h. die sozial- und geisteswissenschaftlichen Disziplinen in gleicher Weise wie sein Altersgenosse in der „Massenschule" betreiben, auch wenn die Stundenverteilung für ihn teilweise anders geregelt ist. Das mathematisch-naturwissenschaftliche „Profil" hat somit für ihn *zusätzlichen* Anspruchscharakter; im Lehrplan für Mathematik beispielsweise äußert sich dieser durch die Hinzunahme von Abschnitten aus der Wahrscheinlichkeitstheorie, Analysis, analytischen Geometrie, Vektoren-Algebra, diskreter Mathematik und Mengentheorie;[40] entsprechende Anforderungen enthält auch das Mathematik-Curriculum an der Bronx High School of Science.[41]

Für die Bronx High School of Science wäre noch hinzuzufügen, daß „advanced placement courses" (in Mathematik, Physik, Chemie, Biologie, Englisch und amerikanischer Geschichte) eingeführt sind, welche den erfolgreichen Absolventen die

---

buch „Black History", das von Bureau of Curriculum Research des New York City Board of Education (/ 1041–100–10–WHB) herausgebracht worden ist. – Auch das dem Verf. übersandte neue „Curriculum in English" gibt Einblicke in die intensive curriculare Arbeit der Bronx High School of Science.
[40] Vgl. S. I. Literat, a.a.O. (s. Anm. 15), S. 83.
[41] Alexander Taffel, a.a.O. (s. Anm. 12), S. 101.

Möglichkeit einräumen, sofort in den zweiten Jahreskurs des College (als „freshmen")
aufgenommen zu werden.[42] Ähnliches ist aus Novosibirsk zu erfahren, wo man
Absolventen der dortigen Physikalisch-mathematischen Internatsschule die Möglichkeit gibt, Kurse zu überspringen und den Universitätslehrplan somit ein Jahr schneller als die übrigen Studenten zu bewältigen; darüber hinaus gibt es Vorschläge zur
Einrichtung von Spezialkursen für hochqualifizierte Abiturienten.[43]

Schließlich stehen die Besonderheiten der Lehrpläne bzw. Curricula in engem
Zusammenhang mit den *Arbeitsformen*. In Novosibirsk pflegt man einen universitären
Arbeitsstil in allen „profilierenden" Fächern, und zwar durch Darbietung von Vor-
lesungen und Veranstaltung von praktischen Übungen, die in den Instituten der
Universität und der Sibirischen Abteilung der Akademie der Wissenschaften der
UdSSR stattfinden (siehe Stundentafel!); nur die übrigen Fächer werden dort in der
„normalen Unterrichtsmethode" erteilt.[44] Berichte über die Bronx High School of
Science artikulieren dieselbe Atmosphäre eines Unterrichtsstils, der den Schülern
größte individuelle Entfaltung ihrer kreativen Kräfte ermöglichen soll; für Schüler
„mit einer Neigung zur Kreativität in den Naturwissenschaften" ist ein „special-
project program" eingerichtet.[45] Beide Schulen registrieren auch das Vorhandensein
weitgestreuter *außerunterrichtlicher* Aktivitäten ihrer Schüler. An der Bronx High School
of Science äußern sich diese sichtbar in der Herausgabe von jährlich erscheinenden
Zeitschriften naturwissenschaftlicher („Math Bulletin", „The Physical Science
Journal", „Journal of Biology") und literarischer Richtung („Dynamo"); ihre Beiträge sind durchweg durch beachtliches Niveau gekennzeichnet.[46]

5. Soziale Herkunft der Schüler

Die bisherige Analyse konnte schon verdeutlichen, daß beide Schulen im Dienst
der Heranbildung intellektueller Eliten stehen. Es liegt nahe, daß in Gesellschaftssystemen, in denen aufgrund demokratischen Selbstverständnisses die Einheitsschule
als *typische* Stätte allgemeiner Bildung angesehen wird, Spezialschulen in den Brennpunkt von Diskussionen geraten müssen, in denen es um die Gleichheit von Bildungschancen und die Gleichwertigkeit von Bildungsgängen geht. So erklärt es sich, daß
die Träger beider Schulen betonen, bei ihnen erfolge die Selektion der Schüler ohne
Berücksichtigung der sozialen Herkunft.

Untersucht man daraufhin die verfügbaren Quellen, so kann man einmal konstatieren, daß die Auskünfte über die soziale Herkunft der Schüler von Bronx lapidar
sind. In der bereits zitierten Festschrift ist beispielsweise zu lesen, daß sich die Schülerschaft aus *allen* ökonomischen und kulturellen Schichten von New York City zu-
sammensetzt, und *Conant* hebt sogar hervor, daß sich in den „special high schools"

[42] Ibid.
[43] A. A. Ljapunov: Sovremennik i škola (Der Zeitgenosse und die Schule). In: Zau nauku v Sibiri,
a.a.O. (s. Anm. 20), S. 3. – Auf derselben Seite: M. A. Lavrent'ev: Budušcee dlja vas (Die Zukunft
für euch).
[44] S. I. Literat, a.a.O. (s. Anm. 29), S.4.
[45] Alexander Taffel, a.a.O. (s. Anm. 12), S. 101.
[46] Der Verf. urteilt aufgrund seiner Einsichtnahme in die Hefte des Jahres 1969.

die soziale Struktur der Bevölkerung einer Region besser als in den kleinraumgebundenen und daher schichtspezifisch weithin homogen-strukturierten Comprehensive High Schools widerspiegele.[47] Liest man dann die Passagen über die Arbeit der „Parents Association", fällt freilich die Akzentuierung der finanziellen Hilfen auf, welche die Eltern der Schule zuteil werden lassen; indirekt läßt dies darauf schließen, daß das Gros der Eltern der wohlsituierten Middle Class entstammt. Daß Bemühungen um eine Verbreiterung der sozialen Basis vorhanden sind, darf allerdings nicht übersehen werden.[48]. Dies gilt insbesondere für die Unterstützung begabter farbiger Kinder, wobei hier die Frage offenbleiben muß, wie und wann „Begabungen" von Kindern der unteren Schichten geweckt werden. Sie führt insoweit über diese Thematik hinaus, als die Bronx High School of Science nur mit der Selektion der *schon* Fünfzehnjährigen befaßt ist.

Auch an der Physikalisch-mathematischen Internatsschule in Novosibirsk ist die soziale Herkunft der Schüler belangvoll geworden. Im Unterschied zur Bronx High School of Science hat dieses Problem sogar die *führenden* bildungspolitischen Instanzen zu Überlegungen angeregt und der Schule die Mahnung eingetragen, Kinder von Arbeiter und Kolchosbauern nicht auf Kosten von Kindern aus der Intelligenzschicht zu benachteiligen.[49] Für das sozialistische System der Sowjetunion ist, unter systemimmanentem Aspekt, dieses Problem insofern noch gravierender, als dem Staat als institutioneller Verkörperung der Gesellschaft die Verantwortung für die praktische Sicherung der Chancengleichheit aufgetragen ist. Zwar hat auch in den USA seit einem Jahrzehnt der Staat in wachsendem Maße die Verantwortung für das Schulwesen und für die Verwirklichung der Chancengleichheit akzeptiert, versteht sich aber auch heute im Grunde nur als subsidiäre Kraft, während die Hauptverantwortung den Eltern auferlegt ist, die dann gemäß ihrem eigenen Gesellschafts- und Bildungsverständnis Entscheidungen für den Bildungsgang ihrer Kinder treffen, wenn auch mit Hilfe der Lehrer und Berater (guidance counselors).

Mit dieser Kontrastierung sei nicht gesagt, daß nicht auch in der Sowjetunion den Eltern in der *Praxis* ein beachtlicher Entscheidungsraum in der Wahl des Schulwegs für ihre Kinder gegeben ist. Bezüglich der prinzipiellen Zuständigkeitsfrage wird die Gültigkeit des generellen Unterschiedes zwischen beiden Systemen durch diesen Hinweis nicht geschmälert. Bei voller Würdigung der gesellschaftstheoretisch und gesellschaftspolitisch begründeten Diskrepanzen ist es in diesem Zusammenhang um so auffälliger, daß im *konkreten Erscheinungsbild* der Begabtenschulen Analogien zu bemerken sind, welche als Ausflüsse allgemein-industriegesellschaftlicher Tendenzen (Notwendigkeit der Sorge für qualifizierten Wissenschaftlernachwuchs, wachsende Bedeutung der Theorie in der Schulbildung aller Bürger, Auswirkungen der Urbanisierung auf Veränderungen in der Sozialstruktur usw.) zu deuten sind.

[47] James B. Conant, Slums and Suburbs, a.a.O. (s. Anm. 9), S. 68.
[48] Journal of the Silver Jubilee, a.a.O. (s. Anm. 22), S. 28f. – Dem Verf. wurde bei seinem Besuch der Bronx High School of Science am 4. November 1966 vom Bestehen eines solchen Programms berichtet. Der Vorsitzende des „student government" war zu diesem Zeitpunkt ein farbiger Schüler.
[49] Bericht über eine Sitzung des Kollegiums des Ministeriums für Volksbildung der RSFSR; s. Anm. 18.

III. Einige Folgerungen für die Diskussion über die Struktur des Sekundarschulwesens in der Bundesrepublik Deutschland

Es könnte den Anschein haben, die Artikulation von Begabtenschulen in Einheitsschulsystemen, wie denen der Vereinigten Staaten und der Sowjetunion, ließe sich als Beleg für die Begründung der Erhaltung von *traditionalen* Vertikalstrukturen verwenden. Diese Annahme wäre insofern irrig, als sich Spezialschulen, wie die hier analysierten, von „höheren" Schulen Europas und damit auch vom deutschen Gymnasium in folgenden wesentlichen Merkmalen unterscheiden:

1. Die Spezialschulen für Begabte erfassen in den Vereinigten Staaten und der Sowjetunion, dies sei hier wiederholend unterstrichen, nur eine verschwindende *Minderheit* der Sekundarschüler, während die westdeutschen Gymnasien infolge verschiedener Ursachen (Wegfall der Aufnahmeprüfungen, Erfolge von Bildungswerbungsmaßnahmen, Auffüllung der Lehrerkollegien mit Real- und Volksschullehrern u. a.) immer mehr zu „Massenschulen" werden, ohne daß freilich eine durch die Veränderung der Praxis bedingte Modifizierung des Selbstverständnisses deutlich zu erkennen wäre.

2. Die *Auslese* zu den Spezialschulen erfolgt – selbst im Vergleich zu den siebenjährigen Gymnasien – verhältnismäßig *spät:* frühestens nach dem Abschluß des 7. Schuljahres.[50] Insoweit in den ersten sieben (bzw. acht) Schuljahren dem Schüler die Möglichkeit zu optimaler Wahrnehmung seiner individuellen Bildungschancen geboten werden, ist damit die Wahrscheinlichkeit größerer Zuverlässigkeit in der Auslese gegeben. Wir haben uns freilich auch daran zu erinnern, daß das begründete Mißtrauen gegen die Gewährleistung dieser Möglichkeit in der *Praxis* der „normalen" Schule in beiden Vergleichssystemen die Entstehung kompensatorischer Maßnahmen gezeigt hat, insbesondere an der Physikalisch-mathematischen Internatsschule in Novosibirsk.

3. Die peniblen Ausleseverfahren, in Verbindung mit optimalen Unterrichtsbedingungen an den Schulen selbst, stellen sicher, daß diese Spezialschulen mit dem *„drop-out"-Problem,* der Frage der frühzeitig Ausscheidenden (bzw. „Ausgestoßenen"), *nicht* befaßt sind. Wer in die Spezialschule aufgenommen wird, bleibt in ihr, und zwar bis zur Erlangung der Hochschulreife.

4. Die „philosophy", mit welchem Begriff die Amerikaner den Komplex der geistigen, gesellschaftlichen und politischen *Leitlinien* für ein Schulsystem oder auch nur eine einzige bestimmte Schule erfassen, unterstreicht die Zugehörigkeit der öffentlichen „Special High Schools" (im Unterschied zu den hier nicht behandelten Privatschulen) zum Einheitsschulsystem (i. w. S.) in einer Gesellschaft, welche dieses System aus den Maximen des *„american way of life"* ableitet und dabei freilich duldet,

---

[50] Diese Aussage gilt nicht für die sowjetischen Spezialschulen für Musik, Tanz und bildende Kunst, die Kinder schon für das erste Schuljahr auslesen, und für die „Schulen mit erweitertem Fremdsprachenunterricht", die nicht als „Begabtenschulen" (i. e. S.) angesehen werden, wenngleich aus dem im zweiten Schuljahr einsetzenden Unterricht in einer Fremdsprache größere Anforderungen an die Schüler resultieren. Vgl. Wolfgang Mitter, a. a. O. (s. Anm. 10), S. 117 f.

daß aufgrund extremer Dezentralisierung der Kompetenzen der Grundsatz gleicher Bildungschancen in der Praxis nicht realisiert wird. In der Sowjetunion ist demgegenüber der Staat bestrebt, daß im Einheitsschulsystem (wiederum i. w. S.), zu dem auch er die Spezialschulen rechnet, die Gleichheit der Bildungschancen als Ausdruck *marxistisch-leninistischer* Pädagogik prinzipiell verwirklicht wird, wenngleich wegen des geographisch und historisch determinierten Bildungsgefälles (zwischen Stadt und Land und zwischen den Zentren und der Peripherie) in der Praxis Schwierigkeiten, vor allem auf dem Lande, auftreten.

5. Im Unterschied zu einer im westdeutschen Schulwesen auch heute noch vertretenen *Didaktik,* die ihre Zielvorstellungen und Inhaltsbestimmungen aus traditionalen, schichtspezifischen Bildungsvorstellungen und besonderen Berufsbildern herleitet, haben die Spezialschulen Anteil an einer für das *gesamte* allgemeinbildende (wenn nicht sogar auch für das berufsbildende) Schulwesen geltenden Didaktik. Die *speziellen* Curricula bzw. Lehrpläne weichen zwar von den üblichen durch gesteigerte Ansprüche an die Schüler ab, nicht aber durch unterschiedliche Wertungen von Bildungszielen und Bildungsinhalten. Insbesondere ist zu bemerken, daß auch Comprehensive Schools bzw. „Massenschulen" in ihren didaktischen Zielsetzungen den Normen rationaler Wissenschaftlichkeit unterworfen sind, wie wenig geklärt diese im einzelnen auch noch sein mögen und wie schwierig die Realisierung der damit gegebenen Forderungen sein mag. Unter diesem Aspekt kennen die gegenwärtigen Schulsysteme der Vereinigten Staaten und der Sowjetunion keine „Volksschule" (im Sinne „volkstümlicher" Bildung).

Freilich ist die Stellung der Begabtenschulen in Einheitsschulsystemen exponiert, worauf die Problematik der sozialen Herkunft der Schüler besonders verweist; sie wird durch die Exklusivität des Schullebens und Unterrichtsgeschehens verstärkt. Auch wenn, wie in der Sowjetunion, die offizielle Bildungspolitik den elitären Charakter solcher Schulen verneint und in ihren Erziehungsprogrammen – in theoretischer und praktischer Hinsicht – darum bemüht ist, daß ihre Schüler die Verbindung zur übrigen Gesellschaft nicht nur nicht verlieren, sondern sogar intensivieren, wirken die erwähnten Faktoren bewußtseinssteuernd. Begabtenschulen sind daher in Einheitsschulsystemen eine *Herausforderung* an alle diejenigen, welche sich für die Verwirklichung der Gleichheit der Bildungschancen verantwortlich fühlen.

Diese Schulen sind aber auch in anderer Weise eine Herausforderung: Sie haben in beiden Gesellschaftssystemen die Aufgabe, wissenschaftlichen Nachwuchs heranzubilden, und erfüllen damit eine besondere Funktion. Wenn aber Conant recht hat mit seiner Feststellung (und vieles spricht trotz der gemachten Einwände dafür), daß solche Schulen die Bevölkerungsstruktur einer Region besser als die Comprehensive Schools (oder in analoger Weise die sowjetischen „Massenschulen") widerspiegeln, und man obendrein bedenkt, daß in ihnen die intensive Förderung allgemeiner Bildung unter aktiven Schülern *kreative* Lernhaltungen in *besonderem* Maße bewirkt, dann könnten sie in der Weckung kritischer und emanzipatorischer Potenzen vorausgehen und damit ihren speziellen Beitrag zu Veränderungen gesellschaftlichen Bewußtseins leisten. Diese Bemerkung ist absichtlich im Konditional formuliert, um ihren Vermutungscharakter anzuzeigen. Selbst aber eine solche Vermutung

vermag als Anlaß zur Besinnung darüber zu dienen, daß keine Lösung im Erziehungsfeld und in der Bildungspolitik sinnvoll ist, welche bei präzisester Analyse der
„Regel" nicht zugleich auch den „Außenseiter" berücksichtigt.[51]

[51] Der Verf. ist in der glücklichen Lage, die Informationen, die den zitierten Quellen entnommen
sind, mit den Beobachtungen und Informationen zu verbinden, die ihm der Besuch der beiden
Schulen vermittelte: der Bronx High School of Science am 4. November 1966 und der Physikalisch-
mathematischen Internatsschule in Novosibirsk am 18. September 1968. Er weiß sich insbesondere
einmal Dr. Charles Shapp, Superintendent, und Dr. Alexander Taffel, Principal der Bronx High
School of Science, sowie zum anderen dem Rektor der Staatlichen Universität Novosibirsk, Akademiemitglied Spartak T. Beljaev, dem Prorektor der Universität, D. B. Širkov, und dem Unterrichtsleiter (zavuč) der Physikalisch-mathematischen Internatsschule, S. I. Literat, für die freundliche
Aufnahme und die Bereitwilligkeit zu ausführlichen Gesprächen verpflichtet.

III. Länderberichte

Funktion und Organisation der sowjetischen Bildungsforschung in ihrem Bezug zum Verhältnis von Theorie und Praxis

Skizze eines systemanalytischen Ansatzes

Die Bedeutung, die der Forschung in der sowjetischen Perspektivplanung beigemessen wird, ist auf dem 25. Parteitag erneut unterstrichen worden. Der von L. I. Brežnev verlesene Bericht des Zentralkomitees der KPdSU geht an zwei Stellen darauf ein. Im wirtschaftspolitischen Teil (II,3) geschieht dies unter Hervorhebung des Beitrages, den die Forschung – gemeint sind vor allem die naturwissenschaftlichen und technologischen Disziplinen – für den technischen Fortschritt leistet; im letzten Teil, der speziell der Rolle der Partei in der gesellschaftlichen und politischen Entwicklung gewidmet ist, wird demgegenüber die Bindung der Gesellschaftswissenschaften an die ideologischen Leitsätze des Marxismus-Leninismus betont (III,2). Beiden Äußerungen gemeinsam ist der Nachdruck, der auf die Praxisbezogenheit der Forschung gelegt wird, was vor allem in der Formulierung deutlich wird, daß „scholastisches Theoretisieren ... lediglich unsere Vorwärtsbewegung bremsen" könne. Der Dialektik der Problembestimmung entspricht aber auch das Postulat, daß „nichts praktischer als eine gute Theorie" sei.[1]

Die Bildungsforschung, die in der Sowjetunion unter dem Oberbegriff „Pädagogische Forschung" zusammengefaßt ist[2], hat den an die gesamte wissenschaftliche Forschung ergangenen Auftrag explizite auf sich bezogen. Dies geht aus dem Tätigkeitsbericht der Akademie der Pädagogischen Wissenschaften der UdSSR (APN SSSR) hervor, in dem zu Fragen der Forschungsplanung und -organisation grundsätzlich Stellung genommen wird.[3] In Analogie zum Verhältnis zwischen industrieller Produktion und technologischer Forschung wird die *Schule* als der Produktionsbereich des Erziehungs- und Bildungsfeldes und damit als der der Bildungsforschung zuzuordnende Ort des Praxisbezugs definiert.[4]

---

[1] Pravda, 25. 2. 1976.

[2] Die „Pädagogische Forschung" (und der ihr korrespondierende Begriff „Pädagogische Wissenschaften") umfaßt neben der „Pädagogik" die Pädagogische Psychologie, die Soziologie der Erziehung, die Bildungsökonomie und die Entwicklungsphysiologie. Vgl. vom Verf.: Die marxistisch-leninistische Pädagogik. In: Sowjetsystem und demokratische Gesellschaft. Eine vergleichende Enzyklopädie. Bd. 4, Freiburg/Basel/Wien 1971, S. 1002–1011.

[3] Sovetskaja pedagogika. 30 (1976) 7, S. 14–26; 30 (1976) 8, S. 3–8.

[4] Učitel'skaja gazeta. 9. 10. 1976 (B. Volkov in einem Interview mit V. E. Gmurman).

Daß Bildungsforschung, ungeachtet ihrer Verankerung in der Theorie, der Praxis zu nützen habe, ist kein spezifisches sowjetisches oder „sozialistisches" Problem, sondern Gegenstand von Diskussionen und von Forderungen, die heutzutage auch in westlichen Staaten mit großem Nachdruck erhoben werden. In der Bundesrepublik Deutschland ist diese Frage in den vergangenen Jahren im Zusammenhang mit der Arbeit und Auflösung des Deutschen Bildungsrats besonders sichtbar geworden.[5] Unter diesem Aspekt könnte eine Untersuchung von Funktion und Organisation der sowjetischen Bildungsforschung in ihrem Bezug zum Verhältnis von Theorie und Praxis nicht nur die Einsicht in den Gegenstand selbst fördern, sondern auch der Verständigung über dessen *internationale* Problematik dienlich sein.

Die Frage nach dem Verhältnis von Theorie und Praxis in der Bildungsforschung ist eng mit deren Klassifizierung verbunden.[6] Dabei stößt man in der vergleichenden Literatur gewöhnlich auf die Gegenüberstellung von „Forschung" (research) und „Entwicklung" (development); beide unterscheiden sich vor allem durch ihre allgemeinen Ziele, aus denen spezifische Inhalte und Methoden abgeleitet werden. Während das oberste Ziel jeder *Forschung* die Gewinnung und Erweiterung von Erkenntnissen ist, ist *Entwicklung* auf die Herstellung von Lehr- und Lernmitteln (im weitesten Wortsinn) gerichtet. Da beide Tätigkeitsfelder nicht nur in ihrer konzeptionellen Grundlegung, sondern häufig auch in der praktischen Durchführung eng miteinander verbunden sind, hat das schon seit langem in dem naturwissenschaftlich-technologischen Forschungskomplex verwendete „Forschungs- und Entwicklungsmodell" (R and D model) Eingang in die Bildungsforschung gefunden.

Gerade die Verbindung von Forschung und Entwicklung aber problematisiert das Tätigkeitsfeld „Forschung" insofern, als die Frage nach dem Verhältnis und insbesondere nach der Rangordnung von Erkenntnisgewinnung und Handlungssteuerung die Zieldiskussion in dem vergleichsweise jungen Bereich der Bildungsforschung schärfer als beispielsweise in dem längst etablierten naturwissenschaftlich-technologischen Forschungskomplex bestimmt. Dies führt in Europa, unter anderem, auf die tradierte Trennung von theoretischer Pädagogik (als Erziehungs- und Bildungsphilosophie) und praktischer Pädagogik (als Meisterlehre der Schulpraxis) zurück, wobei wir in diesem kurzen Rückblick die sowjetische Pädagogik ausdrücklich mitberücksichtigen. Dieser Klassifikationsproblematik trägt die aus dem naturwissenschaftlichen Bereich übernommene Unterscheidung von „reiner Forschung" (Grundlagenforschung) und „angewandter Forschung" Rechnung. Der Deutsche Bildungsrat spricht – in Anlehnung an die in der amerikanischen Bildungsforschung verwendeten Begriffe „conclusion-oriented" und „decision-oriented inquiry" – von „theorieorientierter" und „praxisorientierter Forschung", denen er als dritten Bereich die „entwicklungsorientierte Forschung" hinzufügt.[7] Durch das jeweils vorangestellte

---

[5] Deutscher Bildungsrat. Empfehlungen der Bildungskommission: Aspekte für die Planung der Bildungsforschung. Bonn 1974.

[6] Vgl. G. De Landsheere: Einführung in die pädagogische Forschung. Deutsche Übersetzung Weinheim 1969. L. Legrand: European Research Policies. Analysis of the 16 Country Reports. In: Council of Europe, Educational Research Policy in European Countries. 1973 Survey. Strasbourg 1974, S. 1 – 16.

[7] Deutscher Bildungsrat (s. Anm. 5), S. 20.

Attribut „vorwiegend" wird freilich bereits unter terminologischem Aspekt darauf aufmerksam gemacht, daß die Klassifizierung, mit der wir es hier zu tun haben, immer nur Orientierungshinweise für die Forschungsorganisation geben und Prioritäten in der Funktionsbestimmung setzen kann, nicht aber geeignet ist, in der Forschungspraxis Arbeitsteilungen radikaler Art zu legitimieren.

Einen anderen Ansatz zur Klassifizierung der Bildungsforschung bieten *E. Malmquist* und *Hans U. Grundin* mit ihrem Versuch, „das Feld der erziehungswissenschaftlichen Forschung mittels bestimmter Konzepte zu analysieren und zu beschreiben, die der Systemtheorie und Organisationstheorie entliehen sind".[8] Diesen Ansatz wollen wir unserem Beitrag zugrundelegen, weil er unserer Fragestellung optimal entgegenkommt. Überdies sind wir zu seiner Übernahme unmittelbar dadurch angeregt, daß die beiden schwedischen Erziehungswissenschaftler in ihrer auf „Europa" bezogenen Analyse die Sowjetunion miterfaßt haben – freilich nicht auf der Grundlage der in den westeuropäischen „Schlüsselländern" (key countries) und Jugoslawien durchgeführten, in der Sowjetunion dagegen nicht möglichen Interviews und Fragebogenerhebungen, sondern nur in Form einer Auswertung von ins Englische übertragenen Aufsätzen.[9]

Malmquist und Grundin ordnen die Bildungsforschung zwei Systemtypen zu, indem sie sie einmal als „Adaptives Subsystem des Bildungssystems" (adaptive subsystem for education), zum anderen als „Bildungsforschungssystem" (educational research system) definieren. Die Zuordnungslinie des ASB (als Subsystem) läuft unmittelbar zum Bildungssystem (als „Supersystem") und von diesem zum Gesellschaftssystem (als „Metasystem"). Auch das BFS wird als Subsystem eingeführt und als solches auf das Supersystem „Wissenschaft" (science) bezogen; diese Zuordnungslinie wird von den Verfassern aber nicht weiterverfolgt.

Die Zuordnung ist in beiden Fällen spezifiziert. Beim ASB ist das Spezifikum des Subsystems durch seine – adaptive – Teil*funktion* des Supersystems „Bildung" bezeichnet; unter diesem Aspekt erscheint das ASB neben dem „Produktions-Subsystem" (production sub-system) und dem „Erhaltungs-Subsystem" (maintenance sub-system). Bei der Zuordnung des BFS zum Supersystem „Wissenschaft" handelt es sich demgegenüber nicht um eine funktionelle Differenzierung, sondern um eine Spezifizierung *inhaltlicher* Natur, die auch erklärt, daß das BFS – anders als das ASB für das Bildungssystem – für das Wissenschaftssystem nicht konstitutiv ist. Auf diese Andersartigkeit weisen Malmquist und Grundin insofern indirekt hin, als sie die Definition des BFS als „sub-system" nicht durchhalten, sondern dafür auch die weniger präzisen Begriffe „branch" und „specific field" einführen. Die Unterschiedlichkeit der Zuordnung beruht demnach darauf, daß die Bildungsforschung als ASB eine *Teil*funktion für das gesamte Supersystem „Bildung" übernimmt; als BFS dagegen stellt sie zwar nur einen inhaltlich bestimmten Teilbereich des Supersystems „Wissen-

[8] E. Malmquist/H. Grundin: European Co-operation in Educational Research. European Trend Report commissioned by the Council of Europe. December 1975. Strasbourg 1975 (im folgenden: Malmquist/Grundin 1), S. 51.

[9] Malmquist, E./H. Grundin: Educational Research in Europe Today and Tomorrow. Report Regarding Projekt I:3 „Educational Research of Plan Europa 2000 sponsored by European Cultural Foundation (im folgenden: Malmquist/Grundin 2). S. 30, 35.

schaft" dar, wird aber für dieses mit *allen* ihren Funktionen tätig, indem sie einmal Wissen hervorbringt, entwickelt und ordnet und zum anderen gewonnenes Wissen einer kritischen Prüfung unterwirft.[10]

Schema 1

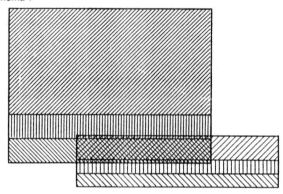

Bildungssystem	BS		Bildungsforschungssystem	BFS
Produktions-Subsystem	PSB		Produktions-Subsystem	PSBF
Erhaltungs-Subsystem	ESB		Erhaltungs-Subsystem	ESBF
Adaptives Subsystem	ASB		Adaptives Subsystem	ASBF

Erläuterung:
Bildungssystem BS (System „Bildung")

Produktions-Subsystem	PSB	im engeren Sinne die Schule, im weiteren Sinne alle Orte, an denen Bildung praktiziert wird.
Erhaltungs-Subsystem	ESB	Bildungsverwaltung; Ausbildung und Fortbildung aller Erzieher; Bereitstellung und Erhaltung aller Materialien, die für Bildung notwendig sind.
Adaptives Subsystem	ASB_1	Bildungsforschung zur Anpassung des BS an Wandlungen im Metasystem „Gesellschaft."
	ASB_2	Andere Forschungsaktivitäten und nichtwissenschaftliche Aktivitäten, die demselben Zweck wie im ASB_1 dienen.
Bildungsforschungssystem	BFS	(System „Bildungsforschung" = Subsystem des Systems „Wissenschaft")
Produktions-Subsystem	$PSBF_1$	Bildungsforschung
	$PSBF_2$	Forschung innerhalb des BSF, die nicht unmittelbar bildungsrelevant ist.
Erhaltungs-Subsystem	ESBF	Verwaltung und Management der Forschungsinstitutionen; Ausbildung und Fortbildung der Forscher (und ihrer Helfer i.w.S.); Bereitstellung und Erhaltung von Forschungsmitteln.
Adaptives Subsystem	ASBF	Bildungsforschung und andere Forschung zur Anpassung der BSF an Wandlungen im System „Wissenschaft" (und erforderlichenfalls auch im System „Bildung").

[10] Malmquist/Grundin 1. ibid.

Wir konzentrieren unsere Aufmerksamkeit auf die Verzahnung von BFS und ASB in dem beide Subsysteme erfassenden *Modell* und stellen thesenartig fest:

1. Das vom BFS gewonnene und geprüfte Wissen ist *bildungsrelevant*, wobei der in der Bildungsforschung notwendige multi- bzw. interdisziplinäre Ansatz hervorzuheben ist.[11]

2. Die primäre Aufgabe des ASB besteht darin, „sein ‚Mutter-System' so zu regeln, daß in einer sich wandelnden Umwelt die Differenz zwischen dem erwünschten und tatsächlichen Output des Systems minimiert wird".[12] Sie ist allerdings nur dann zu leisten, wenn sich das ASB in der Bestimmung seiner Konzeptionen und dem Gebrauch seiner Methoden an die Gütekriterien *wissenschaftlicher* Forschung bindet.

Die aus der Wechselbeziehung beider Thesen resultierende Problematik der Forschungsfreiheit ist ein explizites Thema in der westeuropäischen Diskussion, das prinzipiell auf das Verhältnis des Supersystems „Wissenschaft" zum Metasystem „Gesellschaft" verweist. Auf seine Bedeutung für die Beurteilung der sowjetischen Bildungsforschung werden wir am Ende dieses Beitrages eingehen.

In Anlehnung an Malmquist und Grundin betrachten wir nun die den beiden Subsystemen zukommenden *Einzelfunktionen*:

I. ASB:
A) 1. Evaluierung des Status und des Output des Bildungssystems;
   2. Forschung über Alternativorganisationen und -prozesse innerhalb des Bildungssystems;
   3. Entwicklung von Alternativorganisationen und -prozessen;
   4. Implementierung und Evaluierung von Systemveränderungen im Sinne von „anpassenden Maßnahmen" (adaptive measures).[13]
B) Die zweite und dritte Einzelfunktion werden – zusammen behandelt – noch einmal spezifiziert:
   1. Überblick über die Erfordernisse von Forschung und Entwicklung auf der Grundlage der Ergebnisse der kontinuierlichen Evaluierung des Status und des Output des Bildungssystems;
   2. Bestimmung der Prioritäten, wobei sowohl die Erfordernisse als auch die zur Verfügung stehenden Mittel berücksichtigt werden;
   3. Organisatorische Entwicklung der Aktivitäten (Projektorganisation usw.);
   4. Evaluierung der Ergebnisse aus der Sicht des Bildungssystems;
   5. Sammlung und Synthese der Ergebnisse unter Berücksichtigung der Anpassungserfordernisse des Bildungssystems;
   6. Entwicklung eines Informationssystems, das dem gesamten Bildungssystem dient;
   7. Initiierung, Durchführung und Förderung von Projekten oder Programmen auf der Basis der Funktionen 1–5.[14]
II. BFS:
   1. Produktion von bildungsrelevantem Wissen;
   2. Schaffung von Voraussetzungen dafür, daß auch künftig solches Wissen produzierbar ist;

[11] Malmquist/Grundin 2, S. 312 – Vgl. Deutscher Bildungsrat (s. Anm. 5), S. 16.
[12] Malmquist/Grundin 2, S. 304.
[13] Malmquist/Grundin 1, ibid.
[14] Malmquist/Grundin 2, S. 315.

3. Entwicklung und Sicherung der Fähigkeit, sich den Veränderungen in der Methodologie und Technologie des Wissenschaftssystems sowie den Veränderungen im Bildungssystem und anderen Sozialsystemen anzupassen.[15]

Dem von Malmquist und Grundin entwickelten Schema (Schema 1) entnehmen wir die Aussagen, daß das BFS seinerseits die drei dem Supersystem „Bildung" entsprechenden Subsysteme aufweist und daß eine Kongruenz zwischen dem ASB (im Bildungssystem) und dem Produktions-Subsystem im BFS besteht. *Zusätzliche* Einsichten vermittelt uns dieses Schema in folgender Hinsicht:

1. Innerhalb des Bildungssystems und des Bildungsforschungssystems besteht ein Netz von wechselseitigen Kausalbeziehungen (Schema 2), was an zahlreichen Beispielen nachzuweisen wäre.

Schema 2

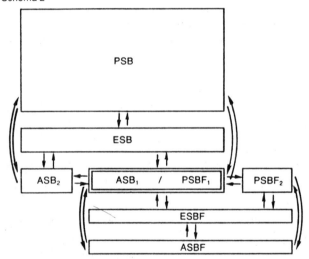

Erläuterung:
1. Grundsätzlich bestehen wechselseitige Kausalbeziehungen zwischen *allen* Subsystemen innerhalb der beiden Systeme BS und BFS.
2. Unberücksichtigt bleibt die Häufigkeit und Intensität der Kausalbeziehungen.
3. Hervorgehoben durch Umrandung sind die Kausalbeziehungen, die das Adaptive Subsystem des BS (ASB) *und* das Produktions-Subsystem (PSBF) des BFS betreffen – die beiden Subsysteme also, die mit Projekten und Untersuchungen in der Bildungsforschung befaßt sind.
4. Unberücksichtigt bleiben Kausalbeziehungen zwischen den Subsystemen *verschiedener* Systeme.
5. Kausalbeziehungen werden wirksam, wenn das auslösende Subsystem mit „Veränderungen" (oder „inneren Konflikten") konfrontiert ist.
6. Unberücksichtigt bleibt die *gleichzeitige* Wirksamkeit zweier oder mehrerer Kausalbeziehungen.

[15] Malmquist/Grundin 2, S. 303.

2. Nur *ein* Teil des ASB wird vom Produktions-Subsystem des BFS beansprucht. Dies scheint einleuchtend, wenn man zunächst berücksichtigt, daß auch andere Forschungs-Subsysteme adaptive Funktionen für das Supersystem „Bildung" wahrnehmen können, wie zum Beispiel die Medizin (Schulhygiene usw.) und Architektur (Schulbau usw.). Eine zweite Erklärung sehen wir in dem Sachverhalt, daß die Bildungs*praxis* neben ihrer produktiven und erhaltenden Funktion selbst adaptiv wirksam ist, was im Bildungswesen der Bundesrepublik Deutschland beispielsweise durch die Modellschulversuche, soweit sie *nicht* wissenschaftlich begleitet werden, verdeutlicht wird. In ihrem Bezug zur sowjetischen Bildungsforschung wird uns diese Frage noch bei der Erörterung der „besten Lehrererfahrungen" beschäftigen.

3. Das Produktions-Subsystem des BFS wird seinerseits vom ASB nicht voll beansprucht, weil im BSF produktive Aufgaben wahrgenommen werden, die nicht *unmittelbar* für das Supersystem „Bildung" relevant werden. Hier wäre vor allem an theoretische Grundlagenforschungen, insbesondere methodologischer Natur, zu denken, die zwar durch eine bildungsrelevante Fragestellung ausgelöst sind, sich aber im Verlaufe des Forschungsprozesses davon abstrahieren und unmittelbar nur noch dem Supersystem „Wissenschaft" (bzw. dessen anderen Subsystemen) dienen, ohne daß damit die Verbindung zum ASB inhaltlich und organisatorisch gelöst wird. Ein zweiter Weg zur Beantwortung dieser Frage ergibt sich aus der Bestimmung des Umfangs des Supersystems „Bildung". Sobald dieses nämlich in der Forschungspraxis auf „Schule" – im Sinne der eingangs erwähnten sowjetischen Äußerung – reduziert wird, läßt sich der vom ASB nicht beanspruchte Teil des Produktions-Subsystems (des BFS) auch als der Bereich definieren, in dem Fragen der „außerschulischen" Bildung untersucht werden. Diese Interpretation widerspricht freilich der heute – auch in der Sowjetunion – vorherrschenden Auffassung, daß Bildungsforschung mit dem *gesamten* „Bildungssystem" befaßt ist.

Vergleicht man das von uns übernommene systemanalytische Modell mit den zuvor erwähnten Klassifikationsmustern, erkennt man unschwer eine Affinität zwischen dem BFS und der „Grundlagenforschung" sowie zwischen dem ASB und einem Tätigkeitsfeld, das sowohl die „angewandte Forschung" als auch die „Entwicklung" erfaßt. Offen bleibt hierbei die Frage, welche Konsequenzen sich aus diesem Modell für die *Forschungsorganisation* ergeben. Gegenüber einer traditionellen Auffassung, welche aus der Doppelfunktion der Bildungsforschung eine strikte organisatorische Differenzierung ableitet und unter diesem Aspekt beispielsweise Universitäts- und Akademieinstitute von ‚selbständigen', auf angewandte Forschung beschränkten Instituten abhebt, weisen sowohl Malmquist und Grundin als auch der Deutsche Bildungsrat auf den Vorzug einer flexiblen Organisation hin.[16] Die beiden schwedischen Erziehungswissenschaftler halten es in diesem Zusammenhang für eine günstige Lösung, wenn ASB-Funktionen von zeitweiligen Projektgruppen im Rahmen einer permanenten, BFS-bezogenen Institutsstruktur wahrgenommen werden.[17]

[16] Malmquist/Grundin 2, S. 313. – Vgl. Deutscher Bildungsrat (s. Anm. 5), S. 75.
[17] Malmquist/Grundin 2, ibid.

II

Die sowjetische Bildungsforschung bietet insofern einen leichteren systemanalytischen Zugang als die Bildungsforschung in westlichen Staaten, als ihre
Organisation und Leitung zentral konzipiert und realisiert werden. Das nachfolgende
Schema (Schema 3) verdeutlicht die organisatorische Struktur der Bildungsforschung innerhalb der gesamten sowjetischen Forschungsstruktur, insbesondere
unter dem Aspekt ihres Platzes in der Verwaltungshierarchie.

Bildungsforschung wird in der Sowjetunion in gesamtsowjetischen Institutionen
betrieben, die All-Unions-Behörden unterstehen, sowie auch in Institutionen, die
zum Kompetenzbereich jeweils einer Unions-Republik gehören. Daraus ergibt sich
folgende Organisationsstruktur der Bildungsforschung:[18]
   a) Gesamtsowjetische Forschungsinstitutionen:
   1. *Akademie der Pädagogischen Wissenschaften der UdSSR* (APN SSSR) als Zen-
tralinstitution für das Primar- und allgemeinbildende Sekundarschulwesen sowie für
die außerschulische Bildung und Erziehung (einschließlich des tertiären Sektors). Die
Akademie, die 1966 aus der 1943 gegründeten Akademie der Pädagogischen Wissenschaften der RSFSR hervorgegangen ist, besteht aus vier Forschungsbereichen
(otdelenija), die ihrerseits die Aufsicht über die zwölf „Wissenschaftlichen Forschungsinstitute" (naučno-issledovatel'skie instituty) führen. Mit Ausnahme des in
Leningrad angesiedelten Instituts für allgemeine Erwachsenenbildung haben die
Institute ihren Sitz in Moskau. In Alma Ata unterhält die Akademie eine Filiale, die
sich mit den Inhalten des naturwissenschaftlichen Unterrichts befaßt. Als zweite
Filiale ist 1976 eine Forschungsstelle für beruflich-technische Pädagogik in Kazan'
errichtet worden, die sich mit grundsätzlichen Problemen der beruflichen Orientierung und Erziehung beschäftigen soll.[19]
   2. *Institut für beruflich-technische Bildung* in Leningrad; es untersteht dem
Staatskomitee für beruflich-technische Bildung und befaßt sich, im Unterschied zu
der soeben erwähnten Forschungsstelle, hauptsächlich mit der Untersuchung konkreter und spezieller Fragen der beruflichen Bildung sowie der Erstellung von Berufsbildern.
   3. *Institut für Probleme der Hochschule;* es ist 1973 gegründet worden und untersteht dem Ministerium für Hochschulbildung und mittlere Fachbildung der UdSSR.[20]
   4. In der Akademie der Wissenschaften der UdSSR wird bildungssoziologische
Forschung am *Institut für soziologische Forschungen* betrieben.

[18] Bei den nachstehenden Angaben stützt sich der Verf. einmal auf die Ergebnisse einer Untersuchung, die unter seiner
   Leitung von L. Novikov über „Organisation, Gegenstand und Methoden in der pädagogischen Forschung der Sowjetunion"
   durchgeführt wurde (mit finanzieller Förderung der Stiftung Volkswagenwerk); dazu liegt folgender Beitrag vor: W. Mitter/
   L. Novikov: Pädagogische Forschung und Bildungspolitik in der Sowjetunion. Weinheim 1978 (= Studien und Dokumentationen zur vergleichenden Bildungsforschung, Bd. 8.) – Zum anderen bezieht sich der Verf. auf seine eigenen Gespräche,
   die er im November 1975 im Ministerium für Volksbildung der UdSSR, im Ministerium für Hochschulbildung und mittlere
   Fachbildung der UdSSR, in der Akademie der Pädagogischen Wissenschaften der UdSSR und im Institut für Probleme der
   Hochschule führen konnte.
[19] Učitel'skaja gazeta, 9. 6. und 2. 7. 1977. Direktor der Forschungsstelle ist M. I. Machmutov.
[20] Vgl. Učitel'skaja gazeta, 20. 8. 1974.

Schema 3

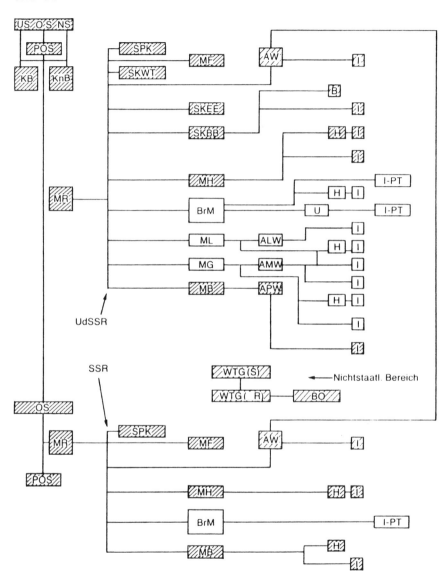

UdSSR

SSR

Nichtstaatl. Bereich

200

Erläuterung:

UdSSR	− All-Unions-Institutionen und -behörden
SSR	− Institutionen und Behörden der Unionsrepubliken
OS	− Oberster Sowjet
POS	− Präsidium des Obersten Sowjet
US	− Unions-Sowjet
NS	− Nationalitäten-Sowjet
KB	− Kommission für Volksbildung, Wissenschaft und Kultur
KnB	− Kommissionen für Volksbildung, Wissenschaft und Kultur
MR	− Ministerrat
SPK	− Staatliche Planungskommission (Gosplan)
SKWT	− Staatskomitee für Wissenschaft und Technik
SKEE	− Staatskomitee für Angelegenheiten der Erfindungen und Entdeckungen
SKBB	− Staatskomitee für beruflich-technische Bildung
MF	− Ministerium der Finanzen
MH	− Ministerium für Hochschulbildung und mittlere Fachbildung
BrM	− Branchenministerien und deren nachgeordnete Komitees, Zentren und Behörden
ML	− Ministerium für Landwirtschaft
MG	− Ministerium für Gesundheitswesen
MB	− Ministerium für Volksbildung
AW	− Akademie der Wissenschaften
ALW	− All-Unions-Akademie der Agronomischen Wissenschaften (W. I. Lenin)
AMW	− Akademie der Medizinischen Wissenschaften der UdSSR
APW	− Akademie der Pädagogischen Wissenschaften der UdSSR
H	− Hochschulen (und Mittlere Fachschulen)
B	− Beruflich-technische Schulen
I	− Wissenschaftliche Forschungsinstitute
I-PT	− Wissenschaftliche Forschungsinstitute, Projekt-Konstruktions- und technologische Organisationen
WTG(S)	− Gesamtsowjetische wissenschaftl. und techn. Gesellschaften
WTG(R)	− Wissenschaftl. und techn. Gesellschaften in den Unionsrepubliken
BO	− Basisorganisationen (von wissenschaftl. und techn. Gesellschaften)

Unberücksichtigt ist in dem Schema die Unterstellung der Ministerien und Behörden der Unionsrepubliken unter die entsprechenden Organe der UdSSR.

▨▨▨▨ − für Bildungsforschung zuständig

Quelle: Osnovnye principy i obščie problemy upravlenija naukoj (Grundprinzipien und allgemeine Probleme der Wissenschaftslenkung). Moskau 1973, S. 91 (vom Verfasser ergänzt).

b) Institute in den Unions-Republiken:

In jeder Unions-Republik besteht ein Institut für Bildungsforschung, das dem jeweiligen Volksbildungsministerium untersteht. Nur die RSFSR unterhält zwei ministerielle Institute, nämlich für „Schulen" (d.h. Schulen mit russischer Unterrichtssprache) und „nationale Schulen" (d.h. Schulen mit nicht-russischer Unterrichtssprache). In der Grusinischen SSR gibt es außer dem ministeriellen Institut ein Forschungsinstitut für Pädagogische Psychologie, das der dortigen Akademie der Wissenschaften angegliedert ist.

c) Im letzten Jahrzehnt sind Universitäten und Pädagogische Hochschulen in wachsendem Maße mit Forschungsaufgaben betraut worden. Sie arbeiten hierbei häufig in unmittelbarem Auftrag ihrer jeweiligen Ministerien, in der Regel aber in Verbindung mit den unter a) erwähnten ‚selbständigen' Forschungsinstitutionen.

Wenn man von der bildungssoziologischen Forschungstätigkeit der Akademie der Wissenschaften der UdSSR absieht, die sich in den zurückliegenden Jahren entfaltet und aus ihren unmittelbaren Bindungen an die philosophischen und historischen Disziplinen gelöst hat, fällt die organisatorische – und mit ihr die inhaltsbezogene – Sonderstellung der Forschung auf, in der Fragen der Hochschulbildung und der beruflich-technischen Bildung behandelt werden. Die Kompetenz für den letztgenannten Bereich ist dabei offensichtlich noch nicht geklärt, zumal überdies die in den Lehrplänen der allgemeinbildenden Mittelschule enthaltene Berufsorientierung vom Wissenschaftlichen Forschungsinstitut für Arbeitsunterricht und Berufsorientierung (innerhalb der APN SSSR) vertreten wird.

Wenn wir versuchen, die sowjetische Bildungsforschung mit den zuvor vorgestellten systemanalytischen Kategorien zu erfassen, bereitet es keine Schwierigkeit, die Gesamtheit der Bildungsforschungsinstitutionen als „Adaptives Subsystem des Bildungssystems" (ASB) zu begreifen. Der Beitrag, den die Bildungsforschung in der Sowjetunion leisten soll, wird in allen Richtlinien und Statuten durch seine Aufgabe definiert, das Bildungssystem zu verbessern. Die Berechtigung dieser Einschätzung wollen wir dadurch nachweisen, daß wir die im Tätigkeitsbericht der APN SSSR für die Jahre 1971 bis 1975 aufgeführten Forschungsthemen auf den von Malmquist und Grundin entwickelten Kriterienkatalog beziehen.[21]

Themenbereiche der Bildungsforschung (Schwerpunkte)	Kriterienkatalog Malmquist/Grundin (siehe S. 257 f.)	
Gesetzmäßigkeiten der Entstehung kommunistischer Anschauungen und Überzeugungen bei Schülern im Prozeß der Aneignung der Wissenschaften (mit Untersuchungen zu Problemen des Schülerkollektivs und der sittlichen Erziehung)	A 1–4;	B 1–5
Wechselbeziehungen zwischen Schule, Familie und Öffentlichkeit	A 1,2;	B 1
Methoden der künstlerischen Bildung und ästhetischen Erziehung	A 2–4;	B 1–5
Untersuchungen zur Arbeitserziehung und polytechnischen Bildung	A 2–4;	B 1–5
Grundlagen des Inhalts und der Methoden des Arbeitsunterrichts in den Klassen 1 bis 4 und in zwischenschulischen Lehr- und Produktionskombinaten	A 1,2;	B 1,2
Abschluß der Entwicklung neuer Lehrpläne; Arbeiten über Unterrichtsmethoden; Erstellung von Methodiken; Lehrbuchüberprüfungen	A 3,4;	B 2–5
Untersuchungen zum Unterricht der russischen Sprache und Literatur in den „nationalen Schulen"	A 2–4;	B 1–5
Arbeitsbedingungen der allgemeinbildenden Landschule	A 1,2;	B 1,2
Pädagogik und Psychologie der beruflich-technischen Bildung; insbes. Erstellung eines Lehrbuchs über Grundlagen der Berufspädagogik und eines Lehrbuchs über Pädagogik für Studenten ingenieurpädagogischer Fakultäten	A 1–4;	B 1–5
Fragen des Fern- und Saisonunterrichts (im Bereich der Erwachsenenbildung)	A 2–4;	B 1–5

[21] Sovetskaja pedagogika. 30 (1976) 7, S. 14–26.

202

Lehrerausbildung; insbes. Fragen der allgemein-pädagogischen Ausbildung künftiger Lehrer	A 2–4;	D 1–5
Fragen der Leitung und Verwaltung des Schulwesens	A 1–4;	B 1–5
Allgemein-methodologische Probleme der Pädagogik; insbes. a) zur Methodik pädagogischer Untersuchungen, b) zu aktuellen Problemen der Didaktik, c) zur Steuerung des Prozesses der Wissensaneignung	A 1,2;	B 1,2
Grundlegende Probleme der pädagogischen Theorie und der Methodologie der pädagogischen Wissenschaften	A 1,2;	B 1,2
Auslandspädagogische Untersuchungen	A 1	–
Arbeiten auf den Gebieten der Pädagogischen Psychologie, Heilpädagogik (Defektologie), Vorschulerziehung und Sozialpsychologie	A 1–4;	B 1–5
Gesetzmäßigkeiten und Besonderheiten der Entwicklung anomaler Kinder (pädagogisch-psychologische und klinisch-physiologische Untersuchungen)	A 2–4;	B 1–5

Dieser Versuch einer Gegenüberstellung von Forschungsthemen und korrespondierenden Einzelfunktionen des Forschungsprozesses kann nur orientierenden Charakter beanspruchen. Hinzugefügt sei, daß die von Malmquist und Grundin unter B 6 genannte „Entwicklung eines Informationssystems" in der APN SSSR neuerdings als sehr wichtige Aufgabe angesehen wird, was durch die Schaffung eines *Informationszentrums* im Wissenschaftlichen Forschungsinstitut für allgemeine Pädagogik zum Ausdruck gekommen ist.[22] Dort werden seit 1975 folgende Informationsreihen herausgegeben: a) eine bibliographische Information (mit Hinweisen auf laufende und empfehlenswerte Neuerscheinungen, zwölfmal jährlich), b) eine Referatsinformation (mit Kurzfassungen von Büchern, Broschüren, Artikeln und Vorträgen, 72mal jährlich), c) eine Überblicksinformation (mit verallgemeinerten Materialien über konkrete Probleme und Tendenzen in der Erziehungswissenschaft, 15mal jährlich), b) eine Expreßinformation (zur Gewährleistung einer schnellen Information über „die jüngsten Leistungen der vaterländischen und ausländischen pädagogischen Wissenschaft und Praxis", 12mal jährlich).

Daß die sowjetische Bildungsforschung die Funktion eines ASB erfüllt, zeigt sich schließlich darin, daß nicht nur die ministeriellen Institute, sondern auch die Akademie der Pädagogischen Wissenschaften der UdSSR ministeriellen Weisungen unterstehen, nämlich durch ihre Unterstellung unter das Ministerium für Volksbildung der UdSSR, während die Akademie der Wissenschaften der UdSSR *unmittelbar* dem Ministerrat der UdSSR zugeordnet ist und auf Grund dieser Position weit größere Befugnisse in der Bestimmung und Durchführung ihrer Forschungspläne besitzt. Die Tendenz, die an Universitäten und Pädagogischen Hochschulen betriebenen Forschungen in den „erweiterten" Forschungsplan der Akademie der Pädagogischen Wissenschaften der UdSSR einzubeziehen, verstärkt die adaptive Funktion der Bildungsforschung für das Bildungssystem. Bei den erwähnten Instituten für beruflich-technische Bildung und für Probleme der Hochschule ist die Kompetenzregelung analog (durch Unterstellung unter das Staatskomitee für beruflich-technische Bildung bzw. das Ministerium für Hochschulbildung und mittlere Fachbildung der UdSSR).

[22] Ibid. S. 25 f.

Wenn wir das Verhältnis von ASB_1 und ASB_2 betrachten, wäre zunächst festzustellen, daß auf die Zusammenarbeit zwischen den Forschungsinstitutionen und der
Schulpraxis grundsätzlich größter Wert gelegt wird. Dies kommt dadurch zum Ausdruck, daß die APN SSSR experimentelle Schulen unterhält, die aus der Schulverwaltung herausgenommen sind und unmittelbar den Forschungsinstituten unterstehen,
für die sie tätig sind, und deren Arbeit mehr oder weniger stark von den allgemeingültigen Lehrplänen abweichen kann. Außerdem gibt es sog. „Stützpunktschulen"
(opornye školy); sie führen ebenfalls Unterrichtsversuche durch, sind jedoch den
örtlichen und regionalen Schulbehörden untergeordnet. Schließlich zieht die Akademie auch ‚normale' Schulen zu Versuchen und Erprobungen heran, für die allerdings keine formellen Ausnahmeregelungen erforderlich werden.

Während die experimentellen Arbeiten der genannten Schulen von der Bildungsforschung gesteuert oder zumindest angeregt und kontrolliert werden, ermutigt man
auch die Lehrer ‚normaler' Schulen, von sich aus innovative Aktivitäten zu entfalten.
Diese können sich zwar nur innerhalb der allgemeingültigen Schulordnungen und
Lehrpläne vollziehen, werden aber als Beitrag zu Innovationen vor allem im methodischen Bereich geschätzt. Das Verhältnis zwischen der Bildungsforschung und diesem ‚unwissenschaftlichen Modellversuchsbereich' scheint vor allem dadurch
problematisiert, daß hinsichtlich des wünschenswerten Innovationsablaufs kontroverse Auffassungen erkennbar sind. Es handelt sich hierbei darum, ob die Initiative
von den „Laboratorien" der Forschungsinstitute (mit ihren theoretischen und
experimentellen Arbeiten) ausgehen soll, oder aber ob Wissenschaftler ihre Forschungsvorhaben an den „besten Lehrererfahrungen" orientieren sollen. Diese
Kontroverse läßt sich durch die ganze sowjetische Bildungsgeschichte zurückver-
folgen, und jüngste Aktualität hat dieses Problem vor und nach dem 25. Parteitag erlangt. Ein engagierter Verfechter der initiativen Rolle, die den „besten Lehrererfahrungen" bei Innovationen im Schulwesen zukommen soll, ist der gegenwärtige Präsident der APN SSSR, *V. N. Stoletov*.[23] Sein Bild vom „forschenden Lehrer" erinnert
ebenso an Diskussionen in der Bundesrepublik Deutschland zu Fragen der Handlungsforschung und schulnahen Curriculumentwicklung[24] wie sein daraus entwickel-
tes Postulat einer Annäherung der Tätigkeiten von Erziehungswissenschaftlern und
Schulpraktikern.

„Der heutige Lehrer kann sich nicht damit begnügen, ein methodischer Instrukteur zu
sein. Das Leben in der Schule ist heute vielfältiger und komplizierter als alle vollkomme-
nen Vorschriften. Um eine hohe Qualität der Erziehung seiner Schüler zu gewährleisten,
ist er ständig genötigt, zu einem Forscher zu werden, der vollkommenere Lösungen der
pädagogischen Probleme sucht. Forschende Lehrer gibt es bei uns immer mehr. Dank
diesem Tatbestand kann die Erfüllung der Aufgaben, die der 25. Parteitag der Schule
gestellt hat, mit einer bestimmten ‚Vorgabe' beginnen, die von den forschenden Praktikern geschaffen worden ist. Die gigantischen Maßstäbe des sowjetischen Bildungssystems rechtfertigen die Behauptung: Wenn im Leben das Bedürfnis nach der Lösung
dieser oder jener pädagogischen Frage entsteht, muß die heutige Schulpraxis nach einer

²³ Pravda, 1. 9. 1976.
²⁴ Vgl. W. Klafki. Schulnahe Entwicklung in Form von Handlungsforschung. In: Bildung und Erziehung, 28 (1975) 2–3.
   S. 101–116.

solchen Lösung suchen. Die pädagogische Wissenschaft ist eine zutiefst gesellschaftliche Wissenschaft, und ihre Verbindung mit dem Leben ist eine Verpflichtung . . . Was den Lehrern offenkundig ist, ist anderen Wissenschaftlern leider nicht immer verständlich; sie versuchen, sich von der Analyse realer Schwierigkeiten und Widersprüche des Schullebens zu entfernen und in ihren Arbeiten Schemata einzelner menschlicher Eigenschaften zu konstruieren . . . Die ersten Keime von Lösungen, ja sogar die ersten Formulierungen neuer pädagogischer Ziele muß man nämlich in der Schulpraxis suchen. Damit diese nie versiegende Quelle für die Wissenschaft arbeitet, muß man aber mit der Scholastik in den pädagogischen Forschungen Schluß machen. Wir sind überzeugt, daß die Zeit nicht fern ist, da der Forscher und der Praktiker in periodischem Wechsel ihre Plätze tauschen werden: Der Forscher wird in die Klasse gehen, um eine Unterrichtsstunde zu halten, während der Praktiker in das Laboratorium des Forschers kommen wird, um seine Beobachtungen in der Klasse zu bearbeiten und zu verallgemeinern. Nur bei einer solchen Bewegung wird es möglich sein, kurzfristig die wichtigsten und kompliziertesten Fragen des Schullebens zu lösen . . ."

Daß Stoletovs Auffassung unter den sowjetischen Erziehungswissenschaftlern nicht unbestritten ist, sei beispielhaft durch die Zitierung der Äußerungen zweier Akademiemitglieder bezeugt. Der Didaktiker *M. N. Skatkin* betont als Leiter eines Projekts über Perspektiven der „Schule 2000", daß man die Zukunft nicht einfach analog zur Vergangenheit und Gegenwart sehen dürfe. „Man kann sie nicht richtig voraussehen, wenn man die Bedingungen der Gegenwart auf den künftigen Tag projiziert. Daher haben sich theoretische, historische und experimentelle Forschungsmethoden als unzureichend erwiesen. Erforderlich geworden sind auch mathematische Methoden, die bei der Prognostizierung ökonomischer und sozialer Erscheinungen verwendet werden . . ."[25] Nach den Worten der Psychologin *N. F. Talyzina* „meinen leider bis zum heutigen Tage viele, daß die praktische Erfahrung das Hauptlaboratorium der Didaktik und der Methodiken darstelle. Die Bedeutung der von der Millionenarmee unserer Lehrer erbrachten Erfahrungen kann man kaum unterschätzen, aber die Verallgemeinerungen ihrer Erfahrung allein wird uns nicht die Möglichkeit eines Voranschreitens bringen. Der Erfolg wird nur dann zu uns kommen, wenn eine zeitgemäße Unterrichtstheorie geschaffen ist, die sich auf die modernen Daten der Psychologie und auf diese Erfahrung stützt."[26]

Während sich der Systemtyp ASB ohne weiteres auf die sowjetische Bildungsforschung anwenden läßt, sind Zweifel an der Brauchbarkeit des Systemtyps BFS erlaubt. *Prinzipiell* ist nämlich davon auszugehen, daß im geschlossenen Metasystem der sowjetischen Gesellschaft explizite keine ‚reine' Wissenschaft existieren kann. Wohl aber stellt sich die Frage nach der Möglichkeit von Forschungen, die *realiter* nicht unmittelbar auf die Praxis des Bildungssystems orientiert zu sein brauchen. Aus der uns zugänglichen erziehungswissenschaftlichen Literatur konnten wir keine Aufschlüsse zur Zieldiskussion von Erkenntnisgewinnung und (Bildungs-)Systemverbesserung erlangen, doch vermittelt die innersowjetische Diskussion über die Stellung des naturwissenschaftlich-technologischen Forschungskomplexes Einsichten, die zu Analogieschlüssen berechtigen. Wir erwähnen als Beispiel die Artikelserie

[25] Učitel'skaja gazeta, 5. 10. 1976.
[26] Sovetskaja pedagogika 30 (1976) 3. S. 152.

in der ‚Literaturnaja gazeta' im Anschluß an den 25. Parteitag.[27] In ihren Beiträgen wird vor allem die Funktion der in den Forschungsinstituten der Branchen-Ministerien betriebenen Ressortforschung („Branchen-Institute": otraslevye instituty) erörtert, und zwar hinsichtlich ihrer Abgrenzung von den Arbeiten, die einerseits in den Instituten der Akademie der Wissenschaften, andererseits in den Instituten und Laboratorien der Betriebe durchgeführt werden.[28] Gegenüber den im einzelnen sehr kontroversen Argumenten läßt sich der Tenor aller von den beteiligten Wissenschaftlern gemachten Äußerungen dahingehend zusammenfassen, daß Grundlagenforschung, angewandte Forschung und Entwicklung nicht isoliert voneinander gesehen werden dürfen, wohl aber *relativ* eigenständige Aufgaben zu übernehmen haben. Die Akademie der Wissenschaften der UdSSR (und die ihr entsprechenden Akademien in den Unions-Republiken) ist im Rahmen dieser Arbeitsteilung als der Ort der (im Sinne des Deutschen Bildungsrats) „theorieorientierten" Forschung definiert.

Da in der Organisationsstruktur der sowjetischen Forschung die Bildungsforschung über keine der Akademie der Wissenschaften der UdSSR gleichrangige, d.h. relativ selbständige Institution verfügt, sind in diesem Feld einer relativ praxisunabhängigen Forschung enge Grenzen gesetzt, wenn man von den Bereichen der Historischen Pädagogik und der Auslandspädagogik[29] absieht, und zwar nicht nur unter prinzipiell-ideologischem, sondern auch unter pragmatischem Aspekt.

III

Zu einer vertiefenden Betrachtung der Brauchbarkeit des Systemtyps BFS für diesen systemanalytischen Ansatz führt die Frage, ob die hiermit verknüpfte Kategorie der *Forschungsfreiheit* auf die sowjetische Forschung im allgemeinen und die Bildungsforschung im besonderen anwendbar ist. Wenn im Westen, wie beispielsweise von Malmquist und Grundin, dieses Problem diskutiert wird, wird nämlich vorausgesetzt, daß die in einem Subsystem Tätigen über einen relativ autonomen, durch Rechtsgarantien gesicherten Spielraum verfügen, der sie hinsichtlich der zu treffenden Entscheidungen vor Eingriffen des Super- und Metasystems schützt. Für ein Subsystem, dessen Funktion durch Forschung bestimmt ist, sind von dieser relativen Freiheit Ziele, Inhalte und Methoden betroffen, ebenso aber auch praktische

---

[27] Literaturnaja gazeta (1976) 12, S. 11; 16, S. 10; 23, S. 10; 30, S. 10; 33, S. 10; 37, S. 11; 40, S. 10 f. – Vgl. die Studie von M. L. Bašin – Effektivnost' fundamental'nych issledovanij (Die Effektivität von Grundlagenforschungen). Moskau 1974 –. den Sammelband „Voprosy teorii i praktiki upravlenija i organizacii nauki" (Fragen der Leitung und Organisation der Wissenschaft. Moskau 1975, darin insbesondere das von G. A. Lachtin verfaßte zweite Kapitel, S. 26–33) sowie relevante Beiträge in: Pravda, 3. 8. 1976 (Forschungsprobleme in der Ukrainischen SSR), 9. 8. 1976 (Leitartikel), 19. 8. 1976 (Arbeiten der Sibirischen Abteilung der Akademie der Wissenschaften der UdSSR), 25. 8. 1976, 10. 9. 1976 (Gemeinsame Verordnung des ZK der KPdSU und des Ministerrats der UdSSR „Über Maßnahmen zur weiteren Erhöhung der Effektivität der agronomischen Wissenschaft und zu ihrer Verbindung mit der Produktion"), 28. 9. 1976 und 9. 10. 1976 (Leitartikel) – Zur Lage der Ressortforschung in der Bundesrepublik Deutschland vgl. Forschung und ihre Probleme. Empfehlungen des Wissenschaftsrates zur Organisation, Planung und Förderung der Forschung. Bonn 1975, S. 31–148. insbes. S. 64.

[28] Ibid.

[29] Innerhalb des Wissenschaftlichen Forschungsinstituts für allgemeine Pädagogik der APN SSSR gibt es eine „Abteilung für Pädagogik und Schulen des Auslandes" mit drei Unterabteilungen (für sozialistische Staaten, kapitalistische Staaten und Entwicklungsländer); die Arbeiten in der zweitgenannten Unterabteilung dienen vor allem der ideologischen Auseinandersetzung mit den Bildungssystemen westlicher Staaten. Dazu die Beiträge in: Učitel'skaja gazeta, 26. 8. 1976 (G. Agapova) und 12. 10. 1976 (Z. Mal'kova).

Entscheidungen in bezug auf Organisation, Terminierung und gegebenenfalls Orts-
wahl von Forschungsvorhaben.

Die marxistisch-leninistische Gesellschaftslehre verneint prinzipiell eine solche
relative Freiheit für die Subsysteme des von ihr ideologisch und politisch bestimmten
Metasystems. Wenn daher in der innersowjetischen Diskussion die Belange der
Grundlagenforschung vertreten werden, so kann der in ihr erhobene Anspruch auf
einen Eigenwert der Erkenntnisgewinnung explizite stets nur im Rahmen der von
der Parteiführung jeweils als gültig festgesetzten ideologisch-weltanschaulichen
Normen und Direktiven vertreten werden; in diesen aber hat die Bindung aller Forschung an das Ziel der Praxisverbesserung zentrale Bedeutung.

Als ‚klassisches' Beispiel für die Ideologisierung der Wissenschaft auf Kosten
der Gewinnung objektiver Erkenntnis ist die Lysenko-Ära in der sowjetischen Genetik
anzusehen, durch die die Entwicklung dieser Disziplin mehr als zwei Jahrzehnte zum
Stillstand kam. Von diesem ‚Fall' abgesehen, ist der Spielraum der Naturwissenschaften aber stets größer als der der Human- und Sozialwissenschaften gewesen, was
L. Labedz 1962 folgendermaßen kommentierte:[30]

> „Aus der Sicht des Regimes kommt die Drohung weniger von den philosophischen Impli-
> kationen der Naturwissenschaften, die mit dem Marxismus eher in Übereinstimmung zu
> bringen sind, als von den Human- und Sozialwissenschaften. Dies erklärt den von west-
> lichen Beobachtern oft bemerkten Gegensatz zwischen den Niveaustufen der Natur- und
> Sozialwissenschaften in der Sowjetunion."

Der größere Spielraum, den die Naturwissenschaften genießen, mag nicht nur
durch die von Labedz erwähnte Übereinstimmung ideologischer Natur bedingt sein,
sondern auch dadurch, daß die Notwendigkeit einer ungestörten naturwissenschaftlichen und technologischen Forschung für die Entwicklung von Wirtschaft und Technik Zugeständnisse der Leitungsorgane an die in diesem Komplex tätigen Forscher
bewirkt und legitimiert. Die Kompetenz, die Lysenko eingeräumt wurde, ist unter
diesem Aspekt auch für die wirtschaftlich-technische Entwicklung als Fehlleistung zu
beurteilen – eine Interpretation, welcher auch in der gegenwärtigen Sowjetunion
nicht widersprochen wird.

Wie stark demgegenüber die Human- und Sozialwissenschaften im Griff der Par-
teikontrolle sind, kann für den Bereich der Bildungsforschung durch das Studium der
Geschichte der Pädagogik (z. B. Verbot der Pädologie durch den Beschluß des ZK der
KPdSU(B) vom 4. Juli 1936)[31], Psychologie und Soziologie vielfältig nachgewiesen
werden. Daß im letzten Jahrzehnt auch in diesem Bereich eine Lockerung stattgefun-
den hat, ist beispielsweise für die Psychologie von Th. Kussmann überzeugend aufgezeigt worden.[32]

[30] L. Labedz: How free is Soviet Science? Technology under Totalitarianism. In: B. Barber and W. Hirsch (ed.): The Sociology
of Science. New York 1962, S. 141. Zitiert nach Malmquist/Grundin 2, S. 81 – Vgl. Malmquist/Grundin 2, S. 82.

[31] O. Anweiler/K. Meyer (Hrsg.): Die sowjetische Bildungspolitik seit 1917. Dokumente und Texte. Heidelberg 1961.
S. 227–231 (= Dokument 70).

[32] Th. Kussmann: Widersprüche zwischen Theorie und Empirie bei der Konkretisierung des Leitbildes „neuer Mensch" –
pragmatische Aufgaben für die pädagogische Psychologie in der Sowjetunion. In: O. Anweiler (Hrsg.): Bildungsforschung
und Bildungspolitik in Osteuropa und der DDR. Hannover/Dortmund/Darmstadt/Berlin 1975, S. 102–110 (= Auswahl.
Reihe B, 82).

Im Vergleich zur naturwissenschaftlichen und technologischen Forschung ist aber die relative Freiheit der Bildungsforschung auch gegenwärtig gering. Die erklärt sich vor allem durch die wesentliche Bedeutung, die der Bildung und Erziehung für die Formung des „neuen Menschen" prinzipiell beigemessen wird.[33] Äußere Indizien hierfür sind die bereits erwähnte Unterstellung der APN SSSR unter das Ministerium für Volksbildung der UdSSR und nicht zuletzt die Vorbildfunktion, die dem Lehrer nicht nur hinsichtlich seiner Berufsausübung, sondern auch seiner ganzen Lebensführung zugewiesen ist.

Unsere geäußerten Zweifel modifizieren wir nunmehr mit der These, daß unter besonderer Berücksichtigung des Freiheitsproblems die Anwendung des Systems-Typs BFS auf die sowjetische Bildungsforschung nur *bedingt* möglich ist. Wir ziehen freilich auch aus diesem eingeschränkten Ergebnis die Schlußfolgerung, daß wir mit Hilfe unseres Ansatzes ein differenzierteres Bild von der Funktion und Organisation der sowjetischen Bildungsforschung erlangen konnten, als wenn wir uns an einem Totalitarismus-Modell orientiert und uns mit der Zuordnung der Bildungsforschung zum Systemtyp ASB begnügt hätten.

Schließlich lenkt der in diesem Beitrag versuchte systemanalytische Ansatz zur Erfassung der sowjetischen Bildungsforschung den Blick auf vergleichbare – nicht gleichsetzbare! – Probleme in westlichen Staaten. Auch wenn man grundsätzlich von einer relativen Freiheit des „Bildungsforschungssystems" ausgehen kann, sind in der gegenwärtigen Praxis doch in zunehmendem Maße Einschränkungen des der Bildungsforschung (und der Forschung im allgemeinen) gesetzten Spielraumes durch Eingriffe des gesellschaftlichen Metasystems und, in dessen Auftrag, des Supersystems „Bildung" zu verzeichnen. Sie sind einmal auf die – gegenüber der traditionellen Universitätsforschung – stärkere Bindung ‚selbständiger' Forschungsinstitute an deren öffentliche und staatliche Auftraggeber zurückzuführen, in deren Kompetenz häufig die Bewilligung von Forschungsvorhaben mit der Geldzuweisung vereinigt ist. Ferner ist der Trend zu einer ‚Verbeamtung' der in der Forschung Tätigen für die Wahrung des Freiheitsraumes schädlich, wobei der Terminus ‚Beamter' im weiteren Wortsinn gebraucht wird, als es der deutschen Rechts- und Verwaltungstradition entspricht.[34] Schließlich zeigen sich Gefahren für eine primär auf Erkenntnisgewinnung zielende Bildungsforschung darin, daß infolge einer Entwicklung, in der Bildungsforschung zur Legitimationsinstanz reduziert wird, – analog zum Verhalten privatwirtschaftlicher Unternehmen in deren Kompetenzbereich – staatliche Behörden den Forschern den Zugang zur empirischen Untersuchung des Bildungswesens – insbesondere der Schule – versperren. Dies kann besonders in Staaten, die über ein rechtliches und faktisches Schulmonopol verfügen, zu einer ernsten generellen Forschungsbehinderung führen. Wie vorsichtig man Forschungs-

---

[33] Vgl. vom Verf.: Erziehungsziele und Probleme ihrer Verwirklichung in sozialistischen Gesellschaften. In: Forschungen zur osteuropäischen Geschichte, Bd. 20. Wiesbaden 1973, S. 93–111 (= Historische Veröffentlichungen, Bd. 20).

[34] Vgl. Science at the Bicentennial. A report from the research community. Report of the National Science Board / 1976. Washington: US Printing office. – K. Rudzinski: Amerika fürchtet für die Zukunft seiner Forschung. Kritik am Wissenschaftssystem der USA. Ein Bericht des Nationalen Wissenschaftsrates (National Science Board). In: FAZ, 20. 10. 1976.

freiheit auch in der westlichen Welt grundsätzlich beurteilen kann, sei an der Äußerung in einem schwedischen Leitartikel exemplifiziert.[35]

„Jede Forschung, in der die Durchführenden nicht gezwungen werden, Vorbedingungen oder Ergebnisse zurechtzubiegen oder in der die Schlußfolgerungen nicht zensiert werden, ist frei in jedem vernünftigen Wortsinn ... Keine Forschung aber, mit Ausnahme vielleicht einiger besonderer geistiger Übungen, wie Mathematik und Philosophie, kann frei sein im Sinne der Unabhängigkeit von ihrer organisatorischen Basis und ihren Finanzträgern ..."

Es käme einer groben Vereinfachung gleich, wollte man unter dem Aspekt der Freiheitsproblematik analoge Arbeitsbedingungen der Bildungsforschung in der Sowjetunion und in westlichen Staaten feststellen. Insofern kann man aus einem solchen Vergleich auch keine Rezepte, wohl aber, wie wir hoffen, Anregungen zur Auseinandersetzung mit der globalen Problemlage der Bildungsforschung gewinnen.

---

[35] Dagens Nyheter, 9. 7. 1966. Zitiert nach Malmquist/Grundin 2, S. 246.

Das Freizeitproblem im Spiegel sowjetischer Publizistik

I.

In den Rechenschaftsberichten, die von führenden Repräsentanten des sowjetischen Partei- und Staatsapparats in den vergangenen Monaten gegeben wurden, fehlt in der ausführlichen Darlegung der wirtschafts- und sozialpolitischen Fragen jeder Hinweis auf das Problem der Arbeitszeitverkürzung.[1] Das läßt darauf schließen, daß der im Parteiprogramm der KPdSU vom Jahre 1961 für die „bevorstehenden zehn Jahre" angekündigte allgemeine „Übergang zum ‚Sechsstundentag' bei einem freien Tag in der Woche oder zur ‚35-Stunden-Woche' bei zwei freien Tagen" aus der offiziellen Diskussion und Planung ausgeklammert worden ist.[2] Die von A. N. Kosygin, dem Vorsitzenden des Ministerrats, angeführte Verlangsamung des „Wachstumstempos der Arbeitsproduktivität in der Industrie" kann als plausible Motivierung dieser Zurückhaltung gedeutet werden.

Die Erörterung des Freizeitproblems in der sowjetischen Publizistik scheint von diesem offensichtlichen Verzicht auf weitere kurzfristige Arbeitszeitverkürzung nicht berührt zu werden, zumal bereits die im Jahre 1960 eingeführte 41-Stunden-Woche die Auseinandersetzung darüber angeregt hat.[3] Wie in allen Staaten der modernen Industriegesellschaft sehen sich nach dem Auslaufen der ersten Industrialisierungswelle und der Beseitigung der durch den zweiten Weltkrieg verursachten Schäden auch in der Sowjetunion Ökonomen, Soziologen, Pädagogen und Literaten mit der Einsicht konfrontiert, daß das Freizeitproblem „unbestreitbar eines der *zentralen* Probleme im Leben der gegenwärtigen, *hochentwickelten Gesellschaft* ist, *zu der die sowjetische Gesellschaft zählt"*.[4]

Die große Bedeutung, die man dort seit einigen Jahren der Kybernetik beimißt, stimuliert über die *situativ-pragmatische,* in der sozialökonomischen Realität beheimatete Fragestellung hinaus die Besinnung auf die *ideologische* Relevanz des Freizeit-

[1] Septemberplenum des ZK der KPdSU: Pravda, 29. September 1965 (A. N. Kosygin) und 30. September 1965 (L. N. Brežnev); 48. Jahrestag der Oktoberrevolution: Pravda, 7. November 1965 (D. S. Poljanskij); Dezembersession des Obersten Sowjets der UdSSR: Učitel'skaja gazeta, 147/9. Dezember 1965 (N. K. Bajbakov, stellvertretender Vorsitzender des Ministerrats, und V. F. Garbuzov, Finanzminister). Der XXIII. Parteitag der KPdSU brachte die Bestätigung dieser Äußerungen; es ist aber nicht zu übersehen, daß die angekündigte generelle Einführung der Fünftagewoche bei gleichbleibender Arbeitszeit einen echten Freizeitgewinn bewirken dürfte. Pravda, 30. März – 10. April 1966.
[2] Zitiert nach der deutschen Ausgabe von Meißner, B.: Das Parteiprogramm der KPdSU 1903–1961, Köln 1962 (= Dokumente zum Studium des Kommunismus, Bd. I), S. 210, dazu Kommentar S. 76. Für Betriebe mit gesundheitsschädlichen Arbeitsbedingungen ist der Übergang zum „Fünfstundentag" bzw. zur 30-Stunden-Woche (Fünftagewoche) vorgesehen. In diesen Zusammenhang gehört auch die vorgesehene Verlängerung des bezahlten Jahresurlaubs.
[3] Die in diesem Beitrag ausführlich ausgewertete Schrift von A. V. Mjalkin ist unter dem unmittelbaren Eindruck des XXII. Parteitags der KPdSU (17.–31. Oktober 1961) verfaßt. Mjalkin, A. V.: Svobodnoe vremja i vsestoronnee razvitie ličnosti, Moskau 1962.
[4] Grušin, B.: Svobodnoe vremja – ot issledovanij k rešenijam, Literaturnaja gazeta, 137/18. November 1965, S. 2f. – Die Hervorhebungen in diesem Zitat sowie in allen folgenden Zitaten sind vom Verfasser dieses Beitrags vorgenommen, sofern kein besonderer Hinweis gegeben ist.

problems.[5] „Man darf nicht warten, bis der Donner dröhnt[6]" – dieser Kommentar eines der Teilnehmer an der jüngsten Diskussion in der „Literaturnaja gazeta" (Literaturzeitung) enthält zugleich mit der Einsicht in die Notwendigkeit der Erörterung die Mahnung, das erwähnte Stadium des Stillstandes in der Arbeitszeitverkürzung der prinzipiellen Auseinandersetzung zugute kommen zu lassen.

Das Erscheinen eines Aufsatzes des sowjetischen Soziologen A. A. Zemcov in der Zeitschrift „Voprosy filosofii" (Fragen der Philosophie) und die Öffnung der Spalten der „Literaturnaja gazeta" für eine interdisziplinäre Grundsatzdiskussion in der zweiten Hälfte des Jahres 1965 ermöglicht dem ausländischen Beobachter der Entwicklung den Einblick in den derzeitigen Stand der systemimmanenten Auseinandersetzung,[7] wobei in diesem Beitrag der *pädagogische Aspekt* artikuliert werden soll, der in die Diagnosen und Prognosen der einzelnen sowjetischen Autoren impliziert ist.[8] Die Verständigung mit der Thematik dieser Diskussion führt den Erziehungswissenschaftler, wie bei der Untersuchung der meisten sowjetpädagogischen Fragen, in das *Spannungsfeld* von ideologisch gebundener Normierung und realitätsbezogener Analyse, die in unserem Falle primär an ökonomischen und soziologischen Aussagen orientiert ist.

Dem Versuch, die Merkmale der beiden Pole zu erörtern, sei die Frage danach vorausgestellt, welche *Kriterien und Inhalte* die sowjetischen Wissenschaftler dem *Begriff* „Freizeit" zuordnen, weil allein die angebotenen Definitionen gewisse Unstimmigkeiten in dieser Frage zutagetreten lassen. Am weitesten faßt den Begriff *A. V. Mjalkin* in seiner 1962 erschienenen Schrift. Er versteht unter „Freizeit" das *gesamte Leben* des Menschen außerhalb der am Arbeitsplatz verbrachten Zeit und gibt dazu folgende Aufschlüsselung: 1. die Fahrt vom Arbeitsplatz und zur Wohnung, 2. die Hausarbeit (Einkauf, Essenszubereitung, Besorgung der Wäsche usw.), 3. die „Erziehung" (vospitanie) und „Betreuung" (uchod) der Kinder, 4. Selbstbildung, gesellschaftliche Tätigkeit, Sport und „vernünftige Zerstreuung", 5. die Wiederherstellung der körperlichen Arbeitskraft einschließlich Schlaf und Nahrungsaufnahme.[9] Mjalkin bleibt bei dieser einleitenden Definition jedoch nicht stehen, sondern fragt im Verlaufe seiner Untersuchung, wie groß nach Abzug des „sogenannten unproduktiven Aufwandes" (Fahrtzeit, Hausarbeit und Befriedigung physiologischer Bedürfnisse) der „konkrete" Anteil an der „absoluten Größe der Freizeit" sei.[10]

---

[5] Volkov, G.: Svobodnoe vremja: prazdnost' ili tvorčestvo?, Literaturnaja gazeta, 80/8. Juli 1965, S. 1ff.

[6] E. Berger in: Problemy svobodnogo vremeni – v polemiku vstupljajut čitateli, Literaturnaja gazeta, 92/5. August 1965, S. 3.

[7] Zemcov, A. A.: Svobodnoe vremja i razvitie ličnosti. Rezervy rosta i real'noe ispol'zovanie svobodnogo vremeni rabočich, Voprosy filosofii, 4/1965; hier zitiert nach der deutschen Übersetzung in: Ostprobleme, 13/1965, S. 403ff. – Beiträge in der Literaturnaja gazeta außer den in Fußnoten 4–6 genannten: Šim, E.: Kuda uchodit vremja?, 86/22. Juli 1965, S. 1f.; Kolobov, L.: Vychodnoj pljus vychodnoj, 101/26. August 1965, S. 2; Birman, A.: Sojdja s filosofskich veršin, 104/2. September 1965, S. 2; Batiščev, D.: Čas, pomnožennyj na veka, 107/9. September 1965, S. 2; Gansovskij, S.: Skaži mne, kak ty otdychaeš' ..., 128/28. Oktober 1965, S. 2f. – Jüngster Beitrag: Kantorovič, V.: Rodstvennaja nam nauka, 53/5. Mai 1966, S. 1f.

[8] Diese Artikulation bedingt den Verzicht auf eine Erörterung sozialökonomischer Aspekte, die in den genannten Beiträgen behandelt werden, z. B. in bezug auf den Zusammenhang von Arbeitszeitverkürzung und Arbeitsproduktivität, sowie auf die Finanzierung des Ausbaus von Dienstleistungsbetrieben.

[9] Mjalkin, A. V., a.a.O., S. 4.

[10] Mjalkin, A. V., a.a.O., S. 30.

Die Autoren, die sich in der „Literaturnaja gazeta" 1965 zu Worte meldeten, arbeiten demgegenüber von vornherein mit einem reduzierten Freizeitbegriff, indem sie in ihren Argumentationen der von G. *Volkov* angebotenen These folgen, daß *„die Freizeit* (svobodnoe vremja) *nur ein Teil der arbeitsfreien Zeit* (vneraboèee vremja)" sei;[11] „Freizeit" (im engeren, eigentlichen Sinne) wird dabei häufig durch „Muße" (dosug) ersetzt.[12] Die Gegenüberstellung dieser Begriffe erlaubt die Ausklammerung der bereits von Mjalkin abgehobenen „unproduktiven" Zeitaufwendungen.

Strittig bleibt in der ganzen Diskussion freilich *das Ausmaß des „Zwischenraumes"* zwischen der „Arbeitszeit" (im Betrieb) und der eigentlichen „Freizeit", zumal sich einige Autoren anscheinend selbst nicht entscheiden können, ob oder zumindest inwieweit die „Erziehung der Kinder" als eine Aufgabe verstanden werden kann und soll, die dem Menschen in seiner „Freizeit" obliegt.[13] Vor allem *A. A. Zemcov* verwischt in seinem – wegen des vorgelegten empirischen Materials sonst sehr instruktiven – Aufsatz die Konturen: Eingangs definiert er nämlich „Freizeit" als das, „was dem Menschen bleibt, nachdem er seinen beruflichen, *bürgerlichen* und *familiären* Pflichten nachgekommen ist und seine natürlichen Bedürfnisse befriedigt hat", während er in einer seiner folgenden Auswertungstabellen unter die „Arten der Freizeitverwendung bei Arbeitern" die Sparten „Kindererziehung" und „gesellschaftliche Tätigkeit" subsumiert.[14]

Abgesehen von diesen Unstimmigkeiten verdient jedoch festgehalten zu werden, daß Einhelligkeit darüber zu bestehen scheint, daß die eigentliche „Freizeit (bzw. ,Muße' oder ,konkrete'[15]) Freizeit) der arbeitsfreien Zeit nicht gleichzusetzen ist".[16]

II.

Die Hartnäckigkeit, mit der sich die sowjetischen Wissenschaftler und Publizisten um *die Klärung der Kriteriumsproblematik* des Freizeitbegriffs bemühen, nimmt nicht wunder, wenn man bedenkt, daß damit ein zentrales Problem der sowjetkommunistischen *Ideologie* berührt wird, das auf *Karl Marx* zurückverweist. Im Unterschied zur Erörterung anderer ideologischer Fragen fällt in der zu interpretierenden Diskussion der *unmittelbare* Rückgriff auf Marx – unter Übergehung des für die Thematik wenig ergiebigen Lenin[17] – auf, zumal auch relevante Aussagen aus den „Frühschriften" zitiert werden und dabei sogar das Entfremdungsproblem gestreift wird. Diese Beobachtung legt einen skizzierenden Exkurs nahe, welcher der .Vergegenwärtigung des Marxschen Ansatzes zu widmen ist.[18]

[11] Volkov, G., a.a.O.
[12] Volkov, G., a.a.O.; Grušin, B., a.a.O.
[13] G. Volkov (a.a.O.) möchte die „Kindererziehung" aus der eigentlichen „Freizeit" ausgeklammert wissen. A. V. Mjalkins Auffassung ist widersprüchlich (a.a.O., S. 4, 57).
[14] Zemcov, A. A., a.a.O., S. 405, 407.
[15] Vom Verfasser in das Zitat eingefügt.
[16] Grušin, B., a.a.O.
[17] Das zeigt insbesondere die Schrift Mjalkins, der als einziger der in diesem Beitrag interpretierten sowjetischen Autoren gelegentlich Lenin-Zitate in seine Darstellung eingefügt hat, in denen zwar sowohl das Problem der Arbeitszeitverkürzung als auch das der Volksbildung erwähnt wird, nicht jedoch die Rolle der Freizeit als Brücke zwischen beiden.
[18] Vgl. Krapp, G.: Marx und Engels über die Verbindung des Unterrichts mit produktiver Arbeit und die polytechnische Bildung, Berlin 1960, S. 54ff.; Suchodolski, B.: Grundlagen der marxistischen Erziehungskonzeption, deutsche Ausgabe Berlin/Warschau 1961, S. 139–148.

Bereits bei Marx erwächst die Auseinandersetzung mit dem Freizeitproblem unmittelbar aus Überlegungen zur Frage der Arbeitszeitverkürzung. Motiviert ist sie letztlich jedoch durch den *grundlegenden* Stellenwert, den die „*Arbeit*" in Marxens Anthropologie als Medium zur „wirklichen Aneignung des menschlichen Wesens durch und für den Menschen" hat.[19] Voraussetzung dafür, daß die Arbeit diesen Sinn erfüllen kann, ist die durch die proletarische Revolution herbeizuführende Weltverfassung des „Kommunismus", der „als vollendeter Naturalismus = Humanismus, als vollendeter Humanismus = Naturalismus" und damit „die wahrhafte Auflösung des Widerstreites zwischen dem Menschen mit der Natur und mit dem Menschen, die wahre Auflösung des Streits zwischen Existenz und Wesen, zwischen Vergegenständlichung und Selbstbestätigung, zwischen Freiheit und Notwendigkeit, zwischen Individuum und Gattung" ist.[20]
In der geschichtlichen Welt der auf Arbeitsteilung und Privateigentum gegründeten *Klassengesellschaft* ist dem Menschen diese Aneignung seines Wesens „entfremdet"; „seine Arbeit ist daher nicht freiwillig, sondern gezwungen, Zwangsarbeit ... Ihre Fremdheit tritt darin rein hervor, daß, sobald kein physischer oder sonstiger Zwang existiert, die Arbeit als eine Pest geflohen wird".[21] Da der auf diese Weise seinem eigenen Wesen „entfremdete" Mensch dieser „Zwangarbeit" aber als eines Mittels „zur Befriedigung ... des Bedürfnisses der Erhaltung der physischen Existenz" bedarf,[22] kann er jede Verkürzung des Arbeitstages *nur* als Beeinträchtigung selbst seiner „tierischen Funktionen" (Essen, Trinken und Zeugen im Zustande der „Selbstentfremdung") empfinden, nicht aber als Chance zur Aneignung seines „allseitigen Wesens auf eine allseitige Art",[23] abgesehen davon, daß der Kapitalist danach strebt, jede frei werdende Arbeitszeit in „Surplusarbeitszeit", d. h. zusätzliche Arbeitszeit umzusetzen.[24]
Dagegen werden im Stadium der Aufhebung des Widerstreits von „Freiheit und Notwendigkeit", im „*Kommunismus*" also, Arbeitszeit und Freizeit zusammenfallen, weil der Mensch nach Überwindung der Arbeitsteilung „sich in jedem beliebigen Zweig ausbilden kann, die Gesellschaft die allgemeine Produktion regelt" und ihm „dadurch möglich macht, heute dies, morgen jenes zu tun, morgens zu jagen, nachmittags zu fischen, abends Viehzucht zu treiben, nach dem Essen zu kritisieren, wie ich gerade Lust habe; ohne je Jäger, Fischer, Hirt oder Kritiker zu werden".[25] Die *totale Verfügbarkeit über die eigene Zeit* wird somit zur Bedingung echter menschlicher *Bildung*. So zeichnet Marx die kommunistische Zukunft in seinen Frühschriften.
Dagegen zeigt Marxens Spätwerk eine Reduktion dieses visionären Zukunftsoptimismus, die I. Fetscher mit Recht als „Ernüchterung und größeren Realismus" deutet.[26] Im

---

[19] Marx, K.: Nationalökonomie und Philosophie, Berlin 1950, S. 181 (abgekürzt: NuPh).
[20] NuPh, S. 181.
[21] NuPh, S. 146; von A. V. Mjalkin (a. a. O., S. 17f.) zitiert.
[22] NuPh, S. 149.
[23] Marx/Engels: Kleine ökonomische Schriften, Berlin 1955 (abgekürzt: KöS), S. 131.
[24] Marx, K.: Das Kapital, Berlin 1953 (abgekürzt: Kapital), Bd. I, S. 225. Vgl. Marx, K.: Grundrisse der Kritik der politischen Ökonomie, Berlin 1953 (abgekürzt: GKÖ), S. 592f.
[25] Marx/Engels: Die deutsche Ideologie, Stuttgart 1953, S. 28ff.
[26] Fetscher, I.: Die Freiheit des Marxismus-Leninismus, Bonn 1962³ (= Schriften der Bundeszentrale für Heimatdienst, Heft 40), S. 32.

„Kapital" engt Marx „das wahre Reich der Freiheit", den Raum „menschlicher Kraft-
entwicklung", ein und siedelt es „jenseits der Sphäre der eigentlichen materiellen
Produktion" an, in welcher der Mensch „in *allen* Gesellschaftsformen und unter *allen*
möglichen Produktionsweisen", also *auch* im Kommunismus, „mit der Natur ringen
muß, um seine Bedürfnisse zu befriedigen, i m sein Leben zu erhalten und zu
reproduzieren".[27] Daß mit dieser Wendung die eigentliche Selbstverwirklichung des
Menschen auf den Bereich der „Muße" beschränkt wird, dem der der „gesellschaftlich
notwendigen Arbeit" gegenübersteht, erfährt durch den für unsere Untersuchung
entscheidenden Satz seine Bestätigung: *„Die Verkürzung des Arbeitstages ist die Grund-
bedingung"* für das Aufblühen des „wahren Reiches der Freiheit".[28]

Die Gedanken, welche Karl Marx in der Zwischenzeit in seinem Rohentwurf
„Grundrisse der Kritik der politischen Ökonomie" entwickelt hatte, zeigen, daß
er die Abkehr von seinen früheren Formulierungen nicht als Bruch verstanden wissen
will. Das gelingt ihm auch, indem er die Freizeit als „Zeit für die *volle Entwicklung*
des Individuums" definiert, „die selbst wieder als die größte Produktivkraft *zurückwirkt auf die Produktivkraft der Arbeit.* Sie kann vom Standpunkt des unmittelbaren
Produktionsprozesses aus betrachtet werden als Produktion von ,capital fixe'; dies
,capital fixe being man himself'...". Garantiert wird eine solche Entwicklung dadurch, daß die „freie Zeit – die sowohl Mußezeit als Zeit für höhere Tätigkeit ist –
... ihren Besitzer natürlich in ein anderes Subjekt verwandelt und als dies andere
Subjekt ... er dann in den unmittelbaren Produktionsprozeß" eintritt.[29] Auf diese
Weise erkennt der Mensch nicht nur die Sinnhaftigkeit der „gesellschaftlich notwendigen Arbeit", wobei freilich die „gemeinschaftliche Kontrolle" des Produktionsprozesses durch „die assoziierten Produzenten" mitbedacht werden muß;[30] durch
Vervollkommnung der technischen Apparatur, die sich Marx bereits als Automation
darstellt,[31] vermag er überdies „die *Reduktion* der notwendigen Arbeit der Gesellschaft
zu einem Minimum" zu bewirken und die „freigewordne Zeit und geschaffnen Mittel" der
„künstlerischen, wissenschaftlichen etc. Ausbildung" dienstbar zu machen.[32] Der *Bildungsbezug* der menschlichen Selbstverwirklichung bleibt somit auch in der modifizierten und reduzierten Fassung des Freizeitbegriffs substantiell gewahrt.

An diesem Bildungsbezug in Marxens Überlegungen orientieren sich denn auch
die sowjetischen Interpreten der Gegenwart, die – im Unterschied zu Lenin und
seinen Mitstreitern – sich zumindest *prinzipiell* durch den *heutigen* Entwicklungsstand
der sozialökonomischen Realität dazu ermutigt fühlen dürfen.[33]

[27] Kapital, Bd. III, S. 873f.
[28] Kapital, Bd. III, S. 874.
[29] GKÖ, S. 599.
[30] Kapital, Bd. III, S. 873.
[31] Marx, K.: Das Elend der Philosophie, Berlin 1957, S. 160ff.; Kapital, Bd. I, S. 395ff.; GKÖ,
S. 584ff., 592f.
[32] GKÖ., S. 593.
[33] Dieses Bewußtsein spiegeln auch offizielle Dokumente der Chruščev-Ära wider, wie das Parteiprogramm der KPdSU (Meißner, B., a.a.O., S. 210) und bereits das „Gesetz über die Festigung der
Verbindung der Schule mit dem Leben und über die weitere Entwicklung des Volksbildungssystems
in der UdSSR" vom 24. Dezember 1958; O kommunisticeskom vospitanii i ukreplenii svjazi školy s
žiznju (Sbornik dokumentov), hg. von M. M. Dejneko, Moskau 1964, S. 67, deutsch: Anweiler, O. und
H. Meyer (Hg.): Die sowjetische Bildungspolitik seit 1917, Heidelberg 1961, S. 343 (Dokument Nr. 106).

214

Die Marxsche Federführung wird zunächst in den Aussagen über den *Sinn von* *„Freizeit"* deutlich. „Freizeit" rechtfertigt sich demnach durch die aus ihr resultierende Chance „schöpferischer Arbeit", während jeder „leere Zeitvertreib ... kein Kriterium des gesellschaftlichen Reichtums, sondern eine Veruntreuung dieses Reichtums" ist.[34] Auch die „Zerstreuung" muß „vernünftig" sein;[35] „Sich erholen heißt nicht faulenzen" – lautet die Losung in einem Pionierlager.[36] Mit solchen Feststellungen verbinden sich Polemiken gegen „die gesamte bourgeoise ‚Freizeitsoziologie'", in welcher die „Welt der Muße" als „Kompensation zur Welt der Arbeit" gezeichnet werde, „als ein kleines Paradies, wo man nicht zu arbeiten braucht", sondern sich der „Begrenztheit des kleinbürgerlichen Mußeideals" hingebe.[37]

Nun darf man allerdings nach Überzeugung der sowjetischen Autoren auch vom *Menschen der gegenwärtigen „sozialistischen Ordnung"* nicht erwarten, daß er die Freizeit im gewünschten Sinne nutze. „Das Problem besteht darin, daß die Herstellung sozialistischer Produktionsverhältnisse *nicht automatisch* die diesen Verhältnissen entsprechenden Normen und Regeln des Gemeinschaftslebens gebiert. Die aus dem Innern des Kapitalismus hervorgehende sozialistische Gesellschaft trägt *noch lange Zeit* die Muttermale des Alten, welche sich, wie in der Wirtschaft, so auch in den Handlungen und Verhaltensweisen der Menschen offenbaren ....'[38] Auch ohne Kenntnis der soziologischen Umfragen, deren Auswertung hier nicht vorweggenommen werden soll, scheint es verständlich, daß solche ideologischen Aussagen mit der Forderung nach „rationeller Ausnützung" der Freizeit[39] und „Organisierung der Muße"[40] ausklingen. Der Pädagoge ist schließlich unmittelbar angesprochen, wenn ihm „die *Erziehung eines vernünftigen Verhältnisses zur Freizeit"* aufgetragen und dabei die während und nach der Schulzeit durchzuführende Freizeiterziehung als *„notwendig zur Formierung des Menschen neuen Typs"* erachtet wird.[41]

Im *Vollkommunismus* freilich wird das Freizeitproblem gelöst sein, weil dann „die schöpferische Arbeit der größte und menschlichste aller Genüsse" geworden sein wird und die Menschen „den Verzicht auf Arbeit als härteste Strafe auffassen" würden,[42] um nicht „zu seelenlosen Hedonisten zu degenerieren".[43] Da G. Volkov diese Auffassung auch in der Sowjetunion nicht einhellig vertreten findet, fühlt er sich veranlaßt, „einen Gedanken auszusprechen, der vielleicht paradox scheint: In der kommunistischen Gesellschaft werden die Menschen erheblich mehr als heute arbeiten".[44] „Zu gleicher Zeit ... verschwindet der dem Kapitalismus eigentümliche Widerspruch von Arbeitszeit und Freizeit. Die im Arbeitsprozeß eingesparte

[34] Volkov, G., a.a.O.
[35] Mjalkin, A. V., a.a.O., S. 4.
[36] Otdych – ne bezdel'e (ohne Verf.), Učitel'skaja gazeta, 100/21. August 1965, S. 2.
[37] Volkov, G., a.a.O.
[38] Mjalkin, A. V., a.a.O., S. 38.
[39] Mjalkin, A. V., a.a.O., S. 38. Vgl. Gansovskij, S., a.a.O., und Batiščev, G., a.a.O.
[40] Volkov, G., a.a.O.
[41] Mjalkin, A. V., a.a.O., S. 63, 70.
[42] Volkov, G., a.a.O.
[43] Gansovskij, S., a.a.O.
[44] Volkov, G., a.a.O.

Arbeitszeit verwandelt sich nicht mehr in zusätzliche Arbeitszeit, sondern geht in eine Verbesserung des Lebensniveaus der Werktätigen über, in die Schaffung von Bedingungen für ihre allseitige Entwicklung. Die Verkürzung des Arbeitstages fällt mit den Idealen der Persönlichkeit selbst zusammen .. ".[45]

Was die Aussagen über den *Grad dieser „allseitigen Entwicklung"* betrifft, treten allerdings nuancierte Unterschiede hinsichtlich der Bewertung der menschlichen Bildungsfähigkeit zutage. *S. Gansovskij* äußert sich in dieser Frage am zurückhaltendsten, indem er zwar dem Menschen der Zukunft den schöpferischen Mitvollzug von Konzerten prognostiziert, im ganzen jedoch der Überzeugung ist, daß „vor uns keine echte Freizeit, keine volle Freiheit der Wahl" liege, „sondern ... in beiden Fällen nur die Rede vom *Ausmaß der Freiheit* sein" könne. „Es ist wahr, auch das ist ziemlich viel, um die Welt wunderschön für alle zu machen."[46] *A. V. Mjalkin* wird durch die Frage nach der Vereinbarkeit von freier Berufswahl und fachgerechter Berufsausübung in der vollkommunistischen Gesellschaft zu folgendem Gedankengang angeregt: „Im Kommunismus wird niemand auf einen ausschließlichen Tätigkeitskreis beschränkt sein, *jeder* wird sich in *jedem beliebigen* Zweig der Praxis und der Kenntnisse vervollkommnen, denn die Interessen des Individuums und der gesellschaftlichen Entwicklung werden zusammenfallen. Es versteht sich, daß daraus *keineswegs* folgt, daß der allseitig entwickelte Mensch *alle Bereiche* des zeitgemäßen Wissens *vollkommen erfassen* muß. Der Arzt kann ein Liebhaber der Kunst, ein Gartenbauer oder ein guter Sportler werden. Er kann sich dem Bereich der Wissenschaft ebenso wie dem der Kunst widmen. Aber *in jedem Falle* ist er verpflichtet, seine *Hauptdisziplin* voll zu kennen, um einem Kranken die richtige Diagnose zu stellen, das beste Heilverfahren zu bestimmen ... Praktisch bezeichnet die allseitige Entwicklung der Persönlichkeit die *Verbindung hoher Spezialisierung* in einem dieser Gebiete *mit einem großen Gesichtskreis* und der Kenntnis der Grundlagen der Wissenschaften." Man erkennt unschwer, daß Mjalkin hier dem Marxschen Spätwerk verpflichtet ist. Der Schluß, den er aus seinem Gedankengang zieht, bestätigt diesen Eindruck: „Dem Menschen werden weite Möglichkeiten der freien Wahl des einen oder anderen Berufs sowie auch des Wechsels im Charakter seiner Tätigkeit gewährt (wenn hierin ein persönliches Bedürfnis entsteht und *dies nicht den Interessen der Gesellschaft widerspricht*)."[47] „Berufsbildung" und „Allgemeinbildung" bleiben in dieser Version demnach auch in der vollkommunistischen Endgesellschaft kategorial und realiter voneinander getrennt, wenngleich sie sich wechselseitig stimulieren und die permanente Synthese beider Bildungsbereiche durch die Identität von Individualität und Kollektivität in der „kommunistischen Persönlichkeit" gesichert ist.

Dagegen verwirft *G. Batiščev* das „,Ideal' des Mosaikmenschen (mozaičnyj čelovek)", der seine Zeit durch summative Aneinanderreihung von einander nur scheinbar kompensierenden Beschäftigungen zersplittere und sich in „unaufhörlicher Jagd nach flüchtigen Augenblicken ... nur in ein überreiztes Wesen" verwandle.

[45] Mjalkin, A. V., a.a.O., S. 12.
[46] Gansovskij, S., a.a.O.
[47] Mjalkin, A. V., a.a.O., S. 20.

Daß dieses Bild über die Kritik an *gegenwärtigen* Erscheinungen hinaus auch *zukunfts-gerichtet* ist, tut sich in der vom Autor artikulierten, ebenfalls zu Marx zurückführen-den Überlegung kund, daß der rechte Gebrauch der Freizeit dem Menschen nicht nur die Schaffung von „Werten der materiellen und geistigen Kultur", sondern über-dies die Aneignung der von den vergangenen Generationen geschaffenen Werte ermögliche, wodurch die verfügbare Zeit zu einer *„gleichsam ‚verdichteten' Zeit"* würde. „Einer solchen ‚Verlängerung' des Lebens mittels seiner ‚Verdichtung' ist im Prinzip keine Grenze gesetzt."[48]

Noch stärker als G. Batiščev, der die „morgige" Verwirklichung seiner Prognose am Ende seines Beitrags von dem Bildungswillen der „heutigen" Generation ab-hängig macht, tendiert G. *Volkov* über Mjalkins Prognose hinaus zur Orientierung an den Gedanken des jungen Marx. Er nämlich geht davon aus, daß „man sich denken" kann, „daß im Verlaufe des Fortschreitens zum Kommunismus, im Verlaufe der Verkürzung der Arbeitszeit *die obligatorische Tätigkeit jeden wesentlichen Unterschied gegenüber der freien schöpferischen Tätigkeit verlieren und schließlich mit ihr zusammenfließen wird.* Für die Menschheit wird es dann keinen Sinn haben, die eigene Zeit in Arbeits-und Freizeit einzuteilen. Das ganze Leben der Gesellschaft wird nach den Gesetzen einer *echten Freizeit*[49] dahinfließen, welche einen anderen Charakter als die jetzige Freizeit erhalten und zu einer eigenständigen Synthese schöpferischer Arbeit und aktiver schöpferischer Formen der Muße werden wird".[50] Dieser Argumentation, die sichtlich an den radikalen Zukunftsoptimismus des jungen Marx erinnert, fehlt insofern nicht die innere Schlüssigkeit, als wir im gleichen Beitrag lesen können, daß G. Volkov „sich auch heute nicht vorstellen" kann, „daß, sagen wir, ein echter *Gelehrter oder Erfinder* sieben Stunden über einem ihn quälenden Problem arbeitet – von Glockenzeichen zu Glockenzeichen. Ich spreche deswegen von der Arbeit des Gelehrten, weil sich mir *die künftige Gesellschaft der Welt als Welt der Wissenschaft* dar-stellt, in welcher die wissenschaftliche Arbeit, die forschende und schöpferische Tätigkeit vorherrschen wird".[50] In dieser Deutung fehlt jeder Hinweis auf den nach Mjalkin auch im Vollkommunismus übrigbleibenden Rest an notwendiger „Berufsarbeit"; „Berufsbildung" und „Allgemeinbildung" durchdringen einander nicht mehr, sondern heben sich auch als partiell-eigenständige Bildungsbereiche auf.

Das Bild des Künstlers, dessen Tätigkeit Karl Marx, vor allem in seinen Früh-schriften, mehrfach zeichnet, um seine Vorstellungen von der Selbstverwirklichung des „totalen Menschen" zu konkretisieren, ist ein Jahrhundert später in der Sowjet-union vom Bilde des schöpferischen Gelehrten verdrängt, der den Prototyp des „Menschen neuen Typs" verkörpern soll.

Faßt man den Gehalt der interpretierten Aussagen zusammen, so erkennt man, daß sie jenseits der vorhandenen Divergenzen einander insofern gleichen, als die Frage nach dem Sinn von „Freizeit" jeweils in eine Verkündung von *Fernzielen* einmündet, die im *Endzustand des Vollkommunismus* erreicht werden sollen.

---

[48] Batiščev, G., a.a.O. Vgl. Marx/Engels, KöS, S. 129ff.
[49] Im Original hervorgehoben.
[50] Volkov, G., a.a.O.

Arten der Verwendung der arbeitsfreien Zeit bei Arbeitern von Industriebetrieben
(Wochendurchschnitt in Stunden pro Person)[1]

Arten der Verwendung der arbeitsfreien Zeit	Strumilin (1922-24)		Mjalkin (1961)		Zemcov (1963)	
	Männer	Frauen	Männer	Frauen	Männer	Frauen
1. Studium und Selbstbildung[2]	1,8	1,3	6,6	2,3	7,9	4,1
2. Gesellschaftliche Tätigkeit[3]	2,1	1,3	2,5	1,3	0,9	1,5
3. Schöpferische Tätigkeit und Liebhabereien[4]	0,2	0,1	1,4	1,0	0,6	—
4. Erholung und Zerstreuungen (Besuch von Theatern, Kinos, Abendveranstaltungen, Museen usw.)[5]	8,2	5,9	12,7	12,3	20,6	13,4
5. Körperkultur und Sport[6]	0,8	—	2,0	0,5	2,1	0,2
6. Kindererziehung[7]					1,2	0,9
A. Freizeit	13,1	8,6	25,2	17,4	33,3	20,1
B. Hausarbeit, Essenszubereitung, Benutzung der Betriebe für öffentliche Ernährung, Handel und Dienstleistungen, Kinderbetreuung usw.[8]	12,0	35,0	13,6	29,5	17,1	36,0
C. Mit der Produktionsarbeit zusammenhängende arbeitsfreie Zeit (Fahrt zum Arbeitsplatz und zurück, Entgegennahme von Arbeitsaufträgen und Anweisungen, Körperhygiene vor und nach der Schicht)					9,5	8,3
D. Zeit zur Befriedigung physiologischer Bedürfnisse (Schlafen, Essen usw.)					67,0	63,3
Arbeitsfreie Zeit insgesamt					126,9	127,7

[1] Diese Tabelle enthält die Angaben, die A. V. Mjalkin (a.a.O., S. 24) über seine eigene Untersuchung und die von S. G. Strumilin veröffentlichte, sowie die von A. A. Zemcov (a.a.O.) vorgelegten Materialien. – Strumilins Zahlen stammen aus den Jahren 1922-1924; im Original liegt ihnen die Berechnung des Wochendurchschnitts pro 100 Personen zugrunde; Mjalkin hat diese Relation in die von ihm gewählte Relation (pro 1 Person) umgesetzt. – Mjalkins eigene Angaben beruhen auf der Auswertung von 400 Fragebogen, die im Februar und März 1961 von Arbeitern und Angestellten des Diesellokomotivwerkes „Kujbišev" in Kolomenskoe (bei Moskau) ausgefüllt wurden. – A. A. Zemcovs Zahlen fassen die Ergebnisse von Untersuchungen zusammen, die in vier Gebieten der RSFSR (Ivanovo, Gorkij, Rostov und Sverdlovsk) 1963 gemacht wurden; Veranstalter dieser Untersuchungen waren die Zentralverwaltung für Statistik der RSFSR, das Institut für Ökonomik und Organisation der Industrieproduktion der Sibirischen Abteilung der AdW der UdSSR und das Institut für öffentliche Meinung der Zeitung „Komsomol'skaja Pravda". – Der Verfasser dieses Beitrages hat die von Mjalkin veröffentlichten Zahlen, die am Stunden-Minuten-Schema orientiert sind, in Dezimalzahlen umgewandelt, um einen Vergleichsmaßstab zu den von Zemcov vorgelegten Zahlen zu erstellen. – Die in der Tabelle aufgeführten Sparten sind der Tabelle von Zemcov entnommen.

III.

Die gegenwärtige innersowjetische Diskussion ist aber auch dadurch charakterisiert, daß selbst die an ihr Teilnehmenden, welche sich in erster Linie um eine Integrierung des Freizeitproblems in das ideologische Normengefüge bemühen, zugleich an einer *Bestandsaufnahme der wirklichen Verhältnisse* interessiert sind. Dieses Interesse steht im Zeichen einer Aufwertung der Soziologie, die in der Sowjetunion erst seit einigen Jahren den Status einer selbständigen Wissenschaftsdisziplin genießt. Neben den mehr oder weniger abstrakten Formulierungen geben neuerdings auch konkrete Untersuchungen Auskünfte über die Freizeitsituation; sie gehen auch den Erziehungswissenschaftler unmittelbar an, weil sie ihm Aufschlüsse über tatsächlich – und nicht nur prospektiv – gegebene Bildungschancen nach Einführung der Einundvierzigstundenwoche zu vermitteln vermögen.

Neben den von *A. V.* Mjalkin 1961 erfragten Angaben stehen uns die von *A. A.* Zemcov 1965 vorgelegten Materialien (aus dem Jahre 1963) zur Verfügung. Sie sind in der *Tabelle* auf Seite 202 den Angaben gegenübergestellt, welche *S. G.* Strumilin zu Beginn der zwanziger Jahre ermittelte, nachdem in den dazwischenliegenden Jahrzehnten „die Sphäre der Muße ... in unserem Lande faktisch nicht erforscht worden ist", wie der Soziologe B. *Grušin* kritisch bemerkt.[51] Die Qualität der Tabelle leidet darunter, daß die Angaben (aus verschiedenen Jahren) Untersuchungen entnommen sind, die nicht nur an verschiedenen Orten durchgeführt wurden und eine einheitliche Aufschlüsselung der einzelnen Sparten vermissen lassen, sondern sich auch auf einen quantitativ unterschiedlichen Personenkreis erstreckten. Trotzdem schätzen wir das vorliegende Datenmaterial als orientierende Hilfe, weil es einen Hinweis auf den quantitativen *Anteil der „Freizeit" an der „arbeitsfreien Zeit"* gibt. Wenn man nämlich die auf den Tagesdurchschnitt umgerechneten 9 bis $9^1/_2$ Stunden zur Befriedigung der physiologischen Bedürfnisse als konstante Größe akzeptiert, die auch von Mjalkin nicht bestritten werden dürfte, konzentriert sich die Aufmerksamkeit auf das Verhältnis von eigentlicher „Freizeit" einerseits und den Aufwendungen für „Hausarbeit" und die „mit der Produktionsarbeit zusammenhängende arbeitsfreie Zeit" anderseits, das bei Zemcov für Männer 5:4, für Frauen dagegen 4,5:10 ergibt.

[51] Grušin, B., a.a.O.

Fortsetzung der Fußnoten von der Tabelle.

Soweit Strumilin und Mjalkin andere Zuordnungen vorgenommen haben, ist dies in den Fußnoten 2–8 vermerkt, wobei sich die Fußnoten 2, 3, 4a, 5, 7 und 8 auf beide beziehen, die Fußnoten 4b und 6 nur auf Strumilin.

[2] Studium (Schule, Technikum, Hochschule, Kurse, politisches Studium, Vorbereitung zum Studium u. ä.)..

[3] Gesellschaftliche Arbeit (Versammlung, Sitzung, Erfüllung gesellschaftlicher Aufträge, Volksdružinen u. ä.).

[4] a) Künstlerische Selbsttätigkeit, Musik, Malerei, Schreiben von Versen und Erzählungen u. ä.
b) Gesang und Spielen auf Musikinstrumenten.

[5] Zwei Sparten: a) Kino, Theater, Rundfunkhören und Fernsehen; b) passive Erholung.

[6] Fußball, Fischfang, Jagd, Skisport und Schlittschuhlaufen, Schach-, Dame- und Knüttelspiel (gorodki) sowie andere körperliche Spiele.

[7] Diese Sparte erscheint bei Mjalkin (und Strumilin) als Teil der „Hausarbeit" (Sparte B).

[8] Diese Sparte enthält bei Mjalkin (und Strumilin) neben „Betreuung" auch „Erziehung" der Kinder.

Auf den relativ hohen Anteil des „Zwischenraumes" im Zeithaushalt vor allem
der Industriearbeiterinnen stützen die sowjetischen Kritiker ihre Argumentationen,
die davon ausgehen, daß „die Mehrheit unserer Bürger nicht an Zeitüberfluß, sondern an Zeitmangel leidet".[52] Ihre Kritik richtet sich hauptsächlich gegen die Wissenschaftler, die in ihrem primären Interesse an der ideologischen Relevanz des Freizeitproblems die seit den Untersuchungen S. G. Strumilins erzielten Fortschritte in der
Freizeitgewinnung einer einseitigen, nur an der *historischen* Relation orientierten
Würdigung unterziehen und geneigt sind, das Ausmaß des „Zwischenraumes" zwar
nicht zu verschweigen, aber mit dem Hinweis auf das Fernziel zu bagatellisieren. Die
Aufforderung des Ökonomen *A. Birman,* „von den philosophischen Höhen herab-
zusteigen",[53] ist für die „pragmatische" Position ebenso symptomatisch wie die
Vorbehalte des Schriftstellers *E. Sim* gegen einen der Verschleierung der realen Tat-
bestände dienenden Mißbrauch der Statistik, denn „der Mensch ist keine Maschine,
seine Parameter sind nicht immer in Ziffern ausdrückbar".[54]

In diesem Zusammenhang verdient auch die Feststellung *B. Grušins* Beachtung,
daß man über der Lage der Industriearbeiter nicht vergessen dürfe, daß es Menschen
mit weit weniger Freizeit gebe; er denkt hierbei einmal an die berufstätigen Mütter
und die studierende Jugend im allgemeinen und zum anderen an die Angehörigen
der Intelligenz, die nicht in der Industrie beschäftigt sind (Ärzte und Lehrer), sowie
an die Einwohner kleinerer Städte, deren Versorgung mit Dienstleistungen besonderen Mängeln unterliegt.[55]

In einer vom Institut für öffentliche Meinung der *„Komsomol'skaja Pravda"* veranstalteten Umfrage, die sich auf 22 nach Alter, Geschlecht, Beruf usw. aufgeschlüs-
selte Bevölkerungsgruppen erstreckte, beklagten sich 50 Prozent der Befragten über
Zeitmangel;[56] diese Angabe liegt auf derselben Ebene wie das von *A. A. Zemcov*
vorgelegte Untersuchungsergebnis, wonach sich zwischen 1959 und 1963 die Fahrt-
zeiten zu den Arbeitsplätzen und die Wartezeiten in Kantinen, Reparaturwerk-
stätten usw. spürbar ausgedehnt haben, und zwar als Folge des raschen Wachstums
der Städte, hinter dem der Ausbau des Verkehrsnetzes und anderer Dienstleistungs-
einrichtungen zurückgeblieben ist.[57]

Verweist die Frage nach dem *Ausmaß der „Freizeit"* auf den *quantitativen Aspekt*
des Problems, so führt die Untersuchung der *„Struktur der Muße"* zur Erörterung
des *qualitativen Aspekts.*

Hier wären zunächst die Darlegungen *A. V. Mjalkins* zu berücksichtigen, die
sowohl dem Aufschwung der Erwachsenenbildung, des Bibliothekswesens und des
Sports als auch der gesellschaftlich-politischen Betätigung zahlreicher Sowjetbürger
gewidmet sind. Wir entnehmen ihnen folgende Zahlen:[58]

---

[52] Šim, E., a.a.O.
[53] Birman, A., a.a.O.
[54] Šim, E., a.a.O.
[55] Grušin, B., a.a.O. Vgl. Gansovskij, S., a.a.O.
[56] Grušin, B., a.a.O.
[57] Zemcov, A. A., a.a.O., S. 404.
[58] Mjalkin, A. V., a.a.O., S. 43, 58. Vgl. Vogt, H.: Die Erwachsenenbildung in der Sowjetunion, in:
Berliner Arbeitsblätter für die deutsche Volkshochschule, Heft XIX/1962, S. 1–56.

I. *Fern- und Abendstudium:*

	Absolvierung von Hochschulen ohne Unterbrechung der Produktionsarbeit	Qualifikationserhöhung in Betrieben und Behörden
1956	74 600	5,319 Mill.
1960	114 600	6,793 Mill.

II. *Bibliothekswesen*

(Angaben des Kulturministeriums der UdSSR über „Städtische Massenbibliotheken"):

	Leser	ausgeliehene Bücher u. Zeitschriften
1956	7,6 Mill.	173,3 Mill.
1960	10,1 Mill.	229,6 Mill.

Mjalkins Verfahren, auf diese imponierenden Zahlen eine Diagnose zu gründen, die den Stand einer nahezu harmonisch und problemlos verlaufenden Entwicklung widerspiegeln soll,[59] vermag freilich die gegenwärtige Freizeitsituation ebensowenig zu erhellen wie die sowohl in der Literatur als auch auf Bühne und Leinwand dargebotenen Bilder, die im Stile des sozialistischen Realismus die Grenzen von Wirklichkeitsschilderung und Zukunftserwartung absichtlich auflösen. Gegen die literarische Harmonisierung des Freizeitproblems ist folgende Glosse E. *Sims* gerichtet: „Der Lieblingsheld der zeitgenössischen Novelle, eines Stücks oder Drehbuchs arbeitet nicht nur in der Produktion, sondern studiert auch abends im Institut; außerdem beschäftigt er sich mit Sport und betätigt sich überdies noch künstlerisch... Eine Vielzahl solcher Helden füllt die Buchseiten, schaut aus dem Bildschirm, wandert über die Theaterbühne. Ich möchte keineswegs sagen, daß diese Helden nicht typisch seien – nein, aber nein! – sie sind typisch! Außergewöhnlich typisch. Man ist nur über die *Leichtigkeit* erstaunt, mit der sie es fertigbringen zu arbeiten, am Granit der Wissenschaft zu nagen, Rekorde im Stadion aufzustellen und ihr Herz der selbsttätigen Kunst zu unterwerfen ..." Um die *unrealistische* Note solcher Bilder nachzuweisen, skizziert Sim anschließend den Tagesablauf des Studenten oder der Studentin einer Abendschule: „Sieben Stunden an der Drehbank, einige Stunden im Institut, dazu die Zeit für die Benutzung der städtischen Verkehrsmittel (etwa 1½ Stunden), dazu die Zeit für Ernährung (wenn in der Kantine, dann nicht weniger als eine Stunde), dazu die Anfertigung der Hausaufgaben, dazu die unaufschiebbaren Besorgungen für den Haushalt ... Wieviel bleibt dann· für den Sport? Für die Selbsttätigkeit? Für die Erholung?"[60] Dieser Kommentar unter-

---

[59] Nur in seiner Kritik an der vielerorts noch unzureichenden gesellschaftlich-politischen Aktivität außerhalb der Arbeitszeit weitet Mjalkin insofern seine Blickrichtung, als er auf die Überlastung der Menschen eingeht, die „nicht selten in mehreren Organisationen gesellschaftliche Aufträge" erfüllen. Er fügt hinzu: „Im Ergebnis leidet die Sache, etwas wird nicht rechtzeitig gelöst. Außerdem verfügt ein Mensch, der einige Aufträge auf sich genommen hat, kaum über die Zeit, die für die Arbeit und Tätigkeiten in anderen Bereichen nötig wäre; auch hat er nicht die Möglichkeit, die Kinder zu erziehen, mit seinen Verwandten und Freunden zu verkehren und die Pflichten gegenüber der Familie zu erfüllen ..." Mjalkin, A. V., a.a.O., S. 56f.

[60] Sim, E., a.a.O.

streicht insofern die Realitätsbezogenheit der vorausgehenden Glosse, als er an Hand der Aufschlüsselung eines Tagesplans nachweist, daß die Freizeitverwendung keine „leicht" zu lösende Aufgabe darstellt. Er ist darüber hinaus aber auch deswegen aufschlußreich, weil der Autor *davor warnt, das berufsbegleitende Studium einfach der „Freizeit" zuzurechnen,* wie dies *A. V. Mjalkin* tut, der in Anlehnung an die Sichtweise des reifen Marx dem der Berufsfortbildung dienenden Abend- und Fernstudium denselben Stellenwert in der „Freizeiterziehung" zuerkennt wie der „ideellen und ästhetischen Erziehung" in einer „Volksuniversität der Kultur".[61] *Sims* Interpretation macht deutlich, daß im *gegenwärtigen* Entwicklungsstand das berufsbegleitende „Studium in der Abend- oder Fernstudienabteilung *auch Arbeit*" (in der Bedeutung „gesellschaftlich notwendiger Arbeit") sein kann, „die nicht nur für die Studierenden, sondern auch für den ganzen *Staat notwendig*" ist.[62]

Daß Sim mit seiner Fragestellung der weiteren Diskussion eine neue Dimension eröffnen könnte, wird durch den erneuten Blick auf die beigefügte *Tabelle* bestätigt. Sie gibt Auskünfte über die einzelnen „*Elemente der Freizeit*" und faßt dabei die Angaben über „Studium und Selbstbildung" in *einer* Sparte zusammen. Im Freizeithaushalt tritt die Aufwendung spürbar gegenüber der für „Erholung und Zerstreuungen" zurück, wobei allerdings die Aufnahme der Theater- und Museenbesuche in diese Sparte berücksichtigt werden muß, was letztlich auf die Problematik solcher wenig spezifizierter Statistiken verweist. Nicht entwertet wird durch die in der Tabelle angeführten Zahlen die Angabe *A. V. Mjalkins*, daß (1962) sich *jeder zweite* Studierende *im Abend- oder Fernstudium* um seine berufliche Qualifizierung oder Fortbildung bemühe (1956/67: jeder dritte),[63] wenn man zum Vergleich die von *A. A. Zemcov* in einer besonderen Tabelle mitgeteilten Ergebnisse einer Untersuchung in der Region Krasnojarsk zur Hand nimmt. Sie zeigen, daß „ein relativ hoher Anteil der für Studium und Selbstbildung aufgewendeten Zeit *nur für Männer und Frauen bis zum Alter von 25 Jahren* charakteristisch" ist, „wobei die Frauen dem Studium sogar mehr Aufmerksamkeit zuwenden als die Männer. Bei den Altersgruppen über 25 Jahren jedoch ändert sich die Situation grundlegend ...'", was hauptsächlich für die (inzwischen zu Ehefrauen und Müttern gewordenen) Frauen auf Grund der Belastungen durch Hausarbeit zutreffe.[64] Leider erfahren wir nichts darüber, ob dieser aus der Erweiterung des „Zwischenraumes" resultierende Rückgang von einer ähnlichen Entwicklung im Bereich der „Erholung und Zerstreuungen" begleitet ist; zur Erfassung der Freizeitverwendung bei den einzelnen Altersgruppen wäre dies wünschenswert.

Konkrete Details über den Anteil von „Studium und Selbstbildung" am Freizeithaushalt bringt schließlich *A. A. Zemcov,* indem er über eine Befragung von 152 Arbeiterfamilien in der *Siedlung Leninskij* (Gebiet Tula) berichtet, an der er selbst mitwirkte: „Von 109 Arbeitern, die den Fragebogen ausgefüllt hatten, besaßen 42 eine Bildung von zwei bis vier Klassen; 14 der Befragten hatten fünf Klassen,

[61] Mjalkin, A. V., a.a.O., S. 63.
[62] Šim, E., a.a.O.
[63] Mjalkin, A. V., a.a.O., S. 43.
[64] Zemcov, A. A., a.a.O., S. 405.

10 sechs Klassen, 36 sieben Klassen und 7 acht Klassen abgeschlossen. Obwohl die Bildung vieler Arbeiter offensichtlich unzureichend war, besuchten *nur vier* den Unterricht in der Schule der Arbeiterjugend ... Von 136 Personen, die den Fragebogen ausgefüllt hatten, lasen 39 keine Zeitungen, 88 keine Zeitschriften und 54 keine Bücher, hörten 26 kein Radio, sahen 68 nicht fern und gingen 27 in keinen Film. Am politischen Unterricht nahmen insgesamt 24 Personen teil ... Und viele Bewohner der Siedlung, *insbesondere die Jugend,* bummeln in ihren freien Stunden ohne bestimmtes Ziel mitten auf der Straße herum, um, wie sie sich selbst ausdrücken, ,die Zeit totzuschlagen'. Dabei muß betont werden, daß *das, was wir in der Siedlung Leninskij beobachteten, mehr oder weniger auch für eine Reihe anderer Siedlungen ähnlichen Typs bezeichnend ist* ...''[65]
Dieses negative Bild, das als *exemplarischer Beitrag* zur Erhellung der Lage in der Provinz gelten mag, weicht einem wesentlich positiveren, wenn wir uns B. *Grušins* Angaben über die Freizeitverwendung der „Stadtbevölkerung des Landes" zuwenden, aus denen zu erfahren ist, daß – im Vergleich zu Zemcovs Ermittlungen „nur" – $^1/_{10}$ „praktisch" keine Zeitungen, $^1/_4$ keine Zeitschriften und $^1/_8$ keine Bücher lese, während $^1/_6$ überhaupt nicht ins Kino gehe. Auch dieses Bild trübt sich jedoch, wenn wir lesen, daß viele Menschen Theatern, Konzerten, Ausstellungen und Museen fernblieben, keinen Sport trieben und sich mit ihren Kindern nicht beschäftigten (was hier somit als Bestandteil echter „Freizeit" erscheint!). Zum gleichen Urteil gelangt Grušin selbst, indem er aus seinen Beobachtungen – er war an der schon genannten Umfrage des Instituts für öffentliche Meinung der „Komsomol'skaja Pravda" selbst beteiligt – den Schluß zieht, daß *„die Elemente der Freizeit ... im Lande bisher noch sehr schwach entwickelt sind".*[66] Solche Urteile, deren Autoren die *„höchst praktische"* Relevanz[67] des Freizeitproblems artikulieren wollen, stehen in auffälligem Kontrast zu Formulierungen allgemeiner Art, wie der *A. V. Mjalkins,* daß „man kaum einen Stadt- oder Dorfbewohner" treffe, „der nicht Bücher, Zeitungen oder Zeitschriften lese".[68]

Daß sich in diesem Kontrast eine *Kontroverse* verbirgt, wird noch deutlicher, wenn man die *Wertigkeit der Ursachen* untersucht, die nach Auffassung der einzelnen sowjetischen Wissenschaftler die gegenwärtigen Mängel in der „Struktur der Muße" erklären.

Während *A. V. Mjalkin* im „Niveau des Bewußtseins und des Vermögens des Menschen, über den Haushalt seiner Freizeit zu verfügen", das erste Kriterium der „rationellen Ausnützung der Freizeit sieht[69] und G. *Batiščev* ihm in dieser Akzentsetzung folgt,[70] hält vor allem B. *Grušin* die Artikulation des „subjektiven Faktors"

---

[65] Zemcov, A. A., a.a.O., S. 406. In diesem Bericht wird auch – kritisch – erwähnt, daß in 64 von 152 der untersuchten Wohnungen Ikonen hingen, welche zwar die Jugend „nicht stören", ebensowenig jedoch „auch die Intelligenz der Siedlung, die unter der Bevölkerung keinerlei erzieherische Arbeit leistete". – Zu diesem Problem bemerkt A. V. Mjalkin (a.a.O., S. 25), daß gegenüber 1924 (nach Strumilin: Monatlich $2^1/_2$ Stunden für Männer, über 3 Stunden für Frauen) die „Aufwendungen für die Verrichtung religiöser Gebräuche" verschwunden seien.
[66] Grušin, B., a.a.O.
[67] Grušin, B., a.a.O. (im Original unterstrichen). Vgl. Birman, A., a.a.O. und Kolobov, L., a.a.O.
[68] Mjalkin, A. V., a.a.O., S. 62.
[69] Mjalkin, A. V., a.a.O., S. 38.
[70] Batiščev, G., a.a.O.

für unzureichend. Er verweist auf die Wichtigkeit der „objektiven Faktoren", worunter er die „häufig unbefriedigende Aktivität verschiedener Art in den staatlichen Behörden und gesellschaftlichen Instituten" versteht, „die sich mit der Organisierung der Muße der Massen und mit deren Erziehung beschäftigen und berufen sind, den Geschmack und die Bedürfnisse der Persönlichkeit zu entwickeln ...".[71] Was die ideologisch gebundenen Interpretationen Mjalkins und Batiščevs und die an der Faktenanalyse orientierte soziologische Sichtweise Grušins indessen trotz der konträren Akzentuierung miteinander verbindet, ist die *Gemeinsamkeit des Objekts: die sowjetische Gesellschaft in ihrer Gesamtverfassung.* Alle drei Wissenschaftler gründen ihre Argumentationen letztlich darauf, daß geordnete Institutionen den Menschen zur richtigen Freizeitverwendung führen; die derzeitigen Mängel werden von ihnen zwar primär entweder im „subjektiven" oder „objektiven" Faktor, *prinzipiell jedoch innerhalb der Gesamtverfassung* gesehen. Ein neuer Aspekt wird dagegen in den Äußerungen der Autoren sichtbar, die zwar, wie Grušin, den Ausbau von Freizeitstätten für notwendig halten, zugleich aber zu bedenken geben, daß „die Verwirklichung dieser Möglichkeiten nicht zuletzt vom Menschen selbst abhängt".[72] „*Dieser Mensch selbst*" ist aber nicht, wie bei Mjalkin und Batiščev, der Mensch schlechthin, sondern *das Individuum in seiner unterschiedlichen Ansprechbarkeit* auf die Förderungsangebote der staatlichen Institutionen. „Wir sind alle gleich, aber nicht gleichartig (My vse ravny, no ne odinakovy)", schreibt dazu *S. Gansovskij,* nachdem er dafür plädiert hat, „*nicht mit dem undifferenzierten Begriff ,sowjetischer Mensch' zu operieren".*[73] Dieser Sicht scheint auch *V. Amlinskij* zugewandt zu sein, wenn er nach einer Gegenüberstellung des abendlichen kulturellen Lebens zweier Provinzstädte nachdenklich konstatiert: „Das Freizeitproblem ist in vielem ein Problem des geistigen Strebens des Menschen. Aber die allgemeine Atmosphäre des Kulturlebens und der Stil der Stadt einerseits und *die Seelenstimmung jedes Menschen im einzelnen* anderseits beeinflussen sich wechselseitig ..."[74] „Ein äußeres unfreundliches Milieu fördert die gesellschaftliche Passivität, wirkt *als Gegenteil von Erziehung*".[75]

Die individuumsbezogene Modifizierung der vorhin wiedergegebenen Interpretationen ist insofern nicht zu übersehen, als sie sich mit einer *Abwertung des passiven Freizeitkonsums* paart, den man nicht länger gefördert wissen möchte. So mißfallen *S. Gansovskij* die Ausstrahlung seichter Rundfunkprogramme und der Bau großer Sportstadien; sein Argument „Wir brauchen weniger Tribünen um die Sportplätze, sondern mehr Plätze selbst"[76] erheischt besondere Aufmerksamkeit, wenn man bedenkt, wie sehr in der Sowjetunion der Bau von Massenstadien als „sozialistische Errungenschaft" gewürdigt wird. *Sim* schließlich kritisiert in diesem Zusammenhang die öffentliche Förderung des „Hobby", das nicht der Weiterbildung diene,

---

[71] Grušin, B., a.a.O. In der genannten Umfrage des Instituts für öffentliche Meinung der „Komsomol'skaja Pravda" beklagten sich 38,6 Prozent der Befragten über Mängel in der „Entwicklung der materiel-technischen Basis der Muße".
[72] Zemcov, A. A., a.a.O., S. 407.
[73] Gansovskij, S., a.a.O.
[74] Amlinskij, V.,: Den', večer ..., Literaturnaja gazeta, 67/5. Juni 1965, S. 2.
[75] Amlinskij, V.: Jaroslavskie večera, Literaturnaja gazeta, 70/15. Juni 1965, S. 2.
[76] Gansovskij, S., a.a.O.

und wendet sich dabei gegen den Usus von Presse und Rundfunk, Leute zu interviewen und zu fotografieren, die z. B. Bleistifte aller Art sammelten oder Klubs „seriöser Sonderlinge" gründeten.[77]

IV.

Mit der Einbeziehung der letzten Äußerungen in unsere Betrachtung haben wir bereits die *Nahziele* berührt, welche aus den Ergebnissen der Bestandsaufnahme gefolgert werden. Sie sind gegenüber den ideologisch begründeten Fernzielen *vorsichtig und zurückhaltend* formuliert, weil die Soziologen allein auf Grund ihrer regionalbegrenzten Untersuchungen die Schwierigkeiten zu kennen scheinen, die ihrer kurzfristigen Verwirklichung im Wege stehen. Den hier ausgewerteten Einsichten – a) in das Ausmaß des „Zwischenraumes" zwischen „Arbeitszeit" und „Freizeit", b) in die Mängel in der gegenwärtigen „Struktur der Muße" – entsprechend, machen sich die Diskussionsteilnehmer im Jahre 1965 Gedanken darüber, wie man den „Zwischenraum" verkleinern und die „materiell-technische Basis der Muße" vergrößern könne. Während aus der zweiten Einsicht der Wunsch nach dem Bau von Bildungsstätten, Theatern, Konzertsälen und Bibliotheken resultiert und dabei auch der „Erholung" gedacht wird, die durch die Einrichtung von Abendcafés und Touristenunterkünften gefördert werden sollte,[78] stimuliert die erste Einsicht zu einer Reihe von Vorschlägen, die vor allem auf eine *Entlastung der berufstätigen Mütter* abzielen. Einhelligkeit besteht offensichtlich darin, daß ihnen allein zunächst eine weitere Arbeitszeitverkürzung in Gestalt eines zweiten arbeitsfreien Tages zugute kommen solle.[79] Auch die Empfehlungen, den Stadt- und Vororteverkehr auszubauen (in Verbindung mit der Festsetzung gestaffelter Schichtzeiten in den Betrieben eines Bezirks), Kinderkrippen und Kindergärten einzurichten und den Dienstleistungsbereich im allgemeinen auszuweiten,[80] stoßen auf keinen Widerspruch.

Wenn E. *Sim* sich für eine „wissenschaftliche Organisierung der Hausarbeit" ausspricht, im Gegensatz zu den anderen Autoren dabei jedoch nicht an den Bau von öffentlichen Speisehäusern denkt, sondern an die Ausstattung der Familienhaushalte mit elektrischen Geräten,[81] wird dem ausländischen Beobachter bewußt, daß *auch in der Sowjetunion als einem „Teil der gegenwärtigen, hochentwickelten Gesellschaft"*[82] in der Diskussion über das Freizeitproblem und durch sie Fragen relevant werden, welche *die Lebensführung der Menschen nicht nur innerhalb der Gesamtgesellschaft, sondern auch als Individuen und als Angehörige von Familien und anderen Kleingruppen* betreffen. Die schon eingangs bei der Klärung der Kriteriumsproblematik des Freizeitbegriffs ermittelten Unstimmigkeiten in bezug auf den Stellenwert der „Kindererziehung", aber auch der „gesellschaftlichen Tätigkeit"[83] verdienen in diesem Zusammenhang Beachtung und Aufmerksamkeit.

[77] Šim, E., a.a.O.
[78] Grušin, B., a.a.O.
[79] Volkov, G., a.a.O.; Zemcov, A. A., a.a.O., S. 405ff.; Kolobov, L., a.a.O.
[80] Zemcov, A. A., a.a.O., S. 405ff., Volkov, G., a.a.O.
[81] Šim, E., a.a.O.
[82] Grušin, B., a.a.O. (siehe Fußnote 41).
[83] Siehe Teil I dieses Beitrages!

Unartikuliert bleibt in der vorliegenden sowjetischen Diskussion die Frage der *„Erziehung eines vernünftigen Verhältnisses zur Freizeit". A. V. Mjalkin* hat in seiner Schrift die Notwendigkeit dieser Aufgabe, wie wir schon wissen, zwar betont, ohne jedoch konkrete Vorschläge damit zu verbinden.[84] Abgesehen von dem bisherigen Nichtvorhandensein entsprechender konkreter Untersuchungen und Modellversuche ist die Erörterung dieses pädagogischen Problems in der Sowjetunion durch ein *prinzipielles Dilemma* belastet, das beispielhaft Mjalkins Argumentation sichtbar macht: Einerseits artikuliert er im Zusammenhang mit seinem Wunsch nach Förderung der künstlerischen Selbsttätigkeit deren *„Massenhaftigkeit* und große Kraft des Einflusses auf jeden Angehörigen des Kollektivs" und macht sich eine Verfügung des Zentralkomitees der KPdSU zu eigen,[85] in der die „Universitäten der Kultur" als *„wichtiges Mittel der Massenpropaganda* der kommunistischen Ideologie" bezeichnet werden; andererseits wendet er sich aber *gegen* eine *„gewaltsame Einmischung* der gesellschaftlichen Organisationen in das persönliche Leben der Sowjetmenschen ... Jeder Mensch hat seine *nur ihm eigentümlichen* Charaktereigenschaften, Neigungen und Begabungen, Interessen und Bedürfnisse. Die Aufgabe besteht darin, *jedem Menschen zu helfen,* seine besten Eigenschaften zu zeigen und seine Talente und Fähigkeiten zu entwickeln ...".[86]

Aus der ideologischen Perspektive der „Formung des Menschen neuen Typs" ist die Harmonisierbarkeit dieser beiden Zielsetzungen verständlich. Die vorliegenden soziologischen Untersuchungsergebnisse jedoch veranschaulichen, daß in der *gegenwärtigen* sowjetischen Gesellschaft – wenngleich unter anderen konkreten Bedingungen als in der westlichen Welt – private und gesellschaftliche Bedürfnisse einander *antinomisch* gegenüberzustehen scheinen. Der Erziehungswissenschaftler und der praktische Pädagoge, die beide das ideologisch formulierte Fernziel und das situativ-pragmatisch zu ermittelnde Nahziel in ihrer Tätigkeit aufeinander abstimmen müssen, sind somit mit der Lösung eines Problems konfrontiert, die im Vergleich zu den Bemühungen um Freizeiterziehung in der westlichen Welt eine Aufgabe von *spezifischer* Subtilität darstellt.

[84] Mjalkin, A. V., a.a.O., S. 38.
[85] Mjalkin, A. V., a.a.O., S. 60f., 64 (von Mjalkin zitiert nach: Voprosy ideologičeskoj raboty, Moskau 1961, S. 233: 'O rabote universitetov kul'tury").
[86] Mjalkin, A. V., a.a.O., S. 70. – In diese Richtung weist auch die Beschreibung einer Begegnung, die der Schriftsteller E. Bogat gibt: Der Arbeiter Sergej Kuz'mič Savin, der „Held", fährt jeden Sonntag *allein mit seinem Sohne* nach Moskau, um den Zoo und das Planetarium zu besuchen. Zu Hause beschäftigt er sich außerhalb seiner Arbeitszeit mit Astronomie und hat auch selbst ein Teleskop gebaut, das im Moskauer Pionierpalast ausgestellt ist. Daß Savin von seiner Mitwelt ein „klassischer Sonderling" genannt wird, veranlaßt nun Bogat, unter Bezug auf das 1882 erschienene große Wörterbuch von V. Dal' einen Bedeutungswandel des Wortes *„Sonderling"* anzunehmen, weil erst die heutige Gesellschaft die Individualität von Menschen wie Savin zu würdigen wisse: „Wir nennen immer häufiger Sonderlinge geistig schöne, tätige und uneigennützige Menschen, welche die ruhmreichen *Wunderlichkeiten* nicht entbehren, die morgen zur *menschlichen Norm* werden". Am meisten beeindruckt den Verfasser die Verbindung von Arbeit und Freizeit im Leben Savins, in dem „ein einziger Strom von Gedanken und Gefühlen vorhanden ist, dem man unmöglich aufteilen kann, wie eine Insel zeitweise einen Fluß in zwei Arme teilt – in ‚Arbeitszeit' und ‚arbeitsfreie Zeit' ". Bogat, E.: Vsja ostal'naja žizn', Literaturnaja gazeta, 99/21. August 1965, S. 1f.

Erziehung in den Vereinigten Staaten und der Sowjetunion

Eine vergleichende Gegenüberstellung auf Grund von zwei Reisen

Daß für die Arbeit in der vergleichenden Erziehungswissenschaft die Studienreise ins Ausland unentbehrlich ist, ist mir erneut während der beiden Reisen bewußt geworden, die ich kürzlich unternehmen konnte. Das Bild, welches das Studium primärer und sekundärer Literatur vermittelt, mag noch so differenziert und nuancenreich sein – die Wirklichkeit ist damit allein nicht zu erfassen. Diese Aussage ist uneingeschränkt auf die *Erziehungs*wirklichkeit fremder Länder anwendbar.

Vor allem der Eindruck, daß in ihr *Individuen* – Erzieher und Zöglinge, Lehrer und Schüler – agieren und reagieren, prägt sich bei einem solchen Aufenthalt ein. Auch wird der Blick für die Wirksamkeit der Faktoren geschärft, die am *funktionalen* Erziehungsgeschehen beteiligt sind – Lektüre, Filmbesuch und Fernsehen eingeschlossen. Unter diesem Aspekt möchte ich meine Aufenthalte in Familien, in denen ich amerikanische Gastfreundschaft erlebte, als *konstitutives* Element meiner Amerikareise buchen, denn dabeizusein, wie Schüler und Eltern zu Hause über Schule und Lehrer sprechen und konkrete Begebenheiten – wie Unterrichtsstunden, Schulfeste und die Erteilung von Hausaufgaben – kommentieren, vermag das beim Besuch einer Schule Beobachtete und Gehörte gelegentlich zu bestätigen, gelegentlich zu widerlegen, am häufigsten jedoch zu modifizieren. Daß mir dieser „pädagogische Raum" in der Sowjetunion bisher verschlossen geblieben ist, betrachte ich daher als große Erfahrungslücke.

Die Vorbemerkung darf indes nicht ohne den Hinweis abgeschlossen werden, daß der Reisende die *Gefahr* kennen muß, die aus der persönlichen Konfrontation mit fremder Lebenswirklichkeit für das Zustandekommen des eigenen Urteils resultiert. Die verdichtete und akzentuierte Sicht auf das einzelne Beobachtungsobjekt kann mit der Einengung des Blickfeldes dadurch erkauft sein, daß die potentiellen Nachbarobjekte vernachlässigt werden. Gemindert wird diese Gefahr wohl durch das vorangehende Studium schriftlicher Quellen, doch bedarf es der nachträglichen Lektüre, um die trotz gründlicher Vorbereitung und gewissenhafter Beobachtung unvermeidlichen Fehlakzentuierungen zu korrigieren, die allein schon der bei einem kurzen Aufenthalt notwendigen Konzentration auf bestimmte, ausgewählte Objekte entspringen.

Im *nachbereitenden Stadium* zeigt sich dem Reisenden, von der existentiellen Bereicherung durch Erlebnisse und Begegnungen und vom informativen Ertrag der Besuche und Gespräche abgesehen, freilich auch der *Gewinn* der Reise darin, daß die Chance des Verständnisses für den Gehalt schriftlicher Primärquellen und für den Aussagewert von Beobachtungen anderer Reisender durch die Möglichkeit der Assoziation an Selbsterlebtes verstärkt worden ist.

Dieser Beitrag ist *vor* der nachbereitenden – ergänzenden und korrigierenden – Lektüre abgefaßt. Dafür soll er Erfahrungen und Eindrücke *unmittelbar* wiedergeben, wobei ich mich bemühen will, die erwähnte Gefahr möglichst zu meiden.

I

Der Bericht handelt von einer *zweiwöchigen Exkursion in die Sowjetunion* (3. bis 17. September 1966) und einem *siebenwöchigen Aufenthalt in den Vereinigten Staaten* (12. Oktober bis 30. November 1966). Die Unterschiedlichkeit der Reisedauer allein erschwert eine *vergleichende* Betrachtung, auch wenn ich berücksichtige, daß in den Vereinigten Staaten meine Aufmerksamkeit notwendigerweise stärker von außerpädagogischen Erscheinungen und Problemen mitbeansprucht war, weil ich dieses Land zum erstenmal bereiste[1]. Die Vergleichsmöglichkeit ist außerdem durch folgende äußere Faktoren gemindert:

1. Die *Quantität* der Erfahrungsobjekte ist *ungleich*. In der *Sowjetunion* besuchte ich in 2 Städten (Moskau und Kiew) 4 Schulen und 1 Kindergarten, 3 Hochschulen und Forschungsstätten, 1 außerschulische Bildungsstätte („Pionierpalast" in Moskau) und das Ministerium für Volksbildung der RSFSR. In den *Vereinigten Staaten* dagegen war ich in einer größeren Anzahl von Städten und Landgemeinden (in verschiedenen Staaten) und besuchte dort insgesamt 12 Schulen (mit integrierten Kindergärten, soweit es sich um Elementarschulen handelte), 6 Universitäten, 3 Zentren der Erwachsenenbildung und Sozialpädagogik; ferner sprach ich mit Beamten des Federal Office of Education in Washington, Vertretern der größten Lehrerorganisation (NEA[2]) und Mitgliedern von School Boards, Schulverwaltungen und privaten Bildungsinstitutionen und nahm schließlich am Jahreskongreß des „National Council for the Social Studies" (22. bis 26. November 1966) in Cleveland teil[3].

Antizipierend sei hierzu allerdings gesagt, daß in den Vereinigten Staaten der Besuch *vieler* Bildungsstätten allein deswegen unerläßlich ist, weil der Ausländer nur auf diese Weise einen einigermaßen zutreffenden Überblick über das radikal dezentralisierte Erziehungswesen gewinnen kann (s. u.).

2. Wenngleich im Hinblick auf die Zusammensetzung der Teilnehmer und der allgemeinen Programmgestaltung beide Reisen „pädagogisch" orientiert waren, war der *artikulierte Zweck* jeweils durch die *fachliche* Interessenrichtung der Veranstalter bestimmt. Die *Exkursion in die Sowjetunion* wurde vom „Bundesverband der Lehrkräfte der russischen Sprache an Gymnasien und Hochschulen" durchgeführt; die zwölf Teilnehmer wollten in erster Linie Einsichten in die *gegenwärtige Situation des Fremdsprachenunterrichts* gewinnen. Das Programm war, allein schon wegen der Kürze der zur

---

[1] Der in diesem Bericht ausgewerteten Exkursion gingen vier allgemeinorientierende Studienreisen in die Sowjetunion (jeweilige Dauer: drei bis vier Wochen) in den Sommermonaten der Jahre 1962 bis 1965 voraus.

[2] „National Education Association of the United States" (Sitz in Washington).

[3] Der „National Council for the Social Studies" ist die Fachorganisation der mit politischer Erziehung befaßten Lehrer und Wissenschaftler.

Verfügung stehenden Zeit, undifferenziert. Dagegen war die *Amerikafahrt* vom „Studienbüro für politische Bildung", Frankfurt a. M., organisiert; sie sollte vor allem der Information über *Probleme der politischen Erziehung* in den Vereinigten Staaten dienen. Nach einem gemeinsamen Programm für die acht Teilnehmer in New York, Boston und Washington wurden die Reiseprogramme individualisiert, so daß auch für mich Gelegenheit bestand, innerhalb der allgemeinen Zielsetzung besonderen Interessen nachzugehen und dabei den Bogen meiner Beobachtungen relativ weit zu spannen.[4] Daher gewann ich einerseits einen Einblick in die Lage des Fremdsprachenunterrichts auch an amerikanischen Schulen und Hochschulen, während andererseits die Gesprächsinhalte aber auch in Moskau und Kiew weiter gefaßt waren, als dies die spezielle Thematik des Reiseprogramms vermuten läßt.

3. Die Möglichkeit, die Erkundung in die *private Sphäre* auszudehnen, hat in den Vereinigten Staaten, von der bereits eingangs erwähnten *qualitativen* Nuancierung der Eindrücke abgesehen, über die Zahl der im ausgearbeiteten Programm vorgesehenen Besuche hinaus manchen Kontakt bewirkt, durch welche die *Quantität* der Einzelbeobachtungen nochmals erhöht worden ist. Ich denke dabei nicht an die gelegentlichen kurzen Begegnungen auf Straßen und in Restaurants, die ich in *beiden* Ländern hatte, sondern an die Einladungen zu *längerem Beisammensein* in privaten Heimen, dem ich mehrere wesentliche Auskünfte und Hinweise verdanke; teilweise führten diese sogar zu sinnvollen Änderungen im Reiseprogramm.

Die Berücksichtigung dieser Faktoren erlaubt zwar keinen konsequenten Vergleich, verbietet jedoch nicht, wie ich meine, den Versuch, aus der Fülle der Reiseeindrücke die Bereiche herauszuheben, die sich einem *orientierenden Vergleich* anbieten. Der Schwerpunkt soll hierbei auf der Lage des *allgemeinbildenden Elementar- und Sekundarschulwesens* sowie der *Lehrerbildung* liegen.

II

Es liegt nahe, in der vergleichenden Betrachtung zunächst das *Verschiedenartige* aufzusuchen, das sich bei der ersten Bekanntschaft mit den Erziehungswirklichkeiten beider Länder aufdrängt. Daß dies so ist, mag vor allem durch die *atmosphärischen Begleiterscheinungen* der Besuche bedingt sein. Woran ist hierbei zu denken?

1. In den *Vereinigten Staaten* glaubt man, selbst beim Betreten „älterer", gewöhnlich im dritten oder vierten Jahrzehnt unseres Jahrhunderts errichteter Gebäude, in *gut ausgestatteten* Schulen zu sein. Gewiß sind keineswegs alle Schulbauten ansehnlich zu nennen, und in der Regel wird selbst in modernen Schulkomplexen am Dekor von Schulwänden, Korridoren und Klassenzimmern stärker als in manchem westdeutschen „Glaspalast gespart. Überrascht ist man nichtsdestoweniger von der *Vielzahl* von Schulen, die über eine Ausstattung mit Räumen verschiedener (und verstellbarer) Größe, Laboratorien und Apparaturen, Bibliotheken, Musikräumen, Speisehallen und sogar Fernsehstudios verfügen, die mancher deutschen *Hoch*schule zu reibungsloserer Arbeit verhelfen würde. Vor allem imponierte mir die *Funktionsgemäßheit* der großräumigen Anlagen, die von guter Kooperation zwischen Architekten, Ökonomen und Pädagogen zeugt.

[4] Nach einem individuellen Programm in Philadelphia und New York hielt ich mich über zwei Wochen im Mittleren Westen auf.

Sowjetische Schulen, in mehrstöckigen, architektonisch unauffälligen Gebäuden beheimatet, wirken dagegen von außen *bescheiden* und entbehren auch der apparativen Einrichtungen, die heute an vielen amerikanischen Schulen als selbstverständlich empfunden werden, wie zum Beispiel Sprachlabors. Ausgenommen sind die *naturwissenschaftlichen* Abteilungen mit ihrem reichhaltigen Lehrmaterial. Wohl lassen auch die „Pionierpaläste" in Moskau und Kiew eine großzügige Raumplanung erkennen, und auf der ständigen Wirtschaftsausstellung in Kiew zeigte man uns Modelle modernen Mobiliars, das beabsichtigten Schulneubauten zugedacht ist. Gleichwohl ist nicht anzunehmen, daß in naher Zukunft der Abstand zum materiellen Standard amerikanischer Schulen aufzuheben ist; das ist allein schon dadurch zu erklären, daß in der Sowjetunion der *Aufbau* des allgemeinbildenden (zehnjährigen) Schulsystems noch nicht abgeschlossen ist, während man in den Vereinigten Staaten, von den „Südstaaten" abgesehen, vom *Ausbau* der (zwölfjährigen) Vollzeitschule sprechen kann.

2. Sowohl in sowjetischen als auch in amerikanischen Bildungsstätten stieß ich auf herzliches Willkommen sowie freundliche und geduldige Bereitschaft, die Wißbegierde des ausländischen Besuchers zu stillen. Ich erinnere mich dabei an die Gespräche mit Professoren, Direktoren, Lehrern und Schulverwaltungsbeamten in Amts- und Arbeitsräumen, vor allem jedoch an die Hospitationen in verschiedenen Klassen. Darin ähneln sich Besuche in Schulen von Kiew und Chicago, um zwei Städte als Beispiele zu nennen. Trotzdem *verlaufen solche Besuche in unterschiedlicher Atmosphäre.* In *amerikanischen* Schulen war ich immer von der Offenheit überrascht, mit der ich mit meinen Gesprächspartnern selbst über problematische Details beobachteter Erscheinungen und Vorgänge diskutieren konnte, sowie von dem Willen zu selbstkritischer Analyse der eigenen Situation. Man gewinnt – so erging es mir mehrmals – den Eindruck, zum Mitdenken über inneramerikanische Erziehungs- und Schulprobleme geradezu aufgefordert zu werden. Daß dieses Vertrauen des Gastgebers vom Besucher Takt und Zurückhaltung verlangt, sei hier vorausgesetzt.

In der *Sowjetunion* wünschte man sich dieselbe Unbefangenheit dem ausländischen Besucher gegenüber wenigstens dort, wo ihn nur wissenschaftliches Interesse zu Fragen stimuliert. Dadurch könnte sich, wie mir scheint, ein dem Gedankenaustausch förderlicheres Gesprächsklima entwickeln und unsere Sicht für die tatsächlich vorliegenden Leistungen sowjetischer Pädagogik und Bildungspolitik erleichtert werden. Der deutsche Besucher sollte freilich nicht vergessen, daß das Mißtrauen der anderen Seite oft nicht unbegründet ist, obwohl es den Erziehungswissenschaftler zu Unrecht trifft, wenn er mit Reisenden verglichen wird, die aus außerpädagogischen Antrieben dazu neigen, Beobachtungen einseitig auszuwerten oder sie sogar einseitig zu planen.

3. *Unterrichtsstunden an amerikanischen Schulen* bieten häufig das Bild weitgehender *Zwanglosigkeit.* Besonders in Elementarschulen fiel mir die Gelöstheit der äußeren Ordnung auf: Kinder hockten auf dem Fußboden, während die Lehrerin Bilder zeigte; in einer anderen Schule bewegten sie sich in einer „study period", einer stillen Arbeitsstunde, ungeniert vom eigenen Platz zu dem des Mitschülers. Selbst der Frontalunterricht, auf den ich in vielen Klassenzimmern stieß, verläuft auch in Anwesenheit von Besuchern in einer Gleichmäßigkeit dahin, die man beinahe als

Monotonie bezeichnen könnte, wohl vor allem deshalb, weil der Lehrer Stimmlage und Stimmstärke nur unmerklich, wenn überhaupt, variiert und Kinder, die untereinander schwätzen, nicht „zur Ordnung" ruft. Dafür provoziert er seine Klasse aber auch nicht zu den „Pennälermanieren", die in deutschen Schulen bis „hinauf" zu Oberprimen autoritäre Lehrerhaltungen kompensieren. So sieht man sich durch „ruhige" Schulen geführt – ohne laute Stimmen, die aus Klassenzimmern dringen könnten, und ohne Lärm auf den Gängen während der Pausen zu vernehmen. Ausnahmen bilden freilich Schulen in Distrikten, in denen die Asozialität der Bevölkerung eine gewisse „Entdemokratisierung" des Erziehungsstils an der Schule bewirkt. Hier hängt es dann von der pädagogischen Intention und der Energie der Lehrer sowie, weit mehr noch, von der Parallelität allgemein-sozialpädagogischer Aktivitäten im Distrikt ab, ob dieser Zustand nur als temporär in Kauf genommen oder aber – resignierend – als permanent akzeptiert wird.

Sowjetische Schulen wirken *strenger und ernster*. Der Arbeits- und Lerncharakter tritt auch in Stunden zutage, in denen Spiel und Tanz den Ablauf prägen. Lehrerfrage und Schülerantwort nehmen hier die Stelle der an amerikanischen Schulen häufig – nicht immer! – zu beobachtenden Diskussionsformen ein, die dort allerdings mitunter in Plaudereien ausarten können. Am Ende jeder Stunde gibt der sowjetische Lehrer coram publico einigen Schülern, deren schriftliche Hausaufgaben er durchgesehen oder die er zu ausführlicheren Äußerungen aufgerufen hat, *Zensuren,* die er in seinem Notizbuch vermerkt. Auch an amerikanischen Schulen wird zensiert, doch schien es mir, daß bei der Rückgabe von „papers" (Klassenarbeiten) das Bemühen des Lehrers vorherrschte, die schließlich nicht zu negierende Bedeutung der Zensur durch allgemeine Erörterungen über Inhalt und Ausfall der Arbeit zu untertreiben. In diesem Zusammenhang gehört auch die von sowjetischen Schülern zu leistende „Selbstbedienung" (samoobsluživanie), welche die Reinigung der – in der Tat blitzblanken – Klassenzimmer einschließt.

Trotz der im sowjetischen Schulalltag herrschenden Strenge scheint das Verhältnis von Lehrern und Schülern, vor allem in der Grundstufe, durch Freundlichkeit und Hilfsbereitschaft gekennzeichnet. Dies mag der mütterlichen Haltung der größtenteils *weiblichen* Lehrkräfte zuzuschreiben sein, die nach Quantität und Qualität (bezüglich der Besetzung leitender Positionen) das Gesicht der Schule prägen. Mit diesen Gedanken haben wir bereits die Schwelle überschritten, die von der Erfassung der atmosphärischen Begleiterscheinungen zum *Kern* der Probleme führt.

Die Strenge im *sowjetischen* Schulalltag ist zweifellos Ausfluß eines *Planungsdenkens,* das führende Funktionäre auch als wesentliches Element der Bildungspolitik hervorheben. Der Student einer Pädagogischen Hochschule ist bei der Gestaltung seines Studiums den Normen des „staatlichen Plans" (gosudarstvennyj plan) unterworfen, zu denen sich der Rektor der Pädagogischen Lenin-Hochschule in Moskau nachdrücklich bekannte, auch wenn er Wert auf die Feststellung legte, daß den neuerdings vorgesehenen Differenzierungsmöglichkeiten innerhalb dieses Plans großes Gewicht zukomme. In der Fremdsprachenabteilung der Akademie der Pädagogischen Wissenschaften (APN RSFSR, jetzt APN SSSR) enthielt die Auskunft darüber, daß z. Z. neue Lehrbücher in sorgfältigen Reihenversuchen erprobt würden (s. unten), die

Bemerkung, daß in der gesamten RSFSR je Klasse und Fach jeweils *nur ein einziges* Lehrbuch zugelassen sei; es wurde aber hinzugefügt, daß den Schulen künftig wahrscheinlich mehrere Bücher zur Auswahl angeboten würden. Man sollte die „Lockerungen" bisheriger Uniformität, die in solchen Zusatzbemerkungen zum Ausdruck kommen, nicht übersehen. Im ganzen bleibt jedoch der Eindruck bestehen, daß am *Prinzip der zentralen Steuerung des gesamten Erziehungswesens* nicht gerüttelt wird.

Eine Studienreise durch die *Vereinigten Staaten* dagegen hinterläßt, auch wenn sie nur sieben Wochen dauert, beim Besucher das Bild verwirrender und scheinbar chaotischer *Vielfalt*. Gewiß verstärkt die Schlüsselposition des Federal Office of Education als der Stelle, welche die Bundesmittel für Erziehungszwecke verteilt, angesichts der sprunghaft anwachsenden Beträge, die vom Kongreß bewilligt werden, die Möglichkeiten *indirekter Bildungspolitik durch den Bund*. Diese ist – neben der direkter geführten Sozialpolitik – eine der Ursachen für die jüngsten Wahlerfolge der „konservativen" Opposition (November 1966) gegen die von vielen als zu „liberal", d. h. in den Vereinigten Staaten zugleich als zu „zentralistisch", angesehene gegenwärtige Bundesadministration. Dem deutschen Betrachter freilich fällt es schwer, solchen „Zentralismus" als gewichtigen Faktor im bildungspolitischen Kräftefeld zu begreifen, weil er das Faktum konstatiert, daß auch heute noch der Einfluß des Bundes im Vergleich zu den Befugnissen der einzelnen *Staaten* minimal und deren Einfluß zweitrangig gegenüber den Befugnissen der *lokalen bzw. regionalen Schuldistrikte* ist. Am radikalsten ist diese Dezentralisierung in den Neu-England-Staaten ausgeprägt, wo die Grenzen der Schuldistrikte mit denen der – meist kleinräumigen – Gemeinden zusammenfallen. An der Spitze der Schuldistrikte stehen die von der gesamten Bevölkerung gewählten oder von der politischen Exekutive ernannten *School Boards*. Man muß die ehrenamtlich wirkenden Herren und Damen eines solchen School Board, der Lehrpläne in Kraft setzt und Budgetfragen entscheidet, gesehen haben, um von der für einen lokalen Bereich beachtlichen Machtfülle beeindruckt zu sein – wie ich, als ich einer ordentlichen Arbeitssitzung des School Board in Brookline/Mass. beiwohnte. Hierzu kommt, daß sich im Auftrag eines gut funktionierenden School Board initiativfreudige *Chefs von Schulverwaltungen* (superintendents) und *Schulleiter* (principals) entfalten können, die, zusammen mit Hochschullehrern, die eigentlichen „Erneuerer" (innovators) im Schulwesen sind. Fehlt freilich das auf dem Willen zu tätiger Fortgestaltung der Schulen fußende Zusammenspiel dieser lokalen Kräfte, woran auch objektive Mängel (insbesondere ungünstige finanzielle Verhältnisse) schuld sein können, so sind die Schulen die Leidtragenden. So findet man innerhalb kurzer Fahrstrecken leistungsstarke und leistungsschwache Schulen, wobei zu beachten ist, daß ja der School Board in irgendeiner Weise stets das „bildungspolitische Klima" seines Distrikts widerspiegelt.

Auch in der RSFSR ist das *pädagogische Niveau innerhalb des Schulsystems* unterschiedlich, was man im Ministerium für Volksbildung der RSFSR in Moskau bereitwillig zugab. Dies ist bedingt durch subjektive, d. h. im konkreten Verhalten der jeweils verantwortlichen Personen wurzelnde, weit mehr noch aber durch objektive Mängel. Objektive Mängel sind vor allem durch das *Wirtschafts- und Bildungsgefälle zwischen Stadt und Land* verursacht. Die Auswirkungen solcher Unterschiede sind aber insofern durch einen quantifizierenden Zugang erfaßbar, als der Beobachter stets die Frage stellen kann, wieweit die jeweilige lokale Erziehungswirklichkeit den Normen entspricht, die von den Moskauer Zentralbehörden gegeben werden. Die Errichtung eines Volksbildungsministeriums für die gesamte UdSSR, die im vergangenen Jahr erfolgt ist, dürfte dieses Prinzip von den Unionsrepubliken auf die ganze Union ausweiten, soweit dies nicht bereits bisher durch den Einfluß zentraler Parteidirektiven geschehen ist[5]. Die genannten „Lockerungstendenzen" können zwar graduell, nicht aber prinzipiell eine Änderung dieses Sachverhalts bewirken, weil Schulversuche und Alternativpläne *nur im Rahmen* des „staatlichen Plans" möglich sind.

In den *Vereinigten Staaten* fehlt die normierende Instanz, an der die jeweilige regionale bzw. lokale Erziehungswirklichkeit zu messen wäre. Daher sieht man sich heute mit zahlreichen *Lehrplanprojekten* konfrontiert, die gewöhnlich in Zusammenarbeit von Universitäten und Schulen entwickelt werden. Da es zudem an einer *hinreichenden* Katalogisierung aller bestehenden gesetzlichen und administrativen Normen für das Erziehungswesen der einzelnen Staaten und Schuldistrikte und erst recht aller gültigen oder im Versuchsstadium befindlichen Lehrpläne fehlt, muß man in den Vereinigten Staaten umhergereist sein, um, wie schon erwähnt, wenigstens einen Überblick über die gegenwärtige Erziehungswirklichkeit zu erlangen. Dagegen vermitteln in der Sowjetunion Gespräche mit Vertretern zentraler Behörden immerhin einen Einblick in die allgemeinverbindliche Zielrichtung von zu beobachtenden Strömungen.

In dieser hier skizzierten *Verschiedenartigkeit der Normenstruktur* enthüllt sich die *Unterschiedlichkeit der politischen und ideologischen Wirkkräfte,* welche die nationale Pädagogik und Bildungspolitik beeinflussen. Das zu übersehen, wäre selbst dann unmöglich, wenn sich der reisende Pädagoge nur in Klassenräumen umsehen würde. Man braucht nur zu notieren, daß Schüler einer Moskauer Schule im Englischunterricht über die Arbeit des „collective farmer" (kolchoznik) sprechen, während ihre New Yorker Altersgenossen eine Französischlektion lernen, die von Preisunterschieden in den Kaufläden einer Straße handelt, um zu wissen, „auf welcher Seite" man sich befindet. Im Literaturunterricht der Oberstufe treten die Unterschiede schärfer zutage. Während ich in der 10. Klasse der Mittelschule Nr. 153 in Kiew („Puškin-Schule") der gleichermaßen sozialkritischen wie russisch-patriotischen Interpretation eines Kapitels aus „Krieg und Frieden" von Leo Tolstoj beiwohnte, war ich in der Senior High School in Newton (Mass.) zugegen, als die fünf Schüler einer Französischgruppe unter der kundigen Leitung einer aus Österreich stammenden und an der Sorbonne promovierten Lehrerin eine Szene aus Molières „Le misanthrope" analysierten und dabei sprachliche Gestaltung und psychologische Fragestellung artikulierten. Die Gegenüberstellung „sozialkundlicher" Stunden („social studies" und „Gesellschaftskunde" - obščestvovedenie) würde diesen ganzen Fragenkreis zweifellos präzisieren. Da ich keine Gelegenheit hatte, eine Geschichts- oder Gesellschaftskundestunde an einer sowjetischen Schule zu sehen, kann ich aber den Vergleich in diesem Erfahrungsbericht nicht weiterführen.

---

[5] Die bildungspolitische Situation der UdSSR ist hier am Beispiel der RSFSR exemplifiziert, weil ich hierfür meine Gespräche in Moskau auswerten konnte.

Dieser Abschnitt läßt sich dahingehend *zusammenfassen*, daß die Merkmale, die auf die Verschiedenartigkeit der sowjetischen und amerikanischen Erziehungswirklichkeit hinweisen, nicht zu übersehen sind. *Diese Verschiedenartigkeit ist freilich nicht als Polarität* zu verstehen. Das gilt nicht nur für die atmosphärischen *Begleiterscheinungen*, sondern auch – was zu betonen ist! – für die *substantiellen Merkmale*, sofern man sich bereit findet, die unterschiedlichen politischen und ideologischen Wirkkräfte auszuklammern, wo immer dies möglich ist.

Vollzieht man diesen Schritt, dann vermag man durchaus zu erkennen, daß die Tendenzen, welche die Verschiedenartigkeit mindern, zugleich auf Analogien hinweisen, die gerade dem deutschen Besucher auffallen müssen, weil sich in diesen Analogien der Abstand seiner eigenen Position von den Erziehungswirklichkeiten *beider* Länder kundtut.

III

Die Analogien amerikanischer und sowjetischer Erziehungswirklichkeit, denen ich begegnet bin, führen auf *drei grundlegende Erscheinungen* zurück, die ich am Beginn dieses Abschnitts thesenartig umreißen möchte.

1. *In beiden Einheitsschulsystemen ist die Demokratisierung des Erziehungswesens optimal verwirklicht, weil in ihnen die Gleichheit der Bildungschancen zumindest theoretisch voll erreicht ist.*
2. *Wieweit auch die Inhalte der politischen und ideologischen Wirkkräfte divergieren, so ist deren Präsenz im Lehrplan und im Schulalltag beider Erziehungssysteme auffällig.*
3. *Beide Erziehungssysteme gehorchen dem ihr von der Gesellschaft erteilten Auftrag, die heranwachsenden jungen Menschen auf die Funktionstüchtigkeit in der modernen Arbeitswelt hin zu erziehen.*

Im folgenden will ich versuchen, diese Thesen an Hand von Reisebeobachtungen zu exemplifizieren.

1. Bei Gesprächen mit amerikanischen und sowjetischen Bildungspolitikern fällt auf, daß die *Schulpraxis* stets daran gemessen wird, ob und wieweit sie dem theoretisch formulierten Prinzip der Chancengleichheit genügt. So ist begreiflich, daß alle Vorhaben, die zur Förderung einer geistigen Elite tendieren, von ihren Initiatoren beredt gerechtfertigt werden müssen, während bei uns die Diskussion eher so geführt wird, daß alle Demokratisierungsprojekte im Schulwesen (Durchlässigkeit, Förderstufe, Zweiter Bildungsweg) gegen den Vorwurf abgesichert werden müssen, das am herkömmlichen Gymnasium gemessene „Bildungsniveau" zu gefährden.

Gleichheit der Bildungschancen ist nicht identisch mit Gleichheit von Bildungsfähigkeit und Bildungswillen. Das ist heute in den Vereinigten Staaten ebenso anerkannt wie in der Sowjetunion. Dabei bleibt in diesem Zusammenhang unartikuliert, daß diese Einsicht in beiden Ländern das Ergebnis einer teilweise sehr schmerzlichen und umstrittenen Abkehr von egalitären Rigorismen darstellt. Dem demokratischen Charakter der gegenwärtigen Schule kommt dieses bildungsgeschichtliche Erbe insofern zugute, als man vorbehaltlos bereit ist, der *Rolle der Erziehung in der Weckung und Förderung individueller Begabung* nicht nur gerecht zu werden, sondern sie sogar zu betonen.

Beide Einheitsschulsysteme sind in sich *horizontal gegliedert*. Was den administrativen und räumlichen Aspekt dieser Struktur betrifft, ist die „Einheitlichkeit" in der *sowjetischen Schule* offensichtlicher als in der amerikanischen gewahrt. Die sowjetische „Mittelschule" als „Zehnjahresschule" stellt eine administrative Einheit für alle Kinder vom 1. bis zum 10. Schuljahr dar. Wohl gibt es – auf dem Land –„unvollständige", d.h. achtjährige Mittelschulen, von denen der Übergang in die beiden oberen Klassen „vollständiger" Schulen möglich ist, nicht aber selbständige Oberstufenschulen. Der Übergang von der Unter- in die Oberstufe, zwischen 4. und 5. Schuljahr, ist dadurch geprägt, daß der gefächerte Gesamtunterricht aufhört und der von Fachlehrern erteilte Fachunterricht beginnt, wobei zu beachten ist, daß Unter- und Oberstufenlehrer über unterschiedliche Qualifikationen verfügen. In laufenden Versuchen wird der Einsatz des Fachunterrichts bereits vom 4. Schuljahr an praktiziert. In der Unterstufe werden nur Körpererziehung, Musik und Fremdsprachen von Fachlehrern gelehrt. In den normalen Zehnjahresschulen, den sogenannten *„Massenschulen"* (massovye školy), erfolgt die Förderung individueller Begabungen nur durch eine *Binnendifferenzierung* (auch „Individualisierung" [individualizacija] genannt) *innerhalb des Klassenunterrichts* (durch Gruppenunterricht und Aufgabendifferenzierung), weit stärker jedoch durch *zusätzliche Unterrichtsveranstaltungen* für diejenigen Schüler, die das obligatorische Pensum ohne Schwierigkeit bewältigen. So ist es denkbar, daß ein Schüler am „verbindlichen" Mathematikunterricht seiner Jahrgangsklasse teilnimmt und sich obendrein in einer zusätzlichen Arbeitsgemeinschaft Kenntnisse aneignet, die im Lehrplan nicht als verbindlich aufgeführt sind, sei es durch Vertiefung oder durch Erweiterung der Unterrichtsinhalte. Dieses Prinzip der zusätzlichen Betreuung und Beanspruchung von überdurchschnittlich begabten Schülern bestimmt auch den Lehrplan der *„Spezialschulen"*, die entweder als Schulen mit erweitertem naturwissenschaftlichem Lehrplan von den „Massenschulen" (vom 7. oder auch schon vom 5. Schuljahr an) abzweigen oder als „Spezialschulen mit erweitertem Fremdsprachenunterricht" als selbständige Vollmittelschulen (vom 1. Schuljahr an) eingerichtet sind. So haben die Schüler der Moskauer „Spezialschule mit Englischunterricht" (specškola s anglijskim jazykom) Nr. 7 das volle Pensum einer „Massenschule" (in allen Unterrichtsfächern) zu bewältigen, während der Englischunterricht (vom 2. Schuljahr an) im Stundenplan zusätzlich in Erscheinung tritt.

In der *amerikanischen* – zwölfjährigen – *Einheitsschule* ist, was die Horizontalstrukturierung betrifft, die administrative und räumliche Trennung von Elementarschulen (elementary schools) und Sekundarschulen (high schools) vorherrschend. Ausnahmen bilden Gesamtschulsysteme, wie die „University Schools" in Bloomington (Indiana). Häufig sind auch die beiden Teilstufen der Sekundarschule (als „junior" und „senior" high school) selbständige Einheiten. In dieser Hinsicht ist der Einheitsschulcharakter weniger zu spüren als in der Sowjetunion, zumal zwischen den Kollegien der einzelnen Schulen, wie mir Lehrer mehrfach kritisierend berichteten, in der Regel kam engerer Kontakte bestehen. Das ist um so erstaunlicher, als in der Qualifikationsskala die Grenzen zwischen Elementar- und Sekundarschullehrern nicht scharf gezogen sind (s. unten). Daher gibt es auch im amerikanischen Schulwesen „Übergangsprobleme", freilich nicht nur für einen Teil der Schüler wie bei uns (zwischen 4. und 5. Schuljahr), sondern für alle (zwischen 6. und 7. Schuljahr in der Struktur 6:6).

Dafür ist die *Differenzierung innerhalb der Sekundarschule* durch eine *weitestgehende Individualisierung der Lehrpläne* charakterisiert. Das geht mitunter so weit, daß der „home-room", in dem sich die Jahrgangsklasse (grade) einmal täglich zusammenfindet, nur noch die Stelle ist, an der administrative und organisatorische Fragen besprochen werden und die Anwesenheit der Schüler festgestellt wird. An den erwähnten „University Schools" in Bloomington ist die Jahrgangsstrukturierung überhaupt aufgehoben und ein „jahrgangsloses" (ungraded) System eingeführt, in dem jeder Schüler seinen eigenen Lehrplan hat und danach die Teilnahme an ganz bestimmten „Kursen" ausrichtet. Die einstige Funktion des „Klassenlehrers" (homeroom teacher) als „pädagogischer Betreuer" wird dort vollständig von den „guidance counselors" ausgeübt, jenen pädagogisch-psychologischen Beratern, die im gesamten amerikanischen Schulwesen notwendigerweise wachsende Bedeutung gewinnen, weil das Funktionieren individualisierter „Bildungsgänge" ohne kundige und gewissenhafte *Beratung* nicht denkbar wäre. Das individualisierte Schulsystem, sei es radikal oder in gemäßigter Form verwirklicht, gibt dem Schüler – unter Durchbrechung des Jahrgangsprinzips – die optimale Chance zur Nutzung seiner individuellen Fähigkeiten und Interessen, bis hinauf zum „advanced placement" (A.P.), das denen offensteht, die durch überdurchschnittliche Leistungen in mehreren Fächern mit dem Abschluß der Sekundarschule zugleich die Berechtigung erlangen wollen, das erste oder sogar die beiden ersten Jahre des College-Studiums zu überspringen. *Die Jahrgangsklasse ist in diesem System als Erziehungsgruppe aufgelöst* oder zumindest auf die erwähnte „home-room"-Funktion reduziert. An ihre Stelle ist eine Vielzahl miteinander konkurrierender Erziehungsgruppen getreten (Pflichtwahlkurse, freiwillige Arbeitsgemeinschaften, Sport- und Musikgruppen, Schülerklubs usw.), die „auf höherer Ebene" indes durch *„die Schule"* integriert werden, nicht zuletzt mit Hilfe der ausgeprägten Schülermitverwaltungen.

In der *sowjetischen Schule* ist dagegen, wie bei uns, *die Jahrgangsklasse* die zentrale *Erziehungsgruppe,* wenngleich auch hier das sichtliche Bemühen zu erkennen ist, der „Schule", die man besucht, ein charakteristisches Profil (durch Wettkämpfe und Wettbewerbe mit anderen Schulen usw.) zu geben.

Der Amerikafahrer darf freilich nicht übersehen, daß das hier entworfene Bild der „individualisierten Schule" durch die Praxis der *„comprehensive high school"* stark eingeschränkt wird. An den meisten Senior High Schools, die ich sah, gibt es drei „Züge" (tracks), die „college-bound", „commercial" und „general" genannt werden und eine *permanente* Trennung der Schüler im Unterrichtsgeschehen bewirken, zumal die Lehrpläne an diesem Strukturmerkmal orientiert sind. Der Schüler belegt beispielsweise nicht einen seinem Wissensniveau gemäßen Mathematikkurs, sondern einen Kurs, der nur Interessenten seines „Zuges" offensteht. An manchen Schulen stellt auch die gewerbliche Berufsbildung (vocational education) einen Teil des Systems dar, während – vor allem in größeren Gemeinden – Berufsschulen (vocational schools) als selbständige Vollzeitschultypen im Sekundarschulwesen bestehen. Ich hörte eine Reihe „progressiver" Hochschullehrer – Erziehungswissenschaftler, Psychologen und Soziologen –, welche die „comprehensive high school" als *verkappten Vertikalismus* ablehnen und bekämpfen. Ihre Argumente schienen mir deswegen so plausibel, weil mir Sekundarschullehrer mehrfach bestätigten, daß trotz gesetzlich garantierter Durchlässigkeit und pädagogischer Aktivitäten (gemeinsame Sportveranstaltungen für alle Schüler der Schule u. dgl.) in der Praxis die „Züge" zu exklusiver Abgrenzung gegeneinander auch außerhalb des Unterrichts tendierten. Es wäre unter diesem Aspekt zu fragen, inwieweit die sowjetischen „Spezialschulen", die ja theoretisch auch als Teil des Einheitsschulsystems gelten[6], in der Praxis solche Vertikalisierungstendenzen fördern, was allerdings meine sowjetischen Gesprächspartnerinnen nicht für möglich hielten. Die Annahme ist gewiß nicht irrig, daß die starke Förderung der außerschulischen Bildungsarbeit, die, wie in den „Pionierpalästen", Schüler von „Massenschulen" und „Spezialschulen" zusammenführen soll, als Korrektiv gegen solche denkbaren Neigungen zu bewerten ist; andere Kriterien sind hierbei nur ausgeklammert, nicht negiert.

Auch die Einbeziehung des *Kindergartens* als „Vorschule" in das Einheitsschulsystem ist in diesem Zusammenhang zu beachten. In den *Vereinigten Staaten* sind an den meisten Elementarschulen die Kindergärten *Teil der Schule*. Sie werden oft von allen Kindern des Schuldistrikts ein Jahr lang besucht, wodurch der Übergang zur ersten Klasse (first grade) erleichtert wird. Darüber hinaus praktiziert man an manchen Schulen, wie an den oben angeführten University Schools in Bloomington und an der John T. Pirie School in South Chicago, „Durchlässigkeitssysteme", von denen der Kindergarten und die ersten drei Grundschuljahre erfaßt sind[7]. Administrativ bereitet dies keine Schwierigkeiten, weil die Kindergärtnerinnen über eine Ausbildung verfügen, die sie zur Unterrichtserteilung in den ersten drei Grundschuljahren berechtigt, und volle Mitglieder der Lehrerkollegien sind. *Sowjetische* Kindergärten sind dagegen *selbstständige* – städtische oder betriebliche – Einrichtungen, doch wird auch hier „Vorschularbeit" geleistet, was ich im Musik- und Englischunterricht des Moskauer Kindergartens Nr. 314 beobachten konnte. Es scheint, daß die *Vorschulpädagogik* als Teil einer umfassenden Schulpädagogik in beiden Ländern wachsende Bedeutung gewinnt.

Schließlich wäre zu erwähnen, daß die Förderung der überdurchschnittlich Begabten im Einheitsschulsystem auch die *individuelle Förderung der körperlich und geistig gestörten und gehemmten Kinder* einschließt. Während in der Sowjetunion die Errichtung von Sonderschulen, wie man uns sagte, beschleunigt wird, trägt man in den Vereinigten Staaten dem demokratischen Prinzip insofern Rechnung, als man, von Schulen für *schwer* gestörte Kinder abgesehen, „*Sonderklassen*" *an allgemeinen Schulen* eingerichtet hat. Die Schüler solcher Klassen erhalten nach Möglichkeit Gelegenheit, an bestimmten Veranstaltungen ihrer „normalen" Altersgenossen, vor allem in Sport und Musik, teilzunehmen. Diese Maßnahme wird vor allem mit der Absicht motiviert, soziale Diskriminierungen dieser Kinder – und ihrer Eltern – zu verhindern.

---

[6] Den Charakter von „Spezialschulen" tragen auch amerikanische Eliteschulen, wie die von mir in New York besuchte Bronx High School of Science, die einerseits den naturwissenschaftlichen Unterricht akzentuiert, andererseits aber ihren Schülern ein breiteres obligatorisches Pensum als die „normale" High School abverlangt.

[7] Kinder können hier – auch während des Schuljahres – formalitätslos „versetzt" werden, wobei im Unterschied zum Kurssystem in der Sekundarschule freilich das Gesamtleistungsvermögen berücksichtigt wird.

2. Die zweite Erscheinung läßt sich kürzer darstellen, wenngleich sie sehr ernst genommen zu werden verdient. Im *sowjetischen* Klassenzimmer entdeckt man verschiedenartige *patriotische Embleme* (Fahnen, Abzeichen, Porträts von Parteiführern u. dgl.), und in speziellen Räumen der Jungen Pioniere kann man, wie in der Kiewer Mittelschule Nr. 82 („Ševčenko-Schule"), besondere Ecken finden, die dem Andenken an die Gefallenen des zweiten Weltkrieges gewidmet sind. Das überrascht niemanden, der die Wertschätzung der Symbolik als Ausdruck sowjetpatriotischer Erziehung kennt. Aber auch in jedem *amerikanischen* Klassenzimmer – und in jeder Kirche – hängt das *Sternenbanner,* und in vielen Schulen zieren Artikel der Verfassung Eingänge und Korridore. In den *Hauptstädten* erscheinen diese Entsprechungen in verdichteter Form. Während im Lenin-Museum in Moskau die Besucher, die wahrscheinlich zuvor im Mausoleum am Sarg Lenins vorbeigezogen sind, zum Anschauen eines Films eingeladen werden, der aus Filmstreifen, die aus der Revolutionszeit entstanden, zusammengesetzt ist, fährt man in Washington im Aufzug zur Spitze des Washington Monument hinauf und hört „unterwegs" aus dem Lautsprecher eine pathetische Würdigung George Washingtons.

In beiden Ländern begegnete ich Schulklassen, die mit ihren Lehrern Denkmäler der nationalen Geschichte besichtigten, wobei ich den Eindruck hatte, daß kein Schüler Anstoß am *pathetischen* Ton der Erläuterungen nahm. Freilich scheinen amerikanische Schüler bei solchen Gelegenheiten, was die äußere Haltung angeht, nonchalanter als ihre sowjetischen Altersgenossen, wenngleich man sich auch von deren „Ernsthaftigkeit" keine übertriebenen Vorstellungen machen darf. Ich habe in Moskau beobachtet, daß Komsomolzen, die sich zur patriotischen Feier auf dem Roten Platz versammelten, miteinander scherzten und – es war empfindlich kalt – sich mit Abschlagspielen die Zeit vertrieben, bis die Signale zur Formierung gegeben wurden.

Der deutsche Beobachter, der aus einem Land kommt, in dem man heute auf Grund jüngster historischer Erfahrungen dazu neigt, die Präsenz politischer und ideologischer Wirkkräfte in Gestalt nationaler Symbole geringzuschätzen oder abzulehnen, kommt in solcher Situation nicht umhin, neben starken Zweifeln am Sinn pathetischer Übersteigerungen den *positiven Kern* zu sehen, der sich im Gebrauch solcher Symbolik kundtut, auch wenn er eine Übertragung beobachteter Formen auf sein eigenes Land nicht empfiehlt. Es ist nicht zu übersehen, daß damit eine *„politische Sozialisation"* gefördert wird, die, unter systemimmanentem Aspekt gesehen, manche Anstrengung im Feld *„politischer Erziehung"* untermauert, wenn sie sie nicht sogar überflüssig macht.

Die *Inhalts*frage ist in dieser Überlegung bewußt ausgeklammert. Das gilt auch für das *Vorhandensein* „patriotischer" Inhalte in den *Unterrichtsfächern.* So gibt es an amerikanischen Schulen im Rahmen der „social studies" ein spezielles Fach „American history" (neben dem Fach „world history"), das der Lehrer *als solches* studiert hat, und auch im sowjetischen Lehrplan ist die „Geschichte der UdSSR" von der „Weltgeschichte" abgehoben und bestimmten Klassen zur Durchnahme reserviert.

3. Die Verpflichtung der Schule, ihre Zöglinge auf die *Funktionstüchtigkeit in der modernen Arbeitswelt* vorzubereiten, wird in beiden Ländern *ungeschminkt* ausgesprochen.

Die Orientiertheit dieser Verpflichtung ist wohl unterschiedlich akzentuiert. Während in der Sowjetunion die Erziehung zur Kollektivität als Aufgabe herausgehoben wird, macht sich der amerikanische Lehrer auch Gedanken darum, daß das Individuum zur Selbstbehauptung in einer Gesellschaft erzogen werden muß, die ihm freundlich *und* feindlich gegenübertritt. Die genannte *Verpflichtung* selbst wird aber durch die Verschiedenartigkeit dieser Orientiertheit nicht in Frage gestellt. Auch hier muß ich es mir versagen, auf die bildungsgeschichtlichen Gründe und Motivierungen dieser primär *gesellschaftskonformen* Pädagogik in beiden Ländern einzugehen. Es kommt mir vielmehr darauf an, ihr *Vorhandensein* zu artikulieren und festzustellen, daß dieses Vorhandensein *pragmatische* Kräfte im gesamten Erziehungsfeld freisetzt. Wir greifen zwei Probleme aus der Komplexheit dieser Thematik heraus: *das Verhältnis von Wissenschaft und Schule* sowie *die Rolle einer technischen Elementarerziehung bzw. polytechnischen Bildung als Teil einer neu zu konzipierenden Allgemeinbildung.*

a) Ist in der Sowjetunion die *Funktionalisierung der Wissenschaft* als bedeutsamer „Produktivkraft" im Dienste der „wissenschaftlich-technischen Revolution", wie man dort die „zweite industrielle Revolution" nennt, unbestritten, so sieht sich auch in den Vereinigten Staaten die Orientierung der wissenschaftlichen Forschung an den Bedürfnissen von Wirtschaft und Gesellschaft zumindest mit keinen prinzipiellen und vernehmlichen Ansprüchen „zweckfreier" Wissenschaftlichkeit im humboldtschen Sinne konfrontiert. Das wirkt sich im Verhältnis von Wissenschaft und Schule in *doppelter* Richtung aus: Einmal ist der *Fachwissenschaftler* ohne innere Skrupel *bereit, sich im pädagogischen Felde zu engagieren,* sei es in allgemein-bildungspolitischer Aktivität, sei es vor allem aber in der Auseinandersetzung mit fachdidaktischen und fachmethodischen Problemen, welche den Unterricht in der Sekundarschule und auch den in der Elementarschule betreffen. Als Beispiel allgemeinbildungspolitischen Engagements in den Vereinigten Staaten ist bei uns der Chemiker und einstige amerikanische Hochkommissar in Deutschland, James B. Conant, bekanntgeworden; er ist jedoch nur einer unter zahlreichen Gelehrten, die diesen Schritt getan haben. Zum anderen trifft dieses Engagement der Wissenschaft auf die erforderliche *Resonanz von Schulverwaltungen und praktischen Pädagogen.* Sie setzen dem Eindringen der Wissenschaft in das gesamte Schulwesen keine Widerstände entgegen, was der deutsche Besucher festhalten muß, weil bei uns nur die „höhere" Schule, das Gymnasium, als „wissenschaftliche" Schule gegolten hat, und es daher auch heute noch schwierig ist, eine fachwissenschaftlich fundierte Didaktik und Methodik im Alltag des Volksschulunterrichts durchzusetzen.

Es muß hinzugefügt werden, daß die *„Verwissenschaftlichung des Unterrichts"* auch in den Vereinigten Staaten und der Sowjetunion erst am Anfang ihrer Entwicklung steht; die Dynamik, die dabei – vor allem in der „neuen Mathematik" – zu beobachten ist, ist indes beachtlich, zumal hierbei Theorie und Praxis im pädagogischen Feld eng miteinander kooperieren (s. unten).

b) Die Anerkennung der Ansprüche der modernen Arbeitswelt stimuliert auch die Besinnung auf eine neue Inhaltsbestimmung des Begriffs *„Allgemeinbildung".* Die Diskussion über die Rolle einer *„technischen Elementarerziehung"* oder *„polytechnischen Bildung"* erweist sich hierbei als wichtiger Ausgangspunkt von Überlegungen:

daneben spielt, wie mir scheint, die Erörterung des Fremdsprachenunterrichts (s. unten) eine besonders wichtige Rolle. Die Auseinandersetzung über den Stellenwert einer technischen Elementarerziehung ist in beiden Ländern lange Zeit dadurch behindert gewesen, daß man sie zu eng an Vorstellungen von einer möglichst frühzeitig einsetzenden Berufsausbildung band. Diese Verkoppelung hat gerade in der *Sowjetunion* während der Chruschtschow-Ära die Entwicklung belastet. Dies scheint heute überwunden. Die während der frühen sechziger Jahre erfolgte Einführung von Lehrgängen beruflicher Grundausbildung an der allgemeinbildenden Mittelschule wird nur dort beibehalten, wo günstige Voraussetzungen in bezug auf gedeihliche Zusammenarbeit von Schule und benachbartem Industriebetrieb gegeben sind. Das bedeutet jedoch „keine Abkehr von der polytechnischen Bildung", wie die Referentin im Volksbildungsministerium der RSFSR nachdrücklich formulierte. Es gehe, fuhr sie fort, vielmehr darum, das Polytechnische als *Prinzip* überall dort im Unterricht zu verankern, wo dies ohne Störung des jeweiligen fachwissenschaftlichen Gehalts möglich sei. *Schwerpunkt* dieser Bildungsarbeit bleibt freilich das *Fach* „Arbeit" (trud), das jedoch – mit vier durchgehenden Wochenstunden im 9. und 10. Schuljahr – in den Stundenplan eingebaut ist und nicht mehr als „Produktionsunterricht" außerhalb der schulischen Arbeit steht. An der Moskauer Mittelschule Nr. 84 wird dieser neuen Zielsetzung Rechnung getragen und, wie ich hörte, an den didaktisch-methodischen Fragen gearbeitet, die sich daraus ergeben. In den *Vereinigten Staaten* kommen, wie in allen Bereichen pädagogischer Wirksamkeit, die Anregungen „von unten". Was mir der Direktor der University Schools in Bloomington, Dr. Oestreich, erzählte, schien aber nicht fern von den erwähnten sowjetischen Überlegungen zu liegen, soweit damit der *fachliche* Aspekt der „technischen Elementarerziehung" berührt ist. In seinem Schulsystem, das Teil der University of Bloomington ist, ist nämlich die Teilnahme aller Schüler der Junior High School an einem zweijährigen Kursus im Fach „industrial art" obligatorisch. Dr. Oestreich betonte dabei, daß diese Anforderung nicht als vorverlegte „vocational education" zu verstehen sei. Er halte es vielmehr für richtig, daß gerade die Schüler, die später Geisteswissenschaften studieren würden, eine technische Elementarerziehung als Teil ihrer Allgemeinbildung erhielten. Dieser anregenden Aussage ist nichts hinzuzufügen. Es bliebe nur zu wünschen, daß sich auch bei uns die Einsicht in den *dynamischen Charakter „allgemeiner Bildung"* schneller durchsetzte.

IV

Die skizzierende Erörterung *dreier Teilbereiche* der Erziehungswirklichkeit, die mich besonders stark beschäftigt haben, soll diesen Bericht zu Ende führen. Daß dabei die dargestellten allgemeinen Beobachtungen berücksichtigt werden, sei vorausgeschickt.

1. *Theorie und Praxis* gehen in der Projektierung und Durchführung pädagogischer und bildungspolitischer Vorhaben eine *Verbindung* ein, die man häufig nur bestaunen kann. Ich umreiße zunächst als markantes Beispiel das Projekt, das *Professor Lawrence Senesh* (Purdue University, Lafayette/Indiana) durchführt. Es handelt sich um die Einführung einer wissenschaftlich fundierten *Wirtschaftserziehung* (economic education) in die Elementarschule (vom 1. Schuljahr an). Wie geht er dabei vor?

Von Hause aus ist er Wirtschaftswissenschaftler, hat sich jedoch seit einigen Jahren ganz der pädagogischen Aufgabe verschrieben. Mit Hilfe seiner wissenschaftlichen Mitarbeiter entwirft er Stoffpläne und stellt Arbeitsmaterial zusammen, das aus didaktisch-methodischen Handreichungen für Lehrer sowie Beobachtungs- und Lesestücken für Schüler besteht[8]. Diese Materialien werden einmal von anderen Fachwissenschaftlern durchgesehen und zum anderen im Schulunterricht erprobt, wobei Professor Senesh sich selbst als Elementarschullehrer betätigt. Die ständige Erprobung erfolgt im Schulsystem der Stadt *Elkhart*, dessen Schulverwaltung dem Projekt aufgeschlossen gegenübersteht und eigens dafür einen „Coordinator for Social Studies" beschäftigt, der ständig zwischen Lafayette und Elkhart unterwegs ist und den Kontakt zwischen dem Hochschulgelehrten und den experimentierenden Lehrern aufrechterhält. Ich habe mich vom Funktionieren dieser Zusammenarbeit bei meinem Besuch an der Purdue University und in Elkhart, wo ich drei Unterrichtsstunden (im 1., 2. und 3. Schuljahr) beiwohnen konnte, überzeugen können. Daß dieses Projekt nur als Beispiel anzusehen ist, wurde mir besonders während meiner Teilnahme am Kongreß in Cleveland (s. oben) bewußt. In der *Sowjetunion* hatte ich leider nicht die Gelegenheit, eine solche Kooperation „in Aktion" zu sehen; ich kann mich aber auf die Ausführungen der Damen und Herren in der Fremdsprachenabteilung der Akademie der Pädagogischen Wissenschaften beziehen, die von ähnlichen Prozeduren berichteten und darauf hinwiesen, daß auch in *ihren* Vorhaben Hochschullehrer und Akademiemitglieder selbst im Klassenraum ihre Stundenmodelle erprobten. Was ihren Darstellungen hier außerdem zu entnehmen ist, ist der Hinweis darauf, daß Lehrer, welche an Unterrichtsversuchen mitarbeiten, für ihre zusätzlichen Leistungen honoriert werden, sei es durch Gewährung finanzieller Zulagen, einer Stundenermäßigung oder eines außergewöhnlichen Urlaubs.

2. Ich erwähnte bereits die Bedeutung, die dem *Ausbau des Fremdsprachenunterrichts* in beiden Ländern beigemessen wird. Es scheint hierbei, daß die *sowjetische* Pädagogik auf Grund längerer Tradition über einen beachtlichen Vorsprung verfügt. Das betrifft einmal den für alle Schüler obligatorischen Unterricht in einer Fremdsprache vom 5. Schuljahr an und zum anderen die mehrschichtigen Modelle, die darüber hinausweisen. Ich sah eine 20minutige „Englischstunde" im Moskauer Kindergarten Nr. 314, in der mir besonders die Hörschulung auffiel: Die Kinder spielten und tanzten zu den in englischer Sprache gegebenen Anweisungen der Lehrerin. An der Moskauer „Spezialschule mit Englischunterricht" Nr. 7 beeindruckte mich der sehr lebendige Unterricht in einer kleinen Gruppe des 2. Schuljahres, ebenso die bedächtigere Arbeit von Jungen und Mädchen eines 5. Schuljahres. Hier wäre noch zu erwähnen, daß im Fremdsprachenunterricht, wie man uns sagte, alle Klassen in Zehnergruppen aufgeteilt würden – eine Maßnahme, die zumindest im fremdsprachlichen Anfangsunterricht überall unerläßlich sein sollte. Leider ließ es sich nicht ermöglichen, dem Unterricht in Geschichte oder Geographie in einer Oberstufenklasse der Spezialschule beizuwohnen, der teilweise in englischer Sprache gegeben wird. Dem Gespräch

---

[8] Fertiges Material liegt bisher für die ersten beiden Elementarschulklassen vor, und zwar unter dem Titel „Our Working World". Es enthält pro Jahrgang ein vorzüglich bebildertes und mit kindgemäßen Texten ausgestattetes Lehrbuch, Schallplatten und ein Lehrerhandbuch.

mit der Direktorin und den Lehrerinnen war zu entnehmen, daß diese Arbeit erst im Aufbaustadium begriffen sei, weil noch nicht genügend Fachlehrkräfte verfügbar seien, die ihr Fach in einer fremden Sprache lehren könnten. An der Pädagogischen Hochschule für Fremdsprachenlehrer in Moskau werden solche Lehrkräfte speziell ausgebildet.

Im *amerikanischen* Schulwesen leidet, abgesehen von der fehlenden Tradition, der Aufbau des Fremdsprachenunterrichts darunter, daß die Lehrgänge zu spät einsetzen und die Schüler obendrein die Möglichkeit haben, von einer zur anderen Fremdsprache überzuwechseln. In der Regel beginnt effektiver Fremdsprachenunterricht überhaupt erst im 10. Schuljahr, am Beginn der Senior High School, was auch mit dem bereits erwähnten Mangel an Zusammenarbeit mit den „darunterliegenden" Schulen zusammenhängt (s. oben). So ist es in *Newton/Mass.*, an dessen Senior High School ein vorzüglicher Fremdsprachenunterricht (Französisch, Deutsch und Spanisch) erteilt wird, vorgekommen, daß sich Versuche mit dem Einsatz französischen Unterrichts im 4. Schuljahr totliefen, weil die Kinder nach dem Abschluß der Elementarschule (6. Schuljahr) keine Gelegenheit hatten, ihre Kenntnisse auf der Junior High School (7. bis 9. Schuljahr) zu erweitern. Auch ist der Mangel an Fremdsprachenlehrern zu groß, als daß er mit technischen Mitteln, wie Sprachlabors und Fernsehunterricht, überbrückt werden könnte. Anderseits aber stimulieren diese Einrichtungen dort, wo sich der Fremdsprachenunterricht etabliert hat, die Entwicklung ungemein, weil allein schon die an fast allen Senior High Schools vorhandenen Sprachlabors selbst dann sinnvoll eingesetzt werden können, wenn die Programme verbesserungswürdig sind[9].

Was die *Didaktik und Methodik des Fremdsprachenunterrichts* angeht, haben beide Länder miteinander gemein, daß allein *Spracherlernung und Literaturgeschichte* als Zielsetzungen artikuliert werden. Was ich in *keinem* Lehrbuch finden konnte, waren *kulturkundliche* Inhalte, die in interessanter Darstellung Aufschluß über den Alltag und die Gegenwartsprobleme in dem fremden Land geben könnten. Während der sowjetische Schüler Lektionen über ein „pioneer-camp" und „Lenin's life" lernt, begegnet man in amerikanischen Lehrbüchern für den Anfangsunterricht häufig den farblosen Allerweltstexten, die man auch bei uns einst finden konnte („Unser Körper", „Theaterbesuch" usw.). Dem deutschen Fremdsprachenlehrer fällt schließlich in beiden Ländern die dominierende Stellung auf, die dem *Grammatikunterricht* innerhalb der Spracherlernung beigemessen wird. Die neuen Versuchslehrbücher, die von der Akademie der Pädagogischen Wissenschaften ausgearbeitet werden, sollen in der Sowjetunion in dieser Hinsicht eine Änderung bringen.

3. Aus dem weiten und komplexen Feld der *Lehrerbildung* seien am Ende nur *zwei Fragen* herausgegriffen, die meine besondere Aufmerksamkeit erregten: einmal die *Verbindung von Theorie und Praxis im Studium* und zum anderen die *Rolle der Fort- und Weiterbildung*. Beide hängen eng miteinander zusammen.

Die Lehrerbildung in beiden Ländern gleicht sich insofern, als in beiden Systemen die Ausbildungsstätte – in der Sowjetunion Pädagogische Lehranstalt, Pädagogische

---

[9] In der Sowjetunion sah ich ein Sprachlabor nur in der mit technischen Mitteln, einschließlich Lernmaschinen, reich ausgestatteten Fakultät für ausländische Studenten (podgotovitel'nyj fakul'tet) in Kiew, die führend in der Ausarbeitung programmierter Sprachlehrgänge ist.

Hochschule und Universität, in den Vereinigten Staaten selbständiges Teacher College und Universität – *voll qualifizierte Lehrer* entläßt, die in ihrer ersten Stellung bereits selbständigen Unterricht ohne Anleitung erteilen müssen. Das bedingt *die Artikulation der praktischen Ausbildung während des Studiums*. In beiden Ländern ist man mit dem gegenwärtigen Stand vor allem deshalb nicht zufrieden, weil die Zusammenarbeit zwischen der Hochschule und der Schule, an welcher der Student praktiziert, häufig nicht funktioniert. Während die Hochschule das Praktikum an dem Prinzip der Wissenschaftlichkeit und an der *prospektiven* Wirksamkeit der Schulpädagogik orientiert sehen möchte, begründen Schulleiter und Mentoren ihre Anforderungen primär mit den *Gegenwarts*erfordernissen einer oftmals in sich ruhenden, unreflektierten „Praxis".

In der Aussprache in der *Pädagogischen Lenin-Hochschule* in Moskau, an der von sowjetischer Seite neben dem Rektor mehrere Professoren und Dozenten teilnahmen, wurde diese Frage erörtert, wobei die sowjetischen Gesprächspartner auf die Bemühungen ihrer Hochschule um eine erfolgreiche Intensivierung des Praktikums verwiesen (durch sorgfältige Auswahl der Einsatzschulen, regelmäßige Besuche der von der Hochschule beauftragten Dozenten, gründliche Aussprache mit den Praktikanten u. dgl.). In ähnlicher Richtung bewegen sich entsprechende Projekte *amerikanischer Hochschulen,* wie das „Insite Program" an der University of Bloomington und das „Internship Program" an der University of Wisconsin in Madison. In Bloomington sind für die Durchführung des Projekts insofern günstige Voraussetzungen gegeben, als ja (s. oben) die Universität über ein eigenes Gesamtschulsystem verfügt.

Das Fehlen einer zweiten Ausbildungsphase läßt verständlicherweise die Wichtigkeit der *Lehrerfortbildung* auffällig zutage treten. Während in der *Sowjetunion* die Errichtung *eigener* Lehrerfortbildungszentren betrieben wird, nehmen sich in den *Vereinigten Staaten* die *Universitäten* dieser Aufgabe an und widmen ihr einen erheblichen Teil ihrer Sommerprogramme. Neben dieser organisatorischen Initiative muß freilich auch die Wertschätzung der Lehrerfort- und Lehrerweiterbildung seitens der *Schulverwaltungen* unterstrichen werden. Dem sich weiter Qualifizierenden winken *beruflicher Aufstieg* und *materielle Honorierung* seiner Leistung. Angesichts der z. Z. in der Bundesrepublik Deutschland auf diesem Gebiet laufenden Bemühungen sei die Wiedergabe dieser Beobachtung allerdings dadurch ergänzt, daß „Aufstieg" nicht an Konventionen gebunden zu sein braucht, die am Sozialprestige hierarchisch strukturierter Schultypen orientiert ist. Ohne die Spannungen zu verschweigen, die vor allem in bezug auf die Bewertung von Qualifikationen in den „social foundations" (Erziehungswissenschaft, Psychologie, Soziologie) manchenorts sehr spürbar sind, sei hier beispielhaft eine *allgemeine Tendenz* erwähnt, die sich in den *Vereinigten Staaten* durchzusetzen scheint: Man kann sich als Elementarschullehrer weiterqualifizieren, indem man den Magister- oder Doktorgrad erwirbt bzw. andere Leistungsnachweise (credits) erbringt und – bei besserer Besoldung und gewachsenem Sozialprestige – an der Elementarschule bleibt! Daß in der *Sowjetunion* ähnliche Tendenzen bestehen, wurde mir mehrfach erklärt.

*

Der Verfasser muß am Ende gestehen, daß ihm während des Schreibens der *fragmentarische* Charakter dieses Berichts immer deutlicher geworden ist. Trotzdem hofft er, von den Einzelinformationen abgesehen, dem Leser vor allem einen Eindruck von der *gewaltigen Dynamik* zu vermitteln, von der Pädagogik und Bildungspolitik in beiden Ländern ergriffen sind. Diese Dynamik ist Ausdruck einer *Haltung*, die man als *erziehungs- und bildungsfreundlich* bezeichnen kann und die dem Besucher häufig begegnet ist – nicht nur bei denen, von denen man sie ihres Berufs wegen erwartet. Dieser Haltung entspringt der Wille, die nicht zu übersehenden gegenwärtigen Mängel und Lücken in den Erziehungssystemen zu überwinden – was den heimgekehrten Betrachter nachdenklich stimmt.

Israel – ein pädagogisches Modell

(Gedanken nach einer Reise)

Israel überschüttet den Gast mit Eindrücken, die sich ihm bei seiner Fahrt durch das kleine Land, das kaum ein Drittel der Fläche Österreichs einnimmt, allerorten aufdrängen. Die steinige und sandige Landschaft bietet eine Fülle überraschender Reize, und auch den gegenwartsbezogensten Reisenden begleiten die sichtbaren Zeugen einer dreitausendjährigen Vergangenheit, die in diesem Grenzland orientalischer und europäischer Kulturen vom Aufstieg und Niedergang von Herrschern, Völkern und Staaten künden. Der deutsche Besucher freilich wird sich dem Zauber dieser fremdartigen Welt nicht mit der gleichen Unbefangenheit wie seine Mitreisenden aus anderen Ländern hingeben können. Nicht nur Yad Waschem, die düstermonumentale Gedenkstätte vor den Toren Jerusalems, mahnt ihn an die Millionen Toten und ihre Mörder, sondern auch in allen persönlichen Gesprächen lebt das Grauen des Vergangenen auf, selbst wenn die Beteiligten dieses „Thema" vermeiden wollen — zu stark ist das Lebensschicksal jedes europäischen Juden von ihm geprägt!

Von all dem soll in den folgenden Zeilen nicht die Rede sein, sondern *vom heutigen, modernen Israel mit seinen selbstbewußten Menschen,* die, von einem utopisch anmutenden Optimismus erfüllt, zu einer Nation werden und ihr alt-neues Land erschließen und behaupten wollen. Die Aufgabe, die sie sich damit auferlegt haben, erheischt zu gleicher Zeit die Lösung militärischer, wirtschaftlich-technischer, finanzieller und diplomatischer Probleme. Ob und wie sie bewältigt werden kann, hängt, soweit das eigene Wollen und Vermögen beansprucht ist, letztlich aber von der Bereitschaft ab, die Herausforderung, die *im pädagogischen* Feld dem jungen Staat gestellt ist, zu bejahen und zu beantworten.

Die nachfolgenden Impressionen, die während einer nur zweiwöchigen Studienreise gewonnen sind, können und sollen nicht dem Anspruch einer systematischen Untersuchung genügen [1]. Was den Verfasser dieser Zeilen zu seinem Bericht ermutigt, ist seine Überzeugung, in der Begegnung mit einigen markanten Erscheinungen des Er-

---

[1] Der Verfasser bereiste als Teilnehmer an der 3. Pädagogenreise, die vom Deutschen Koordinierungsrat der Gesellschaften für christlich-jüdische Zusammenarbeit organisiert wurde, vom 28. Dezember 1962 bis 10. Januar 1963 das Land. Er kann sich auf folgende im Reiseprogramm enthaltenen Veranstaltungen beziehen: den Vortrag des Leiters des Kulturdezernats der Stadt Tel Aviv, Dr. Lewin, über „Erziehungsprobleme des Landes Israel" am 7. Januar 1963; den Besuch der ORT-Schule in Natanya am 30. Dezember 1962; den Besuch des Kinderheimes „Ahavah" in Kiryat Bialik (bei Haifa) am 31. Dezember 1962; den Besuch des Kinderdorfes Meir Shefeja am 1. Januar 1963; den Besuch des Lehrerseminars Beit Berl bei Kfar Sava am 1. Januar 1963; den Besuch des vormilitärischen Erziehungslagers bei Eilat am 8. Januar 1963. Über politische Grundfragen sprachen die Teilnehmer mit Herrn J. Palmon, dem Chefredakteur der deutschsprachigen Zeitung Jedioth Chadashot, am 29. Dezember 1962, und die religiösen Probleme waren Gegenstand der Gespräche mit den Rabbinern Dr. Nathan und Dr. Ben Chorin in Jerusalem am 4. Januar 1963. Schließlich verdankt der Verfasser mehreren persönlichen Gesprächen die wesentliche Bereicherung seiner Beobachtungen; vor allem weiß er sich hierbei seinem Gastgeber im Kibbuz Naan, Herrn Hanan Ronach, verpflichtet.

ziehungswesens erkannt zu haben, wie sich dieses „Selbstentwicklungsland" als *Modell* für die *Interdepedenz von existentieller Herausforderung und pädagogischer Aufgabe* darstellt.

I. Allgemeine pädagogische Zielsetzungen

Dynamik und Improvisation beherrschen das gesamte Schul- und Erziehungswesen des Landes. Wie selbstverständlich diese Situation nicht nur dem im Schulalltag wirkenden Lehrer, sondern auch dem Repräsentanten der Schulverwaltung ist, zeigte der Vortrag des Kulturdezernenten der Stadt Tel Aviv, Dr. S. L e w i n , vor den deutschen Gästen. Seine Ausführungen ergänzten und vervollkommneten das Bild, das der Besuch verschiedenartiger pädagogischer Institutionen und die Gespräche mit Lehrern, Schülern und Eltern hinterlassen hatten.

Die Erziehungswirklichkeit Israels gehorcht *drei Zielsetzungen,* die aus der Grundsituation der sozialen und politischen Existenz des Landes erwachsen: 1. *der Sicherung und Verteidigung der Grenze,* 2. *der Kultivierung des Bodens und der Besiedlung des Landes,* 3. *der kulturellen Integration der werdenden Nation.*

Dem deutschen Pädagogen fällt auf, daß seine israelischen Kollegen die aus diesen Zielsetzungen resultierenden Aufträge in erster Linie *als praktische Aufgaben* verstehen; ihnen gegenüber tritt die theoretische Erörterung in einer Situation, die vom Erzieher einen hohen Grad an Einfallsreichtum und Wendigkeit verlangt, in den Hintergrund. Es war immer wieder überraschend, wie sehr unsere Versuche, die pädagogische Theorie zu „Erklärungen" praktischer Maßnahmen heranzuziehen, die Gastgeber in Erstaunen versetzten — und zugleich begrüßt wurden! Der israelische Pädagoge hat zur Besinnung wenig Zeit, weiß jedoch helfende Anregungen zu schätzen.

1. Militärische Erziehung

Mitten in der Mondlandschaft des südlichen Negev, zwischen dem israelischen Rotmeerhafen Eilat und den bereits von König Salomon ausgebeuteten Kupferminen von Timna liegt zwischen bizarren Sandfelsen in einer kleinen Oase ein vormilitärisches Erziehungslager. Einige spärliche Bäume, Baracken und Zelte bezeichnen jeweils für einen Monat vierzehn- bis achtzehnjährigen Jungen und Mädchen den Ort, an dem sie, oft zum ersten Mal in ihrem Leben, mit einem harten Leben konfrontiert und damit auf den — von niemandem gewünschten — militärischen Ernstfall „gedrillt" werden. Sie kommen in Klassengemeinschaften mit ihren Lehrern hierher, freiwillig und unternehmungsfreudig. Es komme nie vor, wurde uns gesagt, daß ein gesundes Mitglied der Klasse daheimbleibe.

Die Ausbildung an der Waffe steht zwar nicht im Vordergrund, doch ist sie in den Tagesplan einbezogen. Wichtiger ist die allgemeine körperliche Abhärtung in Form von Hunger- und Durstmärschen und Nachtübungen, sowie die Gewöhnung an Disziplin gegenüber Vorgesetzten und Kameraden. „Das ist Israel", erklärte unser junger Führer aus Eilat, dessen ältester Einwohner 33 Jahre zählt, in leidlichem Deutsch; „hier müssen Sie uns kennenlernen, nicht in Tel Aviv."

Die Großstadt Tel Aviv vermittelt in der Tat dem flüchtigen Besucher nicht den Eindruck der bedrohten und gefährdeten Existenz, der sich das Land ausgesetzt sieht. Die Israelis sind sich selbst der Probleme bewußt, welche die Zusammenballung von 400 000 Menschen (von 2 200 000) an der schmalsten Stelle des Landes aufwirft, und aus den Äußerungen manch eines Vertreters der „Pioniergeneration" wurde die Befürchtung erkennbar, daß in der relativen äußeren Ruhe und der spürbaren wirtschaftlichen Aufwärtsentwicklung, welche die gegenwärtige Lage kennzeichnen, die Einsatzbereitschaft der Jugend erschlaffen könnte. Der Besucher wird andererseits gewahr, wie stark das gesamte Erziehungsgefüge vom Gebot der militärischen Ertüchtigung erfaßt ist. An der Einberufung der Achtzehnjährigen zum Militärdienst ist nicht zu rütteln; eine Zurückstellung wegen beabsichtigter Reifeprüfung ist höchstens für ein halbes Jahr möglich, woraus, wie noch gezeigt wird, die Einengung des Lehrplans resultiert. Den vormilitärischen Einsätzen vor dem Militärdienst folgen Wehrübungen nach der Entlassung, und daß der Sport und andere Formen der körperlichen Ertüchtigung sich allgemeiner Förderung erfreuen, versteht sich von selbst. Schließlich ist zu bemerken, daß die volle Wehrpflicht für unverheiratete Frauen dem Lehrerberuf sein reichstes Reservoir entzieht. Die Armee trägt dem dadurch bedingten Lehrermangel allerdings Rechnung, indem sie selbst Lehrerinnen und Kindergärtnerinnen ausbildet und im Rahmen ihres Wehrdienstes in den Entwicklungsgebieten einsetzt. Das Kinderdorf Shefeja, so erzählte uns Dr. J a k o b, der aus Berlin stammende Leiter, hält es für eine seiner wichtigsten Aufgaben, alljährlich einen Teil seiner abgehenden Zöglinge zum freiwilligen Eintritt in den „Nachal" zu ermuntern, eine Organisation, die ihre Angehörigen als „Wehrbauern" in den Grenzgebieten einsetzt.

Der durch diese Sachverhalte bedingte Einfluß militärischer Postulate auf das Erziehungswesen wird im Lande selbst, vor allem angesichts der Aufgaben, welche die wirtschaftliche Entwicklung und die kulturelle Integration stellen, keineswegs begrüßt. Wer auf seiner Reise durch das Land fast nur *Grenzgebiete* durchfahren und an den Schlagbäumen gestanden hat, deren totale Funktion die des „Eisernen Vorhanges" noch in den Schatten stellt, kann indessen nicht umhin, die Argumente seiner israelischen Gesprächspartner zu respektieren, besonders wenn er gerade einen verstohlenen Blick auf die Soldaten geworfen hat, die im geteilten Jerusalem, hinter Sandsäcken verschanzt, auf den Türmen der Kirchen in ständiger Alarmbereitschaft liegen.

2. „Polytechnische Bildung" ohne Ideologie

Daß der junge Israeli in der Schule nicht nur theoretische Kenntnisse, sondern auch praktische Fertigkeiten erwerben soll, wird von niemandem in Frage gestellt. In der Bejahung dieser doppelten Aufgabe sieht sich die Schule von der allgemeinen sozialen und politischen Wirklichkeit unterstützt, die einerseits zwar, wie jede Industriegesellschaft, den jungen Menschen zu frühzeitiger Spezialisierung drängt, andererseits aber von ihm ein hohes Maß an Anpassungsfähigkeit gegenüber der mächtigen Dynamik verlangt, der alle Lebensbereiche unterworfen sind. Die Jugend selbst kommt dieser Forderung entgegen, indem sie innerhalb und außerhalb der Schule Sonderaufgaben übernimmt, die „mit beruflichen Kräften allein überhaupt nicht zu bewältigen wären" (Dr. Lewin). Auf den einsatzfreudigen Freiwilligen warten mannigfache Pflichten: die Betreuung von Neueinwanderern, Erntearbeit in landwirtschaftlichen Siedlungen, Hilfsdienste in Säuglingskrippen, Kindergärten und auch Grundschulen, die Erteilung von Hebräisch-Unterricht im Rahmen der Ulpanim-Bewegung usw. Der Umfang dieser Möglichkeiten ist groß und erweitert sich mit der Ankunft jeder Neueinwanderergruppe. Schließlich hat die Armee als „eine Schöpfung und Domäne der Jugend" großen Anteil an einer Erziehung, die Theorie und Praxis miteinander verbindet, indem sie nicht nur, wie oben erwähnt, Lehrerinnen ausbildet, sondern auch dadurch, daß sie sich sowohl um den Wissensstand als auch um die technischen Fertigkeiten ihrer Angehörigen bemüht, zu einem bedeutsamen Erziehungsfaktor geworden ist, zumal ja viele Soldaten Neueinwanderer sind, die in der Armee zum ersten Mal in ihrem Leben eine geregelte Ausbildung überhaupt erhalten.

Die Schule ordnet sich in diese Aufgabe ein. Schulwerkstätten und landwirtschaftliche Versuchsanlagen sind in vielen Erziehungsstätten zu finden. Daß die Kibbuz-Schulen und die Internate in dieser Richtung eine beachtliche Initiative entfalten, überrascht den Besucher dabei weniger als die Beobachtung, daß auch die „normalen" allgemeinbildenden Schulen die werktätige Erziehung intensiv pflegen. Daß von jenen Gemeinschaften starke Impulse ausgehen, soll allerdings nicht verschwiegen werden. In Ayelet Haschachar und Naan, zwei — dreißig Jahre! — „alten", wohlhabenden Kibbuzim, werden Jungen und Mädchen mit landwirtschaftlichen Geräten vertraut gemacht, die an Modernität kaum zu übertreffen sind, während der Kibbuz Naan außerdem eine Fabrik unterhält, in der Berieselungsanlagen hergestellt werden; an den Werkbänken und im Konstruktionsbüro erhalten Söhne und Töchter von Kibbuzmitgliedern eine praktische Ausbildung, um eines Tages unter der Leitung ihrer an die technische Hochschule oder eine Fachschule abgeordneten Altersgenossen das Unternehmen weiterentwickeln zu können. Im Kinderdorf Meir Shefeja und im Kinderheim „Ahavah" in Kiryat Bialik ist die Arbeit im landwirtschaftlichen Versuchsgelände bzw. in der Heimwerkstatt voll in den Tagesplan integriert. Dr. J a k o b und Frau Hanni U l l m a n n als bewährte Pädagogen der „Pioniergeneration" sind überzeugt, daß die praktische Arbeit den Jugendlichen hilft, den Anschluß an das normale gesellschaftliche Leben zu finden, dem diese Kinder durch ihr Lebensschicksal entfremdet sind. Die landwirtschaftliche Anlage, welche das Lehrerseminar Beit Berl bei Kfar Sava umgibt, zeigt schließlich, daß auch vom künftigen Pädagogen vielseitige Fähigkeiten verlangt werden.

Während auf diese Weise die allgemeinbildenden Schulen eine auffallende „polytechnische" Orientiertheit aufweisen, fällt dem Besucher berufsbildender Schulen die massive Verankerung geistesbildender Fächer im Lehrplan auf, wie uns ein Gang durch die ORT-Schule in Natanya, einen großzügig entworfenen und noch im Wachstum befindlichen Komplex, lehrte [2].

Wer die Auseinandersetzung um das Für und Wider der „polytechnischen Bildung" in den Ländern des Westens wie des Ostens kennt, kommt nicht umhin, *die unbekümmerte Aktivität zu bestaunen*, mit der man sich hier einem Problem stellt, das auf beiden Seiten des „Eisernen Vorhanges" die Gemüter zu erregen vermag, und es — zumindest im Ansatz — auch bewältigt. Die Erklärung liefert auch hier die existentielle Situation und die Lebenserfahrung der „Pioniergeneration": unter denen,

---

[2] In dieser Schule begegneten wir auch Schülern aus Tanganyika, die von ihrer Regierung zur Ausbildung hierher geschickt worden sind. Wir erfuhren bei dieser Gelegenheit von den großen Anstrengungen, die der israelische Staat vor allem im pädagogischen Sektor für die Entwicklungshilfe aufwendet, und glaubten gern, daß sich die Ausbildungsmöglichkeiten in Israel in den Entwicklungsländern großer Beliebtheit erfreuen, weil hier die Lehrer ihren Unterricht auf Erfahrungen in den Entwicklungsgebieten des Landes selbst aufbauen können.

die vor vierzig und dreißig Jahren ins Ödland zogen und es unter härtesten Bedingungen urbar machten, waren nicht wenige Akademiker, die hier als Erwachsene die Einseitigkeit ihrer bisherigen Ausbildung „erleiden" mußten!

Das Fehlen jeder ideologischen Auseinandersetzung, die anderswo die Erörterung der situativen Faktoren stark beeinträchtigt und verzerrt, gewährleistet hier eine nüchterne, an der pragmatischen Zielsetzung orientierte und daher jederzeit korrigierbare Konzipierung des pädagogischen Weges.

3. Geistesbildung im Spannungsfeld von Tradition und Fortschritt

Wer die Entwicklung der Diskussion über den didaktischen Auftrag unserer allgemeinbildenden Schulen in den letzten Jahren mitverfolgt hat, kann vielleicht ermessen, was es bedeutet, einen Lehrplan für Schulen aufzustellen, deren Schüler nicht nur aus „85 Ländern" (Dr. Lewin), sondern darüber hinaus aus mehreren Kulturkreisen stammen und deren Eltern in verschiedenartigsten Traditionen großgeworden sind. Wenn man zudem bedenkt, daß auch der jüdische Glaube als Offenbarungsreligion für die Israelis keine verpflichtende Gemeinsamkeit darstellt, versteht man die Ratlosigkeit, die sich in der konkreten Situation u. a. darin äußert, daß man den Schülern der höheren Schule einen Wochenplan von 42 bis 43 Wochenstunden zumutet, sich der Unhaltbarkeit dieses Zustandes voll bewußt ist, aber im gegenwärtigen Moment keinen befriedigenden Ausweg weiß.

Was den Pädagogen den Mut gibt, an ihrer Aufgabe, die der der Quadratur des Zirkels nahekommt, nicht zu verzweifeln, ist „der Glaube an Wunder", der im ganzen Land den „Realismus" der Menschen erfüllt. Im pädagogischen Bereich ist dieser „Glaube" der Verwirklichung der Integration von zwei machtvollen kulturellen Traditionen zugewandt, die einander teilweise durchdringen, sich teilweise aber auch widersprechen. Einerseits legt man Wert auf die Pflege der dreitausendjährigen jüdischen Kultur mit ihrer reichen Literatur und Philosophie, während „wir andererseits ein Teil der westlichen Welt" sind und „die allgemeinen Begriffe und Werte dieser Welt nicht nur als Information, sondern auch als Formation mitteilen wollen" (Dr. Lewin). Von dem Bemühen um eine echte Integration kann heute allerdings noch nicht die Rede sein, denn die Konkretisierung dieser Bildungskonzeption äußert sich vorderhand nur in der Parallelität des geisteswissenschaftlichen Unterrichts: neben dem Fach „Jüdische Geschichte" gibt es das Fach „Weltgeschichte (mit dem Schwerpunkt der europäischen Geschichte)" usw. Der Fremdsprachenunterricht ist in das Dilemma insofern einbezogen, als die Kraft der Schüler bereits durch die Aneignung der Muttersprache, des Hebräischen, stark beansprucht ist, soweit sie nicht schon in einer hebräisch sprechenden Umgebung großgeworden sind — und das ist heute noch die Minderheit. Über die erste verbindliche Fremdsprache, das Englische, ist man sich weitgehend einig, doch bereits die Frage nach der Wertigkeit weiterer Fremdsprachen wirft grundsätzliche Probleme auf, denn neben den europäischen Sprachen (Französisch, Russisch) muß angesichts der geopolitischen Lage und der internen Auseinandersetzung über den geistigen Standort des heutigen und künftigen Israel auch das Arabische in die Überlegungen einbezogen werden [3].

---

[3] Deutsch wird an israelischen Schulen nicht gelehrt. Es scheint, daß viele deutsche Juden dadurch, daß sie mit ihren Kindern nur hebräisch sprechen, diese vor den inneren Konflikten bewahren wollen, die das Lebensschicksal dieser Menschen, die sich Deutschland und seiner Kultur einst völlig verbunden fühlten (und heute noch die Entwicklung der modernen deutschen Literatur eifrig verfolgen!), geprägt haben. Daß die Söhne kein unmittelbares Verhältnis zu den deutschen Klassikern mehr gewinnen, wird von manchen Vätern beklagt, ohne daß sich dadurch an der o. a. Haltung grundsätzlich etwas ändert.

Die ganze Diskussion über den Bildungsauftrag der geisteswissenschaftlichen Disziplinen spielt sich, was wir bei dieser Betrachtung nicht vergessen dürfen, auf einem
pädagogischen Kraftfeld ab, auf dem die soeben genannten Ansprüche mit den Zielsetzungen des naturwissenschaftlichen und technologischen Unterrichts, der körperlichen und militärischen Ertüchtigung, der werktätigen Erziehung und schließlich der
allgemeinen sozialen und politischen Realität (frühzeitiges Abitur!) konfrontiert sind.
Den Ruhepunkt in diesem — einer ständigen Zerreißprobe ausgesetzten — Lehrplan
bildet der obligatorische Bibelunterricht, der auch vom überzeugten agnostischen Sozialisten bejaht wird [4]. Er erfüllt als „Humanismus-Unterricht" weitgehend die Aufgabe,
die an unseren humanistischen Gymnasien den klassischen Sprachen zufällt. In ihm soll
der Schüler jedoch nicht nur an die allgemein-ethischen Gehalte der Bibel herangeführt
werden, sondern im Studium der Bibel begegnet er zugleich der Vergangenheit des
jüdischen Volkes. Es stimmte uns nachdenklich, als wir hörten, daß die Jugend die
„Zwischenzeit" zwischen der Zerstörung Jerusalems und der Gründung der zionisti-
schen Bewegung — einen Zeitraum von fast zweitausend Jahren! — am liebsten
überspringen möchte und daß der Bibelunterricht eines der beliebtesten Fächer ist.

Die zentrale Stellung des Bibelunterrichts ist, wie es scheint, ein Ausdruck der
„religiösen Bestimmtheit" des modernen Israel (Dr. Lewin), auch wenn sich der
institutionalisierten Religiosität nur ein Teil der Nation verpflichtet fühlt. Ob aus
dieser Grundstimmung die Kräfte erwachsen, deren Israel zu seiner geistig-kulturellen
Integration bedarf, wird sich vor allem dann erweisen müssen, wenn eines Tages
die äußere Bedrohung nachlassen sollte und die elementaren Schwierigkeiten bei der
Erschließung und Besiedlung des Landes überwunden sein werden. Andererseits
erweist sich in der gegenwärtigen Epoche der Wille zur Verteidigung und inneren
Kolonisation in seiner existentiellen Bedeutsamkeit als Voraussetzung zur *Meisterung
der geistigen Aufgabe;* aus der gemeinsamen Besitznahme des Landes empfangen letztlich *der Wille und die Kraft zur nationalen Wiedergeburt* ihre mächtigsten Impulse.
Die israelischen Pädagogen verschließen sich weder der Notwendigkeit der Bejahung
dieses geistigen Auftrags noch der Einsicht in die damit verbundene Komplexität und
Problematik.

4. Die Kibbuzschule als Stimulans

Knapp 5 % der jüdischen Bevölkerung Israels leben in den über das ganze Land
verstreuten Kibbuzim; die Ausstrahlung dieser Gemeinschaften auf das soziale und
politische Leben ist jedoch weitaus stärker, als dieses Zahlenverhältnis ausdrückt,
obwohl der Staat die Kibbuzim nicht privilegiert.

Aus dem Selbstverständnis des *Kibbuz als Lebensform* resultiert die Bedeutung, die
seine Mitglieder pädagogischen Fragen beimessen. Die Methoden, die man zu ihrer
Lösung anwendet, werden indessen im ganzen Lande beachtet und wirken als
Stimulans auf die Entwicklung des allgemeinen Schul- und Erziehungswesens, selbst
bzw. gerade wenn sie zum Widerspruch reizen.

Aus den Kibbuzim sind viele Offiziere der jungen israelischen Armee hervorgegangen,
und am Beispiel der werktätigen Erziehung wurde bereits oben aufgewiesen, daß die
situativen Voraussetzungen des Kibbuz der allgemeinen pädagogischen Zielsetzung der

---

[4] Religionsunterricht als religiöse Unterweisung wird nur an den wenigen kirchlichen Schulen erteilt, nicht
jedoch an den öffentlichen Schulen. Die religiöse Erziehung liegt also für die Mehrzahl der Kinder allein in
den Händen des Elternhauses und der Synagoge, die sich jedoch nicht von sich aus an die Jugendlichen wendet.

Bodenkultivierung und Landbesiedlung nutzbar gemacht werden. Schließlich erleichtert die weltanschauliche Fundierung des Gemeinschaftslebens, sei es ideologisch (sozialistisch) oder religiös bestimmt, das Suchen nach Orientierungspunkten für die Geistesbildung.

Im Kibbuz steht die Schule als *Lern- und Wohngemeinschaft* mitten im Leben der ganzen Gemeinschaft[5]. Nach dem Verlassen der Säuglingskrippe und des Kindergartens erhalten die Kinder bis zu ihrem 14. Lebensjahr in ihrem „Hause" Unterricht; das Klassenzimmer befindet sich unmittelbar neben den Wohnräumen, in denen jeweils die Kinder eines Jahrgangs leben. Die Älteren haben zwar getrennte „Wohn-" und „Schulhäuser", weil die Einrichtung von Experimentierräumen für die naturwissenschaftlichen Fächer die Teilung als zweckmäßig erscheinen läßt; an der Integration des Unterrichts in den allgemeinen Lebensvollzug ändert sich jedoch dadurch grundsätzlich nichts, weil die Kibbuzim an ihrer zwölfjährigen Einheitsschule festhalten und begabten Schülern nur in Form von Arbeitsgemeinschaften zusätzliche Bildungsmöglichkeiten gewähren.

Äußert sich hierin bereits der Primat der sozialen Erziehung gegenüber den Erfordernissen der Wissensvermittlung, so enthüllt die grundsätzliche Ablehnung von Versetzungen und Prüfungen, einschließlich der Reifeprüfung, Züge einer pädagogischen Konzeption, die ihre Wirksamkeit allein auf dem wohltätigen Einfluß der Lebensgemeinschaft auf die in jedem jungen Menschen zu weckenden Anlagen begründet. Wesentlich erscheint in dieser Betrachtung die Feststellung, daß die Kibbuzschule sich insofern von einem Internat unterscheidet, als sie von der Erwachsenenwelt nicht isoliert, sondern, im Gegenteil, ihr aufs engste verbunden ist.

Gleichwohl ist die Kibbuzschule, wie der Kibbuz überhaupt, von Krisenerscheinungen nicht verschont geblieben. Inmitten einer in voller Entfaltung begriffenen Industriegesellschaft, die vom materiellen Wettbewerb geprägt ist, muß der Begabtenförderung stärkere Aufmerksamkeit zugewandt werden, und die Zusammenfassung von Schülern der letzten Klasse außerhalb des Kibbuz zum Zwecke der Vorbereitung auf die staatliche Reifeprüfung, welche ja die Voraussetzung für jedes Hochschulstudium darstellt, erweist sich als verstecktes Zugeständnis an das „Berechtigungswesen" der Außenwelt. Mögliche — bereits heute zu beobachtende — Wandlungen im Selbstverständnis des Kibbuz, die sich als Abkehr von der dogmatisch bestimmten Sicht der Väter zu einer stärker am Pragmatischen verhafteten Betrachtungsweise deuten lassen, könnten eines Tages zu einer Anpassung der Kibbuzschule an die „normale" allgemein- und berufsbildende Schule führen. Wenn dieser Weg in derselben geistigen Offenheit beschritten werden sollte, die dem Beobachter als hervorstechendes Charakteristikum der gesamten pädagogischen Entwicklung auffällt, dürfte allerdings der Kibbuz weiterhin seine anerkannte Stellung als stimulierender Erziehungsträger behaupten.

II. Aktuelle Erziehungsprobleme

Daß die Verwirklichung der drei eingangs formulierten Zielsetzungen nicht nur grundsätzliche, sondern auch praktische, durch den Alltag unmittelbar bedingte Schwierigkeiten zeitigt, sei zum Abschluß dieser Ausführungen anhand der folgenden

---

[5] Die folgenden Zeilen stützen sich vor allem auf den Besuch des Kibbuz Naan (siehe Fußnote 1), das der Kibbuzbewegung der sozialistischen Partei „Achdut Haawoda Polej Zion" angehört.

aktuellen Fragen aufgewiesen. Einige Daten allgemein-informativen Charakters seien vorausgeschickt. *Jedes* Kind hat ein Jahr obligatorisch den Kindergarten besucht, wenn es im Alter von sechs Jahren in die *Grundschule* eintritt. Die *höhere Schulbildung* baut, abgesehen von den wenigen Privatschulen, auf dem verbindlichen achtjährigen Grundschulbesuch auf; die nach französischem Vorbild vorgesehene Auflockerung der letzten beiden Schuljahre ist bisher nicht zustande gekommen, wofür weniger sachliche als schulpolitische Gründe verantwortlich sind [6]. 85 % (in Tel Aviv 92 %) der Jugendlichen verlassen nach Beendigung ihrer Schulpflicht die Schule nicht, sondern setzen ihre Ausbildung in einem der folgenden Typen der höheren Schule fort, von denen die ersten drei mit der Reifeprüfung abschließen:

a) dem wissenschaftlichen Gymnasium, in dem neben dem Englischen eine zweite Fremdsprache (Französisch, Russisch, Arabisch) obligatorisch betrieben wird;

b) der realistischen Schule, in der naturwissenschaftliche und technologische Disziplinen sowie die Mathematik an erster Stelle stehen;

c) der landwirtschaftlichen Schule, die gewöhnlich mit einem Internat verbunden ist;

d) der höheren Schule ohne Reifeprüfung, die der britischen ,secondary modern school' nahesteht.

Der Ausbau eines *zweiten Bildungsweges* ist geplant, doch sind entsprechende Pläne angesichts der durch die permanente Neueinwanderung verursachten Schwierigkeiten im Bereich des ersten Bildungsweges vorerst zurückgestellt worden.

1. Sorgen des Schulalltags

Die Schülerzahl wächst jährlich um etwa 10 %, worin sich die Bevölkerungsdynamik des Landes widerspiegelt. Schulbau und Lehrerausbildung müssen bis an die Grenzen des Möglichen forciert werden, doch gelingt es nur mit Mühe, mit dem Wachstum Schritt zu halten. Da es sich bei den Zugängen um Kinder von Neueinwanderern handelt, die selbst erst den Anschluß an das gesellschaftliche Leben finden müssen, ist die Schule nicht nur den internen organisatorischen und den oben erörterten grundsätzlichen Belastungen ausgesetzt, sondern muß sich obendrein Aufgaben widmen, die in geordneten Verhältnissen das Elternhaus erfüllt. Der Eintritt jedes neuen Schülers beeinflußt den Gang des Unterrichts und das Gemeinschaftsleben von Klasse und Schule, weil die Kinder von Neueinwanderern grundsätzlich in ihre altersgemäße Klasse eingewiesen werden. Die Trennung von „eingeborenen" und „eingewanderten" Schülern wird gelegentlich vorgenommen, jedoch als „Lösung" sowohl vom Erziehungsministerium als auch von der breiten Öffentlichkeit um des Integrationsziels willen abgelehnt. Das Festhalten an diesem Grundsatz beeinträchtigt verständlicherweise das Wissensniveau, fördert andererseits aber die raschere Eingewöhnung der Neueinwanderer.

Besondere Schwierigkeiten verursachen die Kinder orientalischer Einwanderer, deren Auffassungsgabe für die Lernstoffe einer modernen Schule aufgrund des sozialen Milieus der Eltern oft gering ist. Dr. Jakob wies uns aber auch darauf hin, daß sich gerade orientalische, vor allem jemenitische, Kinder trotz der situationsbedingten Hemmnisse oftmals erstaunlich schnell in ihrer neuen Umgebung zurechtfänden, „weil sie nationale und religiöse Ideale mitbringen".

---

[6] Die Lehrergewerkschaft, in der die Grundschullehrer das Übergewicht haben, hat sich gegen entsprechende Pläne gewandt, weil die Grundschullehrer davon eine Minderung ihres Wirkungsbereichs befürchten. Die Gymnasiallehrer haben daraufhin die Einheitsorganisation verlassen und einen eigenen Verband gegründet.

Immer wieder wurde uns bestätigt, daß sich die Kinder rascher als die Erwachsenen den neuen Lebensbedingungen anpassen und daß „die Kinder die Eltern erziehen" (Dr. Lewin). Daß manche junge Lehrkraft in gutgemeintem Übereifer Fehler in der Kinderbehandlung macht, nimmt angesichts der allgemeinen Schulverhältnisse nicht wunder; die Junglehrerin, die ihre jemenitischen Zöglinge darüber „aufklärte", daß das Sitzen auf dem Fußboden „rückständig" sei, hat gewiß nicht die Folgen bedacht, die sich durch die unausbleibliche „Weitergabe der Belehrung" an die Eltern und Großeltern für die Familie ergeben mußten! Aus solchen Begebenheiten resultieren häufig Generationskonflikte, besonders bei jungen Mädchen; sie enden oftmals mit der Loslösung der jungen Menschen von ihren Familien. In den letzten Jahren ist daher die Einsicht gewachsen, daß die Kinder ihren Eltern nicht entfremdet werden dürfen, sondern daß die Eltern „miterzogen" werden müßten. Die Abhaltung von Erwachsenenzirkeln bürdet dem ohnehin überbeanspruchten Lehrer, der in einem ihm ungewohnten heißen Klima eine Klasse von durchschnittlich 55 Schülern unterrichtet, zusätzliche Lasten auf, gehört jedoch zu den unverzichtbaren „Nebenaufgaben", die erst eine erfolgversprechende Jugenderziehung zu gewährleisten vermögen.

2. Schule und Berufswahl

Obwohl die freie Berufswahl durch die Verfassung grundsätzlich garantiert ist, wird in der Praxis für die Majorität der Jugendlichen der berufliche Weg von Staat und Gesellschaft bestimmt. Wer die spezifische Situation des Landes nicht kennt, könnte von den Worten Dr. Lewins schockiert werden, der uns sagte: „Wir müssen darin, nämlich in der Steuerung der Berufsausbildung, noch rigoroser werden." Die hierin sichtbar werdende Diskrepanz von Verfassungstheorie und pädagogischer Praxis gipfelt in der starken Tendenz zu einer „Rationalisierung des Schulwesens" (Dr. Lewin). Der Gast wird die Erklärung seines israelischen Kollegen auch hier respektieren müssen, wenn dieser darlegt, daß jedes Kind für den Staat von großem Wert sei und man es sich nicht leisten könne, Jugendliche nicht einer produktiven Arbeit zuzuführen.

Eine Karteikarte begleitet das Kind vom 5. Lebensjahr an. Regelmäßige Tests liefern das „pädagogische Profil", an dessen Erstellung neben dem Schulleiter und dem Klassenlehrer die Schulschwester, der Schulpsychologe und der in der Schule tätige Sozialarbeiter beteiligt sind. Auf dieses im Kindergarten begonnene und in der Grundschule weitergeführte „Profil" und einen besonderen Auslesetest gründet sich die „Empfehlung", die den Jugendlichen nach dem 14. Lebensjahr „vor einer falschen Schule bewahren soll". Diese „Empfehlung" stellt ihrerseits die Grundlage für die indirekte Steuerung des weiteren Ausbildungsganges dar, und zwar auf zweierlei Weise:

1. Für den Besuch der höheren Schule wird ein Schulgeld erhoben. Die Befreiung von der Zahlung bzw. die Ermäßigung der Gebühr sowie die Gewährung eines Stipendiums werden nur im Rahmen dieser „Empfehlung" gehandhabt.

2. An den städtischen höheren Schulen (der Staat unterhält keine) werden Jahresquoten für die Aufnahme gesetzt, weil Platzmangel herrscht; dies gilt insbesondere für das wissenschaftliche Gymnasium. Bei der Auswahl nimmt man ausdrücklich auf die „Empfehlung" Bezug.

Da der Besuch einer der wenigen Privatschulen den Eltern hohe Kosten verursacht, wird auf diese Weise die überwältigende Mehrzahl der Jugendlichen in diese Steuerung einbezogen.

Die beachtliche Pflege, deren sich die in das System der höheren Schulbildung eingegliederten weiterführenden Fachschulen (als realistischer bzw. landwirtschaftlicher Typ) erfreuen, beruht nicht nur auf pädagogischen Erwägungen, sondern ist insofern situationsbedingt, als das Lehrlingswesen im Lande unbedeutend ist und die Industrie, die in Anfangsschwierigkeiten steckt, es sich nicht leisten kann, Lehrlinge auszubilden. Dieser Aufgabe nehmen sich besonders die am Beispiel Natanya bereits erwähnten ORT-Schulen an, deren Unterrichtsprogramm an die Schüler höchste Anforderungen stellt (52 Wochenstunden).

Schließlich stellen die „schwer erziehbaren" Kinder (10 bis 20 %) ein ernstes Erziehungsproblem dar. Die Konfrontation der Neueinwanderer mit einer ihnen völlig fremden Lebenswirklichkeit führt in vielen Fällen zur Störung und Zerstörung von Familien; der deutsche Besucher ist besonders betroffen, wenn er hört, daß gerade die Kinder von KZ-Häftlingen entweder verzogen oder vernachlässigt werden! Die *Sonderschule* hat in dieser Lage weniger die Aufgabe, geistig und körperlich zurückgebliebene Kinder zu betreuen als sich der „sozialen Fälle" anzunehmen.

An dieser Stelle seien nochmals die Kinderdörfer und Kinderheime erwähnt, die sich zur Aufgabe gesetzt haben, ihre Zöglinge, die größtenteils aus solchen gefährdeten Familien stammen, wieder dem normalen Gesellschaftsleben zuzuführen. Zum Tagesablauf gehört neben dem Schulunterricht sowohl das Fußballspiel, die Arbeit in der Werkstatt, auf dem Felde oder im Gemüsegarten als auch das Laienspiel, das gemeinsame Musizieren und die Gestaltung von religiösen und nationalen Feiern.

3. *Lehrerausbildung*

Im Kinderdorf Shefeja und im Kinderheim „Ahavah" in Kiryat Bialik beeindruckte uns die aufopfernde Hingabe der dort wirkenden Erzieher und Lehrer an ihren Beruf. Doch verschwiegen uns weder Dr. Lewin noch Dr. Jakob und Frau Ullmann die Schwierigkeiten, die der „idealistische Realismus", von dem die Jugend ergriffen ist, für die Bereitstellung des erforderlichen Lehrernachwuchses zeitigt.

Über die uns unglaublich anmutende physische und psychische Belastung des Lehrers wurde bereits gesprochen; dazu kommt, daß die Grundschullehrer schlecht bezahlt sind [7]. Die finanzielle Frage sei jedoch nicht die eigentliche Ursache des allerorts spürbaren Lehrermangels, wurde uns mehrfach gesagt; wichtiger sei vielmehr die Tatsache, daß die „Romantik der Technologie" (Dr. Lewin) die Jugend gepackt hat. Die Erschließung und Besiedlung des Negev und der Aufbau einer modernen Armee reizen die Phantasie junger Menschen weit mehr als die von außen her eintönig scheinende und keine sichtbaren Erfolge aufweisende Tätigkeit des Pädagogen. Daß auch Lehrer mit ungenügender Qualifikation beschäftigt werden müssen, leuchtet daher ein; nach der Reise durch das Land kam es keinem der deutschen Besucher in den Sinn, die Beiläufigkeit der Bemerkung zu beanstanden, mit der Dr. Lewin von orthographischen Mängeln (im Hebräischen) sprach, die er gelegentlich bei seinen Inspektionen an Lehrern feststellen müsse.

---

[7] Die akademischen Gymnasiallehrer haben vor zwei Jahren nach einem fünfmonatigen Streik eine Gehaltsaufbesserung erhalten.

Im mittleren Israel besuchten wir das Lehrerseminar Beit Berl bei Kfar Sava, das mitten in einer gartenähnlichen Landschaft liegt, deren Kultivierung „schon" vor vierzig Jahren eingeleitet wurde; hier werden Kibbuz-Lehrer ausgebildet. Die Ausführungen des Leiters, der einst die Frankfurter „Musterschule" besucht hat, spiegelten die ganze Problematik wider, von der die Lehrerausbildung in Israel erfüllt ist, ließen aber auch den Optimismus zutage treten, mit dem man sich im vollen Bewußtsein der immensen Schwierigkeiten den pädagogischen Aufgaben unterzieht, von denen in Mitteleuropa eine einzige geeignet ist, langwierige Debatten heraufzubeschwören und gegebenenfalls an konventionellen, ideologischen oder bürokratischen Widerständen zu scheitern.

Schlußbemerkung

Der Verfasser dieser Zeilen gesteht, daß er in der kurzen, ihm zur Verfügung stehenden Zeit die vorliegenden Beobachtungen und Erfahrungen nicht hätte sammeln können, wenn die israelischen Gastgeber ihm und seinen Kollegen nicht in einer bewunderswürdigen selbstkritischen Offenheit die Lage *und* Problematik ihres Erziehungs- und Schulwesens nahegebracht hätten. Diese Offenheit, die auch die Antwort auf eingehende kritische Fragen und Einwände aller Art einschloß, ist nur aus der freiheitlichen Lebenshaltung zu verstehen, der sich die Menschen dieses Gemeinwesens verpflichtet haben; sie hat in nicht geringem Maße das Bild mitgeprägt, das das Erlebnis dieser Reise im Verfasser hinterlassen hat. Dafür weiß er seinen israelischen Kollegen und allen Menschen, denen er im persönlichen Gespräch und in der öffentlichen Diskussion begegnet ist, aufrichtigen Dank.

IV. Zum Bildungswesen
in beiden deutschen Staaten

Die DDR und die Tradition im Bildungswesen

1. Einleitung: Bemerkungen zur Forschungslage

Sowohl in den bildungspolitischen Dokumenten der DDR als auch in der
erziehungswissenschaftlichen Literatur, die in beiden deutschen Staaten über
das Bildungswesen der DDR veröffentlicht ist, fehlen explizite Äußerungen
zur Thematik dieses Beitrages. Diese Feststellung begründet zugleich dessen
Funktion; ich verstehe meinen Beitrag daher als explorative Studie, nicht aber
als Forschungsbericht.

Die defizitäre Forschungslage sehe ich hauptsächlich dadurch begründet, daß
die offizielle Bildungs- und Erziehungskonzeption der DDR in radikaler Weise zukunftsorientiert ist. Ziel der normativen Pädagogik ist die Erziehung der
„allseitig und harmonisch entwickelten sozialistischen Persönlichkeit" oder,
in synonymer Verwendung, des „neuen Menschen". Die Verbindlichkeit dieses allgemeinen Erziehungsziels für die DDR-Pädagogik kommt beispielhaft
in dem Bildungsgesetz der DDR vom 25. Februar 1965 zum Ausdruck: „Das
Ziel des einheitlichen sozialistischen Bildungssystems ist eine hohe Bildung
des ganzen Volkes, die Bildung und Erziehung allseitig und harmonisch ent-
wickelter sozialistischer Persönlichkeiten, die bewußt das gesellschaftliche
Leben gestalten, die Natur verändern und ein erfülltes, glückliches, menschen-
würdiges Leben führen" (Baske 1979, S. 100).

Unter dieser Zielbestimmung betont die DDR-Pädagogik ihren Abstand zu
allen Bildungs- und Erziehungskonzeptionen, die, im Sinne der marxistisch-
leninistischen Lehre, ‚nichtsozialistisch' geprägt waren − und es gegenwärtig
(noch) sind. Dazu ein Zitat aus dem ersten Aufsatz des führenden DDR-Päda-
gogen Robert Alt, erschienen 1946 in der Zeitschrift „Pädagogik": „Gerade
der Arbeit des Erziehers obliegt es, der wesenseigenen gesellschaftlichen
Funktion des Jungseins zur Entfaltung zu verhelfen: daß Jugend Träger einer
zukünftig neu gestalteten Lebensform unseres Volkes, Ferment einer zu schaf-
fenden sozialen Neuordnung sei. Die neue Schule, geboren aus den Erfordernissen einer sich wandelnden Welt, wird so wirkende Kraft in der gesellschaftlichen Entwicklung" (Alt 1975, S. 85).

Während im weiteren Sinn diesem Anspruch die universale Reichweite eigen
ist, so bedeutet er im engeren Sinn die Herauslösung der DDR-Pädagogik aus
der gesamtdeutschen Vergangenheit. Dieser Prozeß ist ebenso als Konstante
zu betrachten wie die Hinwendung zum „sowjetischen Vorbild". Die Gültig-

keit dieser These bleibt unberührt von den Schwankungen, welche Definition und Verwendung des Begriffs „Nation" in der DDR während der vergangenen 30 Jahre erfahren haben.

2. Die Tradition im Bildungswesen und ihre Ursachen

Der grundsätzliche Abstand zur Vergangenheit schließt Bindungen an die Vergangenheit nicht aus. Die Tradition als Überlieferung von Strukturen und Werten, die aus früheren Perioden übernommen worden sind, hat daher einen festen Platz im Bildungswesen der DDR. An dieser Stelle gebrauche ich den Begriff „Bildungswesen" in seiner weitesten Wortbedeutung, in die ich neben dem institutionalisierten (formalen) Bildungssystem auch die weiten Bereiche der informellen Bildung und Erziehung einbeziehe. Zur definitorischen Klärung ist noch hinzuzufügen, daß mit dem Begriff „Tradition" sowohl dessen bewahrende als auch fortentwickelnde Komponente umrissen ist.

Wie ist die Bindung an die Tradition mit dem grundsätzlichen Abstand zur Vergangenheit zu vereinbaren? Diese Frage stellt sich umso mehr, als sowohl in der Bildungstheorie der DDR als auch in der Bildungspraxis aus dieser doppelten Orientierung Spannungen und Konflikte erwachsen. Die Frage nach den Ursachen der Traditionsbejahung verweist auf drei wesentliche Begründungsebenen:

a) In der marxistisch-leninistischen Lehre kommt der Geschichtlichkeit von Mensch und Gesellschaft in der anthropologischen Grundlegung und Geschichtsdeutung wesentliche Bedeutung zu. Dazu Lenin in seiner berühmt gewordenen Rede auf dem Dritten Allrussischen Kongreß des kommunistischen Jugendverbandes am 2. Oktober 1920: „Die Schulung, Erziehung und Bildung der Jugend muß von dem Material ausgehen, das uns von der alten Gesellschaft hinterlassen worden ist" (Lenin über Volksbildung, Berlin: Volk und Wissen 1961, S. 324). Es handelt sich dabei um die Rede, in der Lenin sich mit den jungen ‚Bilderstürmern' seiner Partei auseinandersetzte und sich dabei sogar dafür aussprach, von der zaristischen Schule das zu übernehmen, „was an ihr gut war" (ebenda, S. 327). Auch verdient auf dieser Begründungsebene besondere Berücksichtigung die Position, die Karl Marx mit seinem eigenen Werk in der europäischen Ideengeschichte einnimmt. Hervorragendes Beispiel hierfür ist die von ihm selbst gegebene Zielbestimmung des ‚allseitigen' Menschen, denn sie weist ihn als späten Vertreter eines anthropologischen Denkens aus, das bis in die griechische Antike zurückreicht.

b) Eugen Lemberg hat in seiner Studie über den „Nationalismus" darauf hingewiesen, daß in der Identitätsfindung und Identitätsbewahrung von Nationen das Geschichtsbild eine wichtige Rolle spielt (Lemberg 1964, II, S. 45 ff.). Unter diesem Aspekt erweist sich die Tradition als Bestandteil der „Integrationsideologie" (ebenda, S. 65), die für den Bestand und die Weiterentwicklung jeder Nation unentbehrlich ist. Den Nation-Begriff übernehme ich hierbei von Eugen Lemberg, in dessen Analyse er als Kriterium für soziale Großgruppen mit unterschiedlicher Integrationskraft definiert ist (ebenda, S. 51).

Der eigenen Tradition kann die Nation umso weniger ausweichen, je mehr sie von Nachbarnationen umgeben ist, in denen die Identifizierung mit der nationalen Geschichte ein konstitutives Merkmal der Integrationsideologie ist. In diesem Zusammenhang ist für die DDR zum einen an ihre östlichen Nachbarn, zum Beispiel die Sowjetunion und – in ganz besonderem Sinne – Polen, zu denken, zum anderen aber auch an die europäische Szene in deren Gesamtheit. Auch sollte in dieser Überlegung nicht übersehen werden, daß sich die Bundesrepublik Deutschland aufgrund nationaler Diskontinuität in einer ähnlichen Situation wie die DDR befindet und sich schwer tut, eine ‚naturwüchsige' Traditionsbejahung zu finden, die für europäische Nationen im Osten und Westen selbstverständlich ist. Zwingend scheint daher die These, daß die DDR-Pädagogik in ihren Ziel- und Inhaltsbestimmungen der Auseinandersetzung mit Tradition nicht entrinnen kann.

c) Über die ideologische und national-politische Begründungsebene hinaus lohnt es sich, den Blick auf Denk- und Verhaltensmuster zu lenken, die aus der Vergangenheit in die Gegenwart weiterwirken. Sie umfassen hinsichtlich ihrer Reichweite sowohl nationale als auch regionale und lokale Komponenten. Ich bin in diesem Zusammenhang bei der Abfassung dieses Beitrages auf den aufschlußreichen Aufsatz von Hermann Rudolph gestoßen, der unter dem Titel „Wovor wir nicht fortlaufen können" in der „Zeit" (6.3.1981, S. 16) erschienen ist. Rudolphs Überlegungen beziehen sich nur auf den gesamtdeutschen Kontext, während ich den von ihm verwandten Begriff „Code einer kollektiven Lebensweise, über Generationen hinweg eingesetzt" in dem – an Lemberg angelehnten – mehrschichtigen Sinn verstanden wissen möchte. Für Rudolph sind die tradierten „Prägungen, Verhaltensmuster und Überlieferungen" eine „ungeheure Vorgegebenheit", die „noch immer gegenwärtig, zwar halb abgesunken, halb überwachsen, aber immer noch bestimmend und unausweichlich" ist: „ein subkutanes Netz von Empfindlichkeiten, Wertungen, Mentalität". Auch H. G. Wolfs Hinweis auf ein „traditionelles Geschichtsbild", das „ganz offensichtlich" mit dem marxistischen Geschichtsbild konkurriere, sei in diesem Zusammenhang erwähnt (Wolf 1978, S. 180).

Zusammenfassend möchte ich an dieser Stelle unterstreichen, daß die Auseinandersetzung mit Tradition für die DDR-Pädagogik durch Ideologie, politische Gegenwart und Vorgegebenheiten anthropoligischer und soziologischer Natur bestimmt ist. Offen bleibt freilich, wie, wann und in welchem Rahmen die auf der dritten Begründungsebene eingeführten Vorgegebenheiten im jahrhundertelangen historischen Prozeß zustandegekommen sind.

3. Traditionsströme im Bildungswesen

Was ist Tradition im Bildungswesen? Bereits die bisherigen Überlegungen dürften deutlich gemacht haben, daß hier nicht mit einem singularischen Begriff gearbeitet werden kann, sondern die Aufdeckung von Traditionsströmen oder „Traditionen" geboten ist. Dies ist das Ergebnis meiner Überlegungen:

a) Die Überprüfung des Stichwortes „Tradition" in dem sehr hilfreichen Register der von Siegfried Baske (und Martha Engelbert) herausgegebenen Dokumentenbände über die Bildungspolitik in der SBZ/DDR führt durchweg zur „humanistisch-revolutionären" Tradition, die auf die deutsche und internationale Arbeiterbewegung bezogen ist. Die emphatische Bejahung dieses Traditionsstroms erscheint als kontinuierliches Element in allen offiziellen Dokumenten (Gesetzen, Verordnungen usw.) und auch in bildungstheoretischen Untersuchungen und Kommentaren. Besonders wird in diesem Zusammenhang auf die Partei (SED) als Vermittlerin der Tradition hingewiesen (z. B. Baske 1979, S. 139).

Von diesem offiziell artikulierten Traditionsstrom unterscheiden sich die im folgenden zu erwähnenden „Traditionen". Sie sind einerseits unter die „humanistisch-revolutionäre" Tradition subsumiert, weisen andererseits aber eigenständige Züge auf; ihnen gilt im folgenden unsere Aufmerksamkeit.

b) Zuerst denken wir an die national-politische Tradition, welche die DDR-Pädagogik mehrmals in Definitions- und Interpretationsschwierigkeiten verstrickt hat, die durch die Schwankungen in der Inhaltsbestimmung des Nation-Begriffs verursacht (gewesen) sind. Man braucht sich in diesem Zusammenhang nur die Präambel im Bildungsgesetz von 1965 vorzunehmen und den inhaltlich entsprechenden Artikeln (1 und 8) in der Verfassung von 1968 und deren Novellierung von 1974 gegenüberzustellen.

Im — unverändert gültigen — Bildungsgesetz vom 25. Februar 1965 lesen wir: „Die Errungenschaften der Deutschen Demokratischen Republik auf dem Gebiet des Bildungswesens und ihr weiterer systematischer Ausbau sind eine nationale Leistung, die für ganz Deutschland beispielhaft ist. Das sozialistische Bildungswesen der Deutschen Demokratischen Republik ist dem Bildungswesen in Westdeutschland um eine ganze historische Epoche voraus". Hier wird zwar — anders als in den 40er und frühen 50er Jahren — dezidiert die Zweistaaten-Theorie vertreten, doch erscheint die Bildungspolitik gesamtdeutsch orientiert, und so auch die Tradition, wenn beispielsweise im folgenden Satz die Bildungspolitik in der Bundesrepublik Deutschland denunziert wird mit den Worten: „Die deutsche Geschichte wird verfälscht, die Traditionen des Humanismus und des Fortschritts werden mißachtet" (Baske 1979, S. 99).

In der Verfassung der DDR vom 6. April 1968 ist die Abgrenzung bereits deutlicher artikuliert, wenn von der Deutschen Demokratischen Republik als einem „sozialistischen Staat deutscher Nation" gesprochen wird (ebenda, S. 206). Die novellierte Fassung vom 7. Oktober 1974 kennt demgegenüber nur noch einen „sozialistischen Staat der Arbeiter und Bauern"; weggefallen ist die Aussage über die „vom Imperialismus der deutschen Nation aufgezwungene Spaltung Deutschlands", die von der DDR überwunden werden müsse (ebenda, S. 403).

Die DDR-Pädagogik orientiert sich an den unterschiedlichen ideologischen Vorgaben und modifiziert entsprechend den Begriff „Nationalbewußtsein" und dessen Umsetzung in den Unterricht — insbesondere der Fächer Deutsch, Geschichte und Staatsbürgerkunde. Wohl beeinflußt, nicht aber in Frage gestellt von diesen — durch prinzipielle Thesen wie aktuelle Anlässe verursachten — Schwankungen ist das ‚patriotische' Element geblieben, das in der historisch-staatsbürgerlichen Erziehung verankert ist. Die Geschichtsdidaktik der DDR ordnet es der „humanistisch-revolutionären" Tradition zu und relativiert es durch die Aufnahme des Oberbegriffs „Patriotismus und Internationalismus". Der kritische Interpret kann sich mit dieser Deutung allerdings nicht zufrieden geben, wenn er beispielsweise die Überschneidung von Klassenkampf- und Rußlandbezogenheit in den Anweisungen zur Behandlung des „Befreiungskrieges" des Jahres 1813 feststellt.

Zur Erläuterung dieser Frage sei die dominierende Stelle des ‚patriotischen' Elements hervorgehoben, die sich aus der Untersuchung der Lehrpläne der Allgemeinbildenden polytechnischen Oberschule (POS) und der Erweiterten Oberschule (EOS) ergibt (vgl. Mitter 1979, S. 107). Während im Fach Staatsbürgerkunde drei Jahrespläne (für die Klassen 7, 8 und 10) auf Gegenwartsfragen in der DDR konzentriert sind, sind 70 Prozent des Geschichtsunterrichts der deutschen Geschichte vorbehalten. Deren Hervorhebung ist im Geschichtslehrplan auch unter qualitativem Aspekt zu bemerken. Dazu folgende Hinweise zu den einzelnen Jahreslehrplänen: In der Klasse 6 sollen das Mittelalter gemäß der Lehre des Historischen Materialismus als das Zeitalter des Feudalismus und die „frühbürgerliche Revolution", in deren Behandlung Reformation und Bauernkrieg einbezogen sind, „am Beispiel der Geschichte des deutschen Volkes dargestellt" werden (Lehrplan für Geschichte, Klasse 6, S. 253).

In Klasse 7 sind zwar für den „Übergang vom Feudalismus zum Kapitalismus" und für die „bürgerliche Revolution" verständlicherweise England beziehungsweise Frankreich als Beispiele gewählt, doch werden die jeweiligen Folgeerscheinungen in der deutschen Geschichte vom 17. bis 19. Jahrhundert ausführlich als Unterrichtsgegenstand erörtert; der „patriotische" Akzent wird beispielsweise besonders deutlich in der Darstellung der „Napoleonischen Fremdherrschaft", die im Lehrplan mit der „Ausplünderung des deutschen Volkes zugunsten der französischen Bourgeoisie" in Verbindung gebracht wird (Präzisierter Lehrplan für Geschichte, Klasse 7, S. 36), sowie der Geschichte des Jahres 1813 unter den Stichwörtern „Volkserhebung" und „Befreiungskrieg" (ebenda, S. 40).

Während im Lehrplan der Klasse 8 die deutsche Arbeiterbewegung im 19. und beginnenden 20. Jahrhundert dominiert, liegt der Schwerpunkt im Lehrplan der Klasse 9 zunächst auf der „Großen Sozialistischen Oktoberrevolution", dann aber auf der Geschichte der KPD, auf die die ganze Entwicklung in Deutschland bezogen wird. Schließlich trägt in Klasse 10, der Abschlußklasse der POS, der Unterricht beider Fächer (zusammen 4 Wochenstunden) einen zeitgeschichtlichen Charakter, und zwar konzentriert auf die Geschichte der Gegenwart der DDR (Allgemeinbildung 1973, S. 252, 267), womit zugleich die „humanistisch-revolutionäre" Tradition über 1945 hinaus fortgesetzt und an die Gegenwart herangeführt wird. Ob beziehungsweise wie weit sich die jüngsten Auseinandersetzungen mit dem Preußenbild — über die seit den frühen 50er Jahren gültige und positive Bewertung des „Befreiungskrieges" hinaus — in der Geschichtsdidaktik niederschlagen werden, bleibt abzuwarten (vgl. Förtsch 1979).

c) Mit der „humanistsich-revolutionären" Tradition ist die kulturelle Tradition verknüpft; sie erscheint unter dem Begriff „Kulturerbe" mit universalem und nationalem Bezug. Auch hierbei ergibt sich keine Kongruenz. So ist der Literaturunterricht (innerhalb des Faches „Deutsch") einerseits am Klassenkampfschema des Historischen Materialismus ausgerichtet, berücksichtigt andererseits aber in der Auswahl ausländischer Literatur vor allem russische und sowjetische Autoren, was auf die schon erwähnte Rußlandbezogenheit verweist. Auch trägt die hervorgehobene Stellung deutscher Klassik sowie „bürgerlich-realistischer Literatur" des 19. und des beginnenden 20. Jahrhunderts selbst bei ideologisch einseitiger Interpretation zweifellos dazu bei, innerhalb des zitierten „subkutanen

Netzes" kulturelle Traditionen weiterzutragen, die der „humanistisch-revolutionären" Tradition nur schwer zuzuordnen sind – in gewisser Hinsicht mehr, als dies seit Ende der 60er Jahre in manchen bundesdeutschen Ländern und Schulen der Fall ist. Hier harrt ein weites Feld für die Untersuchung von Wirkungen literarischer Überlieferung. Zum Vergleich bietet sich die Sowjetunion mit ihrer Pflege ‚klassischer' russischer Literatur (Puškin, Lermontov, Gogol' usw.) an.

d) Besondere Aufmerksamkeit gebührt verständlicherweise in diesem Vortrag dem pädagogischen Traditionsstrom; dieser äußert sich darin, daß sowohl in der gegenwärtigen Theorie und Praxis der Erziehung und des Unterrichts, in der Struktur des Bildungssystems und schließlich in der Rezeption ‚klassischer' pädagogischer Theorie spezifische Überlieferungen gepflegt und vermittelt werden. Dies soll im folgenden Abschnitt gesondert erläutert werden.

e) Zuletzt sei in diesem Katalog eine etwas eingehendere Aufmerksamkeit dem Traditionsstrom geschenkt, den ich mit dem Begriff „ethische Tradition" umschreiben möchte. Er erklärt sich unmittelbar durch das Fortwirken der erwähnten „Prägungen, Verhaltensmuster und Überlieferungen" und ist insofern mit der offiziellen Bildungs- und Erziehungskonzeption verbunden, als sich die sozialistische Gesellschaft als Erbe der ‚guten' Traditionen vorausgegangener Gesellschaftsformationen begreift. Dies kommt in der Pädagogik explizit zum Ausdruck.

Ich möchte diesen Sachverhalt beispielhaft verdeutlichen, indem ich folgenden Abschnitt aus den „Grundsätzen für die Gestaltung des einheitlichen sozialistischen Bildungssystems" zitierte, die 1964 von einer staatlichen Kommission in der DDR ausgearbeitet und zur Grundlage für das ein Jahr später von der Volkskammer verabschiedete Bildungsgesetz wurden. Es geht in diesen Zeilen um die dem heranwachsenden DDR-Bürger anzuerziehenden Verhaltenseigenschaften: „Die jungen Menschen werden dazu erzogen, kritisch und selbständig zu denken und sich die geistigen Reichtümer der Menschheit anzueignen. Sie werden im sozialistischen Bildungswesen auf das Leben in der sozialistischen Gesellschaft vorbereitet und im Kollektiv und durch das Kollektiv zum bewußten staatsbürgerlichen Verhalten erzogen. Sie sollen verstehen, daß Hilfsbereitschaft, Freundlichkeit, Höflichkeit und Zuvorkommenheit sowie Achtung gegenüber älteren Menschen das Leben in der sozialistischen Gesellschaft angenehmer und lebenswerter machen. Sie sollen wissen, daß ehrliche und saubere Beziehungen zwischen den Geschlechtern ein Teil der sozialistischen Menschlichkeit sind. Im sozialistischen Kollektiv bildet die Jugend jene staatsbürgerlichen Fähigkeiten und Eigenschaften aus, die sie befähigen, in unserer sozialistischen Demokratie mitzuarbeiten, mitzuplanen und mitzuregieren (Baske 1979, S. 71).

In diesen Zeilen werden drei Verhaltenseigenschaften des Menschen benannt, auf deren Erwerb der Erziehungsprozeß abzielen muß:

1. die kognitiven Fähigkeiten des kritischen und selbständigen Denkens zum Zweck des Wissenserwerbs;
2. kollektives Verhalten im täglichen Verkehr mit anderen Menschen;
3. staatsbürgerliche Fähigkeiten und staatsbürgerliches Verhalten als Voraussetzung des Mitplanens und Mitregierens im sozialistischen Staat.

Mir kommt es in meiner Interpretation vor allem auf die zweite Verhaltenseigenschaft an. Angesprochen sind nämlich Eigenschaften, die – aus DDR-Sicht systemimmanent gesehen – bereits in vorsozialistischen Gesellschaftsformen geschätzt worden sind, wie Hilfsbereitschaft, Freundlichkeit, Höflichkeit und Zuvorkommenheit gegenüber älteren Menschen sowie „ehrliche und saubere Beziehungen" zu Angehörigen des anderen Geschlechts. Wesentlich ist in diesem Zusammenhang, daß dies von der DDR-Pädagogik auch gar nicht bestritten wird. Wohl aber wird betont, daß diese Verhaltenseigenschaften in der sozialistischen Gesellschaft dadurch höhere Qualität erlangen, daß sie zum Gemeingut der gesamten Bevölkerung werden und somit einstige Klassenbindungen überwinden. Die DDR-Pädagogik kann sich dabei auf Karl Marx' Äußerungen in der ‚Deutschen Ideologie' berufen, die sich auf die „massenhafte Erzeugung" des kommunistischen Bewußtseins beziehen; Marx hebt hervor, daß in der letzten Revolution der Weltgeschichte das Proletariat „dahin kommen kann, sich den ganzen alten Dreck vom Halse zu schaffen und zu einer neuen Begründung der Gesellschaft befähigt zu werden" (MEW 3, S. 54). In pädagogischen Veröffentlichungen der DDR findet dieser Gedanke mit seinem ethischen und pädagogischen Bezug häufig seinen Niederschlag in vereinfachenden Formulierungen. Nichtsdestoweniger ist hierbei der Rückgriff auf den anthropologischen Ansatz des ersten „Klassikers" erkennbar.

Ich fasse zusammen: Zwischen den einzelnen Traditionsströmen bestehen Wechselbeziehungen, die sich sowohl in der Bildungstheorie als auch in der Bildungspraxis in vielfältiger Weise niederschlagen. Besondere Aufmerksamkeit verdient hierbei die Wechselwirkung zwischen der „humanistisch-revolutionären" Tradition, der in der offiziellen Bildungskonzeption eindeutige Priorität zuerkannt ist, und den anderen Traditionsströmen; sie läßt sowohl Affinitäten als auch Widersprüche erkennen. Die Widersprüche kommen insbesondere dadurch zustande, daß der offizielle Traditionsstrom in die anderen Traditionsströme selektiv eingreift. Solche Eingriffe in die national-politische, kulturelle und pädagogische Tradition erscheinen vielfach unter der Abgrenzungsklassifikation „reaktionär" versus „progressiv". Das „Reaktionäre" wird dabei ausgesondert oder (und) negativ bewertet.

Das Verhältnis zwischen „humanistisch-revolutionärer" und ethischer Tradition ist insofern durch eine besondere Spannung gekennzeichnet, als der Rezeption ‚vorsozialistischer' Normen und Verhaltensmuster nur im Hinblick auf die kommunistische Endgesellschaft der Status eines allgemeingültigen Postulats zuerkannt wird. Für die „(real-)sozialistische" Gesellschaftsformation gilt diese Anerkennung nur eingeschränkt, wobei sich überdies Unstimmigkeiten zwischen prinzipiell klassenkampf-orientierten und aktuell-außenpolitischen Zuordnungen ergeben können. Ein Beispiel dafür bietet der Fremdsprachenunterricht. Während der Russischunterricht eindeutig auf Sympathie zum ‚Vorbildland' Sowjetunion ausgerichtet ist, wird im Unterricht der westlichen Fremdsprachen die Sympathie für die Werktätigen in englisch- und französischsprachigen Ländern dadurch überlagert, daß bei deren Darstellung allgemein negative Erscheinungen (Ausbeutung, Rassendiskriminierung usw.) überwiegen (vgl. Allgemeinbildung 1973, S. 384). Schließlich muß in dieser Zusammenfassung noch einmal auf die Spannung verwiesen werden, die sich zwischen einem (in sich schwankenden) ‚nationalen' und einem (in sich ebenfalls in der historischen Entwicklung unterschiedlich dokumentierenden) ‚universalen' Traditionsbewußtsein widerspiegelt.

4. Tradition im institutionalisierten Bildungssystem

Wir wenden uns nunmehr dem institutionalisierten Bildungssystem (Bildungswesen in engeren Sinn) zu und fragen, wie sich die pädagogische Tradition auf den verschiedenen Ebenen äußert. Auch hier bietet sich ein weites Feld für Untersuchungen, die über die Analyse von Lehrplänen und Methodiken hinaus nicht nur die Fachliteratur, sondern auch die schöngeistige Literatur erfassen müßten. Die folgenden Merkmale scheinen für die Verankerung pädagogischer Tradition beispielhaft:

a) In der Didaktik hat die „sozialistische Allgemeinbildung" einen zentralen Platz. Ihre Umsetzung in die Bildungspraxis ist dem gesamten Bildungssystem aufgetragen, betrifft nowendigerweise aber den Primar- und Sekundarbereich am stärksten. Ihr Umfang und Inhalt werden erkenntnistheoretisch mit der These begründet, daß die marxistisch-leninistische Gesellschaftslehre es erlaube, „Charakter und Inhalt der allseitigen Entwicklung des Menschen aus den objektiven Gesetzmäßigkeiten und Bedingungen der gesellschaftlichen Entwicklung heraus" zu bestimmen (Allgemeinbildung 1973, S. 34). Von dieser These aus führt der Weg zu einer didaktisch-methodischen Konzeption, welche die Aneignung der „ganzen Breite und

Vielfalt der Kulturgüter" unterstreicht, die Differenzierung des Sekundarbereichs dem Prinzip der „Einheitlichkeit" unterordnet und damit ein Abwählen von als allgemein verbindlich definierten Bildungsbereichen und
Fächern — auch noch in der ‚Abiturstufe' (Sekundarbereich II) — ausschließt.

Für unsere Überlegungen ist von noch größerer Wichtigkeit die historische
Untermauerung dieser erkenntnistheoretischen Begründung, und zwar mit
dem Selbstverständnis des (real-)sozialistischen Gesellschaftssystems als des
Erbes der technischen und kulturellen Entwicklung aller vorausgegangenen
Gesellschaftsformationen und dabei insbesondere der als ‚humanistisch'
bewerteten Kulturgüter. Dadurch erklärt sich beispielsweise auch die Wertschätzung des chronologisch aufgebauten Geschichts- und Literaturunterrichts, die allerdings nicht unbestritten ist (Waterkamp 1975, S. 107). Ein
unter dieser Fragestellung durchgeführter Vergleich von Deutsch- und Ge-
schichtslehrplänen beziehungsweise Rahmenrichtlinien, die gegenwärtig in
den beiden deutschen Staaten gültig sind, mit Lehrplänen aus der gemeinsamen Vergangenheit dürften den Befund ergeben, daß die Bindung an
eine enzyklopädisch verstandene Erarbeitung von „Kulturgütern" gegenwärtig — wenn auch unter veränderten ideologischen Vorzeichen — in der
DDR stärker zum Ausdruck kommt als in westdeutschen Bundesländern.

b) Ein Prinzip der DDR-Pädagogik ist das der „Einheit von Bildung und Erziehung", das sich in der Didaktik im „erziehenden Unterricht" niederschlägt. Dietmar Waterkamp hat in einer kürzlich erschienenen Studie (Waterkamp 1980) auf den Zusammenhang dieses Gedankens mit dem lehr-
plantheoretischen Denken gelenkt, das im 19. Jahrhundert von der Herbartianischen Schule entwickelt worden ist. Die diesem Denken eigene
These vom Zusammenhang von Lehrinhalten und Erziehungsprozessen hat
in der deutschen Schule bis in dieses Jahrhundert hinein eine wichtige Rolle gespielt. Sie ist dann durch die Reformpädagogik, in der dem Handlungsaspekt im erzieherischen Prozeß zentrale Bedeutung zuerkannt wurde, wesentlich in Frage gestellt worden. Deswegen ist es nicht verwunderlich, daß
in der SBZ/DDR in den späten 40er Jahren die Reformpädagogik in Mißkredit geriet, obwohl sich nach 1945 führende Reformpädagogen der bürgerlichen und sozialistischen Richtung (zum Beispiel Peter Petersen und
Paul Oestreich) für die Erneuerung des Bildungswesens zur Verfügung gestellt hatten. (In der Zwischenzeit ist sie teilweise rehabilitiert worden; vgl.
Alt 1975, S. 410—444; Rang-Dudzik 1978). Das Herbartianische Denken
ist über die Sowjetunion, wo es eine feste Verankerung erfuhr, in die DDR
„zurückgekehrt". Dietmar Waterkamp weist in seiner Studie zwar darauf
hin, daß in den letzten Jahren an dem Gedanken des „erziehenden Unter-

richts" Kritik geübt und dabei die Frage nach einer „stoffunabhängigen"
Erziehung gestellt worden ist (Waterkamp 1981, S. 163), bestätigt aber
zugleich das Weiterwirken der tradierten Lehrplantheorie in der Praxis
des Schulalltags.

Eng verbunden mit der Positionsbestimmung des „erziehenden Unterrichts" ist die Wertschätzung des Kenntniserwerbs, dem „im Zusammenwirken der verschiedenen psychischen Komponenten der Persönlichkeit"
große Bedeutung beigemessen wird. „Ohne solide, wissenschaftlich einwandfreie Kenntnisse ist weder die Ausbildung ideologischer Überzeugungen und sozialistischer Verhaltensweisen noch die Entwicklung eines hohen Niveaus der Fähigkeiten denkbar, denn weder Fähigkeiten noch (erst
recht!) ideologische Überzeugungen können ‚inhaltsleer', sozusagen als
formale Eigenschaften entwickelt werden. Ein reiches, geordnetes Wissenssystem ist inhaltliche Grundlage jeder Persönlichkeit, ein entscheidendes stabilisierendes Element der gesamten Persönlichkeitsentwicklung"
(Allgemeinbildung 1973, S. 63). Die Akzentuierung dieses Prinzips erklärt
im Vergleich zu vielen westlichen (vor allem angelsächsischen und skandinavischen) Schulen den auffälligen Lerncharakter der „sozialistischen
Schule" im traditionellen Sinn der Aneignung abfragbaren Wissens, den
hohen Stellenwert des wissenschaftsdisziplinär-orientierten Lehrplanaufbaus und die Absage an alle Formen eines Projektunterrichts. Zu dessen
Entwicklung hat die sowjetische Pädagogik in ihrer revolutionären Phase
einen bemerkenswerten Beitrag geleistet, der in der Stalinära dann freilich aus der Schule verschwand.

Die Vermittlung des „erziehenden Unterrichts" erfolgt im Rahmen des
„bewährten Fächersystems". Zwar sind die Unterrichtsfächer zu Bildungsbereichen zusammengefaßt, deren Anteil an der allgemeinen Bildung quantitativ und qualitativ bestimmt ist. Auch ist die Notwendigkeit „fachübergreifender Koordinierung" von Didaktikern anerkannt (Allgemeinbildung
1973, S. 76–91); bevorzugte Felder hierfür sind die politisch-ideologische
Bildung und Erziehung, der naturwissenschaftliche Bildungsbereich und
der polytechnische Unterricht. Die Bemühungen um Koordinierung zielen
jedoch nicht auf den Aufbau integrierender Veranstaltungen, sondern beschränken sich bislang auf die Abstimmung der betroffenen Fachlehrpläne.
Auch dies zeigt die Traditionsgebundenheit der dominierenden Lehrplantheorie.

c) Bei der Betrachtung der Struktur des Bildungssystems, der wir uns nunmehr zuwenden, gebührt besondere Aufmerksamkeit der „Abiturstufe",
   wie der zur Hochschulreife führende Sektor des Sekundarbereichs II in
   der DDR offiziell genannt wird. Die „Abiturstufe" baut auf der zehnjäh-

rigen POS auf und besteht aus der zweijährigen EOS und der Einrichtung „Berufsausbildung mit Abitur", die für eine kleine Gruppe (ca. 4 Prozent des Altersjahrgangs, vgl. Schmidt 1976, S. 139 ff.) reserviert ist und in einem dreijährigen Kurs eine Doppelqualifikation (Hochschulreife und Facharbeiterbrief) vermittelt.

Hervorzuheben ist, daß die „Abiturstufe" ausdrücklich ihren Auslesecharakter betont; für die EOS kam er bislang zusätzlich dadurch zum Ausdruck, daß der ‚normale' Weg in sie über Vorbereitungsklassen lief (9. und 10. Schuljahr), die zwar formal der POS angehörten, de facto aber aus ihr herausgelöst und oftmals sogar in die Organisationsstruktur von Erweiterten Oberschulen einbezogen waren. Im Unterschied zu allen anderen europäischen Staaten (d. h. in diesem Falle auch zu den osteuropäischen Nachbarn) betont die DDR ausdrücklich das selektive Prinzip des studienbezogenen Schulbereichs. Sie erspart sich dadurch zweifellos größtenteils, wenn auch nicht ganz, die Probleme, die in anderen Ländern – einschließlich der Bundesrepublik Deutschland – durch wachsende Diskrepanzen zwischen Abiturientenzahlen und Hochschulkapazitäten entstanden sind. Im Vergleich zu den Gymnasien in der Bundesrepublik, die im Laufe der letzten 15 Jahre zu Massenbildungsstätten geworden sind, haben die Erweiterten Oberschulen – und erst recht die hier nicht zu erörternden Spezialschulen – weit stärker ihren selektiven, rein hochschulvorbereitenden Charakter bewahrt.

Die Selektivität findet sich schließlich in der Position der „Reifeprüfung" im Bildungswesen wieder; diese traditionelle Bezeichnung ist in der DDR voll beibehalten worden. Während in der Bundesrepublik Deutschland die Funktion des Abiturs zur formalen Feststellung der Studierfähigkeit reduziert worden ist, betont die „Anweisung über die Durchführung der Abschluß- und Reifeprüfungen" vom 5. Dezember 1974 (2. Fassung vom 9. Juli 1976), daß die Reifeprüfung – und ebenfalls die Abschlußprüfung am Ende der 10. Klasse – ein „gesellschaftliches Ereignis von großer Bedeutung" sei – und dies nicht nur für Schüler (Lehrlinge und Lehrgangsteilnehmer), sondern auch für Lehrer, Eltern und alle an der Erziehung und Bildung Beteiligten. Diese Bedeutung manifestiert sich in bestimmten Formerfordernissen, deren Einhaltung einen feierlichen und würdevollen Ablauf gewährleisten soll (vgl. Schmidt 1976, S. 18).

d) Auf internationalen Konferenzen, an denen Erziehungswissenschaftler aus beiden deutschen Staaten teilnehmen (was vergleichsweise selten ist), wird von ausländischen Kollegen verständlicherweise die Frage nach ‚deutschen Gemeinsamkeiten' im Bildungswesen gestellt. Dabei ergibt sich in den Antworten weitgehende Übereinstimmung über den spezifisch ‚deutschen

Beitrag' zur Bewältigung des Berufsausbildungsproblems. Dessen Erörterung führt auf ein besonderes Traditionsmerkmal zurück, denn das Überdauern der – wie immer im konkreten Einzalfall qualitativ gearteten – Ausbildung am Arbeitsplatz hat in Deutschland die industrielle Revolution überdauert und sich im Laufe dieses Jahrhunderts sogar erneut gefestigt. Dazu kommt, daß durch Georg Kerschensteiners Initiative der Grund zu einem berufsbildenden Teilzeit-Schulwesen gelegt wurde, dessen Besuch seit 1938 selbst für arbeitslose Jugendliche verbindlich ist. Wie die Länder der Bundesrepublik Deutschland hat auch die DDR diese „duale" Ausbildungsform übernommen, didaktisch entwickelt und insofern sogar formal aufgewertet, als die Pflicht zur Berufsausbildung Verfassungsgebot geworden ist (Art. 25).

Gewiß ist zu berücksichtigen, daß der „duale" Charakter des Berufsausbildungssystems in beiden deutschen Staaten sich heute unter dem Kompetenzaspekt wesentlich unterscheidet. In der Bundesrepublik Deutschland ist die Verantwortung geteilt zwischen den autonomen Wirtschaftsinstitutionen (Kammern) und den Kultusministerien der Länder, während in der DDR die Verantwortung für die gesamte Ausbildung dem Ministerium für Volksbildung obliegt. Als gravierender Unterscheidungspunkt ist ferner die Verfügbarkeit über den Ausbildungsbereich am Arbeitsplatz zu vermerken, die in der unterschiedlichen ökonomischen Struktur wurzelt: In der DDR liegt sie bei der im wesentlichen verstaatlichten Wirtschaft, während sie in der Bundesrepublik Deutschland durch die Konkurrenz freier und öffentlicher Unternehmen als Ausbildungsinstitutionen bedingt ist. Dies alles führt – zusammen mit den didaktischen Spezifika – zu beachtlichen Unterschieden, über die man jedoch die gemeinsame – geschichtlich fundierte und weiterwirkende – Grundstruktur nicht übersehen sollte.

Erbe ‚deutscher' Tradition ist auch das durch seine besondere Leistungsstärke auffallende Fachschulwesen. Dieses Erbe nimmt die DDR-Pädagogik sogar offiziell in Anspruch (Bildungswesen, S. 123). Ähnlich wie sein bundesdeutsches Pendant bewegt sich das Fachschulwesen in der DDR von der sekundären und tertiären Horizontalstufe; dies zeigt sich beispielsweise im Aufbau von Fachschulabteilungen an Universitäten und an der vollzogenen Überleitung der „Pädagogischen Institute" – aus Ausbildungsstätten für Sekundarlehrer – in Pädagogische Hochschulen. Beim Vergleich mit dem Fachschulwesen in den übrigen osteuropäischen Ländern wird der vergleichsweise hohe Status der Fach- und Ingenieurschulen in der DDR besonders deutlich.

e) Als letztes Merkmal pädagogischer Tradition erwähne ich die Rezeption ‚vorsozialistischer' allgemein-pädagogischer Theorie. Die DDR-Pädagogik bekennt sich nicht nur zu Erziehern, die sie, wie beispielsweise Theodor Neubauer und Ernst Schneller, dem „antifaschistischen Widerstand" zuordnen kann, sondern nachdrücklich auch zur pädagogischen ‚Klassik', sowohl in deren übernationalen als auch nationalen Ausprägung. Comenius und Pestalozzi haben in dieser Traditionsbejahung einen ebenso ehrenvollen Platz wie — seit jüngster Zeit sogar verstärkt — Friedrich Adolf Diesterweg und Wilhelm v. Humboldt. Auch hier lohnte sich ein deutsch-deutscher Vergleich, und zwar zwischen Studienplänen in der Lehrerausbildung. Erwähnt sei in diesem Zusammenhang nur, daß an den Pädagogischen Hochschulen und Universitäten der DDR die Geschichte der Pädagogik einen nachdrücklich anerkannten Stellenwert hat, während sie in der Lehrerausbildung in der Bundesrepublik Deutschland im vergangenen Jahrzehnt spürbar zurückgedrängt worden ist.

Auf der Grundlage dieser differenzierenden Betrachtung stellt sich am Ende dieses Abschnittes die Frage, wie weit sich von diesen ‚deutschen' Traditionsmerkmalen die allgemein-strukturellen und die inhaltlichen Merkmale des DDR-Bildungswesens abheben, welche auf die in den vergangenen 30 Jahren erfolgte Hinwendung zum „sowjetischen Vorbild" hindeuten. Dabei ist freilich zu prüfen, wie weit das sowjetische Bildungswesen seinerseits traditionsgebunden ist und zum Teil selbst Anregungen deutscher Herkunft aufgenommen hat, worauf ich am Beispiel der Rezeption und ‚Rückvermittlung' der Herbartianischen Lehrplantheorie hingewiesen habe.

In diesem Zusammenhang sei folgende allgemeine Feststellung erlaubt: Bildungsgeschichtliche Vergleiche weisen nach, daß Tendenzen der Angleichung an das „sowjetische Vorbild" sich in der DDR weit stärker durchgesetzt haben als in den anderen sozialistischen Staaten Mittel- und Osteuropas (mit Ausnahme Bulgariens). Markantes Beispiel hierfür ist die Polytechnisierung des allgemeinbildenden Schulwesens am Ende der 50er und zu Beginn der 60er Jahre. Auch die mit besonderer Intensität betriebene Verankerung des Russischen als erster Fremdsprache ist in diesem Zusammenhang ebenso hervorzuheben wie die vergleichsweise starke, bereits erwähnte Einbeziehung russischer und sowjetischer Literatur in den muttersprachlichen Unterricht. Dabei ist sogar festzustellen, daß Neuerungen und Reformen, in denen die sowjetischen Impulse zu erkennen sind, in der DDR mitunter konsequenter durchgeführt worden sind als in der Sowjetunion selbst. Dies gilt beispielsweise für den Ausbau der POS im allgemeinen und der Verwirklichung der polytechnischen Bildung (insbesondere ihres praktischen Teils) im besonderen.

Die Traditionsfrage wiederum unmittelbar berührt schließlich die Anregung, daß eine vertiefende Betrachtung Ähnlichkeiten zwischen der DDR und einigen Nachbarstaaten (insbesondere CSSR, teilweise auch Polen, Rumänien und Ungarn) herausarbeiten könnte, die dort in deren „österreichischer" Vergangenheit und Verwandschaft zur deutschen Bildungs- und Schulgeschichte begründet sind.

5. Schlußbetrachtung: Tradition im Bildungswesen DDR und ‚deutsche Bildungsgeschichte'

In meiner Schlußbetrachtung gehe ich davon aus, daß meine Analyse gezeigt haben dürfte, daß die Aufdeckung von Traditionsströmen im Bildungswesen der DDR stark auf ‚gesamtdeutsche Quellen' hinweist. Aus dieser Feststellung kann man, wie es scheint, zwei Folgerungen ableiten. Einmal vermag die Bindung an die gesamtdeutsche Vergangenheit gewiß die Stellung von Prognosen für einen Fortgang ‚deutscher' Bildungsgeschichte auszulösen. An dieser Stelle berühre ich die Diskussion über Weiterbestehen beziehungsweise Nicht-Weiterbestehen der deutschen Nation, wozu die jüngste Äußerung Erich Honeckers das aktuellste Material (Februar 1981) liefert. Die Kommentierung dieser politischen Frage ist nicht meine Aufgabe; wohl aber ist die Bemerkung hier erlaubt, daß Prognosen der soeben erwähnten Art durch Honeckers Äußerungen ermutigt werden. Wichtiger scheint mir für die Thematik dieses Beitrages die Antithese, daß sich aus der Aufdeckung von Traditionsströmen im Bildungswesen der DDR keine Schlußfolgerung begründen läßt, die auf einen Zwang zur Festschreibung ‚nationaler' Tradition (im ‚gesamtdeutschen' Sinn) hindeuten könnte. Analog gilt dies auch für ‚übernationale' Traditionen.

Als im ‚gesamtdeutschen' Sinn desintegrierend müssen in diesem Zusammenhang vor allem folgende Prozesse beachtet werden:

a) Zu unterstreichen ist die eingangs erwähnte prinzipielle sozialistische Zukunftsorientiertheit der DDR-Pädagogik.

b) Zu beachten ist der Fortgang der bildungspolitischen und pädagogischen Entwicklung in der Bundesrepublik Deutschland, in der sich ebenfalls eine Spannung zwischen Tradition und „Neuem" zeigt. Dabei sollte nicht übersehen werden, daß sich das Bildungswesen im westlichen Teil Deutschlands in gewisser Hinsicht weiter von „deutscher" Bildungstradition entfernt hat als in der DDR. Ich denke in diesem Zusammenhang an die Rezeption moderner Curriculum- und Erziehungstheorien aus westlichen Ländern, vor allem den USA, sowie ihre Verarbeitung und Weiterentwicklung. Demgegenüber ist die DDR an das Pädagogikverständnis der Sowjetunion gebunden, das vergleichsweise ‚konservative' Züge aufweist, wie die Nachwirkung der Herbartianischen Pädagogik beispielhaft verdeutlicht.

c) Schließlich sollten wir nicht vergessen, daß sich im Bildungswesen beider deutscher Staaten neue „Integrationsideologien" entwickeln – im Sinne des nach Eugen Lemberg formulierten „gestaffelten Systems verschieden motivierter und verschiedenartig verpflichtender Bindungen" (Lemberg 1964, II, S. 129). Dies gilt für ostwärts gerichtete Bindungen in der DDR ebenso wie für westwärts gerichtete Orientierungen in der Bundesrepublik Deutschland. Der neuerdings vielfach registrierten Renaissance des ‚Nationalen' im Sinne ‚gesamtdeutscher' Tendenz kommt hier vielleicht die Bedeutung einer gewissen Gegensteuerung zu; sie kann aber nicht die Entwicklungen rückgängig machen, die seit 1945 in beiden deutschen Staaten eingetreten sind und deren Bildungssysteme voneinander entfern haben.

So kann die Untersuchung der Tradition (beziehungsweise der „Traditionen") im Bildungswesen der DDR in ihren nationalen und übernationalen Bezügen zwar Verstehen und Verständnis vertiefen. Es käme dagegen einer Illusion gleich, wollten wir aus dieser Einsicht kurzschlüssige Hoffnungen auf das Weiterwirken geschichtlich bedingter und daher vergänglicher Überlieferungen ableiten.

Literatur:

Allgemeinbildung-Lehrplanwerk-Unterricht. Berlin (Ost): Volk und Wissen 1973

Alt, Robert: Erziehung und Gesellschaft. Pädagogische Schriften. Berlin (Ost): Volk und Wissen 1975

Baske, Siegfried/Engelbert, Martha (Hrsg.): Zwei Jahrzehnte Bildungspolitik in der Sowjetzone Deutschlands. Dokumente. 1. und 2. Teil. Heidelberg: Quelle u. Meyer (in Komm.) 1966. = Osteuropa-Institut an der Freien Universität Berlin, Erziehungswissenschaftliche Veröffentlichungen, Bd. 2

Baske, Siegfried: Bildungspolitik in der DDR 1963–1976. Dokumente. Wiesbaden: Harrassowitz (in Komm.) 1979. = Osteuropa-Institut an der Freien Universität Berlin, Erziehungswissenschaftliche Veröffentlichungen, Bd. 11

Das Bildungswesen der Deutschen Demokratischen Republik. Berlin (Ost): Volk und Wissen 1979 (Zit.: Bildungswesen).

Die deutsche Frage in der politischen Bildung. Öffentliche Anhörung des Ausschusses für innerdeutsche Beziehungen des Deutschen Bundestages 1978. Darin: Schriftliche

Stellungnahme von Dipl.-Päd. Hans-Georg Wolf. Bonn: Deutscher Bundestag, Presse- und Informationszentrum 1978 (Zit.: Wolf)

Förtsch, Eckart: Revision des Preußenbildes? Ein neuer wissenschaftlicher Ansatz in der DDR. In: Deutschland-Archiv, 12 (1979) 2, S. 168–173

Günther, Karl-Heinz/Uhlig Gottfried: Geschichte der Schule in der Deutschen Demokratischen Republik 1945 bis 1968. Berlin (Ost): Volk und Wissen 1969

Hearnden, Arthur: Bildungspolitik in der BRD und DDR. Düsseldorf: Schwann 1977[2]

Kuhnert, Jan: Berufliche Bildung als Prüfstein der Bildungspolitik in der SBZ. In: Deutschland Archiv, 13 (1980) 7, S. 736–748

Lemberg, Eugen: Nationalismus I und II. Hamburg: Rowohlt 1964. = rororo 197/198

Mitter, Wolfgang: Erziehungsziele und Probleme ihrer Verwirklichung in sozialistischen Gesellschaften. In: Forschungen zur osteuropäischen Geschichte. Bd. 20. Wiesbaden: Harrassowitz (in Komm.) 1973, S. 93–111. = Historische Veröffentlichungen, Bd. 20

Mitter, Wolfgang: Oberstes Lernziel: Der sozialistische Mensch. Grundfragen zur historisch-patriotischen Erziehung in der DDR. In: Materialien zur politischen Bildung, (1979) 1, S. 106–112

Mitter Wolfgang: Curriculum Issues in Both Germanies. A Comparative Appraisal. In: Compare. 11 (1981), S. 7–20

Rang-Dudzik, Brita: Pädagogischer Subjektivismus und objektive Notwendigkeit – Zur Kritik an der Reformpädagogik in der SBZ und in der frühen DDR (1945–1956). In: Schule und Erziehung VI. Argument, Sonderband 21. Berlin 1978, S. 87–116

Schmidt, Gerlind: Sekundarabschlüsse mit Hochschulreife in der DDR. Weinheim/Basel: Beltz 1976. = Studien und Dokumentationen zur vergleichenden Bildungsforschung. Bd. 1/4

Schmitt, Karl: Politische Erziehung in der DDR. Ziele, Methoden und Ergebnisse des politischen Unterrichts an den allgemeinbildenden Schulen der DDR. Paderborn: Schöningh 1980. = Studien zur Didaktik. Bd. 2

Waterkamp, Dietmar: Lehrplanreform in der DDR. Hannover: Schroedel 1975

Waterkamp, Dietmar: Lehrplanreform in der DDR – eine Bilanz. In: Hörner, Wolfgang/ Waterkamp, Dietmar (Hrsg.): Curriculumentwicklung im internationalen Vergleich. Weinheim/Basel: Beltz 1981, S. 144–176 (Zit.: Waterkamp 1981)

Waterkamp, Dietmar: Lehrplanreform und Curriculumreform in der Deutschen Demokratischen Republik und in der Bundesrepublik Deutschland. In: Baske, Siegfried (Hrsg.): Bildungsreformen in der Bundesrepublik Deutschland und in der Deutschen Demokratischen Republik. Heidelberg: Meyn 1981. = Schriftenreihe der Gesellschaft für Deutschlandforschung e. V., Bd. III, S. 67–78

Die DDR und die Tradition im Bildungswesen

Thesen

1. Sowohl in den bildungspolitischen Dokumenten der DDR als auch in der in beiden deutschen Staaten veröffentlichten erziehungswissenschaftlichen Literatur fehlen explizite Äußerungen zum Thema. Dieses Defizit ist hauptsächlich damit zu begründen, daß in der offiziellen Bildungs- und Erziehungskonzeption der DDR die Zukunftsorientierung das hervorstechende Merkmal ist. Ziel der normativen Pädagogik ist die Erziehung der „allseitig und harmonisch entwickelten sozialistischen Persönlichkeit" und des „neuen Menschen". Unter dieser Zielbestimmung betont die DDR-Pädagogik ihren Abstand zu allen früheren Bildungs- und Erziehungskonzeptionen und deren Umsetzung in die jeweilige historische Realität. Im engeren Sinne bedeutet dies die Herauslösung der DDR-Pädagogik aus der gesamtdeutschen Vergangenheit. Dieser Prozeß ist ebenso als Konstante zu betrachten wie die Hinwendung zum „sowjetischen Vorbild".

2. Daß der grundsätzliche Abstand zur Vergangenheit Bindungen an die Vergangenheit nicht ausschließt, ist auf drei wesentliche Ursachen zurückzuführen:
   a) die marxistisch-leninistische Lehre gründet in der Geschichtlichkeit von Mensch und Gesellschaft. „Die Schulung, Erziehung und Bildung der Jugend muß von dem Material ausgehen, das uns von der alten Gesellschaft hinterlassen worden ist" (Lenin).
   b) Die DDR ist von Staaten umgeben, deren Gesellschaften sich mit ihrer eigenen Vergangenheit auseinandersetzen (müssen). Dies zwingt die DDR-Pädagogik, in ihren Ziel- und Inhaltsbestimmungen der Konfrontation mit der Geschichte nicht auszuweichen.
   c) In der Gesellschaft der DDR wirken Denk- und Verhaltensmuster der Vergangenheit weiter; sie erfordern bewußte Verarbeitung.
   Die Auseinandersetzung mit der Tradition ist daher für die DDR-Pädagogik (Bildungswesen im weiteren Sinne) durch Ideologie, politische Gegenwart und anthropologsich-soziologische Grundgegebenheiten bedingt.

3. Der Begriff „Tradition im Bildungswesen" bedarf des differenzierten Zugangs, der zur Aufdeckung der folgenden Traditionsströme („Traditionen") führt:

a) der „humanistisch-revolutionären" Tradition als der in bildungspolitischen Dokumenten aus dem Historischen Materialismus abgeleiteten Vergangenheitssicht;

b) der national-politischen Tradition, die einerseits der „humanistisch-revolutionären" Tradition zugeordnet ist, andererseits durch die Konfrontation der DDR mit der Bundesrepublik Deutschland wie auch durch die Bewältigung der „nationalen" Vergangenheit (zum Beispiel Befreiungskrieg 1813) eigenständige Wertigkeit erlangt hat;

c) der kulturellen Tradition mit ihrer Bindung an (übernational) „humanistisches" und „nationales Kulturerbe";

d) der pädagogischen Tradition als des für die Entwicklung der Pädagogik und des Bildungswesens der DDR spezifischen Traditionsstroms (er wird unter 4. in einem eigenen Abschnitt erörtert);

e) der ethischen Tradition, die sich im Fortwirken überlieferter Normen und Verhaltensmuster äußert.

Zwischen den einzelnen Traditionsströmen bestehen Wechselwirkungen, die sich sowohl in der Bildungstheorie als auch in der Bildungspraxis in vielfältiger Weise niederschlagen. Besondere Aufmerksamkeit verdient hierbei die Wechselwirkung zwischen der „humanistisch-revolutionären" Tradition, der in der offiziellen Bildungskonzeption eindeutige Priorität zuerkannt ist und den vier anderen Traditionsströmen, deren Verhältnis zum offiziellen Traditionsstrom sowohl Affinitäten als auch Widersprüche erkennen läßt (zum Beispiel zwischen der Bewahrung des „nationalen Kulturerbes", und der klassenkampf-orientierten Selektion der „guten" Überlieferung).

4. Im (institutionalisierten) Bildungssystem (Bildungswesen im engeren Sinne) äußert sich die pädagogische Tradition auf verschiedenen Ebenen, die beispielhaft durch folgende Erscheinungen erfaßt werden:

a) die Betonung einer „Allgemeinbildung", welche sich am „bewährten Fächersystem" orientiert;

b) die Konzeption des „erziehenden Unterrichts", der auf Denkfiguren der Herbartianischen Lehrplantheorie zurückverweist;

c) das Festhalten an einer „Abiturstufe" oberhalb der allgemeinbildenden Einheitsschule unter ausdrücklicher Betonung ihres Auslesecharakters und an der Konzeption einer durch eine „Reifeprüfung" zu erwerbenden Hochschulreife;

d) das Fortwirken des „dualen" Systems der Berufsausbildung als des spezifisch „deutschen Beitrags" zur Bewältigung des Berufsbildungsproblems
und die Weiterentwicklung des im internationalen Vergleich durch seine
besondere Leistungsstärke auffallenden Fachschulwesens;

e) das nachdrückliche Bekenntnis zur „klassischen" Pädagogik in ihrer übernationalen (zum Beispiel Comenius) und nationalen Ausprägung (zum Beispiel W. v. Humboldt, F. A. Diesterweg).

Auf der Grundlage dieser Differenzierung ist zu fragen, wie weit bei diesen
vom Bildungswesen akzeptierten Traditionsmerkmalen die DDR mit der Sowjetunion (und anderen sozialistischen Staaten) übereinstimmt oder eigene
Wege beschreitet.

5. Die Aufdeckung von Traditionsströmen im Bildungswesen der DDR weist
stark auf „gesamtdeutsche Quellen" hin. Dies vermag einerseits die Stellung
von Prognosen für einen Fortgang „deutscher" Bildungsgeschichte zu beeinflussen, begründet andererseits aber keine Festschreibung „nationaler" Traditionen.

Als im „gesamtdeutschen" Sinn desintegrierend müssen in diesem Zusammenhang vor allem folgende Prozesse beachtet werden:

a) die eingangs erwähnte „sozialistische" Zukunftsorientiertheit der DDR-
Pädagogik;

b) der Fortgang der bildungspolitischen und pädagogischen Entwicklung in
der Bundesrepublik Deutschland, in der sich ebenfalls eine Spannung zwischen Tradition und „Neuem" zeigt (mit teilweise sogar größerer Entfer-
nung von „deutscher" Bildungstradition als in der DDR);

c) die im Bildungswesen beider deutscher Staaten sich entwickelnden neuen
Integrationsideologien (im Sinne des von Eugen Lemberg formulierten
„gestaffelten Systems verschieden motivierter und verschiedenartig verpflichtender Bindungen").

Wandel und Kontinuität im Bildungswesen der beiden deutschen Staaten

1. EINLEITENDE BEMERKUNGEN ZUM KOMMUNIKATIONSDEFIZIT

Die Akademie der Pädagogischen Wissenschaften und auch die erziehungswissenschaftlichen Institute der Universitäten und Pädagogischen Hochschulen der DDR unterhalten vielfältige Beziehungen zum westlichen Ausland. Dies gilt umgekehrt für den Gedanken- und Erfahrungsaustausch zwischen Universitäten und außeruniversitären Hochschulen und Forschungsinstituten in der Bundesrepublik Deutschland mit Partnerinstitutionen in den sozialistischen Staaten Ost- und Mitteleuropas. Die deutsch-deutschen Beziehungen nehmen in dieser gesellschaftssystemübergreifenden Kommunikation eine Ausnahmestellung ein; daß diese Beziehungen im erziehungswissenschaftlichen Bereich befriedigend seien, läßt sich nämlich beim besten Willen nicht behaupten. Unter dem Aspekt der persönlichen Erfahrung ist die DDR für den bundesdeutschen Erziehungswissenschaftler nach wie vor ein „fernes Land". Abgesehen von der Durchführbarkeit empirischer Primäruntersuchungen, die für uns auch in osteuropäischen Ländern nicht gegeben ist, besteht nur geringe Gelegenheit zum Fachgespräch. Am ehesten bietet sie sich auf „neutralem" Boden, insbesondere auf internationalen Konferenzen.

Nun wird die fehlende Gelegenheit zu Primärerhebungen zu einem gewissen Grad durch den Zugang zu statistischen Daten, Rechtsdokumenten und sekundären Darstellungen kompensiert, soweit sie für den Bücherexport veröffentlicht sind. Die Veröffentlichungspolitik der DDR setzt im allgemeinen jedoch auch dem Bedürfnis des „Fremden" nach einem durch Literaturstudium zu erzielenden Informationsgewinn enge Grenzen. Aufsätzen in DDR-Zeitschriften ist beispielsweise zu entnehmen, daß in der DDR Primäruntersuchungen durchgeführt werden ,die des Interesses des auswärtigen Erziehungswissenschaftlers gewiß sein dürften, wenn sie studiert werden könnten. Dies gilt für Untersuchungen zu Schülerleistungen ebenso wie für Befragungen zur Berufswahl und zum Jugendverhalten. Die Verhinderungen bei der Erfassung von in Form von Dokumenten und Berichten vorliegenden Forschungsergebnissen motiviert daher die Suche nach „Ersatzquellen". Sie suchen wir sowohl in der schöngeistigen Literatur als auch in Filmen. Dabei sind wir uns der Problematik wohl bewußt, welche die Interpretation einer Aussageebene aufwirft, die durch die Spannung von „Dichtung und Wahrheit" gekennzeichnet ist[1].

Der Mangel an unmittelbarer Kommunikation betrifft in grundsätzlich ähnlicher Weise die Erziehungswissenschaftler der DDR, was sich in deren Veröffentlichungen über Bildungsgeschehnisse und Bildungsentwicklungen in der Bundesrepublik Deutschland niederschlägt. Die Publizität der Veröffentlichungspraxis in der Bundesrepublik Deutschland bietet ihnen zwar einen vergleichsweise breiten Zugang zu primären und sekundären Quellen, einschließlich ihres „grauen" Sektors. Da dieser Zugang vielfach aber nicht genutzt wird und vor allem mit den politisch und ideologisch vorgegebenen Deutungsmustern kollidiert, ergibt sich für die DDR-Erziehungswissenschaft ebenfalls ein Erkenntnisdefizit, das, freilich anders als das bei uns vorhandene, durch den *Verzicht* auf die optimale Auswertung zugänglicher Informationen verursacht ist.

Die Problematik der erziehungswissenschaftlichen Kommunikation, die beiderseits als *defizitär* zu bezeichnen ist, ist an den Anfang dieses Beitrags gestellt, um die besondere Stellung des deutsch-deutschen Verhältnisses in der vergleichenden Bildungsforschung zu verdeutlichen. Entspricht ihr auch eine „besondere Qualität" des deutsch-deutschen Bildungsvergleichs selbst? Für den bundesdeutschen Komparatisten möchte ich diese Frage bejahen und unter den drei folgenden Aspekten zu beantworten versuchen.

a) Unter *bildungsgeschichtlichem* Aspekt ist die Frage untersuchenswert, wie innerhalb eines im Grunde kurzen Zeitraums traditionale Bindungen sich lösen und sogar verschwinden, konkret: wie aus einem deutschen zwei deutsche Bildungssysteme werden. Am Beispiel der jüngsten deutschen Bildungsgeschichte läßt sich diese Frage — natürlich unter Berücksichtigung des speziellen, einmaligen Falles — exemplarisch aufzeigen. Daß sich in diesem Zusammenhang dem Bildungshistoriker weiterführende Fragen nach den „gesamtdeutschen" Merkmalen des Bildungssystems vor 1945 stellen, sei in der Einleitung nur angedeutet und später wieder aufgegriffen.

b) Unter *rechtlichem* Aspekt stellt sich die Frage, wie sich von den beiden unterschiedlichen Standorten her jeweils die Beziehungen zum „anderen" deutschen Bildungssystem stellen und damit von den Beziehungen zum nichtdeutschen Ausland abheben. Was den bundesdeutschen Standort betrifft, mag der Hinweis auf die Präambel des Grundgesetzes genügen, nach der das deutsche Volk „auch für jene gehandelt (hat), denen mitzuwirken versagt war. Das gesamte deutsche Volk bleibt

---

[1] Vgl. *Mitter, W.,* Gesamtschulen in der Bundesrepublik Deutschland und die Allgemeinbildende polytechnische Oberschule der DDR. Kriterien für einen Vergleich (Skizze). In: *S. Baske (Hrsg.),* Bildungsreformen in der Bundesrepublik Deutschland und in der Deutschen Demokratischen Republik. Heidelberg: Edition Meyn 1981, S. 9—24.

aufgerufen, in freier Bestimmung die Einheit und Freiheit Deutschlands zu vollen-
den:" Dieser Verfassungsauftrag hat eine *grundsätzliche* Kontinuität in der Betrachtung des deutsch-deutschen Verhältnisses, auch im Bildungs- und Erziehungswesen,
begründet, die auch der Grundlagenvertrag vom Jahre 1972 nicht verändert hat.

Die DDR-Pädagogik ist demgegenüber mit grundlegenden Wandlungen im offiziellen Verständnis der deutsch-deutschen Beziehungen konfrontiert gewesen und
dadurch mehrmals in Definitions- und Interpretationsschwierigkeiten verstrickt worden. Sichtbar werden diese Wandlungen in der Inhaltsbestimmung des Nation-
Begriffs. An der Gegenüberstellung der Präambel des Bildungsgesetzes der DDR von
1965 und den inhaltlich entsprechenden Artikeln (1 und 8) der Verfassung von 1968
und deren Novellierung von 1974 sei dies verdeutlicht.

Im — bis heute gültigen — Bildungsgesetz vom 25. Februar 1965, das in dieser
Sichtweise mit der ersten Verfassung der DDR vom 7. Oktober 1949 kongruiert, lesen
wir: „Die Errungenschaften der Deutschen Demokratischen Republik auf dem Gebiet
des Bildungswesens und ihr weiterer systematischer Ausbau sind eine nationale
Leistung, die für ganz Deutschland beispielhaft ist. Das sozialistische Bildungswesen
der Deutschen Demokratischen Republik ist dem Bildungswesen in Westdeutschland
um eine ganze historische Epoche voraus"[2]. Hier wird zwar bereits, anders als in den
vierziger und frühen fünfziger Jahren, dezidiert die Zweistaaten-Theorie vertreten,
doch erscheint die Bildungspolitik ausdrücklich gesamtdeutsch orientiert. In der
Verfassung der DDR vom 6. April 1968 ist die Abgrenzung bereits deutlicher
artikuliert, wenn von der Deutschen Demokratischen Republik als einem „sozialistischen Staat deutscher Nation" gesprochen wird[3]. Die novellierte Fassung vom 7.
Oktober 1974 kennt demgegenüber nur noch einen „sozialistischen Staat der Arbeiter
und Bauern"; weggefallen ist die Aussage über die „vom Imperialismus der deutschen
Nation aufgezwungene Spaltung Deutschlands", die von der DDR überwunden
werden müsse[4].

c) Unter *bildungsgeschichtlichem* Aspekt vermag die Interpretation wesentlicher
bildungspolitischer Dokumente in repräsentativer Weise zu verdeutlichen, daß die
Einstellung zur „deutsch-deutschen" Problematik in beiden deutschen Staaten nicht
problemlos verlaufen ist. Bis zum Ende der sechziger Jahre herrschen Formulierungen
der Abgrenzung vor — in der DDR gegen das in Westdeutschland geortete „Bildungs-

[2] *Baske, S. (Hrsg.),* Bildungspolitik in der DDR 1963—1976. Dokumente. Wiesbaden: Harrassowitz (in Komm.) 1979. = Osteuropa-Institut an der Freien Universität Berlin, Erziehungswissenschaftliche Veröffentlichungen. Bd. 11, S. 99.

[3] Ebda., S. 206.

[4] Ebda., S. 403.

privileg der reaktionären Klassen"[5], in der Bundesrepublik Deutschland gegen die „Sowjetisierung" des DDR-Schulwesens[6]. Dieser „gesamtdeutsche" Bezug ist gewiß nicht nur als jeweils aktueller Dekor zu deuten, sondern weist in den einzelnen Perioden auf substantielle Identifikationsprobleme der sich äußernden Seiten hin. Dies gilt beispielsweise in gleichem Maße für die Ende der fünfziger Jahre laufenden Diskussionen in der DDR zur Einführung des „einheitlichen sozialistischen Bildungssystems" und in der Bundesrepublik Deutschland zu den vom Deutschen Ausschuß für das Erziehungs- und Bildungswesen vorgeschlagenen Schulreformen. In der Bundesrepublik Deutschland hat seit Mitte der sechziger Jahre das sachliche Interesse an der Bildungsentwicklung in der DDR die Abgrenzungsproblematik zurückgedrängt, wodurch der „gesamtdeutsche" Bezug insofern eine neue Note erhielt, als in Reformdiskussionen besonders auffällige Leistungen der DDR-Pädagogik in das Blickfeld gerieten (z. B. polytechnische Bildung, Berufsbildung) und, teilweise sehr unterschiedlich, interpretiert wurden. In der DDR hat dagegen die offizielle Verneinung gesamtdeutscher Bindungen die Abgrenzungstendenz verschärft.

Zusammenfassend sei unterstrichen, daß die Bildungsgeschichte der deutschdeutschen Wechselbeziehungen sich als ein Vergleichsthema präsentiert, das — zumindest in dieser Intensität — im Verhältnis etablierter Nationalstaaten nicht nachvollziehbar ist.

2. EINHEIT UND VIELFALT ALS HISTORISCHES ERBE

„Uneinheitlichkeit" im deutschen Bildungs- und Erziehungswesen ist kein Novum in der Entwicklung seit dem Ende des Zweiten Weltkrieges; vielmehr ist die Geschichte des deutschen Bildungswesens durch die Auseinandersetzung um Einheit und Vielfalt geprägt, die in das 19. Jahrhundert zurückreicht[7]. Der Untersuchung dieser Frage seien einige Bemerkungen zur Rolle des Staates als einer wichtigen historischen Rahmenbedingung vorausgeschickt. Sie hebt das deutsche Bildungs- und

[5] z. B. *Baske, S./Engelbert, M.* (Hrsg.), Zwei Jahrzehnte Bildungspolitik in der Sowjetzone Deutschlands. Dokumente 1. und 2. Teil. Heidelberg: Quelle und Meyer (in Komm.) 1960. = Osteuropa-Institut an der Freien Universität Berlin, Erziehungswissenschaftliche Veröffentlichungen. Bd. 2, S. 1.

[6] z. B. *L. Froese*, Sowjetisierung der deutschen Schule. Entwicklung und Struktur des mitteldeutschen Bildungswesens. Freiburg/Basel/Wien: Herder 1962.

[7] Die in diesem Beitrag nur skizzierte Darstellung der Entwicklung des Bildungswesens in Deutschland während der letzten beiden Jahrhunderte stützt sich im wesentlichen auf die beiden folgenden jüngsten grundlegenden Darstellungen: *Herwig Blankertz*, Die Geschichte der Pädagogik von der Aufklärung bis zur Gegenwart. Wetzlar 1982 — *Peter Lundgreen*, Sozialgeschichte der deutschen Schule im Überblick. Teil I: 1770—1918, Teil II: 1918—1980. Göttingen 1980/81.

Erziehungswesen beispielsweise von den Systemen der angelsächsischen Nationen und unserer niederländischen Nachbarn grundsätzlich ab. Deutschland ist eines der klassischen Länder mit ausgeprägtem *staatlichen* Schulwesen.

In der Weimarer Verfassung (1919) heißt es in Artikel 144: „Das gesamte Schulwesen steht unter der Aufsicht des Staates." Unmittelbar vom Staatsmonopol waren seit dem 18. Jahrhundert die Primar- und Sekundarschulen erfaßt. Auch die Hochschulen standen unter der Aufsicht des Staates; hier ist das Wort „Aufsicht" sogar am gerechtfertigsten, weil damit (nur) die Rechtsaufsicht des Staates ausgedrückt wird. In ihrem Rahmen wurden den Hochschulen als Körperschaften des öffentlichen Rechts — zu Beginn des 19. Jahrhunderts — große Befugnisse der Selbstverwaltung eingeräumt, die ihre gegenüber den Primar- und Sekundarschulen privilegierte Rechtsposition bestimmte.

Traditionell eingeschränkt war das staatliche Monopol nur im Bereich der Kindergärten, der größtenteils den Kirchen sowie auch Privatleuten vorbehalten war, und in der Berufsbildung, die sich größtenteils in der Verantwortung der Arbeitswelt, vertreten durch Industrie-, Handels- und Landwirtschaftskammern, und seit Beginn dieses Jahrhunderts in der Lehrlingsausbildung des „dualen Systems", d. h. in Betrieb *und* Berufsschule, vollzog. In der Bundesrepublik Deutschland ist diese Kompetenzstruktur im wesentlichen beibehalten worden. Versuche des Staates, in die Vorschulerziehung einzudringen, haben sich nur stellenweise, in Form von Eingangsklassen für Fünfjährige — ein Jahr vor Beginn ihrer Schulpflicht — verwirklichen lassen. Das gleiche gilt grundsätzlich auch für die Berufsbildung, soweit sie das „duale System" betrifft.

Während hier die Bundesrepublik Deutschland somit Kontinuität praktiziert, hat in der DDR der Staat über die Aufsicht hinaus die volle Verfügungsgewalt und Verantwortung über das gesamte Bildungswesen übernommen. Bereits das von der sowjetischen Militäradministration bestätigte Grundlagengesetz über die Umformung des Bildungswesens vom Mai 1946 betonte die ausschließliche Zuständigkeit des Staates für *alle* Bildungseinrichtungen. Die Verfassungen der DDR von 1949 und 1967 haben diesen Grundsatz ebenso bestätigt wie die Bildungsgesetze von 1959 und 1965. Die Verfügungsgewalt des Staates erstreckt sich in der DDR auch auf die Mitwirkung der Betriebe an der Berufsbildung.

Wenden wir uns nun unmittelbar der Frage der Auseinandersetzung um Einheit und Vielfalt im deutschen Bildungs- und Erziehungswesen zu. Dabei gilt zunächst unsere Aufmerksamkeit den Bestrebungen um eine gesamtdeutsche „Nationalerziehung". Sie äußerten sich seit Beginn des 19. Jahrhunderts in verschiedener Stärke und haben zwei Wurzeln. Zum einen sind es die geistigen Impulse, welche die Pädagogik in Deutschland im 18. und 19. Jahrhundert erfuhr. Zu erwähnen sind vor allem Wilhelm von Humboldts Einfluß auf die preußischen und deutschen Universitäten und Gymnasien, die Einflüsse der Pestalozzianischen und Herbartianischen Pädagogik auf die Volksschule und die Ausbildung der Volksschullehrer sowie Georg Kerschensteiners Bedeutung als Wegbereiter der modernen Berufsbildung. Zum anderen brachte zu Beginn dieses Jahrhunderts auch die politische Entwicklung Konvergenzen hervor, die sich zu Beginn der Weimarer Republik verdichteten und im Reichsgrundschulgesetz vom 28. April 1920 sichtbaren Ausdruck erlangten.

Gerade aber die Tatsache, daß es bei diesem *einen* Reichsgesetz blieb und die in der Weimarer Verfassung für die Reichsgesetzgebung vorgesehenen Möglichkeiten nicht wahrgenommen werden konnten, weist auf den *Föderalismus* als dominierende Potenz im Bildungs- und Erziehungswesen hin. Die „Kulturhoheit der Länder", die sich in der eigenständigen Verantwortlichkeit für alle staatlichen Bildungseinrichtungen — einschließlich der Rechtsaufsicht über die Hochschulen — niedergeschlagen hat, ist somit historisch verankert; selbst unter der totalitären Diktatur des Nationalsozialismus verliefen Vereinheitlichkeitsbestrebungen — allerdings wegen Kompetenzkonflikten innerhalb der politischen Führung — im Sande.

Die Bundesrepublik knüpfte, auf den Entwicklungen in den westlichen Besatzungszonen seit 1945 aufbauend, an die traditionelle föderative Struktur an und verstärkte sie sogar. Wohl brachte eine Grundgesetzänderung vom Jahre 1969 dem Bund die Rahmengesetzgebung für die Gestaltung des Hochschulwesens und die Mitwirkung an der Bildungsplanung. Selbst in diesen Bereichen aber sind die Länder für die Verabschiedung normen- und praxisverändernder Gesetze zuständig geblieben, und Initiativen der Bundesregierung im Jahre 1978 mit dem Ziel einer weitergehenden Grundgesetzänderung zugunsten der Bundeskompetenz stießen auf den Widerstand der Länder und scheiterten daher.

Der *staatliche* Charakter des Bildungswesens zeigt sich demnach im wesentlichen in den Kompetenzen der Länder, welche zwar in verschiedenen Gremien, wie vor allem untereinander in der „Ständigen Konferenz der Kultusminister" und zusammen mit der Bundesregierung in der „Bund-Länder-Kommision für Bildungsplanung und Forschungsförderung", zusammenarbeiten, formal aber in der Gestaltung der Schulstrukturen, Bildungsinhalte und Lehrerqualifizierung souverän geblieben sind[8]. Die erwähnten Kooperationen und vor allem das Bewußtsein einer länderübergreifenden „pädagogischen Öffentlichkeit" sorgen allerdings dafür, daß auch unter der „Kulturhoheit der Länder" die traditionellen Bindungen an ein zumindest in Grundfragen einheitliches Bildungssystem weiterwirken.

Gerade unter diesem Aspekt hat die 1945 faktisch vollzogene und 1949 formalisierte Teilung Deutschlands eine Zäsur bewirkt, die mit dem traditionellen Föderalismus nichts mehr gemein hat. Sie hat vielmehr die Entwicklung zweier divergierender

---

[8] Vgl. *Führ, Ch.*, Das Bildungswesen in der Bundesrepublik Deutschland. Ein Überblick. Weinheim/Basel: Beltz 1979. = Studien und Dokumentationen zur vergleichenden Bildungsforschung. Bd. 12, S. 33—35.

Bildungssysteme eingeleitet. Formal waren die Sowjetische Besatzungszone und anfangs, d. h. bis zur Abschaffung der Länder, auch die DDR föderative Einheiten[9]; seither aber ist das „einheitliche sozialistische Bildungssystem" Ausdruck einer streng zentralistischen Bildungspolitik und Bildungsverwaltung.

3. DER DEUTSCH-DEUTSCHE VERGLEICH IM INTERNATIONALEN KONTEXT

Seit 1945 ist das Verhältnis der beiden deutschen Bildungssysteme durch eine divergierende Entwicklung gekennzeichnet. Die Divergenzen wurzeln in grundlegenden Unterschieden der sozioökonomischen, politischen und ideologischen Rahmenbedingungen. Es mag in diesem Beitrag genügen, auf die Monopolisierung von ideologischer Normensetzung und politischer Machtausübung in der DDR in den Führungsorganen der Sozialistischen Einheitspartei (SED) und des Staates sowie den gesellschaftlichen Pluralismus in der Bundesrepublik Deutschland mit seinen Implikationen im politischen und kulturell-geistigen Bereich zu verweisen. Diese grundlegenden *Divergenzen* prägen Entwicklungen und Veränderungen in der Struktur und im Inhalt der Bildungssysteme.

Zugleich aber sei bereits an dieser Stelle an die über 1945 in die Gegenwart hineinwirkenden *Analogien* erinnert, welche das — gegenüber dem Prinzip des Wandels freilich schwächere — Prinzip der Kontinuität deutscher Bildungsgeschichte ausdrücken. Diese Analogien werden deutlich in der gemeinsamen Sprache[10], die sich allerdings in Pädagogik und Bildungswesen differenziert hat, und in der Auseinandersetzung mit einer Geschichte, die sich auch bei unterschiedlicher Interpretation als die Geschichte *eines* Volkes — und in unserem Falle *einer* Pädagogik — zu erkennen gibt. Darüber hinaus schlägt sich die historische Kontinuität bis heute nicht nur in analogen Bildungsinhalten, sondern auch in analogen Strukturen nieder. Zu erwähnen sind hier folgende herausragende Beispiele:

a) das „duale" *Berufsausbildungssystem*, das in beiden deutschen Staaten zwar in ökonomischen Strukturen gründet und unterschiedliche Zuständigkeiten (Bundesrepublik Deutschland: autonome Wirtschaftsinstitutionen/Kultusministerien der Länder; DDR: Verantwortung für die gesamte Ausbildung beim Ministerium für Volksbildung) aufweist, sich aber durch die Teilhabe von Betrieb *und* Berufsschule

---

[9] Die Länder Brandenburg, Mecklenburg, Sachsen, Sachsen-Anhalt und Thüringen wurden durch Gesetz vom 23. Juli 1952 aufgelöst.

[10] In diesem Zusammenhang muß auf die Entlehnung anglo-amerikanischer Fachausdrücke und Argumentationsweisen in der westdeutschen Bildungsforschung hingewiesen werden. In der DDR macht sich dagegen die Lehnübersetzung sowjetischer Fachausdrücke verstärkt ebenso bemerkbar wie die Ausrichtung auf die dortige Forschungsthematik.

am Ausbildungsprozeß von vergleichbaren Berufsausbildungssystemen west- und osteuropäischer Länder abhebt;

b) das durch seine Leistungsstärke im internationalen Vergleich auffallende *Fachschulwesen*, dessen „bürgerliche Herkunft" die DDR-Pädagogik sogar offiziell in Anspruch nimmt[11];

c) die Funktion des in der Verantwortung der Sekundarschule — und damit nicht der Hochschule oder einer außerschulischen Prüfungsinstanz — verliehenen *Abiturs* als des wesentlichen Faktors für den Hochschulzugang[12].

Eine weitere Frage drängt sich beim deutsch-deutschen Vergleich auf: die Gegenwart der beiden Bildungssysteme zeugt in vielen Merkmalen von den in den vergangenen Jahrzehnten eingegangenen bzw. aufgenötigten Bindungen an „westliche" bzw. „östliche" *Vorbilder*. Für die DDR gilt dies hauptsächlich in bezug auf die Anlehnung an das „sowjetische Vorbild"[13]; in der Bundesrepublik fragt man nach den — freilich weit schwächeren — Einflüssen aus den USA, aber auch aus westeuropäischen Ländern; so waren Ende der sechziger Jahre insbesondere schwedische Entwicklungen richtungweisend. Demgegenüber deuten die erwähnten Analogien auf spezifische „deutsche" Erscheinungen hin, welche den deutsch-deutschen Vergleich von einem „normalen" internationalen Vergleich abheben.

Schließlich vermag der Blick über die „deutsch-deutsche" Thematik hinaus auf das ganze Europa — und die gesamte nördliche Erdhälfte — zur *Relativierung* mancher Konfrontation anzuregen. Wir erkennen dabei nämlich, daß keines der beiden Bildungssysteme *als solches* sein soziopolitisches Bezugssystem im „Westen" bzw. „Osten" zu repräsentieren vermag. Zwei Beispiele hierzu:

a) Struktur und Inhalt des unteren Sekundarbereichs: als Einheitsschule ähnelt die „Allgemeinbildende Polytechnische Oberschule" der DDR vielen Gesamtschulsyste-

---

[11] Das Bildungswesen der Deutschen Demokratischen Republik. Berlin (Ost): Volk und Wissen 1979, S. 123.

[12] Das in der Verantwortung der Sekundarschule (im wesentlichen: des Gymnasiums) verliehene Abitur hat seine geschichtlichen Wurzeln zu Beginn des 19. Jahrhunderts. Für Preußen ist hierbei das von Johann Wilhelm Süvern entworfene Edikt „Wegen Prüfung der zu den Universitäten übergehenden Schüler" richtungweisend geworden; es wurde 1812 erlassen, bis 1834 allerdings noch von besonderen Aufnahmeprüfungen an den Universitäten ergänzt. Beide deutsche Staaten unterscheiden sich bis heute mit der zentralen Bedeutung, die sie dem Abitur als formaler Voraussetzung für den Hochschulzugang zuweisen, von zahlreichen anderen Staaten, die zusätzliche Qualifikationsnachweise verlangen (z. B. die Sowjetunion mit den dort traditionell üblichen Hochschuleignungsprüfungen, die an der Hochschule stattfinden).

[13] Die Formulierung „sowjetisches Vorbild" findet sich in nahezu allen offiziellen bildungspolitischen Dokumenten der DDR; ihr entspricht die Begründung vieler — wenn auch nicht aller — Maßnahmen. Informationen dazu bieten vor allem die Quellensammlungen von: *Baske, S./Engelbert, M. (Hrsg.)*, Zwei Jahrzehnte Bildungspolitik in der Sowjetzone Deutschlands, Dokumente, aaO. *Baske (Hrsg.)*, Bildungspolitik in der DDR 1963—1976, Dokumente, aaO.

men im Westen weit mehr als dem in der Bundesrepublik bis heute vorherrschenden dreigliedrigen System;

b) Fachschulwesen: hier weisen die beiden deutschen Schulbereiche auf Ähnlichkeiten in der CSSR, Polen und Ungarn einerseits sowie Österreich andererseits (als den Erben der altösterreichischen Fachschulen) hin — nicht dagegen in diesem ausgeprägten Maße auf vergleichbare Einrichtungen beispielsweise in der Sowjetunion oder in Frankreich.

4. ENTWICKLUNGSTENDENZEN DER BILDUNGSSYSTEME UNTER DEM PRIMAT VON WANDEL UND KONTINUITÄT

4.1 Strukturfragen

Wie die anderen Länder Europas blickt auch Deutschland auf eine jahrhundertelange Bildungsgeschichte zurück, in der das Vertikalprinzip die Struktur des Bildungswesens beherrschte und durch die Parallelität von „höheren Schulen" (in Preußen mit ihren „Vorschulen") und „Volksschulen" (Elementarschulen) wesentlich bestimmt gewesen ist. Die Schullaufbahn des Kindes männlichen Geschlechts — die Mädchenbildung wurde bekanntlich erst am Ende des 19. Jahrhunderts systematisiert — war somit häufig vom 6. Lebensjahr an vorgezeichnet: entweder von einer „Vorschule" zur „höheren" Schule (Gymnasium) — und von ihr zur Universität — oder, als Alternative, durch die „Volksschule" zur beruflichen Lehre im Handwerk, später auch in der Industrie. Deutlich relativiert wurde das Vertikalprinzip allerdings durch das Vorhandensein eines variantenreichen „Mittelschulwesens", aus dem sich seit den zwanziger Jahren dieses Jahrhunderts die heutigen „Realschulen" ausgeformt haben. Auch der Gegensatz der Schulangebote in Stadt und Land hat dem Vertikalprinzip entgegengewirkt, ohne es als solches in Frage zu stellen.

Aufgebrochen wurde das Vertikalprinzip in Deutschland durch zwei Bildungsreformen, die beide in ihrem Ansatz umfassend angelegt waren und in ihren Resultaten historische Kompromisse zwischen pädagogischer Idealkonzeption und politischer Realität markierten. Ich spreche von

a) der Abgrenzung von Gymnasium und Universität mit dem Abitur als Zäsur, die im Zuge der von Wilhelm von Humboldt eingeleiteten Reform vollzogen wurde[14];

b) dem schon erwähnten Reichsgrundschulgesetz vom Jahre 1920, durch das die allgemeinverbindliche vierjährige Grundschule als *Teil* der noch weiter bestehenden

---

[14] Vgl. Anmerkung [12].

achtjährigen Volksschule geschaffen wurde. Die Abschaffung der (in Preußen) auf das Gymnasium speziell vorbereitenden „Vorschule" wurde 1949 durch das Grundgesetz der Bundesrepublik Deutschland bestätigt (Art. 7, 6).

Unverändert bis 1945 blieb dagegen das gegliederte Sekundarschulwesen mit dem Gymnasium und der Volksschuloberstufe (Klassen 5—8) auf den beiden Flügeln und dem Realschulwesen in der Mitte. Von der Volksschuloberstufe führte der Weg in die praktische Berufsausbildung (seit den zwanziger Jahren generell in der Form des erwähnten „dualen Systems"); von der Realschule in das ausgebaute und spezialisierte Fachschulwesen; von der gymnasialen Oberstufe, wie wir schon wissen, zur Universität.

Für das westliche Deutschland brachte das Jahr 1949, trotz mancher in den vier vorausgegangenen Jahren unternommenen Bemühungen der amerikanischen und britischen Besatzungsmächte, in diesem Punkte keine grundsätzliche Änderung. Das dreigliedrige allgemeinbildende Sekundarschulwesen wurde in den fünfziger und sechziger Jahren von Politikern, Pädagogen und Vertretern der Wirtschaft verteidigt. Psychologische Theorien von der frühen Erkennbarkeit ausgeprägter Begabungen und entsprechende soziologische Konzeptionen von einem dreigeteilten Berufssystem mit schöpferischen, vermittelnden und ausführenden Tätigkeiten lieferten die sozialwissenschaftliche Untermauerung dieser konservativen Position[15]. In substantieller Weiterentwicklung des Reichsgrundschulgesetzes von 1920 wurde *innerhalb* des verbleibenden dreigliedrigen Sekundarsystems insofern eine strukturelle Änderung (mit curricularen Konsequenzen) vorgenommen, als die „Volksschule" in eine vierjährige (fortan selbständige) „Grundschule" und eine fünfjährige „Hauptschule" gegliedert wurde.

Neben dem traditionellen Sekundarsystem gibt es „Gesamtschulen" — mit einigen Vorläufern, die schon Anfang der sechziger Jahre gegründet worden waren — seit den frühen siebziger Jahren in „schulformbezogener", d. h. die drei traditionellen Schultypen in sich aufnehmender, oder in „integrierter" Form.

Die Ursache für die uneinheitliche Entwicklung der Gesamtschulen und ihres Status (Regel- oder Angebots- bzw. Versuchsschulen) ist in dem Sachverhalt zu suchen, daß sich in den siebziger Jahren die föderative Differenzierung des Bildungswesens und die parteipolitische Polarisierung des Problems miteinander verbanden. Die in den vergangenen Jahren vollzogenen Regierungswechsel zugunsten der CDU —

---

[15] Z. B. die Werke von *H. Weinstock*, vor allem: Arbeit und Bildung. Die Rolle der Arbeit im Prozeß unserer Menschwerdung. Heidelberg: Quelle u. Meyer 1954 — Realer Humanismus. Eine Ausschau nach Möglichkeiten seiner Verwirklichung. Heidelberg: Quelle u. Meyer 1955.

in Niedersachsen und West-Berlin — haben diese Polarisierung insofern entschärft, als bestehende Gesamtschulen dort nicht angetastet worden sind[16].

Die vorliegende Analyse wäre freilich verfehlt, wenn nicht auch die Veränderungen hervorgehoben würden, die *auch* die Struktur des dreigliedrigen Schulwesens — über die Errichtung der „Hauptschule" hinaus — in den letzten beiden Jahrzehnten erfaßt haben, von den noch darzustellenden curricularen Wandlungen abgesehen. Zu erwähnen sind zum einen die Fortschritte in der Durchlässigkeit zwischen den einzelnen Typen; der Übergang „nach oben", wie beispielsweise aus der Realschule in das Gymnasium, ist für den einzelnen Schüler zwar heute noch mit besonders großen Anstrengungen — und oftmals mit dem Verlust eines Ausbildungsjahres — verbunden, gegenüber der Zeit vor der Bildungsreform in den sechziger und siebziger Jahren aber spürbar erleichtert[17]. Die zweite Veränderung betrifft die Einführung schulformübergreifender, d. h. alle Schüler des 5. und 6. Schuljahrgangs erfassender „Orientierungsstufen" oder „Förderstufen", an der sich alle Länder, wenn auch mit unterschiedlicher Intensität, beteiligt haben.

Im oberen Sekundarbereich ist die traditionelle Parallelität von gymnasialer Oberstufe und berufsbildenden Einrichtungen fast durchweg erhalten geblieben. Unter den letztgenannten hat das „duale System" ein deutliches Übergewicht gegenüber dem Vollzeit-Fachschulwesen. Reformbestrebungen zur Einrichtung integrierter Institutionen im oberen Sekundarbereich — mit internen allgemein- und berufsbildenden Kursen — sind auf wenige Modellversuche beschränkt geblieben, vor allem in West-Berlin und Nordrhein-Westfalen.

Die Entwicklung des Hochschulwesens sei hier nur angedeutet: sie ist einerseits durch eine stürmische Expansion der sechziger und siebziger Jahre gekennzeichnet (von etwa 6 auf 20 Prozent der entsprechenden Altersjahrgänge); diese hat neben den hochschulinternen Problemen die vieldiskutierte und kontroverse Einführung eines Numerus clausus für eine Reihe von Studiengängen gezeigt. Andererseits ist der Hochschulbereich erheblich dadurch ausgeweitet worden, daß

a) die Ausbildung der Lehrer *aller* Schulstufen und Schulformen, durch Einbeziehung in Universitäten oder die Aufwertung der Pädagogischen Hochschulen zu „wissenschaftlichen" Institutionen, vollen Hochschulrang erhielt,

---

[16] Diese Entschärfung spiegelt sich auch in der „Rahmenvereinbarung für die gegenseitige Anerkennung von Abschlüssen an integrierten Gesamtschulen" wider, die als Beschluß der Kultusministerkonferenz nach langen und zähen Verhandlungen am 27./28. Mai 1982 zustande kam. Veröffentlichungen des Textes (mit einem Kommentar von Ch. Führ) in: Bildung und Erziehung, 35 (1982) 3, S. 335—348.

[17] Zu erwähnen sind die besonderen Aufbauzüge für Realschulabsolventen, die an vielen gymnasialen Oberstufen eingerichtet sind.

b) neben den Universitäten und Technischen Hochschulen ein vielfältiges System von Fachhochschulen aufgebaut wurde, von denen die meisten aus den einstigen „Höheren Fachschulen" hervorgegangen sind.

Die — notgedrungen nur skizzierende — Analyse erklärt, warum ausländische Leser die „uneinheitliche" *Struktur* des Bildungswesens in der Bundesrepublik Deutschland für sehr kompliziert halten; dies empfinden ja viele Angehörige des Systems selbst, einschließlich der Bildungsforscher. Das „einheitliche sozialistische Bildungssystem" der DDR, das durch das Gesetz vom 25. Feburar 1965 im wesentlichen seine bis heute gültige Gestalt erhalten hat, präsentiert demgegenüber eine vergleichsweise leicht durchschaubare Struktur.

Auf das gut ausgebaute vorschulische System der Kinderkrippen (für Kinder unter drei Jahren) und Kindergärten (für Kinder von drei bis sechs Jahren)[18] folgt das horizontal gestufte Einheitsschulwesen, in dessen Zentrum die „Allgemeinbildende Polytechnische Oberschule" (POS) steht. Der Übergang von der Unter- in die Mittelstufe (zwischen dem 4. und 5. Schuljahr) vollzieht sich *innerhalb* der jeweils zehnklassigen Schulen. Zentrale Aufgabe der POS ist die Vermittlung des Zehnjahres-Schulabschlusses für die große Mehrheit der Jugendlichen; etwa 10 Prozent verlassen diese Schule aber schon nach der 8. Klasse und treten in eine Berufsausbildung ein. Eigenständige Sonderschulen betreuen, wie in der Bundesrepublik, körperlich und geistig behinderte Kinder, während die Betreuung der in der Bundesrepublik vom Sonderschulwesen miterfaßten Kinder mit Lernverzögerungen und Verhaltensstörungen in der DDR eine offene Frage darstellt, die erst in jüngster Zeit akut geworden ist. Für Kinder und vor allem Jugendliche mit Spezialbegabungen, etwa 5 Prozent der entsprechenden Jahrgänge, gibt es verschiedenartige Spezialschulen, die ausdrücklich der gezielten Förderung von Spitzenleistungen dienen, und zwar in den Bereichen der Mathematik und Naturwissenschaften, der Fremdsprachen, des Sports und auch der Musik.

Für die Absolventen der POS sind drei Wege vorgezeichnet, über welche die Schulen im Einvernehmen mit den politischen Instanzen, vor allem denen der SED und FdJ, entscheiden. Die dabei vorgenommene Auslese gilt dem Besuch der zweijährigen Erweiterten Oberschule (EOS), einer streng studienorientierten Institution, und der doppelqualifizierenden „Berufsausbildung mit Abitur". Bemerkenswert ist, daß die DDR als *einziges* Bildungssystem in ganz Europa die Auslese für das Hochschulstudium *vor* dem Eintritt der Jugendlichen in die oberen Sekundarbereich vorentscheidet und *de facto* im wesentlichen entscheidet. Dabei gelangen etwa 12 Prozent der POS-Absolventen in die EOS, 4 Prozent in die „Berufsausbildung mit Abitur";

---

[18] Der Besuch von Vorschuleinrichtungen ist in beiden deutschen Staaten freiwillig, erfreut sich aber wachsender Beliebtheit. Erfaßt werden ca. 70 % (BRD) bzw. 90 % (DDR) der Drei- bis Sechsjährigen.

die übrigen treten in eine Berufsausbildung ein, die, als Merkmal der erwähnten gesamtdeutschen Kontinuität, auch in der DDR größerenteils durch die Verknüpfung von betrieblicher Lehre und Berufsschulbesuch (an zwei bis drei Wochentagen) geprägt ist.

Die Hochschulzulassung ist angesichts der erwähnten Vorentscheidung ein vergleichsweise sekundäres Problem; schwierig und nicht störungsfrei ist dagegen die Lenkung der Abiturienten in die kontingentierten Studiengänge durch eine zentrale Verteilungsstelle. Zum Hochschulwesen, das Universitäten, Technische Hochschulen, Pädagogische Hochschulen und Fachhochschulen umfaßt, sei in dieser Analyse nur erwähnt, daß es den einstigen autonomen Status, von dem ich eingangs sprach, eingebüßt hat und stark auf das Beschäftigungssystem orientiert ist, wozu die verschiedenartigen Praktika in Betrieben, Laboratorien usw. besonders beitragen.

Anders als das offene Hochschulsystem der Bundesrepublik, dessen Absolventen in zunehmendem Maße keine — „qualifikationsadäquate" — Beschäftigung in „akademischen" Berufen finden, herrscht in der DDR normativ und weithin auch faktisch der Grundsatz der Harmonisierung von Qualifizierung und Berufseingliederung. Störungsfrei ist die Praxis aber nicht, weil auch in dem sozialistischen Planungssystem der DDR ökonomische Prognosen nicht aufgehen[19].

4.2 Bildungsinhalte

Während man die Analyse der Strukturfragen in der zweiten Hälfte unseres Jahrhunderts auf den Zentralbegriff „Gleichheit der Bildungschancen" und seine kontroverse Auslegung beziehen kann, bietet sich zur Erörterung der Inhaltsfrage der Kernbegriff „Allgemeinbildung" an. Kontrovers ist auch er, und zwar sogar innerhalb der in der DDR vertretenen Bildungstheorie.

Auch hier sei zunächst eine kurze Verständigung mit der gesamtdeutschen Vergangenheit gesucht. „Allgemeinbildung" hatte in allen „allgemeinbildenden Schulen" eine grundlegende Bedeutung. Die Niveaustufen — „höhere (wissenschaftliche) Bildung" auf dem Gymnasium oder „volkstümliche Bildung" in der Volksschule — waren im vertikalen System wohl streng voneinander abgegrenzt; der Anspruch *als*

---

[19] Über das Verhältnis von Hochschulqualifizierung und Berufseingliederung in den sozialistischen Staaten Osteuropas wurde im Deutschen Institut für Internationale Pädagogische Forschung in Frankfurt/Main unter der Leitung des Verfassers zwischen 1976 und 1981 eine vergleichende Untersuchung durchgeführt. Die Untersuchung über die DDR liegt vor in der Studie: *Gerlind Schmidt*, Hochschulen in der DDR. Eine Untersuchung zum Verhältnis von Bildungs- und Beschäftigungssystem. Köln/Wien: Böhlau 1982. = Studien und Dokumentationen zur vergleichenden Bildungsforschung. Bd. 15/4.

solcher, einen von Gesellschaft und Staat als verbindlich angesehenen und artikulierten *Kern* an Bildungsinhalten zu vermitteln, galt indes für *alle* Kinder und Jugendlichen. Daß bei der Festlegung viel Willkür im Spiele war, ist dem Bildungstheoretiker und Bildungshistoriker geläufig; er stößt auf diese Problematik vor allem dann, wenn er das Weiterbestehen obsolet gewordener Inhalte und Schulfächer auf der einen Seite und den Kampf um die Durchsetzung neuer, legitimer Ansprüche bemerkt. Daß dieses Problem vielschichtig ist, zeigt beispielsweise die Diskussion über den Wert oder Unwert des Lateinunterrichts an westdeutschen Gymnasien der Gegenwart.

Zurück zum geschichtlichen Rückblick: gegenüber dem allgemeinbildenden Kern, der in *jedem Fall* die Muttersprache, Rechnen bzw. Mathematik, Natur- und Sozialwissenschaften bzw. „Natur- und Heimatkunde" sowie Religion — ein Spezifikum deutscher Schultradition — enthielt, war die Spezialisierung zweitrangig; diese galt im wesentlichen als Aufgabe der Berufsbildung. In der „höheren" Form gehörte außerdem mindestens eine Fremdsprache zur „Allgemeinbildung"; in der Regel waren es zwei, wenn nicht sogar drei, und zwar alte und neue Sprachen in verschiedenartigen Kombinationen.

In dieser Hinsicht liegt die Einheitsschule der DDR mit ihrer Wertschätzung der „sozialistischen Allgemeinbildung" näher an der deutschen Tradition als das gegenwärtige allgemeinbildende Schulwesen in der Bundesrepublik, das insbesondere in der „reformierten Oberstufe" des Gymnasiums (seit 1972) den Raum für Spezialisierungen geöffnet hat. Daß diese Differenzierung bis heute umstritten ist, hat das im Dezember 1981 vom Staatsgerichtshof des Landes Hessen ergangene — und über Hessen hinauswirkende[20] — Urteil demonstriert, nach dem in den hessischen Gymnasien für alle Schüler die Fächer Deutsch und Geschichte wieder bis zum Abitur verbindlich sein müssen.

Im Vergleich zu den Lehrplänen und Rahmenrichtlinien in den Schulen der westdeutschen Länder enthält das einheitliche „Lehrplanwerk" der DDR[21] bis zur Abschlußklasse der EOS einen beachtlichen Kern allgemein-obligatorischer Fächer und Inhalte. Geblieben sind dort auch die Wertschätzung positiven Wissens, die Orientierung an der Chronologie im Deutsch- und Geschichtsunterricht und das auf

[20] Das Urteil verpflichtet nur die Gymnasien im Lande Hessen; seine Auswirkungen dürften aber auch die anderen Länder erreichen. Es entspricht — vor allem von konservativen Kräften vertretenen — Auffassungen, daß die beiden Fächer als „Kernbereiche" der „Allgemeinbildung" in den Curricula möglichst lange vertreten sein sollten. Text (in Auszügen) in: Bildung und Erziehung, 35 (1982) 2, S. 208—219; vgl. zu diesem Urteil die Veröffentlichungen des Jubilars in: Demokratie und Recht 1982, S. 40 ff; Recht der Jugend 1982, S. 178 ff; Die Deutsche Schule 1982, S. 169; siehe auch Ch. Führ in: Bildung und Erziehung, 35 (1982) 2.

[21] Vgl. das von der Akademie der Pädagogischen Wissenschaften der DDR herausgegebene Standardwerk: Allgemeinbildung — Lehrplanwerk — Unterricht. Berlin (DDR) 1973.

Herbart zurückführende Konzept des „erziehenden Unterrichts"[22]. Die in der Bundesrepublik vertretene und in die Praxis umgesetzte Didaktik orientiert sich demgegenüber stärker an den Prinzipien der Einzelinterpretation von Literaturwerken und historischen Geschehnissen, an Projektunterrichtsformen und, allgemein gesehen, am „Mut zur Lücke".

Zum Vergleich fordern noch drei weitere bedeutsame Inhaltsfragen heraus. Ich will sie wenigstens umreißen.

a) Die Stellung der *technischen Elementarbildung* mit ihrer theoretischen und praktischen Komponente: Dieser Bildungsbereich ist in der DDR als „Polytechnische Bildung" definiert; seine Einbeziehung in die Allgemeinbildung orientiert sich an Aussagen von Karl Marx und den von ihnen abgeleiteten Ausformungen und Auslegungen, die in der Sowjetunion und in der DDR selbst im Laufe der vergangenen Jahrzehnte vorgenommen worden sind. Substantiell umfaßt die „Polytechnische Bildung" — mit dem „Polytechnischen Unterricht" der Klassen 7 bis 10 als ihrem didaktisch-organisatorischen Kern — zweierlei: zum einen die theoretische Einführung in allgemeine Grundlagen der Technik und Produktion, zum anderen die Einübung elementarer technischer Fertigkeiten in Lehrwerkstätten und in der betrieblichen Produktion. Abgesehen von der Schwierigkeit, Elemente der Technik *verbindlich* zu bestimmen, stand die Didaktik der Polytechnischen Bildung seit ihren Anfängen in einem Spannungsfeld, das durch eine Zielkontroverse bestimmt war, nämlich entweder Teil der *Allgemeinbildung* zu sein oder einer früh einsetzenden beruflichen *Spezialausbildung* zu dienen. Auch wenn seit der Mitte der sechziger Jahre in der DDR ihr allgemeinbildender Charakter betont wird, geht die Kontroverse in der praktischen Umsetzung weiter, wobei die DDR gegenüber der Sowjetunion und den anderen osteuropäischen Ländern durch fundierte und zielorientierte Bemühungen auffällt.

Technische Elementarbildung erscheint auch in Bildungs- und Lehrplänen in der Bundesrepublik unter den Bezeichnungen „Arbeitslehre" und „Polytechnik"[23]. Anders

---

[22] Die dem Prinzip des „erziehenden Unterrichts" eigene These vom Zusammenhang von Lehrinhalten und Erziehungsprozessen hat in der deutschen Schule bis in dieses Jahrhundert hinein eine wichtige Rolle gespielt. Sie ist dann durch die „Reformpädagogik", in der dem Handlungsaspekt im erzieherischen Prozeß zentrale Bedeutung zuerkannt wurde, wesentlich in Frage gestellt worden. Sie spielt seither im westlichen Teil Deutschlands keine erwähnenswerte Rolle mehr. In der Sowjetischen Besatzungszone stellten sich nach 1945 führende Reformpädagogen der sozialistischen (z. B. Paul Oestreich) *und* bürgerlichen Richtung (z. B. Peter Petersen) für die Erneuerung des Bildungswesens zur Verfügung, doch geriet die Reformpädagogik unter dem Einfluß des — über die Sowjetunion „zurückgekehrten" — Herbartianischen Denkens bald in Mißkredit (in der Zwischenzeit ist sie in der DDR aber teilweise rehabilitiert worden). Vgl. *Dietmar Waterkamp*, Lehrplanreform in der DDR — eine Bilanz. In: *Hörner, W./Waterkamp, D. (Hrsg.)*, Curriculumentwicklung im internationalen Bereich. Weinheim/Basel 1981, S. 144—176.

[23] „Polytechnik" heißt beispielsweise das entsprechende Fach im Lande Hessen.

als die „Polytechnische Bildung" der DDR ist hier dieser Bildungsbereich, von Ausnahmen abgesehen, auf die Hauptschulen beschränkt geblieben: in den Gymnasien erscheint er, wenn überhaupt, nur im wahlfreien Angebot.

b)Der einstige Dualismus zwischen „höherer Bildung" und „volkstümlicher Bildung" ist heute in den in *beiden* deutschen Staaten vertretenen Bildungskonzeptionen dem Grundsatz der „Wissenschaftlichkeit" gewichen. Der Fortgang der Dreigliedrigkeit im Sekundarschulwesen erklärt allerdings die in der Bundesrepublik in den letzten Jahren wieder erwachte Kritik an einer *uneingeschränkten* Anwendung dieses Grundsatzes auf die „Hauptschule" und, weitergehend, auch auf die Grundschule; von der Wiederkehr einer vorwissenschaftlichen „volkstümlichen Bildung" kann dabei aber nicht die Rede sein.

c) Keine Überraschung auslösen dürfte die unterschiedliche normative Ausrichtung der Bildungsinhalte, die sich aus der gesellschaftsphilosophischen und gesellschaftspolitischen Diskrepanz der beiden Staaten ableitet. Sie äußert sich nicht nur in den geistes- und sozialwissenschaftlichen Bildungsbereichen und Unterrichtsfächern, sondern erfaßt auch die Naturwissenschaften und die musisch-ästhetischen Disziplinen.

4.3 Erziehungsfunktionen

Die Erziehungsfunktion der Schule ist in der Bundesrepublik im vergangenen Jahrzehnt Gegenstand heftiger Kontroversen gewesen. Diese wurzeln substantiell in der Stellung der staatlichen Schule in einer pluralistischen Werteordnung, die substantielles Merkmal aller Gesellschaften der westlichen Welt ist. Das in der Bundesrepublik deutlich zu beobachtende Nachlassen des Konsenses über die Anerkennung von „Grundwerten" als Folge gesteigerter politischer und ideologischer Konfrontationen zwischen Konservativen, Liberalen und Sozialisten blieb freilich nicht ohne Auswirkungen auf die Frage, nicht nur *wie*, sondern sogar auch *ob* der staatlichen Schule und ihren Lehrern Erziehungsaufgaben zu übertragen seien.

Die späten siebziger Jahre haben angesichts des Rufs konservativer Politiker und auch Pädagogen nach einem „Mut zur Erziehung" (dies war das Motto eines Forums in Bonn 1978)[24] und des Aufkommens *alternativer* Erziehungskonzeptionen unter dem Motto einer „Antipädagogik" die Frage nach der Erziehungsfunktion der Schule neu gestellt. Bei der Beurteilung dieser Strömungen sollte man nicht übersehen, daß die politischen und ideologischen Auseinandersetzungen reale Sorgen und Ängste von Eltern widerspiegeln, die selbst unsicher in der Wahrnehmung ihrer Erziehungsaufgabe geworden sind und von der Schule dabei Hilfe erwarten.

[24] Die Thesen dieses Kongresses sind abgedruckt in: *Führ, Ch.,* aaO (siehe Anmerkung [8], S. 147—148), ebenso die Entgegnung der Deutschen Gesellschaft für Erziehungswissenschaften (S. 149—153).

Die Einheitsschule der DDR präsentiert sich demgegenüber als Teil eines geschlossenen Bildungs- und Erziehungssystems, das die Erziehung von Kindern *und* Erwachsenen (z. B. Universitätsstudenten) bejaht. Diese Geschlossenheit beinhaltet einerseits die zeitliche Dimension „von der Kinderkrippe bis zur Erwachsenenqualifizierung"[25], andererseits die Verflechtung von schulischem und außerschulischem Leben. Die Durchsetzbarkeit der „sozialistischen Erziehungskonzeption" ist durch die bereits erwähnte Verschränkung von ideologischer Normensetzung und politischer Machtausübung in der Personalunion von Partei (SED) und Staatsführung formal und realiter fundiert.

5. VERSUCH EINER BESTANDSAUFNAHME UND AUSBLICK IN DIE ZUKUNFT

Das Bildungs- und Erziehungswesen in der Bundesrepublik Deutschland muß sich nach Jahren optimistischer Reformen in einer Lage zurechtfinden, die durch ökonomische Krisen und demographische Kollisionen geprägt ist und Antworten auf die durch diese Erscheinungen entweder ausgelösten oder an die Oberfläche gedrängten Probleme erheischt.

Folgende Probleme scheinen in dieser Bestandsaufnahme der Hervorhebung wert:

a) die Kontroversen über die in der Schule zu vermittelnden „Grundwerte";

b) die Stellung der Schule im Gesellschaftssytem, wie sie sich beispielsweise in der Diskussion über die Ganztagsschule und das Verhältnis zwischen formaler und informeller Erziehung äußert;

c) die bildungspolitischen Auseinandersetzungen zwischen Bund und Ländern;

d) der Streit über Strukturfragen, insbesondere über die Entwicklung des Sekundarschulwesens;

e) die Definition dessen, was in unserer Zeit „Allgemeinbildung" ist und sein kann.

Zu diesen „internen Problemen" ist in den letzten Jahren in immer stärker werdender Brisanz die Aufgabe getreten, welche die Herausbildung und Erziehung der neuen ethnisch-kulturellen Minderheiten an das *gesamte* Bildungs- und Erziehungswesen stellt. Diese Probleme sind im einzelnen bereits schwierig genug; in ihrer Gesamtheit sind sie eine Herausforderung an alle „Beteiligten". Zugunsten dieser, insbesondere der Lehrer, Eltern sowie Kinder und Jugendlichen, sollte die Aussage erlaubt sein, daß

---

[25] Diese Formulierung findet sich im „Gesetz über das einheitliche sozialistische Bildungssystem" vom 25. Februar 1965.

die tägliche Praxis erfreulicherweise vielerorts ein optimistisch stimmenderes Bild vermittelt[26], als es Publizistik und politische Kontroverse vermitteln.

Die Bestandsaufnahme der Situation in der DDR weist *tendenziell* eher in die umgekehrte Richtung. Die offizielle Publizistik auf allen Ebenen verweist auf ein scheinbar konfliktfreies Bildungs- und Erziehungswesen. Die Informationen über nonkonformes Jugendverhalten sind, auch wenn man sie nicht überschätzen darf, freilich ein Indiz dafür, daß die Kenntnis empirischer Untersuchungen, die erarbeitet wurden, uns aber leider nicht zugänglich sind, das harmonie-orientierte Bild in vieler Hinsicht relativieren dürfte. Von dieser grundlegenden Frage abgesehen, ist für die veröffentlichte DDR-Pädagogik die fehlende Beschäftigung mit zukunftsorientierten Fragen auffallend, die Forschung und Diskussion in westlichen Ländern bewegen. Ich denke hierbei an die Stellung der Schule im Leben der Individuen und der Gesellschaft und die Sozialisation Jugendlicher in einer sich wandelnden Welt, ob man dabei an Computertechnik, Urbanisierung oder Generationenbeziehungen denkt.

Im internationalen Vergleich sind die Bildungs- und Erziehungssysteme der beiden deutschen Staaten als Systeme mit eigenständigen Strukturen und Relationen einzustufen. In ihren Wandlungen lassen sie divergierende Tendenzen erkennen, die durch die im Jahre 1945 vollzogene und 1949 formalisierte Teilung veranlaßt worden sind. Der Vergleich zeigt demgegenüber auch heute noch Analogien, die aus der gemeinsamen Geschichte resultieren und eine Kontinuität widerspiegeln, die offensichtlich selbst durch radikale politische Umwälzungen kurzfristig nicht abzubrechen ist[27].

Solche Gemeinsamkeiten feststellen, heißt freilich nicht, „Konvergenzen" aufspüren oder sich kurzschlüssigen Hoffnungen auf ein Weiterwirken geschichtlich bedingter und daher vergänglicher Traditionen hingeben.

---

[26] Ein anschauliches Beispiel für diese These bietet das lesenswerte Buch von *Jürgen Diederich/ Christoph Wulf*, Gesamtschulalltag. Die Fallstudie Kierspe. Paderborn 1979.

[27] In diesem Zusammenhang sei auf die grundlegende vergleichende Analyse von Arthur Hearnden aufmerksam gemacht: *Hearnden, A.*, Bildungspolitik in der BRD und DDR. Düsseldorf 1977, 2. Aufl.

Bildungsforschung und Bildungspolitik
in den beiden deutschen Staaten

I. Allgemeine Überlegungen

Die Untersuchung des Verhältnisses von Bildungsforschung und Bildungspolitik in den beiden deutschen Staaten wirft Fragen auf, welche auf grundsätzliche Unterschiede hinweisen. Diese sind vor allem durch die übergeordneten Unterschiede bedingt, welche das Verhältnis von Bildungssystem und
Gesellschaftssystem kennzeichnen. Diesem Unterschied werde ich in meinem
Beitrag konzentrierte Aufmerksamkeit widmen. Die Struktur meines Beitrages
möchte ich freilich auf drei Thesen aufbauen, welche Ähnlichkeiten der Be-
ziehungsstrukturen hervorheben und den Vergleichsansatz daraus ableiten.
Ich orientiere mich mit diesem Ansatz einerseits an die von Arthur Hearnden
und Robert F. Lawson ins Blickfeld gerückte Fortwirkung gesamtdeutscher
Traditionen in der Bildungspolitik und Pädagogik der beiden deutschen Staaten[1], andererseits an Ergebnissen eigener Untersuchungen zum Verhältnis von
Bildungsforschung und Bildungspolitik im internationalen Vergleich, und zwar
sowohl in den intra-systemaren Dimensionen innerhalb der westlichen und der
real-sozialistischen Staatenwelt als auch in der inter-systemaren Dimension[2].

Die drei Thesen seien folgendermaßen formuliert:

1. Funktion und Zielrichtung des Verhältnisses zwischen Bildungsforschung
und Bildungspolitik werden ausschließlich oder zumindest vorrangig dadurch
bestimmt, daß dieses Verhältnis auf Bildungssysteme bezogen ist, die von
staatlichen Zentralinstitutionen getragen und gesteuert werden.

---

[1] Hearnden, Arthur: Bildungspolitik in der BRD und DDR. Zweite ergänzte Auflage.
Düsseldorf 1977. – Lawson, Robert F.: The Ring and the Book: Educational Change in
Berlin. In: Heyman, R. D. / Lawson, R. F. / Stamp, R. M.: Studies in Educational Change.
Toronto 1972, S. 169-246.

[2] Der Systembegriff wird in diesem Beitrag unter doppeltem Aspekt verwendet, nämlich vertikal im Sinne der Systemtheorie (Subsystem – Supersystem – Metasystem) und
horizontal im Sinne des in der vergleichenden Politik- und Erziehungswissenschaft üblich
gewordenen Ost-West-Vergleichs (intra-systemar, inter-systemar). Vgl. Anweiler, Oskar:
Bemerkungen zur erziehungswissenschaftlichen DDR-Forschung im Rahmen inter-syste-
marer vergleichender Bildungsforschung. In: Baumann, U. / Lenhart, V. / Zimmermann,
A. (Hrsg.): Vergleichende Erziehungswissenschaft. Wiesbaden 1981, S. 43-49.

296

2. In beiden deutschen Staaten zeigt die Entwicklung der Bildungsforschung eine bemerkenswerte Wechselbeziehung zwischen innerwissenschaftlichen Bedingungen, die sich in Diskussionen über Begriff, Inhalt und Zweck von Bildungsforschung widerspiegeln, und außerwissenschaftlichen Bedingungen, die durch die Einflüsse der Bildungspolitik und deren gesellschaftliche Kontexte bestimmt sind[3]. Der Zusammenhang zwischen einer Bildungspolitik, die ‚zeitgemäßen' gesellschaftlichen Erfordernissen gehorcht, und einer Bildungsforschung, welche diese Erfordernisse in ihren Fragestellungen, Ansätzen und Methoden konsequent aufgreift und optimal untersucht, ist in der Bildungsgeschichte beider deutscher Staaten mehrfach deutlich geworden und auch in der Gegenwart zu erkennen oder zumindest zu vermuten.

3. Das Verhältnis zwischen Bildungsforschung und Bildungspolitik in den beiden deutschen Staaten läßt in den einzelnen Perioden sowohl in den theoretischen Auseinandersetzungen als auch in den politischen Entscheidungsprozessen Bemühungen erkennen, die Rezeption von ‚Vorbildern' mit der Konzipierung eigenständiger Wege zu verbinden, die ihrerseits auf den erwähnten Traditionsbestand der gesamtdeutschen Vergangenheit zurückverweisen.

Meine Ausführungen möchte ich auf den Versuch konzentrieren, diese Thesen zu begründen und zugleich zu problematisieren. Die Bekundung dieser Absicht sei durch zwei zusätzliche Bemerkungen ergänzt, die ich zur Vermeidung von Mißverständnissen bereits an dieser Stelle für notwendig erachte. Zum einen geht es darum, kontinuierliche Aufmerksamkeit auf die Kollision zu richten, die zwischen den in den Thesen ausgedrückten Analogien und den bereits erwähnten grundsätzlichen Unterschieden bestehen, die durch die divergierende soziopolitische Verfaßtheit der übergeordneten Gesellschaftssysteme bedingt sind. Zum anderen möchte ich betonen, daß sich der hier beschrittene Vergleichsansatz nur durch die Zusammenfassung der drei Analogien und die Aufspürung von Verbindungslinien zwischen ihnen legitimiert. Dazu folgende Erläuterung: Auch die Bildungssysteme Frankreichs und der Sowjetunion, um zwei markante Beispiele zu nennen, sind durch zentralisierte Steuerungs- und Verwaltungsstrukturen geprägt, und auf die Entwicklung des Verhältnisses von Bildungsforschung und Bildungspolitik beispielsweise in Schweden und Bulgarien haben die ‚Vorbilder' der Vereinigten Staaten bzw. der Sowjetunion eingewirkt, wenn auch ohne eine der Diskussion in den beiden deutschen Staaten vergleichbare Bezugnahme auf nationale Traditionen. Nirgendwo lassen sich auch so enge und systematische Wechselbeziehungen zwischen den inner- und außerwissenschaftlichen Bedingungen der bildungsgeschichtlichen Entwicklung feststellen wie in den beiden deutschen Staaten. Beispielsweise vollziehen sich auch in den Vereinigten Staaten seit den letzten Jahren Auseinandersetzungen über die Legitimität und Präferenz von For-

[3] Vgl. Husén, Torsten: Research and Policymaking in Education: An International Perspective. In: Educational Researcher, February 1984, S. 5-11.

schungsparadigmen. In ihnen geht es vor allem darum, daß in wachsendem Maße qualitative Ansätze mit den seit Jahrzehnten herrschenden quantitativen konkurrieren. Diese Entwicklung vollzieht sich aber weitgehend unabhängig von der Bildungspolitik in einem Land, dessen Bildungssystem dezentralisierte Verwaltungs- und Steuerungsstrukturen aufweist. Demgegenüber spiegeln sich in der Sowjetunion die erwähnten Wechselbeziehungen zwischen inner- und außerwissenschaftlichen Bedingungen zwar wider, doch fällt dem Interpreten die im Vergleich zur DDR fehlende Konzentration und Systematik auf.

Den Hauptteil meiner Ausführungen möchte ich daher unter folgenden Fragestellungen behandeln:

— die zentralisierten Bildungssysteme als Gegensatnd der Bildungsforschung;
— die Wechselbeziehung zwischen inner- und außerwissenschaftlichen Bedingungen der Bildungsforschung;
— Bemühungen um die Vereinbarung des Einflusses von ,Vorbildern' mit der Suche nach eigenständigen Wegen.

Bevor ich diese Absicht verwirkliche, erlauben Sie mir noch zwei Überlegungen, welche ich zur Abrundung meines Vergleichsansatzes vortragen möchte. Sie betreffen zum einen die Kriteriumsproblematik der Begriffsbildung, zum anderen die historische Dimension. Sie haben in diesem Zusammenhang nur orientierenden Charakter und beschränken sich daher auf skizzierende Hinweise.

Was die Kriterien der Begriffsbildung betrifft, möchte ich mich auf die Diskussion über grundlegende Begriffe wie ,Bildung', ,Erziehung' und ,Pädagogik' nicht einlassen und auch die Parallelität der Verwendung von Singular und Plural nicht problematisieren, welche in den beiden Wissenschaftssystemen zu beobachten ist: Erziehungswissenschaft versus Erziehungswissenschaften bzw. Pädagogische Wissenschaft versus Pädagogische Wissenschaften. Ich beschränke mich auf die Gegenüberstellung der Begriffe ,Bildungsforschung' und ,Pädagogische Forschung', wie sie in der Bundesrepublik bzw. in der DDR verwendet werden, und stütze mich dabei auf Veröffentlichungen des Deutschen Bildungsrates und der Akademie der Pädagogischen Wissenschaften der DDR. Diese Prüfung ergibt weitgehende Deckungsgleichheit bezüglich der Inhalte insofern, als das ,Bildungswesen' als zentraler Forschungsgegenstand definiert ist [4]. Bei der Bestimmung des Umfangs der mit beiden Begriffen erfaßten Forschungsfelder zeigen sich freilich Differenzen. Der Deutsche

[4] Deutscher Bildungsrat: Empfehlungen der Bildungskommission: Aspekte für die Planung der Bildungsforschung. Stuttgart 1974. – Roth, Heinrich / Friedrich, Dagmar (Hrsg.): Deutscher Bildungsrat: Bildungsforschung. Probleme – Perspektiven – Prioritäten. = Gutachten und Studien der Bildungskommission, Bde. 50/51. Stuttgart 1975. – Neuner, Gerhart: 30 Jahre Deutsche Demokratische Republik – 30 Jahre Entwicklung der marxistisch-leninistischen Pädagogik. In: Pädagogik, 34 (1979), S. 849-870. Zentraler Forschungsplan der marxistisch-leninistischen Gesellschaftswissenschaften in der DDR 1981 bis 1985. In: Einheit, 35 (1980) 12, S. 1209-1247.

Bildungsrat spricht von einer ‚engeren' und ‚weiteren' Auslegung des Begriffs ‚Bildungsforschung' und bezieht letztere auf „das gesamte Bildungswesen und seine Reform im Kontext von Staat und Gesellschaft . . . , einschließlich der außerschulischen Bildungsprozesse . . . "[5]. Demgegenüber fällt beim Studium der DDR-Quellen die explizite Konzentration der ‚pädagogischen Forschung' auf die ‚Schule' auf. Dazu die spezifizierten Angaben über die Forschungsfelder der Akademie der Pädagogischen Wissenschaft der DDR in deren Ergebnisbericht 1978:

— „bildungssoziologische Untersuchungen zur sozialistischen Lebensweise und ihre Rolle für die Persönlichkeitsentwicklung der Schüler;

— der Forschungsbericht zu Anforderungen auf verschiedenen Gesellschaftsbereichen und Wissenschaften an die Bildung und Erziehung der Schuljugend;

— theoretische und empirische Untersuchungen zum Verhältnis von pädagogischer Forschung und aktiver Tätigkeit der Schüler;

— Analysen und Verallgemeinerungen praktischer Erfahrungen bei der patriotischen und internationalistischen Erziehung, zur Entwicklung des Schulkollektivs und zum Inhalt, zu Bedingungen und Methoden der Arbeitserziehung der Schuljugend"[6].

Dieser Konzentration entspricht die bevorzugte Verwendung des Begriffs ‚Schulpolitik' und seiner Ableitungen, wie ‚schulpolitische Linie' und ‚schulpolitische Ansprüche'[7], gegenüber der in der Bundesrepublik seit den sechziger Jahren dominierenden Verwendung des Begriffs ‚Bildungspolitik'.

Man sollte freilich die Hervorhebung von Unterschieden nicht strapazieren, denn einerseits befaßte sich der Deutsche Bildungsrat während seiner zehnjährigen Tätigkeit doch vornehmlich mit Problemen der Schule, während andererseits der gültige ‚Zentrale Forschungsplan der marxistisch-leninistischen Gesellschaftswissenschaften der DDR für die Jahre 1981 bis 1985' zu den Aufgaben der ‚pädagogischen Disziplinen' auch alle Untersuchungen rechnet, welche „zur außerunterrichtlichen Tätigkeit, zur Arbeit in der Pionierorganisation und in der Freien Deutschen Jugend, zur Familienerziehung sowie zur Zusammenarbeit aller gesellschaftlichen Kräfte . . . mit dem Ziel" durchgeführt werden, „Qualität und Effektivität der kommunistischen Erziehung der jungen Generation weiter zu erhöhen"[8]. Aus diesen, die Unterschiede relativierenden Aus-

5 Deutscher Bildungsrat: Empfehlungen der Bildungskommission, a.a.O., S. 16.

6 Ergebnisse der Arbeit der Akademie 1978. In: Jahrbuch 1980, Akademie der Pädagogischen Wissenschaften der DDR. Berlin 1980, S. 440.

7 Vgl. Fröhlich, Rudi / Nehmer, Fred: Aktuelle Probleme der Entwicklung der pädagogischen Wissenschaft. In: Pädagogik, 37 (1982) 9, S. 689. – Eichler, Wolfgang / Heimberger, Horst / Meumann, Eberhard / Werner, Bernhard: Praktisches pädagogisches Handeln – Ausgangspunkt und Ziel pädagogischer Theorie. In: Pädagogik, 39 (1984) 5, S. 424.

8 Zentraler Forschungsplan der marxistisch-leninistischen Gesellschaftswissenschaften der DDR 1981 bis 1985, a.a.O., S. 1222.

sagen beziehe ich die Legitimation dafür, zur Darstellung allgemeiner und ver-gleichender Sachverhalte den bei uns und anderen westlichen Staaten verwen-deten Begriff ‚Bildungsforschung' (educational research) zu verwenden.

Unterschiede in der Umfangsbestimmung lassen sich auch an den gesell-schafts- bzw. sozialwissenschaftlichen Disziplinen feststellen, die der ‚Bildungs-forschung' bzw. ‚Pädagogischen Forschung' zugeordnet werden. Während ‚Pädagogische Forschung' weitgehend auf die Zusammenfassung ‚klassischer' pädagogischer Wissenschaften, wie Bildungs- und Erziehungstheorie, Didaktik und Fachmethodik, Geschichte der Erziehung und auch Vergleichende Päd-agogik beschränkt ist, betonte der Deutsche Bildungsrat den „multi- und inter-disziplinären Charakter" der Bildungsforschung und bezog diese Definition auf „jede Wissenschaft . . ., wenn sie sich auf die Lösung von Problemen ausrichtet, die das Bildungswesen, die Bildungsprozesse und deren Reform betreffen"[9]. Ausdrücklich erwähnt werden in diesem Zusammenhang Pädago-gische Psychologie, Soziologie des Bildungswesens, Bildungsökonomie und Bildungsverwaltungswissenschaft. Der Erziehungswissenschaft wird freilich auch vom Deutschen Bildungsrat eine „Sonderrolle" zuerkannt, weil für sie „die pädagogische Orientierung konstitutiv ist"[10]. Mit Ausnahme der rein schulbezogenen bildungssoziologischen Untersuchungen erscheinen beispiels-weise in den Zentralen Forschungsplänen der marxistisch-leninistischen Gesell-schaftswissenschaften der DDR die soeben erwähnten Disziplinen nur als Nachbarforschungsbereiche der ‚Pädagogischen Forschung'[11].

Die Unterschiede in der Umfangsbestimmung sind letztlich darauf zurück-zuführen, daß in der DDR die ‚Pädagogische Forschung' als unmittelbar kon-stitutive Disziplin einer ‚gesellschaftswissenschaftlichen Forschung' erscheint, deren Zentrale Forschungspläne vom Politbüro des Zentralkomitees der SED für jeweils fünf Jahre bestätigt werden. Das kompakte Wissenschaftssystem der DDR kommt offensichtlich ohne ein multidisziplinäres ‚Zwischensystem' aus, als das man die ‚Bildungsforschung' der Bundesrepublik und anderer westlicher Staaten in ihrer Stellung zwischen den Einzeldisziplinen (als Sub-system) und dem Gesamtgefüge der Sozialwissenschaften (als Supersystem) einschätzen kann.

Auf die Geschichte des Verhältnisses von Bildungsforschung und Bildungs-politik eingehend, bemerkt Torsten Husén, dessen jüngste Untersuchungen auch den ‚Fall' Bundesrepublik Deutschland einschließen, daß „politisch orien-tierte Forschung im Bildungswesen . . . tatsächlich nur eine sehr kurze Peri-ode" einnehme. „Forschung, welche absichtlich und systematisch darauf ge-richtet ist, eine breite Wissensbasis für eine Reform und Verbesserung im Bil-

---

9   Deutscher Bildungsrat: Empfehlungen der Bildungskommission, a.a.O., S. 16.
10 Ebenda.
11 Vgl. Zentraler Forschungsplan der marxistisch-leninistischen Gesellschaftswissen-schaften der DDR 1981 bis 1985, a.a.O., S. 1209-1247.

dungswesen zu schaffen, die von Politikern initiiert ist, ist kaum mehr als 25 Jahre alt"[12]. In anderem Zusammenhang führt er diesen Forschungstyp auf die Entstehung der internationalen Körperschaften in den frühen fünfziger Jahren zurück, wie z.B. UNESCO (Errichtung des Institute of Educational Planning in Paris) und OECD[13]. In bezug auf die Bundesrepublik führt der Rückblick in die frühen sechziger Jahre, insbesondere auf das Jahr 1963, in dem der damalige Bundeskanzler Ludwig Erhard von der hohen Bedeutsamkeit der Bildungsfrage sprach, die Ständige Konferenz der Kultusminister erstmalig eine Bedarfsanalyse für Schulen und Hochschulen erstellte, Eugen Lemberg sein wegweisendes Buch „Das Bildungswesen als Gegenstand der Forschung" herausbrachte und das Max-Planck-Institut für Bildungsforschung in Berlin unter der Leitung Hellmut Beckers gegründet wurde[14].

Für die DDR setzt die entsprechende Entwicklung allerdings bereits mit der 1949 vollzogenen Gründung des Deutschen Pädagogischen Zentralinstituts (DPZI) ein, mit der, so Gerhart Neuner, „der Grundstein für die Entwicklung eines zentralen Forschungszentrums der marxistisch-leninistischen Pädagogik in der DDR" gelegt worden sei. Aus dem DPZI ging im September 1970 die Akademie der Pädagogischen Wissenschaften der DDR als eine „höhere Form der gesellschaftlichen Organisation der Planung und Leitung der pädagogischen Wissenschaften" hervor[15]. Bei diesem Zeitvergleich soll der Hinweis nicht fehlen, daß 1951 in Frankfurt am Main die ‚Hochschule für Internationale Pädagogische Forschung' (heute: ‚Deutsches Institut für Internationale Pädagogische Forschung') gegründet wurde, deren Hauptfunktion von ihrem Initiator, dem vormaligen Hessischen Erziehungsminister Erwin Stein, durchaus im Bereich der Politikberatung – neben dem der Lehrerfortbildung – gesehen wurde, eine Konzeption, die dann freilich nicht oder zumindest nicht in der ursprünglich beabsichtigten Intensität weiterverfolgt wurde.

Torsten Hušens Eingrenzung hat gewiß ihren Sinn, wenn man an den Einsatz systematischer Bildungsplanung und deren Instrumentalisierung durch eine Bildungsforschung denkt, die durch quantitative und analytische Ansätze gekennzeichnet ist und ihre Einsichten überwiegend aus ‚harten' Daten bezieht. Beachtung verdient aber auch die differenzierende Bemerkung des Deutschen Bildungsrates, der zwar in dieser Artikulation Hušens Einschätzung teilt, aber hinzufügt, daß „historisch gesehen, immer Beziehungen zwischen der Wissenschaft, insbesondere Pädagogik, und dem Bildungswesen in seiner Reform

12   Hušen, Torsten: Research and Policymaking in Education, a.a.O., S. 5.

13   Ebenda, S. 7.

14   Vgl. Lemberg, Eugen: Das Bildungswesen als Gegenstand der Forschung. Heidelberg 1963. – Mitter, Wolfgang: Educational Research in the Federal Republic of Germany. In: Nisbet, John / Megarry, Jacquetta / Nisbet, Stanley: World Yearbook of Education 1985: Research, Policy and Practice. London/New York 1985, S. 103-104.

15   Neuner, Gerhart: 30 Jahre Deutsche Demokratische Republik, a.a.O., S. 867.

bestanden haben"[16]. Besondere Erwähnung findet dabei die Unterrichtsforschung.

Wenn man unter diesem differenzierenden Ansatz das Verhältnis von Bildungsforschung und Bildungspolitik untersucht, kann man in der Tat auf eine historische Entwicklung zurückblicken, die im 18. Jahrhundert einsetzt. Dies war die Periode, als auf dem europäischen Kontinent der Staat damit begann, Schulen zu gründen und zu entwickeln. In jenem Jahrhundert versuchten die für die Bildungspolitik verantwortlichen Institutionen, Entscheidungshilfen aus der ‚Bildungstheorie‘ und der ‚Empirie‘, wie man sie damals verstand, zu gewinnen. In diesem Zusammenhang sollte man sich daran erinnern, daß Heinrich Pestalozzi seine eigenen praktischen Erfahrungen in der Schweiz analysierte und die Ergebnisse dieser Analysen beispielsweise von der preußischen Regierung übernommen wurden, nachdem Humboldt zwölf Lehrer zur Beobachtung von Pestalozzis praktischem Wirken nach Ifferten entsandt hatte[17].

Ein anderes Beispiel findet Johann Friedrich Herbarts pädagogisches und psychologisches Werk, welches die Bildungspolitik und Bildungspraxis nicht nur in Deutschland, sondern auch in anderen Ländern wesentlich beeinflußte. Für den Vergleich der Bildungsforschungssysteme beider deutscher Staaten ist es aufschlußreich, daß die Spuren des Herbartianismus mit ihrem Schwerpunkt auf Herbarts Konzeption des ‚erziehenden Unterrichts‘ bis heute in der Sowjetunion zu verfolgen sind; von dort ist diese Konzeption in den fünfziger Jahren in die DDR ‚zurückgekehrt‘[18].

Die Vergleichende Erziehungswissenschaft kann in diesem Zusammenhang auch auf die Einflüsse verweisen, welche die systematischen ‚Reiseberichte‘ auf die Bildungssysteme ihrer Autoren ausgeübt haben. Zu denken ist hier beispielsweise an Matthew Arnolds und Victor Cousins Reisen nach Deutschland und deren Auswertung. Bernard Trouillet ist in seinen soeben abgeschlossenen Arbeiten auf eine ausgedehnte Reisetätigkeit von französischen Pädagogen und Bildungsverwaltern nach Deutschland in den letzten drei Jahrzehnten des 19. Jahrhunderts gestoßen. Diese Reisen und deren Auswertung sollten dazu dienen, vom ‚Sieger‘ des Krieges von 1870/71 zu lernen[19].

Die Bildungsgeschichte hält gewiß noch weitere Zeugnisse von solchen ‚Vorläufern‘ der gegenwärtigen Problemlage bereit. Ich möchte auch diesen Rückblick mit der Bemerkung abschließen, daß er im Kern Probleme offenlegt, die bis heute die Diskussion beherrschen.

---

16   Deutscher Bildungsrat: Empfehlungen der Bildungskommission, a.a.O., S. 15.

17   Vgl. Blankertz, Herwig: Die Geschichte der Pädagogik von der Aufklärung bis zur Gegenwart. Wetzlar 1982, S. 128-129.

18   Vgl. Mitter, Wolfgang: Die DDR und die Traditionen im Bildungswesen. In: Hacker, Jens / Rögner-Francke, Horst (Hrsg.): Die DDR und die Tradition. = Gesellschaft für Deutschlandforschung, Jahrbuch 81. Heidelberg 1981, S. 46.

19   Ich beziehe mich auf eine (noch nicht abgeschlossene) Untersuchung von Bernhard Trouillet, die im Deutschen Institut für Internationale Pädagogische Forschung, Frankfurt am Main, durchgeführt wird.

II. Fragestellungen des Vergleichs

1. Die zentralisierten Bildungssysteme
als Gegenstand der Forschung

Die Beanspruchung der Bildungsforschung durch die zentralen Institutionen der Bildungspolitik und Bildungsverwaltung bedarf für die DDR keiner eingehenden Erläuterung. Sie drückt sich aus in den erwähnten ‚Zentralen Forschungsplänen der marxistisch-leninistischen Gesellschaftswissenschaften' mit ihren 12 Forschungskomplexen, die ihrerseits in Hauptforschungsrichtungen unterteilt sind und von 29 Wissenschaftlichen Räten gesteuert und koordiniert werden. Für die pädagogische Forschung werden deren Aufgaben von der Akademie der Pädagogischen Wissenschaften der DDR, dem Institut für Hochschulbildung und dem Zentralinstitut für Berufsbildung der DDR wahrgenommen. In diesen Forschungseinrichtungen werden unterhalb der Zentralpläne spezifische Forschungspläne erarbeitet und in die Praxis umgesetzt[20].

Der Schwerpunkt pädagogischer Forschung ist die Hauptforschungsrichtung 09. 01 ‚Entwicklungstendenzen des einheitlichen sozialistischen Bildungssystems' im Rahmen des Forschungskomplexes 09, in dem ‚Gesetzmäßigkeiten der Entwicklung der sozialistischen Kultur, insbesondere Fragen der Bildung, der Literatur und Kunst und der Sprache' untersucht werden sollen. Daneben findet pädagogikrelevante Forschung innerhalb des Forschungskomplexes 07 statt, dessen Aufgabe die Erforschung von ‚Grundfragen der marxistisch-leninistischen Weltanschauung bei der Gestaltung der entwickelten sozialistischen Gesellschaft unter Herausbildung sozialistischer Persönlichkeiten' ist[21].

Die Akademie der Pädagogischen Wissenschaften der DDR umfaßt 15 eigene Forschungseinrichtungen: Institute und Arbeitsstellen; für unseren Vergleich ist wichtig, daß die von ihr koordinierten pädagogischen Forschungen – dies gilt analog auch für die beiden anderen erwähnten Forschungsinstitute – auch die an Universitäten und Pädagogischen Hochschulen durchgeführten Forschungen einschließen, und zwar sowohl auf der Grundlage von Kooperationsverträgen als auch in relativer Eigenständigkeit[22]. Die Bildungspolitik der DDR hat sich somit neben dem Instrumentarium zentraler gesellschaftswissenschaftlicher Planung für ihre pädagogische Forschung eine zentral gesteuerte Organisationsstruktur geschaffen, welche sowohl außeruniversitäre als auch universitäre Einrichtungen umfaßt.

In der Bundesrepublik ist die Entwicklung der Bildungsforschung weitaus komplizierter verlaufen, und Komplexität kennzeichnet bis zum heutigen Tage

---

20 Zentraler Forschungsplan der marxistisch-leninistischen Gesellschaftswissenschaften der DDR 1981 bis 1985, a.a.O., S. 1228.

21 Ebenda, S. 1231-1235.

22 Neuner, Gerhart: 30 Jahre Deutsche Demokratische Republik, a.a.O., S. 867.

Forschungsplanung und Forschungsorganisation. Dies ist zum einen durch die föderalistische Staatsstruktur bedingt, die angesichts der ‚Kulturhoheit der Länder' dem Bund — auch seit der Grundgesetzänderung von 1969 — keine Kompetenz zu zentraler Forschungsplanung gibt. In den Ländern werden freilich die Bildungssysteme zentral gesteuert und verwaltet, was, wie wir noch sehen werden, in den 15 Jahren dort zu verschiedenen Initiativen in der Bildungsforschung geführt hat. Zum anderen endet die Planungskompetenz von Bund und Ländern an der verfassungsmäßig verankerten Offenheit eines unabhängigen Wissenschaftssystems, dessen Einrichtungen, Universitätsinstitute und -lehrstühle sowie nichtstaatliche Forschungsinstitute, außer in Berlin (West) und Bayern bis zu Beginn der siebziger Jahre ausschließliche Domäne der Bildungsforschung waren. Diese ‚freien' Forschungseinrichtungen haben neben ihren eigenständigen Untersuchungen freilich auch für Auftragsforschungen zur Verfügung gestanden, die von Ministerien und anderen Behörden des Bundes und der Länder erteilt worden sind. Damit stellt sich, dies sei an dieser Stelle hinzugefügt, den Universitäten insofern ein besonderes Problem, als Wissenschaftler, die mit dem Grundrecht der Freiheit von Forschung und Lehre ausgestattet sind, mit einem Teil ihrer Forschungsarbeit in die Rolle von weisungsgebundenen Forschern geraten können. Solche Forschungen gibt es bis heute, wenngleich in der Bildungsforschung ihre Zahl zurückgegangen ist [23]. Dieser Rückgang ist nicht nur durch die in den zurückliegenden Jahren erfolgten Kürzungen der der Bildungsforschung zugewiesenen Mittel zurückzuführen, sondern auch ein Ergebnis der Tätigkeit der ministeriumsnahen Institute für Bildungsforschung, welche die meisten Bundesländer errichtet haben. Die Entwicklung setzte mit der Gründung des Pädagogischen Zentrums in Berlin (1965) und des Zentrums für Bildungsforschung in Bayern (1966) ein und endete mit der Errichtung des Staatsinstituts für Lehrerfort- und -weiterbildung in Hildesheim (Niedersachsen), das einen Teil seiner Aktivitäten der Bildungsforschung widmet [24].

Karl Frey erwähnt sechs Motive, die zu dieser Entwicklung geführt haben. Sie lassen sich darauf reduzieren, daß einerseits die Ministerien Sachverstand bei der Curriculumentwicklung und der Evaluierung von Schulversuchen benötigten, die Erwartungen an das Forschungspotential der Universitäten und auch der Pädagogischen Hochschulen dagegen nicht erfüllt worden seien. In seiner systematischen Betrachtung spricht Frey davon, daß diese Entwicklung insofern „überfällig" gewesen sei, als den Ländern der Bundesrepublik, zum Unterschied von Großbritannien, den Niederlanden und den USA, eine „indirekte gesamtgesellschaftliche Verantwortung" für die Volksbildung zukomme, und zwar auf der Grundlage von allgemeinverbindlichen Landesgesetzen. Dieses

---

23 Zu dieser Problematik vgl. Ingenkamp, Karl (Hrsg.): Forschung und Lehre sind frei ... Weinheim/Basel 1980.

24 Vgl. Mitter, Wolfgang: Educational Research in the Federal Republic of Germany, a.a.O., S. 107.

Problem werde dadurch kompliziert, daß die Lehrerbildung und die unabhängige pädagogische Forschung nicht der staatlichen Kontrolle unterliegen; der in diesem Zusammenhang allerdings zu nennende Eingriff in Staatsexamina sei bislang auf Einzelfälle beschränkt geblieben. Die staatliche Exekutive der Administration habe sich mit einer Forschung auseinandersetzen müssen, die sich „inzidentell und liberalistisch" verhalten und weithin nur jene Themen herausgegriffen habe, die „gefielen, häufig vom Zeitgeist getragen wurden oder der pädagogischen Mode entsprachen"[25].

Ich möchte an dieser Stelle die Wiedergabe dieses, wie mir scheint, plausiblen Kommentars unterbrechen und nur hinzufügen, daß der Kategorie der ‚abhängigen' Institute auch das seit 1970 bestehende Bundesinstitut für Berufsbildung hinzuzurechnen ist, das in der Zwischenzeit dreimal umorganisiert worden ist. Umformungen haben seit ihrer Gründung auch die Staatsinstitute der meisten Bundesländer erfahren, größerenteils in Richtung einer stärkeren Einbindung in die ministerielle Aufsicht und Weisungsbefugnis; die letzte dieser Umformungen betraf das bayerische Zentrum für Bildungsforschung, das von vier auf drei Institute durch die Schließung des bis dahin in der Politikberatung richtungweisenden Bayerischen Staatsinstituts für Bildungsforschung und Bildungsplanung im Januar 1983[26] reduziert wurde.

Von der Berufsbildungsforschung abgesehen, ist es zu einer länderübergreifenden Forschungsplanung nur bei der wissenschaftlichen Begleitung der Schulversuche gekommen, welche durch die Rahmenvereinbarung zwischen Bund und Ländern am 7. Mai 1971 initiiert worden waren. Bis 1980 lag die Verantwortung für diese koordinierte Begleitforschung, neben der von Anfang an auch länderinterne Untersuchungen durchgeführt worden sind, beim Innovationsausschuß der Bund-Länder-Kommission für Bildungsplanung und Forschungsförderung; seither ist die Planung offen, nachdem sich die Länder 1982 nicht auf die Fortschreibung des Bildungsgesamtplanes von 1973 einigen konnten[27].

Es bleibt festzuhalten, daß sich in den vergangenen 20 Jahren zwar nicht der Bund, wohl aber die Länder Bildungsforschungseinrichtungen mit dem Status ‚nachgeordneter Dienststellen' geschaffen haben, deren Platz im Verhältnis von Bildungspolitik und Bildungsforschung dem der erwähnten Einrichtungen in der DDR insofern vergleichbar ist, als sie weisungsgebundene Instrumentarien staatlicher Bildungspolitik sind. Der Status des Bundesinstituts

25 Frey, Karl: Strukturwandel von Bildung und Bildungsforschung aufgrund der neuen ministeriumsnahen wissenschaftlichen Institute der Länder, der Bundesrepublik Deutschland. In: Bildung und Erziehung, 35 (1982) 1, S. 78.

26 Vgl. Führ, Christoph: Das Bildungswesen in der Bundesrepublik Deutschland. Ein Überblick. = Studien und Dokumentationen zur Vergleichenden Bildungsforschung, Bd. 12. Weinheim/Basel 1979, S. 48-49. – Mitter, Wolfgang: Educational Research in the Federal Republic of Germany, a.a.O., S. 107.

27 Vgl. Mitter, Wolfgang: Educational Research in the Federal Republic of Germany, a.a.O., S. 108.

für Berufsbildung in Berlin ist demgegenüber komplizierter, weil an seiner Leitung und Aufsicht neben dem Staat auch die Selbstverwaltungskorperschaften der Arbeitgeber und Arbeitnehmer beteiligt sind. Auf die Gesamtlage der Bildungsforschung in der Bundesrepublik bezogen, hat diese Entwicklung zu dem Dualismus geführt, der heute durch das Nebeneinander von ‚abhängigen' und ‚unabhängigen' (oder ‚freien') Forschungseinrichtungen gekennzeichnet ist. Die außeruniversitären Institute dieser Kategorie sind durch weitere Gründungen erweitert worden: zu nennen sind das Institut für die Pädagogik der Naturwissenschaften, das der Universität Kiel angeschlossen worden ist, das Deutsche Jugendinstitut in München sowie die Pädagogische Arbeitsstelle des Deutschen Volkshochschulverbandes in Frankfurt am Main; auch das Deutsche Institut für Fernstudien in Tübingen befaßt sich mit Bildungsforschung. Auf die Problematik dieses Dualismus werde ich, unter Wiederanknüpfung an Freys Kommentar, in meinen Schlußbetrachtungen zurückkommen.

Nach diesem Überblick über die Institutionalisierung der Bildungsforschung in den beiden deutschen Staaten möchte ich folgende Frage stellen: Welche Funktionen haben die für die Bildungspolitik Verantwortlichen der Bildungsforschung zugeordnet bzw. ‚verordnet'?

Die Beantwortung dieser Frage ist in der westlichen Forschung in den beiden vergangenen Jahrzehnten mehrfach Gegenstand theoretischer Ansätze und Modellbildungen gewesen, unter denen die Bemühungen um Klassifizierung der Bildungsforschung hervorzuheben sind. Die aus den Naturwissenschaften abgeleiteten Unterschiede von ‚reiner Forschung' (Grundlagenforschung) und ‚angewandter Forschung' sind dabei zugunsten einer stärker differenzierenden Strukturierung abgewandelt worden. Beispielsweise spricht der Deutsche Bildungsrat – in Anlehnung an die in der amerikanischen Bildungsforschung verwendeten Begriffe ‚conclusion-oriented' und ‚decision-oriented inquiry' – von ‚theorieorientierter' und ‚praxisorientierter Forschung', denen er als dritten Bereich die ‚entwicklungsorientierte Forschung' hinzufügt[28]. Durch das jeweils vorangestellte Attribut ‚vorwiegend' wird allerdings bereits unter terminologischem Aspekt darauf aufmerksam gemacht, daß die Klassifizierung, mit der wir es hier zu tun haben, immer nur Orientierungshinweise für die Forschungsorganisation geben und Prioritäten in der Funktionsbestimmung setzen kann, nicht aber geeignet ist, in der Forschungspraxis Arbeitsteilungen radikaler Art zu legitimieren.

Einen anderen Ansatz zur Klassifizierung der Bildungsforschung bieten Eve Malmquist und Hans U. Grundin mit ihrem Versuch, „das Feld der erziehungswissenschaftlichen Forschung mittels bestimmter Konzepte zu analysieren und zu beschreiben, die der Systemtheorie und Organisationstheorie entlehnt sind"[29]. Dieser Ansatz, den ich vor einigen Jahren auf die Klassifizierung der

[28] Deutscher Bildungsrat: Empfehlungen der Bildungskommission, a.a.O., S. 18-22.

[29] Malmquist, Eve / Grundin, Hans U.: European Co-operation in Educational Re-

pädagogischen Forschung und ihres Verhältnisses zur Bildungspolitik in der Sowjetunion anzuwenden versuchte[30], geht davon aus, daß die Bildungsforschung zwei offenen Systemtypen zugeordnet wird. Einmal wird sie als ‚Adaptives Subsystem des Bildungssystems' (adaptive sub-system for education), zum anderen als ‚Bildungsforschungssystem' (educational research system) definiert. Für die Problematisierung dieses Beitrages ist die erstgenannte Definition wichtig, denn vom ‚Adaptiven Subsystem des Bildungssystems' läuft unmittelbar die Zuordnungslinie zum Bildungssystem (als ‚Supersystem') und von diesem zum Gesellschaftssystem (als ‚Metasystem'). An diese Definition, nach der die Bildungsforschung die Aufgabe hat, das Bildungssystem an Wandlungen im Gesellschaftssystem anzupassen, werden wir bei der Analyse von Aufgabenbestimmungen für die pädagogische Forschung in den Bildungssystemen beider deutscher Staaten erinnert.

Zunächst sei dazu aus dem Tätigkeitsbericht des Bayerischen Staatsinstituts für Bildungsforschung und Bildungsplanung des Berichtsjahres 1977/78 folgender Abschnitt zitiert: „Das Staatsinstitut für Bildungsforschung und Bildungsplanung ist eine praxisorientierte Forschungseinrichtung, die bei weitestgehender Selbständigkeit in der wissenschaftlichen Tätigkeit und gleichzeitiger Ausrichtung auf die Bedürfnisse der Bildungsverwaltung und die konkreten Verhältnisse des Bildungswesens eines Flächenstaates

– die Entscheidungen der Bildungspolitik durch Erhebungen, Analysen und Empfehlungen vorbereiten hilft

– und die Bildungsverwaltung bei der zielgerechten Umsetzung der Entscheidungen unterstützt.

Die kontinuierliche Zusammenarbeit mit dem Kultusministerium setzt ein wechselseitiges Verständnis für die Bedürfnisse und Aufgabenstellungen der Verwaltung einerseits und der Wissenschaft andererseits voraus."[31]

Dieses Zitat kann trotz der inzwischen erfolgten Auflösung dieses Instituts nicht nur für die westdeutsche Variante der Funktionsbestimmung als exemplarisch angesehen werden, sondern findet seine Entsprechung beispielsweise auch im Ergebnisbericht der Akademie der Pädagogischen Wissenschaften der DDR des Jahres 1978. In ihm werden einerseits die Forschungsbeiträge hervor-

search. European Trend Report commissioned by the Council of Europe, December 1975. Strasbourg 1975, S. 51. – Malmquist, Eve in Co-operation with Grundin, Hans U.: Educational Research in Europe today and tomorrow. Report regarding Project I: 3. Educational Research of Plan Europe 2000 sponsored by European Cultural Foundation. Lund 1975, S. 295-301.

[30] Vgl. Mitter, Wolfgang: Funktion und Organisation der sowjetischen Bildungsforschung in ihrem Bezug zum Verhältnis von Theorie und Praxis. Skizze eines systemanalytischen Ansatzes. In: Forschungen zur osteuropäischen Geschichte. = Osteuropa-Institut der Freien Universität Berlin, Historische Veröffentlichungen, Bd. 25. Wiesbaden 1978, S. 253-270.

[31] Zit. nach Führ, Christoph: Das Bildungswesen in der Bundesrepublik Deutschland, a.a.O., S. 49-50.

gehoben, die „für die Lösung schulpolitischer Aufgaben nutzbar" zu machen sind und die „weitere Ausprägung des polytechnischen Charakters der Schule und die bessere Nutzung der gesellschaftlichen Bedingungen und der gewachsenen Voraussetzungen der Schüler für die Vermittlung der Weltanschauung und Moral der Arbeiterklasse" fördern[32]. Diesem auf die Umsetzung getroffener bildungspolitischer Entscheidungen bezogenen Untersuchungsbereich stehen „Vorlaufforschungen zu perspektivischen und prognostischen Fragestellungen über die Vervollkommnung und Weiterentwicklung des Volksbildungswesens in den achtziger Jahren" gegenüber[33].

In beiden Tätigkeitsberichten stoßen wir somit auf die aus der vergleichenden Bildungsforschung geläufigen Funktionen der Entscheidungshilfe und der Optimierung. In der bundesdeutschen Literatur zur Klassifizierung der Funktionen von Begleitforschung wird als dritte Funktion die der „Hilfe zur Legitimierung" von Schulreformen genannt[34]. Von den beiden zuvor genannten Funktionen unterscheidet sie sich dadurch, daß es hier nicht um die Beschreibung von Sachverhalten, sondern um das Problem der Begründung und Rechtfertigung bildungspolitischer Maßnahmen geht. Daß hierbei taktische Gesichtspunkte eine große Rolle spielen, hat die amerikanische Soziologin Carol H. Weiss, mit deren Untersuchungen wir uns noch beschäftigen werden, betont[35].

Wie weit die Bestimmung der Funktionen von Bildungsforschung aus vorliegenden Einschätzungen naturwissenschaftlicher Forschung Anregung gewinnen kann, wurde bereits bei einer Gegenüberstellung von Grundlagenforschung und angewandter Forschung erwähnt. Für die Beurteilung des Verhältnisses von Bildungsforschung und Bildungspolitik in der DDR lohnt sich die Heranziehung der von Hans-Joachim Müller (Erlangen) zum Thema ‚Determinanten und Merkmale des leitenden Wissenschaftsverständnisses der DDR' entwickelten Überlegungen. In ihnen werden drei Hauptfunktionen von Wissenschaft identifiziert, nämlich

— ihre Produktivkraftfunktion
— ihre Funktion als Instrument gesellschaftlicher Planung, Organisation und Leitung
— ihre Bildungs- und Erziehungsfunktion (Sozialisationsfunktion).

Die beiden erstgenannten Funktionen lassen sich ohne weiteres auf Malmquists Modell des Bildungsforschungssystems als ‚Adaptiven Subsystems des

---

[32] Ergebnisse der Arbeit der Akademie 1978, a.a.O., S. 440.

[33] Ebenda, S. 443.

[34] Vgl. Wulf, Christoph: Funktionen und Paradigmen der Evaluation. In: Frey, Karl u.a. (Hrsg.): Curriculum-Handbuch, Bd. 2. München/Zürich 1975, S. 582.

[35] Weiss, Carol H.: The Many Meanings of Research Utilization. In: Public Administration Review, Sept.-Oct. 1979, S. 426-431. – Husén, Torsten: Issues and their Background. In: Husén, Torsten / Kogan, Maurice (Hrsg.): Educational Research and Policy. How do they relate? Oxford etc. 1984, S. 17-18.

Bildungssystems' transformieren, wobei freilich der Begriff ‚Produktivkraftfunktion' einer speziellen Interpretation insofern bedarf, als damit Grundprobleme des marxistisch-leninistischen Wissenschaftsverständnisses aufgeworfen
sind, die in der DDR selbst zur Diskussion gestellt worden sind. Es handelt
sich hierbei vor allem um die Zuordnung der Wissenschaft zum ‚Überbau' oder
zur ‚Basis' der gesellschaftlichen Entwicklung[36].

Die Identifizierung der ‚Sozialisationsfunktion' erweitert unsere Betrachtung dadurch, daß damit auf die ‚Integration wissenschaftlichen Wissens in
außerwissenschaftliche Wissensbestände' aufmerksam gemacht und damit einer
Tatsache Rechnung getragen wird, die in allen hochindustrialisierten Ländern
zunehmend in Erscheinung tritt[37]. An dieser Stelle stoßen wir bereits auf die
Frage nach der Wirkung von Forschung im allgemeinen und Bildungsforschung
im besonderen. Auch die Beantwortung dieser Frage sei aufgeschoben. Zusammenfassend kann an dieser Stelle argumentiert werden, daß die Verbindung
von Staatlichkeit und zentraler Steuerung des Bildungswesens Fragen sowohl
nach der Institutionalisierung als auch nach den Funktionsbestimmungen von
Bildungsforschung im Vergleich zu Bildungssystemen, die dieses Merkmals
entbehren, für eine allgemeine Einschätzung erleichtern. Offen bleibt in diesen
Überlegungen − und dies sowohl für die DDR als auch für die Bundesrepublik −
die Funktionsbestimmung für die vom Deutschen Bildungsrat so bezeichnete
‚vorwiegend theorieorientierte' Bildungsforschung und deren Zuordnung zum
Verhältnis von Bildungsforschung und Bildungspolitik.

2. Die Wechselbeziehung zwischen inner- und außerwissenschaftlichen Bedingungen der Bildungsforschung

Für die Bundesrepublik Deutschland ist der Zugang zur Beantwortung dieser
Frage verhältnismäßig schnell zu finden. Unser Blick wird vor allem auf die
späten sechziger und frühen siebziger Jahre gelenkt, als sich das Interesse der
Bildungspolitik für Bildungsplanung und Bildungsforschung mit der ‚realistischen Wendung in der pädagogischen Forschung' verband, die Heinrich Roth,
ebenfalls 1963, signalisierte, und sich an vielen Universitäten und insbesondere
in den ministeriumsnahen Instituten Bildungsforscher etablierten, die empi-

---

[36] Müller, Hans-Joachim: Determinanten und Merkmale des leitenden Wissenschaftsverständnisses in der DDR. In: Das Wissenschaftssystem in der DDR. Hrsg. vom Institut
für Gesellschaft und Wissenschaft, Erlangen. Zweite Auflage. Frankfurt/New York 1979,
S. 46. Müller geht in diesem Zusammenhang, unter Berufung auf DDR-Wissenschaftler,
eingehend auf die Wandlungen im Verständnis von Wissenschaft vom Überbauphänomen
zur Produktivkraft ein (S. 36-37) sowie auf die in der DDR bislang umstrittene Frage, ob
neben den Naturwissenschaften auch die Gesellschaftswissenschaften Produktivkraftcha-
rakter besitzen (S. 48).

[37] Ebenda, S. 53-55.

risch-analytische Methoden anwandten. Diese Tendenz hat sich freilich in der Bundesrepublik zu keinem Zeitpunkt mit einer der Entwicklung in den angelsächsischen und skandinavischen Ländern vergleichbaren Dominanz festsetzen können. Die ‚Empiriker‘ sahen sich sogar in einen ‚Zweifrontenkrieg‘ verwikkelt. Während nämlich auf der einen Seite die Vertreter der philosphieorientierten ‚Pädagogik‘ und der Hermeneutik ihren traditionellen Platz im Wissenschaftssystem verteidigten, wurde die Bildungsforschung auf der anderen Seite durch den ‚Methodenstreit‘ beeinflußt, den ein Jahrzehnt lang ‚Positivisten‘ und Anhänger der ‚Kritischen Theorie‘ gegeneinander führten[38]. Hellmut Becker hat in seiner rückblickenden Analyse auf die Arbeit der Bildungskommission (des Deutschen Bildungsrates), dem er selbst neun Jahre angehörte (davon fünf Jahre als Stellvertretender Vorsitzender des Bildungsrates), verdeutlicht, wie stark die Verhandlungen und Beschlüsse von der Mitwirkung von Erziehungswissenschaftlern beeinflußt wurde, die einerseits mit „unterschiedlichen Methoden", anderseits aus „unterschiedlichen Motiven und Interessen" sowie „mit divergierenden politischen Optionen" ihre Gutachten verfaßten; als überzeugendes Beispiel erwähnt er die Gutachten von Hans Scheuerl und Saul Robinsohn / Helga Thomas zur Reform der Sekundarbildung[39].

Die fortlaufende Aktualität enger Verflechtung von inner- und außerwissenschaftlichen Bedingungen in der Entwicklung der Bildungsforschung äußert sich in Auseinandersetzungen zwischen Anhängern der nunmehr schon ‚traditionellen‘ empirisch-analytischen und der ‚neuen‘ ethnographischen Methoden, mit denen sich eine Renaissance der Hermeneutik verbunden hat. Diese Verflechtung wird in bildungspolitischen Entscheidungsprozessen sichtbar, ebenso in der Forschungsförderungspolitik[40], wenn auch die Zusammenhänge weniger greifbar sind als in den ‚stürmischen‘ sechziger Jahren.

Für die pädagogische Forschung der DDR ist die von mir eingangs in meiner zweiten These aufgeworfene Frage gleichermaßen leichter und schwerer zu beantworten: Leichter, weil, um auf Malmquists Modell zu verweisen, das geschlossene Metasystem der DDR-Gesellschaft explizite eine Isolierung inner- und außerwissenschaftlicher Bedingungen grundsätzlich nicht zuläßt[41], schwerer dagegen, weil de facto es doch zu Spannungen zwischen den „ordnungspolitischen Grundsätzen des Sozialismusmodells" mit seinen politischen Vorgaben und Rahmenbedingungen und Erscheinungen kommt, welche auf eine

---

[38] Vgl. Mitter, Wolfgang: Educational Research in the Federal Republic of Germany. a.a.O., S. 105.

[39] Becker, Hellmut: The Case of Germany: Experiences from the Educational Council. In: Husén, Torsten / Kogan, Maurice (Hrsg.): Educational Research and Policy, a.a.O., S. 106-107.

[40] Vgl. Loser, Fritz / Terhart, Ewald: Qualitative Verfahren in der Unterrichtsforschung. In: Bildung und Erziehung, 36 (1983) 2, S. 134.

[41] Vgl. Mitter, Wolfgang: Funktion und Organisation der sowjetischen Bildungsforschung in ihrem Bezug zum Verhältnis von Theorie und Praxis, a.a.O., S. 266-267.

relative Eigengesetzlichkeit „wissenschaftlicher Grundvorstellungen" hindeuten, worauf Hans-Joachim Müller in seiner schon erwähnten Analyse verweist[42].
An dieser Stelle wäre es reizvoll, die Entwicklung sowohl der empirischen Forschung als auch der Kybernetik in bezug auf ihr wechselndes Verhältnis zu den
‚Pädagogischen Wissenschaften' sowie den Stellenwert dieser Problematik in
der jeweiligen Forschungspolitik zu untersuchen. Davon möchte ich Abstand
nehmen und dezidierte Aufmerksamkeit vielmehr, wie vorhin angedeutet, auf
die Beziehung zwischen Grundlagenforschung und Bildungspolitik richten.

Für in der Bundesrepublik betriebene Bildungsforschung hat diese Frage
keine grundsätzliche Bedeutung, denn das Vorhandensein einer ‚reinen' und
damit unabhängigen Forschung ist durch das Grundgesetz garantiert und
durch die Tradition gefestigt. Unklarheiten bereitet die Terminologie des
Deutschen Bildungsrates, der zwar einerseits die ‚vorwiegend theorieorientierte' Forschung in den Begriff ‚Bildungsforschung' einbezieht, dessen Inhalt
aber, wie wir wissen, auf die Reform des Bildungswesens bezieht[43]. Daß auch
in einem offenen Gesellschaftssystem die Autonomie des Wissenschaftssystems
‚relativ' ist, darf freilich nicht verkannt werden. Zum einen ist dies durch staatliche Aufsicht und Finanzierung bedingt, andererseits durch die viel gewichti-
gere und in der Öffentlichkeit immer wieder aufgeworfene Frage nach der
gesellschaftlichen Verflechtung, der sich auch eine ‚reine' und ‚zweckfreie'
Forschung nicht entziehen kann, wie dies beispielsweise in den jüngsten Diskussionen über die Möglichkeiten und Grenzen genetischer Forschung zum
Ausdruck kommt. Jüngstes Zeugnis dafür, daß sich Erziehungswissenschaft und
Bildungsforschung unter diesem Aspekt ‚relativer' Autonomie mit betroffen
sehen, sind die Bemühungen der Deutschen Gesellschaft für Erziehungswissenschaft um eine Klärung des Verhältnisses von Forschung und Ethik.

Die grundsätzliche Einbindung in die ‚ordnungspolitischen Grundprinzipien'
hat auch die pädagogische Forschung der DDR von der Frage nach relativer
Eigengesetzlichkeit ihres theorieorientierten Sektors nicht ferngehalten, auch
wenn Gerhart Neuner „eine gewisse Abgehobenheit von den realen Problemen
der Schulentwicklung" und „der Erziehung" nur für ein Charakteristikum der
bürgerlichen, insbesondere der „sogenannten akademischen Pädagogik an den
Universitäten" hält[44]. Zu belegen ist diese Aussage durch Zitate aus dem in
Heft 5/1984 der Zeitschrift „Pädagogik" erschienenen Bericht, dessen Gegenstand die vierjährige Diskussion über Gerhart Neuners 1980 erschienenen Aufsatz ‚Konstruktive Synthese – wichtige Richtung pädagogischen Denkens und

---

[42] Müller, Hans-Joachim: Determinanten und Merkmale des leitenden Wissenschaftsverständnisses in der DDR, a.a.O., S. 29-35.

[43] Vgl. Deutscher Bildungsrat: Empfehlungen der Bildungskommission, a.a.O.,
S. 16-17.

[44] Neuner, Gerhart: Errungenschaften und Potenz für Gegenwart und Zukunft. In:
Pädagogik, 39 (1984) 11, S. 844.

Forschens‘ ist [45]. So wird Lothar Klingbergs Plädoyer dafür zitiert, daß „Wissenschaft unter dem Gesichtspunkt ihrer ‚multifunktionalen Struktur‘ betrieben werden müsse"; er fährt fort: „Die Entwicklung der Theorie verläuft in einem komplizierten Wechselverhältnis zur Praxis, also nicht synchron zu ihr. Theorie entwickelt sich, aufs Ganze gesehen, aus den Bedürfnissen der Praxis, aber auch aus anderen Bedürfnissen und Antrieben, nicht zuletzt aus den immanenten Entwicklungstendenzen der Theorie (die in einem differenzierten *vermittelten* Verhältnis zur Praxis stehen)." [46] Auf Werner Salzwedel verweisend, äußern sich die Berichterstatter auch zur Notwendigkeit von Forschungsarbeiten, die auf das „methodologisch-theoretische System der Pädagogik" zu beziehen sind. „Derartige Forschung trägt den Charakter von Grundlagenforschung. Sie bedarf in besonderem Maße des Schöpfertums und birgt hinsichtlich der Erfolgssicherheit und der Verwertbarkeit ein größeres Risiko in sich. Nicht jedes Resultat kann unmittelbar in die Praxis überführt werden. Damit aber die pädagogischen Wissenschaften insgesamt für die Praxis leistungsfähiger werden, ist es notwendig, daß die pädagogische Theorie ‚mit sich selbst ins reine kommt‘." [47]

Die interne Problematik solcher Aussagen im Kontext des Forschungsverständnisses der DDR ist freilich einem 1982 erschienenen Beitrag zu entnehmen, der das Verhältnis zwischen Bildungspolitik und pädagogischer Forschung, im Hinblick auf die soeben erwähnten Stellungnahmen, ‚zurechtrückt‘: „Es ist eine gesicherte Erkenntnis, daß durch das Voranschreiten der Praxis die Arbeit der Pädagogen immer dann wirksam gefördert wurde, wenn die pädagogischen Wissenschaftler tief in das Wesen und die Zusammenhänge schulpolitischer Aufgaben eingedrungen sind, sich ihre Zielsetzung zu eigen gemacht haben und auf dieser Grundlage ihre wissenschaftlichen Fragestellungen entwickelten. Immer dann wurde auch ein spürbarer Zuwachs theoretischer Erkenntnisse erreicht, und die Praxis hat von diesen Ergebnissen der pädagogischen Wissenschaftler Gebrauch gemacht. Das Eindringen in die schulpolitische Linie ist für die pädagogischen Wissenschaftler die Voraussetzung, um die Bewegung der Praxis in ihrem Zusammenhang und in ihren Wechselbeziehungen mit der Gesellschaftspolitik, der Gesamtpolitik der Partei erfassen und bewerten zu können, in der Differenziertheit der Prozesse die bestimmenden Tendenzen hervorzuheben, in denen sich das qualitativ Neue zeigt, um von solchen gesicherten Positionen aus die inhaltlichen Akzente für die Gestaltung

---

[45] Neuner, Gerhart: Konstruktive Synthese – wichtige Richtung pädagogischen Denkens und Forschens. In: Jahrbuch 1982, Akademie der Pädagogischen Wissenschaften in der Deutschen Demokratischen Republik. Berlin 1982, S. 31-48. – Eichler, Wolfgang u.a.: Praktisches pädagogisches Handeln – Ausgangspunkt und Ziel pädagogischer Theorie, a.a.O., S. 406-428.

[46] Klingberg, Lothar: Zur pädagogischen Theorie-Praxis-Beziehung. In: Pädagogik, 38 (1983) 6, S. 615.

[47] Eichler, Wolfgang u.a.: Praktisches pädagogisches Handeln – Ausgangspunkt und Ziel pädagogischer Theorie, a.a.O., S. 417.

312

der Forschungsprozesse ableiten zu können. Diese dialektische Einheit von Schulpolitik und Pädagogik muß stets historisch-konkret gemeistert werden."[48] In die Richtung einer solchen Meisterung verweist Helmut Stolz, der „auch zielgerichtete pädagogische Forschungen zu den *Grundlagen der Pädagogik*" für nötig hält, „die vielleicht erst *morgen* der Praxis direkt zugute kommen ..."[49].

3. Bemühungen um die Vereinbarung des Einflusses von ‚Vorbildern' mit der Suche nach eigenständigen Wegen

Diese Fragestellung, welche aus der dritten der eingangs formulierten Thesen abgeleitet ist, sei in diesem Beitrag nur skizziert. Dieses Verfahren scheint insofern ausreichend, als damit das Bemühen, die Rezeption von ‚Vorbildern' mit der Konzipierung eigenständiger Wege zu verbinden, artikuliert werden kann. Es geht hierbei im wesentlichen um die Auseinandersetzung der beiden deutschen ‚Bildungsforschungssysteme' – und zwar in den beiden von Malmquist und Grundin definierten Zuordnungen (zum Bildungs- und Gesellschaftssystem)[50] – mit dem amerikanischen bzw. sowjetischen Bezugssystem.

Von den ‚Vorläufern' der fünfziger Jahre abgesehen, datiert die massive Rezeption amerikanischer Bildungs- und Sozialforschung in der Bundesrepublik aus den sechziger Jahren, als viele junge Wissenschaftler an amerikanischen Universitäten studierten und ihre Studienfrüchte in die erwähnte ‚realistische Wendung' der bundesdeutschen Bildungsforschung einbrachten. Im Zentrum dieser Rezeption standen – und stehen bis heute – Forschungsmuster, die in den Vereinigten Staaten unter den Leitlinien des Behaviourismus, der Lerntheorie und der Bildungssoziologie entwickelt worden waren und unter Anwendung quantitativer Verfahren, Messungen und Instrumentarien praktiziert wurden. Der Widerstand der ‚klassischen Hermeneutiker' und der ‚kritischen Theoretiker' gegen die Dominanz der ‚Empiriker', ebenso beispielsweise der von Wolfgang Klaffki beschrittene Ansatz zu einer ‚kritisch-konstruktiven Erziehungswissenschaft'[51], bieten sich demgegenüber als Belege einer Suche nach eigenständigen Paradigmen an.

Auf die Rezeption sowjetischer Pädagogik in der DDR habe ich bereits hingewiesen, als ich Herbarts ‚Reise' erwähnte. Zusammen mit dem intensiven

---

[48] Fröhlich, Rudi / Nehmer, Fred: Aktuelle Probleme der Entwicklung der pädagogischen Wissenschaft, a.a.O., S. 689.

[49] Stolz, Helmut: Das Theorie-Praxis-Verhältnis – kritisch betrachtet. In: Pädagogik, 38 (1983) 4, S. 336.

[50] Malmquist, Eve in Co-operation with Grundin, Hans U.: Educational Research in Europe today and tomorrow, a.a.O., S. 301-306.

[51] Klafki, Wolfgang: Aspekte kritisch-konstruktiver Erziehungswissenschaft. Weinheim/Basel 1976.

Studium deutscher Bildungsgeschichte und den eigenständigen Leistungen im Feld der Bildungstheorie, z.B. der Theorie der allgemeinen polytechnischen Bildung, bezeugen die erwähnten Äußerungen zur Problematik der ‚relativen' Forschungsautonomie die Vertretbarkeit auch des Bemühens um Eigenständigkeit[52].

Daß die Konkretisierung der eingangs erwähnten dritten These, insbesondere unter dem Aspekt der jeweiligen gesamt- und bildungspolitischen Rahmenbedingungen der beiden Beziehungsgefüge, die Unterschiede stärker hervortreten lassen könnten, sei hinzugefügt. Beim Vergleich der bei der Rezeption von den ‚Vorbildern' entlehnten wissenschaftssprachlichen Mustern könnte die Spannung von Analogie und Differenz besonders stark verdeutlicht werden.

III. Schlußbemerkungen

Meine Schlußbemerkungen lassen Sie mich mit dem Versuch einer allgemeinen Einschätzung der Gegenwartslage beginnen, die für das Verhältnis von Bildungspolitik und Bildungsforschung in den beiden deutschen Staaten kennzeichnend scheint.

In der Bundesrepublik Deutschland ist die Entwicklung dieses Verhältnisses in die ‚Tendenzwende' einbezogen, welche durch Desillusionierung der – einst gewiß übertriebenen – Erwartungen in das Leistungsvermögen von Bildungsforschung bestimmt ist, und zwar der gesamten und nicht nur der von Karl Frey in diesem Zusammenhang identifizierten ‚freien' Forschungsinstitutionen. Wenn man die Haushaltsansätze für Bildungsforschung in den öffentlichen Haushalten zur Kenntnis nimmt, sind die Kürzungen nicht einmal so hart, auch wenn man sich vergegenwärtigen muß, daß ‚festgeschriebene' Haushaltssummen den tatsächlichen Anstieg von Ausgaben verbergen (für Löhne und Gehälter, Post, Dienstleistungen anderer Art usw.). Die Haushaltsfrage zeigt indes nur die eine Seite der Medaille insofern, als sie nicht den qualitativen Wandel berücksichtigt, der in den vergangenen sieben oder acht Jahren im Hinblick auf die Verteilung der Forschungsmittel erfolgt ist. Es ist hier nämlich eine deutliche Verschiebung der Gewährung von finanziellen Mitteln von universitären und nichtstaatlichen Institutionen einerseits zu den ministeriumsnahen Instituten andererseits zu verzeichnen. Hinter dieser finanziellen Bewegung verbirgt sich eine Änderung in der Bewertung der Bildungsforschung in den Augen der Bildungspolitiker. In der ‚Reformperiode' wurde Bildungsforschung primär unter dem Gesichtspunkt der Entscheidungshilfe gesehen. Die Entwicklung der staat-

---

52 Mit dieser These sollen zugleich auch generalisierende Äußerungen über eine ‚Sowjetisierung' des Bildungswesens der DDR widerlegt werden, wie sie sich sogar noch in jüngeren Veröffentlichungen finden, z.B. in: Bergsdorf, Wolfgang / Göbel, Uwe: Bildungs- und Wissenschaftspolitik im geteilten Deutschland. = Dokumente unserer Zeit, Bd. 2. München/Berlin 1980, S. 56, S. 111.

lichen Institute in den Bundesländern hat demgegenüber den wachsenden Bedarf an dem Forschungstyp zum Ausdruck gebracht, dessen Funktion auf die Optimierung und/oder Legitimierung getroffener bildungspolitischer Entscheidungen beschränkt ist.

Es wäre einseitig, diese Entwicklung nur negativ zu sehen, denn sie hat zweifellos dazu beigetragen, die Bildungsbehörden mit Sachwissen zu versorgen. In diesem Zusammenhang muß auch erwähnt werden, daß die Abteilungen für Bildungsforschung in den meisten Länderministerien ausgeweitet worden sind und in ihnen Experten für Bildungsforschung arbeiten. Demgegenüber haben Kritiker mit Recht darauf hingewiesen, daß die Verwaltungsstrukturen der staatlichen Institute in der Regel zu starr und inflexibel sind, um lang- und mittelfristige Forschungsaufgaben dynamisch bewältigen zu können, abgesehen davon, daß Grundlagenforschung von ihnen nicht betrieben wird. In diesem Zusammenhang möchte ich auch noch einmal Karl Frey zitieren, der vor den in der neuen Entwicklung liegenden Gefahren warnt. Er sieht diese einmal in der Einbeziehung der ministeriumsnahen Forschung in die „Parteipolitisierung eines Teils der Beamten (auch in mittleren Positionen)", zum anderen darin, daß die Staatsinstitute die Herstellung von Unterrichtsmaterialien und Lehrplänen monopolisieren, „statt pädagogisch konstruktive Interaktionen herzustellen und Entwicklungsprozesse einzuleiten"[53].

Wie die Ergebnisberichte der Akademie der Pädagogischen Wissenschaften der DDR sowie die Äußerungen Gerhart Neuners und anderer führender Pädagogen kundtun, bietet das Verhältnis von Bildungspolitik und pädagogischer Forschung in der DDR keinen Ansatz einer systemimmanenten Kritik, die der soeben in bezug auf die Bundesrepublik vorgebrachten vergleichbar wäre. Die Orientierung der pädagogischen Forschung an der ‚schulpolitischen Linie' erhält dadurch symbolhaften Ausdruck, daß Margot Honecker, Minister für Volksbildung, Ordentliches Mitglied der Akademie der Pädagogischen Wissenschaften der DDR ist und ihr am 19. April 1982 die ‚Ehrenplakette der APW der DDR' verliehen wurde[54]. Auf eine externe Kritik möchte ich wegen Mangels an verfügbaren Quellen verzichten, zumal ich die einsichtbaren Problemfragen bereits bei der Behandlung der zentralen Fragestellungen berücksichtigt habe.

Zuletzt möchte ich noch einige Gedanken zur Wirkung von Bildungsforschung auf Bildungspolitik äußern. Ich beginne mit der Wiedergabe eines

---

53 Frey, Karl: Strukturwandel von Bildung und Bildungsforschung aufgrund der neuen ministeriumsnahen wissenschaftlichen Institute der Länder der Bundesrepublik Deutschland, a.a.O., S. 78.

54 Jahrbuch 1983, Akademie der Pädagogischen Wissenschaften der DDR. Berlin 1983, S. 414. In der Würdigung wird u.a. betont: „Das theoretische Konzept der sozialistischen Oberschule mit polytechnischem Charakter, der polytechnischen Schule in der DDR, die eng mit der Produktion, mit dem Leben verbunden ist, das dem ‚Gesetz über das einheitliche sozialistische Bildungssystem' zugrunde liegt und seither immer weiter ausgestaltet worden ist, beruht wesentlich auf der persönlichen konzeptionellen Leistung von Genossin Dr. h.c. Margot Honecker."

Gesprächs, das Torsten Husén im Flugzeug zwischen Madrid und Berlin in
der Mitte der siebziger Jahre mit dem ehemaligen Bundesminister für Bildung
und Wissenschaft Hans Leussink führte: „Er hatte anscheinend erwartet, daß
die Bildungsforschung dem Beispiel der Metallurgie folgen müsse, mit einer
einfachen Verbesserung des Produktionsprozesses, und er äußerte bitter seine
Zweifel an den trüben Wirkungen der Mittel, die Bildungsforschern gegeben
worden seien."[55] Diese Episode ist um so mehr der Erinnerung wert, als der
‚Bildungsbericht '70' der Bundesregierung, für dessen Erstellung Hans Leussink
verantwortlich war, folgende Feststellung enthält: „Die Gründe für die Mängel
des gegenwärtigen Bildungssystems und die Konsequenzen neuer Strukturen
und Inhalte können nur durch wissenschaftliche Forschung identifiziert und
analysiert werden. Dabei wird Bildungsforschung zu einer wesentlichen Vorbedingung für Bildungsreform."[56]

Zur Verstärkung dieses Bildes, das die Spannung zwischen Erwartung und
Enttäuschung zeigt, möchte ich auch ein mittelbares Zitat wiedergeben. Es
enthält einen Ausspruch des ehemaligen australischen Erziehungsministers J.L.
Carrick: „Er zitierte (den amerikanischen Evaluationsforscher) Gene Glass,
als er sagte, daß im Nervensystem von zehn ausgezeichneten Lehrern weit mehr
Wissen darüber gespeichert ist, wie man das Lehren im Klassenzimmer gestalten
und fördern könne, als es ein Durchschnittslehrer aus den existierenden pädagogischen Zeitschriften destillieren" könne[57]. Gewiß lassen sich den negativen
Urteilen der ehemaligen Minister Carrick und Leussink Aussagen gegenüberstel-
len, die ein positiveres Verhältnis von Bildungspolitikern zu den möglichen
Leistungen von Bildungsforschung erkennen lassen[58]. Aber auch in ihnen
herrscht Zweifel an erkennbaren Wirkungen von Bildungsforschung auf Bildungspolitik vor.

Wir stoßen hier auf eine Forschungslücke, welche im allgemeinen durch den
niedrigen Stand der Wirkungsforschung bedingt ist. Daß sich Erziehung in und
außerhalb der Schule über lange Zeiträume hin verändert, ist so evident, daß
in einer auf Aussagen allgemeiner Art zielenden Betrachtung eine nähere Begründung nicht notwendig ist. Auch daß an solchen langfristigen Veränderungen Ergebnisse der Bildungsforschung beteiligt sind, scheint unbestreitbar. Als
jüngstes Beispiel aus dem internationalen Vergleich sind die Widerlegungen
der Befunde des britischen Testforschers Cyril Burt zu erwähnen, der mit
seinen Intelligenztests das Ausleseverfahren im britischen Sekundarschulwesen

---

[55] Husén, Torsten: Issues and their Background, a.a.O., S. 21-22.
[56] Shellard, John S. (Hrsg.): Educational Research for Policy Making in Australia.
Hawthorn (Victoria) 1979, S. 32. Zit. nach Husén, Torsten: Issues and their Background,
a.a.O., S. 12-13.
[57] Husén, Torsten, ebenda, S. 8.
[58] z.B. die Interviews, die Maurice Kogan Anfang der siebziger Jahre mit den vormaligen britischen Erziehungsministern Edward Boyle und Anthony Crosland durchführte.
Kogan, Maurice: The Politics of Education. London 1973, S. 77, S. 190.

(11 +) jahrzehntelang beherrschte. Hierbei handelt es sich sogar um einen relativ stark kontrollierten Forschungsbereich. Um wieviel geringer sind bis heute die Aussichten, komplexe Unterrichts- und Erziehungsprozesse auf meßbare Wirkungen zu befragen!

Mit diesem Problem, das das Verhältnis von Bildungspolitik und Bildungsforschung in seinem Kern berührt, beschäftigen sich im Westen seit einem Jahrzehnt Forscher verschiedener sozialwissenschaftlicher Disziplinen. Dabei hat sich seit der zweiten Hälfte der siebziger Jahre der Schwerpunkt des Interesses von den in diesem Beitrag mehrfach exemplifizierten Klassifizierungsmodellen stärker auf die beteiligten Personengruppen verlagert, nämlich die Politiker und Verwalter auf der einen und die Forscher auf der anderen Seite; dazwischen werden die ‚middle men' geortet[59]. Am intensivsten hat sich mit diesem kommunikationstheoretisch begründeten Ansatz die amerikanische Soziologin Carol Weiss befaßt. Aufgrund eigener empirischer Untersuchungen hat sie sieben Beziehungsmodelle herausgearbeitet. Torsten Hußen hat plausibel darauf hingewiesen, daß für eine konzentrierte Untersuchung die Reduktion auf zwei Grundtypen sinnvoll ist, nämlich das ‚political model' und das ‚enlightenment model'[60]. Während es beim ‚political model' um direkte Verwertung und Umsetzung von Sozial-(und Bildungs-)forschung geht, bringt das ‚enlightenment model' zum Ausdruck, daß nicht geschlossene Konzepte, sondern ‚Ideen' durch vielfältige Kanäle (Gespräche, Konferenzen, individuelle Lektüre usw.) aus der Sozialforschung in die Bildungspolitik hineinwirken. Carol Weiss bemerkt dazu: „Das Bild ist das von sozialwissenschaftlichen Verallgemeinerungen und Orientierungen, welche durch die informierte Öffentlichkeit sickern und die Art und Weise gestalten, in der Menschen über soziale Probleme nachdenken."[61] Hellmut Beckers erwähnte Analyse der Arbeit der Bildungskommission (des Deutschen Bildungsrates) kann als überzeugende Konkretisierung des ‚enlightenment model' angesehen werden, zumal er dies selbst so interpretiert hat[62].

Die Gegenüberstellung der beiden Beziehungsmodelle bietet einen stimulierenden Ansatz für weitere empirische Untersuchungen sowie für theoretische Überlegungen zu der von Torsten Hußen vertretenen These der ‚zwei Kulturen', die, wie er meint, auf der Wechselbeziehung zweier Wertsysteme gründet, die er ‚akademisches' und ‚bürokratisches Ethos' nennt[63]. Während diese For-

---

59 Hußen, Torsten: Issues and their Background, a.a.O., S. 8.
60 Weiss, Carol H.: The Many Meanings of Research Utilization, a.a.O. – Vgl. Weiss, Carol H. / Bucuvalas, M. J.: Truth Tests and Utility Tests: Decision-Makers' Frames of Reference for Social Science Research. In: American Sociological Review, 45 (1980) 4, S. 302-313. – Weiss, Carol H.: Policy Research in the Context of Diffuse Decision Making. In: Kallen, Denis et al. (Hrsg.): Social Science Research and Public Policy Making. London 1982.
61 Weiss, Carol H.: The Many Meanings of Research Utilization, a.a.O., S. 429.
62 Becker, Hellmut: The Case of Germany, a.a;O., S. 105.
63 Hußen, Torsten: Issues and their Background, a.a.O., S. 11-12.

schungsrichtung Perspektiven für die weitere Überprüfung des Verhältnisses von Bildungspolitik und Bildungsforschung in der Bundesrepublik eröffnet, bleibt die Frage für die DDR zumindest für den äußeren Betrachter solange verschlossen, als er weder die Möglichkeiten zu eigenen empirischen Untersuchungen noch zu Sekundäranalysen vorliegender Primärbefunde hat. Stellungnahmen zur Rolle der Bildungsforschung in der laufenden Schulreform in der Sowjetunion sowie Befunde aus Polen und Ungarn[64] deuten freilich darauf hin, daß die neue Forschungsrichtung auch für die Untersuchung der ‚real-sozialistischen‘ Variante fruchtbar werden könnte.

---

64 Der Verf. stützt diese Aussage auf eine Reihe von Gesprächen, die er in Budapest und Warschau mit ungarischen und polnischen Bildungsforschern in den vergangenen Jahren führte.

V. Zur multikulturellen Erziehung

Multikulturalität und Zweisprachigkeit
im sowjetischen Bildungswesen

Zusammenfassung:

Multikulturalität und Zweisprachigkeit gehören zu den zentralen aktuellen Erscheinungen der sowjetischen Gesellschaft; von den relevanten Problemen ist das Bildungswesen maßgeblich betroffen. Unter Bezugnahme auf die sozioökonomischen Rahmenbedingungen werden strukturelle und curriculare Fragen zweisprachiger und interkultureller Erziehung untersucht. Dabei wird besondere Aufmerksamkeit den Wirkungen geschenkt, die einerseits von den ideologischen Normen und politischen Steuerungsmechanismen, andererseits von der durch die Prozesse der Industrialisierung, Modernisierung und Migration verursachten Eigendynamik ausgehen. Der Beitrag fußt auf einer gründlichen Auswertung sowjetischer Dokumente und setzt sich auch mit den vorliegenden westlichen Studien und Kommentaren auseinander.

Summary:

Multiculturality and bilingualism can be regarded as focal phenomena of the Soviet society. The educational system is considerably involved in the relevant issues. Referring to the socioeconomic background conditions, the paper emphasises structural and curricular questions of bilingual and intercultural education. The effects resulting from the ideological norms and the political steering mechanisms on the one hand and the self-motions caused by the processes of industrialisation, modernisation and migration on the other hand are given special attention. The paper is based on a thorough evaluation of Soviet documents and also discusses Western studies and comments.

320

1 Einleitende Bemerkungen

1.1 Rahmenbedingungen

Dieser Beitrag ist als erziehungswissenschaftliche Studie konzipiert, doch ist sich sein Verfasser des multidisziplinären Charakters des Themas unter doppeltem Aspekt bewußt. Einerseits muß die Erziehungswissenschaft, wenn sie das Thema der "multikulturellen Erziehung" aufgreift, die Aussagen und Überlegungen ihrer Nachbarwissenschaften überprüfen; dies betrifft die Soziologie, Ethnologie, Politische Wissenschaft, Psychologie und, in diesem Fall in besonderem Maße, die Linguistik. Jenseits der mehr oder weniger ausgeprägten "innerpädagogischen" Dimension der multidisziplinären Thematik bedarf es des Bezugs zu den Forschungsfeldern des Bilingualismus und der Multikulturalität, die ihrerseits komplex und multidisziplinär strukturiert sind (vgl. GRANT 1983; LEWIS 1981). Die Dimension dieses Beitrags würde gesprengt, wenn in ihm zweistufige Multidisziplinarität auf die Analyse des Falles "Sowjetunion" voll angewandt würde. Wohl aber scheint es unerläßlich, einige wesentliche Rahmenbedingungen zu umreißen, um dem Leser das Verständnis für die spezifische Ausprägung "multikultureller Erziehung" in der Sowjetunion zu erleichtern.

1. Die multikulturelle Struktur mit über hundert ethnischen Gruppen ("Nationen und Völkerschaften") hat die Sowjetunion vom Zarenreich geerbt. Sie knüpft damit an eine jahrhundertelange Entwicklung an, die, wenn man von der frühen Unterwerfung der finnischsprachigen "Ureinwohner" in den nördlichen Gebieten des europäischen Rußlands absieht, durch Eroberungskriege vom 16. bis in die zweite Hälfte des 19. Jahrhunderts bestimmt war. Die sowjetische Expansionspolitik hat diesem Erbe nur weniges hinzugefügt: Ost-Galizien 1939, Nord-Bukowina 1940, Tuwa 1944[1]. Vergleiche zur Herausbildung der anderen europäischen Imperien drängen sich auf; zwei Besonderheiten der russischen Entwicklung sind allerdings zu beachten, zumal sie für das Verständnis der gegenwärtigen Problemlage von Multikulturalität und multikultureller Erziehung nicht unwichtig sind. Zum einen betreffen sie die Geschlossenheit des Gesamtterritoriums, zum anderen die vergleichsweise starke Verzahnung von ethnischer und sozialer Komponente bei der Eingliederung neuer Gebiete[2].

2. Die sowjetische Politik hat die Integration ihrer multikulturellen Gesellschaft von Anfang an als zentrale Aufgabe definiert. Die entsprechenden Normen hat sie bis zum heutigen Tage aus der

marxistisch-leninistischen (und zeitweise auch stalinistischen) Ideologie bezogen. Weder die ideologischen Direktiven noch die politische Praxis rechtfertigen freilich die Annahme eines geradlinigen Prozesses; dies gilt auch für die Gewichte in dem Verhältnis der beiden Größen zueinander. Umfangreich und vielfältig ist sowohl die sowjetische als auch westliche Literatur zu dieser Thematik. Insbesondere befaßt sie sich damit, ob und inwieweit sich die jeweils gültigen Thesen, Anweisungen und Handlungen von Lenins Maximen herleiten lassen, was noch dadurch kompliziert wird, daß diese selbst für kontroverse Interpretationen offen sind[3]. Da dieser Beitrag auf eine Bestandsaufnahme gegenwärtiger Erscheinungen und Probleme beschränkt ist, konzentrieren wir unsere Aufmerksamkeit auf die Hervorhebung der in der sowjetischen Fachliteratur und Publizistik auffindbaren Thesen zu den ideologischen und politischen Aspekten sowjetischer Multikulturalität.

Die zentrale Frage, die immer wieder gestellt wird, bezieht sich auf die Vereinbarkeit nationaler und kultureller Pluralität mit der postulierten Einheitlichkeit der kommunistischen Zukunftsgesellschaft, die sich nicht nur durch die definitive Aufhebung aller Klassenunterschiede, sondern auch durch die "Verschmelzung" (slijanie) der Nationen und Völkerschaften auszeichnen soll. In der Verwendung des Begriffs "sowjetisches Volk" wird dieses Ziel sogar antizipiert. Demgegenüber vertritt die marxistisch-leninistische Ideologie auch die These vom "Aufblühen (rascvet) der sozialistischen Nationen" (vgl. RYWKIN 1979; KOČARLI/KURBANOV 1982) und vom "Anwachsen des nationalen Selbstbewußtseins", das beispielsweise der kürzlich verstorbene Generalsekretär der KPdSU, Jurij V. Andropov auf seiner Rede am 23. Dezember 1982 zum sechzigjährigen Bestehen der Sowjetunion als "gesetzmässigen und objektiven Prozeß" bezeichnete (ANDROPOV 1982). Inhalt und Reichweite der ebenfalls verwendeten These von der "Annäherung" (sbliženie) bleiben daher insofern ungeklärt, als sich in ihrer Verwendung, wie in allen grundsätzlichen ideologischen Äußerungen, Gegenwartsanalyse und Zukunftserwartung vermischen. Als treffendes Beispiel für die in jüngster Zeit laut gewordenen Warnungen vor einer übersteigerten Umsetzung der "Annäherungsthese" in die innersowjetische Kultur- und Sprachenpolitik kann der in der Zeitschrift VOPROSY FILOSOFII (Fragen der Philosophie) veröffentlichte Beitrag von O.I. Džioev zitiert werden. In seinen grundsätzlichen Überlegungen zum Verhältnis von Nation, Kultur und Persönlichkeit argumentiert er, daß "mit der Verstärkung der sozialen Homogenität der Nationen, mit dem Prozeß ihrer geistigen Annäherung und gegenseitigen Bereicherung ... zugleich auch das Selbstbewußtsein der Nation" wächst. "Doch wie man das Problem der Zukunft der Nationen auch lösen mag, darf man keinesfalls den Prozeß der Annäherung der Nationen – im Sinne einer Festigung ihrer sozialen Homogenität und ihrer moralisch-politischen Einheit – mit dem Prozeß der Liquidierung jeglicher ethnischer Unterschiede zwischen den Nationen verwechseln ..." (DŽIOEV 1983, 77).

3. Belastet wird die Multikulturalität durch die demographischen Veränderungen, die durch die unterschiedlichen Geburtenraten im europäischen Teil der Sowjetunion einerseits und den transkaukasischen und mittelasiatischen Republiken andererseits gekennzeichnet sind (z.B. Di MIAIO in: DESFOSSES 1981, 20). Unter dem Aspekt des traditionellen Führungsanspruchs, der den Russen zuerkannt wird, kommt dieser Entwicklung höchste politische Bedeutung zu, denn der Anteil der nichtrussischen Nationalitäten ist von 1970 bis 1979 (Jahre der letzten Volkszählungen) von 37 auf 49% angewachsen (vgl. LAVROVA 1983, 24).

4. Die demographischen Veränderungen verstärken die Binnenwanderung. Gewiß hat auch diese eine jahrhundertealte Geschichte, wovon vor allem die Ost-Bewegung der Russen aus dem zentralrussischem Raum bis zum Stillen Ozean zeugt. Die von Stalin forcierte Industrialisierung setzte diese Entwicklung fort (einschließlich des auch der zaristischen Politik weithin eigenen Zwangscharakters in Form von Verbannungen, Deportationen und Umsiedlungen). Gegenwärtig ist die Migrationspolitik humaner, indem sie auf den Unternehmensdrang junger Menschen und die Attraktivität materieller Anreize setzt. Geändert hat sich die Hauptrichtung der Binnenwanderung dadurch, daß die traditionellen Süd- und Ostwanderungen von einem "Rutsch nach Norden" (PEREWEDENZEW 1982) abgelöst werden, und zwar durch eine Migration aus den Regionen mit einem Überfluß an Arbeitskräften (z.B. Kaukasus und Mittelasien) in die städtischen Industriezentren im europäischen und asiatischen Rußland. Für die Thematik der multikulturellen Erziehung ist diese Rahmenbedingung insofern von großer Bedeutung, als sie sich in steigendem Maße mit dem Entstehen "multinationaler Kollektive" (z.B. TARASENKO 1983) auseinandersetzen muß.

5. Vor allem in seinen ländlichen Gebieten ist die Sowjetunion einerseits auch heute noch durch das Vorhandensein geschlossener ethnisch-kultureller Gemeinschaften gekennzeichnet, was, wie wir sehen werden, für die "internationale Erziehung" besondere Probleme aufwirft. Andererseits beschäftigt das zunehmende Zusammenleben von Menschen verschiedener ethnischer Herkunft in "multinationalen Kollektiven" die soziologische Forschung, wobei Mischehen und interpersonale Beziehungen am Arbeitsplatz und in alltäglichen Lebenssituationen primäre Aufmerksamkeit erregen. Als Beispiel sei die Unter-

suchung erwähnt, die unter Leitung von Ju.V. Arutjunjan im Institut für Ethnographie der Akademie der Wissenschaften der UdSSR zwischen 1971 und 1976 sowie 1973 und 1980 an 35 Stützpunkten durchgeführt wurde. Die durch taxonomische Analysen gewonnenen Ergebnisse wurden in der Zeitschrift SOCIOLOGIĆESKIE ISSLEDOVANIJA (Soziologische Forschungen) dahingehend zusammengefaßt, daß die Qualität der interpersonalen Beziehungen am Arbeitsplatz vom Bildungsstand der Betroffenen abhängt, zum anderen aber auch generationsbedingt ist; der wichtigste Faktor aber wird in der Urbanisierung und der sozialen Mobilität gesehen. Neben diesem objektiven Faktorenkomplex spielen subjektive Momente eine nicht unwichtige Rolle; sie schlagen sich vor allem in der Privatsphäre nieder, insbesondere im Familienleben, das nach wie vor stark von kulturellen Traditionen (Sitten, Gebräuchen) geprägt ist. Beeinflußt wird die Qualität der interpersonalen Beziehungen auch von Konkurrenzen am Arbeitsplatz (bei Überschuß an Qualifizierten) sowie auch von "bürgerlich-ideologischen" Einwirkungen (DROBIŽEVA 1982, 40). Im engeren Sinne politisch relevant wird dieses Problem durch die Verzerrungen in der Repräsentanz nationaler Gruppen in den Partei- und Staatsgremien der multikulturellen Regionen, die u.a. Jurij V. Andropovs Kritik herausforderten (ANDROPOV 1982; vgl. TADEVOSJAN 1982).

Daß das Zusammenleben von Menschen verschiedener ethnischer Herkunft im Alltag Spannungen hervorruft, wird schließlich in fast allen Beiträgen als aktuelles Problem aufgegriffen. So hat das Präsidium des Obersten Sowjet der UdSSR in einer am 12. Januar 1983 gefaßten Resolution die Notwendigkeit hervorgehoben, Versuchen "der Idealisierung veralteter Sitten und Gebräuche entgegenzuwirken, neue sowjetische Traditionen zu entwickeln, gegen nationalen Hochmut, Überheblichkeit und respektloses Verhalten gegenüber anderen Nationen und Völkerschaften zu kämpfen" (PRAVDA, 13.1.1983).

1.2 Überlegungen zur begrifflichen Terminologie

Die bereits in den vorausgegangenen Bemerkungen enthaltenen begrifflichen Unstimmigkeiten ergeben sich aus Diskrepanzen zwischen westlicher und üblicher (von sowjetischen Autoren am meisten verwendeter) sowjetischer Terminologie. Die sowjetische Wissenschaft folgt der ideologisch-politischen Diktion, wenn sie die Begriffe "multinationales Kollektiv" und "internationale Erziehung" verwendet und auf die beiden Grundbegriffe "Nation" und "Völkerschaft" ("Nationalität") bezieht. Während "Nation" (nacija) als umfassende Kategorie sowohl ethnisch-sprachliche als auch sozial-politische Merkmale in sich schließt, ist "Nationalität" (nacional'nost) auf ethnische und sprachliche Merkmale konzentriert (vgl. SCHARF 1981). Westliche Sozial- und Erziehungswissenschaftler übernehmen in ihren Untersuchungen die sowjetische Terminologie, was insofern einleuchtet, als damit die spezifischen objektiven und subjektiven Faktoren der "Multikulturalität" sowjetischen Typs ins Licht gerückt werden (vgl. KREINDLER 1982; ANWEILER 1984).

Dieser Beitrag orientiert sich dagegen an der Terminologie, die in der im Westen betriebenen vergleichenden Soziologie und Erziehungswissenschaft üblich geworden ist; in ihr erscheint der Begriff "Kultur" als grundlegende Kategorie zur Identifizierung und Unterscheidung ethnischer Gruppen[4]. "Kultur" in dieser Bedeutung umfaßt Herkunft, Sprache, Religion, Erziehung und Nationalbewußtsein, wobei diese Merkmale als Gesamtheit und auch in der Kombination einzelner Faktoren (z.B. Herkunft und Sprache, nicht aber Religion) auftreten können. Von dieser Definition her leiten wir die Berechtigung ab, von der Sowjetunion als einem "multikulturellen" (und nicht "multinationalen") Land zu sprechen.

Dem sowjetischen Begriff "internationale Erziehung" begegnen wir in den sowjetischen Primär- und Sekundärquellen in zweifacher Bedeutung. Zum einen wird damit der "multinationale" Charakter der sowjetischen Gesellschaft und des Bildungswesens im ganzen (Makro-Ebene) sowie der lokalen Gesellschaftseinheiten und Schulen im besonderen (Mikro-Ebene) ausgedrückt (vgl. ARSENOV 1980, 10). Zum anderen bezieht sich "internationale Erziehung" auf einen zentralen Aspekt der politischen Erziehung, der dem der "patriotischen Erziehung" komplementär zugeordnet ist (vgl. PROKOF'EV 1978, 11). Mitunter werden hierunter pädagogische Anstrengungen verstanden, die auf Solidarität innerhalb der sozialistischen Länder zielen. In der Regel freilich richtet sich "internationale Erziehung" auf innersowjetische Beziehungen, deren Partner einzelne "Nationen und Völkerschaften" der UdSSR sind. Zu klären bleibt in diesem Zusammenhang noch die Frage: "Multikulturelle" oder "interkulturelle" (statt: "internationaler") Erziehung?; in der westlichen Literatur werden beide Begriffe, wenn auch nicht eindeutig, verwendet. Ohne in Einzelheiten der mehrschichtigen Diskussion einzutreten, wählen wir den Begriff "interkulturelle Erziehung", weil dieser den interntionalen und zielgerichteten Charakter dieses Bereichs der Erziehungstheorie und Erziehungspraxis treffender wiedergibt.

Keine Schwierigkeiten verursacht dagegen die Verwendung des Begriffs "zweisprachige Erziehung"; er muß nur gegen "einsprachige" und "mehrsprachige" Erziehung abgegrenzt werden, wobei in der Regel einsprachige und muttersprachliche Erziehung zusammenfallen. In der Sowjetunion wird diese hauptsächlich durch die Russen repräsentiert, die gewöhnlich keine "zweite Muttersprache" lernen müssen. Demgegenüber besteht in der Sowjetunion mehrsprachige Erziehung, vor allem in Formen von "Dreisprachigkeit" dort, wo sich nichtrussische Minderheiten außerhalb der RSFSR die Mehrheitssprache ihrer Unionsrepublik u n d das Russische aneignen. Die für diesen Beitrag ausgewerteten Quellen gehen auf das letztgenannte Phänomen nicht näher ein, was einmal durch dessen mindere Bedeutung (im Gesamtkomplex des Sprachproblems), zum andern durch seine sprachdidaktische Position als Extremfall zweisprachiger Erziehung zu erklären sein mag.

2 Interkulturelle Erziehung

2.1 Multikulturalität als objektive Basis

Die objektive Basis der interkulturellen Erziehung ist durch die multikulturelle Zusammensetzung der Gesamtbevölkerung gegeben. Diese allgemeine Aussage bedarf einer differenzierenden Erläuterung, die über die in der Einleitung vorgetragenen Überlegungen hinausführt. Aus der Vielfalt konkreter Multikulturalität können drei Varianten abstrahiert werden. Die erste Variante ist durch das schon erwähnte Vorhandensein weiter Gebiete und zahlreicher Gemeinden bedingt, die nur von Angehörigen einer ethnisch-kulturellen Gruppe bewohnt werden. Interkulturelle Erziehung muß dort mehr oder weniger auf theoretische Vermittlung beschränkt bleiben, die bestenfalls durch Begegnung und Ferienprogramme außerhalb der einheimischen Umgebung angereichert werden kann. Diese Variante findet vor allem in den nur von Russen bevölkerten Regionen ihre konkrete Entsprechung. Was den weithin mittelbaren Charakter interkultureller Erziehung betrifft, ist die objektive Basis der zweiten Variante der der ersten ähnlich. Sie ist vor allem in den nichtrussischen Republiken, Regionen und Gebieten konkretisiert, insbesondere kleinen Gemeinden, wo die Beziehungen der Einheimischen mit Russen und Angehörigen anderer ethnischer Gruppen häufig nur auf formal-unpersönliche Zusammenkünfte in Verwaltung, Handel und Verkehr beschränkt sind. Gäbe es diese Variante nicht, dann müßte die Zweisprachigkeit viel weiter fortgeschritten sein, als sie es tatsächlich ist (vgl. COMRIE 1981, 28).

Die dritte Variante verbindet sich mit der bereits erwähnten Mikro-Ebene, welche durch konkretes Zusammenleben und interpersonale Beziehungen von Angehörigen zweier oder mehrerer ethnischer Gruppen gekennzeichnet ist. Diese Variante hatte bereits Lenin im Sinn, als er sich mit den Wirkungen der Industrialisierung und Modernisierung auf die Zusammensetzung der Bevölkerung im zaristischen Rußland und in der nachrevolutionären Periode befaßte (vgl. ANWEILER 1982, 42).

Eine große Anzahl aktueller sowjetischer Wanderungsprozesse und Informationen über die wachsende multikulturelle Zusammensetzung einzelner Schulen und Klassen unterstreichen den pädagogischen Aspekt dieses Trends. Aus der vergleichenden Betrachtung multikultureller Erziehung sind solche Befunde umso bemerkenswerter, als sich aus ihnen Modelle formen lassen, die denen in Westeuropa mit dessen Einwanderern und Gastarbeitern ähneln.

Die Wirkung der innersowjetischen Wanderungsprozesse auf die konkrete pädagogische Situation sei durch die Wiedergabe zweier Berichte beleuchtet. So erwähnt der Leiter einer Internatsschule (Klassen 1 bis 10) in der Jüdischen Autonomen Region, daß sich seine Schülerschaft (330) aus dreizehn Nationalitäten zusammensetze, darunter Russen, Juden, Ukrainer, Weißrussen, Litauer, Usbeken und Deutsche (PRISKOL'NIK 1976). Mit multikulturellen Schulen in sibirischen Dörfern befaßt sich L. Kolesnikov (KOLESNIKOV 1983). Wir erfahren, daß im Gebiet Nowosibirsk mehr als 75 Nationalitäten leben und in manchen Familien im täglichen Umgang zwei Sprachen gesprochen werden, nämlich die (nichtrussische) Muttersprache und das Russische. Kolesnikov weist insbesondere auf die Dualität hin, die darin besteht, daß die Kinder russischsprachige Schulen besuchen, untereinander und zuhause aber die Muttersprache gebrauchen und ihre "nationale Eigenart" bewahren. Er erwähnt in diesem Zusammenhang auf der einen Seite die Folklore, auf der andern Seite am Beispiel der Kasachen die folgenden "wichtigsten nationalen Traditionen, die durch die familiäre und schulische Erziehung übertragen werden: Achtung vor den Älteren, Ehrfurcht vor den Eltern, Rückkehr in das Haus der Eltern nach dem Bildungserwerb und vieles andere". Zweifellos könnte dieser Trend noch besser belegt werden, wenn die allgemeinen Angaben über die multikulturelle Zusammensetzung der Bevölkerung in den neuen Industriezentren, wie beispielsweise Togliatti und Nowoscheboksary (Tschuwaschische ASSR) durch Daten über die lokale Schülerschaft ergänzt würden (vgl. RAŠIDOV 1979; PROKOF'EV 1981).

Sowjetische Pädagogen und Politiker unterstreichen die optimalen Bedingungen, welche die multikulturelle Zusammensetzung der Bevölkerung, insbesondere in multikulturellen Gemeinden, für die Verwirklichung interkultureller Erziehung schafft. Demgegenüber bringen die zugänglichen sowjetischen Dokumente keine Hinweise auf Konflikte unter Schülern verschiedener ethnisch-kultureller Herkunft, wie wir sie aus vergleichbaren Situationen in Bildungssystemen westlicher Länder kennen.

2.2 Interkulturelle Erziehung im Unterricht

Die Untersuchung sowjetischer Quellen, welche den Beitrag des Unterrichts zu interkultureller Erziehung thematisieren, lenkt den Blick auf die Grundfrage, was "sowjetische Kultur" eigentlich ist. Äußert sie sich durch die Vereinigung nationaler Kulturen oder aber orientiert sie sich an den Traditionen und Werten der russischen Kultur als der durch Geschichte und Funktionalität bestimmten höheren Einheit? Wir wollen die Ambivalenz dieser Frage an dieser Stelle nicht weiter verfolgen, weil hierfür die Analyse der Zweisprachigkeit einen besseren Ansatz bietet.

Dagegen führt uns direkt zur Thematik der interkulturellen Erziehung die von sowjetischen Sprach- und Literaturdidaktikern bekundete Wertschätzung der universalen Rolle, welche der Beschäftigung mit russischer Literatur in nichtrussischen Schulen beigemessen wird. So stellen N.M. Šanskij und M.V. Čerkezova die These auf, daß die Praxis der Vermittlung russischer Literatur in der Schule darunter leide, daß das geistige und kulturelle Umfeld der Schüler zuwenig berücksichtigt werde. In diesem Zusammenhang wird die "marxistisch-leninistische Philosophie der Dialektik des allgemeinen, besonderen und individuellen Prinzips" bemüht. "Diese Trinität erlaubt die wissenschaftliche Erklärung der Besonderheiten, die in der Vermittlung der russischen Literatur an lernende Nichtrussen enthalten sind" (ŠANSKIJ/ČERKEZOVA 1982, 72). Während das allgemeine und das individuelle Prinzip gewöhnlich berücksichtigt werde, vernachlässige man das nationale Prinzip (ibid., 73). Die besondere Aufmerksamkeit der beiden Verfasser gilt der Verwendung von Illustrationen als eines Mittels zur Einführung nichtrussischer Kinder in den Geist der russischen Literatur. Dieses Verfahren müsse man sehr subtil handhaben, um zu vermeiden, daß die Kinder das Anschauungsmaterial durch das Medium ihrer Muttersprache assoziieren. Diese Betrachtung führt zu dem Argument, daß die Vermittlung der russischen Literatur im Zusammenhang mit den Besonderheiten sowohl der russischen als auch der nichtrussischen Literatur gesehen werden müsse. Die aus diesen Überlegungen gezogenen Folgerungen münden in die Forderung, daß sich die Vermittlung russischer Literatur an nichtrussische Schüler von der an Russen unterscheiden müsse, womit eine direkte Verbindung zu den Zielsetzungen interkultureller Erziehung geknüpft ist.

Der Beitrag des Geschichtsunterrichts zur interkulturellen Erziehung wird in einem Beitrag deutlich, der in der Zeitschrift PREPODAVANIE ISTORII V ŠKOLE (Geschichtsunterricht in der Schule) erschien. P.S. Lejbengrub geht davon aus, daß die russische Geschichte dadurch gekennzeichnet sei, daß an den "progressiven und patriotischen Bewe-

gungen" Angehörige vieler Nationalitäten teilgenommen hätten. Beispiel hierfür seien die Bauernkriege im 17. und 18. Jahrhundert, der
Erste Vaterländische Krieg 1812 und der Krim-Krieg 1853-1856. Es
komme darauf an, die "Gemeinsamkeit der historischen Schicksale der
Völker unseres Landes" den Schülern vor Augen zu führen (LEJBEN-
GRUB 1983, 11). Bedeutung mißt er dem von uns eingangs angedeuteten
Gesichtspunkt bei, daß Unterdrücker und Unterdrückte über Nationen
hinweg verteilt gewesen seien. Unter Berufung auf Lenin hebt er
hervor, daß jedes Volk der Sowjetunion das Recht habe, sein eigenes
Schicksal zu bestimmen, doch sei diese grundsätzliche Selbstbestim-
mung nicht identisch mit der "Zweckmäßigkeit der Absonderung in dem
einen oder anderen Fall" (ibid., 13).

Weitere Aufschlüsse über den Zusammenhang von Unterricht und interkultureller Erziehung bieten schließlich mehrere Abhandlungen
über Probleme der Erziehungsarbeit in den Schulen des hohen Nordens.
I. Tret'jakova berichtet über ein Seminar, das sich damit befaßte,
wie man Kindern von Angehörigen nördlicher Völker die Bildung und
Erziehung vermitteln könne, die sie einerseits zur Beherrschung des
Russischen und der Muttersprache (in russischsprachigen Schulen)
führe, sie andererseits aber nicht der Lebensweise ihrer Eltern
entfremde. Wegen der großen Entfernungen leben die Schüler in der
Regel in Internatsschulen; trotz der großen Schwierigkeiten, die
durch die Entfernungen zwischen Internat und Elternhaus gegeben
seien (120 – 500 km), seien die Partei- und Staatsorgane bemüht,
regelmäßige Kontakte zwischen Kindern und Eltern herzustellen, was
vor allem möglich sei, wenn die Flüsse zugefroren seien[5]. Eine ganz
wichtige Rolle in der Erziehung spiele die Gewöhnung der Kinder an
die Berufe und Arbeitsformen der Eltern, die vor allem von der Jagd,
der Rentierzucht und dem Fischfang leben; auch das Erlernen anderer
Fertigkeiten, wie des Nähens von Kleidung und Kopfbekleidung, gehöre
in die Arbeitserziehung (TRET'JAKOVA 1983; vgl. ARSENOV 1980, 11).
N. Petračuk weist auf die Gefahr hin, daß die traditionellen Berufe
umso eher aussterben könnten, je häufiger die Schüler ihre Ausbildung in "modernen" technischen Schulen und Instituten fortsetzten
(PETRAČUK 1976).

Das zuletzt aufgegriffene Beispiel umschreibt den Zusammenstoß
zweier kultureller Strukturen im Erziehungsprozeß nichtrussischer
Kinder. Interkulturelle Erziehung wird hier zum Mittel, das der
Überwindung der daraus resultierenden Spannungen dienen soll. Häufig
freilich führt die nicht gelöste Spannung zu einem Parallelismus im
Alltagsleben, worauf E.G. Lewis, der jahrelang eingehende vergleichende Studien über multikulturale Erziehung (besonders in der Sowjetunion und in England/Wales) betrieb, unter der speziellen Frage-

stellung "dichotomy between home and work" nachdrücklich hingewiesen hat (LEWIS 1981, 305).

2.3 Integration durch das Bildungssystem

In ihrem Bemühen, die Lebensbedingungen zu vereinheitlichen und das Zusammenleben von Angehörigen zu fördern, weist die sowjetische Politik dem Bildungssystem eine zentrale Funktion zu. Auf den Beitrag der Schule und der außerschulischen Bildungsstätten setzt sie insofern noch größere Hoffnungen als auf den des Arbeitsplatzes, als sich interkulturelle Erziehung (im allgemeinen Wortsinn), wie im vorausgegangenen Abschnitt dargelegt worden ist, neben der Aktivierung "multinationaler Kollektive" auch des mittelbaren Zugangs zu den Heranwachsenden durch Unterricht bedienen und somit die "subjektiven Faktoren" des Integrationsprozesses verstärken kann (KARYPKULOV 1982, 31). In diesem Zusammenhang wird von sowjetischen Politikern und Sozialwissenschaftlern stets auf die historischen Leistungen der sowjetischen Bildungspolitik beim Aufbau des zehnjährigen Pflichtschulwesens und der weiterführenden Bildungsinstitutionen sowie auf die Heranbildung einer breiten Intelligenz in Regionen (insbesondere Mittelasien und im hohen Norden) hingewiesen, deren Analphabetenraten vor der Oktoberrevolution besonders hoch waren. Nach A.K. Karypkulov sind im einzelnen dem Bildungssystem folgende "Integrationsmomente" zugute zu halten:

1) der einheitliche Charakter der zehnjährigen (polytechnischen) Mittelschule;

2) die einheitliche Struktur der einzelnen Horizontalbereiche von den Vorschuleinrichtungen bis zum Hochschulwesen;

3) die einheitlichen Lehrpläne ("bei gewissen spezifischen Modifikationen in den nationalen Lehreinrichtungen") unter dem Aspekt der Bildungsmobilität zwischen den einzelnen Unions- und Autonomen Republiken;

4) die Einheit der Ideologie;

5) die Einheit der "ideellen und methodologischen Prinzipien des Unterrichts und der Erziehung mit Hilfe der pädagogischen Wissenschaft";

6) der breite Austausch der Lehrenden und Lernenden unter den Republiken in allen Schulbereichen;

7) die Mobilität der Absolventen aller Schulstufen in bezug auf ihren Arbeitsplatz in verschiedenen Republiken;

8) die akademische Weiterbildung von Angehörigen einer Republik in anderen Republiken;

9) die einheitliche Verwaltungsorganisation in den einzelnen Republiken;

10) die allgemeine Zugänglichkeit der Bildungseinrichtungen für Angehörige jeder Nationalität (KARYPKULOV 1982, 36 f.).

Besondere Aufmerksamkeit findet in der Fachliteratur der Austausch von Studierenden im Hochschul- und auch im oberen Sekundarbereich der Mittleren Fachschulen und Beruflich-Technischen Schulen (z.B. IL'INA 1984; KARYPKULOV 1982, 34). Im Zusammenhang mit der Ausbildung von Russischlehrern werden wir auf dieses Problem noch zurückkommen.

3 Zweisprachige Erziehung

Daß zwischen den Konzeptionen der interkulturellen Erziehung und der Zweisprachigkeit eine enge Wechselbeziehung besteht, ist nicht erstaunlich angesichts der Bedeutung, welche die Sprache im Leben und Denken der Menschen spielt. Ein besonderes Problem stellt die Bewahrung der ererbten kulturellen Identität auch nach Aufgabe der mit ihr verbundenen Sprache dar, wie sich dies beispielsweise bei den Deutschen[6] und Juden (vgl. NOVIKOV 1981) einerseits und bei den Nationalitäten des hohen Nordens andererseits beobachten läßt.

3.1 Ziele zweisprachiger Erziehung

Die Definition der Ziele, die der zweisprachigen Erziehung in der Sowjetunion zugeordnet werden, beziehen sich weitgehend auf die "national-russische" Zweisprachigkeit, denn diese bildet den Schwerpunkt der Sprachenpolitik. Der Erwerb des Russischen durch Nichtrussen ist daher das Hauptziel der zweisprachigen Erziehung. Darauf konzentrieren sich die folgenden Ausführungen, ohne daß wir jedoch die – nach sowjetischen Quellen – anderen Formen zweisprachiger Erziehung übersehen. Erwähnt werden zum einen Beispiele einer doppelseitigen Zweisprachigkeit zwischen dem Russischen und der jeweils örtlichen Sprache, zum Beispiel in Aserbeidschan (DŽAFAROV 1980; vgl. ČECHOEVA 1982; ZDRAVOMYSLOV 1982). Zum anderen gibt es eine

Zweisprachigkeit zwischen nichtrussischen Sprachen (COMRIE 1981,32; vgl. LEWIS 1981, 80; DEŠERIEV/PROTČENKO 1978). Diese Form ist weithin dort verbreitet, wo Minderheiten die führende Sprache ihrer (nichtrussischen) Republik oder Region lernen. E.G. Garunov erwähnt, daß 1970 2.568.100 Schüler usbekischsprachige Schulen besuchten, während sich die entsprechenden usbekischen Altersgruppen nur auf 2.547.500 beliefen. Da man als gesichert annehmen kann, daß viele usbekische Kinder russischsprachige Schulen besuchten, muß der Anteil der Nichtusbeken in usbekischsprachigen Schulen stärker als 20.000 gewesen sein (GARUNOV 1980).

Das allgemeine Ziel zweisprachiger Erziehung für den "national-russischen" Typ ist die "freie Beherrschung" des Russischen durch alle Nichtrussen. Die Formulierung bedarf natürlich der Verdeutlichung, wie wir sie bei E.G. Garunov finden. Er macht einen Unterschied zwischen

a) dem Übergang von einsprachiger zu zweisprachiger Erziehung (erste Stufe);

b) der mittleren Stufe der bedingten, unvollständigen Zweisprachigkeit;

c) der Endstufe der vollständigen Zweisprachigkeit.

Dieses Schema betont den quantitativen Aspekt, der am Grad des Erwerbs passiver und aktiver Sprachkompetenz mit ihren besonderen Fähigkeiten (Aussprache, Leseverständnis, Verstehen, Sprechen, Denken, Schreiben) zu messen ist. Im Gegensatz zu dieser Unterscheidung weist die erwähnte "dichotomy between home and work" auf eine Sprachkompetenz hin, die durch zwei Verwendungsebenen gekennzeichnet ist; die örtliche Sprache wird dabei in die Privat- und Intimsphäre zurückgedrängt (SIMON 1982, 38; vgl. LEWIS 1981, 74). Lewis gibt hierzu überzeugende Beispiele aufgrund einer Auswertung von Studien über die Tataren in Kasan und die Letten (LEWIS 1981, 74).

Der Grad, den die Aufsplitterung des Sprachgebrauchs im Lebensalltag erreichen kann, hängt ab

a) von dem Niveau der einzelnen nichtrussischen Sprache in deren Bezug zur Fähigkeit, den Bedürfnissen der modernen Zivilisation gerecht zu werden (vgl. GRANT 1983, 26);

b) von den Materialien, über welche die nichtrussischen Sprachen verfügen, um mit dem Prozeß der "Modernisierung" Schritt zu halten.

Es stellt sich die Frage, wie sich diese Abhängigkeitsstruktur in sprachdidaktischen Konzeptionen und Unterrichtsmethoden widerspiegelt. Zur Vorwegnahme der sozialen Rahmenbedingungen dieses Problembereichs und zur Untermauerung der Diskussion über die Zieldefinition mag die Kenntnis des von Bernard Comrie entworfenen sechsstufigen Schemas nützlich sein, denn es faßt die soziale Funktion der verschiedenen Sprachen innerhalb der Sowjetunion zusammen (COMRIE 1981, 27-29):

1) Die erste Stufe ist durch die Sprachen bezeichnet, die von sehr kleinen Bevölkerungsgruppen gesprochen werden. Sie verfügen über keine schriftliche Form, was die Angehörigen der entsprechenden ethnischen Gruppen dazu zwingt, eine gute Kompetenz in einer anderen Sprache, gewöhnlich im Russischen, zu erlangen (Beispiel: die Aleuten).

2) Auf der zweiten Stufe sind die Sprachen angesiedelt, die über eine schriftliche Form verfügen, aber nicht als Unterrichtsmedien verwendet werden. In manchen Fällen kann man eine Übergangsphase erkennen, die durch das Aussterben des Gebrauchs einer Schriftsprache charakterisiert ist; dies betrifft beispielsweise das Jiddische und bis zu einem gewissen Grade auch das Kurdische, das für kurdische Kinder zu einem Schulfach reduziert worden ist.

3) Die Sprachen der dritten Stufe werden in Publikationen intensiv benutzt (z.B. in Kinderbüchern, Zeitungen, Kurzgeschichten usw.) und auch als Unterrichtsmedien in Schulen, nach deren Abschluß die Schüler gewöhnlich aber in eine anderssprachige (gewöhnlich russischsprachige) Schule überwechseln. Die (nichtrussische) Muttersprache ist in diesem Fall häufig in den oberen Klassen als Unterrichtsfach angeboten (Beispiel: die Sprache der Tschuktschen).

4) Die Sprachen der vierten Stufe werden weithin in Publikationen verwendet und ebenso als Unterrichtsmedien während der gesamten Schulzeit, freilich häufig mit Ausnahme der weiterführenden und Hochschulbildung. Diese Gruppe umfaßt die meisten Sprachen der Autonomen Republiken, wie z.B. das Abchasische, Tatarische und die Komi-Sprache.

5) Die fünfte Stufe wird von Sprachen gebildet, die zusätzlich zu der erwähnten Funktion auch als Unterrichtsmedien im Hochschulbereich verwendet werden (häufig neben dem Russischen) und auch als offizielle Zweitsprache (ebenfalls neben dem Russischen) in der internen Verwaltung. Dies betrifft vor allem die führenden Sprachen der 14 nichtrussischen Unionsrepubliken.

6) Die letzte Stufe bildet das Russische, das die zusätzliche Funktion der lingua franca innerhalb der Sowjetunion hat und überdies als Medium im Verkehr mit dem Ausland verwendet wird.

Als Ganzes unterstreicht Comries Schema die komplexe Struktur der Sowjetunion hinsichtlich der Sprachen und ethnischen Einheiten und ebnet den Weg zum Verständnis für das Bildungssystem.

3.2 Organisationsformen und Rechtsbestimmungen

Die Umsetzung des Ziels zweisprachiger Erziehung "nationalrussischen" Typs in die organisatorische und curriculare Realität des gesamten sowjetischen Bildungswesens steht unter der Leitfrage nach der Beziehung zwischen der Erstsprache als dem primären Unterrichtsmedium und der Zweitsprache. Dabei sei auf den besonderen Charakter dieses Beziehungsgefüges innerhalb des sowjetischen Sprachenspektrums hingewiesen; der "Fremdsprachenunterricht" (in sowjetischer Terminologie) bleibt außerhalb unserer Diskussion, obwohl faktisch Fremdsprachen (Englisch, Deutsch, Französisch u.a.) in der Sprachenfolge (nicht aber in einer westlichen Ländern vergleichbaren Intensität) als "Zweitsprachen" vertreten sind, nämlich in den russischsprachigen Schulen in rein russischer Umgebung[7].

Unter dem Aspekt des Unterrichtsmediums kann man das sowjetische Bildungswesen generell in "Nationale Schulen" (Nationalitätenschulen) mit nichtrussischer Unterrichtssprache, russischsprachige Schulen und zwei spezielle Typen gliedern.

a) "Nationale Schulen" wurden 1979 in der gesamten Sowjetunion von etwa 33% der entsprechenden Altersgruppen besucht, wobei im einzelnen die entsprechenden Anteile mehr als 80% erreichten, und zwar in den Unionsrepubliken Armenien, Aserbeidschan, Georgien, Litauen, Tadschikistan, Turkmenistan und Usbekistan (PROKOF'EV 1979b). Was in diesen Schulen den Beginn des Russischunterrichts und die Anzahl der ihm zur Verfügung stehenden Wochenstunden betrifft, besteht bemerkenswerte Vielfalt. Vom ersten Halbjahr des ersten Schuljahres an wird Russisch in den Autonomen Republiken der RSFSR und der Unionsrepubliken Armenien, Georgien und Usbekistan, vom zweiten Halbjahr des ersten Schuljahres oder von Beginn des zweiten Schuljahres an in den anderen Unionsrepubliken (z.B. Ukraine, Litauen) gelehrt. Nach den neuen Musterlehrplänen (ŠAMSUTDINOVA 1980a und 1983, 39) sollen allerdings alle (dreijährigen) Grundschulen Russischunterricht von Beginn des ersten Schuljahres an erteilen. Um die Startbedingungen zu verbessern, ist die Vorschulerziehung in das Programm des Russischlernens einbezogen worden, und zwar sowohl die herkömmlichen Kindergärten als auch die experimentellen "Null-Klassen" (Vorbereitungsklassen), die zu diesem Zweck im vergangen

Jahrzehnt in der gesamten Sowjetunion eingerichtet worden sind und sich rasch entwickelt haben (BARANNIKOV 1981; ŠČETČIKOV 1981, BAL-TABAEV 1983).

Die Gesamtzahl der Wochenstunden in der allgemeinbildenden Mittelschule (Klassen 1 bis 10 bzw. 11) reicht von 33 in Estland, Lettland und Moldawien bis zu 40 in Kirgisien. Innerhalb dieser Aufstellung muß freilich der Anteil der einzelnen Horizontalstufen besonders beachtet werden. Für die Grundschule wurden folgende Wochenstundenzahlen genannt: Baltische Republiken 7-8, Georgien 14, Tadschikistan 12, RSFSR 26. Vergleichsweise niedrige Zahlen liegen für die Oberstufe in den mittelasiatischen und transkaukasischen Republiken und in Moldawien vor (ŠAMSUTDINOVA 1979, 36).

b) Große Anziehungskraft üben die russischsprachigen Schulen auf nichtrussische Schüler aus. Diese Organisationsform kann in drei Typen untergliedert werden, nämlich in Schulen für

1) für nichtrussische ethnische Gruppen innerhalb der RSFSR (z.B. Tschuwaschen, Tataren, Baschkiren),

2) Einwanderer in die RSFSR aus anderen Unionsrepubliken (z.B. Armenien, Kirgisien),

3) russische wie nichtrussische Schüler in den nichtrussischen Unionsrepubliken (vgl. LEWIS 1981, 356).

Was das Anwachsen der russischsprachigen Schulen, die hauptsächlich von Nichtrussen besucht werden, betrifft, zeigt die jüngste Entwicklung eine weite Skala: zwischen 75-90% der Schüler (z.B. in Baschkirien) und niedrigen Prozentsätzen (am niedrigsten in den Baltischen Republiken). Obwohl auch die "Nationalen Schulen" in die laufenden bildungspolitischen und didaktischen Maßnahmen zur Förderung des Russischunterrichts einbezogen sind, erfüllen die russischsprachigen Schulen in dieser Hinsicht offentsichlich höhere Erwartungen (z.B. PROKOP'EV 1981). Auch innerhalb dieses Schultyps wird den "Null-Klassen" große Bedeutung beigemessen, insbesondere unter dem Aspekt des raschen Übergangs von der parallelen Erlernung der einheimischen und russischen Sprache (ARSENOV 1980, 10) zum vollständigen Gebrauch des Russischen als Unterrichtsmediums (mit Ausnahme des – nichtrussischen – muttersprachlichen Unterrichts). S.A. Čechoeva exemplifiziert diesen Trend durch folgende Angaben:

1) Zwischen "Null-Klasse" und Klasse 2: Tadschikistan, Udmurtische ASSR, Mari ASSR, Autonome Region Berg-Altaj, Chakassische Autonome Region;

2) Klasse 2-3: Tschuwaschische ASSR, Mordwinische ASSR, Komi ASSR;

3) Klasse 4 (und darüber): Jakutische ASSR, Tuwinische ASSR, Baschkirische ASSR, Tatarische ASSR (ČECHOEVA 1982).

c) Als innovative Form zur Verbesserung des russischsprachigen Unterrichts im Rahmen der "Nationalen Schule" sind Schulen mit vertieftem Russischunterricht ausgebaut worden. Es handelt sich größtenteils um Internatsschulen mit experimentellem Status. Die Wochenstundenzahlen für das Fach Russisch sind bei ihnen um 8-10 erhöht; außerdem werden vom 7. Schuljahr an andere Fächer (insbesondere Naturwissenschaften) in russischer Sprache unterrichtet. Die von uns ausgewerteten Beiträge berichten über solche Schulen in Aserbeidschan, Kirgisien, Lettland und Usbekistan. Herausgestellt wegen ihrer erzielten Leistungen wurden die Internatsschule Nr. 111 I.V. Panfilov in Taschkent (ŠAMSUTDINOVA 1983, 40 f.; REŠENIE KOLLEGII MINISTERSTVA 1984) und die Internatsschule A.S. Makarenko in Baku (VOLODIN 1979). A. Usejnov kritisierte kürzlich die inkonsequente Politik bei der Entwicklung dieses Schultyps, indem er darauf hinwies, daß während des letzten Jahrzehnts drei Änderungen vorgenommen wurden, ohne daß hierfür wissenschaftliche Aussagen vorgelegen hätten (USEJNOV 1982).

d) Neben den "Null-Klassen" und den Schulen mit vertieftem Russischunterricht erscheinen in den Innovationsprogrammen auch Schulen, die durch eine parallele Erteilung von russischem und einheimischem Unterricht gekennzeichnet sind. Als Zentren dieser Entwicklung erwähnt S.S. Šamsutdinova Kirgisien (153 Schulen mit 200.000 Schülern) und Litauen (ŠAMSUTDINOVA 1979, 37; 1983, 41). Bedauerlicherweise haben wir keine Auskünfte über den "zweisprachigen" Charakter dieser Schulen erhalten können. Der Terminus "parallel" zeigt anscheinend nur die parallele Existenz von Klassen mit unterschiedlichem Unterrichtsmedium an, nicht aber eine Art "echter Zweisprachigkeit".

e) Die Fünferliste wäre durch die Einbeziehung der wahlfreien Aktivitäten zu ergänzen, die auf die Intensivierung und Verbesserung der im obligatorischen Schulunterricht vermittelten Sprachkompetenz zielen und sowohl im fakultativen Bereich der Schulen selbst als auch in außerschulischen Bildungszentren (Jugendhäusern usw.) angeboten werden. Auf ihre Erörterung wird in diesem Beitrag ebenso verzichtet wie auf den russischen Sprachunterricht an Universitäten der nichtrussischen Unionsrepubliken (z.B. KRASNOV 1983).

Für die russischsprachigen Schulen in der gesamten Sowjetunion gelten einheitliche Lehrpläne, wobei in den nichtrussischen Republiken und Regionen dem jeweiligen muttersprachlichen Unterricht freilich unterschiedliche Positionen eingeräumt werden[8]; so erhalten ihn Schüler in der Tatarischen und der Baschkirischen ASSR bis zur 10. Klasse, während er beispielsweise in der Tschuwaschischen und Dagestanischen ASSR auf die Klassen 2 – 4 beschränkt ist (KUZNECOV/-ČECHOEVA 1982). Demgegenüber ist die Erweiterung und Verbesserung des Russischunterrichts in den "Nationalen Schulen" in den vergangenen beiden Jahrzehnten mehrfach Gegenstand besonderer Rechtsbestimmungen gewesen. Zu erwähnen ist in diesem Zusammenhang zunächst das "Statut der allgemeinbildenden Mittelschule" vom 8. September 1970, das die Möglichkeit der Schulzeitverlängerung von 10 auf 11 Jahre "durch Genehmigung des Ministerrats der UdSSR" vorsieht; generellen Gebrauch gemacht haben davon die drei Baltischen Republiken (vgl. SCHIFF 1979, 532). Die zweite relevante Bestimmung des Statuts befaßt sich mit der "Umverteilung von Stunden" zugunsten des Russischunterrichts. Die Gründe hierfür sind darin zu sehen, daß die in den Stundentafeln der "Nationalen Schulen" generell bereitgestellten 2-3 zusätzlichen Wochenstunden zur Erfüllung der Russisch-Lehrpläne nicht ausreichen; von dieser "Umverteilung" sind hauptsächlich die "Fremdsprachen" betroffen.

Die Grundlage für die gegenwärtig laufenden Reformen des Russischunterrichts bildet die "Verordnung des Ministerrats der UdSSR Nr. 835" vom 13. Oktober 1978 (PRIKAZ MINISTERSTVA 1978). Sie enthält Bestimmungen über die – inzwischen vollzogene – Einführung der neuen "Muster-Lehrpläne der russischen Sprache", die Teilung von Klassen mit einer Schülerzahl von mehr als 25 in zwei Gruppen für den Russischunterricht, Rahmenregelungen über den Russischunterricht in Vorschuleinrichtungen und in Schulen mit vertieftem Russischunterricht, Maßnahmen zur Verbesserung der Lehrerausbildung und die Bereitstellung von Lehrmitteln. Die für den Russischunterricht in Vorschuleinrichtungen für notwendig gehaltenen Reformen sind in dem "Erlaß des Ministers für Volksbildung der UdSSR Nr. 137" vom 18. Juli 1979 präzisiert (zitiert nach SOLCHANYK 1982, 33). Schließlich haben nach vorangegangenen Beratungen im Politbüro (V POLITBJURO 1983) das ZK der KPdSU und der Ministerrat der UdSSR eine "Gemeinsame Verordnung über ergänzende Maßnahmen zur Verbesserung des Lernens der russischen Sprache in den allgemeinbildenden Schulen und anderen Lehreinrichtungen der Unionsrepubliken" verabschiedet (ŠERMYCHEDOV 1983; TAIROV 1983).

3.3 Sprachdidaktische Probleme

Im Rahmen dieses Beitrags ist es unmöglich, auf didaktische und methodische Probleme näher einzugehen, die der Unterricht des Russischen und der nichtrussischen Sprache stellt. Die folgenden Ausführungen beziehen sich daher nur auf die Bestimmung der Position, welche die Sprachdidaktik innerhalb der Konzeptualisierung und Praktizierung der zweisprachigen Erziehung einnimmt. Grundsätzlich umstritten ist die gültige Einheitlichkeit der Lehrpläne für das Fach Russisch ohne Berücksichtigung der ethnischen und sprachlichen Herkunft der nichtrussischen Schüler. Genügt es, die jeweiligen Anpassungen (z.B. durch Kürzung des Lernprogramms bei verwandter Sprachbasis) den örtlichen Schulen und Lehrern zu überlassen oder bedarf es hierfür der ausdrücklichen Vorsorge in den Lehrplänen selbst? (Z.B. ŠANSKIJ/USPENSKIJ 1977).

Im Rahmen dieser generellen Kontroverse werden folgende Einzelprobleme refelktiert:

a) Kinder beginnen bei ihrem Schuleintritt das Lernen der russischen Sprache unter unterschiedlichen Startbedingungen. Davon sind vor allem die nichtrussischen Kinder betroffen, die von ihren Eltern in russischsprachige Schulen geschickt werden. E.G. Garunov unterscheidet drei Gruppen:

1) Kinder, die das Russische beherrschen und auf das Lernen nach den Lehrplänen und Lehrbüchern der russischen Sprache vorbereitet sind; zu dieser Gruppe zählen nichtrussische Kinder, die das Russische "wie die Muttersprache" sprechen oder es neben ihrer Muttersprache gelernt haben;

2) nichtrussische Kinder, die beim Schuleintritt schwache Russischkenntnisse (meistens beschränkt auf die Umgangssprache) haben und ernste Schwierigkeiten überwinden müssen;

3) nichtrussische Kinder, die über sehr schwache oder überhaupt keine Russischkenntnisse verfügen; sie sind auf den Unterricht in der russischen Sprache nicht vorbereitet und benötigen dazu eine spezielle vorschulische Ausbildung.

Ein wichtiges Kriterium für die Zugehörigkeit zu einer dieser Gruppen ist nach Garunov dadurch gegeben, ob nichtrussische Kinder im Alltag mit russischen Altersgenossen verkehren oder keine Gelegenheit dazu haben. Der aus dieser Diskrepanz resultierende Niveauunterschied verstärkt sich im Laufe der Schulzeit eher, als daß er abgebaut wird. Besondere Übergangsprobleme entstehen beim Umzug nichtrussischer Eltern in Regionen, in denen es nur russischsprachige Schulen gibt, insbesondere für die Kinder, die bereits obere Klassen besuchen. Das Verfügungsniveau im Russischen beeinflußt zwangsläufig den gesamten Lernprozeß in der Schule. Als besondere Problemgruppe erwähnt Garunov die Kinder, deren Kompetenz sowohl im Russischen als auch in ihrer eigenen Muttersprache schwach entwickelt ist (GARUNOV 1975, 34).

b) Die sprachliche Beziehung zwischen dem Russischen und der jeweiligen einheimischen Sprache wirkt sich vor allem auf die zwischensprachliche Interferenz aus. Interferenzen können auf verschiedenen Ebenen entstehen, angefangen von phonetischen Besonderheiten bis zur Lexik, Morphologie und Syntax (BATIAŠVILI/BALIAŠVILI 1977).

Interferenz ist natürlich ein grundlegendes Problem in zwischensprachlichen Situationen, die durch große Distanz zwischen dem Russischen und der einheimischen Sprache gekennzeichnet sind (STUROV 1978), kann aber auch in Fällen auftreten, in denen die Verwandtschaft groß ist, zum Beispiel zwischen dem Russischen einerseits und dem Ukrainischen und Weißrussischen andererseits. Unter dieser Bedingung entwickelt zwar der Schüler die Fähigkeit des mündlichen Verstehens und des Leseverständnisses, unterschätzt aber die Anstrengungen, die notwendig sind, um korrekt sprechen und schreiben zu lernen (SUPRUN 1976 und 1982).

c) Auch mit auftretendem Dialektgebrauch muß sich zweisprachige Erziehung auseinandersetzen. Die Lage ist in diesem Bereich offentsichtlich ambivalent. N.M. Šanskij weist darauf hin, daß das allmähliche Absterben von Dialekten innerhalb des Russischen und die daraus resultierende "klare Demokratisierung" der Literatursprache deren Erlernen wesentlich erleichtere (ŠANSKIJ 1978). Demgegenüber scheint der Dialektgebrauch bei Nichtrussen insofern Schwierigkeiten zu verursachen, als die Lehrer zu gleicher Zeit ihre Schüler zur korrekten Aneignung der Muttersprache und des Russischen anhalten müssen (STUROV 1978).

Daß die hier umrissenen sprachdidaktischen Pläne mit der zu beobachtenden wachsenden Durchdringung nichtrussischer Sprachen mit russischen Sprachelementen (vor allem in der Lexik) in engem Zusammenhang stehen, sei an dieser Stelle zumindest erwähnt, auch wenn dieser Frage nicht nachgegangen werden kann (vgl. ŠANSKIJ 1978).

3.4 Lehrerbildung

Daß sowjetische Politiker und Pädagogen der Rolle des Lehrers in der zweisprachigen Erziehung große Bedeutung beimessen, dürfte sich aus der bisherigen Darstellung zwingend ergeben. Der Mangel an kompetenten Lehrern und die Lücken, die vielerorts bei Russischlehrern nichtrussischer Herkunft zu Beginn der siebziger Jahre festgestellt wurden (vgl. MITTER 1972), haben offensichtlich bemerkenswerte Anstrengungen zur Verbesserung der Lage in Gang gebracht. Auf der "Gesamtsowjetischen Wissenschaftlich-Praktischen Konferenz über Russischunterricht für Nichtrussen", die im Mai 1979 in Taschkent veranstaltet wurde (vergl. BREŽNEV 1979; PROKOF'EV 1979b; RAŠIDOV 1979; VOLODIN 1979), wurde mehrfach die Notwendigkeit betont, die Ausbildung von speziellen Russischlehrern für den Unterricht an "Nationalen Schulen" und an russischsprachigen Schulen, die vorwiegend von Nichtrussen besucht werden, zu intensivieren. Bis 1979 hatten sich nach Angaben von M.A. Prokof'ev von den 60 Universitäten und 170 Pädagogischen Hochschulen, die Lehrer der russischen Sprache und Literatur ausbilden, 95 auf die Ausbildung von Lehrern für "Nationale Schulen" spezialisiert (PROKOF'EV 1979b). Dieses Entwicklungsprogramm läuft weiter (vgl. V MINISTERSTVE 1984). Als besonders "kompliziert" erweist sich die Ausbildung von Russischlehrern für Schulen des hohen Nordens, weil die meisten Studierenden mit der Lebensweise ihrer künftigen Schüler und Eltern überhaupt nicht vertraut sind (ARSENOV 1980, 14). Eine Qualitätsförderung verspricht man sich von der Bereitstellung von Studienplätzen für Studierende aus den "peripheren" Republiken und Regionen an Universitäten und Pädagogischen Hochschulen der RSFSR sowie Weißrußlands und der Ukraine. Man hat dieser Gruppe besondere Quoten bei der Zulassung zum Hochschulstudium eingeräumt (PROKOF'EV 1979b; ROZOV 1979). Schließlich ist in diesem Zusammenhang zu erwähnen, daß in Frunse (Kirgisien) eine spezielle "Pädagogische Hochschule für russische Sprache und Literatur" gegründet worden ist, die 1983 von etwa 200 Studierenden absolviert wurde (LAZUTINA 1983).

Neben der Ausbildung steht die Fortbildung von Russischlehrern auf dem Entwicklungsprogramm. Auch hier stellt der hohe Norden besondere Probleme, weil die großen Entfernungen zwischen den Schulen die Arbeit der neu eingerichteten Methodischen Zentren erschweren. Die "Abteilung für nördliche Völkerschaften" an der Pädagogischen Hochschule A.I. Gercen (Leningrad) organisiert laufend zweijährige Kurse zur Weiterbildung von Primarschullehrern (mit jährlich 75 Teilnehmern). Ähnliche Kurse werden an den Pädagogischen Hochschulen in Magadan und Kamtschatka sowie an regionalen Weiterbildungszentren durchgeführt (ARSENOV 1980, 14f).

3.5 Forschungen zur zweisprachigen Erziehung

Forschungen zur zweisprachigen Erziehung werden sowohl an Universitäten als auch an Pädagogischen Hochschulen betrieben. Zentren sind jedoch das "Wissenschaftliche Forschungsinstitut für Unterricht der russischen Sprache an nationalen Schulen" an der Akademie der Pädagogischen Wissenschaften der UdSSR und das "Forschungsinstitut für nationale Schulen", das dem Ministerium für Volksbildung der RSFSR untersteht. Während das Akademie-Institut, seinem Namen entsprechend, seine Arbeit auf den Russischunterricht für Nichtrussen konzentriert, untersucht das ministerielle Institut die Entwicklung nichtrussischer Sprachen als Unterrichtsmedien; in einer besonderen Abteilung werden (nichtrussische) Lehrbücher entwickelt (VESELOV 1976).

N.M. Šanskij, der Leiter des erwähnten Akademie-Instituts, umriß in seinem Bericht, der in der Jubiläumsnummer der Zeitschrift RUSSKIJ JAZYK V NACIONAL'NOJ ŠKOLE (Russische Sprache in der nationalen Schule) zum sechzigjährigen Bestehen der Sowjetunion veröffentlicht wurde, die anstehenden sprachdidaktischen Probleme, mit denen sich sein Institut beschäftigt:

1) Erarbeitung von Lernverfahren für den Unterricht und für ausserunterrichtliche Veranstaltungen unter Berücksichtigung der spezifischen Bedingungen der Zweisprachigkeit und der "methodischen Traditionen";

2) Vervollkommnung der philologischen und methodischen Ausbildung der Sprachlehrer;

3) theoretische Begründung der Arten und Verfahren zur Verbindung von Unterrichts- und Erziehungstätigkeit in der Vermittlung der russischen Sprache;

4) Ermittlung der "angemessenen Proportionen" bei der Verbindung dieser beiden Aspekte;

5) Untersuchung der sprachdidaktischen Möglichkeiten und Grenzen bei der Vermittlung des Russischunterrichts in bezug auf zwischenfachliche Beziehungen;

6) Untersuchung der Beschäftigungsformen im Russischunterricht;

7) Untersuchung der Motivationen zum Erlernen der russischen Sprache:

8) Erarbeitung von Methodiken zum Gebrauch audio-visueller Mittel:

9) Erarbeitung und Weiterentwicklung von Lehrbüchern für nationale Schulen sowie von speziellen Wörterbüchern für Lehrer und Schüler:

10) Untersuchung des Zusammenhangs zwischen der Sprachvermittlung und dem landeskundlichen Unterricht (ŠANSKIJ 1982; zum letzten Punkt vgl. DAUNENE/GULAKJAN 1980).

4 Motivationen und Leistungen

Welches sind die Motivationen, die nichtrussische Eltern veranlassen, ihre Kinder in russischsprachige Schulen zu schicken? Sowjetischen Autoren bereitet die Antwort keine Schwierigkeiten. Soweit sie nicht ideologische Begründungen bemühen, erklären sie die Motivation ganz einfach mit der Stellung des Russischen als lingua franca, die bereits Kindern geläufig sei. So bemerkt S. Amonašvili aufgrund seiner Untersuchungen mit georgischen Kindern, daß diese gerne das Russische erlernen, weil sie die Sendungen des zentralen Fernsehens verstehen wollen, davon träumen, nach Moskau zu reisen und sich mit ihren Altersgenossen auf russisch unterhalten möchten (AMONAŠVILI 1983).

In jüngster Zeit haben die Motivationsfrage auch westliche Erziehungs- und Sozialwissenschaftler intensiv diskutiert, wobei ebenfalls der sozioökonomischen und soziopolitischen Position der russischen Sprache als lingua franca besondere Aufmerksamkeit geschenkt worden ist. Isabelle Kreindler bestreitet trotz ihrer grundsätzlichen Unterstützung der "Russifizierungsthese" nicht "die Situation, in der die russische Sprache einen Schlüssel zur ökonomischen und sozialen Mobilität" darstelle, und räumt ein, daß "aufstiegsorientierte Eltern natürlich wünschen, daß ihre Kinder diesen Schlüssel besitzen sollen" (KREINDLER 1982, 14). In der Weiterführung ihrer Gedanken teilt sie die Auffassung sowjetischer und anderer westlicher Wissenschaftler, daß das Russische "die Sprache von Wissenschaft und Technik, der Kanal zu den jüngsten Fortschritten der modernen Welt" sei (ibid., 15). Diese Auffassung führt sie zu dem Urteil, daß die allgemein- und bildungspolitische Förderung des Russischen in der Sowjetunion nicht bedeute, daß "viele Eltern faktisch das Russische nicht als Unterrichtssprache für ihre Kinder wünschten" (ibid., 14). Sie zieht aus ihren Überlegungen sogar den Schluß, daß das Russische "unter normalen Umständen zur lingua fran-

ca ausersehen wäre" (ibid., 27). In diesem besonderen Punkt widerspricht Isabelle Kreindlers Argumentation nicht einmal der offiziellen sowjetischen Version vom "freiwilligen" Charakter des Russischlernens für Nichtrussen. In den sowjetischen Rechtsdokumenten ist
dieses Prinzip an das Recht der Eltern gebunden, den Bildungsweg zu
wählen, den sie für ihre Kinder für den geeignetsten halten. Die
Praxis relativiert diesen Grundsatz freilich insofern, als nur die
Russen überall Bildungs- und Kultureinrichtungen (einschließlich der
modernen Massenmedien) mit ihrer Muttersprache vorfinden und damit
in der Lage sind, für ihre Kinder von dem durch die Verfassung ga-
rantierten Recht auch tatsächlich Gebrauch zu machen (vgl. SIMON
1982,30). Die soeben wiedergegebenen Kommentare weisen auf die enge
Wechselbeziehung zwischen der Motivation zum Russischlernen und der
Stärke der vertikalen und horizontalen Mobilität in der sowjetischen
Bevölkerung hin (vgl. LEWIS 1981,245).

Unterhalb dieser allgemeinen Wechselbeziehung ermöglichen Berichte über konkrete Lebenssituationen einen Ansatz zur Erfassung
der Motivationsfrage. Als Beispiel einer solchen Konkretion sei der
Vergleich wiedergegeben, den S.A. Cechoeva zwischen zwei allgemeinbildenden Mittelschulen im Gebiet Orenburg vorgenommen hat (ČE-
CHOVA 1982):

a) Schule in Tat-Kargalin: Russische Sprache, Tatarisch als Unter-
    richtsfach. Diese Wahl erklärt sich aus dem Lebensalltag der Sowchose
    Kargal bei Orenburg, wo ein Teil der Bevölkerung arbeitet. Erwachsene
    und Kinder verkehren miteinander auf russisch u n d tatarisch. Daher
    verfügen die Kinder bereits beim Schuleintritt über einen relativ
    großen Wortschatz, der ihnen gute Startbedingungen zum Besuch der
    russischsprachigen Schule gibt.

b) Schule in Nowomusinsk: Tatarischsprachige "Nationale Schule", Russisch
    als Unterrichtsfach. In diesem Dorfe leben nur Tartaren, so daß die
    Kinder bei Schuleintritt keine oder geringe Russischkenntnisse haben.

Störfaktoren, unter denen das Russischlernen leidet, erwachsen
aus geographischen Hindernissen (große Entfernungen, klimatische
Belastungen usw.). Aufschlußreich ist in diesem Zusammenhang aber
E.G. Lewis' These, daß solche Störfaktoren auch gegenläufige Wirkungen freisetzen könnten: "Das Leben in isolierten Bauernhäusern
behindert in der Sowjetunion die Verbreitung der Zweisprachigkeit;
wichtiger aber ist , daß das Aufwachsen auf dem Lande den Wunsch
nach Zweisprachigkeit als einem Fluchtmittel weckt" (LEWIS 1981,
290). Er verweist auch auf die enge Wechselbeziehung zwischen der

Einstellung zum Russischlernen und dem Ergebnis des Spracherwerbs: "Es ist bedeutsam, daß die Georgier, die gewöhnlich als Nation betrachtet werden, die gegen eine Russifizierung das größte Widerstreben entwickelt und eine laue Einstellung zum Russischen hat, ständig wegen der Qualität ihres Russischen kritisiert werden" (LEWIS 1981, 298).

Was Angaben über Ergebnisse organisatorischer und curricularer Anstrengungen zur Förderung des Russischen betrifft, sind die zugänglichen Quellen leider zu spärlich, um eine repräsentative Auswertung zu erlauben. Wie in anderen sozialwissenschaftlichen Bereichen, muß sich der Interpret mit dem Vorhandensein von Fallstudien begnügen (vgl. LEWIS 1981, 298 ff.). Hinweise auf großflächige Untersuchungen entbehren dagegen der notwendigen technischen Angaben (zu Stichproben, Testverfahren usw.). Dies gilt beispielsweise für M. Baltabaevs Bericht über seine Untersuchungen in experimentellen "Null-Klassen" in Kirgisien. Das Experiment besteht darin, daß der Russischunterricht zugleich mit dem Kirgisischunterricht einsetzt. Baltabaev erwähnt, daß nach dem ersten Schuljahr 60% der Schüler ohne Schwierigkeiten russische Phoneme differenzieren könnten; leider fehlt hierzu die Angabe, wie diese Ermittlung zustandegekommen ist (BALTABAEV 1983).

5 Schlußbemerkungen

Daß die sowjetische Politik dem Beitrag der zweisprachigen und internationalen Erziehung zur Entwicklung einer "übergreifenden sowjetischen Kultur" große Bedeutung beimißt, dürfte unbestritten sein (vgl. LEWIS 1981, 392). Sowohl die aus der Auswertung der Volkszählungen zu gewinnenden Daten als auch die in Fallstudien und zugänglichen Berichten über Primärerhebungen enthaltenen Angaben machen freilich ebenso deutlich, daß nichts unzutreffender wäre, als die sowjetische Multikulturalität als homogene Erscheinung zu begreifen. Allein schon die verfügbaren Quellen indizieren vielfältige Vorgänge und Prozesse im Bildungswesen, die auf spezifischen historischen Traditionen fußen und aus ihrem Zusammenhang mit den eingangs erwähnten Rahmenbedingungen interpretiert werden müssen. Daß hierbei auch von den bildungspolitischen und pädagogischen Entwicklungen Impulse auf gesamtgesellschaftliche Prozesse ausgehen, läßt gerade der Anteil der multikulturellen Erziehung an der Ausformung der Multikulturalität sowjetischen Typs erkennen.

Erlaubt die Identifizierung dieses Anteils Aufschlüsse über das Ziel sowjetischer Sprachenpolitik, die offensichtlich dem "national-russischen" Typ zweisprachiger Erziehung Priorität zuerkennt und die russische Sprache für Nichtrussen in den Rang einer "Zweitsprache" oder sogar "zweiten Muttersprache" (z.B.DŽAFAROV 1982, 13 f.) erhebt? Der forcierte Ausbau des Russischunterrichts mit seinen institutionellen, didaktischen und materiellen Faktoren deutet darauf hin, daß die Partei- und Staatsführung es offensichtlich für nicht vertretbar hält, bei der Verbreitung der lingua franca größere Geduld zu üben, selbst wenn sie mit ihrer Politik Widerstände provoziert, wovon einige Autoren des von Isabelle Kreindler herausgegebenen Sammelbandes mehrfach berichten (KREINDLER 1982: insbesondere BILINSKY 63 ff. und FRIEDGUT 83; vgl. SOLCHANYK 1982, 37). Daß aus dieser Politik die These einer generellen "Russifizierung" abzuleiten sei, wie sie von Isabelle Kreindler vertreten wird, scheinen die verfügbaren Daten über Entwicklungen im Bildungswesen allerdings nicht schlüssig nachzuweisen. Gegen die allgemeine Gültigkeit dieser These spricht vor allem die differenzierende Betrachtung der einzelnen gesetzlichen und didaktischen Maßnahmen, auf die Bernard Comries erwähntes Schema zu beziehen ist. Auch die von Alexandre Bennigsen in die Diskussion eingeführte und an Beispielen belegte These von der unterschiedlichen "Anfälligkeit" – er unterscheidet zwischen "unhistorischen" und "historischen" Nationen – lenkt die Interpretation in diese Richtung (BENNIGSEN in: KREINDLER 1982, 57 ff.). Eine solche Betrachtung zeigt nämlich, daß das intensive Lernen der russischen Sprache unter gewissen historischen und sozioökonomischen Bedingungen tatsächlich zur "Russifizierung" (vor allem bei kleinen Völkerschaften mit schwach entwickeltem "modernen" Vokabular), im anderen Fall aber sogar zu einer Stärkung von Abwehrhaltungen gegen einen drohenden Verlust ethnischer Identität führen kann (vgl. RYWKIN 1982, 97).

Die differenzierende Betrachtung schärft die Aufmerksamkeit auch für Entwicklungen, welche der Förderung des Russischen parallel laufen. So belegt Bill Fierman aufgrund seiner gründlichen Auswertung usbekischsprachiger Veröffentlichungen die in der Gegenwart – neben dem Ausbau russischsprachiger Schulen – fortlaufende Zunahme "Nationaler Schulen" in Usbekistan[9]. Sein Fazit lautet: "Eine größere Anzahl der Usbeken mag mehr russische Romane lesen, als dies vor 30 Jahren der Fall war. Wieviele Usbeken früherer Generationen konnten überhaupt Romane lesen? Usbeken lesen heute auch usbekische Literatur in größerer Zahl. Ein usbekischer Universitätsstudent in Taschkent mag tatsächlich den Umschlag seines Briefes an die Eltern auf russisch adressieren, doch ist der Brief selbst wahrscheinlich auf usbekisch abgefaßt. Vor zwei Generationen hätten die meisten Eltern solcher Studenten, des Lesens und Schreibens unkundig, Briefe ihrer Söhne oder Töchter nicht lesen können" (FIERMAN in: KREINDLER 1982, 71 f.). An Fiermans Argumentation wäre an dieser Stelle noch die Frage anzuknüpfen, welchen Nachteilen sich Nichtrussen – im beruflichen Fortkommen wie auch in der allgemeinen Kommunikationsfähigkeit – aussetzen, wenn sie das Russische nicht lernen.

Schließlich erhebt sich bei der Beurteilung der sowjetischen Multikulturalität die Frage nach der Wirkung der von der offiziellen Politik und der ihr zugrundeliegenden Ideologie gesetzten Normen auf den Erziehungsalltag. Daß die Praxis zweisprachiger oder auch interkultureller Erziehung die tägliche Arbeit des Lehrers stark beeinflußt, dürften die vorliegenden Befunde der erziehungs- und sozialwissenschaftlichen Osteuropa-Forschung vielfach belegen. Sie schärfen aber zugleich den Blick für die "Nebenwirkungen", welche aus der Eigendynamik der Industrialisierungs- und Modernisierungsprozesse resultieren und beispielsweise den Lebensalltag sowjetischer Jugendlicher (und deren Eltern) in den "multinationalen Kollektiven" verändern.

Die Untersuchung der in diesem Beitrag mehrfach erwähnten "Mikro-Ebene" eröffnet einen Weg zu interkulturellen Vergleichen, die ihrerseits die Erhellung der sowjetischen Multikulturalität ebenso zu fördern vermögen wie der von Oskar Anweiler und Friedrich Kuebart (ANWEILER 1984) am sowjetischen und kanadischen Beispiel vorgenommene Vergleich auf der "Makro-Ebene", der sich auf Dokumente der offiziellen Politik stützt. Die Durchführung solcher interkultureller Vergleiche auf beiden Ebenen, wie sie auch in Isabelle Kreindlers Sammelband mehrfach angedeutet werden, bleibt ein offenes Desiderat für eine multidisziplinär orientierte Bildungsforschung.

6 Anmerkungen

1) Der mehrmalige Besitzwechsel der drei Baltischen Republiken, Ost-Kareliens und Bessarabiens gehört nicht in diese Rubrik, weil diese Gebiete vor der Oktoberrevolution zum russischen Territorium gehörten.

2) Beispielsweise waren im europäischen Rußland Russen wie Nichtrussen der Leibeigenschaft (bis 1861) unterworfen; demgegenüber waren vor Peter d. Gr. "Mischehen" im Hochadel weithin üblich.

3) Kontroverse Auseinandersetzungen betreffen insbesondere das Recht der einzelnen Unionsrepubliken zum Austritt aus der Union.

4) Die Vielschichtigkeit des Kulturbegriffs und seiner Strukturierung ist in dieser Aussage mitbedacht, wenngleich sie nicht expliziert wird. Aus der Gegenüberstellung der in diesem Beitrag untersuchten Kategorie mit anderen Strukturierungskategorien (soziale Schichtung, Altersgruppe, Bildungsstand usw.) ergibt sich für die vergleichende Bildungsforschung ein weites Aufgabenfeld. In dessen Rahmen gebührt auch der von sowjetischen Philosophen und Schriftstellern geführten Diskussion über den Kulturbegriff besondere Aufmerksamkeit.

5) V.G. Arsenov erwähnt u.a., daß zum Transport der Kinder auch Hubschrauber eingesetzt werden.

6) Zur Behinderung des Deutschunterrichts und der deutschen Sprache überhaupt äußerte sich Friedrich Bolger in der deutschsprachigen sowjetischen Wochenzeitung NEUES LEBEN am 17.2.1982.

7) Eine Sonderstellung haben in dieser Klassifizierung Sprachen, die sowohl als (innersowjetische) "nationale Sprachen" als auch als "Fremdsprachen" auftreten können; dies gilt insbesondere für das Deutsche und Polnische.

8) Außerdem werden in den Lehrplänen der Fächer Geschichte und Geographie spezielle regionsbezogene Themen besonders berücksichtigt.

9) Vgl. die Angaben von G.D. Kuznecov und S.A. Čechoeva über die Zunahme "Nationaler Schulen" in der Tatarischen ASSR: 1965:68; 1975:207; d.h. die Zunahme um mehr als das Dreifache (KUZNECOV/ČECHOEVA 1982).

7 Bibliographie

a) Sowjetische Quellen

Abkürzungen

NO   Narodnoe obrazovanie
RJaNS Russkij jazyk v nacional'noj škole
SP   Sovetskaja pedagogika
UG   Učitel'skaja gazeta

ACHMEDJAROV, E.: Vopreki klevete. In: Literaturnaja gazeta, 5.1. 1983, S.2.

ACHUMJAN. S.T.: Russkij jazyk v školach Armenii. In: RJaNS, (1980)1, S.16-20.

AJTEROV. A.M.: Ispol'zuja priem perenosa znanij. In: Vestnik vysšej školy, (1983)9, S.20-22.

AMONAŠVILI. S.: Takoe umnoe detstvo. In: Pravda, 19.3.1981, S.3.

AMONAŠVILI. S.: "Chotim govorit' po russki". In: UG, 22.1.1983, S.3.

ANDRIJANOV. V.: Jazyk bratstva. In: Komsomol'skaja pravda, 16.12. 1982, S.1-2.

ANDRIJANOVA. V.J.: Uglublennoe izučenie russkogo jazyka i literatury. In:RJaNS, 26(1982)6, S.33-37.

ANDROPOV. Ju.V.: Šest' desjat' let SSSR. Doklad. In: Pravda, 22. 12.1982, S.1-2.

ANISIMOV. G.A.: K voprosu o specifike metodov i priemov obučenija. In: RJaNS, (1980)5, S.17-24.

ARSENOV, V.G.: Narodnoe obrazovanie v avtonomnych okrugach Severa. In: SP 44(1980)10, S.8-16.

ARUTJUNJAN, JU.V.: Nacional'no-regional'noe mnogoobrazie sovetskoj derevni. In: Sociologičeskie issledovanija, (1980)3, S.73-81. Deutsche Übersetzung (von R. Scharf) in: Osteuropa, 31(1981)6, S. A 312-319.

BAGDASARJAN, B.: I ponimat', i govorit', i dumat'. In: UG, 29.11. 1983, S.3.

BAJBURTJAN, N.A:; GEODAKJAN, I.M.: Ob osobennostjach pervonačal'nogo obu - čenija.In: RJaNS, 25(1981)4, S.28-33.

BALTABAEV, M.: Eksperiment provoditsja v klasse. Podvodja itogi. In: UG, 23.6.1983, S.2.

BARANNIKOV, J.V.: Podgotovka k obučeniju russkomu jazyku v nacional' noj škole. In: SP, 43(1979)11, S.60-63.

BARANNIKOV, J.V.; KOTOK, E.V.: Pervye itogi eksperimental'nogo obučenija. In: RJaNS, 26(1982)4, S.31-36.

BARANNIKOV, J.V.; USPENSKIJ, M.B.: Povyšat' kačestvo programm i učebnikov. In: RJaNS, 25(1981)5, S.3-6.

348

BATIAŠVILI, E.D.; BALIAŠVILI, T.S.: Organizacija obučenija russkomu jazyku učaščichsja nacional'nych škol na osnove rodnogo jazyka. In: SP, 41(1977)5, S.62-64.

BOBROVA, T.A.: Obraščajas' k faktam rodnogo jazyka. In: RJaNS, 25(1981)3, S.36-40.

BOGUS, A.M.: Organizovannoe izučenie russkogo jazyka v detskom sadu. In: RJaNS, (1980)1, S.20-23.

BORISOV, M.N.: Televidenie na uroke. In: RJaNS, 25(1981)1, S.23-28.

BREŽNEV, L.I.: Učastnikam Vsesojuznoj naučno-teoretičeskoj konferencii "Russkij jazyk – jazyk družby i sotrudničestva narodov SSSR". In: NO, 62(1979)9, S.1.

BROMLEJ, Ju.: Etničeskie processy v SSSR. In: Kommunist, (1983)5, S.56-64.

CHANAZAROV, K.Ch.: Jazyk družby i bratstva. In: Pravda, 16.10. 1983, S.2-3. Deutsche Übersetzung in: Osteuropa, 33(1983), S. A 590-592.

ČCHIKVADZE, V.M.: Pravovye osnovy sbliženija sovetskich nacij. In: Sociologičeskie issledovanija, 9(1982)3, S.3-11.

ČECHARIN, E.M.: Socializm i razvitie ličnosti. In: Voprosy filosofii, 38(1983)7, S.108-115.

ČECHOEVA, S.A.: Stabil'nye učebniki – nerusskim školam. In: NO, 59(1976)9, S.18-21.

ČECHOEVA, S.A.: Učebniki russkogo jazyka i nravstvennoe vospitanie učaščichsja nerusskich skol. In: SP, 41(1977)5, S.65-69.

ČECHOEVA, S.A.: Načal'noe obučenie russkomu jazyku v nacional'nych školach. In: NO, 65(1982)2, S.42-44.

CORIONOV, S.A.: O predupreždenii vlijanija strukturnych i semantičeskich osobennostej rodnogo jazyka na russkuju reč' učaščichsja nacional'noj vspomogatel'noj školy. In: Defektologija, (1978)2, S.3-5.

DAUNENE, Z.P.; GULAKJAN, B.S.: Sociolingvističeskij material v škol'nom kurse. In: RJaNS, (1980)5, S.24-29.

DEŠERIEV, Ju.D.; PROTČVENKO, I.F.: Perspektivy razvitija dvujazyčija v nacional'nych školach SSSR. In: SP, 40(1976)8, S.18-23. Deutsche Kurzfassung in: International Review of Education, 24(1978)3, S.396-399.

349

DROBIZVV. L.M.: Mežličnostnye nacional'nye otnošenija: Osnovnye čerti i osobennosti. In: Sociologičeskie issledovanija, (1982)4, S.34-40.

DŽAFAROV. J.B.: K voprosu o suščnosti dvujazyčija v SSSR. In:Sociologičeskie issledovanija, (1980)4, S.42-48. Deutsche Übersetzung (von R. Scharf) in: Osteuropa, 31(1981)6, S. A 319-325.

DŽAFAROV. J.B.: Prevraščenie russkogo jazyka vo vtoroj rodnoj jazyk narodov SSSR. In: Sociologičeskie issledovanija, 9(1982), S.11-16. Deutsche Übersetzung, in Osteuropa 33(1983)11/12 S. A 584-590.

DŽIOEV. O.I.: Kul'tura – načija – ličnost'. In: Voprosy filosofii, 38(1983)10, S.76-82. Deutsche Übersetzung in: Osteuropa 33(1983)11/12, S. A 581-584.

GARUNOV. E.G.: Nekotorye problemy škol so mnogonacional'nym sostavom učaščichsja s russkim jazykom obučenija. In: SP, 39(1975)11, S.31-36.

GARUNOV. E.G.: Leninskij princip internationalizma v dejatel'nosti škol s mnogonacional'nym sostavom učaščichsja. In: SP, 40(1980)2, S.18-23.

GRIGO. A.: Sil'nee krovnych uz. In: Literaturnaja gazeta, 25.1. 1984, S.2.

GVATUA. G.; MIKAEL'JAN. G.: Vse bogatstvo russkoj reči. In: UG, 14.6.1983, S.2.

IL'INA. L.: Učilis' userdno. In: Pravda, 31.1.1984, S.3.

ISAEV. M.J.; MICHAL'ČENKO. V.Ju.; TUMANJAN. E.G.: Leninskaja nacional'no – jazykovaja politika v dejstvii. In: RJaNS, 26(1982)2, S.8-13.

ISLAMBEKOVA. S.Ju.: Vozmožnosti bezgranič ny. In: UG, 22.12.1983, S.2.

Itogi i perspektivy obrazovanija v SSSR (Obzor materialov vsesojuznogo sezda učitelej). In: SP, 42(1978)9, S.13-35.

IVANOV, Ju.Ju.: Pedagogičeskoe obespečenie vseobščego srednego obrazovanija. In: SP, 44(1980)8, S.6-7.

IZMAJLOV, A.E.: Zabota V.I. Lenina o razvitii kul'tury i prosveščenija v respublikach Sovetskogo Vostoka. In: SP, 40(1980)4, S.30-34.

KARYPKULOV, A.K.: Razvitie sistemy narodnogo obrazovanija – važnyj faktor ukreplenija internacional'nogo edinstva sovetskogo naroda. In: Voprosy filosofii, (1982)10, S.30-41.

350

KOČARLI, F.K.; KURBANOV, P.O.: O reakcionnoj suščnosti koncepcii "musul'-
manskogo nacional'nogo kommunizma". In: Voprosy filosofii, (1982)12,
S.106-113.

KOLESNIKOV, L.: Uroki duchovnogo obščenija. In: Pravda, 19.10. 1983, S.3.

KOLESNIKOV, S.; USANOV, V.: Socializm: grani social'noj spravedlivosti.
In: Pravda, 11.11.1983, S.2-3.

KOON, A.V.; ALLIKMETS, K.P.: Čtoby povyšit' effektivnost' prepodavanija.
In: Vestnik vysšej školy, (1983)9, S.18-20.

KRASNOV, N.F.: Rešenija ijun'skogo Plenuma CK KPSS i zadači novogo učeb-
nogo goda. In: Vestnik vysšej školy, (1983)8, S.3-7.

KUZNECOV, G.D.; ČECHOEVA, S.A.: Nacional'naja škola RSFSR v sovremennych
uslovijach. In: SP, 42(1982)11, S.10-15.

LAVROVA, A.M.: Izučenie nacional'nych otnošenij v teme "Social'no-politi -
českij stroj razvitogo socialističeskogo obščestva". In: Prepodavanie
istorii v škole, 50(1983)3, S.19-26.

LAZUTINA, A.: Russkij jazyk v nacional'noj škole: Slova bratstva i družby.
In: UG, 18.6.1983, S.3.

LEJBENGRUB, P.S.: O nacional'noj politike KPSS v kursach istorii SSSR. In:
Prepodavanie istorii v škole, 50(1983)3, S.11-18.

LISOVICKAJA, L.E.: Faktory formirovanija vyskazyvanija. In: RJaNS,
25(1981)6, S.26-33.

Prikaz Ministerstva vysšego i srednego special'nogo obrazovanija SSSR, Nr.
1116. Moskau, 6.12.1978.

Instruktivnoe pis'mo Ministerstva prosveščenija SSSR ot 18 aprelja 1983
goda No 40-M: O pererabotannych obs včesojuznych učebnikach, napravljae-
mych dlja perevoda v sozuznye respubliki. In: Bjulleten' normativnych
aktov Ministerstva prosveščenija SSSR, (1983)9, S.46-47.

Rešenie kollegii Ministerstva prosveščenija SSSR ot 16 sentjabrja 1983
goda No 30/1 (izvlečenija): Ob opyte uglublennogo izučenija russkogo jazyka v škole-internate No 111 imeni Panfilova g. Taškenta. In: Bjulleten'
normativnych aktov Ministerstva prosveščenija SSSR, (1984)1, S.9-14.

V Ministerstve prosveščenija SSSR. In: UG, 21.1.1984, S.3.

Naučno-metodičeskij centr nacional'nych škol Rossii. In: RJaNS, 26(1982)6,
S.14-18.

OJZERMAN. T.J.: Problema kul'tury i filosofii markizma. In: Voprosy filosofii, 38(1983)7, S.72-85.

OWETSCHKIN, F.: Neun Nationalitäten in einer Brigade. In: Sowjetunion heute, 27(1982)11, S.52-53.

PEREVEDENZEW, V.: Die gemischtnationale Familie im Leben der Sowjetunion. In: Sowjetunion heute, 27(1982)12, S.25 und 28.

PETRAČUK. N.: Deti severa. In: Izvestija, 2.11.1976, S.5.

PETROV. V.: Načinaem s russkogo jazyka. In: UG, 15.2.1973, S.3.

V Politbjuro CK KPSS. In: UG, 28.5.1983, S.1.

Zasedanie Prezidiuma Verchovnogo soveta SSSR. In: Pravda, 13.1. 1983, S.1-2.

PRIŠKOL'NIK. I.: Vo mnogonacional'noj sel'skoj škole. In: NO, 59(1976)6, S.69-79.

PROKOF'EV, M.A.: Sovetskaja škola – škola razvitogo socialističeskogo obščestva. In: SP, 42(1978)9, S.4-12.

PROKOF'EV, M.A.: Aktual'nye zadači sovetskoj školy. In: SP, 43(1979)9, S.4-13 (1979a).

PROKOF'EV, M.A.: Puti dal'nejšego ulučcšenija izučenija i prepodavanija russkogo jazyka v sojuznych respublikach. In: NO, 62(1979)9, S.5-9 (1979b).

PROKOP'EV, I.P.: Problemy soveršenstvovanija patriotičeskogo i internacional'nogo vospitanija podrastajuščego pokolenija v svete trebovanij XXVI s-ezda KPSS. In: SP, 41(1981)9, S.10-18.

PROTČENKO. J.F.: Moščnoe sredstvo vzaimoponimanija i družby narodov. In: RJaNS, (1980)6, S.2-9.

RAŠIDOV, S.R.: Jazyk našego edinstva i bratstva. In: NO, 62(1979)9, S.2-4.

ROZOV, V.K.: Novye tendencii v razvitii pedagogičeskogo obrazovanija. In: SP, 43(1979)2, S.93-94.

RYBAKOVSKIJ, L.L.; TARASOVA, N.V.: Vzaimodejstvie migracionnych i etničeskich processov. In: Sociologičeskie issledovanija, (1982)4, S.27-34. Deutsche Übersetzung (von E. Gloeckner) in: Osteuropa, 33(1983)11/12, S.594-599.

352

ŠALDA, M.A.: V klasse c uglyblennym izučeniem russkogo jazyka. In: RJaNS, (1980)1, S.51-54.

ŠAMSUTDINOVA, S.S.: Russkij jazyk v nacional'noj škole. In: SP, 43(1979)4, S.35-38.

ŠAMSUTDINOVA, S.S.: O tipovoj programme po russkomu jazyku. In: RJaNS, (1980)3, S.89-90 (1980a).

ŠAMSUTDINOVA, S.S.: Povyšat' kačestva uroka. In: RJaNS, (1980)5, S.2-9 (1980b).

ŠAMSUTDINOVA, S.S.: O prepodavanii russkogo jazyka v nacional'noj škole. In: Narodnoe obrazovanie, 66(1983)7, S.39-42.

ŠANSKIJ, N.M.; USPENSKIJ, M.B.: Osnovnye napravlenija issledovanij obučenija russkomu jazyku v nacional'noj škole. In: SP, 41(1977)11, S.50-56.

ŠANSKIJ, N.M.: Russkij jazyk – jazyk mežnacional'nogo obščenija narodov SSSR (doklad). In: SP, 42(1978)1, S.53-54.

ŠANSKIJ, N.M.: Metodika prepodavanija russkogo jazyka: dostiženija i problemy. In: RJaNS, 26(1982)6, S.4-8.

ŠANSKIJ, N.M.; ČERKEZOVA, M.V.: Russkaja literatura v nacional'nych skolach sojuznych respublik. In: SP, 46(1982)4, S.72-76.

ŠČETČIKOV, N.G.: "Russkij jazyk nužen čuvasam kak svet ili vozduch". In: RJaNS, 25(1981)2, S.66-72.

ŠERMYCHAMEDOV, S.: Vtoroj rodnoj. In: Izvestija, 6.8.1983, S.3.

ŠJARNAS, V.J.: Ob osnovnom metode obučenija. In: RJaNS, 25(1981)3, S.22-28.

SOLOVEJČIK, S.: Istorija Chatama Šadmanova. In: UG, 9.2.1984, S.3.

Soveršenstvovat' izučenie i prepodavanie russkogo jazyka. In: Russkij jazyk v nacional'noj škole, (1979)1, S.2-5.

STUROV, K.V.: Opyt izučenija rodnogo i russkogo jazykov v školach Enisejskogo Severa. In: SP, 42(1978)11, S.63-66.

SULEEV, O.: S pervogo klassa. In: UG, 17.11.1983, S.3.

SUSSOKOLOW, A.: Nationale Mischehen und nationale Eigenarten. In: Sowjet union heute, 28(1983)9, S.42.

SUPRUN, A.E.: Nekotorye problemy obučenija russkomu jazyku v uslovijach blizkorodstvennogo dvujazyčija. In: SP, 40(1976)8, S.24-29.

SUPRUN, A.E.: V uslovijach blizkorodstvennogo dvujazyčija. In: RJaNS, 26(1982)6, S.27-32.

TADEVOSJAN, E.V.: Internacionalizm Sovetskogo mnogonacional'nogo gosudarstva. In: Voprosy filosofii, (1982)11, S.16-29.

TAGIEV, A.: Jazyk lži i pravda o jazykach. In: Komsomol'skaja Pravda, 25.1.1984, S.2.

TAIROV, L.: Ja russkij by vyučil ... In: Pravda, 22.8.1983, S.7.

TARASENKO, N.: Osuščestvlenie leninskich principov nacional'noj politiki. In: Pravda, 16.12.1983, S.2-3.

TERENTIJ, M.A.: Teoretičeškoe issledovanie problem patriotičeskogo i internacional'nogo vospitanija škol'nikov. In: SP, 41(1981)4, S.64-68.

TOLMAČEVA, N.P.: Soderžanie i organizacija raboty KIDa. In: RJaNS, 25(1981)1, S.36-40.

TRETJAKOVA, J.: Est' u severjan pogovorka ... In: UG, 29.10.1983, S.3.

USEJNOV, A.: Voprosy bez otvetov. In: UG, 58(1982)28, 6.3.1982, S.3.

VESELOV, G.P.: Voprosy soveršenstvovanija obučenija rodnym i russkim jazykom v nacional'nych školach RSFSR. In: SP, 40(1976)12, S.46-52.

VICHAREVA, L.M.; INFANTEV, B.T.: Po edinoj programme. In: RJaNS, 25(1981)5, S.32-36.

VOLKOV, G.N.: Internacional'noe vospitanie v uslovijach rascveta nacij i narodnostej SSSR. In: SP, 41(1977)8, S.10-18.

VOLODIN, O.: Predmet vseobščej zaboty i vnimanija. In: NO, 62(1979)9, S.39-48.

ZDRAVOMYSLOV, A.: Social'naja politika KPSS i nacional'nye otnošenija. In: Pravda, 27.8.1982, S.2-3.

354

b) W e s t l i c h e   Q u e l l e n

ANWEILER, O.: Comment. Russifizierung durch Unterricht. Fakten und Hypothesen. In: International Journal of the Sociology of Language, 33(1982), S.41-51.

ANWEILER, O.; KUEBART, F.: "Internacional'noe vospitanie" und "multicultural education". Aspekte eines Vergleichs zweier politischer Konzepte. In: W. Mitter/J. Swift (Hrsg.): Erziehung und die Vielfalt der Kulturen. Der Beitrag der Vergleichenden Erziehungswissenschaft. Köln/Wien: Böhlau 1984 (im Druck). = Bildung und Erziehung, Beiheft 2.

CARRERE d'ENCAUSSE, H.: Politische Sozialisation in der UdSSR unter besonderer Berücksichtigung der nichtrussischen Nationalitäten. In: Oskar Anweiler (Hrsg.): Erziehungs- und Sozialisationsprobleme in der Sowjetunion, der DDR und Polen. Hannover: Schroedel 1978, S.25-43.

COMRIE, B.: The languages of the Soviet Union. Cambridge: Cambridge University Press 1981.

DESFOSSES, H. (ed.): Soviet population policy. Conflicts and constraints. New York/Oxford: Pergamon Press 1981. Darin: A.J. Di Maio Jr.: Contemporary Soviet population problems, S.16-43.

Plädoyer für die deutsche Sprache in der UdSSR (Auszug aus einem Artikel in der sowjetischen deutschsprachigen Wochenzeitschrift "Neues Leben", 17.2.1982). In: Osteuropa, 32(1982)4, S. A 231.

GRANT, N.: Multiculturalism in the Soviet Union: Problems and implications of language and educational policy. In: Education and Canadian multiculturalism: Some problems and some solutions. Saskatchewan: Canadian Society for the Study of Education 1981, S.60-75.

GRANT, N.: Linguistic and ethnic minorities in the USSR: Educational policies and developments. In: J.J. Tomiak (ed.): Soviet education in the 1980s. London/Canberra: Croom Helm 1983, S.24-49.

KRAVETZ, N.: Education of ethnic and national minorities in the USSR: A report on current developments. In: Comparative Education, 16(1980)1, S.13-23.

KREINDLER, I. (ed.): The changing status of Russians in the Soviet Union. In: International Journal of the Sociology of Language (The Hague: Mouton), 33(1982), S.7-149. Mit einem "focus article" von I. Kreindler und "comments" von O. Anweiler, R. Austerlitz, A. Bennigsen, Y. Bilinsky, B.

Fierman, Th.H. Friedgut, H. Jachnow, T. Rakowska-Harmstone, R. Solchanyk und V.St. Vardys sowie dem "integrative reply" von I. Kreindler.

LEWIS, E.G.: Bilingualism and bilingual education. Oxford Pergamon Press: 1981. Insbesondere chapter II. 2: The Soviet Union: Colonization and immigration, S.43-81.

MITTER, W.: Russischunterricht an sowjetischen Schulen der nationalen Minderheiten. In: Osteuropa, 22(1972)1, S.43-55.

MITTER, W. Bilingual and intercultural education in Soviet schools. Beitrag für einen von J.J. Tomiak vorbereiteten Sammelband (Veröffentlichung 1984 vorgesehen).

NOVIKOV, L.: Die Nationalitätenproblematik der sowjetischen Hochschulen. In: Osteuropa, 31(1981)12, S.1090-1098.

Pravda urges republics to end ethnic prejudice. In: International Herald Tribune, 17./18.12.1983, S.5.

RYWKIN, M.: Code words and catchwords of Brezhnev's nationality policy. In: Survey, 24(1979)3, S.83-90.

RYWKIN, M.: Moscow's Muslim Challenge. Soviet Central Asia. Armonk, New York/London: M.E. Sharpe 1982.

SCHARF, R.: Nationalitätenfragen in der Sowjetunion. In: Osteuropa, 31(1981)6, S. A 311-312.

SCHIFF, B.: Einheitlichkeit und nationale Differenzierung als Determinanten des sowjetischen Schulsystems. In: Bildung und Erziehung, 32(1979)6, S.528-537.

SIMON, G.: Russen und Nichtrussen in der sowjetischen Gesellschaft. In: Aus Politik und Zeitgeschichte, Beilage zur Wochenzeitung Das Parlament, B 17-18/1982, S.26-44, insbesondere S.34-38.

SNYDER, L.L.: Global mini-nationalisms. Autonomy or independence. Westport, Connecticut/London: Grennwood Press 1982. Darin: Minority nationalisms in the Soviet Union, S.131-145.

SOLCHANYK, R.: Russian language and Soviet politics. In: Soviet Studies, 34(1982)1, S.23-24.

Multikulturelle Erziehung im Spiegel der Vergleichenden Erziehungswissenschaft

Überlegungen zur Begriffsbildung und Thematik

Kulturtheoretische Grundfragen

Bibliographien und Anzeigen von Neuerscheinungen in Verlagskatalogen sind zumindest als quantitativer Indikator des breiten Interesses zu deuten, den das Themenfeld "multikulturelle Erziehung" bei Erziehungswissenschaftlern seit einigen Jahren gefunden hat. Die Durchsicht solcher Listen, die Prüfung der Inhaltsverzeichnisse und die kursorische Lektüre lassen bereits erkennen, daß es sich bei der Mehrzahl der Titel, soweit sie Ansprüche auf interkulturelle Vergleiche ausdrücken, um Sammlungen nationaler Bestandsaufnahmen oder von auf einzelne Schulbezirke oder auch nur Schulen bezogenen Fallstudien handelt. Demgegenüber besteht ein Defizit an theoretischen Überlegungen und systematischen Vergleichen, das Unschärfen bei der Anwendung des Begriffs "multikulturelle Erziehung" in vielen Veröffentlichungen zu erklären scheint.

Dieser Beitrag ist als Ansatz konzipiert, Überlegungen zur Begriffsbildung und Thematik vorzutragen. Zu Beginn seien einige kulturtheoretische Grundfragen umrissen; eingeleitet wird diese Betrachtung durch die Formulierung folgender definitorischer Sätze:

a) "Multikulturelle Erziehung" befaßt sich mit der pädagogisch relevanten Komponente von "Multikulturalität".

b) "Multikulturalität" drückt die Koexistenz von Angehörigen verschiedener kultureller Gruppen innerhalb politisch organisierter Gesellschaften aus.

c) "Multikulturalität" und "multikulturelle Erziehung" sind Gegenstand multi- und interdisziplinärer Untersuchungen, an denen Anthropologen, Soziologen, Politikwissenschaftler, Linguisten und, neben anderen Sozial- und Humanwissenschaftlern, a u c h Erziehungswissenschaftler beteiligt sind.

Die beiden soeben eingeführten Begriffe sind dem Oberbegriff "Kultur" untergeordnet[1]. "Kultur" als der übergeordnete Begriff umfaßt das Verhältnis des Menschen zur Natur, zur Gesellschaft, zu sich selbst und zum Göttlichen. Er kann auf verschiedene Weise strukturiert werden — je nach dem Interesse, welches den fragenden Menschen in seiner Neugier, seinem Erkenntnisstreben und seinem Handeln vorrangig bewegt. Ohne den Anspruch auf Vollständigkeit zu erheben, möchte ich zwei Strukturierungsprinzipien in meine Überlegungen einführen, von denen für den Inhalt dieses Beitrages dem ersten wesentliche Bedeutung zukommt. Diese beiden Prinzipien sind zum einen durch die differenzierende Gesellschaftsanalyse, zum anderen durch die Spezifizierung menschlicher Tätigkeiten nach Funktionsbereichen bestimmt.

Dem Strukturierungsprinzip der differenzierenden Gesellschaftsanalyse sind folgende Strukturierungskriterien zuzuordnen[2]:

1. Das erste Kriterium bezieht sich auf die soziale Schicht oder Klasse. Es führt in der historischen Analyse zu den Erscheinungen der "Adelskultur", "Bürgerkultur", "Arbeiterkultur" (oder "Proletarierkultur") und "Bauernkultur".

2. Das zweite Kriterium richtet sich auf die Altersgruppe, denn gerade die gegenwärtige Periode hat unseren Blick für den Zusammenhang von Kultur und Generation geschärft. Wir begegnen auf der einen Seite Formen einer "Jugendkultur", während sich auf der anderen Seite Erscheinungen einer "Altenkultur" ankündigen, deren sich die Gerontologie als neue Wissenschaftsdisziplin annimmt[3]. Dies ist insofern nicht überraschend, als in den Industrieländern infolge der Senkung des Rentenalters die Gruppe der Alten (Senioren) erheblich an sozialem und auch politischem Gewicht (z. B. als identifizierbare Wählergruppe) gewonnen hat und künftig noch mehr gewinnen dürfte.

1 Anstelle eines reichhaltigen Verzeichnisses von Schriften, deren Lektüre in die vorstehende Betrachtung eingegangen ist, sei an dieser Stelle nur die kleine Darstellung des französischen Kulturanthropologen Claude Levi-Strauss zitiert, die im UNESCO-Dienst 1—2/1983, S. 14—17, im Rückblick auf die Weltkulturkonferenz von Mexico City im Sommer 1983 unter dem Titel "Keine Kultur kann in längerer Isolierung leben" veröffentlicht worden ist.

2 Vgl. die Ausführungen des Verf. in seinem Einleitungsreferat auf der 11. Konferenz der Comparative Education Society in Europe in Würzburg am 3. Juli 1983; veröffentlicht in Education and the Diversity of Cultures, hrsg. von W. Mitter und J. Swift, Bd. I. Köln/Wien 1984, S. 3—14.

3 Vgl. Alte und Bildung. Eine Studie der UNESCO. In: UNESCO-Kurier 23 (1982) 10, S. 28—34.

3. Als drittes Kriterium nenne ich den Bildungsstand. Hierzu ist zu bemerken, daß die einstige, jahrtausendalte Grobstrukturierung in "Hochkultur" und "Volkskultur" in den Industrieländern nicht mehr oder bestenfalls nur noch rudimentär aufzuspüren ist und auch in den Ländern der Dritten Welt mit fortschreitender Alphabetisierung an Bedeutung verliert. Wenn wir nämlich die "speicherbare" Kommunikation, die mit der Entwicklung der ersten Schriftsysteme eingesetzt hat, als grundlegendes Charakteristikum für die Bestimmung von "Hochkultur" akzeptieren, dann können wir in unserer Periode von einer fortschreitenden Ausbreitung von "Hochkulturen" sprechen, von der die gesamte Menschheit erfaßt wird. Demgegenüber läßt die Feinstrukturierung der "Hochkulturen" eine wachsende Spannweite erkennen. Die von Personen und Gruppen erreichte Schulbildung ist hierfür zwar keineswegs ein absoluter, wohl aber ein relativer Indikator, der in der Theorie und Praxis der multikulturellen Erziehung wirksam wird.

4. Schließlich richten Sozialwissenschaftler ihre Aufmerksamkeit auf das Kriterium, das durch die politische Position der Kulturträger bestimmt wird und "Herrschaftskultur" von "Subkultur" (oder sogar "Gegenkultur") abhebt. Feinstrukturierungen führen freilich auch bei der Untersuchung dieses Kriteriums zu differenzierenden Einsichten. Beispielsweise ergeben sich im Rahmen von "Herrschaftskultur" Besonderheiten in föderativen Systemen und auch in Staaten, die zwar von einer "Staatsnation" dominiert werden, zugleich aber den in ihnen lebenden ethnischen Minderheiten politische Autonomie (verschiedener Stufen) zuerkannt oder zugestanden haben.

Dieser Exkurs mag genügen, um zu verdeutlichen, daß die Begriffe "Multikulturalität" und "multikulturelle Erziehung", so wie sie heute gebraucht werden, nur *ein* Kriterium zur Strukturierung des Begriffs "Kultur" unter mehreren Kriterien innerhalb des Strukturierungsprinzips der differenzierenden Gesellschaftsanalyse herausheben.

Das zweite Strukturierungsprinzip bezieht sich auf die Spezifizierung menschlicher Tätigkeiten nach Funktionsbereichen. Hier führt die Grobstrukturierung zur Gegenüberstellung von "materieller Kultur" und "geistiger Kultur". Feinstrukturierungen, welche eines der beiden Hauptkriterien differenzieren oder aber beide umfassen und durchdringen, äußern sich in Erscheinungen von "literarischer Kultur", "ästhetischer Kultur", "politischer Kultur", "technischer Kultur" und "Eßkultur" (mit ihren materiellen und geistigen Komponenten), um nur einige Beispiele zu nennen.

Bevor ich zum zentralen Gegenstand dieses Beitrages überleite, seien mir noch drei zusätzliche Bemerkungen gestattet:

1. Allen partiellen Kulturbegriffen ist eine pädagogische Komponente eigen. Beispielsweise sind Erziehungswissenschaftler speziell mit der Erziehung von Dorfbewohnern (rural education), politischer Erziehung oder mit Erziehung zur kulturvollen Befriedigung des Hungers und Durstes befaßt.

2. Definition und Anwendung der einzelnen Strukturierungskriterien unterhalb der beiden Strukturierungsprinzipien unterliegen dem geschichtlichen Wandel und der Konsensfindung der jeweils betroffenen Kulturgruppen, seien diese durch soziale Schicht, Altersgruppe, Bildungsstand oder politische Position bestimmt. Beispielsweise ist die Anwendung des Begriffs "Adelskultur" abhängig von der realen Erscheinung des "Adels" in einer bestimmten Gesellschaftsformation sowie auch von seinem eigenen Selbstverständnis und von der Akzeptanz als identifizierbare Kulturerscheinung durch andere Sozialschichten und durch die Interpreten nachfolgender Epochen.

3. Zwischen den beiden Strukturierungsprinzipien und zwischen den einzelnen Strukturierungskriterien bestehen vielfache Wechselbeziehungen. So läßt sich beispielsweise die Erscheinung der "Subkultur" wohl unmittelbar den Strukturierungskriterien der politischen Position subsumieren, doch gehen in ihre Definition auch andere Kriterien ein, z. B. "Jugend" (Altersgruppe), "Unterschicht" (soziale Schicht), Musik (als Teilbereich von "geistiger" bzw. "ästhetischer Kultur") usw.

Mit diesen drei zusätzlichen Bemerkungen habe ich zugleich ein wesentliches Problem angedeutet, das der komparativen Forschung im Themenfeld "multikulturelle Erziehung" unmittelbar zugeordnet ist.

Der Begriff "multikulturelle Erziehung", dem ich mich nun direkt zuwenden möchte, spezifiziert den Erziehungsbegriff unter dem Aspekt des Anteils, den mehrere Kulturen am Erziehungsprozeß haben. "Multikulturell" stellt in dieser Spezifizierung die Erweiterung und Generalisierung von Prozessen dar, die in den meisten Fällen bikultureller Natur sind, wenngleich in den untersuchten Fällen — zumindest partiell — häufig multikulturelle Elemente enthalten sind. Dazu ein aktuelles Beispiel aus der Bundesrepublik Deutschland: die Erziehung von türkischen Kindern in deutschen Schulen ist insofern eine bikulturelle Erscheinung, als von ihnen türkische und deutsche Kinder, Eltern und Lehrer betroffen sind. Da Schulklassen häufig aber von Kindern besucht werden, die aus drei oder mehreren ethnisch bestimmten Kulturgruppen stammen — in unserem Falle neben Türken und Deutschen: Griechen, Jugoslawen, Italiener, usw. — ist die Tatsache der "Multikulturalität" und damit der "multikulturellen Erziehung" schnell gegeben.

Mit der Nennung dieses Beispiels habe ich nicht nur den Begriff "multikulturelle Erziehung" exemplifiziert, sondern zugleich auch *induktiv* das

Strukturierungskriterium eingeführt, das zentraler Gegenstand dieses Beitrages ist, nämlich das Kriterium der "ethnischen Identität", das (als 5. Kriterium im Rahmen des o. a. Katalogs) dem Strukturierungsprinzip der differenzierenden Gesellschaftsanalyse zuzuordnen ist.

In diesem Zusammenhang soll der Begriff "ethnische Identität" nicht weiter spezifiziert werden. Dies müßte notwendigerweise zu eingehender Untersuchung der ideologisch und ideologiegeschichtlich belasteten Begriffe "Volk" und "Nation" führen[4]. In diesem Beitrag sollten wir uns mit der Fassung eines Arbeitsbegriffs zufrieden geben, in dem "ethnische Identität" auf eine Gruppe bezogen wird, die durch die Gemeinsamkeit von Sprache, Lebensweise, Brauchtum, Werteordnung und Solidarität definiert ist. Häufig ist die Verpflichtung auf eine gemeinsame Werteordnung mit einem religiösen Bekenntnis verbunden, weswegen in theoretischen Abhandlungen Religion als Komponente ethnischer Identität aufgeführt ist. Die Plausibilität einer solchen Zuordnung ist, wenn auch nicht generell, dadurch gegeben, daß Religionsverständnis und Religionsausübung selbst in Weltreligionen durch ethnische Spezifizierung beeinflußt werden können; man denke an den Römischen Katholizismus in Polen und Irland. Was das Vorhandensein der einzelnen Komponenten betrifft, ist Vollständigkeit keine Bedingung für "ethnische Identität". Manche Argumentationen stellen sogar das Vorhandensein einer Sprache als absolute Vorbedingung in Frage und distanzieren sich damit von der von Wilhelm von Humboldt formulierten Grundthese vom Zusammenhang zwischen Volk, Sprache und Kultur[5].

Praxisbezug komparativer Forschung

Wenn wir auf die Relevanz des Themenfeldes "multikulturelle Erziehung" für die Vergleichende Erziehungswissenschaft eingehen, sollten wir uns zunächst an die Auseinandersetzung erinnern, welche in der Geschichte dieser Disziplin die Sinnfrage bis zum heutigen Tage bestimmt hat. Ist die Vergleichende Erziehungswissenschaft vorrangig erkenntnistheoretischen Fragestellungen verpflichtet, oder soll sie vorrangig der "Praxis" dienen? Auch diese

---

4 Besondere Einsichten verdankt der Verf. den grundlegenden Arbeiten von Eugen Lemberg, insbesondere dessen zweibändiger Studie: Nationalismus, I und II. Reinbek 1964.
5 Vgl. hierzu insbesondere die grundlegenden Ausführungen von J. J. Smolicz: Culture and education in a plural society. Canberra 1979.

Sinnfrage sei in diesem Beitrag nur benannt. Betont aber sei die geschichtliche Erfahrung, daß sich die Vergleichende Erziehungswissenschaft stets als praxisorientiert begriffen hat[6]. "Praxis" meint in diesem Zusammenhang zweierlei: zum einen ist "Praxis" politische Entscheidungsfindung im nationalstaatlichen Bezug oder im Rahmen teilstaatlicher Kompetenz angesprochen. Zum anderen bezieht sich "Praxis" auch auf die "grassroots", wie sie in Schulen und anderen lokalen Erziehungseinheiten gegeben sind. "Multikulturelle Erziehung" beansprucht die Vergleichende Erziehungswissenschaft als praxisorientierte Disziplin auf beiden Ebenen, indem von ihr sowohl für die politische Entscheidungsfindung als auch für die Erziehungs- und Unterrichtspraxis in Schulen handlungsorientierte Hilfe erwartet wird.

Der Praxisbezug und die von der Praxis definierte Legitimität komparativer Forschung im Themenfeld "multikultureller Erziehung" ist durch dessen Universalität und Aktualität bedingt. Von der Aufgabe multikultureller Erziehung ist heute kaum ein Land der Erde verschont. Wie unterschiedlich auch die Erscheinungsformen und Ursachen im einzelnen sein mögen — gemeinsam ist allen ihre Verflochtenheit mit der Erscheinung der Multikulturalität als solcher, die einmal universale Reichweite besitzt und zum anderen durch wachsende Aktualität gekennzeichnet ist. Allein schon durch diese objektive Sachlage ergibt sich die praxisbedingte Relevanz multikultureller Erziehung für die Vergleichende Erziehungswissenschaft, denn diese versteht sich als sozialwissenschaftliche Disziplin, die sich mit dem internationalen Vergleich von Erziehungs- und Sozialisationsprozessen in ethnisch begrenzten Kulturformationen befaßt. Ich möchte in diesem Zusammenhang um der begrifflichen und inhaltlichen Eingrenzung willen meine Darlegung auf Europa beschränken und zunächst fragen, wovon sich die Aktualität des Gegenstandes herleitet. Drei wesentliche Ursachen geraten hierbei in das Blickfeld:
1. Ethnische Gruppen, die in der Regel als Minderheiten in einem Staat leben, dessen "Staatsnation" mit kulturellen Privilegien ausgestattet ist, sind sich ihrer Identität bewußt bzw. wieder bewußt geworden und streben nach Autonomie, wobei der Anspruch auf autonome Bildungseinrichtungen eine wichtige Rolle spielt.
2. Der durch die ökonomische Entwicklung in den hochindustrialisierten Staaten Nord- und Mitteleuropas ausgelöste Zuzug von Arbeitnehmern aus südeuropäischen Ländern hat dazu geführt, daß Staaten, deren Gesellschaften bislang monokulturell zusammengesetzt waren oder sich zumindest als

6 Vgl. L. Froese: Ausgewählte Studien zur Vergleichenden Erziehungswissenschaft. Positionen und Probleme. München 1983, insbesondere S. 34—47. — W. Mitter: The policy-oriented task of Comparative Education. In: Comparative Education 13 (1977), S. 75—100.

monokulturell verstanden, mit Multikulturalität konfrontiert worden sind. Wegen der Rückkehr von "Wanderarbeitnehmern" in ihre Heimatländer sehen sich auch diese in wachsendem Maße unter dem Aspekt der "Reintegration" mit dieser Erscheinung befaßt. Ich habe mich soeben auf die westeuropäische Hälfte unseres Kontinents bezogen. Analoge Entwicklungen sehen wir in der Sowjetunion. Dort ist nämlich, von dem traditionell multikulturellen Charakter des Staates abgesehen, ein wachsender Zuzug von Arbeitskräften aus dem Süden, in diesem Falle freilich aus den mittelasiatischen Republiken, in die "nördlichen" Industriezentren zu beobachten[7]. Dies führt den Komparatisten zu aufschlußreichen Vergleichsuntersuchungen zwischen der west- und osteuropäischen Variante multikultureller Erziehung, worauf ich hier nicht näher eingehen möchte[8].

3. Daß die soeben erwähnten faktischen Ursachen so große Wirkungen haben zeitigen können, hängt damit zusammen, daß mit ihnen eine geistige Bewegung verbunden ist, die durch theoretische Modelle fundiert und gefördert wird, während der Praxisbezug multikultureller Erziehung seinerseits die erkenntnistheoretische Frage stimuliert. Der an der London School of Economics lehrende Soziologe ANTHONY D. SMITH hat in diesem Kontext zu Recht, wie mir scheint, von einer "Wiedergeburt des Ethnischen" (ethnic revival) gesprochen und seine lesenswerte, auf die Universalität der Multikulturalität bezogene Studie so betitelt[9].

In vielen Ländern, Regionen, Städten und Dörfern Europas, und zwar des westlichen und östlichen Europas, leben Menschen von unterschiedlicher ethnischer Herkunft und mit unterschiedlicher ethnischer Identität miteinander, häufiger freilich nebeneinander und mitunter, wenn auch gegenwärtig in selteneren Fällen, gegeneinander[10]. Ihre Kinder gehen in die gleichen Schulen, und selbst wo sie getrennte Schulen besuchen, unterliegen sie einer multikulturellen Erziehung unsystematischer und unbeabsichtigter Form, nämlich

7 W. Mitter: Multikulturalität und Zweisprachigkeit im sowjetischen Bildungswesen. In: Zeitschrift für erziehungs- und sozialwissenschaftliche Forschung 1 (1984) 1, S. 3—39 (mit ausführlicher Bibliographie).

8 Als Beispiel eines solchen Vergleichs, dessen "westliches" Vergleichsobjekt freilich Kanada ist, sei die Studie von Oskar Anweiler und Friedrich Kuebart genannt: "Internacional'noe vospitanie" und "Multicultural Education" — Aspekte eines Vergleichs zweier politisch-pädagogischer Konzepte. In: Education and the Diversity of Cultures (Anm. 2), S. 219—244.

9 A. D. Smith: The Ethnic Revival. Cambridge 1981. — Vgl. L. Liegle: Kultur. Notwendige Erinnerung an eine verdrängte Grundkategorie der (Vergleichenden) Erziehungswissenschaft. In: VE-Informationen Nr. 10, 1982, S. 2—31.

10 Das Wort "selten" bezieht sich in diesem Zusammenhang nur auf politisch völlig ungelöste Konflikte, wie vor allem auf Nord-Irland. Als indirektes Beispiel ist auch Zypern zu nennen, wo die Probleme vorläufig dadurch "gelöst" worden sind, daß man die beiden ethnischen Gruppen geographisch (und militärisch) voneinander getrennt hat.

durch Spiel (oder auch Rauferei) auf der Straße mit Gleichaltrigen "anderer" Herkunft, durch die Teilnahme am Konsum, durch die Massenmedien (Fernsehen, Rundfunk, Kino, Videofilm usw.). Das Fazit aus dieser Bestandsaufnahme kann daher nur lauten: multikulturelle Erziehung existiert. Es kommt nur darauf an, sie entweder ihrem Wildwuchs zu überlassen (mit allen daraus erwachsenden Folgen) oder sie theoretisch zu analysieren und empirisch zu untersuchen, um aus den Ergebnissen dieser geistigen Auseinandersetzung Handlungsanleitungen und Handlungshilfen zu entwickeln. In der Verknüpfung von erkenntnistheoretischem Anspruch und praktischer Notwendigkeit sind die oben genannten Merkmale der universellen Reichweite und der Aktualität multikultureller Erziehung aufgehoben.

Aspekte der Forschungsthematisierung

Im folgenden seien zwei Aspekte diskutiert, die für die Thematisierung von Forschungsvorhaben im Bereich der mulitkulturellen Erziehung wesentliche Bedeutung haben.

Der erste Aspekt bezieht sich auf die Gegenüberstellung der personalen und sozialen Komponente. In bildungspolitischen Debatten und auch den erziehungswissenschaftlichen Äußerungen liegt der Nachdruck gewöhnlich auf der sozialen Komponente. Wer mit multikultureller Erziehung befaßt ist, denkt in erster Linie an Schulklassen und Kindergruppen. So plausibel eine solche Konzentration ist, läßt sie leicht vergessen, daß multikulturelle Erziehung zugleich ein Prozeß ist, der auf die personale Entwicklung des heranwachsenden Menschen und im Sinne einer éducation permanente auch auf den Erwachsenen einwirkt und zu seiner Persönlichkeitsbildung beiträgt. Multikulturelle Erziehung ist daher ein wichtiger Faktor in der Entwicklung der menschlichen Persönlichkeit. Im Idealfall führt eine systematisch geförderte und auf Bewußtwerden abzielende multikulturelle Erziehung zu kosmopolitischem Selbst- und Weltverständnis, das ja, wenn es sich nicht auf einen simplen Synkretismus beschränkt, die Integration der beteiligten Kulturformationen voraussetzt[11].

Der Nobelpreisträger ELIAS CANETTI hat im ersten Teil seiner Biographie, die unter dem Titel "Die gerettete Zunge" veröffentlicht wurde, seinen

---

11 Vgl. Levi-Strauss (Anm. 1).

eigenen personalen — von reichem Erleben, aber auch von hartem Erleiden erfüllten — Integrationsprozeß mit höchster Anschaulichkeit geschildert. So erzählt er, wie seine Kindheit von gläubigem sephardischem Judentum, spanischer Kulturtradition, türkischer Staatsloyalität und bulgarischer Märchenwelt geprägt wurde.

Aus diesem Kapitel werden die folgenden Zeilen zitiert, die meine Ausführungen zur personalen Komponente multikultureller Erziehung, wie ich meine, besonders zu illustrieren vermögen[12]:

"Meine Eltern untereinander sprachen deutsch, wovon ich nichts verstehen durfte. Zu uns Kindern und zu allen Verwandten und Freunden sprachen sie spanisch. Das war die eigentliche Umgangssprache , allerdings ein altertümliches Spanisch, ich hörte es auch später oft und habe es nie verlernt. Die Bauernmädchen zu Hause konnten nur Bulgarisch, und hauptsächlich mit ihnen wohl habe ich es auch gelernt. Aber da ich nie in eine bulgarische Schule ging, und Rustschuk (dort verlebte Canetti seine frühe Kindheit) verließ, habe ich es sehr bald vollkommen vergessen. Alle Ereignisse jener ersten Jahre spielten sich auf spanisch oder bulgarisch ab. Sie haben sich mir später zum größten Teil ins Deutsche übersetzt. Nur besonders dramatische Vorgänge, Mord und Totschlag sozusagen und die ärgsten Schrecken, sind mir in ihrem spanischen Wortlaut geblieben, aber diese sehr genau und unzerstörbar. Alles übrige, also das meiste, und ganz besonders alles Bulgarische, wie die Märchen, trage ich deutsch im Kopf. Wie das genau vor sich ging, kann ich nicht sagen ...".

Ich habe diesem Zitat hinzuzufügen, daß CANETTI seit 1938 in London lebt, sich als Schriftsteller aber stets der deutschen Sprache bedient hat, seit er in den zwanziger Jahren zu schreiben begann. Dieses Beispiel führt zu folgender weiterer Überlegung: Es scheint, daß CANETTI, der hervorragende Schriftsteller, sein persönliches Integrationsproblem auf beispielhafte Weise gelöst hat. Wie aber findet sich die wachsende Zahl von Migranten der zweiten Generation "im Niemandsland", d. h. zwischen zwei Kulturen zurecht? Dies ist nicht nur eine Frage derer, die als "Fremde" in einer Wirtsnation leben, sondern auch derer, die in "ihre Kultur" zurückkehren, die in Wirklichkeit zwar die Heimatkultur ihrer Eltern, nicht aber ihre eigene ist. Hier öffnet sich für die psychologische Forschung und auch die psychologische Praxis ein weites und wachsendes Aufgabenfeld, das die Erforschung der psychischen Bedingungen der "Menschen zwischen den Kulturen" umgreift[13].

---

12 Elias Canetti: Die gerettete Zunge. Geschichte einer Jugend. Frankfurt am Main: Fischer Taschenbuchverlag 1979, S. 15.
13 Vgl. S. Abadir Ramzi: Gastarbeiter im Niemandsland. Das Dilemma der zweiten Einwanderergeneration. In: UNESCO-Dienst 1984, Nr. 4, S. 6—8. — K. Allerbeck und W. Hoag: Integration

Wenn wir uns im folgenden mit dem zweiten Aspekt der sozialen Komponente befassen, stoßen wir wiederum auf die Strukturierungskriterien, die in der gesellschaftsdifferenzierenden Analyse zu beachten sind.

Beginnen wir wieder mit dem Strukturierungskriterium, das sich auf die soziale Schicht oder Klasse bezieht, so stoßen wir auf eine Wechselbeziehung, die von Pädagogen und weit häufiger noch von Politikern negiert wird, wobei neben der Unkenntnis ideologische Befangenheit als Motiv zu vermuten ist. Wenn beispielsweise im gegenwärtigen Westeuropa, etwa in den zuständigen Gremien des Europarats oder der Europäischen Gemeinschaft, von Ausländer- oder Einwandererpolitik gesprochen wird, assoziieren die Sprecher durchwegs Schul- und Erziehungsprobleme, welche Kinder von Arbeitnehmern betreffen. Überdies gehören dieser Zielgruppe großenteils Menschen bäuerlicher Herkunft an, die aus ihrer dörflichen Heimat in großstädtische Ballungszentren versetzt worden sind. Aus dieser Sachlage ergibt sich für die schulische Betreuung ein Doppelproblem. Einerseits werden diese Kinder mit einer kulturellen Umgebung konfrontiert, die sich von der ihrer Herkunft und ihres Familienlebens, mitunter grundlegend, unterscheidet. Andererseits bedürften diese Kinder als Angehörige niederer Sozialschichten bereits im eigenen Lande besonderer didaktischer und sozialpädagogischer Fürsorge, um den schulischen Anforderungen, die auf den Durchschnittsschüler gerichtet sind, gerecht werden zu können. Fehlt eine solche Betreuung in der fremden Schule, so werden die Belastungen so groß, daß unweigerlich schlechte Schulleistungen zustandekommen, die zu Sitzenbleiben, Schulversagen oder Überführung in eine Sonderschule führen können[14]. Erschwerend kann sich die häufig gegebene Bedingung auswirken, daß ausländische Schüler in der fremden Schule mit einheimischen Schülern zusammen unterrichtet werden, die einer noch niedrigeren Sozialschicht entstammen. Ich habe bei diesen Überlegungen als Beispiel die Situation im Auge, die in vielen Hauptschulen in der Bundesrepublik Deutschland besteht, denn dort bestehen Klassen häufig einerseits aus Kindern ausländischer Arbeitnehmer, zum anderen aus Kindern, deren familiäre Verhältnisse gestört sind und deren Eltern keiner geregelten Beschäftigung nachgehen.. Das analoge Beispiel bieten Schulen in manchen Randbezirken englischer Industriestädte.

Folgendes Gegenbeispiel unterstreicht diese Beobachtung: In vielen west-

---

von Gastarbeitern: Was deutsche und ausländische Jugendliche meinen. In: Forschung Frankfurt (1984) 2, S. 7—9.

14 Vgl. H.-P. Schmidtke: Fortbildung italienischer Lehrer zur Teilnahme an Sonderschulverfahren. In: Fortbildung ausländischer Lehrer, Voraussetzung und Konzepte, hrsg. von O. Boos-Nünning und M. Hohmann. Essen/Landau 1980: Publikation ALFA, 12, S. 114—121.

europäischen Städten leben heute zahlreiche ausländische Diplomaten, Kaufleute, Ingenieure, Ärzte, Hochschullehrer usw. Sie schicken ihre Kinder entweder in spezielle internationale Schulen (Europaschulen, International Schools usw.) oder aber in einheimische Schulen. Gewiß treten auch bei diesen Kindern individuelle Übergangsschwierigkeiten auf, die aber in der Regel vergleichsweise leicht zu beheben sind, beispielsweise durch Nachhilfe- und Fördermaßnahmen, wie sie die erwähnten International Schools gezielt anbieten. Hier haben wir bereits einen Schlüssel, der den Erfolg solcher Schulen erklärt: überdurchschnittliche Unterrichtsbedingungen, außergewöhnliche finanzielle Leistungen der Eltern. Die entscheidende Verstärkung solcher Schulerfolge aber beruht auf den Motivationen und Aspirationen der Schüler und ihrer Eltern.

Auch eine falsche Einschätzung des Strukturierungskriteriums der Altersgruppe in der multikulturellen Erziehung kann die Quelle von Fehlentscheidungen und Fehlentwicklungen sein. Bildungsaktivitäten der Erwachsenenbildung erfordern beispielsweise andere Ansätze als diejenigen, die in der Kinder- und Jugendschule beschritten werden — und dies nicht nur aus didaktisch-methodischen und individualpsychologischen Gründen, sondern auch aus der kultursoziologischen und sozialpsychologischen Einsicht in die spezifische Problemlage einer ethnisch bestimmten "Kultur" der in sich differenzierten Erwachsenenbildung.

Für die Wechselbeziehung zwischen den Strukturierungskriterien der ethnischen Identität und des Bildungsstandes lassen sich ebenfalls mannigfache Beispiele anführen, die näherer Untersuchung bedürften. So weisen Leistungsmessungen an Migrantenkindern in der Bundesrepublik Deutschland auf Unterschiede in Schulleistungen hin, die besonders zwischen Jugoslawen und Türken signifikant werden. Die Interpretation solcher Befunde läßt sich auf die Tatsache zurückführen, daß jugoslawische Migranten in der Regel Facharbeiter mit vergleichsweise hohen Bildungsaspirationen sind. Was die Türken auf der andern Seite betrifft, handelt es sich bei ihnen großenteils um Menschen aus Ostanatolien mit vergleichsweise niedriger Schulbildung. Sie und ihre Kinder haben höhere Barrieren zu bewältigen, um sich an die Schulsituation in der Bundesrepublik anzupassen. Neben der Leistungsmessung läßt sich dieser Unterschied auch an der Elternmitbestimmung indizieren. Jugoslawische Eltern sind häufig gut organisiert und vermögen ihre Ansprüche zu artikulieren, was für die Türken nicht oder zumindest nicht in diesem Ausmaße gilt.

Die soeben wiedergegebenen Beobachtungen lassen sich folgendermaßen interpretieren: Daß ausländische Kinder trotz eines durchschnittlichen oder sogar überdurchschnittlichen Intelligenzquotienten schlechte Schulleistungen zeigen, ist auf nicht bewältigte Übergangsprobleme zurückzuführen, die im "inadäquaten" Bildungsstand der Eltern wurzeln. Diese Probleme betreffen nicht nur den Erwerb der "neuen" Sprache, sondern auch die in der "neuen" Gesellschaft und Schule geformten Verhaltensweisen. Solche Kinder in Sonderschulen zu überweisen oder auch nur in nicht-selektiven Sekundarschulen zu belassen, ist, pädagogisch gesehen, ein Irrweg und zeugt von fehlender Berücksichtigung oder Beziehung zwischen ethnischer Identität und Bildungsstand[15].

Schließlich bedürfen die Wechselbeziehungen zwischen den Strukturierungskriterien der ethnischen Identität und der politischen Position der Thematisierung in der komparativen Forschung. In solchen Untersuchungen wäre die Frage zu stellen, wie weit nicht nur die politische Position einer Minderheit an sich Bedingungen und Erfolgschancen multikultureller Beziehung beeinflussen, sondern auch außenpolitische Faktoren. Beispielsweise hat FRANCESCO LUNETTA mit Recht darauf aufmerksam gemacht, daß die Möglichkeiten für die Minderheiten in Italien zur Wahrung ihrer ethnischen Identität mit Hilfe des Bildungs- und Erziehungswesens stark davon abhängen, wie weit die Ansprüche "von außen" gestützt werden. Unter diesem Aspekt scheint es plausibel, daß deutsch- und französischsprachige Schüler (in Südtirol bzw. im Aostatal) bessere Bildungschancen haben als beispielsweise ihre Altersgenossen albanischer Herkunft[16].

Die in diese Überlegungen eingeschalteten Beispiele dürften die erwähnte These von der Interdependenz zwischen den Strukturierungsprinzipien und Strukturierungskriterien bekräftigen. Fundiert werden sollte sie an einem übergreifenden Thema, beispielsweise dem der Geschlechterspezifik in der multikulturellen Erziehung. In der gesellschaftlichen Entwicklung der hochindustrialisierten Länder des nördlichen Europa spielt bekanntlich die Emanzipation der Frauen im beruflichen und privaten Leben eine große Rolle; sie findet ihren Niederschlag in der pädagogischen Theorie und schulischen Praxis. Weibliche Angehörige aus Gesellschaften, in denen die soziale Stellung der Frau, insbesondere in der Familie, anders definiert ist, begegnen daher in den Schulen ihrer Wirtsländer Situationen und Erwartungshaltungen, die ihren eigenen und denen ihrer Familien widersprechen. Ursachen von Konflik-

15 Vgl. H. R. Reiser: Ausländerkinder — "schulschwach" und "sonderschulbedürftig"? In: Grundschule 12 (1980), S. 72—75.

16 D. Lunetta: Die ethnisch-sprachlichen Minderheiten in Italien unter dem Aspekt der Identitätswahrung in Gesellschaft und Schule. In: Education and the Diversity of Cultures (Anm. 2), S. 355—363.

ten, die primär durch den Bezug auf das Kriterium der ethnischen Identität zu erklären sind (oder erklärbar scheinen), lassen sich durch Bezüge auf die anderen erwähnten Strukturierungskriterien erhellen; dabei kann sich herausstellen, daß dem Kriterium der ethnischen Identität eine geringere (oder auch höhere) Bedeutung zuzumessen ist, als zunächst angenommen wurde[17].

Zielbestimmungen multikultureller Erziehung als Gegenstand komparativer Forschung

Neben den faktischen Bedingungen und Abläufen multikultureller Erziehung sind auch die Zielbestimmungen, die multikultureller Erziehung in verschiedenen Ländern gegeben werden, als Gegenstand komparativer Forschung zu identifizieren. Seine praktische Relevanz ist insbesondere unter dem Gesichtspunkt zu sehen, daß bei der Behandlung multikultureller Erziehung in der internationalen Dimension, wie beispielsweise in Westeuropa und in der Europäischen Gemeinschaft, nach übernationalen Lösungen gesucht wird. Auch ist die Tatsache zu berücksichtigen, daß betroffene "Fremde" in wachsendem Maße ihre Wirtsländer wechseln, wie das Beispiel der zwischen Frankreich und der Bundesrepublik pendelnden Türken zeigt.

Gerade wenn man das erwähnte Streben nach übernationalen Lösungen in die Betrachtung einbezieht, wird deutlich, daß komparative Forschung sich nicht einfach mit einer Aneinanderreihung von Befunden begnügen kann, sondern sich auch mit der Wertfrage konfrontiert sieht. Wenn wir nach der Wertorientierung multikultureller Erziehung fragen, fällt die Antwort vergleichsweise leicht, solange die Frage allgemein gestellt ist: Kinder sollen unter Bedingungen herangebildet werden, die ihrer personalen und sozialen Entwicklung optimal förderlich sind. Dies schließt die Bewältigung der Bedingungen ein, welche die Auseinandersetzung mit der eigenen ethnischen Identität betreffen. In diesem Zusammenhang stoßen wir auf den zentralen Begriff der "Integration". In Diskussionen wird er häufig verzerrt und verwässert, weil man ihn mit dem Begriff der "Assimilation" verwechselt[18].

Während Assimilation — als Gegenbegriff zu "Segregation" — die ein-

17 Vgl. M. Sutherland: Assimilation and Incompatibilities in the Education of Immigrants' Children. In: Education and the Diversity of Cultures (Anm. 2), S. 399—418.
18 Vgl. J. Swift: Vom Turmbau zu Babel zu Orwells "1984". Zum Problem sprachlicher und kultureller Assimilation. In: Pädagogische Welt 38 (1984), S. 177—182.

seitige Anpassung, in unserem Falle die Anpassung einer ethnischen Minderheit an die kulturellen Normen der Mehrheit, ausdrückt und darin der Verzicht auf eigene Identität enthalten ist, betont der Begriff der "Integration" die Verbindung, Zusammenführung und Vereinheitlichung zweier oder mehrerer Gruppen, wobei deren gesellschaftliche Position prinzipiell als gleichwertig angesehen wird. Das Ergebnis solcher Integration ist nicht das Aufgehen der Minderheit in der Mehrheit, sondern die Entstehung einer "neuen Kultur"[19].

Solche Prozesse haben in der Vergangenheit oft Jahrhunderte gedauert. Beispiele zeigen, daß dabei in der Regel am Ende kulturelle Normen der Mehrheit dominieren. Nichtsdestoweniger kann auch in solchen Fällen eine "Integration" vorliegen, wofür ich als hervorragendes Beispiel die Geschichte der Hugenotten in Deutschland geben möchte. Die Angehörigen dieser protestantischen Gruppe waren im 17. und 18. Jahrhundert aus ihrer französischen Heimat geflohen oder vertrieben worden; sie fanden in Preußen und anderen deutschen Fürstentümern eine neue Heimat, lebten dort — unter glücklichen, teilweise aber auch unter ungünstigen Bedingungen — bis in das 19. Jahrhundert hinein in eigenen Siedlungen (mit eigener Sprache und eigenen Kirchen) und verschmolzen erst am Ende des vergangenen und zu Beginn dieses Jahrhunderts mit ihrer deutschen Umgebung. Wichtig ist in diesem Zusammenhang die Feststellung, daß sich "deutsch-hugenottische" Familien und auch Wohnbezirke noch heute durch besondere Lebensformen von ihrer Umgebung unterscheiden und daß die deutsche Kultur als Ganzes durch den Prozeß der Integration mit den hugenottischen Einwanderern in vieler Hinsicht wesentlich bereichert worden ist[20].

"Integration" ist, allgemein gesehen, nicht nur die humanste, sondern auch die am meisten kulturfördernde Form der Verbindung zweier oder mehrerer ethnischer Gruppen, was sie von den erwähnten Beziehungsformen der "Assimilation" und "Segregation" grundlegend unterscheidet. Diese These läßt sich gewiß vertreten, wenn die soziale Komponente von Multikulturalität und multikultureller Erziehung zur Diskussion steht. Sie dürfte auch, zumindest in der Regel, für die personale Komponente gelten, was freilich in jedem Einzelfall zu überprüfen wäre[21].

19 Vgl. G. B. Oschatz: Schulische Integration und kulturelle Identität. In: Schule und Bildung zwischen Italien und Deutschland: Eine Frage europäischer Integration (Internationales Symposium: 20., 21. und 22. Oktober 1983). Bonn: Italienische Botschaft 1984, Teil I, S. 8—21.
20 Vgl. H. Spaich: Fremde in Deutschland. Unbequeme Kapitel zu unserer Geschichte. Weinheim/Basel 1981, S. 93—128.
21 Verbunden mit diesem Postulat ist die These, daß letztlich es freilich dem einzelnen "Gastarbeiter" (im weitesten Wortsinn) überlassen bleiben muß, seine Entscheidung zu treffen. Erziehung

In diesem Zusammenhang seien schließlich einige Zeilen den Problemen der "Reintegration" gewidmet. Sie ist Gegenstand aktueller Überlegungen und Diskussionen zur multikulturellen Erziehung. Es geht hierbei um die Frage, ob, um an ein relevantes Beispiel zu erinnern, Griechen in der Bundesrepublik Deutschland herangebildet und erzogen werden können, ohne daß ihnen die Bindung an die griechische Heimat verloren geht[22]. Historische und aktuelle Erfahrungen zeigen, daß beide Ziele, nämlich Integration und Reintegration, als gleichwertige Ziele gewöhnlich nicht gleichzeitig verfolgt werden können, weil dies die Identifikationsfähigkeit des Menschen und insbesondere des Kindes und Jugendlichen überfordert. Allein schon die Verwirklichung eines der beiden Ziele stellt an die Kräfte und Energien aller Beteiligten — der Kinder, der Eltern und Lehrer — Anforderungen, die über die im normalen Schulalltag verlangten hinausgehen. Die für die Erziehung Verantwortlichen müssen daher entscheiden, welche Prioritäten sie setzen wollen.

Auch unter diesem Gesichtspunkt könnten Forschungsvorhaben, die auf die Erhellung der erwähnten Wechselbeziehungen abzielen, empirisch erhärtete Einsichten bringen. Was beispielsweise den Zusammenhang zwischen den Kriterien der ethnischen Identität und der sozialen Schicht betrifft, wäre auf die Problematik der Überforderung einzugehen, der "fremde" Kinder bezüglich zu erwerbender Zweisprachigkeit ausgesetzt werden, während "einheimische" Kinder der gleichen Sozialschicht erhebliche Schwierigkeiten haben, *nur* ausreichende Kompetenz im Gebrauch der Muttersprache zu erlangen. Diese Problematik aber führt zu den politischen Rahmenbedingungen multikultureller Erziehung, die in den folgenden Schlußbemerkungen zumindest berührt werden sollen.

hat aber die Aufgabe, dem Individuum in seiner Entscheidungssuche zu helfen, insbesondere auch durch die Diskussion des "Preises", die ihn jede Entscheidung kostet. Dazu Levi-Strauss (Anm. 1): "Der Glaube an die eigenen Werte schließt unvermeidlich eine relative Taubheit gegenüber den Werten anderer, ja selbst ihre Ablehnung ein. Eine Kultur bezieht die Stärke, in ihrem eigenen Sein zu verharren und sich in ihrem eigenen Geist zu erneuern, allein aus sich selbst, auch wenn dies bedeutet, daß sie sich anderen Kulturen gegenüber verschließt. Wenn, wie Nietzsche es ausdrückte, die Fähigkeit, eine andere Kultur zu würdigen, ein Sieg ist, so ist dieser Sieg stets sehr teuer erkauft."

22 Vgl. G. Tsiakalos: "Völlig getrennt" — die zweite schlechte Lösung. Über den neuen bildungspolitischen Kurs der Griechen. In: Frankfurter Rundschau 6.9.1982, S. 20.

Schlußbemerkungen

In diesem Beitrag ging es nur darum, einige Probleme zu beleuchten, welche die Position der multikulturellen Erziehung im Spiegel der Vergleichenden Erziehungswissenschaft betreffen. Zwei Bemerkungen sollen diese Betrachtung abschließen. Die erste bezieht sich — zusammenfassend und wiederholend — auf Vorschläge komparativer Forschung, während die zweite, wie soeben erwähnt, die Beziehungen zwischen multikultureller Erziehung und deren politischen Rahmenbedingungen zum Gegenstand hat.

Was die Perspektiven betrifft, ist die Analyse multikultureller Erziehung als der pädagogischen Dimension von "Multikulturalität" notwendigerweise mit der Aufgabe verbunden, den Begriff der ethnischen Identität in seiner historisch wie geographisch spezifizierten Verwurzelung einem Beziehungssystem zuzuordnen, innerhalb dessen die Beziehungen zwischen diesem Begriff und den Begriffen zu untersuchen sind, welche die Identifizierung anderer Strukturierungsprinzipien und anderer Strukturierungskriterien der universalen Kultur hervorbringt. Daß die Thematisierung komparativer Forschung nicht zuletzt auch die Frage nach den politischen und rechtlichen Rahmenbedingungen multikultureller Erziehung und multikultureller Identität erfaßt, sei am Ende unterstrichen, obwohl in diesem Zusammenhang nicht näher darauf eingegangen werden kann. Allein schon die unterschiedliche Stellung ethnischer Gruppen als autochthone Gemeinschaften (mit verschiedenen Rechtspositionen), Einwanderer mit staatsbürgerlichen Rechten oder "Gäste" (mit unbefristeter oder befristeter Aufenthaltsgenehmigung) führt in der Bildungspolitik zu verschiedenartigen Entscheidungen und Strategien, durch welche die pädagogische Praxis mehr oder weniger stark beeinflußt wird. Die Vergleichende Erziehungswissenschaft wird durch das jeweils eigenständige Verhältnis von Bildungspolitik und pädagogischer Praxis herausgefordert, das Verhältnis von Erziehung und Gesellschaft in seinem Bezug zum Thema der "multikulturellen Erziehung" empirisch zu untersuchen und theoretisch zu durchdenken.

Quellenverzeichnis

Aspekte des Verhältnisses zwischen Entschulungstheorie und marxistischer Pädagogik.
In: Pädagogische Rundschau, 29(1975)12, S. 1005-1019.

Grundfragen der Geschichte Rußlands im Unterricht.
In: Gesellschaft, Staat, Erziehung, 6(1961)6, S. 265-279.

Komparative Aspekte der wissenschaftlichen Begleitung von Modellschulversuchen.
In: Bildung und Erziehung, 28(1975)2/3, S. 86-100.

Die Lehrerbildung im Spiegel der Vergleichenden Erziehungswissenschaft.
In: Busch, Friedrich W. (Hrsg.): Schritte ... Beiträge und Studien zur Vergleichenden Erziehungswissenschaft und der Lehrerausbildung. Isabella Rüttenauer zum 70. Geburtstag von Freunden und Kollegen. Oldenburg: Univ. 1979, S. 9-36.

Vermittlungsprobleme der Bildungsforschung. Bildungsforscher und Bildungsverwalter sollten den jeweils anderen Tätigkeitsbereich kennenlernen.
In: Deutsche Universitätszeitung, 39(1983)8, Beil. Transfer S. 41-45.

Schulreform und Schulwirklichkeit. Ein zentrales Thema des internationalen Vergleichs.
In: Anstöße aus der Arbeit der Evangelischen Akademie Hofgeismar, (1977)5/6, S. 124-133. Geringfügig veränd. Fassung des gleichnamigen Beitr. in: Westermanns Pädagogische Beiträge, 26(1974)9, S. 473-482.

Schulen zwischen Reform und Krise.
In: Schulkrise - international? München: Minerva Publ. 1983, S. 37-56. = Texte - Dokumente - Berichte, 27.

Schulreform in Osteuropa.
In: Skiba, Ernst-Günther, Christoph Wulf u. Konrad Wünsche (Hrsg.): Erziehung im Jugendalter - Sekundarstufe I. Stuttgart: Klett 1983, S. 356-372. = Enzyklopädie Erziehungswissenschaft. Bd. 8.

Sekundarbereich II - Abschluß der Jugendschule oder Beginn der Erwachsenenbildung? Skizzierung einiger Grundfragen im Spiegel internationaler Tendenzen.
In: Bildung und Erziehung, 31(1978)6, S. 486-495.

Gesamtschulen in Europa. Ergebnisse eines europäischen Kolloquiums / Comprehensive schools in Europe. Conclusion of a European Colloquy. Hrsg. von Katrin Dahmen, Diether Breitenbach, Wolfgang Mitter und Hans-Herbert Wilhelmi.
Köln, Wien: Böhlau 1984. XXI, 277 S. = Studien und Dokumentationen zur vergleichenden Bildungsforschung. Bd. 26. Darin: Idee und Realität der Gesamtschule in Europa / Concept and realisation of comprehensive schools in Europe. S. 1-20, 133-150.

Begabtenschulen in Einheitsschulsystemen.
In: Bildung und Erziehung, 24(1971)1, S. 1-18.

Funktion und Organisation der sowjetischen Bildungsforschung in ihrem Bezug zum
Verhältnis von Theorie und Praxis. Skizze eines systemanalytischen Ansatzes.
In: Forschungen zur osteuropäischen Geschichte. Werner Philipp zum 70. Geburtstag. Wiesbaden: Harrassowitz (in Komm.) 1978, S. 253-270. = Osteuropa-Institut
der Freien Universität Berlin, Historische Veröffentlichungen. Bd. 25.

Das Freizeitproblem im Spiegel sowjetischer Publizistik.
In: Bildung und Erziehung, 19(1966)3, S. 194-210.

Erziehung in den Vereinigten Staaten und der Sowjetunion. Eine vergleichende Gegenüberstellung auf Grund von zwei Reisen.
In: Bildung und Erziehung, 20(1967)3, S. 205-222.

Israel - ein pädagogisches Modell.
In: Die Deutsche Schule, 55(1963)10, S. 529-539.

Die DDR und die Tradition im Bildungswesen.
In: Hacker, Jens u. Horst Rögner-Francke (Hrsg.): Die DDR und die Tradition. Hei-
delberg: Edition Meyn 1981, S. 37-56. = Gesellschaft für Deutschlandforschung.
Jahrbuch 1981; = Gesellschaft für Deutschlandforschung. Schriftenreihe. Bd. 4.

Wandel und Kontinuität im Bildungswesen der beiden deutschen Staaten.
In: Avenarius, Hermann, Hanns Engelhardt, Hermann Heussner u. Friedrich von
Zezschwitz (Hrsg.): Festschrift für Erwin Stein zum 80. Geburtstag. Bad Homburg
v.d.H.: Gehlen 1983, S. 453-470.

Bildungsforschung und Bildungspolitik in den beiden deutschen Staaten.
In: Baske, Siegfried (Hrsg.): Erziehungswissenschaftliche Disziplinen und Forschungsschwerpunkte in der DDR. Berlin: Duncker u. Humblot 1986, S. 15-37.

Multikulturalität und Zweisprachigkeit im sowjetischen Bildungswesen.
In: Zeitschrift für erziehungs- und sozialwissenschaftliche Forschung, 1(1984)1, S.
3-39.

Multikulturelle Erziehung im Spiegel der Vergleichenden Erziehungswissenschaft.
Überlegungen zur Begriffsbildung und Thematik.
In: Dilger, Bernhard, Friedrich Kuebart u. Hans-Dieter Schäfer (Hrsg.): Vergleichende Bildungsforschung. DDR, Osteuropa und interkulturelle Perspcktiven. Berlin: Berlin Verlag Arno Spitz 1986, S. 493-508.

Schriftenverzeichnis

Stand: 30.06.1987

Autor:

Die Entwicklung der politischen Anschauungen Karamzins.
In: Forschungen zur osteuropäischen Geschichte. Bd. 2. Wiesbaden: Harrassowitz
(in Komm.) 1955, S. 165-285. Historische Veröffentlichungen. Bd. 2.

Der Russischunterricht auf der Oberstufe (des Gymnasiums) mit besonderer Berücksichtigung der Lektüre.
In: Die Neueren Sprachen, 7(1958)2, S. 79-88.

Probleme des Russischunterrichts an Gymnasien.
In: Spezifische Geistesbildung durch Sprachen. Kassel 1959, S. 59-75. = Beiträge
zur Gymnasialpädagogik. Schriften des Studienseminars Kassel. Bd. 5.

Werkerziehung und polytechnische Bildung mit besonderer Berücksichtigung des
Gymnasiums. Von Wolfgang Mitter u. G. H. Fischer.
In: Die Deutsche Schule, 51(1959)4, S. 163-178.

Ostkunde am Studienseminar. Bericht über einen laufenden Versuch in Hessen.
In: Osteuropa, 10(1960)9, S. 653-656.

Die Aspekte im Unterricht (als Teil II des Beitrages: Der Verbalaspekt im Russischen).
In: Mitteilungsblatt des Allgemeinen Deutschen Neuphilologenverbandes, 13(1961)
3, S. 81-86.

Grundfragen der Geschichte Rußlands im Unterricht.
In: Gesellschaft, Staat, Erziehung, 6(1961)6, S. 265-279.

Der Marxismus als zeitgeschichtliches Thema.
In: Die Pädagogische Provinz, 15(1961)1, S. 21-25.

Zur Lage des Russischunterrichts.
In: Die Fortbildung des Lehrers im Dienst der Schule. Frankfurt a.M. u.a.: Diesterweg 1961, S. 40-43. = Rundgespräch über Wirklichkeit und Wandel der Schule und
die Erziehungsaufgaben unserer Zeit. Heft 1.

Gesichtspunkte zur Didaktik und Methodik der Behandlung von Ostfragen.
In: Das Parlament. Beil. aus Politik und Zeitgeschichte, (1962)44, S. 553-560.

Russischunterricht ohne Methode? (Diskussionsbeitrag).
In: Praxis des neusprachlichen Unterrichts, 9(1962)3, S. 160-162.

Israel - ein pädagogisches Modell.
In: Die Deutsche Schule, 55(1963)10, S. 529-539.

Der Bildungsauftrag des Russischunterrichts am Gymnasium.
In: Zeitschrift für den Russisch-Unterricht, 1(1964)1/2, S. 8-22.

Russischunterricht 1964 in der Bundesrepublik Deutschland.
In: Osteuropa, 14(1964), S. 634-639.

Wir und unsere östlichen Nachbarn. Gedanken zur Thematik unseres "nationalen
Ostproblems" und methodische Anregungen zu seiner Behandlung im Unterricht des
Gymnasiums.
In: Gesellschaft, Staat, Erziehung, 9(1964)1, S. 45-49.

Berufschancen mit Russischkenntnissen? Auswertung einer Umfrage der Deutschen
Gesellschaft für Osteuropakunde.
In: Osteuropa, 15(1965), S. 603-612.

Ideologie und Wirklichkeit. Ein Arbeitsmodell zur Behandlung sowjetischer Gegenwartsfragen.
In: Gesellschaft, Staat, Erziehung, 10(1965)6, S. 474-493; 11(1966)1, S. 49-64.

Lehrplan und Bildungsplanung in der DDR.
In: Die Deutsche Schule, 57(1965)6, S. 301-320.

Aktuelle Probleme der sowjetischen Lehrerbildung.
In: Neue Sammlung, 6(1966)1, S. 7-28.

Das Freizeitproblem im Spiegel sowjetischer Publizistik.
In: Bildung und Erziehung, 19(1966)3, S. 194-210.

Ostkunde als Modell der politischen Orientierung.
In: Wiegand, B. (Bearb.): Unterrichtsbeispiele zur politischen und sozialen Erzie-
hung (vom 7. bis 10. Schuljahr). 2. Aufl. Frankfurt a.M.: Hirschgraben Verl. 1966,
S. 70-104.

Vergleichende Erziehungswissenschaft an der Pädagogischen Hochschule.
In: Bildung und Erziehung, 19(1966)6, S. 426-435.

Erziehung in den Vereinigten Staaten und der Sowjetunion. Eine vergleichende Gegenüberstellung auf Grund von zwei Reisen.
In: Bildung und Erziehung, 20(1967)3, S. 205-222.

Russischunterricht 1967 in der Bundesrepublik Deutschland.
In: Osteuropa, 17(1967), S. 873-887.

Das sowjetische Schulwesen. Von Wolfgang Mitter und G. Krumbholz.
In: Mitteilungsblatt. Hessischer Philologenverband, 18(1967)5, S. 5-18.

Arbeitslehre - didaktisches Zentrum der Hauptschule?
In: Lüneburger Hochschulbrief, Nr. 31. 1968, S. 6-14.

Quantität und Qualität - die zentrale Frage in der Planung sowjetischer Lehrerbildung.
In: Die Deutsche Schule, 60(1968)6, S. 416-422.

Schule und Bildung in der Sowjetunion im Widerstreit der Meinungen.
In: Neue Sammlung, 8(1968)6, S. 557-569.

Zum Verhältnis von Vergleichender Erziehungswissenschaft und schulwissen-
schaftlicher Forschung.
In: Preissler, Gottfried (Hrsg.): Raumordnung und Bildungsplanung. Eine Vorunter-
suchung, dargest. am Modell der Planungsregion Kassel. Frankfurt a.M.: Max-Trae-
ger-Stiftung 1968, S. 223-227. = Forschungsberichte. Max-Traeger-Stifung. Bd. 6.

Einheitlichkeit und Differenzierung als Problem der sowjetischen Schulreform.
In: Anweiler, Oskar (Hrsg.): Bildungsreform in Osteuropa. Stuttgart u.a.: Kohlham-
mer 1969, S. 108-140.

Gedanken zur Wissenschaftlichkeit und zum Verhältnis von Theorie und Praxis in
der Ausbildung des Lehrers.
In: Klüver, H. P. u. J. Ziegenspeck (Hrsg.): Situation und Probleme der Zweiten
Phase der Lehrerbildung. Hannover: Schroedel 1969, S. 9-20. = Auswahl.R.B. Bd.
19.

Die Jugendlichen in der Sowjetunion.
In: Sowjetsystem und demokratische Gesellschaft. Eine vergleichende
Enzyklopädie. Bd. 3. Freiburg u.a.: Herder 1969, Sp. 419-432.

Das Schulwesen der DDR.
In: Mitteilungsblatt. Hessischer Philologenverband, 20(1969)2, S. 6-21.

"Social studies" in der amerikanischen Elementarschule.
In: Die Grundschule, 1(1969)4, S. 37-46.

Studienreise in die Sowjetunion 1968.
In: Pädagogik und Schule in Ost und West, 17(1969)7, S. 205-211; 17(1969)8, S.
232-234.

Arbeitsschule, Produktionsschule.
In: Lexikon der Pädagogik. Bd. 1. Freiburg u.a.: Herder 1970, S. 72-75.

Der Marxismus als Gegenstand der Politischen Bildung. Ideologie und Wirklichkeit.
In: Wiegand, B. (Hrsg.): Gemeinschaftskunde in Unterrichtsmodellen. 2. Aufl.
Frankfurt a.M.: Hirschgraben Verl. 1970, S. 143-181.

Neusprachlicher Unterricht: XI. Russisch-Unterricht.
In: Pädagogisches Lexikon. Bd. 1. Gütersloh: Bertelsmann 1970, S. 483-488.

Begabtenschulen in Einheitsschulsystemen.
In: Bildung und Erziehung, 24(1971)1, S. 1-18.

Förderung und Differenzierung in Schulsystemen sozialistischer Staaten am Beispiel
der Sowjetunion und der DDR.
In: Die Deutsche Schule, 63(1971)3, S. 165-185.

Das Freizeitproblem in der UdSSR.
In: Osteuropa, 21(1971)2, S. A101-A113.

Die marxistisch-leninistische Pädagogik. Beziehungen zwischen der marxistisch-
leninistischen und der westlichen Pädagogik.
In: Sowjetsystem und demokratische Gesellschaft. Eine vergleichende Enzyklopädie. Bd. 4. Freiburg u.a.: Herder 1971, Sp. 1002-1019.

Marxist-Leninist pedagogics. Links between Marxist-Leninist and Western pedagogics.
In: Marxism, communism and Western society. A comparative encyclopedia. Freiburg: Herder 1971, pp. 252-261.

Russischunterricht.
In: Lexikon der Pädagogik. Bd. 3. Freiburg u.a.: Herder 1971, S. 455-456.

Social studies in teacher education. An experiment in Germany.
In: Indiana Social Studies Quarterly, 23(1971)3, pp. 81-90.

Tendenzen der Primarstufen-Reform in den USA, England und der UdSSR. Mit besonderer Berücksichtigung der Entscheidungsprozesse bei der Curriculum-Ent-
wicklung.
In: Erziehungswissenschaft, Bildungspolitik, Schulreform. Weinheim: Beltz 1971,
S. 49-59. = Zeitschrift für Pädagogik. Beih. 9.

Die Verlängerung der Schulpflicht in der Sowjetunion im Spannungsfeld von All-
gemeinbildung und Berufsbildung.
In: Röhrs, Hermann (Hrsg.): Schulreform in den Industriestaaten. Frankfurt a.M.:
Akad. Verl. Ges. 1971, S. 153-176.

Elternhaus und Schule in der Sowjetunion.
In: Schleicher, K. (Hrsg.): Elternhaus und Schule. Kooperation ohne Erfolg? Düsseldorf: Schwann 1972, S. 170-192.

Grundfragen der sowjetischen Schule.
In: "Das Bildungssystem der Sowjetunion." Beih. zu den Filmen FT 2313 und 1314. München: Inst. für Film u. Bild in Wissenschaft u. Unterricht 1972, 19 S.

Russischunterricht an sowjetischen Schulen der nationalen Minderheiten.
In: Osteuropa, 22(1972)1, S. 43-55.

Die Schule als notwendige Institution im gesellschaftlichen Prozeß. Anmerkungen zum Werk des polnischen Gelehrten Ignacy Szaniawski.
In: Die Deutsche Schule, 64(1972)7/8, S. 492-499.

Zur Effektivität des sowjetischen Schulsystems.
In: Domes, Alfred (Hrsg.): Ost-West-Polarität. Köln: Verl. Wissenschaft und Politik 1972, S. 163-194.

Die amerikanische High School und die sowjetische Einheitsschule.
In: Gesamtschule. 2. Aufl. Bern: Haupt 1973, S. 75-99. = Uni-Taschenbücher. Bd. 140.

Arbeitsschule, Produktionsschule.
In: Wörterbuch der Berufs- und Wirtschaftspädagogik. Freiburg: Herder 1973, S. 32-36. = Herderbücherei. Pädagogik. Bd. 9009.

Einheitlichkeit und Differenzierung in den Schulsystemen sozialistischer Staaten am Beispiel der UdSSR und der DDR.
In: Gesamtschule. 2. Aufl. Bern: Haupt 1973, S. 101-123. = Uni-Taschenbücher. Bd. 140.

Erziehungsziele und Probleme ihrer Verwirklichung in sozialistischen Gesellschaften.
In: Forschungen zur osteuropäischen Geschichte. Wiesbaden: Harrassowitz (in Komm.) 1973, S. 93-111. = Historische Veröffentlichungen. Bd. 20.

Die Jugendlichen in der Sowjetunion.
In: Soziologie. Bd. 1. Frankfurt a.M. u.a.: Herder 1973, S. 332-348. = Marxismus im Systemvergleich.

On the efficiency of the Sovjet school system.
In: Comparative Education, 9(1973)1, pp. 34-47. 1973; FS Mitter, Wolfgang.

Political education in West and East (with special reference to the Federal Republic of Germany and the German Democratic Republic).
In: Smart, Kenneth (ed.): Education and politics. Report of a Conference held at the University of Edinburgh. 15-18 September 1972. London: Comparative Education Society in Europe 1973, pp. 39-66.

Reports on visits to research centres in Belgium, France and the Netherlands.
Strasbourg: Council of Europe 1973. 17 pp. = doc. DECS/Rech. 43.

Auslandsbeziehungen von Lehrerausbildungsinstitutionen in der Bundesrepublik Deutschland. Von Wolfgang Mitter u. Ulla Maichle.
In: Mitteilungen und Nachrichten, (1974)75/76, S. 106-109.

Auslandsbeziehungen von Lehrerausbildungsinstitutionen in der Bundesrepublik Deutschland. Empirische Untersuchung an Pädagogischen Hochschulen u. Erziehungswissenschaftlichen Fachbereichen. Von Wolfgang Mitter u. Ulla Maichle.
Bonn-Bad Godesberg: Deutscher Akademischer Austauschdienst 1974. 170 S.

Bildungsforschungssymposium in der Reinhardswaldschule.
In: Mitteilungen und Nachrichten, (1974)75/76, S. 110-113.

Der Lehrer im sowjetischen Bildungssystem.
In: Westermanns Pädagogische Beiträge, 26(1974)6, S. 328-340.

Schulreform und Schulwirklichkeit - ein zentrales Thema des Internationalen Vergleichs.
In: Westermanns Pädagogische Beiträge, 26(1974)9, S. 473-482.

Sekundarabschlüsse mit Hochschulreife.
In: Mitteilungen und Nachrichten, (1974)75/76, S. 1-39.

Allgemeine Probleme und Tendenzen des polnischen Bildungswesens.
In: Chiout, Herbert (Hrsg.): Zur Bildungs- und Schulsituation in Polen. Gruppen- und Einzelberichte von einer Studienfahrt im Jahre 1974. Fuldatal: Hessisches Institut für Lehrerfortbildung 1975, S. 1-19.

Aspects comparatifs de l'évaluation des projets pilotes de réforme scolaire.
In: Bulletin d'Information. Conseil de l'Europe, (1975)1, pp. 4-14.

Aspekte des Verhältnisses zwischen Entschulungstheorie und marxistischer Pädagogik.
In: Pädagogische Rundschau, 29(1975)12, S. 1005-1019.

Comparative aspects of evaluation of school reform pilot projects.
In: Information Bulletin. Council of Europe, (1975)1, pp. 4-13.

Eindrücke von einer pädagogischen Studienreise nach England.
In: Mitteilungen und Nachrichten, (1975)77/78, S. 85-102.

Komparative Aspekte der wissenschaftlichen Begleitung von Modellschulversuchen.
In: Bildung und Erziehung, 28(1975)2/3, S. 86-100.

Merkmale und Probleme einer marxistischen Pädagogik.
In: Szczesny, Gerhard (Hrsg.): Marxismus - ernst genommen. Ein Universalsystem auf dem Prüfstand der Wissenschaften. Reinbek bei Hamburg: Rowohlt 1975, S. 149-170. = rororo Sachbuch. Bd. 6933.

Reform conceptions on teacher education. - The Comparative Research Project "INTERAGLA". By Wolfgang Mitter, Manfred Bayer, Peter Döbrich, Manfred Kolbe and Christoph Kodron.
In: International Review of Education, 21(1975)4, pp. 507-508.

Im Mittelpunkt steht Lenin. Fragen der politischen Bildung in der Sowjetunion. Von Wolfgang Mitter und Leonid Novikov.
In: Materialien zur politischen Bildung, (1976)3, S. 15-25.

Komparative Forschung in der Erziehungswissenschaft.
In: Internationale Zeitschrift für Erziehungswissenschaft, 22(1976)3, S. 317-337.

Pädagogische Studienreisen nach Rumänien.
In: Die Deutsche Schule, 68(1976)2, S. 109-121.

School systems and inequality of educational opportunity.
Strasbourg: Council of Europe, Parliamentary Assembly 1976. 10 pp. = AS/Conf/Dem 9-E.

Sekundarabschlüsse mit Hochschulreife im internationalen Vergleich. Von Wolfgang Mitter und Leonid Novikov.
Weinheim u.a.: Beltz 1976. 253 S. = Studien und Dokumentationen zur vergleichenden Bildungsforschung. Bd. 1,5.

Strukturfragen der osteuropäischen Bildungssysteme.
In: Osteuropa, 26(1976)3, S. 202-217.

Vergleichende Forschungsmethoden.
In: Roth, Leo (Hrsg.): Handlexikon zur Erziehungswissenschaft. München: Ehrenwirth 1976, S. 178-181.

Wege zum Hochschulstudium und Bildungsaspirationen von Jugendlichen in osteuropäischen Ländern.
In: Osteuropa, 26(1976)11, S. 977-996.

Die Analyse von Forschungsstrategien und Organisationsmustern der wissenschaftlichen Begleitung bildungspolitischer Innovationen als Aufgabe der Bildungsforschung. Von Wolfgang Mitter und Horst Weishaupt.
In: Mitter, Wolfgang u. Horst Weishaupt (Hrsg.): Ansätze zur Analyse der wissenschaftlichen Begleitung bildungspolitischer Innovationen. Weinheim: Beltz 1977, S. 1-12. = Studien und Dokumentationen zur vergleichenden Bildungsforschung. Bd. 5,1.

Bildungsforschung in Polen. Ergebnisse einer Studienreise.
In: Mitteilungen und Nachrichten, (1977)88/89, S. 82-105.

Grundfragen der Schulen in Osteuropa.
In: Bericht. 7. Tagung der wissenschaftlichen Betreuer in Klagenfurt. Klagenfurt 1977, S. 103-129. = Bundesministerium für Unterricht und Kunst. Zentrum für Schulversuche und Schulentwicklung, Abteilung 1. Reihe Dokumentation. Bd. 6.

Grundfragen der Sekundarstufe II im internationalen Vergleich.
In: Sekundarstufe und ihre Doppelfunktion in Ost und West. Arnoldshain: Evangelische Akad. 1977, S. 7-28 = Arnoldshainer Protokolle. 1977, 6.

The policy-oriented task of comparative education.
In: Comparative Education, 13(1977)2, pp. 95-100.

Schulreform und Schulwirklichkeit. Ein zentrales Thema des internationalen Vergleichs.
In: Anstöße aus der Arbeit der Evangelischen Akademie Hofgeismar, (1977)5/6, S. 124-133. Geringfügig veränd. Fassung des gleichnamigen Beitr. in: Westermanns Pädagogische Beiträge, 26(1974)9, S. 473-482.

Schulsystem und Volksbildung.
In: Grothusen, Klaus-Detlev (Hrsg.) : Rumänien. Göttingen: Vandenhoeck u. Ruprecht 1977, S. 484-500. = Südosteuropa-Handbuch. Bd. 2.

Sekundarstufe I im internationalen Vergleich.
In: Westermanns Pädagogische Beiträge, 29(1977)6, S. 259-262.

Die Union der Sozialistischen Sowjetrepubliken. 6. Aufl. Von Wolfgang Mitter, W. Haseloff und F. Tent.
Frankfurt a.M.: Diesterweg 1977. = Materialien zur Gemeinschaftskunde.

Was tut sich im Primarbereich? Internationale Aspekte der Entwicklung.
In: Die Grundschule, 9(1977)8, S. 355-357.

Bedingungen der wissenschaftlichen Begleitung von Schulversuchen. Ergebnisse von Befragungen. 1. Teilbericht. Von Wolfgang Mitter u. Horst Weishaupt.
Frankfurt a.M.: Gesellschaft zur Förderung Pädagogischer Forschung. 1978. 141 S.

Bildungsforschung und Bildungspolitik in Ungarn. Eine pädagogische Studienreise im Herbst 1978.
In: Mitteilungen und Nachrichten, (1978)92/93, S. 52-77.

Englands Universitäten interviewen ihre Bewerber.
In: Die Welt, (1978-11-15).

Funktion und Organisation der sowjetischen Bildungsforschung in ihrem Bezug zum Verhältnis von Theorie und Praxis. Skizze eines systemanalytischen Ansatzes.
In: Forschungen zur osteuropäischen Geschichte. Werner Philipp zum 70. Geburtstag. Wiesbaden: Harrassowitz (in Komm.) 1978, S. 253-270. = Osteuropa-Institut der Freien Universität Berlin, Historische Veröffentlichungen. Bd. 25.

Grundlegende Fragen des Verhältnisses zwischen allgemeiner und beruflicher Bildung.
In: Internationale Zeitschrift für Erziehungswissenschaft, 24(1978)2, S. 117-129.

Koppelung des Bildungssystems an das Beschäftigungssystem. Tendenzen und Probleme gegenwärtiger Bildungspolitik in der Sowjetunion. Von Wolfgang Mitter u. Leonid Novikov.
In: Osteuropa, 28(1978)12, S. 1078-1081. Zugl. in: Mitteilungen und Nachrichten, (1978)92/93, S. 78-83.

Laudatio. In: Überlieferung und Veränderung. Ansprachen von Eugen Kogon, Wolfgang Mitter und Erwin Stein zur Verleihung des Erich-Hylla-Preises 1978 an Erwin Stein.
Frankfurt a.M.: Deutsches Institut für Internationale Pädagogische Forschung 1978, S. 27-36.

Pädagogische Begleitforschung - eine Entscheidungshilfe? Erste Ergebnisse einer empirischen Untersuchung. Von Wolfgang Mitter u. Horst Weishaupt.
In: Mitteilungen und Nachrichten, (1978)90/91, S. 77-95. Gekürzte Fassung in: Unterricht und Wissenschaft, 6(1978)4, S. 338-347.

Pädagogische Forschung und Bildungspolitik in der Sowjetunion. Organisation - Gegenstand - Methoden. Von Wolfgang Mitter u. Leonid Novikov. Weinheim u.a.: Beltz 1978. XI, 245 S. = Studien und Dokumentationen zur vergleichenden Bildungsforschung. Bd. 8.

Research into Soviet and East European educational systems at the German Institute for International Educational Research.
In: Slavic and East European Education, (1978)2, pp. 56-59.

School systems and the needs of industry. Working paper prepared for the Educational Research Symposium "School and After" at Peebles (Scotland), 26 February - 3 March 1978.
Strasbourg: Council of Europe 1978. 21 pp. = doc. DECS/Rech., (78)5. Also in: School and after. An European Symposium. Windsor: N.F.E.R. 1978, pp. 56-76.

Secondary school graduation: university entrance qualification in socialist countries.
Oxford: Pergamon Press 1978. 112 pp.

Sekundarbereich II - Abschluß der Jugendschule oder Beginn der Erwachsenenbildung? Skizzierung einiger Grundfragen im Spiegel internationaler Tendenzen.
In: Bildung und Erziehung, 31(1978)6, S. 486-495.

So erhalten US-Schüler die College-Reife.
In: Die Welt, (1978-08-23).

Les systèmes scolaires et les besoins de l'industrie.
Strasbourg: Conseil de l'Europe 1978. 21 pp. = DECS/Rech., (78)5.

Tendencje i problemy wspolczesnej politiky oswiatowej w Republice Federalnej Niemiec (Trends and problems of educational policy in the Federal Republic of Germany).
In: Kwartalnik Pedagogiczny, 23(1978)3, pp. 33-47.

UdSSR: Das Abitur allein öffnet nicht das Tor zur Uni.
In: Die Welt, (1978-08-30).

Der Zusammenhang von Lehrerausbildung, Lehrerbesoldung und -bedarf für eine zukunftsorientierte Bildungsplanung. Von Wolfgang Mitter, Peter Döbrich, Christoph Kodron u. Manfred Kolbe.
In: Reformen in der Lehrerausbildung in Ost- und Westeuropa. Ein Bildungsvergleich. Arnoldshain: Ev. Akademie 1978, S. 63-69. = Arnoldshainer Protokolle. 1978, 4.

Bildungsforschung und Bildungspolitik in Osteuropa.
In: Röhrs, Hermann (Hrsg.): Die Erziehungswissenschaft und die Pluralität ihrer Konzepte. Festschrift für Wilhelm Flitner zum 90. Geburtstag. Frankfurt a.M.: Akad. Verl. Ges. 1979, S. 227-239. = Erziehungswissenschaftliche Reihe. 20. .

A comment on the Dutch Catholic School Council's discussion-note "Developing an autonomous school". Expert paper.
's-Hertogenbosch: Dutch Catholic School Council, (1979)4, 25 pp.

DDR: Hochbegabte dürfen das erste Jahr an der Uni überspringen.
In: Die Welt, (1979-01-24).

Educational research and teacher education in the perspective of comparative education. Two studies.
Frankfurt a.M.: Deutsches Institut für Internationale Pädagogische Forschung 1979. 63 pp.

Einleitende Bemerkungen zu den Fallstudien. Von Wolfgang Mitter u. Horst Weishaupt.
In: Mitter, W. u. H. Weishaupt (Hrsg.): Strategien und Organisationsformen der Begleitforschung. Fallstudien über Begleituntersuchungen im Bildungswesen. Weinheim: Beltz 1979, S. XVII-XXI. = Studien und Dokumentationen zur vergleichenden Bildungsforschung. Bd. 5,3.

Entering higher education: an international comparison of admissions policies. Summary report.
Strasbourg: Council of Europe 1979. 11 pp. = doc. DECS/Rech., (1979)3.

In Frankreich nehmen externe Prüfer das Abitur ab.
In: Die Welt, (1979-05-09), S. 9.

Internationale Vergleichende Bildungsforschung. Zur Theorie und Forschungspraxis erziehungswissenschaftlicher Komparatistik. Von Wolfgang Mitter u. Theodor Hanf.
Frankfurt a.M.: Gesellschaft zur Förderung Pädagogischer Forschung 1979. = GFPF-Materialien 1O. Darin: Überlegungen zur Theorie und Praxis der vergleichenden Bildungsforschung, S. 23-42.

Die Lehrerbildung im Spiegel der Vergleichenden Erziehungswissenschaft.
In: Busch, Friedrich W. (Hrsg.): Schritte ... Beiträge und Studien zur Vergleichenden Erziehungswissenschaft und der Lehrerausbildung. Isabella Rüttenauer zum 70. Geburtstag von Freunden und Kollegen. Oldenburg: Univ. 1979, S. 9-36.

Oberstes Lernziel: Der sozialistische Mensch. Grundfragen zur historisch-patriotischen Erziehung in der DDR.
In: Materialien zur Politischen Bildung, (1979)1, S. 106-112.

Organisationsformen der Evaluation - Thesen zur Auswertung von sieben Fallstudien über wissenschaftliche Begleituntersuchungen.
In: Bund-Länder-Kommission für Bildungsplanung und Forschungsförderung: Evaluation schulischer Neuerungen. Bericht über ein CERI-Seminar, Dillingen 1977. Stuttgart: Klett-Cotta 1979, S. 208-216.

Pädagogik und Bildungspolitik im Leben und Wirken Gottfried Preisslers (18. Februar 1969). In: Gottfried Preissler: Geschichte meines Lebens aus der Sicht des 85. Geburtstags (1979).
Frankfurt a.M.: Deutsches Institut für Internationale Pädagogische Forschung 1979, S. 87-99.

Problems of higher education in socialist countries. Outline of a current research project.
Frankfurt a.M.: Deutsches Institut für Internationale Pädagogische Forschung 1979.
22 pp. = Hochschulbildung in sozialistischen Staaten. Workshop Report. 14.

Comments.
In: Proceedings. The Pre-Congress Conference. The IVth World-Congress. The World Council of Comparative Education Societies. 3-5 July 1980, Seoul, Korea, pp. 98-99.

Educational research and policy in Hungary: a pedagogical studytour in the fall of 1978.
In: Slavic and European Education Review, (1980)1, pp. 11-23.

Education in the Federal Republic of Germany: the next decade.
In: Comparative Education, 16(1980)3, pp. 257-265.

Einphasige Lehrerausbildung in Oldenburg. Gutachten für die Universität Oldenburg. Von Wolfgang Mitter, Peter Döbrich u. Christoph Kodron. Oldenburg: Zentrum für pädagogische Berufspraxis 1980. 210 S.

Erziehungswissenschaftliche Osteuropaforschung.
In: Osteuropa, 30(1980)8-9, S. 799-812.

Gegenwartsfragen des ungarischen Bildungswesens.
In: Osteuropa, 30(1980)2, S. 108-118.

Gesamtschulen im internationalen Vergleich. Versuch einer Bestimmung von Vergleichskriterien.
In: Die Deutsche Schule, 72(1980)4, S. 243-252; sowie als geringfügig veränd. Fassung des gleichnamigen Beitr. in: Thema: Gesamtschule. Bonn: Bundesminister für Bildung und Wissenschaft 1982, S. 83-93.

Internationale Orientierung des Deutschen Instituts für Internationale Pädagogische Forschung.
In: Mitteilungen und Nachrichten, (1980)100/101, S. 1-22.

International institutions and educational policy. Some comments and considerations.
In: Novena Conferencia CESE, 25-29 Jun. 79, Valencia, 1980, pp. 101-104.

Vergleichende Erziehungswissenschaft.
In: Wulf, Christoph (Hrsg.): Wörterbuch der Erziehung. 5. Aufl. München: Piper 1980, S. 610-616.

Zur Bewertung (Planung) von Forschungsvorhaben, Forschungsdurchführung und Forschungsergebnissen.
In: Bildung und Erziehung, 33(1980)1, S. 49-52.

Das amerikanische und das sowjetische Schulwesen.
In: Twellmann, Walter (Hrsg.): Historische, gesellschaftliche, juristische und wissenschaftliche Einflußfaktoren auf Schule und Unterricht. Düsseldorf: Pädagogischer Verl. Schwann 1981, S. 521-539. = Handbuch Schule und Unterricht. Bd. 3.

Ciencias de la educacion o ciencia de la educacion? Algunas consideraciones sobre una cuestion basica.
In:Perspectivas pedagogicas, 24(1981)47/48, pp. 23-35.

Curriculum issues in both Germanies: a comparative appraisal.
In: Compare, 11(1981)1, pp. 7-20.

Die DDR und die Tradition im Bildungswesen.
In: Hacker, Jens u. Horst Rögner-Francke (Hrsg.): Die DDR und die Tradition. Heidelberg: Edition Meyn 1981, S. 37-56. = Gesellschaft für Deutschlandforschung. Jahrbuch 1981; = Gesellschaft für Deutschlandforschung. Schriftenreihe. Bd. 4.

Deutsches Institut für Internationale Pädagogische Forschung. Selbstdarstellung.
In: Pädagogische Rundschau, 35(1981)5, S. 325-335.

Dienende Wissenschaft. Vorwort.
In: Lehrer, Beruf, Belastung, Verantwortung, Kinder. Wissenschaftliches Symposion Arbeitsbelastung des Lehrers. Frankfurt a.M.: GEW 1981, S. 5. = Im Brennpunkt, März 1981.

Dienst am Schüler. Arbeitszeit und Arbeitsbelastung des Lehrers in erziehungswissenschaftlicher Sicht.
In: Lehrer, Beruf, Belastung, Verantwortung, Kinder. Wissenschaftliches Symposion Arbeitsbelastung des Lehrers. Frankfurt a.M.: GEW 1981, S. 8-9, = Im Brennpunkt, März 1981.

Educational research in the Federal Republic of Germany: Institutions approaches, trends.
Frankfurt a.M.: Deutsches Institut für Internationale Pädagogische Forschung 1981. 87 pp.

Gesamtschulen in der Bundesrepublik Deutschland und die Allgemeinbildende Polytechnische Oberschule der DDR. Kriterien für einen Vergleich (Skizze).
In: Baske, Siegfried (Hrsg.): Bildungsreformen in der Bundesrepublik Deutschland und in der Deutschen Demokratischen Republik.
Heidelberg: Edition Meyn 1981, S. 9-24. = Gesellschaft für Deutschlandforschung. Schriftenreihe Bd. 3.
Ferner in: Baumann, Ulrich, Volker Lenhart u. Axel Zimmermann (Hrsg.): Vergleichende Erziehungswissenschaft. Wiesbaden: Akadem. Verlagsanstalt 1981, S. 41-63.
Sowie in: German Studies (Seoul), (1981)3, pp. 11-38 and translated into Korean, pp. 39-41.

Gottfried Preissler (Nachruf).
In: Die Deutsche Schule, 73(1981)4, S. 203-204.

Lehrerausbildung an der Universität im Spiegel historischer und international-vergleichender Betrachtung.
In: Busch, Friedrich W. u. Klaus Winter (Hrsg.): Lehren und Lernen in der Lehrerausbildung. Materialien der 5. Konferenz der Vereinigung für Lehrerbildung in Europa. Oldenburg: Selbstverl. 1981, S. 71-100.

Problems of the interrelationship between general and vocational education in Europe with special regard to the German development.
In: Vente, Rolf E., R.S. Bhatal, R.M. Nakhooda (ed.): Cultural heritage versus technological development. Challenges to education. Singapore: Maruzen Asia 1981, pp. 37-56.

Vergleichende Erziehungswissenschaft im internationalen Gedanken- und Erfahrungsaustausch. Bericht über zwei internationale Konferenzen im September/Oktober 1981.
In: Mitteilungen und Nachrichten, (1981)104/105, S. 117-119.

Zwanzig Jahre CESE: Ein Rückblick und Perspektiven.
In: Glowka, Detlev, Marianne Krüger-Potratz u. Bernd Krüger (Hrsg.): Vergleichende Erziehungswissenschaft - Informationen. Münster: Selbstverl. (1981)9, S. 88-93.

Badania oswiatowe i polityka oswiatowa w Republice Federalnej Niemiec (Education policy and educational research in the Federal Republic of Germany).
In: Kwartalnik Pedagogiczny, 27(1982)3-4, pp. 179-188.

Comprehensive, diversified and flexible educational structures in the context of lifelong education. A comparative analysis of four case studies.
Paris: UNESCO 1982. 89 pp.

Considerations concerning the impact of educational research on decision-making in the Federal Republic of Germany.
In: The Open University. European Educational Policy Study Group. Occasional Paper No. 2, September 1982.

Educational sciences or educational science?
In: Les sciences de l'éducation (1982)33, pp. 83-95. Sowie in: Paideia, t.10. Warszawa: Ossolineum 1983, pp. 67-79.

Informationen zu den Fragestellungen und Problemen der Videofilme.
In: Das Bildungssystem der DDR - Beobachtungen und Informationen. Grünwald: Institut für Film und Bild in Wissenschaft und Unterricht 1982, S. 32-70. = AV Beiheft/Videobandkassette.

Innere und äußere Formen von Ganztagsschulen in Osteuropa.
In: Die Ganztagsschule, 22(1982)1/2, S. 26-41. Sowie in: Mitteilungen und Nachrichten, (1982), 106-107, S. 30-45.

Przeglad najnowszych badan oswiatowych nad nauczaniem poczatkowym w Republice Federalnej Niemiec (Recent researches on primary education in the Federal Republic of Germany).
In: Badania Oswiatowe, 7(1982)3, pp. 34-50.

Reformen im Sekundarbereich I osteuropäischer Bildungssysteme. - Eine vergleichende Bestandsaufnahme -
In: Mitteilungen und Nachrichten, (1982)108/109, S. 84-104.

Rozszerzone szkoly srednie w europejskim ujeciu porownawczym (Comprehensive schools in European comparison).
In: Kwartalnik Pedagogiczny, 27(1982)2, pp. 107-124.

Teacher education: academic training or practical orientation.
In: Canadian and International Education, 11(1982)2, pp. 56-69.

Analphabetentum in Westeuropa.
In: UNESCO-Dienst, 30(1983)10/11, S. 6-7. Sowie in: Neue Zürcher Zeitung (1984-05-26), S. 37.

Curriculumforschung infolge der Förderung von Modellversuchen. Von Wolfgang Mitter u. Horst Weishaupt.
In: Handbuch der Curriculumforschung. Weinheim u.a.: Beltz 1983. S. 731-739.

Education and employment in Western Europe: The German case.
In: Watson, Keith (ed.): Youth, education and employment - International perspectives. London, Canberra: Croom Helm 1983, pp. 74-85.

Educational research and educational policy in Europe. Recent trends.
In: Journal of Indian Education, 9(1983)3, pp. 1-10.

Grundfragen des Bildungswesens in den beiden deutschen Staaten im Spannungsfeld von Divergenz und Kontinuität.
In: Psychologie des possibles. Hommage à Alexandre Vexliard. Paris: Les Belles
Lettres 1983, S. 137-154. = Publications de la Faculté des Lettres et Sciences Hu-
maines de Nice. No. 47.

Le recenti ricerche sulla scuola primaria nella Repubblica Federale Tedesca.
In: Innovazione educativa e riforma dell'insegnamento primario. Frascati: Centro
Europeo dell'Educazione 1983. pp. 39-56.

School systems and social equity in western and communist countries. A historical-
comparative appraisal.
In: International Journal of educational development, 2(1982-83)3, pp. 213-224.

Schulen zwischen Reform und Krise.
In: Schulkrise - international? München: Minerva Publ. 1983, S. 37-56. = Texte -
Dokumente - Berichte, 27.

Schulreform in Osteuropa.
In: Skiba, Ernst-Günther, Christoph Wulf u. Konrad Wünsche (Hrsg.): Erziehung im
Jugendalter - Sekundarstufe I. Stuttgart: Klett 1983, S. 356-372. = Enzyklopädie Er-
ziehungswissenschaft. Bd. 8.

Unterricht: Fremdsprachen (europäisches Ausland).
In: Skiba, Ernst-Günther, Christoph Wulf u. Konrad Wünsche (Hrsg.): Erziehung im
Jugendalter - Sekundarstufe I. Stuttgart: Klett 1983, S. 594-598. = Enzyklopädie Er-
ziehungswissenschaft. Bd. 8.

Vermittlungsprobleme der Bildungsforschung. Bildungsforscher und Bildungsverwalter sollten den jeweils anderen Tätigkeitsbereich kennenlernen.
In: Deutsche Universitätszeitung, 39(1983)8, Beil. Transfer S. 41-45.

Walter Schultze zum 80. Geburtstag.
In: Mitteilungen und Nachrichten, (1983)112/113, S. 19-23.

Wandel und Kontinuität im Bildungswesen der beiden deutschen Staaten.
In: Avenarius, Hermann, Hanns Engelhardt, Hermann Heussner u. Friedrich von
Zezschwitz (Hrsg.): Festschrift für Erwin Stein zum 80. Geburtstag. Bad Homburg
v.d.H.: Gehlen 1983, S. 453-470.

Eine Informations- und Vortragsreise durch Indien, verbunden mit der Teilnahme an
der 2. Jahreskonferenz der Comparative Education Society of India.
In: VE-Informationen. Vergleichende Erziehungswissenschaft - Informationen,
(1983)11, S. 59-76.

A komprehenziv iskola koncepioja es megvalosulasa europaban (Conception and reality of comprehensive schools in Europe). Budapest: Oktataskutato intezet, 1984. 57 pp. = Terevezeshez Kapcsolodo Kutatasok 90.

Az Összehasonlitó Pedagógia Alapkérdései (Grundfragen der Vergleichenden Erziehungswissenschaft).
In: Magyar Pedagógia, (1984)4, S. 405-415.

Education for all.
Paris: UNESCO 1984. 153 pp. = International Bureau of Education: International Yearbook of Education, vol. 36(1984).

L'éducation pour tous.
Paris: UNESCO 1984. 164 p. = Bureau International d'Education: Annuaire International de l'éducation, vol. 36(1984).

Italienische Lehrer im Bildungswesen der Bundesrepublik Deutschland.
In: Internationales Symposium. Schule und Bildung zwischen Italien und Deutschland: Eine Frage europäischer Integration. Urbino, 20., 21. und 22. Oktober 1983. Bonn: Botschaft der Italienischen Republik 1984, S. III/58-84.

Multikulturalität und Zweisprachigkeit im sowjetischen Bildungswesen.
In: Zeitschrift für erziehungs- und sozialwissenschaftliche Forschung, 1(1984)1, S. 3-39.

Problems of the interrelationship between general and vocational education in Europe. A historical and conceptual approach.
In: Paideia, t.11. Warszawa: Ossolineum 1984, pp. 185-198. Geringfügig erweiterte Fassung des gleichnamigen Beitrags in: Rocznik pedagogiczny, t.9. Warszawa: Ossolineum 1984, pp. 201-215.

Tendenzen der Hochschulpolitik in der Sowjetunion. Von Wolfgang Mitter u. Leonid Novikov.
In: Anweiler, Oskar u. Friedrich Kuebart (Hrsg.): Bildungssssteme in Osteuropa. Reform oder Krise. Berlin: Berlin Verl. 1984, S. 261-276. = Osteuropaforschung. Bd. 12.

Continuità e cambiamenti: un problema di fondo della politica scolastica tedesca. Problemi attuali del sistema scolastico nella Repubblica Federale di Germania alla luce di una riflessione storica.
In: Rinascita della Scuola, 9(1985)6, S. 485-503.

Educational policy and national minority issues in the Soviet Union. By Wolfgang Mitter and Leonid Novikov.
In: Brock, Colin and Witold Tulasiewicz (eds.): Cultural identity and educational policy. London/Sydney: Croom Helm 1985, pp. 114-138.

Educational research in the Federal Republic of Germany.
In: John Nisbet, Jacquetta Megarry, Stanley Nisbet (eds.): World Yearbook of Education 1985. London: Kogan Page 1985, pp. 103-112.

Ekpaideutike ereuna kai ekpaideutike politike sten Europe. Prosfates taseis (Bildungsforschung und Bildungspolitik in Europa. Gegenwärtige Trends.)
In: Synantese (Irakleion), 2(1985)6, S. 8-16.

Deutsches Institut für Internationale Pädagogische Forschung.
In: Husén, Torsten and T.N. Postlethwaite (eds.): The International Encyclopedia of Education. Oxford: Pergamon Press 1985, 3, pp. 1373-1374.

Gegenwartsfragen der Bildungspolitik in der Bundesrepublik Deutschland.
In: Neodidagmata, XVII. Poznan: Wydawnictwo Naukowe Universytetu im. Adama Mickiewicza 1985, S. 53-65.

Generalbericht.
In: Forschungen und Berichte über Entwicklungen im Grundschulbereich. Bericht über die 3. Europäische Bildungskonferenz, veranstaltet vom Bundesministerium für Unterricht und Kunst in Zusammenarbeit des Europarates und dem UNESCO-Institut für Erziehung (Hamburg).
Wien: Österreichischer Bundesverlag/Wien: Jugend und Volk 1985, S. 9-17.

Goal aspects of teacher education.
In: European Journal of Teacher Education, 8(1985)3, pp. 273-282.

Ipotesi di strutture aperte per l'armonizzazione dei sistemi scholastici in Europa.
In: Rinascita della Scuola, 9(1985)2, S. 122-134.

Reformeszmék az Európai föiskolai oktatásban. (Reformideen in der europäischen Hochschulbildung).
In: Studia paedagogica auctoritate Universitatis Pécs publicata (Pécs, Hungary), 3(1985)1, S. 75-83.

Selection mechanisms for entry to higher education.
In: Husén, Torsten and T.N. Postlethwaite (eds.): The International Encyclopedia of Education. Oxford: Pergamon Press 1985, 8, pp. 4494-4500.

40 Jahre UNESCO: Bilanz, Krise, Ausblick.
In: Transfer-Information, 3(1986)1, S. 37-47.

Abitur nach Klasse 12. Überlegungen im Spiegel eines historischen Rückblicks und internationalen Vergleichs.
In: Holthausener Manuskripte (Lingen-Holthausen: Ludwig Windhorst-Haus), (1986)1, S. 7-39.

Bildungsforschung und Bildungspolitik in den beiden deutschen Staaten.
In: Baske, Siegfried (Hrsg.): Erziehungswissenschaftliche Disziplinen und Forschungsschwerpunkte in der DDR. Berlin: Duncker u. Humblot 1986, S. 15-37.

Bildungsplanung im internationalen Vergleich (in deutscher Fassung und in Übersetzung in das Koreanische).
In: Koreanisch-Deutsches Symposium Bildungspolitik 20.-21. Nov. 1986 (Seoul). Hrsg. Korean Educational Development Institute und Goethe Institut Seoul, S. 157-188.

Bilingual and intercultural education in Soviet schools.
In: J.J. Tomiak (ed.): Western perspectives on Soviet education in the 1980s. Hounsmills and London: Macmillan 1986, pp. 97-122.

Continuidad y transformación: una cuestión fundamental de la politica educativa alemana.
In: Educatión, vol. 33. Tübingen: Institudo de Colaboración Cientifica 1986, pp. 90-106.

Continuity and change - A basic question for German education.
In: Education, vol. 33, Tübingen: Institute for Scientific Co-operation 1986, pp. 7-23.

Continuity and change: Key issues of educational policy in Germany - Contemporary problems of educational system in Federal Republic of Germany considered through its historical backgrounds (translated into Japanese by Masaharu Amano).
In: Research Report No. 12. Tokyo: The National Institute for Educational Research, March 1986, pp. 149-159.

La formazione continua degli insegnanti in alcuni paesi europei.
In: Eurydice 1985. L'anno nell'educazione e nella formazione. Dati e valutazioni. Roma: Istituto della Enciclopedia Italiana fondata da G. Trecani 1986, S. 70-87. = Collana di testi e documenti, 12.

The impact of technology on society and education. Introductory remarks to a comparative perspective.
In: Van Daele, H. and M. Vansteenkiste (eds.): The impact of technology on society and education. A comparative perspective. Antwerpen: Universitaire Instelling 1986, pp. 18-24.

Komprehenziv iskolák Europá-szerte (Gesamtschulen in Europa).
In: Pedagógiai Szemle, 36(1986)7-8, S. 689-697.

Multikulturelle Erziehung im Spiegel der Vergleichenden Erziehungswissenschaft. Überlegungen zur Begriffsbildung und Thematik.
In: Dilger, Bernhard, Friedrich Kuebart u. Hans-Dieter Schäfer (Hrsg.): Vergleichende Bildungsforschung. DDR, Osteuropa und interkulturelle Perspektiven. Berlin: Berlin Verlag Arno Spitz 1986, S. 493-508.

Das Nationalitätenproblem im Schulwesen der Sowjetunion. Von Wolfgang Mitter und Leonid Novikov.
In: Österreichische Osthefte, 28(1986)3, S. 257-278.

Policy issues in the education of minorities in the Federal Republic of Germany.
In: Education and Urban Society, 18(1986)4, pp. 437-448. Erweiterte Fassung in: Journal of International and Comparative Education, 1(1986)3, S. 721-750 (M1).

Problemi di fondo della pedagogia comparata.
In: Ricerca Educativa, 3(1986)3-4, S. 193-205.

Der Staat als umstrittener Träger des Bildungswesens. Eine Problemskizze am Beispiel deutscher und englischer Bildungsgeschichte.
In: Busch, Friedrich W. u. Detlef Glowka: Die Schule und die Perspektiven unserer Kultur. Beiträge eines deutsch-polnischen Expertenseminars. Oldenburg: Verlag Universität Oldenburg, Zentrum für Pädagogische Berufspraxis. 1986, S. 131-140.

Expectations of schools and teachers of social and economic changes.
In: Internationale Zeitschrift für Erziehungswissenschaft, 33(1987)3, S. 263-277.

Further education of teachers in West European countries.
In: Lawson, Robert F., Val D. Rust and Susanne M. Shafer (eds.): Education and social concern: An approach to social foundations. (A Festschrift in honor of Claude Andrew Eggertsen). Ann Arbor (Michigan): Prakken Publications 1987, pp. 256-269.

Questioni di finalità della formazione degli insegnanti.
In: Rinascita della Scuola, 11(1987)1, S. 43-44.

Schulsystem.
In: Grothusen, Klaus-Detlev (Hrsg.): Ungarn. Göttingen: Vandenhoeck u. Ruprecht 1987, S. 484-511. = Südosteuropa-Handbuch, Bd. 5.

The teacher and the bureaucracy: some considerations concluded form a Soviet case.
In: Compare, 17(1987)1, pp. 47-60.

Herausgeber:

Das sowjetische Schulwesen.
Frankfurt a.M.: Akad. Verl. Ges. 1970. 198 S. = Erziehungswissenschaftliche Reihe.
Bd. 4.

Didaktische Probleme und Themen in der UdSSR.
Hannover: Schroedel 1974. 488 S. = Beiträge zu einer neuen Didaktik.

Pädagogik und Schule im Systemvergleich. Bildungsprobleme moderner Industriegesellschaften in Ost und West. Freiburg i.Br.: Herder 1974. 156 S. = Herderbücherei. Pädagogik. Bd. 9013.

Ansätze zur Analyse der wissenschaftlichen Begleitung bildungspolitischer Innovationen. Hrsg. von Wolfgang Mitter und. Horst Weishaupt.
Weinheim u.a.: Beltz 1977. 227 S. = Studien und Dokumentation zur vergleichenden Bildungsforschung. Bd. 5/1.

Didaktische Probleme und Themen in Polen. Hrsg. von Wolfgang Mitter und Mieczysław Pęcherski.
Hannover: Schroedel 1977. 216 S. = Beiträge zu einer neuen Didaktik.

Hochschulzugang in Europa. Materialien einer Europaratstagung über Hochschuleingangstests und -interviews.
Weinheim, Basel: Beltz 1979. XI, 272 S. = Studien und Dokumentationen zur vergleichenden Bildungsforschung. Bd. 11. Darin: Fragen des Hochschulzugangs im europäischen Vergleich. S. 241-259.

Strategien und Organisationsformen der Begleitforschung. Fallstudien über Begleituntersuchungen im Bildungswesen. Mit Beiträgen von J. Baumert, K. Heymann, P. Seidel und W.P. Teschner. Hrsg. von Wolfgang Mitter und Horst Weishaupt.
Weinheim: Beltz 1979. XXI, 344 S. = Studien und Dokumentationen zur vergleichenden Bildungsforschung. Bd. 5/3.

Pädagogische Begleitforschung. Erfahrungen u. Perspektiven. Hrsg. von Wolfgang Mitter u. Horst Weishaupt.
Frankfurt a.M.: Deutsches Institut für Internationale Pädagogische Forschung 1980. 179 S.

Hochschulen in sozialistischen Staaten. Bibliographie. Hrsg. von Wolfgang Mitter, Botho von Kopp und Hartmut Müller. Frankfurt a.M.: Deutsches Institut für Internationale Pädagogische Forschung 1981. 118 S. = Hochschulbildung in sozialistischen Staaten. Werkstattbericht 26.

Kann die Schule erziehen? Erfahrungen, Probleme und Tendenzen im europäischen Vergleich.
Köln, Wien: Böhlau 1983. VIII, 330 S. = Studien und Dokumentationen zur vergleichenden Bildungsforschung. Bd. 25.

Gesamtschulen in Europa. Ergebnisse eines europäischen Kolloquiums / Comprehensive schools in Europe. Conclusion of a European Colloquy. Hrsg. von Katrin Dahmen, Diether Breitenbach, Wolfgang Mitter und Hans-Herbert Wilhelmi. Köln, Wien: Böhlau 1984. XXI, 277 S. = Studien und Dokumentationen zur vergleichenden Bildungsforschung. Bd. 26. Darin: Idee und Realität der Gesamtschule in Europa / Concept and realisation of comprehensive schools in Europe. S. 1-20, 133-150.

Lehrerbildung für multikulturelle Schulen in ausgewählten Ländern. Hrsg. von Peter Döbrich, Christoph Kodron, James Lynch und Wolfgang Mitter. Köln, Wien: Böhlau 1984. IX, 300 S. = Studien und Dokumentationen zur vergleichenden Bildungsforschung. Bd. 22/1.

Lehrerbildung für den Unterricht behinderter Kinder in ausgewählten Ländern. Hrsg. von Peter Döbrich, Christoph Kodron, James Lynch und Wolfgang Mitter. Köln, Wien: Böhlau 1984. VIII, 201 S. = Studien und Dokumentationen zur vergleichenden Bildungsforschung. Bd. 22/2.

Education and the diversity of cultures / L'éducation et la diversité des cultures / Erziehung und die Vielfalt der Kulturen. Bericht der 11. Konferenz der Comparative Education Society in Europe (Würzburg, 3.-8.7.1983). Hrsg. von Wolfgang Mitter und James Swift. Köln, Wien: Böhlau 1985. I. und II. Teilband: XXI, 719 S. = Bildung und Erziehung, Beiheft 2/I und 2/II. Darin: Education and the diversity of cultures: Some introductory remarks, S. 3-14.

Interkulturelles Lernen in internationalen Jugendbegegnungen. Von Peter Döbrich u. Christoph Kodron. Hrsg. von Peter Döbrich, Christoph Kodron u. Wolfgang Mitter. Frankfurt a.M.: Deutsches Institut für Internationale Pädagogische Forschung 1986. 188 S. = INTERAGLA Dokumentation 11.

Transfer. Wissenschaft, Vermittlung, Praxis. Baden-Baden: Nomos 1986. 340 S. = Studien zum Umgang mit Wissen. Bildungsforscher und Bildungsverwalter sollten den jeweils anderen Tätigkeitsbereich kennenlernen. S. 98-108.

Vergleichende Sonderpädagogik. Hrsg. von Karl Josef Klauer und Wolfgang Mitter. Berlin: Carl Marhold 1987. 780 S. = Handbuch Sonderpädagogik. Bd. 11. Darin: Grundfragen einer vergleichenden Sonderpädagogik. Von Karl Josef Klauer und Wolfgang Mitter. S. 3-22.

Buchbesprechungen:

Baske, Siegfried u. Martha Engelbert: Zwei Jahrzehnte Bildungspolitik in der Sowjetzone Deutschlands.
In: Bildung und Erziehung, 19(1966)4, S. 317-318.

Simon, Ernst: Brücken. Werk eines Brückenbauers. Gesammelte Aufsätze.
In: Die Deutsche Schule, 58(1966)7/8, S. 478-484.

Wittig, Horst E.: Die Marxsche Bildungskonzeption und die Sowjetpädagogik.
In: Zeitschrift für Ostforschung, 15(1966)3, S. 575-577.

Anweiler, Oskar: Geschichte der Schule und Pädagogik in Rußland vom Ende des Zarenreiches bis zum Beginn der Stalin-Ära.
In: Osteuropa, 17(1967), S. 192.

Winter, Eduard, Paul Funk u. Jan Berg: Bernard Bolzano. Ein Denker und Erzieher im österreichischen Vormärz.
In: Südost-Forschungen. Bd. 27. München: Oldenbourg 1969, S. 411-412.

Zsolnay, Vilmos von: Die Wissenschaft in Osteuropa.
In: Südost-Forschungen. Bd. 27. München: Oldenbourg: 1969, S. 399-402.

Anweiler, Oskar: Die Sowjetpädagogik in der Welt von heute.
In: Osteuropa, 20(1970), S. 649-650

Familie und Erziehung im interkulturellen Vergleich. Ludwig Liegle: Familienerziehung und sozialer Wandel in der Sowjetunion, Ders.: Familie und Kollektiv im Kibbuz. Eine Studie über die Funktionen der Familie in einem kollektiven Erziehungssystem.
In: Neue Sammlung, 12(1972)1, S. 70-81.

Kontroverse Urteile über die Kibbuzerziehung. Bruno Bettelheim: Die Kinder der Zukunft. Gemeinschaftserziehung als Weg einer neuen Pädagogik; Ludwig Liegle: Familie und Kollektiv im Kibbuz. Eine Studie über die Funktionen der Familie in einem kollektiven Erziehungssystem.
In: Die Deutsche Schule, 64(1972)4, S. 228-236.

Röhrs, Hermann: Modelle der Schul- und Erziehungsforschung in den USA.
In: Bildung und Erziehung, 26(1973)2, S. 162-164.

Rosen, Seymour M.: Education and modernization in the USSR.
In: Internationale Zeitschrift für Erziehungswissenschaft, 19(1973)3, S. 412-413.

Földes, E.; Meszaros, I. (Hrsg.): Comenius and Hungary. Essays.
In: Südost-Forschungen. Bd. 33. München: Oldenbourg 1974, S. 373-375.

Kern, Peter: Einführung in die Vergleichende Pädagogik. Konzeptionen, Thesen, Problematik.
In: Zeitschrift für Pädagogik, 20(1974)2, S. 321-325; sowie in: Literaturbericht Pädagogik, 1(1974)0, S. 11.

Wittig, Hans: Vergleichende Pädagogik.
In: Literaturbericht Pädagogik, 1(1974)0, S. 12-13.

Israels Bildungswesen im Spiegel der gesellschaftlichen und politischen Wandlungen. Kleinberger, Aharon F.: Society, schools and progress in Israel.
In: Mitteilungen und Nachrichten, (1975)79/80, S. 110-116.

Raschert, Jürgen: Gesamtschule: ein gesellschaftliches Experiment.
In: Bildung und Erziehung, 28(1975)2/3, S. 235-236.

Sozialistische Pädagogik und humanistische Tradition. Anmerkungen zu Bogdan Suchodolskis "Theorie der sozialistischen Bildung".
In: Die Deutsche Schule, 67(1975)10, S. 712-718.

Krause, H.-J., E. Neugebauer, J.H. Sislian u. J. Wittern (Hrsg.): Orientierungspunkte internationaler Erziehung.
In: Internationale Zeitschrift für Erziehungswissenschaft, 22(1976)1, S. 111-113.

Naturwissenschaftsdidaktik als Gesellschaftswissenschaft. Anmerkungen zu Frithjof Rendtels "Plädoyer für ein System der Pädagogik". Lollar: Achenbach 1976.
In: Die Deutsche Schule, 70(1978)10, S. 625-627.

Anweiler, Oskar (Hrsg.): Erziehungs- und Sozialisationsprobleme in der Sowjetunion, der DDR und Polen. Konferenzmaterialien. Hannover: Schroedel 1978.
In: Osteuropa, 29(1979)6, S. 526.

Fölling-Albers, M.: Kollektive Kleinkind-Vorschulerziehung im Kibbuz.
In: Internationale Zeitschrift für Erziehungswissenschaft, 25(1979)1, S. 100-101.

Amburger, E. (Hrsg.) u.a.: Wissenschaftspolitik in Mittel- und Osteuropa. Wissenschaftliche Gesellschaften, Akademien und Hochschulen im 18. und beginnenden 19. Jahrhundert.
In: Paedagogica Historica, 20(1980)1, S. 266-271.

Anweiler, Oskar, Friedrich Kuebart, Ludwig Liegle, Hans-Peter Schäfer u. Rita Süssmuth: Bildungssysteme in Europa. Struktur- und Entwicklungsprobleme des Bildungswesens in der Bundesrepublik Deutschland und der Deutschen Demokratischen Republik, in England, Frankreich, Schweden und in der Sowjetunion.
3., überarb. u. erw. Aufl. Weinheim u.a.: Beltz 1980. 188 S.
In: Osteuropa, 32(1982)2, S. 169-170.

Anweiler, Oskar u. Klaus Meyer (Hrsg.): Die sowjetische Bildungspolitik 1917-1960. Dokumente und Texte. 2., verb. Aufl. Berlin: Harrassowitz (in Komm.) 1979. 424 S. = Erziehungswissenschaftliche Veröffentlichungen. Bd. 12.
In: Osteuropa, 31(1981)11, S. 1034.

Baske, S. (Hrsg.): Bildungspolitik in der DDR 1963-1967. Dokumente. Wiesbaden: Harrassowitz (in Komm.) 1979. 439 S. = Erziehungswissenschaftliche Veröffentlichungen. Bd. 11.
In: Internationale Zeitschrift für Erziehungswissenschaft, 27(1981)3, S. 360-361.

Dilger, Bernhard u. Jürgen Henze: Das Erziehungs- und Bildungswesen in der VR China seit 1969. Eine Bibliographie. Bochum: Ruhr-Universität Bochum, Institut für Pädagogik, Arbeitsstelle für Vergleichende Bildungsforschung; Hamburg: Institut für Asienkunde, Dokumentations-Leitstelle Asien 1978. 561 S.
In: Osteuropa, 31(1981)11, S. 1034-1035.

Krumbolz, Joachim: Die Elementarbildung in Rußland bis zum Jahre 1864. Ein Beitrag zur Entstehung des Volksschulstatus vom 14. Juli 1864.
In: Bildung und Erziehung, 35(1982)3, S. 354-355.

Lemberg, Hans, Ferdinand Seibt: Deutsch-Tschechische Beziehungen in der Schulliteratur und im populären Geschichtsbild.
In: Mitteilungen und Nachrichten, (1982)108/109, S. 175-176. Sowie in: Osteuropa, 33(1983)1, S. 71-72.

Lundgreen, Peter: Sozialgeschichte der deutschen Schule im Überblick. Teil I: 1770-1918, Teil II: 1918-1980. Göttingen: Vandenhoeck u. Ruprecht 1981. 126, 168 S.
In: Annotierte Bibliographie für die politische Bildung. Bonn: Bundeszentrale für politische Bildung, (1982)2, S. 42.

Meyer, Klaus (Hrsg.) u.a.: Die Statuten der Wissenschaftlichen Akademien der UdSSR.
In: Osteuropa, 33(1983)1, S. 75-76.

Hearnden, Arthur: Red Robert. A life of Robert Birley.
In: Bildung und Erziehung, 37(1984)2, S. 234.

Hörner, Wolfgang u. Wolfgang Schlott: Technische Bildung und Berufsbildung in der Sowjetunion und Frankreich. Ein intersystemarer Vergleich.
In: Internationale Zeitschrift für Erziehungswissenschaft, 31(1985)1, S. 137-138.

STUDIEN UND DOKUMENTATIONEN ZUR DEUTSCHEN BILDUNGSGESCHICHTE
DEUTSCHES INSTITUT FÜR INTERNATIONALE PÄDAGOGISCHE FORSCHUNG

- Forschungsstelle für Bildungsgeschichte -

- Herausgegeben von Christoph Führ und Wolfgang Mitter -

BAND 1
Kurt Frey: Konstruktiver Föderalismus. Gesammelte kulturpo-
litische Beiträge 1948-1975. Ausgewählt und eingeleitet
von Christoph Führ. 1976. 210 S., DM 24,-.

BAND 2
Gerhard Ringshausen: Von der Buchillustration zum Unterrichtsmedium. Der Weg des Bildes in die Schule. Dargestellt am Beispiel des Religionsunterrichts. 1976. 588 S.,
DM 58,-.

BAND 3
Sebastian F. Müller: Die Höhere Schule Preußens in der
Weimarer Republik. Zum Einfluß von Parteien, Verbänden und
Verwaltung auf die Schul- und Lehrplanreform 1919-1925.
1977. 457 S., DM 42,-.
2. durchgesehene Auflage mit einem Nachwort des Autors.
1985.

BAND 4
Ulla Kleemann: Der Deutsche Ausschuß für das Erziehungs-
und Bildungswesen. Eine Untersuchung zur Bildungspolitik-
Beratung in der Bundesrepublik Deutschland. Mit einem
Nachwort von Kurt Frey. 1977. 176 S., DM 20,-.

BAND 5
Gerhard Müller: Ernst Krieck und die nationalsozialistische
Wissenschaftsreform. Motive und Tendenzen einer Wissen-
schaftslehre und Hochschulreform im Dritten Reich. 1978.
600 S., DM 58,-.

BAND 6
Gerd Friederich: Die Volksschule in Württemberg im 19. Jahrhundert. 1978. 500 S., DM 48,-.

BAND 7
Luise Wagner-Winterhager: Schule und Eltern in der Weimarer
Republik. Untersuchungen zur Wirksamkeit der Elternbeiräte
in Preußen und der Elternräte in Hamburg 1918-1922. 1979.
393 S., DM 38,-.

BAND 8
Christiane Schiersmann: Zur Sozialgeschichte der preußischen
Provinzial-Gewerbeschulen im 19.Jahrhundert. 1979. 520 S.,
DM 48,-.

BAND 9
Günter Pakschies: Umerziehung in der britischen Zone 1945-
1949. Untersuchungen zur britischen Re-education-Politik.
1979. 421 S., 2. durchgesehene Auflage mit einem Nachwort.
1984, 431 S., DM 66,-.

BAND 10
Karin S. Poeppelt: Zum Bildungsgesamtplan der Bund-Länder-
Kommission. Die Einfügung des Art. 91b in das Grundgesetz
und der Prozeß der Bildungsplanung für den Elementar-,
Primar- und Sekundarbereich in der Bund-Länder-Kommission
für Bildungsplanung. Mit einem Nachwort von Kurt Frey.
1978. 395 S., DM 38,-.

BAND 11
Helga Romberg: Staat und Höhere Schule. Ein Beitrag zur
deutschen Bildungsverfassung vom Anfang des 19. Jahrhunderts bis zum Ersten Weltkrieg. 1979. 659 S., DM 58,-.

BAND 12
Hanno Schmitt: Schulreform im aufgeklärten Absolutismus.
Leistungen, Widersprüche und Grenzen philanthropischer
Reformpraxis im Herzogtum Braunschweig-Wolfenbüttel 1785-
1790. Mit einem umfassenden Quellenanhang. 1979. 508 S.,
DM 48,-.

BAND 13
Maria Halbritter: Schulreformpolitik in der britischen Zone
von 1945-1949. 1979. 434 S., DM 42,-.

BAND 14
Klaus Harney: Die preußische Fortbildungsschule. Eine Studie
zum Problem der Hierarchisierung beruflicher Schultypen im
19. Jahrhundert. 1980. 217 S., DM 32,-.

BAND 15
Peter Koppenhöfer: Bildung und Auslese. Untersuchungen zur
sozialen Herkunft der höheren Schüler Badens 1834/36-1890.
1980. 514 S., DM 48,-.

BAND 16
Benno Schmoldt: Zur Theorie und Praxis des Gymnasialunter-
richts (1900-1930). Eine Studie zum Verhältnis von Bildungstheorie und Unterrichtspraxis zwischen Paulsen und
Richert. 1980. 387 S., DM 42,-.

BAND 17
Brigitte Zwerger: Bewahranstalt-Kleinkinderschule-Kinder-
garten. Aspekte nichtfamilialer Kleinkindererziehung in
Deutschland im 19. Jahrhundert. 1980. 343 S., DM 38,-.

BAND 18
Dieter Henk: Schulpädagogen in der zweiten Hälfte des 19.
Jahrhunderts. 1981. 223 S., DM 32,-.

BAND 19
Willi Feiten: Der Nationalsozialistische Lehrerbund - Entwicklung und Organisation. 1981. 350 S., DM 38,-.

BAND 20
Michael Herbert: Erziehung und Volksbildung in Altwürttemberg. Umbruch und Neuorientierung in der zweiten Hälfte des 18. Jahrhunderts. 1982. 530 S., DM 54,-.

BAND 21
Heinz Stübig: Pädagogik und Politik in der preußischen Reformzeit. Studien zur Nationalerziehung und Pestalozzi-Rezeption. 1982. 121 S., DM 24,-.

BAND 22
Theodor Ballauff: Funktionen der Schule. Historisch-systematische Analysen zur Scolarisation. 1982. 516 S., 2. durchgesehene Auflage 1984, DM 48,-.

BAND 23
Bernd Schönemann: Das braunschweigische Gymnasium in Staat und Gesellschaft. Ein Beitrag zur Schulgeschichte des 19. Jahrhunderts. 1983. 250 S., DM 42,-.

BAND 24
David Phillips: Zur Universitätsreform in der britischen Besatzungszone 1945-1948. 1983. 170 S., DM 34,-.

BAND 25
Hans-Jürgen Apel: Das preußische Gymnasium in den Rheinlanden und Westfalen 1814-1848. Die Modernisierung der traditionellen Gelehrtenschulen durch die preußische Unterrichtsverwaltung. 1984. 339 S., DM 54,-.

BAND 26
Rita Weber: Die Neuordnung der preußischen Volksschullehrerbildung in der Weimarer Republik. Zur Entstehung und gesellschaftlichen Bedeutung der pädagogischen Akademien. 1984, 471 S., DM 72,-.

BAND 27
Gerhard Kral: Struktur und Politik des Bayerischen Philologenverbandes 1949-1982. 1984. 480 S., DM 76,-.

BAND 28
Heinz-Elmar Tenorth: Zur deutschen Bildungsgeschichte 1918-1945. Probleme, Analysen und politisch-pädagogische Perspektiven. 1985. 272 S., DM 44,-.

BAND 29
Karl-Jürgen Rinneberg: Das betriebliche Ausbildungswesen in der Zeit der industriellen Umgestaltung Deutschlands. 2. Hälfte des 19. Jahrhunderts. 1985. 482 S., DM 76,-.

BAND 30
Hans-Jürgen Apel / Michael Klöcker: Schulwirklichkeit in
Rheinpreußen. Analysen und neue Dokumente zur Modernisierung des Bildungswesens in der ersten Hälfte des 19. Jahrhunderts. 1986. 770 S., DM 116,-.

BAND 31
Ulrich Mayer: Neue Wege im Geschichtsunterricht? Studien zur
Entwicklung der Geschichtsdidaktik und des Geschichtsun-
terrichts in den westlichen Besatzungszonen und in der
Bundesrepublik Deutschland 1945-1953. 1986.580 S.,DM 86,-.

BAND 32
Kurt Abels: Zur Geschichte des Deutschunterrichts im Vor-
märz. Robert Heinrich Hiecke (1805-1861) - Leben, Werk,
Wirkung. 1986. 262 S., DM 43,-.

BAND 33
Christoph Führ / Hans Georg Zier (Hrsg.): Hellpach-Memoiren
1925-1945. 1987. 366 S., DM 48,-.

BAND 34
Rainer Mathes: Gesamtstaatliche Bildungsplanung in der Bun-
desrepublik Deutschland. Entstehung, Realisierung und
Funktion. Eine empirische Analyse der Implementation des
Bildungsgesamtplans in Hessen und Rheinland-Pfalz. Mit
einem Nachwort von Kurt Kreuser. 1987. 267 S., im Druck.

BAND 35
Joachim Burmeister: Wilhelm Flitner - Von der Jugendbewegung
zur Volkshochschule und Lehrerbildung. Biographische Studien zur Vorgeschichte reformpädagogischer Reflexion.1987.
300 S., im Druck.

101